Le Québec salue la francophonie

Le Québec salue la francophonie, riche de la solidarité
des peuples qui la composent

Le Québec appuie la francophonie, soucieuse des droits
de la personne et de l'affirmation démocratique

Le Québec adhère à une francophonie tout à la fois forte
de la mosaïque de ses racines, moderne, dynamique et tournée
résolument vers l'avenir

Le Québec croit en une francophonie ouverte sur le monde,
fondée sur le juste respect et l'affirmation des différences

Gouvernement du Québec
**Ministère des Relations
internationales**

QUÉBEC
EN AMÉRIQUE
Capitale depuis bientôt
400
ans

Fondée par Samuel de Champlain en 1608, Québec deviendra en 2008 la toute première ville d'Amérique du Nord à célébrer ses 400 ans.

Capitale de toujours, la cité de Champlain fut le berceau de la Nouvelle-France d'où la culture française s'est étendue à travers l'Amérique.

Gibraltar du Nord, inscrite au patrimoine mondial de l'Unesco, hôtesse du sommet de la francophonie de 1987, Québec est aujourd'hui une ville moderne et dynamique où il fait bon vivre et croître en français.

Partenaires dans la mise en valeur et le développement de Québec, la Ville de Québec et la Commission de la capitale nationale du Québec sont heureuses de s'associer à l'*Année francophone internationale* afin de saluer, à partir de la cité de Champlain, la francophonie renouvelée et ragaillardie dont le sommet de Hanoi consacre cette année la vitalité.

À l'aube du troisième millénaire, la francophonie est l'un des grands liants entre les peuples de la Terre. De Québec à Hanoi, elle doit devenir l'instrument de la redistribution d'un jeu planétaire plus ouvert et moins frileux.

VILLE DE québec

COMMISSION DE
**LA CAPITALE
NATIONALE**
DU QUÉBEC

On parle franc.

Vos affaires exigent des besoins et une expertise spécifiques? Les experts-comptables et conseillers en gestion de KPMG au Canada et de KPMG Fiduciaire de France et KPMG Audit en France peuvent vous aider.

Nos professionnels sont en mesure de vous offrir des services qui s'adaptent parfaitement à vos exigences et aux particularités de vos affaires. En fait, que vous parliez dollars ou francs, notre devise demeure la même: servir vos intérêts au-delà de vos attentes. Franchement.

KPMG présent dans 140 pays.

KPMG

GGA
COMMUNICATIONS

GERVAIS GAGNON COVINGTON & ASSOCIÉS INC.
RELATIONS PUBLIQUES ET GOUVERNEMENTALES

Organisation d'événements spéciaux, de sommets, d'expositions, de visites de chefs d'État et de missions économiques. Relations médias nationales et internationales.

MONTRÉAL	QUÉBEC	HANOI, Vietnam	LIBREVILLE, Gabon
606, rue Cathcart	51, rue d'Auteuil	10 Chu Van An	Boulevard du Bord de mer
Bureau 200	Québec (Québec)	Bureau 330	B.P. 7636
Montréal (Québec)	G1R 4C2	Hanoï, Vietnam	Libreville, Gabon
H3B 1K9	Téléphone: **(418) 694-0981**	Téléphone: **(844) 843-1839**	Téléphone: **241.77.85.60**
Téléphone: **(514) 393-9500**	Télécopieur: (418) 694-1086	Télécopieur: (844) 843-1832	Télécopieur: 241.77.85.61
Télécopieur: (514) 393-9324			

Réseau de bureaux affiliés dans tous les grands centres du Canada, des U.S.A. et dans 16 villes d'Europe, d'Asie et d'Afrique.

CANADA

AFRIQUE DU SUD

ALGÉRIE

ARABIE SAOUDITE

ARGENTINE

BELGIQUE

BRÉSIL

CHILI

CHINE

COLOMBIE

ÉTATS-UNIS

FRANCE

HONDURAS

INDE

INDONÉSIE

KAZAKHSTAN

KENYA

MALAISIE

MEXIQUE

NIGERIA

PÉROU

PHILIPPINES

ROYAUME-UNI

RUSSIE

SINGAPOUR

TAIWAN

THAÏLANDE

TUNISIE

VENEZUELA

VIÊT-NAM

LAISSEZ-VOUS TRANSPORTER

Chez Air Transat, nous comprenons vos besoins de détente

et d'évasion. C'est cette passion, cet instinct du voyage

que nous partageons avec vous. Et pour vous faire découvrir

ce que le monde a de mieux à offrir, nous mettons

à votre disposition la plus importante flotte

d'avions nolisés au Canada. Cette année encore,

plus de vols vers plus de destinations vous sont proposés

à prix fort avantageux.

Chez Air Transat, on n'a pas fini de vous en mettre plein la vie!

air Transat

L'INSTINCT DU VOYAGE

Air Transat est membre de Transat A.T. inc.

Un partenaire
Une expertise
Ici...

... et ailleurs

La Caisse est un gestionnaire de
portefeuille actif qui, tant par ses placements
boursiers et obligataires que par ses investissements
négociés en immobilier et dans les entreprises,
contribue à l'enrichissement de ses déposants.

Le Monde

Le quotidien de référence en langue française.

Avec ses 2,5 millions de lecteurs,
Le Monde est le premier quotidien généraliste
de langue française dans le monde.

Pourquoi un tel succès du journal Le Monde ?

Le Monde a su rester fidèle à la ligne de conduite que lui avait fixée son fondateur.

Le Monde a, au fil des ans, construit un réseau exceptionnel de journalistes et de correspondants.
- 260 journalistes spécialisés mettent l'information à votre disposition.
- Un réseau unique de 60 correspondants dans le monde entier.
- Une documentation exceptionnelle.

Il a toujours su rester financièrement indépendant.

Le Monde est un journal résolument moderne et tourné vers l'avenir. Plus agréable à lire, plus rapide pour aller à l'essentiel, le Monde ne cesse de s'améliorer dans la continuité de sa nouvelle formule lancée il y a deux ans.

« Notre ambition est de vous rendre, chaque jour, le monde intelligible tout en restant, plus que jamais, indépendant à l'égard de tous les pouvoirs ».

Jean-Marie Colombani.

L'ANNÉE FRANCOPHONE INTERNATIONALE

INTERNATIONALE

1998

ILLUSTRATIONS DE LA COUVERTURE

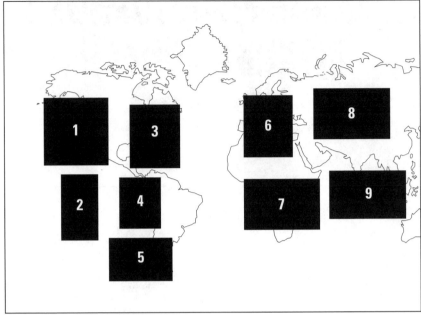

1   Juliette Binoche reçoit un Oscar pour son rôle dans *Le patient anglais*.
2   Marie-Josée Pérec, double médaillée d'or aux Jeux olympiques d'Atlanta.
3   Zacharie Richard, chanteur franco-louisianais.
4   Affiche du Sommet de Hanoi.
5   Car rapide Superman "Je m'en fous", du peintre Ibou Gueye, à Dakar.

6   Jacques Villeneuve, coureur automobile, prétendant au titre de champion des conducteurs 1997.
7   La renaissance économique au Bénin, pays de services et d'agriculture.
8   Le château de Chenonceau, joyau architectural.
9   La jeunesse vietnamienne, force montante dans l'Asie du Sud-Est.

REMERCIEMENTS

L'Année francophone internationale est publiée sous les auspices de l'Agence de coopération culturelle et technique (ACCT) et de l'Association des Facultés et Établissements de Lettres et Sciences Humaines (AFELSH) membre de l'Association des Universités Partiellement ou Entièrement de Langue Française (AUPELF-UREF), en collaboration avec les grandes associations internationales francophones que nous tenons à remercier de même que les ministères, collectivités et individus qui ont aidé à cette publication :

Communauté française de Belgique; Ministère des Affaires extérieures et Commerce extérieur du Canada; Ministère du Patrimoine canadien; Ministère des Affaires étrangères (France); Ministère de la Coopération (France); Secrétariat d'État à la Francophonie (France); Ministère des relations Internationales (Québec); Ministère des Affaires intergouvernementales (Nouveau-Brunswick); Département fédéral des Affaires étrangères (Suisse); Ministère de la Culture et des communications (Québec), Centre travail-Québec.

Université Laval (Québec), la Faculté des Lettres et le Groupe d'Études et de Recherches en Francophonie (GÉREF); Université Paris I–Sorbonne et le Laboratoire d'anthropologie juridique de Paris;

Association Francophone d'Amitié et de Liaison (AFAL); Association Internationale des Maires et responsables des capitales et métropoles partiellement ou entièrement de langue Française (AIMF); Assemblée Internationale des Parlementaires de Langue Française (AIPLF); Biennale de a langue française; Club des Lecteurs d'Expression Française (CLEF); Conseil Francophone de la Chanson (CFC); Fédération Internationale des Professeurs de Français (FIPF); Forum Francophone des Affaires (FFA); Institut international de Droit d'Expression Française (IDEF); Union Internationale des Journalistes de la Presse de Langue Française (UIJPLF); le Réseau francophone de télévision TV5.

TABLE DES MATIÈRES

L'ANNÉE FRANCOPHONE INTERNATIONALE

L'Année Francophone Internationale est une revue annuelle publiée avec l'aide de plusieurs organismes de la Francophonie. LES TEXTES PUBLIÉS ICI EXPRIMENT LIBREMENT LES OPINIONS DE LEURS AUTEURS. ILS N'ENGAGENT PAS LA RESPONSABILITÉ DE L'ÉDITEUR. Les manuscrits ne sont pas retournés.

DIRECTION GÉNÉRALE

Président-directeur : Michel TÉTU, Groupe d'études et de recherches sur la Francophonie (GEREF), Université Laval, Québec.
Vice-président-directeur adjoint : Étienne LE ROY, Laboratoire d'anthropologie juridique de Paris, Paris I-Sorbonne.
Responsable du comité de rédaction et des liens avec les associations : Pierre ALEXANDRE, Paris.
Conseillers à la rédaction et à la production : Pierre TÉTU, Françoise de LABSADE, Québec.
Rédacteur en chef, bureau de Paris, Marie-Aimée RANDOT-SCHELL.

COMITÉ DE PARRAINAGE

Selim ABOU (Liban, recteur de l'Université Saint-Joseph); Michel ALLIOT (ancien recteur d'académie, Université de Paris I-Sorbonne); Francis BEBEY (Cameroun, écrivain et compositeur); Yves BRIDEL (Suisse, écrivain et critique); Françoise CESTAC (directrice du bureau des services des conférences de l'ONU); Roger DEHAYBE (commissaire général aux relations internationales de la Communauté française de Belgique); Georges CHARPAK (France, Prix Nobel de physique); Stelio FARANDJIS (secrétaire général du Haut Conseil de la Francophonie); Michel GERVAIS (recteur de l'Université Laval, président de l'AUPELF-UREF); Pierre GRIMAL (France, membre de l'Institut); Jean-Marc LÉGER (Ancien secrétaire général de l'ACCT et de l'AUPELF); Henri LOPÈS (Congo, écrivain, directeur général adjoint de l'UNESCO); Albert MEMMI (Tunisie, écrivain); Pierre MERTENS (Belgique, écrivain); Jacqueline de ROMILLY (France, membre de l'Académie française); Léopold Sedar SENGHOR (Sénégal, écrivain, ancien président de la République, membre de l'Académie française); Vouk VOUTCHO (écrivain serbo-croate); Élie WIESEL (écrivain, Prix Nobel de la paix).

COMITÉ DE RÉDACTION

Stoyan ATANASSOV (Bulgarie); Dominique BIHOREAU (France); Dominique COMBE (France-Suisse); Guy DUGAS (France); Christine ISKANDAR (Égypte); Jean-Louis JOUBERT (France); Dominique JOUVE (Nouvelle-Calédonie); Naïm KATTAN (Canada); Fernando LAMBERT (Québec); Françoise de LABSADE (Québec); Maximilien LAROCHE (Haïti-Québec); Armelle LE BRAS-CHOPARD (France); Pierre LEXERT (Val d'Aoste); Paul MICLAU (Roumanie); A. MURUGAIYAN (Inde); Marc QUAGHEBEUR (Communauté française de Belgique); Raymond RELOUZAT (Martinique); Gilles REVAZ (Suisse); Tom Amadou SECK (Sénégal); François SODTER (ORSTOM); Árpád VÍGH (Hongrie); Franck WILHELM (Luxembourg).

COLLABORATEURS, CONSEILLERS, CORRESPONDANTS

Lahouari ADDI (Algérie); Joël AGUET (Suisse); Hilmi ALACAKLI (Turquie); Gerardo ALVAREZ (Chili); Frans AMELINCKS (Louisiane); Pascal ANTONIETTI (Suisse); Jason ARBOGAST (Québec); Paul ARON (Belgique); Joseph BAHOUT (Liban); Clara de BAQUERO (Colombie); André BAULER (Luxemnbourg); Thérèse BELLE WANGUE (Cameroun); Jamal Eddine BENCHEIKH (France); Jean-François BERGIER (Suisse); Jean BERNABÉ (Martinique); Irma BIOJOUT de AZAR (Argentine); François BLAIN (Québec); Louis-Philippe BLANCHARD (Québec); Monique BLÉRALD-NDAGANO (Guyane); François BOGLIOLO (Nouvelle-Calédonie); Ascension BOGNIAHO (Benin); Véronique BONNET (France); Hédi BOURAOUI (Tunisie-Canada); A. BOUSFEIHEA (Maroc); Fabienne BOUSSIN (France); Pascal BROUSSEAU (Québec); Annet BRUINS (Pays-Bas); Françoise de BRY (France); Éloïse BRIÈRE (États-Unis); Earlene BROUSSARD (Louisiane); Peter BROWN (Australie); Olivier BRUNNER (Suisse); Jesús CANUTO (Mexique); Jean-Claude CASTELAIN (Maurice-Canada); Tamara CEBAN (Moldavie); Alexandre CHAIBAN (Liban); David CHÉRAMIE (Louisiane); Jacques CHEVALLIER (France); Maryse CONDÉ (Guadeloupe); José-Luis COSTA (Mexique); Esther de CRESPO (Équateur); Jean-Michel DEVÉSA (France); Rosa de DIEGO MARTINEZ (Espagne); Yueying DING (Chine); Gilles DORION (Québec); Nicolæ DRAGULANESCU (Roumanie); Mei DUANMU (Chine); François-Xavier EYGUN (Nouvelle-Écosse); Robert FERON (Belgique); Robert FILLON (Monaco); James de FINNEY (Nouveau-Brunswick); Françoise FORNEROD (Suisse); Pierre FORTIER (Ontario); Isabelle FOURMAUX (Québec); Georges FRERIS (Grèce); Lise GABOURY-DIALLO (Manitoba); Jean-Christophe GALLOUX (France); Yves GAMBIER (Finlande); André GIROUARD (Ontario); Jean A. GITENET (Suède); Fathi GLAMALLAH (Tunisie); Maria Eugenia GOMEZ DE MAS (Mexique); Douglas GOSSE (Terre-Neuve); Francis GOTTSMANN (France); Marion GRAF (Suisse); Mohammed GUETARNI (Algérie); Margareta GYURCSIK (Roumanie); Pascale HAAB (Allemagne); Katia HADDAD (Liban); Christiane HAROUN (Liban); Laurence HÉRY (France); Vinesh HOOKOOMSINGH (Maurice); Bernard IDELSON (Réunion); Stéphane JACOB (Madagascar); Laurent JACQUET (France); Doris JAKUBEC (Suisse); Christian JOST (Nouvelle-Calédonie); Jacques JULIEN (Saskatchewan); Afsata KABAORE (Burkina-Faso); Oumar KANE (Sénégal); Louis KHATEB (Israël); Peter KIRSCH (Autriche); Peter KLAUS (Allemagne); Ambroise KOM (Cameroun); Barthelemy KOTCHY (Côte d'Ivoire); Yarama KRAVETS (Ukraine); Jozef KWATERKO (Pologne); Hans LAGERQVIST (Suède);

Dominique LANNI (Afrique du Sud); André LECLERC (Nouveau-Brunswick); Régine LEFÈVRE (ACCT); René LINK (Luxembourg); Danielle LOCHAK (France); Dean LOUDER (Québec); Hans-Jürgen LÜSEBRINK (Allemagne); Daniel MAGGETTI (Suisse); Andreï MAGHERU (Roumanie); Sonia MAGLOIRE (Dominique); Jean-Yves MALHERBE (Finlande); Serge MAMLAM-FOUCK (Guyane); David MARCANTEL (Louisiane); Yves MARGRAFF (ACCT); Francis MATTHYS (Belgique); Axel MAUGEY (Québec); Jacques MAURAIS (Québec); Véronique MAURON (Suisse); Albert MEMMI (Tunisie); Outi MERISALO (Finlande); Hedi MESTIRI (Tunisie); Jérome MEIZOZ (Suisse); Bernard MÉLY (France); Pierre MICHOT (Suisse); Anicet MOBÉ (Zaïre); Ahmed MOATASSIME (Maroc); Jean-Pierre MONNIER (Suisse); Abdallah NAAMAN (Liban); Soumaya NEGGAZ (Maroc); Najeb NEHMÉ (Liban); Georges NGAL (Zaïre); Juvenal NGORWANUBUSA (Burundi); Pius Ngandu NKASHAMA (Zaïre); Joseph NSEGIMANA (Rwanda); Amina OSMAN (Maurice); Anna OWHADI-RICHARD-SON (France); Joseph PARÉ (Burkina-Faso); Roger PARENT (Alberta); Myreille PAWLIEZ (Nouvelle-Zélande); Françoise PICQ (France); Jean-Claude POMONTI (Belgique); Auli POUTANEN (Finlande); Svetlana PROJOGHINA (Russie); Serge PROVENÇAL (Québec); Paola PUCCINI (Italie); Charlotte RAFENOMANJATO (Madagascar); Lala RAHARINJANAHARY (Madagascar); Hervé RAKOTO-RAMIARANTSOA (Madagascar); Liliane RANAROSOA (Madagascar); Jacques RANCOURT (France); Célestin RASAFIMBELO (Madagascar); Ole Wehner RASMUSSEN (Danemark); André RICARD (Québec); Michel RICHARD (Québec); Florian ROMPRÉ (Québec); Jean ROYER (Québec); Mohsen SABÉRIAN (Iran); Jean SAGUI (France); Rodney SAINT-ÉLOI (Haïti); Denyse de SAIVRE (France); Albert SALON (France); Jean-Claude SANTUCCI (Maroc); Josias SEMUJANGA (Rwanda); Jean-Baptiste de SEREQ (France); Lyse SIMARD (Québec); Johanna SIMEANT (France); Marie-Christine SIMONET (France); Serge SIMONIAN (Arménie); Ingse SKATTUM (Norvège); Anna SONCINI (Italie); Dean SPIELMANN (Luxembourg); David STAFFORD (Québec); Larry STEELE (Nouvelle-Écosse); Stig STRÖMHOLM (Suède); A. SAZBÓ (Hongrie); Adel Sobhi TAKLA (Égypte); Alexandre TAITHE (France); José Flore TAPPY (Suisse); Jules TESSIER (Ontario); Dao THE TUAN (Vietnam); Jocelyn TREMBLAY (Québec); Clermont TRUDELLE (Ontario); Philippe TOUSSAINT (Belgique); Paule TURMEL (Sainte-Lucie); Nadia VALGIMIGLI (Italie); Tran VAN BINH (Vietnam); Francine VAUDESCAL (France); Vaclav VLASAK (République tchèque); Frank WILHELM (Luxembourg);Youn-Sou WON (Corée); Rannveig YEATMAN (Nouvelle-Écosse); Cindy ZELMER (Québec); Jamel ZRAN (Algérie).

PUBLICATION

Coordination de la production, graphisme et mise en page : Jacques LEFRANÇOIS; Chargé de mission à Paris : Gilbert FAULQUES; Conseiller aux Relations institutionnelles : Karol GAGNÉ; Maquette de couverture : Denis SAVARD; Graphisme : Chantal FORTIER, Josée ARGUIN; Cartographie : Jean RAVENEAU (Laboratoire de cartographie de l'Université Laval), Antonio SILVA (AVLIS); Secrétariat : Aline MADELÉNAT (Paris), Chantal FORTIER, Lise LAVOIE (Québec); Documentation : Réjean BEAUDIN, Francine ROUSSEAU, Édith TREMBLAY ; Photographies : Agence de la Francophonie (ACCT), Agence canadienne de développement international (ACDI), Relations publiques de l'Université Laval, Ars Athletica, Service suisse de presse et d'information, Union internationale des journaliste et de la prese de langue française (UIJPLF); Relations avec la presse : Pascal OUELLET; Révision : Réjean BEAUDIN, Isabelle FOURMAUX; Impression : Les impressions PICHÉ.

CORRESPONDANCE

Québec : L'Année francophone internationale, Fac. des Lettres, Université Laval, Sainte-Foy (Québec), G1K 7P4 CANADA; Tél. : (418) 656-5772; Fax : (418) 656-7017; Courriel : AFI@fl.ulaval.ca
Paris : L'Année francophone internationale, a/s Mme Marie-Aimée Randot-Schell, 98, rue de la Convention, 75015 Paris, France; Tél. : (33) 01 45 54 31 84; Fax : (33) 01 45 57 14 49.

VENTE, DIFFUSION, ABONNEMENT, INFORMATION

L'Année francophone internationale, Fac. des Lettres, Université Laval, Sainte-Foy (Québec) G1K 7P4, CANADA; Tél. : 1-418-656-5772; Fax : 1-418-656-7017; Courriel : AFI@fl.ulaval.ca.
Québec Livres, 2185 autoroute des Laurentides, Laval (Québec), H7S 1Z6, CANADA; Tél : (514) 687-1210; Fax : (514) 687-1331.
La Documentation française, 29 quai Voltaire, 75344, Paris cédex 07, FRANCE; Tél.: 01 40 15 71 05; Fax: 01 40 15 72 30; Télex : 215-666 DOC FRAN.

BONS DE COMMANDE À LA FIN DU VOLUME.

ÉDITORIAL

L e point culminant de la Francophonie en 1997 est sans conteste la septième Conférence des chefs d'État et de gouvernement des pays ayant le français en partage (appelée plus communément Sommet de la Francophonie), du 14 au 17 novembre à Hanoi, au Vietnam.* Depuis un an, on s'est préparé à un important changement de structure au sein de la Francophonie, notamment par l'élection d'un secrétaire général non plus seulement de l'Agence mais de toute la Francophonie; des décisions sont également été prises dans les trois domaines de l'économie, de l'éducation et de la coopération. Un sommet n'est pas seulement une rencontre au plus haut niveau ni un rassemblement spectaculaire; c'est beaucoup plus l'aboutissement du travail de deux années dans les 49 pays membres de l'organisation qui se sont employés à rendre effectives et concrètes les décisions prises il y a deux ans à Cotonou. Il est à remarquer, cette année, que plus de 80% des programmes entrepris se sont réalisés, ce qui est assez exceptionnel. Le Sommet de Hanoi en permet à la fois l'évaluation et le prolongement par une nouvelle programmation décidée pour les deux années à venir qui sont les dernières du siècle.

L'Année francophone internationale 1998 ne peut reproduire tous les éléments de ces programmes dont on aura toutefois une très bonne idée dans la section "vie institutionnelle et associative" par la lecture des activités de l'Agence de la Francophonie (ACCT), de l'Agence francophone pour l'enseignement supérieur et la recherche (AUPELF-UREF) et des autres opérateurs des sommets ainsi que des principales associations internationales. *L'Année francophone internationale* a en effet, décidé de développer sa section "Idées et événements" en cinq rubriques substantielles, après le vaste tour d'horizon des pays de la Francophonie: "Politique et économie", "Littérature et langue française", "Arts, spectacles et sports", "Sciences, nouvelles technologies et éducation", "Vie institutionnelle et associative". Ces cinq rubriques, appelées à constituer de véritables cahiers thématiques, permettront aux lecteurs d'approfondir leurs connaissances et leur réflexion sur les principaux aspects de la vie des pays et des associations francophones. (On notera qu'à Hanoi, la Macédoine sera présente à titre d'observateur aux côtés de la Pologne et de l'Albanie. La Moldavie quant à elle, actuellement membre associé, deviendra membre à part entière de la Francophonie.)

Michel TÉTU

---

*   Le mot Vietnam s'écrit aussi Viêt Nam: les deux orthographes sont admises. Toutefois on écrit plutôt Vietnam, en un seul mot, dans le discours tenu en français et Viêt Nam lorsqu'on utilise le vietnamien.

LE SOMMET DE HANOI

S.E. TRINH DUC DU, ambassadeur du Vietnam à l'Unesco, a succédé comme président du Conseil permanent de la Francophonie, au président ZINSOU (Bénin) qui avait assuré le suivi du Sommet de Cotonou.

Depuis un an le Vietnam est la figure de prône de la Francophonie: *le tigre* qu'est le Vietnam, en terme économique, deviendra-t-il le cinquième *dragon* d'Asie? M. TRINH DUC DU, à la tête du CPF est chargé de la préparation du Sommet de Hanoi qui mettra l'accent sur l'économie. Il a bien voulu accorder un entretien à l'AFI pour dégager tous les enjeux de ce VIIᵉ Sommet.

– S.E. TRINH DUC DU – Tout d'abord, je voudrais dire combien le Vietnam est fier d'avoir été choisi comme hôte de ce VIIᵉ Sommet. En effet, ma responsabilité s'exerce dans les trois axes que vous avez évoqués (politique, économie et coopération), mais je dois surtout assurer la coordination et la cohérence des propositions qui sont déposées au Conseil permanent de la Francophonie. Dans la mesure où les décisions sont prises par consensus, j'ai une lourde tâche de concertation. Le secrétariat du CPF anime trois commissions correspondant aux trois volets des Sommets, dans les domaines politique et économique de la coopération, qui s'appuie entre autres sur les travaux de comités de programmes sectoriels.

Il faut rappeler que le CPF est formé de 18 pays et gouvernements nommés lors de chaque sommet. Trois nouveaux pays sont venus s'ajouter aux 15 déjà existants depuis le Sommet de Maurice, lors du renouvellement de sa composition au Sommet de Cotonou. Durant l'année préparatoire au Sommet de Hanoi, j'ai présidé quatre sessions. Lors de la vingt-sixième session, qui s'est déroulée les 9, 10 et 11 juillet derniers, nous avons abordé le thème central, proposé par le Vietnam, axé sur le développement économique et social ainsi que sur les moyens d'instaurer la Paix dans la communauté francophone. Le Vietnam a proposé comme sous-thème: la mise en valeur des ressources humaines en tant qu'acteurs et bénéficiaires du développement.

C'est dans le cadre, et toujours à l'initiative du Vietnam, qu'un projet de plan d'action déclinant une trentaine de propositions a pu être élaboré. Ce qui est nouveau, notre plan d'action englobe les trois volets précités.

Nous allons discuter du contenu lors de la Conférence des ministres des Affaires étrangères le 12 novembre prochain. Il sera proposé d'adopter, au

Sommet de Hanoi, non seulement une Déclaration solennelle, comme le veut l'usage, mais aussi ce plan d'action.

– AFI – L'économie est au cœur des préoccupations de ce 7ᵉ Sommet. Qui dit économie, dit développement. Votre mission étant d'examiner puis d'approuver les projets, quelles sont les actions qui ont été concrétisées?

– S.E. TRINH DUC DU – C'est précisément le Vietnam qui a désiré mettre l'accent sur le thème économique, comme fil conducteur de ce Sommet de Hanoi. Si la Francophonie a d'abord une dimension culturelle, elle va confirmer sa dimension politique, avec l'élection d'un secrétaire général à la Francophonie à Hanoi, puis elle doit s'imposer en tant qu'acteur économique. La Francophonie ne peut ignorer cette réalité économique si elle veut être cohérente, efficace, intégrale et porteuse d'espérance pour les jeunes de nos pays membres. Pour notre part, nous avons des relations économiques importantes. Nous avons organisé de nombreuses rencontres avec des chefs d'entreprises de tous pays.

Le Vietnam entretient des relations étroites et privilégiées avec la France. Rappelons que la France occupe la 9ᵉ place au rang des investisseurs dans notre pays. En outre, elle est notre premier partenaire dans les échanges commerciaux, au niveau européen. Nous avons des relations économiques avec la Belgique, le Luxembourg, la Suisse, le Canada.

Par ailleurs, nous avons signé en 1996, des accords-cadres de coopération avec l'Afrique: le Sénégal, le Gabon, le Bénin, le Burkina-Faso, et l'île Maurice. Nous voulons faire profiter les pays africains de notre expérience en matière de riziculture par exemple. nous envoyons plus de 100 experts dans le secteur de l'agriculture au Sénégal. Nous souhaitons renforcer la coopération Sud-Sud, développer des relations de partenariat, de complémentarité dans notre communauté.

– AFI – La matière grise est également une source économique. Quelles sont les décisions prises dans ce secteur pour votre pays? Est-ce que vous pensez confirmer les deux mesures clés relatives à l'éducation de base et les inforoutes décidées à Cotonou?

– S.E. TRINH DUC DU – L'éducation et la formation sont nos priorités pour un meilleur développement économique. Le taux d'alphabétisation au Vietnam étant d'environ 10%, l'éducation de base pour tous, et pour les filles en particulier, constitue une des principales mesures en vigueur. Il est indispensable d'investir dans la *matière grise* pour répondre aux mouvements économiques.

L'éducation est au centre des débats. Nous avons l'intention de poursuivre la politique éducative décidée au Sommet de Cotonou en associant l'école de base et la formation aux technologies nouvelles. Cette intention sera confirmée à Hanoi. Les inforoutes, les industries de la langue et Internet sont au programme.

– AFI – Quel est votre pouvoir d'action face à la situation dramatique de la Région des Grands Lacs?

– S.E. Trinh Duc Du – Je voudrais préciser que j'ai été mandaté, par les ministres des Affaires étrangères à la Conférence de Marrakech en 1996, pour constituer un Groupe de contact, afin d'apporter une contribution au règlement de la crise dans la Région des Grands Lacs. Ce Groupe de contact est composé de 14 pays dont la République Démocratique du Congo (ex-Zaïre), du Rwanda et du Burundi.

Ce Groupe de contact, que j'ai réuni les 19 et 20 juin derniers, pour un séminaire de réflexion, a dégagé des recommandations avec la participation des représentants des Nations-Unies et de l'Union européenne, l'OUA n'ayant pu être représentée. Et nous continuons de soutenir le projet d'une conférence internationale, sous l'égide des Nations-Unies et de l'OUA sur la Sécurité, la Paix et le Développement. Des tensions sont exercées en Afrique toute l'Afrique centrale risque de s'embraser. Un problème crucial demeure et nous devons le résoudre. La prévention des conflits est notre grande préoccupation.

Lors de la 26ᵉ session, le Conseil a donc analysé le rapport général de ce séminaire du Groupe de contact et a adopté ses recommandations.

– AFI – *Comment le CPF entend-il concourir à la prévention des conflits?*

– S.E. TRINH DUC DU – En 1994, au Canada, il y a eu une réunion spécifique au cours de laquelle nous nous sommes penchés sur cette grave question. C'est toujours une question d'actualité. La Francophonie doit contribuer à la recherche de solutions aux conflits en cohérence avec les efforts des organisations internationales comme l'ONU et l'OUA, en direction de la paix, de la sécurité. Il n'y aura développement que si la sécurité est réelle.

– AFI – *Avec les récentes élections à la députation, le Vietnam vient de franchir une étape supplémentaire à l'accès de l'État de droit. Y avait-il plusieurs courants politiques en lice?*

– S.E. TRINH DUC DU – En effet, nous sommes en train de construire un État de droit dans notre pays. Le Vietnam s'est engagé dans un processus démocratique, notamment par ces élections nationales. Les résultats de ces élections à la députation en sont des preuves. Dans l'Assemblée qui vient d'être renouvelée, il y a des communistes, des non-communistes, des intellectuels, des ouvriers, des paysans, des représentants d'ethnies minoritaires (chinoise) ou religions diverses; à noter que le tiers des élus sont jeunes. Cette jeunesse va apporter un nouveau souffle à la politique.

– AFI – *Peut-on dire aujourd'hui que le Vietnam est en pleine mutation grâce ou à cause du Sommet de Hanoi?*

– S.E. TRINH DUC DU – Le Vietnam est en mutation sur tous les plans. Le Sommet de Hanoi est une bonne occasion pour l'épanouissement de la francophonie au Vietnam, permettant une synergie entre des domaines aussi variés que les échanges culturels, l'enseignement, la recherche et la formation, et le monde des affaires, du commerce et de l'industrie, notamment dans la phase d'industrialisation et de modernisation dans laquelle le Vietnam s'est engagé.

Après un événement aussi exceptionnel qu'est un Sommet de la Francophonie, les conséquences sur la vie interne d'un pays, en l'occurrence le Vietnam, ne peuvent être que bénéfiques.

– AFI – L'élection d'un secrétaire général de la Francophonie est un virage à 180°. Quelles en seront les conséquences?

– S.E. TRINH DUC DU – Ce VIIᵉ Sommet sera un tournant décisif dans l'histoire de la Communauté francophone parce que, à partir de Hanoi, la Francophonie pourra disposer de sa nouvelle charte et sera dotée du premier secrétaire général de la Francophonie, élu pour un mandat de quatre ans, qui sera le porte-parole politique et le représentant officiel de la Francophonie. Il aura pour mission d'animer et de coordonner l'ensemble des structures institutionnelles. Quant à l'Agence de la Francophonie (ACCT), un administrateur sera élu par les ministres des Affaires étrangères. La Francophonie doit devenir un acteur, à part entière, dans la gestion des affaires internationales. La Francophonie devra être opérationnelle, cohérente et efficace dans ses actions. Après un événement aussi exceptionnel qu'est le premier Sommet de la Francophonie en Asie, les conséquences sur la vie interne de notre pays ne peuvent être que bénéfiques.

– AFI – Le nouveau Gouvernement français n'a pas jugé bon de nommer un successeur à Mme Margie Sudre précédémment secrétaire d'État chargée de la Francophonie. Cela a suscité de nombreuses interrogations. Le Vietnam ne s'est-il pas un peu inquiété?

– S.E. TRINH DUC DU – Lors de notre réunion en juillet, monsieur Josselin, secrétaire d'État à la Coopération, a fait une intervention devant le Conseil permanent de la Francophonie dans le but précisément de nous rassurer dans ce domaine. Il a insisté sur la politique de décentralisation, contribuant à une coopération plurielle, en spécifiant que le nouveau dispositif mis en place entre dans le cadre d'une réorganisation des structures de la Coopération, animée par un souci de cohérence. Le ministère de la Coopération, qui déployait son activité essentiellement – et presque exclusivement – en Afrique, a déjà vu sa compétence étendue à l'ensemble des pays ACP sous l'autorité du ministre des Affaires étrangères.

– AFI – D'ores et déjà, on prétend que la francophonie sera un feu de paille, et que le Tout anglais, à des fins commerciales, revient à la surface avant même que le Sommet ne commence*. Quel est votre sentiment sur cette question?

– S.E. TRINH DUC DU – Tous les moyens sont mis en œuvre pour que l'utilisation de la langue française ne soit pas un feu de paille. Un programme d'encouragement est prévu pour que les jeunes aient envie d'ap-

---

* Par exemple, Hanoi a accepté que les dossiers des produits pharmaceutiques vendus au Vietnam soient remis dans toutes les langues acceptées par l'OMS (Organisation mondiale de la santé), à savoir le français, (pour les laboratoires français) au côté de l'espagnol et de l'anglais. Or, une circulaire, diffusée au début de cette année 1997, demandait à tous les laboratoires pharmaceutiques d'envoyer leurs dossiers en anglais au ministère de la Santé vietnamien. La France avait protesté en arguant du fait que cette imposition de l'anglais était contradictoire avec la volonté affichée du Vietnam de développer la francophonie.

prendre le français pour son utilité. L'AUPELF-UREF a participé au développement de filières francophones universitaires et 500 écoles bilingues ont vu le jour. Par ailleurs, il y a de nombreux jumelages entre écoles et universités. Quant à l'incident auquel vous faites allusion, le ministère de la Santé est revenu sur sa décision première. Néanmoins, on ne peut nier l'utilité de l'anglais dans les affaires commerciales. Je pense, qu'il peut y avoir complémentarité des langues.

Propos recueillis par Marie-Aimée RANDOT-SCHELL

À lire l'ouvrage exceptionnel de l'écrivain Hùu NGOC, *Esquisses pour un portrait de la Culture vietnamienne*, réédité pour le Sommet de Hanoi. (Belle iconographie – 575 p.

AU LECTEUR

Si je diffère de toi, loin de te léser, je t'augmente.
Antoine de Saint-Exupéry, cité par Albert Jacquard dans *Éloge de la différence*

Deux cents collaborateurs, universitaires, journalistes, chercheurs et spécialistes faisant autorité dans leurs domaines respectifs présentent ici les principaux événements de la francophonie et les idées maîtresses qui sous-tendent son évolution. Ils effectuent un tour d'horizon des pays et des régions, notent les adresses, statistiques et ouvrages utiles. À défaut d'un relevé exhaustif de l'année, le présent ouvrage se veut donc plutôt un reflet du visage actuel et multiple de la francophonie*. On comprendra aussi que, pour faire le point en 1998, il faille analyser l'année 1997. C'est pourquoi l'essentiel des faits rapportés concernent l'année écoulée.

La carte de *L'Univers francophone* présentée à la fin de l'ouvrage a été préparée dans la perspective du Sommet de Hanoi.

*NDLR. *francophonie, Francophonie* et *espace francophone*...
Ces trois expressions, ou syntagmes, sont parfois synonymes, mais le plus souvent complémentaires dans l'usage :
la *francophonie*, avec un petit f, désigne généralement l'ensemble des peuples ou des groupes de locuteurs qui utilisent partiellement ou entièrement la langue française dans leur vie quotidienne ou leurs communications;
la *Francophonie*, avec un grand F, désigne normalement l'ensemble des gouvernements, des pays ou des instances officielles qui ont en commun l'usage du français dans leurs travaux ou leurs échanges;
espace francophone représente une réalité non exclusivement géographique ni même linguistique, mais aussi culturelle: elle réunit tous ceux qui, de près ou de loin, éprouvent ou expriment une certaine appartenance à la langue française ou aux cultures francophones – qu'ils soient de souche slave, latine ou créole, par exemple. Cette dénomination est la plus floue, mais aussi peut-être la plus féconde.

Selon la tradition aussi bien journalistique qu'universitaire, les signataires des articles qui suivent conservent l'entière responsabilité de leurs textes, dans lesquels ils peuvent ainsi exprimer librement leurs opinions et leurs choix: ils témoignent justement de la diversité de la francophonie dans ses faits de société et ses nombreuses expressions culturelles.

PAYS ET RÉGIONS

La vie du monde francophone

EUROPE OCCIDENTALE

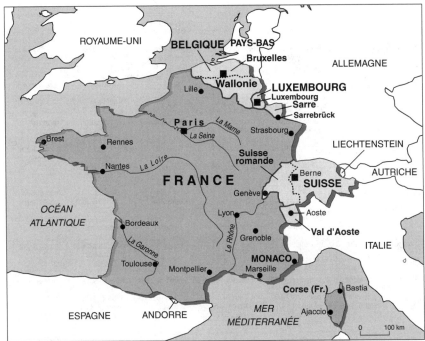

La France est, avec les États ou pays francophones limitrophes, à l'origine de toute la francophonie linguistique; c'est là que le français s'est constitué (IXe siècle) et fut imposé officiellement (XVIe siècle). La France et Monaco sont les seuls pays où le français est parlé par la quasi-totalité de la population. Toutefois, malgré cette prédominance linguistique, le président de la République française n'est que l'un des 49 chefs d'État et de Gouvernement participant aux Sommets de la Francophonie qui se veut fraternelle et conviviale. Le chef de l'État accueillant un Sommet devient pour deux ans le président des instances de la Francophonie.

La Belgique, État fédéral, est composée de trois communautés, flamande, française et germanophone, et de trois régions : la Wallonie, très majoritairement francophone; Bruxelles, bilingue; la Flandre, très majoritairement néerlandophone. Le pays jouit d'une double représentation aux Sommets de la Francophonie : le Royaume de Belgique et la Communauté française de Belgique Wallonie—Bruxelles. Toutefois, seule cette dernière est membre de l'ACCT.

La Suisse compte quatre langues officielles (l'allemand, le français, l'italien et le romanche) et comprend vingt-trois cantons, dont un ensemble de six à l'ouest (Genève, Vaud, Neuchâtel, Jura, Valais et Fribourg) qu'on appelle parfois "Suisse romande"; les quatre premiers de ces cantons sont exclusivement francophones, les deux derniers ont une partie francophone et une partie germanophone. En outre, le canton germanophone de Berne contient une minorité importante de francophones.

Au Luxembourg, trois langues sont d'usage courant : le luxembourgeois, seule langue nationale, parlée par tous les Luxembourgeois, l'allemand et le français. Quatre personnes sur cinq savent parler le français, langue de l'administration : les actes législatifs et leurs règlements d'exécution sont rédigés en français.

Intramontain, aux confins de la France et de la Suisse, aggloméré à l'Italie en 1861, le Val d'Aoste bénéficie d'un gouvernement autonome en raison de son usage du français, lequel, jouissant d'une parité officielle avec l'italien depuis 1948, lui vaut d'être invité aux Sommets de la Francophonie. Environ 75 % de la population valdôtaine utilise le français comme langue occasionnelle.

EUROPE OCCIDENTALE

	France	Belgique	Communauté française de Belgique	Suisse	Luxembourg
Nom officiel	République française	Royaume de Belgique	Communauté française de Belgique	Confédération suisse	Grand-Duché de Luxembourg
Capitale	Paris	Bruxelles	Namur	Berne	Luxembourg
Superficie (km²)	549 000	30 513	16 844	41 288	2 586
Régime politique	démocratie parlementaire	monarchie parlementaire	voir Belgique	confédération	monarchie
Chef d'État Entrée en fonction Prédécesseur	Jacques **Chirac** 17-05-1995 François **Mitterrand**	**Albert II** 09-08-1993 **Baudouin Ier**	**Albert II** 09-08-1993 **Baudouin Ier**	Arnold **Koller** 01-1997 Jean-Pascal **Delamuraz**	Prince **Jean** 1964 Charlotte de **Nassau**
Chef du gouvernement Entrée en fonction Prédécesseur	Lionel **Jospin** 06-1997 Alain **Juppé**	Jean-Luc **Dehaene** 06-03-1992 Wilfrid **Martens**	Laurette **Onkelinx** 05-1993 Valmy **Féaux**	Arnold **Koller** 01-1997 Jean-Pascal **Delamuraz**	Jean-Claude **Juncker** 26-01-1995 Jacques **Senter**
Langues officielles Autres langues	français	français, néerlandais flamand, allemand	français	français, allemand, romanche, italien	luxembourgeois français, allemand
Principales religions en % de la population	christianisme (78) judaïsme (13,5), athées (3,4), islam (3), autres (2,1)	christianisme (90,4) sans appartenance et athées (7,5), islam (1,1), autres (1)	christianisme (89) autres (6) islam (3), autres (2)	christianisme (87,2), autres (10,3), islam (2,2), judaïsme (0,3)	christianisme (96) autres (4)
Population Moins de 15 ans en % Plus de 65 ans en % Indice de fécondité Espérance de vie H/F Alphabétisation en %	58 172 000 19,8 15 1,6 73,1/80,4 99	10 158 000 18 16 1,6 72,4/79,1 100	4 500 000 voir Belgique	7 039 000 17,6 14 1,5 74,7/81,4 100	409 000 17,3 19,9 1,7 72,6/79 100
IDH (rang/174)[1]	7	12	voir Belgique	15	27
PIB (en M$US)[2] **PIB/hab. (en $US)**	1 549 200 26 631	269 200 26 501	voir Belgique	306 000 43 472	16 800 43 077
Monnaie[3] FF $ US	franc français 1 0,17454	franc belge 0,16352 0,02854	franc belge 0,16352 0,02854	franc suisse 4,07528 0,71131	franc lux. 0,16102 0,02810
Principales exportations	produits chimiques, véhicules à moteur, produits alimentaires	produits chimiques, véhicules à moteur, produits alimentaires	voir Belgique	produits pharmaceutiques produits chimiques, machinerie, horloges	acier, matières plastiques, produits du caoutchouc
Principales importations	produits manufacturés, fer acier, équipement de transport	équipement de transport, produits manufacturés	voir Belgique	équipement industriel et électronique, produits chimiques, instrument de précision, montres, bijoux	équipement de transport, machineries diverses
Principaux partenaires commerciaux	Allemagne, Italie, Belgique, Royaume-Uni	Allemagne, France, Pays Bas	voir Belgique	Allemagne, France, Italie, États-Unis	Belgique, Allemagne, France

Source: Banque mondiale; ONU, *Bulletin mensuel de la statistique.*

[1]. Indice de développement humain, mesure de classement des pays utilisée par l'ONU.
[2]. Il s'agit ici du produit intérieur brut (PIB) comme pour tous les autres pays membres de l'OCDE
[3]. Taux au 15 septembre 1997, donné à titre indicatif.

FRANCE

Armelle LE BRAS-CHOPARD
Professeur de Science politique
Vice-Présidente chargée des relations internationales
de l'Université de Versailles/Saint-Quentin-en-Yvelines

Culture: Dominique BIHOREAU
Inspecteur honoraire de l'Académie de Paris
Économie: Françoise de BRY
Directeure de l'UFR des Sciences sociales et des Humanités à
l'Université de Versailles/ Saint-Quentin-en-Yvelines

Victoire de la gauche après la dissolution surprise de l'Assemblée nationale. Retour à la cohabitation. Assez long état de grâce pour Lionel Jospin dont le gouvernement devra faire face cependant à des difficultés sociales et économiques de plus en plus nombreuses. Dans le domaine des arts et de la culture, une année plutôt riche.

POLITIQUE

La France malade de son chômage, secouée périodiquement de conflits sociaux, sceptique sur les capacités de sa classe politique à résoudre les problèmes et plus encore sur ses vertus après la découverte de nombreux scandales, était maussade et pessimiste. La surprise est venue de l'Élysée quand le Président de la République Jacques Chirac a annoncé en avril 1997 la dissolution de l'Assemblée nationale, un an avant le terme normal de la législature. Les élections qui se sont déroulées le 25 mai et le 1er juin ont suscité une nouvelle surprise avec la victoire de la gauche et surtout du Parti socialiste. La nomination du chef du parti socialiste, Lionel Jospin, à la tête du gouvernement, entraîne une situation politique inédite sous la Ve République: la cohabitation d'un Président de la République de droite avec un Premier ministre socialiste. Celui-ci a aussitôt "impulsé" un nouveau style de gouvernement et commencé à mettre en œuvre une politique conforme au programme électoral de son parti et de ses alliés, mais sans rupture brutale avec la précédente, au sein d'une cohabitation, qui, malgré les pronostics alarmistes, se déroule sans heurts.

Renouvellement de la majorité

Dissolution

Le président J. Chirac annonce la dissolution de l'Assemblée nationale le 21 avril 1997. Celle-ci revêt une signification bien différente des quatre autres dissolutions qui ont déjà eu lieu sous la Ve République qui soit faisaient appel au suffrage universel en cas de crise grave (1968) soit permettaient de trancher un différend entre le Président de la République et sa majorité parlementaire étroite (1962) soit d'accorder les majorités parlementaire et présidentielle (1981, 1988). Rien de tel en 1997 où le Président disposait d'une confortable majorité à l'Assemblée nationale. Ces élections anticipées n'étaient-elles pas destinées à choisir un moment jugé plus favorable que dans un an, pour le succès de la majorité sortante? La gauche n'a pas manqué de dénoncer le caractère tactique de cette dissolution "à l'anglaise".

Élections

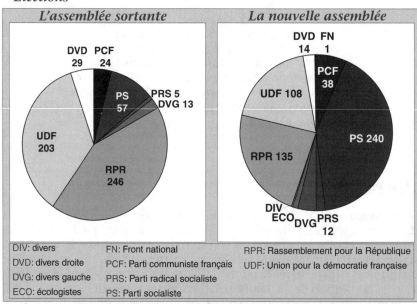

Après une campagne assez terne où le problème de l'Europe qui devait en être le centre a vite été perdu de vue, la gauche, laminée dans la précédente assemblée obtient une victoire écrasante à l'issue du second tour des élections le 1er juin. Une des grandes nouveautés de ce scrutin de 1997 est le nombre de femmes élues, jamais atteint sous la Ve République: 59 députées, soit 10,2% des élus et l'arrivée de députés Verts à l'Assemblée nationale. Dans le parti gaulliste, on tire les conclusions de l'échec: Alain Juppé cède la place à Philippe Seguin, président de l'Assemblée nationale de 1993 à avril 1997, à la tête du parti RPR en attendant les assises du mouvement à l'automne.

Cohabitation

Le résultat de ces élections allait entraîner une série de situations inédites sous la Ve République. D'abord en ce qui concerne la cohabitation. Selon la logique de 1986 et de 1993 où le Président de la République a choisi un premier ministre issu de la majorité parlementaire (différente de la sienne), le gaulliste Jacques Chirac a nommé le chef du Parti socialiste à la tête du gouvernement. La nouveauté réside dans le fait que dans les deux cas précédents de cohabitation, il s'agissait d'un président de la République socialiste et d'un Premier ministre de droite, c'est désormais l'inverse. D'autre part, si les précédentes cohabitations étaient destinées à être brèves, 2 ans dans l'attente de l'élection présidentielle, celle-ci risque de durer 5 ans, date normale des prochaines élections à la fois présidentielles et législatives...

Les débuts du gouvernement Jospin

Le nouveau Premier ministre a voulu un gouvernement "moralement inattaquable", excluant les personnalités mêlées à des affaires judiciaires. Son gouvernement, et c'est encore une première, est très féminisé: des femmes reconnues pour leur compétence (et non pour faire de la

FRANCE

QUELQUES POINTS DE REPÈRE

➤ ... 1958 Ve République
➤ 1958-1969 Charles de Gaulle
➤ 1969-1974 Georges Pompidou
➤ 1974-1981 Valéry Giscard d'Estaing
➤ 1981-1988 François Mitterrand (1er mandat)
Premiers ministres :
• Pierre Mauroy (1981-1984);
• Laurent Fabius (1984-1986);
• Jacques Chirac (1986-1988, cohabitation).
➤ 1988-1995 François Mitterrand (2e mandat)
Premiers ministres :
• Michel Rocard (1988-1991);
• Édith Cresson (1991-1992);
• Pierre Bérégovoy (1992-1993).
➤ 1992 (7 février) Traité de Maastrich. Ratification par la France à une courte majorité.
➤ 29 mars 1993 Élections législatives: droite (480 sièges/577)
• Édouard Balladur (1993-1995, cohabitation).
➤ 1995 (7 mai) Jacques Chirac élu Président;
• Alain Juppé premier ministre.
➤ 1996 (juin) Suppression du service militaire obligatoire. Création d'un service national (février 1997).
➤ 1997 (mai) dissolution de l'Assemblée nationale.
• Lionel Jospin, socialiste, premier ministre (1er juin, cohabitation).

figuration comme on en a accusé les "juppettes" du premier gouvernement d'Alain Juppé) sont nommées à des postes-clefs: Martine Aubry à l'Économie, Élisabeth Guigou à la Justice, Catherine Trautman à la Culture, Dominique Voinet à l'Environnement... Jacques Chirac avait brandi le danger de la cohabitation pendant la campagne électorale. Certes il se produit quelques inévitables égratignures: le Président de la République a profité des cérémonies du 14 juillet pour émettre quelques critiques sur la politique du Gouvernement, problème des allocations familiales qui seraient distribuées en fonction des revenus, politique nucléaire (fermeture de la centrale Super-phénix), immigration..., et affirmé sa prééminence surtout en matière de défense et de politique étrangère. Mais dans l'ensemble

la cohabitation démarre de façon courtoise et, lors de leurs déplacements à l'étranger, les deux hommes ont pu montrer que la France, en particulier sur les questions européennes, s'exprimait bien d'une seule voix. Lionel Jospin jouit d'une bonne cote de popularité et celle de Chirac qui avait chuté en même temps que celle de Juppé, très basse, remonte.

Alain Juppé avait été nommé Premier ministre le 17 mai 1995; il avait orienté son action des derniers mois vers la réduction des déficits publics, d'où des réformes partielles placées sous le signe de la rigueur.

Lionel Jospin voudrait tenir le pari d'assurer les priorités politiques annoncées lors de sa campagne électorale sans creuser le déficit budgétaire...

Immigration

La ténacité du Ministre de l'Intérieur de l'ancienne majorité, le gaulliste Jean-Louis Debré et le mouvement des sans-papiers (voir l'article de Danielle LOCHAK, *AFI 1997*, p.31-32) ont relancé le débat sur l'immigration. Le projet de loi Debré devenu loi le 24 avril 1997 témoigne d'une volonté de fermeté dans la politique d'immigration tandis que la politique d'intégration est laissée pour compte. Le rapport sur l'immigration remis par Patrick Weil au premier ministre pendant l'été 1997 suscite critiques et controverses. Si le gouvernement procède à un certain nombre de régularisations des sans-papiers, la loi Debré, dont l'abrogation constituait l'une des promesses électorales, est toutefois maintenue et son toilettage ne calme pas la fureur des associations de défense des immigrés.

**Des sans-papiers à la "désobéissance civile":
un an de débats sur l'immigration**
Johanna SIMEANT
Professeur de science politique à l'Université de la Rochelle

De la mi-1996 à la mi-1997, l'immigration, de plus en plus appréhendée au travers de la question des étrangers en situation irrégulière, est restée un thème central sur l'agenda politique. On se souviendra tout particulièrement de l'important mouvement d'appel à la désobéissance civile, initié contre un article de la loi Debré visant à réprimer l'immigration irrégulière. La persistance du thème de l'immigration et de ses appropriations révèle plusieurs phénomènes: le décalage entre une gauche extra-parlementaire issue des classes moyennes salariées et particulièrement attachée aux respect des droits de l'homme, et une gauche parlementaire qui, lorsqu'elle est dans l'opposition, semble soucieuse de conserver ou de reconquérir un électorat populaire sensible aux thèses du Front National, parti d'extrême-droite, fût-ce au prix d'une grande discrétion verbale sur la question des étrangers en situation irrégulière; les progrès d'un certain nombre de thèses du Front National dans une partie de l'opinion publique; et enfin les tentatives des partis de gouvernement, de droite notamment, de durcir la législation sur l'immigration afin d'ôter des arguments au Front National. Cela explique que depuis 1982, treize lois aient réformé l'ordonnance de 1945 sur l'entrée et le séjour des étrangers en France: la loi Debré aurait du être la vingt-quatrième modification de l'ordonnance de 1945 régissant le droit des étrangers en France.

Politique étrangère

Jacques Chirac continue de mener une politique étrangère active: en no-vembre 1996, il se rend au Japon où est décidée la tenue annuelle d'un sommet franco-japonais; en mars 1997, il effectue un voyage au Brésil, en Uruguay, en Bolivie, au Paraguay et en Argentine et en avril en Chine. En Pologne le 11 septembre 1996 et le 16 janvier 1997 en Hongrie, il exprime le souhait que ces pays intègrent l'Union européenne en l'an 2000...

Jacques Chirac poursuit d'autre part la relance d'une politique arabe. Il effectue en octobre un voyage en Syrie, en Israël, dans les territoires pales-tiniens, en Jordanie, au Liban et en Égypte. La France souhaite une partici-pation européenne au processus de paix israëlo-arabe et c'est à son instiga-tion qu'était désigné en novembre 1996 un "envoyé spécial" de l'Union européenne au Proche-Orient. Mais le vent a tourné.

Il accueille également nombre de dirigeants étrangers: le président de Turkmenistan, le chef du gouvernement espagnol José Maria Aznar; le pré-sident d'Estonie, Lennart Meri, John Major, Helmut Kohl....

La visite de Jacques Chirac en Chine
DUANMU MEI
Institut d'Histoire Mondiale de l'Académie des
Sciences Sociales de Chine, Pékin

Jacques Chirac a effectué une visite officielle en Chine du 15 au 18 mai 1997, premier déplacement d'un président français dans ce pays depuis quatorze ans. Cet événement constitue un signe manifeste du désir des deux États de renforcer leurs relations sur la base de leurs intérêts communs et de leur amitié traditionnelle.

Au cours de leurs entretiens, M. Chirac et M. Jiang Zemin, président chinois, ont déclaré que les relations franco-chinoises étaient très importantes, tant dans le domaine économique que dans le domaine politique. Comme la Chine et la France sont toutes deux membres du Conseil de sécurité des Nations Unies, les deux dirigeants ont convenu en particulier d'intensifier leur coopération sur les problè-mes internationaux. Ils ont considéré qu'il existait quelques divergences entre leurs deux pays, mais qu'elles pouvaient être surmontées ou atténuées en renfor-çant une confiance réciproque et en fondant le dialogue sur l'égalité et le respect mutuel.

Le 16 mai M. Chirac et M. Jiang Zemin ont signé une déclaration conjointe qui exprime leur consensus sur l'aspiration et la détermination à établir un partena-riat global pour le XXIe siècle. Après la signature, les deux présidents ont assisté à la cérémonie de signature de huit accords des deux pays sur la coopération dans plusieurs domaines.

M. Chirac a rencontré aussi les autres dirigeants chinois. Il a assisté le 17 mai à Shanghai à la cérémonie d'ouverture de l'Exposition 97 des technologies de pointe en France, qui s'est tenue du 17 au 21 mai. Plus de 30 000 personnes ont visité l'exposition et ont participé aux échanges.

Avant de terminer sa visite, M. Chirac a fait un discours devant plus de 600 étu-diants et chercheurs à Shanghai puis à Pékin le 16 mai à l'Institut National d'Ad-ministration. Il a déclaré que la France et la Chine pouvaient concerter leurs ef-forts pour contribuer à l'instauration d'un monde caractérisé par la pluralité, l'har-monie et une plus grande stabilité.

Justice

Les scandales qui impliquent des hommes politiques, de droite et de gauche, continuent d'alimenter la chronique judiciaire. Du côté des socialistes, plusieurs condamnations pour corruption, complicité d'escroquerie... L'ancien ministre B. Tapie est condamné à 2 ans de prison pour corruption dans le match Valenciennes-Marseille en février 1997 et démissionne de son mandat de député européen tandis qu'en mars, Jacques Mellick, maire de Valenciennes, est condamné pour faux témoignage en faveur de Tapie dans cette même affaire. L'ancien maire d'Angoulême, J.-Michel Boucheron est extradé d'Argentine où il s'était réfugié en 1992 avant d'être condamné par défaut en juillet 1994 pour trafic d'influence et prise illégale d'intérêts. Dans l'affaire des écoutes de l'Élysée: François Mitterrand est désigné comme l'instigateur de celles-ci par son ancien chef de cabinet, Gilles Ménage...

Les choses ne vont guère mieux à droite dans des affaires qui impliquent en particulier la femme de Jean Tiberi, le maire de Paris, très proche de Jacques Chirac. D'autres personnalités politiques sont condamnées pour recel de fonds, délit d'ingérence ou détournement de fonds. Ces affaires qui se produisent le plus souvent au plus haut niveau de l'État (on se souvient des appartements à loyer modéré, réservés par Juppé à son fils et sa première femme...) sont en partie responsables de l'échec de la droite aux élections législatives

D'autres types de procès ont un certain retentissement · dans l'opinion publique. Maurice Papon accusé d'avoir participé sous le régime de Vichy à la déportation de 1690 Juifs est renvoyé en cour d'assises pour crimes contre l'humanité. Deux chanteurs du groupe Rap NTM ("Nique ta mère") sont condamnés pour avoir injurié des policiers qui assuraient la sécurité lors de l'un de leurs concerts. Un ancien président de l'Église de scientologie est rendu responsable du suicide d'un des membres de cette secte. Mais ce sont surtout les procès de pédophiles, plusieurs centaines de ceux-ci ayant été poursuivis, qui émeuvent les Français. Enfin, une enquête judiciaire est ouverte à Paris sur les circonstances de l'accident qui, le 31 août 1997, coûtait la vie à la princesse Diana, Doddi Al Fayed, fils du propriétaire du célèbre hôtel parisien Le Ritz, et le chauffeur. Comme partout dans le monde l'opinion publique est très choquée et met en cause la responsabilité des paparazzi qui poursuivaient la Mercedes.

Le Ministre de la Justice est parfois soupçonné d'entraver le cours de la justice quand les affaires touchent des personnalités de sa tendance politique. J. Chirac annonce alors une réforme de la justice le 12 décembre 1996 visant à assurer l'indépendance des juges par rapport au pouvoir politique et à renforcer la présomption d'innocence et le 20 janvier une commission présidée par Pierre Truche, premier président de la Cour de cassation, est chargée de faire des propositions. Pessimiste au moment du changement de majorité sur l'avenir de ses travaux, achevés à la mi-juillet comme prévu, la commission Truche a été rassurée: le Ministre de la Justice, Élisabeth Guigou a, mis à part quelques réserves, approuvé ses propositions.

Défense

La réforme du service national est définitivement adoptée le 4 février 1997. Le service national obligatoire est remplacé par un "rendez-vous citoyen" de 5 jours. Cependant l'appel sous les drapeaux peut être rétabli si la défense de la nation le justifie. Des volontaires âgés de 18 à 30 ans pourront faire un service de 9 à 24 mois dans les domaines de "défense, sécurité et prévention, cohésion sociale et solidarité ou coopération internationale et aide humanitaire". (voir *AFI 1997*)

Jacques Chirac se soucie également de la défense au niveau de l'Europe. L'état-major de l'Euroforce (force opérationnelle rapide de 15 000 hommes) est installée à Florence en novembre. C'est alors qu'il reçoit le Premier ministre britannique John Major: la Grande-Bretagne accepte d'adhérer à l'agence européenne de l'armement à côté de la France, l'Allemagne et l'Italie. Lors de la rencontre à Nuremberg avec le chancelier allemand H. Kohl en décembre 1996, un accord est conclu sur un "concept stratégique commun" visant à doter la France et l'Allemagne d'une "défense concertée".

Jacques Chirac se rend à Moscou le 2 février 1997 où il discute avec le président Boris Eltsine de l'élargissement de l'OTAN. Le 22 février à Bucarest, il annonce son souhait "que la Roumanie rejoigne l'Alliance Atlantique le plus tôt possible...".

Religion

Les 12ᵉ Journées mondiales de la jeunesse (JMJ), organisées par Monseigneur Dubost, ont eu lieu à Paris du 18 au 24 août 1997. Cette manifestation catholique a connu beaucoup plus d'ampleur que prévu, réunissant 300 000 jeunes de 160 nations lors de l'ouverture et plus d'un million pour la messe de clôture célébrée par la pape Jean-Paul II à l'hippodrome de Longchamp (ci-contre, une petite partie de la foule sur le Champ de Mars).

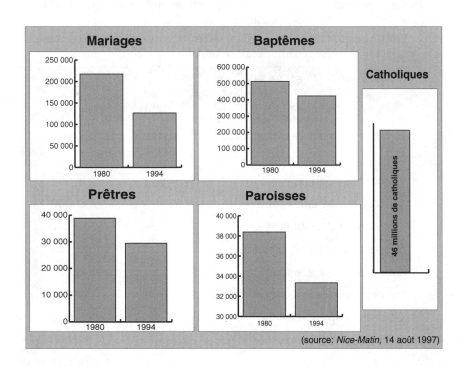

(source: *Nice-Matin*, 14 août 1997)

Éducation

Le 4 février, le ministre de l'Éducation nationale, François Bayrou présentait un projet de réforme de l'université, fondée sur plusieurs principes dont la semestrialisation des cours, la possibilité pour l'étudiant de 1re année de changer d'orientation après le premier semestre.... Ce projet avait été conçu dès 1992, par son prédécesseur socialiste au ministère de l'Éducation, Claude Allègre, et son successeur, (le même Claude Allègre!) entend bien le mettre en application. À l'occasion de la rentrée scolaire, ce dernier a montré qu'il entendait se préoccuper des davantage des élèves que du corps enseignant. Il tient à "dégraisser le mammouth" et à "brasser la cage"(sic).

ÉCONOMIE

LE GRAND DÉFI DU GOUVERNEMENT JOSPIN: RÉDUIRE LE CHÔMAGE

1. Les derniers chiffres du chômage en France

En avril 1997, la France recense 3 286 000 chômeurs (données corrigées des variations saisonnières) au sens du Bureau International du travail (BIT), soit une augmentation de 0,12% par rapport au mois précédent et de 4,7% par rapport au même mois de l'année 1996.

La politique de l'emploi mise en place reste donc impuissante à contenir le chômage. Elle peut se résumer dans le tableau ci-dessous.

La politique de l'emploi en France
(effectifs fin avril 1997, hors stages de formation et mesures d'accompagnement des restructurations et préretraites)

Exonération pour l'embauche du premier salarié	120 000
Formation en alternance	
- contrats d'apprentissage	304 000
- contrats de qualification	120 000
- contrats d'adaptation	36 000
Contrats de retour à l'emploi	50 000
Contrats initiative emploi	408 000
Insertion par l'économique	59 000
Contrats emploi-solidarité	309 000
Contrats emploi consolidé	82 000
TOTAL	**1 488 000**

(source: Ministère du travail)

2. Les projets du gouvernement Jospin

A. Réduire les inégalités

Les revenus d'activité des ménages ont baissé de 0,5% par an en moyenne entre 1989 et 1994 alors que les revenus du patrimoine ont augmenté de 4%. Quatre millions de personnes vivent avec moins de 3 000 FF par mois. Les marges de manœuvre du gouvernement sont étroites, notamment en matière budgétaire. Deux outils restent disponibles: le Salaire Minimum Interprofessionnel de Croissance (SMIC), les cotisations sociales.

Il faut répartir autrement les richesses et remettre le pays sur la voie du plein-emploi. La difficulté consiste à répartir autrement la valeur ajoutée en faveur des salariés sans contraindre les entreprises compte tenu des effets négatifs qui pourraient en résulter.

B. La réduction du temps de travail (RTT)

La RTT reste l'arme principale du gouvernement Jospin. Plutôt que de distribuer massivement des subventions aux entreprises et de réduire le coût du travail, Lionel Jospin s'est engagé à contraindre par la loi les entreprises à négocier une RTT, permettant des embauches compensatrices et en développant le temps partiel choisi. La Contribution Sociale Généralisée (CSG) élargie sera probablement l'un des modes de financement.

3. La bourse applaudit le chômage

Cette affirmation se vérifie à Paris, mais est démentie par Wall Street.

Depuis plusieurs années, la Bourse monte en France en même temps que le taux de chômage. Existe-il une corrélation directe entre ces deux phénomènes ? La réponse reste complexe dans la mesure où les interactions sont nombreuses. Depuis 6 ans aux USA, les experts constatent une baisse du chômage avec une montée parallèle des cours à Wall Street.

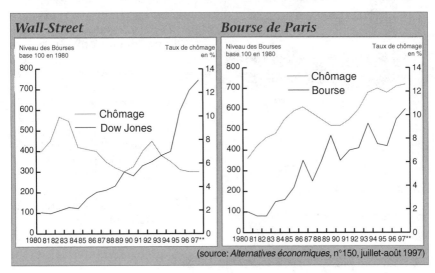

(source: *Alternatives économiques*, n°150, juillet-août 1997)

Les taux d'intérêt baissent sensiblement depuis cinq ans, l'attrait des actions s'accroît et leur prix augmente, d'où une hausse de la Bourse. Quel lien avec le chômage ? En théorie, la baisse des taux d'intérêt devrait contribuer à faire diminuer le chômage en incitant les ménages à consommer et les entreprises à investir. C'est ce qui se passe aux États-Unis.

Mais, en France, les ménages et les entreprises sont pessimistes, ils craignent l'aggravation du chômage, la diminution des retraites, la fin de la protection sociale... Ce pessimisme se traduit par une augmentation de l'épargne. Parallèlement, la rigueur budgétaire et l'austérité salariale entraînent une stagnation de la consommation et de l'investissement, malgré la baisse des taux d'intérêt. La situation des entreprises devient donc plus difficile. La baisse des taux d'intérêt leur a cependant permis de diminuer leur frais financiers, donc de maintenir leurs bénéfices et ainsi de soutenir la Bourse. La liaison Bourse-chômage n'est donc pas établie et varie en fonction de la conjoncture économique générale. Elle ne peut s'ériger en loi économique.

Excédent commercial record en 1996

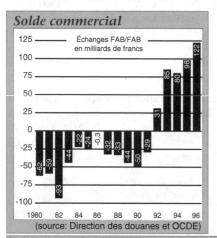

(source: Direction des douanes et OCDE)

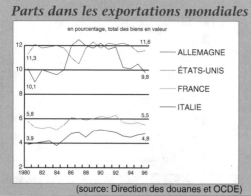

(source: Direction des douanes et OCDE)

En 1996, la France a dégagé un excédent historique de 122,3 milliards de FF. La performance est d'autant plus remarquable que la balance énergétique se dégrade d'année en année. passant de 58,6 milliards de FF de déficit à 76,8 milliards de FF.

Quelle est l'origine de cet excédent? essentiellement l'agro-alimentaire et l'industrie civile. Cela ne signifie pas pour autant que l'économie française va mieux. La réalité est plus complexe. Ces chiffres douaniers soulèvent de nombreux problèmes. Les statistiques ne sont pas fiables. Les DOM-TOM sont comptabilisés comme étant des partenaires extérieurs à la France (amélioration du solde de 30 milliards de FF). Ensuite, la fraude intracommunautaire à la TVA surestime l'excédent commercial. Au total, les échanges français seraient juste équilibrés.

Autre interrogation: l'excédent commercial est-il

Les chiffres-clés de l'économie française

PIB	7 675 milliards FF (1995)
Revenu disponible brut des ménages	5 352 milliards FF (1995)
Population active	25 280 000 (mars 1995)
Chômeurs BIT	2 934 60000 (mars 1995)
Taux de chômage	11,6 % (mars 1995)
Loi de finances initiales (1996)	- Charges: 1 552 milliards FF
	- Ressources: 1 264,2 milliards FF
	- Solde: - 287,8 milliards FF
Dette publique	3 200 milliards FF (1995)
Importations (CAF)	1 380 milliards FF (1995)
Exportations (FAB)	1 429 milliards FF (1995)
Solde Bal. com.	49 milliards FF (1995)

structurel ou conjoncturel ? Plusieurs thèses sont avancées. D'abord, l'inflation ayant été jugulée, les entreprises sont plus compétitives. Selon l'OCDE, la hausse de la demande intérieure reste faible du fait de la stagnation de l'investissement. La question la plus importante reste: la France perd-t-elle des parts de marché ? Selon l'OCDE, la réponse est positive; la France aurait perdu 2,9 points en 1996, à peine plus que l'Allemagne.

En définitive, la France possède de meilleures armes pour affronter les marchés étrangers, mais l'évolution du commerce mondial a été plus rapide.

Des produits bien de chez nous

La pluie, une bagatelle avec K-Way !

Héritier de l'entreprise paternelle de textile sise le Nord de la France, J.-C. Duhamel dessine, en 1965, sur le coin de table d'un bistrot parisien (Le Café de la Paix), le fameux K-Way ("en cas" de pluie). Il rajoutera "way" pour faire anglo-saxon.

Le premier imperméable (1965) sera léger, sans doublure, avec une capuche. Il se retourne comme un gant et s'enferme dans une poche qui peut se mettre à la taille dès le retour du soleil. La première année, l'entreprise vend 250 000 vêtements. Le K-Way va bientôt devenir multicolore.

Mais cet habit présente des défauts. En polyamide enduit, il fait transpirer. Qu'à cela ne tienne, son inventeur va le percer de micropores. Il va rapidement se vendre à travers le monde à plus de 20 millions d'unités.

Le K-Way se démode dans les années 80. Comble de malchance, un incendie ravage son siège social et son usine. En 1992, la société est rachetée par une banque d'affaires italienne SOPAF. L'imperméable modifie son "look": ligne plus près du corps, couleurs fluo... La pluie peut tomber, K-Way est de nouveau prêt à l'affronter.

Il réussit dans les échecs

À quatorze ans, Étienne Bacrot est devenu le plus jeune grand maître international de toute l'histoire des échecs. Trois tournois consécutifs lui auront suffi depuis septembre 1996, pour enchaîner les trois "normes" qui lui ont permis d'empocher le titre et de pulvériser tous les records d'une discipline qui est déjà passablement riche en jeunes prodiges.

Le marché de l'immobilier en France

Le marché de l'immobilier recouvre des situations diverses: le lieu, la nature du bien (habitation ou commercial). Nous schématiserons en prenant en compte trois secteurs différents: habitation à Paris et en Île-de-France; habitation en province; résidence secondaire.

Le prestige de Paris a fait depuis longtemps de la capitale française un lieu très convoité. Depuis la fin des années quatre-vingt, une spéculation effrénée a changé bien des données. Après un coup d'arrêt brutal dans la surenchère folle du prix du mètre carré en 1990 (comme à New York et à Londres), la "bulle spéculative" a explosé, provoquant un début de chute des prix en 1991. Début 1997, le prix moyen du mètre carré est revenu (compte tenu de l'inflation) à celui de 1987. Dans le choix de son logement, l'acquéreur est devenu intransigeant sur la qualité du bien, les charges, le prix, l'environnement du quartier, la proximité des écoles, des commerces, du métro. Dans l'ancien, il recherche un immeuble en pierre de taille, bien entretenu, en étage élevé avec ascenseur, clair, calme, comportant un séjour orienté à l'ouest et au sud-est, "dans son jus", c'est-à-dire dont la décoration originelle a été conservée (cheminées, plafonds à moulures, parquets, etc.). Le rêve est d'avoir un balcon ou, encore mieux, une terrasse, si possible sans vis-à-vis. Se trouver face à un jardin ou un monument historique constitue le summum, ce que l'on appelle le "hors-cote". Pour le troisième trimestre 1996, la Chambre des notaires de Paris donnait un prix moyen à la vente de 15 508 FF le mètre carré dans l'ancien, soit une baisse de 8,62% sur un an, la chute la plus spectaculaire ayant eu lieu dans les beaux quartiers de la rive droite de la Seine, en particulier le 16e arrondissement. Pour la location, même phénomène: une baisse des loyers de 30% environ, avec une moyenne de 80 FF le mètre carré par mois hors charges pour un bien en état irréprochable.

En Île-de-France l'ouest de Paris connaît des prix voisins de ceux de la capitale (Versailles, Neuilly, Saint-Germain-en-Laye par exemple). À l'est, les communes bordant la Marne sont très recherchées (Nogent, Saint-Maur, Vincennes...)

La province a toujours été plus sage, plus stable, moins spéculative que Paris. Prix de vente et de location sont sans commune mesure avec ceux de la capitale. On note toutefois des situations différentes selon la position géographique et le fait qu'il s'agit d'une résidence principale ou secondaire. La Côte d'Azur qui battait des records internationaux de prix il y a quelques années, connaît une crise sans précédent: baisse des prix, invendus. La surdensité de la construction y a sans doute contribué: les belles propriétés ont été "saucissonnées" en immeubles d'une architecture déjà vue sur d'autres côtes massacrées. Allemands, Hollandais, Belges sont de gros acheteurs dans l'arrière-pays méditerranéen; les Anglais sont très présents en Normandie depuis l'ouverture d'Eurotunnel. Les Français huppés se retrouvent depuis une vingtaine d'années dans le Lubéron où les prix sont désormais très élevés.

Les coûts de notaire, de taxes diverses, payables lors de l'acquisition, restent très élevés (10% du prix de vente environ dans l'habitation dans l'ancien). Mais les prix, continuant de baisser, font de Paris en particulier, une ville où il est relativement peu cher de se loger, par rapport à d'autres grandes métropoles comme New York, Tokyo ou Londres.

Habiter dans une station orbitale

Jean-Loup Chrétien, premier Français à avoir séjourné dans l'espace et doyen des astronautes français (59 ans), a décollé en septembre 1997 avec la navette *Atlantis*, pour rejoindre la station Mir, qu'il connaît bien et qu'il est chargé de réparer avec ses collègues russes et états-uniens.

Culture et littérature

Louis Aragon, poète et romancier 1897-1982

Aragon aurait été centenaire le 3 octobre 1997. La récente publication dans la prestigieuse Bibliothèque de la Pléiade (Gallimard) du premier tome, sur les cinq de prévus, de ses *Œuvres romanesques* complètes, non seulement marque son entrée dans ce panthéon littéraire où figurent déjà Proust, Giono, Camus et Malraux, mais surtout met à la disposition du lecteur des notices de présentation, une chronologie et un appareil critique, fruit d'un travail scientifique. Couvrant la période de sa vie qui va jusqu'à 1935, ce volume s'ouvre sur *Anicet ou le Panorama* qui fut publié en 1921 aux éditions de la Nouvelle Revue française, N.R.F., grâce à l'appui d'André Gide qui reconnaissait y avoir vu, s'adressant à l'auteur "à la fois très exactement ce que j'attendais de vous et très supérieur à" (sic). Il se clôt sur *Les Cloches de Bâle*, présentées à sa parution en 1934 comme le premier volet d'un cycle intitulé *Monde réel*, qui comportera *Les Beaux Quartiers* (1936), *Les Voyageurs de l'impériale* (1942), *Aurélien* (1944) et *Les Communistes* (1949- 1951).

Au sortir de la Première Guerre mondiale, dont il vécut en tant que combattant seulement les derniers mois, le sentiment de cataclysme absolu qu'il éprouvait comme tous ceux qui en avait connu l'horreur indicible, fut pour beaucoup dans son adhésion au surréalisme, dont il retenait d'abord l'exigence nihiliste. Il avait fait la connaissance en 1917 d'André Breton, lui aussi étudiant en médecine, et été séduit par le *Manifeste dada* de Tristan Tzara. Pour ces jeunes révoltés, il s'agissait de dynamiter de manière radicale et définitive toute forme d'art et toute pensée établie. Le roman n'échappait évidemment pas à cette condamnation, et *Anicet* pouvait apparaître à cet égard comme une sorte de défi. On dirait, à lire ce récit, une parabole abracadabrante dans un style qui l'apparenterait aux films *Fantômas* de Louis Feuillade, dont précisément les surréalistes se régalaient. Le premier roman toutefois marque plus un terme qu'un commencement; Aragon "liquide" le surréalisme, annonce symboliquement sa déconfiture dans la puérilité de ses provocations.

Ici intervient l'épisode du manuscrit détruit par l'auteur lui-même, dans la cheminée d'un hôtel à Madrid. Ce qu'on en connaissait alors fut publié après sa mort sous le titre de *La Défense de l'infini*. Or un universitaire, Lionel Follet, vient de publier après un patient travail de reconstitution les fragments épars, retrouvés aux États-Unis, que Nancy Cunard, la riche héritière de la compagnie maritime Cunard Line, auprès de qui Aragon vivait à l'époque les derniers moments d'une liaison orageuse, aurait sauvés de l'autodafé. À travers ces textes séparés qui constituaient sans doute les premiers piliers d'une ambitieuse composition romanesque, on comprend ce qui faisait pour Aragon l'intérêt majeur de cette forme littéraire. Une fois en effet qu'elle a été complètement éclatée en récits, témoignages, digressions de tous ordre, elle est seule à pouvoir rendre compte de la pluralité des situations, des points de vue, des déterminismes, du "bordel" en somme, que constitue à ses yeux la réalité du monde.

Mais c'est une période particulièrement noire que traverse alors Aragon, au point même qu'il tentera de se suicider. Il fait la rencontre du poète soviétique Vladimir Maiakovski, mais surtout de la belle-soeur de ce dernier, Elsa Triolet, avec qui il formera jusqu'à la mort un couple mythique. Malgré les actes d'allégeance qu'il multiplie, il ne rencontre pendant longtemps au sein du parti communiste que méfiance et incompréhension, tandis que de leur côté les surréalistes le traitent de "Paillasse". Dès leur publication, *Les Cloches de Bâle* furent présentées comme "le premier exemple dans le roman français de ce réalisme socialiste que l'on a défini au premier congrès de l'Union des écrivains soviétiques". Lors de cette manifestation en effet, à laquelle Aragon avait été invité, en même temps d'ailleurs qu'André Malraux, Jdanov avait, en présence de Staline, défini les écrivains comme les "ingénieurs des âmes". *Les*

Cloches de Bâle se terminent par une évocation, en épilogue, du Congrès socialiste international pour la paix réuni à Bâle en novembre 1912 – ce qui explicite le titre. Le lecteur d'aujourd'hui, qui sait comment par deux fois au cours du siècle l'humanité a vu ses espérances d'un monde meilleur précipitées comme jamais dans des torrents de sang, ne peut lire sans émotion: "Je ne ris pas de cet immense peuple rassemblé dans Bâle, de cet immense espoir qui sera frustré [...] Cet immense troupeau est venu ici comme à une fête. J'ai peur de regarder en face son destin."

À consulter:
TAILLANDIER François, *Aragon 1897-1982. Quel est celui que l'on prend pour moi?* Fayard.

Les impairs ou avatars de la culture

Cette année le microcosme culturel aura été agité par une polémique autour de "l'art nouveau". L'académicien et professeur au Collège de France, Marc Fumaroli, le conservateur du musée Picasso à Paris, Jean Clair, et le philosophe Jean Baudrillard ayant osé écrire ici ou là qu'il était dans une totale impasse, ses défenseurs attitrés sont montés au créneau, allant jusqu'à dénoncer dans ces critiques des relents de fascisme. La chose n'est pas nouvelle; il semble que depuis quelque temps le pli soit pris de crier à l'extrême droite sitôt qu'on est discuté. À quoi Jean-François Revel, lui aussi récemment élu à l'Académie française, riposte non sans raison dans l'hebdomadaire *Le Point* qu'«en être réduit à vociférer: "Si vous n'aimez pas cette œuvre, c'est que vous êtes nazi" est précisément prendre modèle sur les époques de dictature et de censure» idéologiques. L'anathème fait boomerang; il traduit en réalité une grande étroitesse d'esprit et paresse de réflexion. On ne peut nier en effet que l'art moderne fasse problème dans la mesure, justement, où il se veut une rupture absolue avec la tradition et l'autorité des maîtres du passé. Comment s'étonner que la notion même de beau soit devenue incertaine et presque vide de sens, quand l'œuvre se présente comme "performance", un "concept" de créativité pure sans référence ni modèle - une longue carotte de plastique, par exemple, autour de laquelle évoluent des petits lapins à pile battant du tambour? À la quatrième Biennale de Lyon, on voit un rouleau compresseur suspendu en l'air "prêt à s'envoler", d'après le titre, ou un groupe de douze rats noirs hauts de deux mètres dont les queues sont emmêlées en pelote. On a beau vous dire que cela peut se produire dans la réalité, et que c'est un symbole de l'humaine destinée, les visiteurs, nombreux, défilent le regard vide. La provocation tue la provocation, à force de vouloir aller toujours plus loin, ou pour mieux dire toujours plus bas, et en fin de compte elle n'est plus perçue que comme un canular. Les gens ont peur de passer pour des bourgeois bornés, des réactionnaires, et se disent que de toute manière "ça les dépasse", mais qu'il faut bien "vivre avec son temps". Il est d'ailleurs paradoxal que l'artiste moderne, tout en affirmant son entier attachement au dogme officiel selon lequel la culture doit être accessible au plus grand nombre, estimerait s'abaisser à la plus vile complaisance s'il cherchait à plaire. En réalité, c'est toute sa relation au public qui se trouve profondément modifiée. Pendant longtemps, les peintres ou les sculpteurs n'ont pas vu d'incompatibilité radicale entre leur recherche originale de la beauté et la satisfaction d'une clientèle éclairée de mécènes ou de simples amateurs. Certes, cela n'allait pas sans divergences parfois conflictuelles, du fait de l'indépendance d'esprit des uns et du conformisme des autres, mais elles étaient plutôt un facteur de mouvement, le moteur de la vie artistique, sans que soit entamé le principe classique que la première règle est de plaire. Or, en se soustrayant à cette sujétion comme attentatoire à sa liberté créatrice, l'artiste ne risque-t-il pas de tomber dans les filets du clientélisme politique? "Sa vie matérielle dépend beaucoup moins du suffrage des amateurs que de l'argent de l'État, écrit J.-F. Revel dans l'article cité plus haut. La subvention a largement remplacé la séduction." Toutefois cette dépendance financière par rapport aux pouvoirs publics n'est pas ressentie vraiment comme telle par ceux qui vivent de leurs aides, dès lors que celles-ci sont tenues non pour des faveurs mais pour un dû, et qu'elles rétribuent non pas une œuvre dont les mérites seraient sujets à estimation, mais une fonction valable et utile en soi. L'État moderne a obligation de subvenir aux besoins de la vie culturelle, au même titre qu'à ceux de l'éducation nationale ou de la recherche scientifique, et d'assurer la subsistance des artistes devenus ses agents en la matière, comme il le faisait pour les prêtres avant les lois de séparation d'avec l'Église.

À partir de là, le terme même de culture s'est vu doté des acceptions les plus étendues. Ne parlons pas de l'emploi qu'en ont fait les ethnologues anglo-saxons, quand ils opposent à la nature l'ensemble des artifices par lesquels l'homme s'est organisé pour survivre et prospérer: contre les intempéries, la nature se défend par le pelage, la culture par le vêtement. Dans le langage politico-administratif, en revanche, ce mot est à géométrie variable, pouvant désigner tout aussi bien l'attachement au patrimoine artistique, l'accès du plus grand nombre aux chefs-d'œuvre universels que la prise en considération du particularisme de telle ou telle communauté, profession, tranche d'âge - la culture jeunes ou la culture rock par exemple. Comment est-on arrivé à un pareil confusionnisme? C'est ce qu'a tenté d'analyser Marc Fumaroli dans son livre intitulé *L'État culturel* qui suscita lors de sa publication quelques remous. Les ministres du Front populaire, en 1937, Jean Zay à l'Éducation nationale et Léo Lagrange aux Sports et Loisirs, étaient assez remarquablement restés fidèles à la philosophie exprimée par le latin *cultura animi*, désignant le développement de l'esprit pris dans son sens le plus général, par une activité désintéressée. Ils avaient bien compris qu'à partir du moment où, grâce à l'institution des congés payés, les travailleurs allaient jouir de loisirs, il fallait, en même temps, les y préparer par l'éducation, et mettre à leur disposition tous les moyens nécessaires à la pratique d'activités sportives, manuelles ou artistiques, susceptibles de leur procurer un divertissement à la fois sain pour le corps et l'esprit. "Il ne peut s'agir, déclarait à l'époque Léo Lagrange, dans un pays démocratique, de caporaliser les loisirs, les distractions et les plaisirs, et de transformer la joie habilement distribuée en moyen de ne pas penser." Et Marc Fumaroli d'ajouter dans l'ouvrage cité plus haut: "L'entraînement physique, l'apprentissage d'une discipline de l'esprit ou de la main lui apparaissaient les vraies alternatives au travail et au métier quotidiens" (p 83).

La bicyclette, sacrée "la petite reine", le camping, les chansons de Charles Trénet symbolisèrent cette nouvelle joie de vivre.

Le tournant radical a été pris - on n'aime pas trop se l'entendre rappeler - pendant les premiers mois de Vichy, quand fut créée notamment l'association "Jeune France" dont Emmanuel Mounier, plus tard "compagnon de route" du parti communiste, était l'âme et le théoricien. Il s'agissait alors de réveiller la ferveur de la jeunesse autour de valeurs collectives données comme régénératrices, grâce au nouveau moyen de communication qu'était la radio et, plus particulièrement, l'organisation d'"'événements" festifs, de nature à susciter dans les foules rassemblées une contagion "unanimiste" plus affective et épidermique que réfléchie. La formule a connu, on le sait, une brillante fortune, et il n'y a pas toujours lieu de s'en féliciter. En France, elle a été reprise plusieurs décennies après, mais en l'occurrence directement inspirée des pratiques du show-business à l'américaine. Dans le genre, la manifestation la plus spectaculaire aura sans doute été le concert de musique rock, pop et reggae, organisé par "Touche pas à mon pote" et SOS-Racisme, aux frais de l'État bien sûr, dans la nuit du 15 au 16 juin 1985, sur la place de la Concorde. Elle rassembla 300 000 personnes et donna l'occasion aux membres du gouvernement de prendre un enthousiaste bain de foule. Si, un moment, l'écrivain Marek Halter salua avec allégresse cet événement comme l'annonce d'un retour aux valeurs morales et spirituelles indispensables à la société, Marc Fumaroli quant à lui déplore que "la culture officielle ait fait tomber ce jour-là même le précepte évangélique d'amour au rang de la fièvre du samedi soir" (op. cit. p.191). En 1981, le ministre Jack Lang, en visite à Cuba, avait proclamé: "La culture, c'est d'abord cela: la reconnaissance pour chaque peuple de choisir librement son régime politique." À ce compte, le mot renvoie à une sorte de religion fourre-tout des droits de l'homme, de la justice sociale, de la fraternité universelle, à moins qu'il ne s'agisse du travestissement machiavélique d'un art de gouverner alliant manipulation et clientélisme, La question ainsi posée est grave, et l'on comprend qu'elle puisse susciter un "grand tapage".

Références:

FERRY Luc, *Homo aestheticus. L'invention du goût à l'âge démocratique*, Grasset, 1990.
FUMAROLI Marc, *L'État culturel. Essai sur une religion moderne*, Éd. de Fallois, 1991.

Tennis: Coupe Davis; à nouveau les Français
Francis GOTTSMANN
Professeur de sport à l'Université de Versailles/Saint-Quentin-en-Yvelines

Cinq années après leur victoire à Lyon, les joueurs de l'équipe de France en tennis ramènent le fameux saladier à Paris au terme d'un parcours riche en émotions. Vainqueurs de l'Allemagne par cinq victoires à zéro, puis de l'Italie (en demi-finale), les joueurs français rééditent en 1996 face à la Suède, l'exploit qu'ils avaient réalisé en 1991 contre les États-Unis en remportant à nouveau la coupe Davis. Emmenés par leur capitaine Yannick Noah, les joueurs français Cédric Pioline, Arnaud Boetsch, Guy Forget et Guillaume Raoux ont arraché à Malmö la victoire aux Suédois après une rencontre à l'issue totalement incertaine jusqu'au gain de l'ultime point final, au terme de quatre heures de jeu d'une grande intensité. Le suspense a ainsi été mené à son point culminant pour le plaisir de plus de 10 millions de téléspectateurs français qui ont montré pendant toute cette semaine de matches leur profond engouement pour le tennis. Reste à espérer que ce type d'événement, et surtout le succès de cette élite, suscitent de nouvelles envies de jouer auprès de bon nombre de ces spectateurs, pour assurer au tennis français une relance au niveau de la masse des pratiquants et pour enrayer la chute du nombre des licenciés enregistrée au niveau des fédérations depuis plusieurs années.

PERSONNALITÉS DISPARUES

En 1996

18 septembre: ANNABELLA (Suzanne CHARPENTIER) à 86 ans, actrice (*Le Million*, *Hôtel du Nord*).

20 octobre: Robert BENAYOUN à 70 ans, fondateur de la revue *L'Âge du cinéma* et réalisateur.

27 octobre: Germaine SOLEIL à 83 ans, astrologue, animatrice à la radio de 1970 à 1983.

31 octobre: Marcel CARNÉ à 87 ans, réalisateur de cinéma (*Hôtel du Nord*; *Les Visiteurs du soir*...).

9 novembre: Fred LIPMANN à 91 ans, ancien PDG de la société LIP jusqu'en 1971. L'usine d'horlogerie, occupée par les salariés en 1973, devint une coopérative ouvrière de 1977 à 1984.

22 novembre: Maria CASARES à 74 ans, actrice de théâtre et de cinéma (*Les Dames du bois de Boulogne*, *Le Testament d'Orphée*...).

3 décembre: Georges DUBY à 77 ans, historien spécialiste du Moyen Âge (*L'An mil*, *Le Temps des cathédrales*...).

29 décembre: Daniel MAYER à 87 ans, socialiste, ancien ministre, ancien président du Conseil constitutionnel, ancien président de la Ligue des droits de l'homme.

29 décembre: Édouard BLED à 96 ans, auteur avec sa femme, d'ouvrages de grammaire et d'orthographe.

29 décembre: MIREILLE à 90 ans, chanteuse qui avait créé en 1954 le "Petit conservatoire de la chanson".

En 1997

12 janvier: Jean-Hedern HALLIER à 60 ans, écrivain polémique, co-fondateur de la revue *Tel quel* et du mensuel *L'Idiot international*.

28 janvier: Louis PAUWELLS à 76 ans, créateur de la revue *Planète*, co-auteur du *Matin des magiciens*.

4 février: René HUYGHE à 90 ans, historien de l'art, membre de l'Académie française.

10 février: Lou BENNETT (Jean-Louis BENOÎT) à 70 ans, organiste de jazz.

4 mars: Paul PRÉBOIST à 76 ans, comédien spécialiste des seconds rôles comiques.

5 mars: Jean DREVILLE à 91 ans, réalisateur de cinéma (*Le Président*, *Les Casse-pieds*...).

7 mars: GUS (Gustave ERLICH) à 85 ans, dessinateur humoriste (au *Canard enchaîné*, au *Figaro*...).

15 mars: Victor VASARELY à 90 ans, peintre, un des inventeurs de l'art cinétique.

19 mars: Eugène GUILLEVIC à 89 ans, poète (*Euclidiennes*; *Possibles futurs*...).

juillet: François FURET qui venait d'être élu le 20 mars 1997 à L'Académie française au fauteuil de Michel Debré.

FRANCE

LE COMMANDANT COUSTEAU

Alexandre TAITHE
Université de Versailles/Saint-Quentin-en-Yvelines

Jacques-Yves Cousteau, le "Captain Planet" comme l'avait appelé Javier Perez de Cuellar, est mort à 87 ans le 25 juin 1997. Français le plus populaire en France et à l'étranger, le commandant Cousteau a marqué l'océanographie, l'écologie et le cinéma de son empreinte.

Né le 11 juin 1910 en Gironde, Jacques-Yves Cousteau, officier de la marine nationale, effectue ses premières plongées en 1936 dans les calanques marseillaises. Il devient l'initiateur de la plongée sous-marine moderne par plusieurs inventions dont le scaphandre autonome.

À sa passion pour l'exploration sous-marine va succéder une double mission dont il se sentira investi: découvrir et faire partager le spectacle éblouissant des fonds marins, puis protéger les océans.

La *Calypso*, achetée en 1950 avec l'aide d'un richissime mécène anglais, sera la plate-forme d'expéditions variées, (géologie, biologie, archéologie, zoologie et écologie) et accueillera de nombreux scientifiques: Cousteau devient le commandant Cousteau.

De sa première campagne océanographique en mer Rouge, Cousteau tire un livre, puis un film: *Le Monde du silence*, co-réalisé avec Louis Malle. Le film est un succès mondial et obtient en 1956 la palme d'or à Cannes et un oscar à Hollywood. Il s'ensuit une longue série de documentaires destinés à la télévision américaine, ce qui permet au commandant Cousteau de financer ses innombrables projets et expéditions.

Cousteau met en scène avec génie un spectacle encore inconnu à l'époque: celui des fonds marins. Ses 9 Films, 50 livres et 110 documentaires sont pour le grand public une fenêtre sur les profondeurs marines dont il fait découvrir la splendeur et les mystères.

Sa préoccupation pour l'écologie va s'affirmer lentement à partir des années 1960 jusqu'à la création de ses fondations aux États-Unis en 1973, puis en France en 1980. Son plus grand triomphe écologiste sera la signature en 1991 d'un moratoire de cinquante ans sur l'exploitation des richesses minières en Antarctique.

Conscient de son immense popularité à travers le monde, Cousteau est l'exemple de ces nouveaux acteurs internationaux capables de faire infléchir la politique des gouvernements, "seuls responsables des maux de la planète" selon lui.

Médiatisé à outrance, homme public, homme d'affaires, Cousteau aimait "chauffer" l'opinion pour défendre des causes qui lui paraissaient justes.

Élu à l'Académie française en 1988, directeur du musée océanographique de Monaco de 1957 à 1988, Jacques-Yves Cousteau a été président du Conseil pour les droits des générations futures depuis sa création par François Mitterrand en 1993 jusqu'à ce qu'il en démissionne en 1995 pour protester contre la reprise des essais nucléaires français.

Explorateur de talent, le commandant Cousteau laisse le souvenir d'un esprit exceptionnellement novateur ainsi qu'un héritage océanographique et cinématographique unique.

BIBLIOGRAPHIE

Étant donné le volume de la production éditoriale française, cette bibliographie n'est pas exhaustive: elle vise à donner un aperçu aussi représentatif que possible de ce qui a été publié dans la période concernée. Les critères retenus pour la sélection sont la qualité du contenu de l'ouvrage et
l'intérêt du sujet; la notoriété de l'auteur; le nombre d'exemplaires vendus.
Lorsque le lieu d'édition n'est pas indiqué, il s'agit de Paris. Sauf indication
contraire, la date de parution est 1997.

Littérature

BESSON Patrick, *La Science du baiser*, Grasset.
> Quarante ans, auteur d'une trentaine d'ouvrages; prix Renaudot 1995, pour *Les
> Braban*. Un monde grec réinventé, de Lesbos à Naucratis, de Sidon à Carthage; le
> désir et la mort dans l'atmosphère des gynécées.

BOUDARD Alphonse, *Madame de Saint-Sulpice*, Éd. du Rocher.
> Prix Renaudot 1977 pour *Les Combattants du petit bonheur*. Le chantre des maisons
> closes aujourd'hui disparues, nous donne une piquante chronique d'un "bobinard"
> à l'enseigne de l'Abbaye.

CASTILLO Michel del, *La Tunique d'infamie*, Fayard.
> Né à Madrid en 1933, s'est fait connaître par son premier roman autobiographique
> *Tanguay* (1957). Dans *Mon frère l'idiot*, l'auteur dialoguait avec son double Dostoïevski.
> Il poursuit cette recherche de lui-même à travers le personnage d'un inquisiteur du
> XVIIᵉ siècle – la tunique d'infamie étant celle que revêtaient les condamnés de
> l'Inquisition marchant au supplice. Livre d'une grande équité et sincérité, qualités
> rares.

CLAVEL Bernard, *La Guingette*, Albin Michel.
> Né en 1923, prix Goncourt 1968 pour *Les Fruits de l'hiver*. A déjà consacré plusieurs
> ouvrages au Rhône dont *Pirates du Rhône*, *Le Seigneur du fleuve*. Il s'agit cette fois
> d'une maîtresse femme, aubergiste et pirate, acharnée à venger la mort de son fils.
> Succès de vente.

DELERM Philippe, *La Première Gorgée de bière et autres plaisirs minuscules*, recueil de
textes, Éd. de l'Arpenteur.
> Professeur de lettres, 46 ans. A obtenu le Prix des Libraires pour son roman *Sundborn
> ou le Jour de la lumière*, racontant la vie de deux peintres scandinaves. En tête des
> ventes de l'été.

ERNEAUX Annie, *La Honte*, et *Je ne suis pas sortie de ma nuit*, Gallimard.
> Prix Renaudot 1984, pour *La Place*. Les choses infimes, admirablement vues et senties,
> de la vie minable dans la Normandie d'après la Seconde Guerre mondiale. Beaux
> récits sans fiction ni habile développement. Bouleversant.

GUIMARD Paul, *Les Premiers Venus*, Grasset.
> Prix Interallié 1957 pour *Rue du Havre*; grand succès du film de Claude Sautet adapté
> de son roman *Les Choses de la vie*. Fut un temps conseiller du président Mitterrand à
> l'Élysée. Récit d'une savoureuse ironie inspiré des premiers épisodes de la Bible:
> pourquoi tout ce chahut pour une pomme volée et le Déluge? Pourquoi recommencer
> avec Noé ce qui a raté avec Adam?

LE CLÉZIO J.-M. G., *Poisson d'or*, Gallimard.
> Prix Renaudot 1963 pour *Le Procès-verbal*; auteur aussi de nouvelles et d'essais. Laïla,
> enfant volée, sans identité, passera sa vie à errer de protectrice en protecteur, au
> Maroc, en France, parmi les pauvres et les exclus, jusqu'au jour où elle découvrira
> aux États-Unis le chant des noirs qui deviendra le sien. Thème cher à l'auteur du
> besoin de recherche de ses origines.

MALAVOY Christophe, *Parmi tant d'autres*, Flammarion.
> Le premier roman d'un très bon comédien; il y évoque son grand-père tué à la
> guerre de 14-18.

Elles ou ils ont choisi d'écrire en français

De plus en plus nombreux en France, ils remportent aussi de plus en plus de prix prestigieux (le prix Goncourt, le prix Médicis, etc.). Leur imaginaire, aux couleurs de leur origine, enrichit la littérature et renouvelle la langue française.

Vassilis ALEXAKIS – Il est venu étudier en France à 17 ans, fuyant le régime des colonels. Journaliste pour divers journaux, *Le Monde* en particulier. A écrit *Talgo* en grec, puis l'a traduit en français. Depuis, "J'écris, dit-il, certains livres en grec, plus intimes, et d'autres en français, plus drôles." Prix Médicis 1995 pour *La Langue maternelle*.

Hector BIANCIOTTI – D'origine piémontaise, né en Argentine. Après avoir séjourné en Italie, en Espagne, arrive à Paris en 1961, est engagé comme lecteur étranger chez Gallimard, puis devient critique littéraire au *Nouvel Observateur*. Prix Médicis étranger 1977 pour *Le Traité des saisons*; prix Femina 1985 pour son premier roman écrit en français *Sans la miséricorde du Christ*; a été élu à l'Académie française.

Nancy HUSTON – D'origine canadienne anglophone. A découvert le français dans une école de Nouvelle-Angleterre, grâce à son professeur une Alsacienne. Étudiante de Roland Barthes, puis essayiste et romancière. A écrit *Cantique des plaines*, roman "canadien", d'abord en anglais, ensuite traduit en français. Prix Goncourt des lycéens 1996 pour *Instruments des ténèbres*.

Julia KRISTEVA – Née en Bulgarie, apprend le français à l'Alliance française. Arrive à Paris en 1965 avec une bourse d'études supérieures, s'inscrit à l'École pratique des hautes études. Après plusieurs ouvrages de linguistique et de psychanalyse publie son premier roman en 1990, *Les Samouraïs*. À lire : *Les Nouvelles Maladies de l'âme* et *Étrangers à nous-mêmes*, essais publiés chez Fayard.

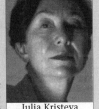
Julia Kristeva

Agota KRISTOF – D'origine hongroise, elle fuit à vingt ans le régime communiste, en 1956, se réfugie en Suisse où elle travaille comme ouvrière dans l'horlogerie. Perfectionne sa connaissance du français à l'université de Neufchâtel. Écrit le soir sur des petits carnets des textes qu'elle rassemblera à partir de 1986 pour publier *Le Grand Cahier*, *La Preuve*, *Le Troisième Mensonge*, *Hier*, des romans qui parlent de l'exil et de sa déchirure, du deuil de l'enfance, du refuge dans l'écriture.

Milan KUNDERA – En 1967, son livre *La Plaisanterie*, qui connaîtra un succès international, lui vaut des difficultés avec la censure tchèque. Il se réfugie en France en 1975. Naturalisé français, il est aujourd'hui un auteur consacré de romans (*L'Insoutenable Légèreté de l'être*, 1985) et d'essais (*Les Testaments trahis*, 1993).

Eduardo MANET – A quitté une première fois Cuba en 1951 avant la prise du pouvoir par le dictateur Batista, pour s'installer à Paris. Revenu dans son pays après le renversement de Batista par Fidel Castro, mais très déçu par le régime de ce dernier, il a opté définitivement pour la nationalité française en 1979. Prix Goncourt des lycéens 1992 pour *L'Île du lézard vert*, prix Interallié 1996 pour son dixième roman *Rhapsodie cubaine*.

Jorge SEMPRUN – Arrivé à Paris en 1939 à l'âge de quinze ans, en même temps que des milliers d'espagnols à la suite de la victoire de Franco, s'est engagé dans la Résistance, a été déporté à Buchenwald, a longtemps milité au sein du parti communiste espagnol clandestin – ce qu'il évoque dans *Frederico Sanchez vous salue bien*. Il a écrit les scénarios des films d'Alain Resnais (*La Guerre est finie*) et de Costa-Gavras (*Z* et *L'Aveu*). De 1988 à 1991, il fut ministre de la Culture du gouvernement socialiste de Felipe Gonzalez. Si l'Académie française lui a bêtement fermé sa porte, il a été en 1996 élu membre de l'Académie Goncourt.

MALLET-JORIS Françoise, *La Maison dont le chien est fou*, Plon/Flammarion.

Née à Anvers, d'une mère elle-même romancière, a connu son premier succès avec *Le Rempart des béguines* en 1951, vice-présidente de l'académie Goncourt. L'héroïne, secrétaire à la préfecture de police de Paris, cherche à savoir la vérité sur son amant, artiste peintre, soupçonné d'avoir tué sa femme. Le plaisir de se laisser prendre à un récit parfaitement mené.

MARCEAU Félicien, de l'Académie française, *La Grande Fille*, Gallimard.

Né à Bruxelles en 1913, auteur également d'essais et de pièces de théâtre. Prix Goncourt 1969 pour *Creezy*. Deux êtres, estimant que la "gesticulation" physique est indigne de leur amour, tentent l'expérience de la vie de couple dans la plus courtoise abstinence. Récit plein de légèreté et d'humour.

MODIANO Patrick, *Dora Bruder*, Gallimard.

Né en 1947, prix Goncourt 1978 pour *Rue des boutiques obscures*. L'auteur enquête sur la disparition en décembre 1941 d'une jeune fille de 15 ans dont on retrouve le nom en septembre 1942 sur la liste des déportés pour Auschwitz.

NOURISSIER François, de l'académie Goncourt, *Le Bar de l'escadrille*, Grasset.

La fin d'un grand fauve de l'édition: il rate des marchés juteux d'adaptation audiovisuelle, son gendre joue contre lui, le capital de la société est attaqué; beau roman habité par les fantômes du Paris rive gauche.

d'ORMESSON Jean, de l'Académie française, *Casimir mène la grande vie*, Gallimard.

Au niveau de notoriété où se situe l'auteur, il peut tout se permettre. Cette fois, c'est une sorte de conte philosophique: un groupe aussi sympathique qu'hétéroclite – un vieux rouspéteur de droite, un jeune trotskiste, une kabyle aux yeux verts, un professeur de l'Institut K, auteur à ses heures de livres coquins – s'est donné pour mission d'effectuer des "opérations de restitution matérielle et morale" à l'encontre des riches pour les pauvres.

ORSENNA Érik, *Deux étés*, Fayard.

Prix Goncourt 1988, pour *L'Exposition coloniale*. Avait été un temps le "nègre" de François Mitterrand à l'Élysée. Un traducteur de métier, installé dans l'île de Bréhat en Bretagne, doit traduire une oeuvre de Vladimir Nabokov, et tous les habitants y collaborent. Un grand succès de vente.

PISIER Marie-France, *Le Deuil du printemps*, Grasset.

Née en Indochine, vedette de cinéma notamment dans les films de Truffaut ou de Téchiné; a porté elle-même à l'écran le premier de ses quatre romans, *Le Bal du gouverneur*; sa soeur et elle introduites par mariage dans les milieux politique. L'héroïne, dont le père fut une figure intègre à ses yeux, découvre à travers son mari, jeune loup cynique, les ravages du machiavélisme mafieux.

RÉMY Pierre-Jean, *Le Rose et le Blanc*, Albin Michel.

Aussi connu sous son vrai nom, Jean-Pierre Angrémy, président de la Grande Bibliothèque de France, récemment inaugurée. Sous le règne de Louis-Philippe, l'illusion romantique jette, dans une atmosphère de conjuration, ses derniers feux dans le cœur de jeunes gens que trouble le vide de leur destinée.

RINALDI Angelo, *Dernières nouvelles de la nuit*, Grasset.

Depuis *La Maison des Atlantes*, en 1971, l'auteur, qui a intelligemment intégré les techniques de narration du nouveau roman, poursuit au rythme à peu près d'un ouvrage tous les trois ans, une oeuvre sans complaisance, peut-être la plus marquante et la plus significative de notre époque.

SABATIER Robert, de l'académie Goncourt, *Le Lit de la Merveille*, Albin Michel.

Rendu célèbre par le succès des *Allumettes suédoises* en 1969. Évocation du Paris d'après la Seconde Guerre mondiale, à travers un libraire de livres anciens. Tout le plaisir de lire.

SOLLERS Philippe, *Studio*, NRF Gallimard.

En 1958, son premier roman, *Une curieuse solitude*, fut salué aussi bien par François Mauriac que par Louis Aragon; prix Médicis 1961 pour *Le Parc*. Son dernier livre, protéiforme comme lui-même, à la fois récit, confession, évocations de lieux, réflexions sur la philosophie ou la poésie, a tout pour enchanter, la gaieté, la malice et aussi la tristesse. Sans doute un des meilleurs crus.

Livres politiques

Ils sont écrits soit par des hommes politiques qui expliquent – ou justifient! – leur action pendant la période où ils étaient en fonction, ou représentent une réflexion politique liée à l'actualité. Ils sont souvent polémiques et en tout cas fortement marqués par la conjoncture actuelle. L'indication de la qualité de l'auteur que nous donnons pour la plupart des livres, en dit déjà long sur l'orientation de l'ouvrage.

ALLÈGRE Claude, JEANBAR Denis, *Questions de France*, Fayard, 1996, 360 p.
Claude Allègre est devenu ministre de l'Éducation et de la Recherche en 1997 dans le nouveau gouvernement.
CHABAN-DELMAS Jacques, *Mémoires pour demain*, Flammarion, 517 p.
Souvenirs de l'ancien Premier ministre gaulliste du président Georges Pompidou.
MANO Jean-Luc, BIRENBAUM Guy, *La Défaite impossible. Enquête sur les secrets d'une élection*, Ramsay, 358 p.
Regards sur les coulisses des dernières élections législatives de 1997 avec beaucoup d'anecdotes.
POMPIDOU Claude, *L'Élan du coeur, Propos et souvenirs*, Plon.
Par la femme de l'ancien président de la République Georges Pompidou.
PONIATOWSKI Michel, *Mémoires*, Plon/Le Rocher, 371 p.
Récit de la fin de la IVe République par l'un de ses acteurs.
TEISSIER Élisabeth, *Sous le signe de Mitterrand. 7 ans d'entretiens*, Édition n° 1, 300 p.
Un dialogue original entre l'ancien président de la République et l'astrologue la plus célèbre d'Europe.

Économie

Appel des économistes contre la pensée unique, *Pour un nouveau plein-emploi*, (coll. Alternatives économiques), Éd. Syros.
AUBRY Martine, *Il était grand temps...*, Albin Michel.
CAHEN Didier, *L'Euro, 1997-1999, l'heure des préparatifs*, Les éditions d'organisation.
CARTELIER Lysiane, FOURNIER Jacques, MONNIER Lionel, *Critique de la raison communautaire*, Économica.
Comptes et Indicateurs économiques, rapports sur les comptes de la nation 1996, INSEE.
FORESTER Viviane, *l'Horreur économique*, Fayard, 1996.
GUILLON Roland, *Les Syndicats*, L'Harmattan.
KAISERGRUBER Danielle (dir.), *Négocier la flexibilité*, Les éditions d'organisation.
L'État de la France 1996-1997, Collectif, La découverte.
La société française, données sociales 1996, INSEE.
SERFATI Claude, *Les Industries européennes d'armement: de la coopération à l'intégration*, Études de la Documentation française, 1996.
Tableaux de l'économie française 1996-1997, INSEE.

Biographies

AUBRAC Raymond, *Où la mémoire s'attarde*, Odile Jacob, 378 p.
Autobiographie d'un homme qui fut, avec sa femme Lucie Aubrac, une des grandes figures de la Résistance. L'ouvrage a suscité beaucoup de polémiques, en particulier avec le livre de CHAUVY Gérard, *Aubrac, Lyon 1943*, Albin Michel, 457 p. qui souligne les contradictions dans les témoignages du couple héroïque et relance le débat sur la Résistance.
CORMIER Jean, *Che Guevara*, éditions du Rocher, 452 p.
DUFRESNE Claude, *Le Cœur de la reine. L'impossible amour de Marie-Antoinette*, Bautillat, 345 p.
SALE Lucienne, *Femme au Vatican*, Ramsay, 263 p.
Le parcours original d'une femme laïque qui travaille au Vatican depuis 20 ans.
SEVILLILLIA Jean, *Zita, impératrice courage*, Perrin, 343 p.
La vie exemplaire de la dernière impératrice d'Autriche, morte en 1989

Science politique
BADIE Bertrand, SADOUN Marc, *L'autre. Études réunies pour Alfred Grosser*, Presses de Sciences po, 1996, 318 p.
Ouvrage collectif où le thème de l'altérité est abordé de façon pluridisciplinaire.
LAGROYE Jean, *Sociologie politique*, Presses de Sciences po/Dalloz, 511 p.
Un ouvrage de base non seulement pour les étudiants en science politique mais pour tous ceux qui veulent comprendre la politique de façon réaliste et connaître les plus récentes approches en matière d'organisations politiques, d'action publique, de formes de gouvernement, de politisation, etc...
REY Henri, *La Peur des banlieues*, Presses de la Fondation nationale des Sciences politiques, 1996, 154 p.
Examen critique et scientifique des fantasmes de peur et des idées reçues sur les banlieues.

International et relations internationales
HELLER, Yves, *Des brasiers mal éteints. Un reporter dans les guerres yougoslaves, 1991-1995*, Le Monde Éditions.
PEYREFITTE Alain, *La Chine s'est éveillée*, Fayard, 1996, 405 p.
Description de l'essor de la Chine annoncé dès l'ouvrage de 1973, *Quand la chine s'éveillera...*
ROCHE Jean-Jacques, *Un Empire sans rival. Essai sur la pax democratica*, Vinci, 439 p.
Un des ouvrages de référence actuels en matière de relations internationales, indispensable pour comprendre le monde de l'après-guerre froide et les perspectives d'avenir de nos démocraties.

Histoire
BECKER Jean-Jacques, *1917 en Europe, l'année impossible*, Complexe, 218 p.
BOZO Frédéric, *La Politique étrangère de la France depuis 1945*, La Découverte, 128 p.
STORA Benjamin, *Appelés en guerre d'Algérie*, Découvertes, 128 p.
COTTRET, histoire d'Angleterre XVIe-XVIIIe siècle, PUF, 1996, 339 p.
Vaste panorama de l'histoire anglaise de la réforme religieuse à la révolution industrielle, dans une approche à la fois politique, culturelle et économique.

Europe
COTTRET Bernard et Monique, *Histoire politique de l'Europe XVIe-XVIIe-XVIIIe siècles*, Ophrys, 1996, 262 p.
L'histoire très complexe de l'Europe dans cette période est restituée dans une synthèse claire et vigoureuse.
MENDRAS Henri, *L'Europe des Européens*, Gallimard, 416 p.
GUILHAUDIS Jean-François, *L'Europe en transition*, Montchrestien, 160 p.
MAJONE Giandomenico, *La Communauté européenne: un État régulateur*, Montchrestien, 158 p.
ROUSSEAU Dominique, *La Justice constitutionnelle en Europe*, Montchrestien, 158 p.
3 ouvrages sur l'Europe dans une présentation courte et claire qui fait le succès de la collection "Clefs" chez Montchrestien.

Sociologie
BIDART Claire, *L'Amitié, un lien social*, La découverte, 403 p.
BIRNBAUM Pierre, (Direction), *Sociologie des nationalismes*, PUF, 1997, 468 p.
DELAS Jean-Pierre, MILLY Bruno, *Histoire des pensées sociologiques*, Syrey, 327 p.
MARCHAND Olivier, THELOT Claude, *Le Travail en France 1800-2000*, Nathan, 269 p.
MENDRAS Henri et ÉTIENNE Jean, *Les Grands Auteurs de la sociologie, Tocqueville, Marx, Durkheim, Weber*, Hatier, 1996, 192 p.
Analyse claire et concise de ces auteurs de base de la sociologie.
DEMAZIÈRE Didier, DUBAR Claude, *Analyser les entretiens biographiques. L'exemple des récits d'insertion*, Nathan, 350 p.
Propose à la fois une méthode sociologique approfondie et des informations sur la manière dont les jeunes les plus en difficulté vivent leur parcours d'insertion sociale et professionnelle dans la France actuelle.

GAUTHIER Alain (direction), *Aux frontières du social: l'exclusion*, L'Harmattan, 250 p.
TOURAINE Alain, *Pourrons-nous vivre ensemble. Égaux et différents*, Fayard, 296 p.
Devant les menaces de dissolution du lien social, le sociologue appelle à un engagement actif de chacun.

Femmes

FAURE (Direction) *Encyclopédie politique et historique des femmes*, PUF, 886 p.
MOSSUZ-LAVAU Janine, de KERVASDOUE, *Les Femmes ne sont pas des hommes comme les autres*, Odile Jacob, 298 p.
Cette enquête passionnante menée auprès d'hommes et de femmes sur l'identité et les rapports entre sexes, qui conclut qu'aujourd'hui les deux sexes ne sauraient être confondus. Une partie du livre, très vivante, est consacrée à quelques histoires de vie qui ont servi de base à l'enquête et qui se lisent "comme un roman".
PERROT Michelle, *Femmes publiques*, Éditions Textuel,159 p.
Partant de la dissymétrie entre l'homme public, chargé de responsabilités dans la Cité et "la femme publique", longtemps assimilée à la prostituée, la célèbre historienne des femmes s'interroge sur "la place des femmes dans l'espace public" aujourd'hui, une place encore problématique.

Communication et média

BRETON Philippe, *L'Utopie de la communication*, La Découverte, 176 p.
OGRIZEK Michel et GUILLERY Jean-Michel, *La Communication de crise*, PUF, 128p.
WOLTON Dominique, *Penser la communication*, Flammarion, 402 p.
Dénonciation des dangers d'une communication de plus en plus sophistiquée et de moins en moins humaine et comment s'en protéger...

Religion

DELUMEAU Jean, COTTRET Monique, *Le Catholicisme entre Luther et Voltaire*, PUF, 1996, 494 p.
Les deux auteurs montrent comment la renaissance catholique après la Réforme fut à la fois le fruit de l'action méthodique de l'Église et de la piété des fidèles.
TINCQ Henri, *Défis au pape du IIIᵉ millénaire*, C. Lattès, 310 p.
L'auteur recense les tensions et blocages de l'institution catholique et les défis qu'elle doit désormais relever.

Philosophie

BOLO Jacques, *Philosophie contre intelligence artificielle*, Lingua franca, 376 p.
CLAIR André, *Kierkegaard. Existence et Éthique*, PUF, 128 p.
COICAUD Jean-Marc, *Légitimité et Politique. Contribution à l'étude du droit et de la responsabilité politique*, PUF, 328 p.
Cet ouvrage riche en informations présentées avec beaucoup de clarté délivre une authentique réflexion sur le problème de la légitimité du pouvoir et tente de restaurer, en une période où se multiplient les affaires de corruption, l'idée de la possibilité et de la crédibilité de la morale en politique.
JACOB Pierre, *Pourquoi les choses ont-elles un sens?* Odile Jacob, 352 p.
JANICAUD Dominique, *Chronos*, Grasset, 294 p.
JEANNEROD Marc, *De la physiologie mentale*, Odile Jacob, 248 p.
Une histoire des relations entre biologie et psychologie.
Réflexion sur le temps qui n'est jamais pur mais addition du "temps des horloges".
LACROIX Alain, *La Philosophie de la nature de Hegel: une épistémologie dialectique*, PUF, 128 p.
LARRÈRE Catherine, *Les Philosophies de l'environnement*, PUF,124 p.
Un ouvrage très précieux qui présente les principaux thèmes débattus autour des rapports entre l'homme et la nature et les positions souvent mal connues en Europe des principaux auteurs anglo-saxons.
LARRÈRE Catherine, LARRÈRE Raphaël, *Du bon usage de la nature. Pour une philosophie de l'environnement.*, Alto Aubier, 355 p.
Une réflexion très personnelle d'une philosophe et d'un ingénieur agronome sur une nature dans laquelle l'homme pourrait s'intégrer sans dommage. Dépassant les

deux termes extrêmes du débat, humanisme ou naturalisme, les deux auteurs en appellent simplement à un bon usage de la nature, un "usage écocentré".
MERLEAU-PONTY Maurice, *Parcours 1935-1951*, Verdier, 256 p.
3ᵉ volume posthume des textes du philosophe publiés entre 1935 et 1951.
PIGUET Jean-Claude, *Philosophie et Musique*, GeorGéditeur, 218p.
SPECTOR Céline, *Montesquieu, Les Lettres persanes: de l'anthropologie à la politique*, PUF, 128 p.

Philosophie politique

ARON Raymond, *Introduction à la philosophie politique. Démocratie et révolution*, Livre de poche, 253 p.
Publication de cours inédits faits par le célèbre sociologue en 1952 à l'École nationale d'administration.
DAVID Marcel, *La Souveraineté du peuple*, PUF, 1996, 337 p.
Ouvrage à la fois clair et dense sur le devenir de la souveraineté (principalement en France) au fur et à mesure de sa jonction avec le peuple jusqu'au début de la Vᵉ République.
MAIRET Gérard, *Le Principe de souveraineté. Histoires et fondements du pouvoir moderne*, Folio, 1996, 313 p.
Les étapes historiques de la théorisation du principe de souveraineté qui fonde une politique profane et la possibilité du dépassement de principe qui, selon l'auteur, aurait peut-être désormais épuisé tous ses possibles.

Justice

ALT Éric et LUC Irène, *La Lutte contre la corruption*, PUF, 128 p.
FENECH, *Main basse sur la justice. Les années noirs de Mitterrand à aujourd'hui*, JC Lattès, 286 p.
Le récit par un juge de la politisation de la justice.
TURCEY Valery, *Le Prince et ses juges. Vers un nouveau pouvoir judiciaire*, Plon, 245 p.
À l'heure de la réforme de la justice, l'auteur pose le problème des rapports entre justice et pouvoir politique et retrace le déroulement des principales "affaires" de ces dernières années.

Défense

La plupart de ces ouvrages sont écrits par des militaires qui se montrent plutôt critiques par rapport à la réforme du service national...
BELLESCIZE Ramu de, *Le Piège de l'armée professionnelle*, François Xavier de Guibert, 213 p.
Un livre critique sur la réforme du service national, précieux pour ses annexes pleines de rappels et tableaux utiles.
BIGEARD Général, *France, réveille-toi*, Édition n° 1, 239 p.
Analyse critique de la nouvelle loi d'orientation militaire par l'ancien ministre de la Défense, toujours aussi vif dans ses propos.
MORILLON général, *Paroles de soldats*, Balland, 172 p.
Mémoires de celui qui fut surnommé le "général courage" lors de son intervention dans l'ex-Yougoslavie en 1993.
PARIS Henri, *L'Arbalète, la Pierre à fusil et l'Atome. La France va-t-elle être encore en retard d'une guerre*, Albin Michel, 324 p.
À partir d'expériences des campagnes de l'Antiquité à la guerre froide, montre la pérennité de la violence armée pour conclure à l'inadaptation de la réforme actuelle du service national.

MONACO

Robert FILLON
Secrétaire général des Relations extérieures de la
principauté de Monaco

*Sur un petit territoire dont la principauté sait toujours
tirer le meilleur parti, les perspectives d'avenir sont au
beau fixe.*

LES INSTITUTIONS

La Constitution du 17 décembre 1962 consacre la souveraineté de la
principauté "dans le cadre des principes généraux du droit international
et des conventions particulières avec la France". Elle pose pour principe du
gouvernement la monarchie héréditaire et constitutionnelle. Le pouvoir
exécutif, qui relève de la haute autorité du Prince, est exercé par le Ministre
d'État assisté du Conseil de Gouvernement composé de trois Conseillers.
Le Conseil national (Parlement) composé de dix-huit membres élus par les
Monégasques vote les lois; au rang de celles-ci, la loi de Budget donne
l'occasion, chaque année, au Gouvernement d'expliquer et de clarifier sa
politique au cours d'un débat parlementaire. Il existe également à Monaco
un Conseil communal élu, compétent pour les affaires de la Cité proprement
dite (état civil, hygiène, animation de la ville...). La Constitution de 1962
pose le principe de l'indépendance du pouvoir judiciaire et du contrôle de
la légalité des actes administratifs par une juridiction spécialisée: le Tribunal
suprême. La Constitution s'attache également au strict respect des droits
de l'homme et abolit la peine de mort.

UN PEU DE GÉOGRAPHIE ET D'HISTOIRE

Avec une superficie de 1,95 km² (195 ha), Monaco est l'un des plus petits
États au monde, et le plus petit, en tout cas, des États de la Francophonie.
Des cinq États européens qui lui sont comparables du point de vue de la
taille, il est d'ailleurs le seul dont le français soit la langue officielle. C'est
dire l'intérêt de la principauté pour l'espace francophone, au sein duquel
elle s'efforce, à sa mesure, de jouer un rôle actif et utile.

Les frontières actuelles de la principauté ont été tracées en 1861, et Monaco a su très vite surmonter le handicap apparent de l'exiguïté de son
territoire; le quartier de Monte-Carlo, créé à l'époque, avec son célèbre Ca-

MONACO

Quelques points de repère

Géographie

➤ Principauté enclavée dans le département français des Alpes maritimes.
➤ Ouverture sur la Méditerranée.
➤ Forte activité touristique.

Histoire

➤ 1297 (8 janvier) François Grimaldi, dit "Malizia", s'empare par ruse du Château de Monaco.
➤ 1641 Traité de Péronne, entre le Prince Honoré II et le Roi de France Louis XIII. Fin de la domination espagnole sur Monaco, début de l'Alliance avec la France.
➤ 1793-1814 Annexion de Monaco par la France, à l'occasion de la Révolution française.
➤ 1861 Consécration de la sécession des villes de Menton et de Roquebrune. Le Traité passé entre Charles III et Napoléon III permet le désenclavement de Monaco et ouvre une ère de prospérité économique fondée sur des projets audacieux tournés vers le tourisme de prestige.
➤ 1866 Création de Monte-Carlo.
➤ 1949 Avènement de Rainier III. Début de l'intense développement économique d'après-guerre.
➤ 1997 La principauté fête le septième centenaire de la dynastie des Grimaldi.

sino construit par Charles Garnier (l'architecte de l'Opéra de Paris) est le symbole de cet essor vers la modernité.

Albert Ier, dont le règne s'étend de 1889 à 1922, a poursuivi l'œuvre de son père Charles III. Mais l'Histoire retient surtout en lui le "Prince Savant", l'homme des découvertes océanographiques et préhistoriques (ces dernières, notamment aux grottes de Grimaldi, près de la frontière italienne) et le bâtisseur du Musée océanographique de Monaco, fréquenté aujourd'hui par près d'un million de visiteurs annuels.

Après le règne de Louis II, marqué par des évolutions profondes des institutions mais assombri par le second conflit mondial et la dure occupation de Monaco, successivement, par les troupes italiennes puis allemandes, l'avènement du Prince Rainier III, le 9 mai 1949, ouvre une période de mutations sans précédent et de prospérité économique: le "boom" immobilier, le développement très rapide du tourisme, mais également la multiplication des implantations d'entreprises de production et de services insufflèrent à la principauté, pendant toutes les années de l'après-guerre, une vitalité intense et une grande confiance en son avenir.

Quelques mots sur l'économie

Il existe assurément un "miracle économique monégasque", qui a consisté à surmonter les contraintes - limitation du territoire, absence de ressources naturelles, vulnérabilité d'un tissu économique de faible ampleur aux variations de la conjoncture internationale - et à parvenir à susciter durablement une véritable dynamique. Celle-ci est, pour l'essentiel, fondée sur la diversification des activités et sur une politique ambitieuse d'équipements publics, comportant notamment un aspect de développement territorial. Trois projets méritent d'être cités à cet égard: la mise en souterrain de la voie ferrée, qui permettra de libérer des terrains afin de créer un véritable "nouveau quartier" où coexisteront opérations privées et publiques, et qui permettra de réaménager au mieux le tissu urbain environnant; la construction de l'"Espace Grimaldi", centre de congrès internationaux et d'expositions, par lequel la principauté se donnera les moyens d'une politique ambitieuse d'accueil pour le tourisme d'affaires; l'édification, enfin, d'une digue de protection de l'ancien port de Monaco, grâce à laquelle la capacité et la qualité d'accueil des installations portuaires se trouveront considérablement accrues, au bénéfice des plaisanciers et des organisateurs de croisières.

On entend quelquefois dire qu'à Monaco "on travaille beaucoup mais agréablement". Cette assertion, véridique, permet de souligner une réalité qui n'est sans doute pas suffisamment connue: avec ses 28 400 salariés (31 800 si l'on y inclut le secteur public), Monaco, qui compte 30 000 habitants, constitue un "bassin d'emplois" pour la région voisine.

LES PERSPECTIVES

Les grands projets que l'on vient, trop brièvement, d'évoquer sont conçus pour être les éléments essentiels du développement économique de demain. D'autres réflexions sont en cours, par exemple sur le développement de la place financière monégasque, à partir des atouts que sont la sécurité, la transparence, et le professionnalisme des opérateurs. La mer et le soleil n'empêchent pas, bien au contraire, de travailler sérieusement à explorer de nouvelles pistes où l'originalité du *fait monégasque* pourra continuer de trouver un terrain d'expression.

1997: une année exceptionnelle

Le 8 janvier 1297, François Grimaldi, dit Malizia (le Rusé), s'empara du château de Monaco à la tête d'une troupe d'hommes déguisés en moines; ce fut la première installation de la grande famille d'origine génoise sur le rocher de Monaco, où elle règne encore aujourd'hui. La principauté de Monaco fête donc en 1997 les 700 ans de la présence de la famille Grimaldi, par une série d'événements s'étalant tout au long de l'année et comprenant notamment des reconstitutions historiques, des manifestations culturelles, ainsi qu'une "Semaine nautique", au mois de septembre, rassemblant quelques-uns des plus beaux gréements du monde.

La célébration des 700 ans de la dynastie des Grimaldi est aussi l'occasion pour la population de montrer son attachement à la Famille Princière, qui a su, malgré les vicissitudes et parfois les drames de l'Histoire, préserver l'indépendance et la souveraineté de la principauté de Monaco, sauvegarder ses traditions et son identité. C'est donc un fort sentiment d'appartenance nationale de la population tout entière qui s'exprime au cours de cette année exceptionnelle

BELGIQUE

Marc QUAGHEBEUR
Directeur des Archives et Musée de la Littérature

avec la collaboration de
Paul ARON, Université libre de Bruxelles
Philippe TOUSSAINT, directeur du Journal des Procès
Denis FÉRON, économiste

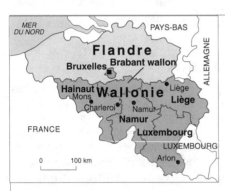

Organisation de l'État

Selon sa constitution actuelle, la Belgique est un état fédéral composé de 3 Régions et de 3 Communautés. Il s'agit de la Communauté française (les francophones de Bruxelles et de Wallonie), la Communauté flamande (les Flamands de Bruxelles et de Flandre), la Communauté germanophone (extrême-est de la Wallonie). Les 3 Régions sont : la Région de Bruxelles-Capitale (bilingue, mais francophone à plus de 85 %), la Région wallonne* (la Wallonie, francophone dans sa quasi totalité excepté la Communauté germanophone) et la Région flamande (néerlandophone, mis à part les quelques communes bilingues à statut spécial). La **Communauté française** est membre de toutes les instances de la Francophonie, dont les Sommets et l'Agence de coopération culturelle et technique (ACCT); elle siège, par ordre alphabétique à la lettre C; elle cotise à l'ACCT et finance la presque totalité des projets et programmes francophones (la Région wallonne contribue à des projets d'ordre technologique).

Le **Royaume de Belgique** (l'État fédéral dans son ensemble) est membre des Sommets mais ne siège que là : il siège par ordre alphabétique à la lettre B; il ne participe à aucun financement.

Voilà pourquoi *L'Année francophone internationale* rend compte d'abord des activités de la **Communauté française de Belgique** avant de parler du **Royaume de Belgique**.

* 5 provinces avec 5 chefs-lieux : Brabant wallon (Wavre), Hainaut (Mons), Liège (Liège), Luxembourg (Arlon), Namur (Namur, qui est aussi la capitale de la Wallonie tout entière).

On peut consulter:

BIRON Michel, *La Modernité belge, littérature et société*, Bruxelles, Labor/Montréal, PUM, 1994.

BITSCH Marie-Thérèse, *Histoire de la Belgique*, Paris, Hatier, 1992, 333 p.

HASQUIN Hervé, *Historiographie et Politique en Belgique: notre histoire*, Bruxelles, Éd. de l'Univ. de Bruxelles/Charleroi, Wallonie, Institut Jules Destrée, 1996 (3e éd.), 240 p.

KESTELOOT Chantal, *Mouvement wallon et identité nationale*, Bruxelles, Centre de recherche et d'information socio-politiques, 1993, 48 p.

LAGASSE Charles-Étienne, *Les Nouvelles Institutions politiques de la Belgique et de l'Europe*, Louvain-la-Neuve, Éd.Artel,1993, 416 p.

VAGMAN Vincent, *Le Mouvement wallon et la question bruxelloise*, Bruxelles, Centre de recherches et d'information socio-politiques, 1994, 64 p.

COMMUNAUTÉ FRANÇAISE DE BELGIQUE WALLONIE-BRUXELLES

POLITIQUE

Généralement consensuelles, les fêtes de la Communauté française du 27 septembre ont donné lieu, cette année, à des discours plus musclés que d'ordinaire et à de sérieuses altercations au sein même de la majorité et de sa composante principale, le Parti socialiste. La polémique, cette fois, ne concernait pas les rapports avec la Communauté flamande. Elle visait directement l'avenir et la gestion de la Communauté française de Belgique.

D'aucuns, comme Jean-Claude Van Cauwenberghe, ministre du budget de la Région wallonne et de la Communauté française, par ailleurs bourgmestre de Charleroi, avaient en effet, peu de jours auparavant, relancé, avec d'autres hommes politiques socialistes wallons, le débat sur la nécessité de régionaliser une bonne partie des compétences et des budgets de la Communauté liés aux matières culturelles et à l'enseignement. Le dégagement des moyens nécessaires à l'émergence d'une culture wallonne avait, bien sûr, été mis en avant, dans la foulée de propos tenus en ce sens par les partenaires sociaux-chrétiens de la coalition.

Quelques données sur la Wallonie

Capitale: Namur. Superficie: 16 844 km². Population en 1994: 3 304 539 h. (dont 68 184 germanophones), densité: 195,2 h./km² (Belgique: 10 068 000 h.; dont Flandre: 5 825 000 h.; Bruxelles: 949 070 h.)*

Population active: 1 336 570, chômeurs: 216 490, taux 18,7%, PIB/habitant: 88 (PIB/habitant EUR 15=100 en 1992)

Budget 1996: Recettes: 156 575 milliards FB, dépenses: 172 665 milliards FB.

Administration régionale

Ministère de la Région wallonne: 4 301 fonctionnaires

Ministère wallon de l'Équipement et du Transport: 3 968 fonctionnaires

Établissements d'enseignement primaire: 1 870, secondaire: 700, supérieur: 140

Universités: 9; Université de l'État-Liège, Université de l'État-Mons, Faculté universitaire catholique de Mons, Faculté polytechnique de Mons, Faculté des Sciences agronomiques de l'État (Gembloux), Faculté universitaire Notre-Dame-de-la-Paix-Namur, Fondation universitaire luxembourgeoise, Centre universitaire de Charleroi, Université catholique de Louvain.

* La Communauté française de Belgique est composée de la Wallonie et de Bruxelles

---

Le souci d'un transfert de compétences aux Régions en matière d'enseignement provenait, aux dires du ministre, de son désir de renforcer l'enseignement public de la Communauté en proie à une solide concurrence avec l'enseignement libre. Les mois qui précèdent avaient d'ailleurs vu les représentants de celui-ci et le partenaire social-chrétien de la coalition demander une véritable égalité de statut entre les réseaux, ce qui impliquait de nouveaux débours, notamment en matière de constructions scolaires.

Pour corser la donne, le ministre responsable de la Culture en Communauté française est le ministre-président de la Région de Bruxelles-Capitale, Charles Picqué. Certains le soupçonnent donc d'être insuffisamment sensible aux spécificités de la culture wallonne.

COMMUNAUTÉ FRANÇAISE DE BELGIQUE

QUELQUES POINTS DE REPÈRE

➤ 1970 1re révision de la Constitution belge: 3 Communautés culturelles, wallone, flamande et germanophone.
On prévoit 3 Régions dotées d'un territoire: Wallonie, Bruxelles, Flandres.
➤ 1980 2e réforme de l'État
Les 3 Communautés sont dotées d'un conseil (parlement) et d'un exécutif (gouvernement). Compétences élargies de la culture à la santé et à l'aide sociale.
2 Régions, wallonne et flamande, avec conseil et gouvernement.
➤ 1988-1989 3e réforme:
3e Région, Bruxelles–Capitale.
Compétences étendues, Communautés: enseignement; Régions: travaux publics et transports.
➤ 1993 4e réforme:
La Belgique, État fédéral à part entière.
3 niveaux de pouvoir équivalents, Fédéral, Communautés, Régions, chacun dans son champ de compétences, y compris au niveau international.

L'ensemble des problèmes évoqués ci-dessus se situe en outre dans un contexte politique difficile qui voit le Parti socialiste en proie à des courants contradictoires et son partenaire social-chrétien menacé, dans les sondages électoraux, d'être devancé par les écologistes, la prédominance des socialistes ou des libéraux en Wallonie étant pour le moment loin d'être tranchée si l'on en croit les mêmes sondages. La grande salle gothique de l'hôtel de ville de Bruxelles a donc vu un concert de discours peu ordinaires, quoique notoirement unanimes, face à ces propos ressentis comme une menace d'éclatement de la Communauté française et de minorisation foncière des interlocuteurs francophones lors de la prochaine négociation intercommu-nautaire que les Flamands demandent pour 1999. De ce dialogue, certains partis francophones refusent même la perspective.

Le bourgmestre libéral de la Ville, François-Xavier de Donnéa, accueillit ainsi ses hôtes en rappelant que la préparation des manifestations de Bruxelles 2000 – dont nous reparlerons – ne concerne pas seulement l'entité bruxelloise mais sera, pour tous les francophones de Belgique, l'occasion de rappeler le caractère largement francophone de la capitale du pays, par ailleurs capitale des Communautés flamande et française du Royaume.

Ouvert par la citation de Bertold Brecht sur le divorce entre gouvernants et gouvernés, le discours de la présidente sociale-chrétienne du parlement de la Communauté française, Anne-Marie Corbisier-Hagon, rappela que l'enjeu de la Communauté est précisément de jeter des ponts entre francophones et d'assurer leur dialogue et leur cohésion face à leurs partenaires néerlandophones. Elle insista donc sur la nécessité de maintenir ce parlement à Bruxelles – le parlement wallon se trouvant, lui, à Namur – et de cesser "de lancer des idées qui font naître des espoirs vains ou fous et qui traînent après elles des espérances inassouvies", toutes choses qui contribuent "à élargir le fossé qui sépare population et politique". Sans nier l'urgence de la mise en valeur des diverses formes de créativité régionale, elle s'est insurgée contre toute hypothèse de détricotage institutionnel en rappelant le prescrit de la Constitution et le fait qu'il existe suffisamment de techniques budgétaires pour permettre la collaboration entre Communauté et Régions.

À sa suite, la ministre-présidente socialiste du gouvernement de la Communauté française, Laurette Onkelinckx, tint des propos tout aussi nets, quoiqu'en les articulant différemment. Elle rappela tout d'abord que son gouvernement a réalisé un rééquilibrage sérieux des comptes de la Communauté qui lui permet d'affronter sereinement la perspective de l'an 2000. Elle rappela ensuite que la loi prévoit, à partir de 1999, un autre mode de financement des Communautés, fondé sur le nombre réel d'élèves inscrits dans l'enseignement des trois Communautés du Royaume, modification constitutionnelle qui nous est actuellement favorable. Ayant ainsi démontré que la Communauté française était parfaitement viable, elle concentra son attention sur le rôle essentiel de l'enseignement dans la formation à la citoyenneté et sur la charte des missions de l'école qu'elle inscrit parmi les acquis essentiels de son gouvernement.

Consciente d'avoir redynamisé un secteur nodal des compétences de la Communauté, la ministre-présidente considère que cet enseignement doit demeurer communautaire et tisser plus que jamais les liens entre les diverses composantes francophones du pays. Elle s'attacha à démontrer les réussites de la politique communautaire en matière audiovisuelle et ne manqua pas de mentionner les divers succès remportés récemment par les cinéastes francophones de notre pays. Plaidant pour une lecture du mot "aide" conforme à l'étymologie, laquelle suppose la prise en compte de l'altérité, elle clôtura son discours en évoquant les figures mythiques de Spirou et d'Hergé, en soulignant le caractère bruxellois du journaliste Tintin et l'enracinement wallon du seigneur de Moulinsart *ad hoc*.

La polémique n'a bien sûr pas manqué de rebondir puisque le ministre de la Culture, Charles Picqué, avait été directement visé par certains propos des mandataires de son parti. S'il n'a pas manqué de reconnaître que le double mandat qui est le sien n'est point aisé à gérer, il a tenu à souligner que les attaques dont il est l'objet surgissent au moment même où l'on parle de régionalisation de la culture en Wallonie. Il s'est inquiété de tout ce qui ressemblerait à un repli identitaire périlleux pour l'ensemble des francophones de Belgique et n'a pas manqué d'ironiser sur "les comptes d'apothicaires" que souhaitent d'aucuns alors que le "bloc flamand homogène et unitaire" dégage, lui, des crédits pour assurer l'emploi. Il a clairement refusé de gérer un budget et de promouvoir une politique sous chantage permanent.

Pour le moins significatives et peut-être inquiétantes, ces polémiques témoignent de la difficulté qu'éprouve la classe politique à sortir des habitudes qui proviennent de ses très subtils dosages internes et à entrer dans un dialogue moins byzantin. Nul ne sait par exemple, aujourd'hui encore, si le subtil compromis passé entre les familles politiques à propos de l'enseignement et de sa gratuité sera entièrement suivi d'effets et désenlisera un secteur essentiel traversé, depuis plusieurs années, de doutes profonds sur ses objectifs et sur sa raison d'être. Les mois qui viennent permettront notamment de voir si les établissements du réseau libre assureront une gratuité totale de leurs services et si les nominations dans l'enseignement officiel seront moins directement liées au champ politique.

Situation économique de la région de Bruxelles-Capitale

PIB régional

La presse a commenté, fin avril, les résultats de l'étude effectuée par l'Office des statistiques européen sur la "richesse" des régions d'Europe: Bruxelles arrive en deuxième position dans le classement des régions européennes basé sur le PIB par habitant en 1994.

Eurostat précise un élément fondamental: l'indice est celui du PIB "généré dans une région, et non celui du revenu disponible pour la population qui y habite. Cela ne signifie pas que les ménages habitant cette région sont plus riches que ceux d'une autre région".

Cette remarque vaut pour Bruxelles comme pour la plupart des capitales, qui obtiennent des résultats largement supérieurs aux autres régions du même pays.

Dans le cas de Bruxelles-Capitale, ville-région et capitale de surcroît, les navetteurs gonflent le PIB (valeur ajoutée produite *à l'intérieur* de la frontière de la Région), tandis qu'ils réduisent celui de la région où ils vivent.

Il n'est donc pas étonnant de constater que Bruxelles atteint l'indice 183 pour le PIB par habitant (100 - moyenne des 15 pays membres de l'Union européenne), tandis que le Brabant wallon et le Brabant flamand se situent respectivement aux indices 82 et 92!

Revenus des Bruxellois

Les constatations sont très différentes quand on examine les revenus des Bruxellois: le revenu moyen par habitant se situe en-dessous de la moyenne nationale depuis 1993 et sous le revenu moyen en Wallonie depuis 1996.

Pour l'exercice 1996, qui correspond aux revenus de 1995, le Bruxellois (tous âges confondus) a un revenu annuel moyen de 348 900 FB à comparer à 393 100 FB pour le Flamand, 349 100 FB pour le Wallon et 374 500 FB pour le Belge.

Revenons à la comparaison entre Bruxelles et les deux Brabants:

En termes de revenus par habitant, en prenant comme référence le revenu moyen au niveau de la Belgique (exercice 1996), on obtient les indices suivants:

Région de Bruxelles-Capitale: 93,2; Brabant flamand: 117,9; Brabant wallon: 115,8. Nous sommes loin des indices de richesse par région!

Financement de la Région

Le financement des régions étant basé essentiellement sur la part attribuée de l'IPP, c'est la "richesse" de ses habitants qui est déterminante dans le calcul des moyens de la région de Bruxelles-Capitale et non sa "richesse économique".

Son excellent score basé sur le PIB ne lui apporte aucune recette supplémentaire, on peut même affirmer qu'il s'agit d'un handicap: en effet, le PIB régional bruxellois est élevé grâce au grand nombre de navetteurs et ceux-ci représentent un surcroît important de dépenses pour la Région.

Pour rappel, les navetteurs représentent 21% de la clientèle de la STIB (Société des transports intercommunaux bruxellois), ce qui représente un coût estimé à 2,5 milliards par an.

Pour le transport routier, on considère que les navetteurs effectuent 38% des déplacements, ce qui implique une charge globale de 1,7 milliard (pour la Région et les communes).

Globalement, l'utilisation par les navetteurs des routes et du réseau de la STIB atteint donc plus de 4 milliards par an.

On voit que l'accord de coopération entre État fédéral et région bruxelloise (2 milliards par an) est loin de résoudre l'ensemble des problèmes d'infrastructure liés au rôle de capitale nationale et internationale de Bruxelles.

Détérioration de la quote-part de Bruxelles dans l'IPP

De 10,8% en 1989, la part de la région de Bruxelles-Capitale dans le total de l'IPP attribué aux régions est passée à 9,3% en 1996.

Si le pourcentage de 1989 s'était maintenu, la Région percevrait actuellement 4,6 milliards de plus par an au titre de l'IPP.

Cette détérioration est due, d'une part, à la diminution de la population, d'autre part à la paupérisation de cette population.

On peut considérer que, sur l'ensemble de la période allant de 1989 à 1996, le facteur "appauvrissement" explique 75% de l'évolution défavorable de la quote-part bruxelloise dans l'IPP, tandis que le facteur démographique en explique 25%.

Intervention de solidarité nationale

Toute région dont le produit moyen de l'IPP par habitant est inférieur à un produit moyen pour l'ensemble du Royaume se voit attribuer, de manière automatique, l'intervention de solidarité nationale prévue dans la loi spéciale de financement du 16 janvier 1989.

Alors que l'IPP par habitant des Bruxellois dépassait la moyenne nationale de 13,8% en 1989, il ne se situe plus qu'à + 0,8%, en 1996, et est passé sous la moyenne nationale en 1997.

La région de Bruxelles-Capitale a donc rejoint la région wallonne comme *bénéficiaire* de l'intervention de solidarité nationale.

Population bruxelloise

Le tableau n'est pas totalement noir: en effet, les derniers chiffres de population montrent que le nombre d'habitants à Bruxelles est passé de 948 122 au 1er janv. 1996 à 950 597 au 1er janv. 1997, soit un accroissement de 2 475 habitants en un an. La tendance à la stabilisation de la population bruxelloise, observée depuis cinq ans, se confirme puisque le taux de croissance annuel moyen de la population bruxelloise a évolué comme suit:

période 1980 à 1992: - 0,49%; période 1992 à 1997: - 0,01%.

Denis FÉRON

CULTURE

Cinéma

En matière d'audiovisuel, le Festival de Cannes a primé un court-métrage, *Le Signaleur*, dans lequel jouait l'acteur révélé par *La Promesse*, Olivier Gourmet, exceptionnel dans le rôle du vieillard tiré de son hospice pour jouer le signaleur dans une course cycliste. Le public, lui, a fait un succès à *La Vie en rose* d'Alain Berliner, émouvante histoire d'un petit garçon qui veut être une fille, film dont maintes télévisions ont passé commande. Pour sa part, le Festival de Namur s'est ouvert sur *Combat de fauves* de Benoît Lamy, histoire quelque peu sadomasochiste d'un publicitaire bloqué dans une cage d'ascenseur, et que la propriétaire d'un appartement de l'immeuble n'entend pas libérer.

Théâtre

Le champ théâtral a vu Julien Roy donner une version postsymboliste de *Pelléas et Mélisande* au Théâtre national, version aux accents très différents de l'interprétation moderniste qu'avaient donnée deux mois auparavant à Turin les jeunes du Teatro Stabile. À Paris, *Pelléas* fut aussi à l'honneur avec une mise en scène de Robert Wilson au Châtelet tandis que c'est la plus mystérieuse des pièces de Maeterlinck, *La Mort de Tintagiles*, qui trouvait à Saint-Denis tout son déploiement hiératique sous la houlette de Claude Régy.

Du côté de l'écriture contemporaine, on notera l'exceptionnelle qualité de l'interprétation de Pietro Pizzuti dans la pièce de Philippe Blasband, *Les Mangeuses de chocolat*, au Public et le beau solo de Nicole Colchat qui tente au Rideau de Bruxelles, dans *Elles*, de faire passer à la scène des fragments significatifs de *Nous deux* et d'*Hôpital silence* de Nicole Malinconi. À Milan, ce sont de jeunes acteurs qui renouvellent génialement dans *Cave Canem* l'interprétation des pièces de music-hall de Michel de Ghelderode, donnant ainsi de fort belles prémices aux festivités du centenaire de la naissance du dramaturge, qui aura lieu l'an prochain.

Le théâtre pour enfants, qui constitue depuis longtemps un des fleurons de l'activité culturelle de la Communauté, a trouvé un nouvel essor à Bruxelles avec la mise en place de la Montagne magique, lieu de création et d'animation ouvert au monde scolaire, qui connaît un succès retentissant.

Les expositions

En matière d'arts plastiques, la Communauté française a mis sur pied, à l'occasion du départ à la retraite de son administratrice générale Anne Spitaels, une exposition *Magritte en compagnie* qui a permis aux visiteurs du Botanique de redécouvrir, de James Ensor à Jacques Charlier en passant par les surréalistes, les voies de la narquoisie et de la dérision, un des fils rouges de la production littéraire et plastique de la Belgique francophone.

Le plus célèbre de nos pataphysiciens, André Blavier, fait quant à lui l'objet d'un affectueux hommage à la Maison de la Bellone où sont célébrés son œuvre d'écrivain et son travail d'animateur de revues. Un catalogue conçu dans l'esprit de l'exposition Nougé d'il y a deux ans a vu le jour à cette occasion.

La saison *France-Belgique 1848-1914*, qui s'est déroulée de mars à juillet à Paris et qui se déploie en Belgique dans les trois Régions de septembre à décembre, a vu la Communauté française participer à l'exposition *Paris-Bruxelles/Bruxelles-Paris* et joindre ses efforts à ceux de Laurent Busine et des pouvoirs carolorégiens, pour mettre sur pied à Charleroi une grande rétrospective *Rodin et la Belgique* où est notamment explicitée l'importance de son séjour en Belgique dans les années septante du siècle passé. Alors que la version gantoise de l'exposition *Paris-Bruxelles* reprend l'essentiel de la version parisienne, dans un accrochage bien différent, l'exposition du palais des Beaux-Arts de Charleroi apporte de nouveaux éléments, et à la connaissance de l'œuvre, et au plaisir du visiteur. Directement financée par la Communauté, la troisième exposition du cycle, *Emile Verhaeren, un musée imaginaire*, est consacrée à la critique d'art d'un poète qui fut le premier zélateur de Seurat et l'ami de Rodin, qui donna à Ensor sa place dans l'histoire de la peinture belge et européenne, et qui sut défendre à la fois l'art social et le symbolisme. La version bruxelloise de l'exposition permet de découvrir les œuvres que commenta l'écrivain dans un décor d'époque, celui d'un hôtel particulier de collectionneur. Elle recrée donc l'ambiance d'un "salon d'art" cher aux amateurs belges de la fin du siècle.

Charles Picqué, ministre de la Culture (à dr.) et Marc Quaghebeur, responsable de l'exposition.

Un autre poète belge, en la matière disciple de Verhaeren, Charles Plisnier, s'est vu quant à lui célébré à Mons et à Bruxelles, au travers d'une exposition fort bien documentée, consacrée au thème des chœurs parlés, ces poèmes de masse qui connurent un succès tout particulier en Belgique durant les années trente.

L'actualité littéraire

Dans la foulée de l'évocation de cette époque de l'histoire ouvertement marquée par les contradictions du politique, on notera la publication, aux éditions *Textyles*, de *Leurs Occupations*, actes d'un colloque consacré aux conséquences littéraires et culturelles de la Seconde Guerre mondiale. Attendu de longue date, le volume d'études

de l'histoire de la langue française dans les contrées romanes de la Belgique a enfin vu le jour. *Le Français en Belgique*, sous la direction de Daniel Blampain, André Goose, Jean-Marie Klinkenberg et Marc Wilmet permet de prendre la mesure de tout l'apport et des singularités d'une des francophonies originaires. Il s'inscrit dans le courant de découverte des français pluriels cher au président du Conseil de la langue de la Communauté, Jean-Marie Klinkenberg.

Le champ littéraire, qui n'a pas encore connu sa vraie rentrée, a dû prendre acte du décès prématuré de François Muir. Celui-ci avait donné une œuvre poétique et fictionnelle en prise sur la modernité. Franquin, le créateur de Gaston Lagaffe, qui s'était illustré par des *Idées noires*, exceptionnelles dans la bande dessinée locale, est également décédé cette année. L'espace littéraire a vu en revanche couronnée par le parlement de la Communauté française l'œuvre poétique de Karel Logist.

Attendu depuis longtemps, le second volet du grand œuvre d'Henri Bauchau consacré au mythe d'Œdipe, *Antigone*, vient de paraître aux éditions Actes Sud. Nicole Malinconi le rejoint en donnant dans *Da solo*, publié aux éditions Les Éperonniers, le second volet de son autobiographie familiale ouverte en 1992 par *Nous deux*.

La politique littéraire

En vue de préparer la relance d'une véritable Foire du livre à Bruxelles, l'Association pour la promotion de l'écrit et de la lecture a organisé les 30 et 31 mai 1997 un week-end d'animation sur le thème des "métamorphoses du livre". Si l'on est encore loin d'une vraie foire, l'engagement des pouvoirs publics et des partenaires privés semble en la matière bien déterminé.

Cette politique littéraire de la Communauté française s'ouvre aussi vers l'étranger. Pour la seconde fois, les annexes du château de Seneffe ont accueilli les rencontres annuelles de traducteurs littéraires organisées par Françoise Wuilmart. Le ministre de la Culture a remis au traducteur néerlandais de Pierre Mertens, Ernst van Altena, dans le petit théâtre récemment restauré du château, le grand prix de la traduction qu'il a créé.

ROYAUME DE BELGIQUE

Justice: les "Affaires"

Le mouvement de fond suscité par la découverte des cadavres, durant l'été 1996, des victimes de Marc Dutroux et consorts ainsi que le phénomène de la Marche blanche n'ont pas cessé de produire leurs effets dans le pays sans trouver forcément les points d'ancrage nouveaux au sein d'un système suffisamment complexe et subtil pour dériver les effets d'un phénomène d'une telle ampleur.

Si les investigations de la justice se poursuivent et si l'on ne sait toujours pas aujourd'hui ni quand ni comment elles aboutiront – Patrick Derochette, le meurtrier de Lubna Benaïssa, apparaît aux yeux des psychiatres comme un malade mental – les ondes de choc du mouvement ne paraissent pas avoir entraîné, jusqu'à présent, de grandes modifications concrètes. Les tensions qui continuent de se manifester notamment entre le ministre de la Justice et le parquet de Bruxelles en constituent un exemple. Les propos d'Éliane Liekendael, la plus haute autorité judiciaire du Royaume, déniant toute responsabilité réelle de l'appareil judiciaire et critiquant la rapidité ou l'improvisation des réformes proposées par la commission parlementaire d'enquête, dite Commission Dutroux, en constituent un autre exemple.

On notera toutefois que la classe politique s'est entendue sur la prolongation du mandat confié à cette commission; qu'elle a désapprouvé les manquements à l'éthique parlementaire de certains des membres de cette commission; et qu'elle s'attelle, sous la houlette du ministre de l'Intérieur Johan van de Lanotte – mais non sans tensions ni contradictions –, à une réforme de l'organisation des forces de police du Royaume. Il s'agit de concilier notamment la tradition communale qui est la nôtre et la coordination des actions de la gendarmerie avec les autres corps de sécurité.

Quelques points de repère

Géographie

➤ Un "plat pays" (J. Brel) très peuplé sur une petite superficie. Une frontière linguistique, datant de l'époque romaine, partage le pays.

Histoire

➤ 57-51 av. J.-C. Province romaine conquise par Jules César.
➤ IVe-VIe s. Implantation des Francs.
➤ 843 Traité de Verdun. Le pays est divisé entre la France et la Lotharingie.
➤ XIVe-XVe s. Unification progressive par les Pays-Bas, sous la tutelle des ducs de Bourgogne. Commerce et culture dynamiques.
➤ 1830 Indépendance : les provinces belges se séparent des Pays-Bas.
➤ 1831 Léopold Ier fonde le Royaume de Belgique, reconnu par la conférence de Londres.
➤ 1876 Léopold II acquiert le Congo. Il le léguera à la Belgique.
➤ 1951 Léopold III abdique en faveur de Baudouin Ier.
➤ 1957 Traité de Rome, Bruxelles capitale de la CEE.
➤ 1992 Jean-Luc Dehaene (parti social chrétien flamand) succède à Wilfrid Martens qui dirigeait le gouvernement depuis dix ans.
➤ 1993 (7 mai) Modification de la constitution. La Belgique devient fédérale.
➤ 1993 (1er août) Mort de Baudouin. Son frère lui succède, Albert II.
➤ 1995 (21 mai) Élections législatives, Jean-Luc Dehaene 1er ministre.

Belgique: désastre d'une bonne Justice

Philippe TOUSSAINT
Rédacteur en chef du *Journal des procès*

La Justice belge se porte tout à la fois bien et très mal; bien dans la mesure où l'institution offre toujours des garanties et où les magistrats ont un réel souci d'indépendance; très mal parce que, plus que dans les autres pays comparables, elle est la mal aimée, voire détestée des deux autres pouvoirs constitutionnels. Ni le Législatif ni l'Exécutif n'entendent lui donner les moyens de tous ordres qui lui permettraient d'assumer sa mission. Mon avis est que c'est intentionnel et non le résultat des difficultés financières dont la Belgique, le pays d'Europe occidentale de très loin le plus endetté est la proie. Des choix restent pourtant toujours possibles. À mon sens, c'est donc délibérément qu'on sacrifie depuis une vingtaine d'années la justice, cette empêcheuse de frauder en rond qui a même parfois le front de poursuivre et de condamner des politiques.

Il est fascinant d'observer, à cet égard, l'attitude du ministre de la Justice actuel. Électoralement, il se doit, après les épouvantables affaires d'enfants enlevés et assassinés, d'avoir l'air de s'occuper d'une institution dont on a pu constater si dramatiquement l'inefficacité. Il multiplie donc les projets de réformes mais comment ne pas constater, sur le terrain, que ce n'est que de la poudre aux yeux? Le seul progrès qu'on puisse enregistrer consiste en une refonte partielle du Code d'instruction criminelle, dite projet Franchimont, qui en réalité était en chantier depuis de longues années mais que les événements ont réactualisées. Par ailleurs, le mal reste ce qu'il était, à savoir une paupérisation extrême des moyens dont dispose la justice. Pas d'argent, pas assez de magistrats, des lois désuètes (le Code pénal en vigueur a été promulguéen... 1867!), bref un véritable mépris de la part du Parlement et du Gouvernement pour l'institution.

N'importe, le ministre de la Justice veut prouver qu'il fait quelque chose. Il va, par exemple, de ressorts en ressorts, d'arrondissements en arrondissements, expliquer au magistrats du siège et du parquet toutes les améliorations du système qu'il concocte, accueilli, soit par les lazzis des magistrats, soit par un silence glacial. Il va en outre d'échec en échec: la querelle qu'il chercha au procureur du roi de Bruxelles se solde par un surcroît d'estime pour ce magistrat; et sa tentative d'éliminer un commissaire en chef de la police judiciaire, par une fin de non-recevoir proprement insultante du Conseil d'État. Le désastre est complet et la question est devenue de savoir combien de temps un ministre de la Justice qui s'est à ce point dévalué auprès de l'immense majorité des avocats, des juges et des membres du parquet, restera encore en place? Son départ ne réglerait d'ailleurs rien: si la justice belge reste une des meilleures du monde quand elle a les moyens matériels de prendre des affaires, ce n'est probablement pas demain que se trouvera une volonté politique de lui donner les moyens de sa mission.

Les derniers sondages d'opinion ont donné, au nord comme au sud du pays, le maximum de cote de popularité au président de cette commission d'enquête, le libéral flamand Marc Verwilghen. Il obtient 33% des suffrages en Flandre, 40% à Bruxelles et 26% en Wallonie ; le premier ministre obtenant pour sa part 19% en Flandre, 19% à Bruxelles et 15% en Wallonie(*La Libre Belgique* du 29 septembre). Un tel score n'avait plus été atteint en Belgique depuis 1985.

D'autres commissions d'enquête parlementaire ont également abattu cette année un travail important. Ainsi celle qui s'est intéressée à la question des responsabilités de la Belgique dans le massacre des dix paras belges en mission de l'ONU au Rwanda. Elle a abouti à des conclusions sévères concernant la responsabilités de hauts gradés de l'armée belge, tandis que les événements de Somalie révélèrent pour leur part certaines exactions commises par d'autres militaires belges. Toutefois, les responsabilités de l'ONU elle-même demeurent imprécisables, la haute autorité ayant refusé tout témoignage.

Autre enquête essentielle, et sans doute plus potentiellement explosive encore par rapport à l'histoire du pays, celle qui touche aux tueries du Brabant wallon et au grand banditisme dans les années 80. Si des responsabilités individuelles paraissent évidentes, aucune responsabilité structurelle n'a, à ce jour, été mise en lumière – ce que l'on remarque aussi dans les travaux de la Commission Dutroux.

Si ces diverses commissions revitalisent le travail parlementaire, elles ne se substituent pas moins au fonctionnement normal des institutions – ce qu'indique à sa façon la mercuriale d'Éliane Liekendael. De cette double logique, il est pour l'heure impossible de tirer des conclusions pertinentes par rapport à l'avenir de la démocratie.

L'enquête, menée, elle, directement par la justice à propos de l'assassinat du ministre d'État André Cools, a découvert les auteurs mais non les commanditaires. Les dossiers transmis par le gouvernement français après les dernières élections législatives, et qui concernent l'affaire Agusta dont on ne peut toujours dire aujourd'hui si elle revêt ou non un lien avec l'assassinat du "Maître de Flémalle", paraissent tout aussi partiels et ont donné lieu, de ce côté-ci de la frontière, à des commentaires plus que mitigés. L'élection de Lionel Jospin et la visite d'État du président Chirac semblaient avoir ouvert d'autres perspectives.

ÉCONOMIE ET SOCIÉTÉ

La désillusion fut tout aussi grande sur le site de l'usine Renault à Vilvorde. Les promesses électorales du candidat socialiste à l'élection présidentielle et les déclarations du nouveau premier ministre avaient laissé espérer aux travailleurs de Vilvorde qu'une esquisse d'Europe sociale verrait le jour à travers le cas exemplaire qui était le leur. L'audit strictement économique réalisé par la firme française sur la demande des représentants de l'État dans son conseil d'administration, aboutit au maintien de la décision de fermeture avec un volet social moins désavantageux que les travailleurs finirent par accepter, la mort dans l'âme, à une majorité significative. On attend en revanche avec impatience le film que le situationniste Jan Bucquoy, auteur de *La Vie sexuelle des Belges,* va tirer des 65 heures de pellicule prises sur le vif. On sait seulement que la fiction s'y mêlera au documentaire et que Louis Schweitzer, le P.D.G. de Renault-France, fera l'objet d'un kidnapping et d'un enterrement dans les sables de Westende.

À Clabecq, où le conflit autour des forges ne cessait de s'envenimer, il fallut l'intervention expresse du président national de la FGTB, le syndicat socialiste majoritaire en Wallonie, pour permettre aux travailleurs d'exprimer librement leur opinion face aux offres de reprises d'un industriel d'origine italienne. Ces deux conflits illustrent deux types de traditions syndicales ouvrières propres à notre pays. La surenchère verbale de la délégation syndicale wallonne tranchait effectivement avec les propos toujours nuancés et responsables des délégués de la FGTB flamande. Le résultat, néanmoins, n'est pas à la mesure de ces nuances: en dépit de ses performances, l'usine de Vilvorde a payé une logique de capitalisme transnational alors qu'un vieux site wallon, qui offre à un investisseur étranger un créneau dont il ne disposait pas, a finalement évité la disparition pure et simple.

Les évolutions du capitalisme bancaire sont bien sûr plus fluides. Après être apparu pour le grand perdant d'une combinaison transnationale liée aux industries de la communication, Albert Frère, patron de la CLT, s'est associé avec UFA (Bertelsmann), formant ainsi le premier groupe audiovisuel européen et entrant, grâce à un accord avec TF1, sur le second bouquet numérique français après Canal satellite.

Dans le secteur non marchand, la question d'un accord social à l'ordre du jour depuis l'avènement d'Albert II, mais toujours non réalisé, semble avoir progressé quelque peu ces derniers mois. Le gouvernement fédéral paraît être parvenu à faire sortir les partenaires sociaux de leurs positions de principe et avance dans une dynamique qui pourrait déboucher notamment sur une réduction du temps de travail comme des charges patronales. Dans une interview remarquée au *Soir*, le ministre socialiste flamand Johan van de Lanotte s'est clairement engagé dans ce dossier en prenant distance par rapport au modèle hollandais présenté par certains comme une référence.

Chacune des Communautés esquisse bien sûr elle aussi ses propositions par rapport à cette dynamique qui paraît aujourd'hui réalisable puisque l'objectif maastrichtien des 3%, que s'était fixé le gouvernement Dehaene, est atteint. Le premier ministre réalise donc, à petits pas ainsi qu'annoncé, un programme qui n'est pas sans entraîner parfois des réticences dans l'aile droite de son parti. La situation n'est pas idyllique pour autant. Les économies réalisées sur la sécurité sociale font grincer les dents des mutuelles, assises traditionnelles du pays. Celles-ci ont organisé le 28 septembre une importante manifestation de handicapés et de malades rappelant, au grand dam de l'Europe néolibérale, les droits imprescriptibles des citoyens.

ÉVÉNEMENTS CULTURELS

Sur le plan culturel, l'événement marquant de l'année est la remarquable rétrospective que les musées royaux des Beaux-Arts ont consacrée à Paul Delvaux, rétrospective qui s'inscrit dans un cycle de commémorations où l'on verra bientôt fleurir les noms de René Magritte et de James Ensor. La plus complète à ce jour des expositions consacrées au peintre récemment décédé a notamment mis en valeur les premières années de son travail. On l'y voit rechercher une picturalité essentielle avec des techniques qu'eût appréciées Verhaeren et qui plongent dans nos traditions. On le voit ensuite sensible aux avancées des courants de sa jeunesse, l'expressionnisme de Laethem Saint-Martin aussi bien que les audaces de Picasso. L'exposition, qui déroule toutes les facettes de l'art de Delvaux tel qu'en lui-même, présentait en outre l'intérêt de révéler massivement ses pastels, véritables laboratoires de l'œuvre où l'invention et la picturalité demeurent beaucoup plus perceptibles, jusqu'à la fin, que dans les œuvres hiératiques qui ont fait la renommée du peintre.

Publications liées aux grandes expositions Paris-Bruxelles

VERHAEREN Emile, *Écrits sur l'art, 1881-1916*, édité et présenté par Paul Aron, Bruxelles, Archives du futur.
La première édition scientifique présentant la totalité des critiques d'art d'un poète dont, par ailleurs, l'œuvre entière suscite un intérêt renouvelé.
La Belgique artistique et littéraire, 1848-1914. Une anthologie de langue française, Bruxelles, Complexe (textes réunis et présentés par Paul Aron, avec la collaboration de Jacques Aron, Isabelle Dumont et Roland Van der Hoeven).
Émile Verhaeren, un musée imaginaire, éd. par Marc Quaghebeur et Nicole Salé, Les dossiers du musée d'Orsay, n° 63, Paris.
France-Belgique (1848-1914), Affinités-Ambiguïtés. Actes du colloque des 7, 8 et 9 mai 1996, publiés par Marc Quaghebeur et Nicole Savy, Bruxelles, Labor.
Paris-Bruxelles / Bruxelles-Paris. Réalisme, impressionnisme, symbolisme et art nouveau, Paris, Fonds Mercator-Seuil.
Rodin et la Belgique. Ville de Charleroi-Palais des Beaux-Arts.
Vers l'âge d'airain. Rodin en Belgique. Paris, Hôtel Biron.

BIBLIOGRAPHIE

Cette bibliographie présente une sélection d'ouvrages commentés. À moins d'indication, l'année de parution est 1997.

Actualités

BENAÏSSA Nabela, *Au nom de ma sœur*, entretiens réalisés par M.P. Esterhazi, Bruxelles, Labor.

Une réussite exceptionnelle de l'édition en Belgique (plus de 55 000 exemplaires vendus en quelques semaines) par la sœur de l'une des victimes des pédophiles arrêtés récemment.

BRAECKMAN Colette, *Terreurs africaines: Burundi, Rwanda, Zaïre: les racines de la violence*, Paris, Fayard.

Une journaliste analyse sans complaisance les sources profondes des massacres.

FOX Renée C., *Le Château des Belges*, trad. de l'anglais par Christine Pagnoulle, édité par Yves Winkin, Ottignies, Duculot.

Un essai stimulant d'une observatrice étrangère qui a fréquenté le meilleur monde belge.

L'Affaire Dutroux: la Belgique malade de sa justice, Collectif, Bruxelles, Complexe.

Une des nombreuses publications engendrées par le traumatisme de l'année 1996, et sans doute une des moins démagogiques.

Art

Le Corbusier et la Belgique, Bruxelles, CFC Editions.

Les actes des rencontres de Bruxelles des 27 et 28 mars 1997.

Le Travail. Un siècle d'art belge 1848-1948, Anvers, Pandora.

Le catalogue bilingue d'une exposition thématique présentée simultanément à Gand et à Liège.

Le Patrimoine monumental de la Belgique-Région de Bruxelles-Capitale, "Etterbeek", "Saint-Josse", Bruxelles, IPS éditeur.

Les deux derniers volumes de l'inventaire le plus complet de la mémoire architecturale du pays.

Critique

BLAVIER André, *Le Don d'ubuquité*, Bruxelles, Didier Devillez.

Le catalogue de l'exposition d'hommage de la Maison de la Bellone organisée par la Promotion des Lettres

DUBOIS Jacques, *Pour Albertine. Proust et le sens du social*, Paris, Seuil.

Une lecture sociologique d'un personnage méconnu de la *Recherche*.

RYKNER Arnaud, *L'Envers du théâtre. Dramaturgie du silence de l'âge classique à Maeterlinck*, Paris, Corti.

Un essai remarquable, qui restitue à Maeterlinck toute l'ampleur de son intervention dans l'esthétique théâtrale contemporaine.

Histoire – Économie

FRALON José-Alain, *Albert Frère, le fils du marchand de clous*, Paris, Fayard.

Une biographie du plus célèbre patron belge par l'ancien correspondant du *Monde* à Bruxelles.

STENGERS Jean, *L'Action du Roi en Belgique depuis 1831*, Bruxelles, Racine.

La seconde édition revue d'un ouvrage de référence fondamental.

Leurs Occupations. L'impact de la Seconde Guerre mondiale sur la littérature en Belgique.

Actes de la section "littérature" du Colloque Société, culture, mentalités, organisé par le CREHSGm, édité par Paul Aron *et alii*.

Religion

SOETENS Claude (dir.), *Vatican II et la Belgique*, Louvain-la-Neuve, Quorum.

Une enquête documentée, bibliographie, index et lexique des personnages cités.

Langue et culture

Le Français en Belgique, sous la direction de Daniel Blampain, André Goosse, Jean-Marie Klinkenberg et Marc Wilmet, Louvain-la-Neuve, Duculot.
Un ouvrage de référence fondamental (e-mail: accès+cde@deboeck.be).
L'Identité culturelle de la Belgique et de la Suisse francophones. Actes du colloque international de Soleure (juin 1993). Textes réunis par Paul Gorceix. Paris, Honoré Champion.
Une première tentative de comparaison de l'histoire de deux francophonies originales.

Littérature

ANCION Nicolas, *Le Cahier gonflable*, Bruxelles, Les Éperonniers.
L'univers surréel d'un jeune romancier dont la première œuvre, *Ciel bleu trop bleu*, a connu un certain succès.
BAUCHAU Henri, *Antigone*, Arles, Actes Sud.
À la première personne cette fois, l'histoire de la fille d'Œdipe prise entre le conflit insoluble de ses frères et l'amour que lui porte le fils de Créon.
DE COSTER Charles, *Contes brabançons. Le Voyage de noce*. Édition présentée par Raymond Trousson. Bruxelles, Labor.
Première édition complète d'une œuvre majeure de l'auteur de la *Légende d'Ulenspiegel*.
HARPMAN Jacqueline, *Orlanda*, Paris, Grasset, 1996.
Prix Médicis.
GUNZIG Thomas, *Il y avait quelque chose dans le noir qu'on avait pas vu*, Paris, Julliard.
Ce recueil de nouvelles attire judicieusement l'attention sur un nouvel écrivain qui paraît plus que prometteur.
MALINCONI Nicole, *Da solo*, Bruxelles, Les Éperonniers.
Après la mère wallonne, la chronique du père italien par une femme écrivain qui sait encore ce qu'est la pudeur de la langue.
MUIR François, *Le Vigile*, précédé de *Walla*, Bruxelles, Didier Devillez.
Deux textes significatifs d'un jeune auteur né en 1955 et qui vient de mourir; poète et romancier (*Monsieur Rutil*, 1987 et *Le Palais des haches*, 1995), sa maturité littéraire avait été reconnue d'emblée par la critique belge.
PIROTTE Jean-Claude, *Cavale*, Paris, La Table ronde.
La fuite, largement autobiographique, de l'auteur loin de la Belgique, transfigurée par le regard d'un des grands errants de notre littérature.
TOUSSAINT Jean-Philippe, *Télévision*, Paris, Minuit.
Jouant toujours de la distanciation, une nouvelle œuvre du romancier qui se veut minimaliste.
WILLENS Yves, *Contes des jours d'imagination*, Bruxelles, Didier Devillez.

Théâtre

BLASBAND Philippe, *Les Mangeuses de chocolat*, Carnières, Lansman.
Le Monde du théâtre, 1994/95;1996/97 établi par Nicole Leclercq, avec la collaboration de Roger Deldime, Bruxelles, Centre belge de l'IIT.
Répertoire des auteurs dramatiques contemporains. Théâtre belge de langue française, Bruxelles, Alternatives théâtrales, n° 55.
ZAHND René (dir.), *Henri Ronse, la vie oblique*, Lausanne, L'Âge d'Homme
Une série d'interviews, permettant de mieux comprendre le parcours et les intérêts d'un homme de théâtre, grand intellectuel et fervent amateur de littérature.

Revues

Congo-Meuse. Revue des lettres belges et congolaises de langue française. "Écrire en français en Belgique et au Congo", n° 1, 1997.
Une nouvelle revue scientifique belgo-congolaise éditée par le CELIBECO (Mbujimayi) et les AML (Bruxelles).
Entre poésie et propagande. Charles Plisnier et les chœurs parlés en Belgique, *Rue des Usines*, n° 34-35, printemps 1997.
"France-Belgique fin de siècle", Nicole Savy (dir.), *Le mouvement social* (Paris), n° 178.
Lettres du jour I et II
Dossier coordonné par Paul Aron et Jean-Pierre Bertrand, *Textyles*, n°s 13 et 14, 1996 et 1997.

SUISSE

Doris JAKUBEC et Gilles REVAZ
Centre de Recherches sur les Lettres Romandes
Université de Lausanne

avec la collaboration de
Olivier BRUNNER, Office fédéral des assurances
sociales, Berne
Pierre MICHOT, musicologue, Genève
Véronique MAURON, Université de Lausanne
Joël AGUET, dramaturge, Lausanne
Françoise FORNEROD, Université de Lausanne
José-Flore TAPPY, CRLR, Université de Lausanne
Marion GRAF, critique littéraire, Schaffhouse
Jérôme MEIZOZ, lecteur, Université de Zurich

La Suisse se rapproche peu à peu de l'Union européenne par des négociations sectorielles. Son économie a ralenti depuis le début de la décennie mais on anticipe un redémarrage économique en partie lié à la baisse du franc suisse. Brillante saison à l'opéra. Deux grands écrivains fêtés, Alice Rivaz et Maurice Chappaz.

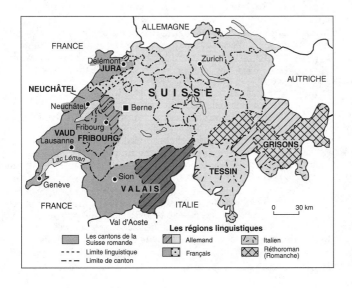

Les régions linguistiques

Les cantons de la Suisse romande
- - - Limite linguistique
— ·· — Limite de canton

Allemand
Français

Italien
Réthoroman (Romanche)

La Suisse et la Deuxième Guerre mondiale
Professeur Jean-François Bergier
Président de la Commission indépendante d'experts:
Suisse-Seconde Guerre mondiale.

Les attitudes de la Suisse et des Suisses face au nazisme et à l'extermination des Juifs suscitent de vives discussions depuis des années. Toutefois, depuis l'été 1996, l'ampleur et la passion des polémiques ont pris des dimensions inédites, sous l'impact de quatre facteurs: la fin de la Guerre froide, les différences entre les générations, l'ouverture de certaines archives et les interrogations sur les rapports de la Suisse avec le monde, notamment avec l'Europe. On peut évoquer cinq aspects des réactions suisses face à de graves accusations (collaboration avec l'Axe et enrichissement immoral):

– L'Association Suisse des Banquiers et le Congrès Juif Mondial ont convenu de fonder un comité, sous la présidence de l'ancien dirigeant de la Banque centrale américaine, Paul Volcker, qui est chargé de retrouver les fonds déposés dans les banques suisses par les victimes des nazis.

– Au sein de l'administration fédérale, une "task force" (anglicisme inhabituel à Berne) a été organisée et placée sous la direction de l'ambassadeur Thomas Borer afin d'expliquer la situation complexe de la Suisse.

– En décembre 1996, les deux Chambres et le gouvernement ont décidé la création et la composition d'une "Commission indépendante d'experts" chargée d'analyser le rôle de la Suisse pendant les années 30 et 40. Formée de 9 membres (4 étrangers et 5 suisses, 8 historiens et un juriste), dotée de moyens financiers importants, cette Commission dispose de la possibilité de consulter toutes les archives nécessaires, même celles d'entreprises et de personnes privées: le secret professionnel, en particulier le secret des banques, ne saurait entraver ces recherches qui bénéficient d'une décision exceptionnelle du pouvoir politique.

– Deux projets sont particulièrement discutés: d'une part, des dirigeants industriels et bancaires ont décidé de participer à un "fonds de solidarité", doté de plusieurs centaines de millions de francs suisses et destiné à secourir les victimes de persécutions nazies. D'autre part, le 5 mars de cette année, devant l'Assemblée fédérale (les deux Chambres du Parlement réunies), le président de la Confédération a annoncé le projet d'une "Fondation de solidarité": des moyens dégagés par une réévaluation des stocks d'or de la Banque nationale suisse devraient être consacrés à venir en aide aux victimes de conflits, catastrophes et autres calamités, en Suisse et à l'étranger. Provoquant un vif débat politique, cette proposition a rencontré une large adhésion, mais a aussi suscité des confusions et des réserves.

Pour sa part, la "Commission indépendante d'experts" a entrepris de récolter les informations en Suisse et à l'étranger, dans les archives et auprès de témoins. Ses recherches doivent rester aussi imperméables que possible aux pressions des milieux politiques, des médias et des groupes de pression. Elle doit préserver la quiétude nécessaire à la conduite d'un travail objectif; elle ne doit pas se laisser manipuler ni entraîner dans un débat émotionnel trop souvent alimenté à coup de «révélations» sensationnelles. Mais elle doit assurer la transparence de l'information. Vis-à-vis de la Suisse ou du Monde, son devoir n'est pas d'instruire un procès ni de porter un jugement, mais simplement de réaliser ce qui est la mission profonde et noble de l'historien: raconter et comprendre. Pour la Suisse, toute cette affaire n'est pas une manière d'expier d'hypothétiques péchés, mais elle est une chance d'assumer notre passé, de remettre de l'ordre dans notre mémoire afin d'affronter le présent et de préparer l'avenir.

Les deux buts fondamentaux sont celui de la justice à travers la restitution de ce qui est dû aux victimes de l'Holocauste, et celui de la clarté que nous voulons essayer d'apporter sur des problèmes qui ont affecté la Suisse il y a 50 ans ou davantage et qui l'affectent à nouveau aujourd'hui. Il s'agit aussi de situer tous ces éléments dans un contexte chaotique et dramatique, celui du temps de la guerre et de l'après-guerre.

Bref, il s'agit de contribuer à plus de transparence, plus de justice, plus de tolérance et plus de solidarité.

POLITIQUE

État des négociations bilatérales entre la Suisse et l'Union européenne

La Suisse ne fait pas partie de l'Union européenne (UE). Elle mène depuis plusieurs années des négociations bilatérales sectorielles avec l'UE sur les domaines suivants: la libre circulation des personnes, les transports terrestres et aériens, la recherche, les marchés publics, l'agriculture et l'élimination des obstacles techniques au commerce. Les deux premiers domaines mentionnés sont politiquement les plus délicats à négocier. La libre circulation des personnes est une question sensible pour la Suisse, dont le taux d'étrangers est l'un des plus élevés d'Europe de l'Ouest (plus de 18% de sa population). Les négociateurs ont néanmoins réussi un tour de force en parvenant à marier dans un même accord les exigences des deux parties. Selon ce projet, la libre circulation des personnes entre la Suisse et l'UE sera introduite par étapes, permettant à la Suisse de garder un contrôle sur l'évolution de la situation. Le domaine des transports terrestres soulève en revanche des questions encore très sensibles. Il s'agit de mettre en place d'ici l'an 2005 une politique coordonnée des transports dans l'Arc alpin, respectueuse de l'environnement et qui ne provoque pas de détournement du trafic par les pays voisins. Cela concerne directement la France, l'Allemagne, l'Autriche, l'Italie et la Suisse. Pour la Suisse, le transport des marchandises en transit doit se faire pour l'essentiel par le rail. C'est une obligation constitutionnelle. Pour favoriser ce transfert de la route au rail, le transit par le rail devra être moins cher que le transit par la route. Les positions respectives sont pour l'heure encore trop éloignées l'une de l'autre et exigent des négociateurs plus de temps que prévu pour élaborer des solutions acceptables de part et d'autre.

De manière générale, en raison du lien entre les sept domaines en discussion, la conclusion des négociations sectorielles entre la Suisse et l'UE dépend des résultats concernant les transports terrestres.

ÉCONOMIE

Faiblesse de la croissance en Suisse

Depuis le début de cette décennie, la Suisse s'est démarquée des autres pays par une stagnation générale de son économie.

Il était certes normal que l'économie helvétique reprenne son souffle après le boum des années quatre-vingt, mais personne ne s'attendait à une pareille atonie sur une période de sept années. Plusieurs circonstances ont sans doute contribué à cette contre-performance économique: des conditions monétaires et budgétaires restrictives, le rejet en référendum de l'accord sur l'Espace économique européen (EEE) en 1992 et la mauvaise conjoncture chez nos principaux partenaires commerciaux.

L'année 1997 pourrait être celle du redémarrage économique.

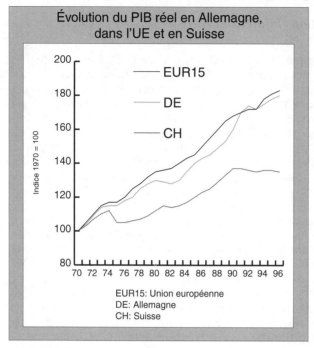

Évolution du PIB réel en Allemagne, dans l'UE et en Suisse

EUR15: Union européenne
DE: Allemagne
CH: Suisse

La Banque nationale conduit une politique résolue d'assouplissement monétaire depuis 1996 et un programme de relance conjoncturelle a été adopté par le Parlement en début d'année. La baisse du cours du franc suisse et la conjoncture plus dynamique dans les pays d'Europe continentale ont soutenu la progression des exportations dans la première moitié de l'année. Il est toutefois difficile de préciser si la baisse du franc perdurera et à quel moment l'amélioration des exportations se répercutera sur la demande intérieure. Celle-ci demeure faible. Sa principale composante, la consommation des ménages, ne montre encore aucun signe de reprise. Cela s'explique par la stagnation des salaires depuis 1993. L'incertitude sur le marché du travail, la hausse constante des primes de l'assurance-maladie et l'introduction de la TVA en 1995 ont également conduit les consommateurs à une certaine retenue. La reprise prévue pour 1997 devrait donc être une reprise assez modérée. Les indicateurs économiques disponibles laissent prévoir qu'elle deviendra plus robuste en 1998.

Indices économiques	1995	1996	1997	1998
Croissance du PIB	0,1	-0,7	0,3	2,0
Taux d'inflation	1,8	0,8	0,8	1,3
Taux de chômage	4,2	4,7	5,5	5,1

La situation sur le marché du travail reste difficile

Il faudra attendre encore une année au moins pour voir l'emploi à nouveau progresser et le chômage refluer. Le taux de chômage s'est établi en moyenne à 4,7% en 1996, et devrait encore augmenter en 1997. Il a atteint un niveau sans précédent de 5,4% au premier trimestre de 1997 (ce qui est peu par rapport à la France mais inhabituel en Suisse). Les conditions d'accès aux indemnités de chômage ont été durcies depuis deux ans. Il est devenu plus difficile pour un chômeur de refuser un nouvel emploi qui lui serait proposé par les services publics de placement. Les indemnités ont été réduites de 3%, et le maintien des droits aux prestations au-delà d'un délai de 30 semaines est désormais subordonné à la participation à des programmes d'emploi pour chômeurs ou à des programmes de formation. Parallèlement, les activités de conseil et de placement en faveur des chômeurs ont été renforcées par des structures régionales de soutien. Malgré ces réformes apportées à l'assurance-chômage, on estime que le niveau de chômage "incompressible" se situe désormais autour de 3%, contre moins de 1% précédemment. Les causes de cette augmentation sont l'extension de la couverture de l'assurance-chômage, la plus grande rigidité de l'offre de travail (femmes et étrangers restent sur le marché du travail), les changements de comportement d'inscription au chômage et les améliorations de la statistique.

QUELQUES POINTS DE REPÈRE

Géographie

➤ Petit pays prospère entre Alpes et Jura, densément peuplé.

➤ Catholiques: 48%; protestants: 44%.

➤ Quatre langues (allemand, français, italien, romanche).

➤ Vingt-trois cantons; quatre francophones et deux bilingues (français, allemand) souvent appelés "Suisse romande".

Histoire

➤ 58-15 av. J.-C. Occupation par les Romains du territoire des Helvètes.

➤ Fin XIIIe s. Après les invasions des Burgondes et des Alamans (V[e]), le rattachement à la Bourgogne (IXe) puis au Saint-Empire (XIe), les cantons se regroupent pour défendre leur liberté (Guillaume Tell).

➤ 1291 Acte de naissance de la Confédération suisse (3 cantons).

➤ 1476 Les troupes de la Confédération, aidées par Louis XI, battent Charles le Téméraire à Morat.

➤ 1815 De trois à huit cantons (1353) puis treize (1513), la Confédération en compte 22 à l'issue du Congrès de Vienne. Neutralité reconnue.

➤ 1848 État fédératif avec siège à Berne.

➤ 1978 (22 sept.) Création du 23e canton, le Jura, francophone.

➤ 1992 Par référendum, la Suisse ratifie son adhésion au FMI et à la Banque Mondiale, mais rejette son intégration à l'espace économique européen (EEE).

➤ 1994 Les négociations reprennent avec l'Union européenne. Les Francophones sont favorables au rapprochement.

➤ 1996 La Suisse participe à part entière à la Francophonie et à toutes ses instances.

À noter

➤ La Confédération suisse est encore appelée parfois Confédération helvétique.

Société

La pauvreté frappe davantage les jeunes familles que les personnes à la retraite

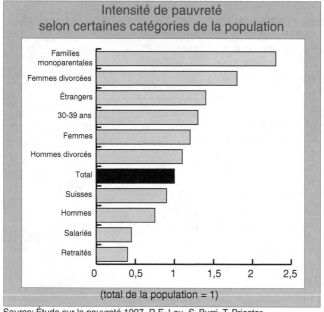

Intensité de pauvreté selon certaines catégories de la population

Familles monoparentales
Femmes divorcées
Étrangers
30-39 ans
Femmes
Hommes divorcés
Total
Suisses
Hommes
Salariés
Retraités

0   0,5   1   1,5   2   2,5

(total de la population = 1)

Source: Étude sur la pauvreté 1997, R.E. Leu, S. Burri, T. Priester

La première étude nationale sur la pauvreté en Suisse a livré ses résultats en janvier 1997. Il en ressort une image bousculant certaines idées reçues sur le sujet. Tout d'abord, le nombre absolu de pauvres n'a pas explosé au cours des dix dernières années. Selon le seuil de pauvreté retenu, le taux de pauvreté variait entre 5,6% (seuil correspondant au revenu de référence pour l'obtention de l'aide sociale) et 9,8% (seuil correspondant au revenu de référence pour l'obtention d'une prestation complémentaire à une rente-vieillesse). Ces taux sont comparables à ceux estimés pour 1982.

La pauvreté a cependant un nouveau visage. Ce ne sont plus les rentiers qui en sont les principales victimes, mais des personnes de moins de 40 ans, souvent avec charge de famille, et ce malgré l'exercice d'un emploi.

Ces résultats montrent, d'une part, que la politique sociale en faveur des rentiers a atteint en grande partie son objectif. D'autre part, l'apparition de situations précaires parmi d'autres catégories de la population (familles monoparentales, personnes sans emploi, familles avec un ou deux enfants) indique que le système actuel de solidarité entre jeunes et vieux présente des imperfections et doit être revu dans le sens d'une solidarité plus marquée entre riches et pauvres, indépendamment de l'âge.

Ce constat ne manquera pas d'alimenter le débat concernant le financement et le catalogue des prestations des assurances sociales. Ce débat, largement relayé par les médias, retient l'attention non seulement des politiciens et des experts en la matière, mais aussi de l'ensemble des citoyens, confrontés financièrement à des hausses importantes de leur prime d'assurance-maladie et à une future hausse de la TVA pour compenser les coûts liés au vieillissement démographique. L'enjeu des réflexions en cours porte sur la recherche de solutions permettant de resserrer les mailles du filet de la sécurité sociale sans compromettre la compétitivité de l'économie et la responsabilité individuelle. À cet égard, le projet d'assurance-maternité proposé par le Conseil fédéral servira de test quant aux capacités des partis politiques à trouver des formules efficaces et équitables en matière de sécurité sociale.

Claude Nicollier: l'ambassadeur de la Suisse dans l'espace

S'il vit aujourd'hui au Texas, Claude Nicollier, l'astronaute vaudois, revient chaque année pour un séjour dans son pays d'origine. Il a reçu cette année à Lausanne le prestigieux prix Max-Petitpierre pour sa contribution au rayonnement de la Suisse. Le Veveysan, pilote militaire suisse, est en effet devenu mondialement célèbre à la suite de ses missions dans l'espace avec le vaisseau spatial Columbia en 1992, 1993 et 1996.

LA VIE CULTURELLE EN SUISSE ROMANDE

L'Opéra de Lausanne fut à l'honneur dans le domaine des nouvelles productions dans une saison éclectique d'un niveau remarquable. Il nous a donné à voir et à entendre *L'Argia* de Cesti, opéra baroque oublié depuis trop longtemps. Mis en place par les grands spécialistes du genre, notamment René Jacobs pour la musique et l'Autrichien Hans Schavernoch pour les décors, le spectacle a été transformé en triomphe par un public ébahi et subjugué. Ce fut aussi l'occasion d'entendre la maîtrise vocale de la mezzo valaisanne **Brigitte Balleys** déjà largement connue hors de nos frontières. Dans un tout autre registre, la nouvelle production de *Mahagonny* a été un très grand moment de l'opéra en Suisse romande. Outre les interprétations vocales remarquables de Michal Shamir dans le rôle de Jenny Hill et de Gabriel Sadé dans celui de Jim Mahoney, nous voulons relever la qualité de la mise en scène du tandem Patrice Caurier et Moshe Leiser que l'on retrouve très souvent à Lausanne et Genève pour notre plus grand plaisir. Ils ont su garder le style caractéristique de Brecht tout en réactualisant la pièce, comme dans la mise en scène de l'ouragan sur une carte mimant l'information telle qu'elle serait donnée aujourd'hui à la télévision, convoquant le spectateur dans la réalité de l'événement. Ils ont donné à voir de superbes tableaux, tels que celui de l'incendie de la ville où, placés devant

l'apocalypse, nous étions confrontés à la contradiction infernale de notre monde. Ils ont préservé la force de l'absolue remise en cause à laquelle le théâtre de Brecht nous invite.

Après douze ans passés comme directeur artistique de l'Orchestre de la Suisse romande, **Armin Jordan** se retire, non sans être encore engagé comme chef invité pour les saisons à venir. Des concerts mémorables ont marqué tant son départ que son 65ᵉ anniversaire. Pour ce dernier en particulier, ses partenaires favoris, la soprano Felicity Lott et le pianiste Christian Zacharias ont imaginé un programme surprise plein d'humour et d'amour. À l'issue de la première de *La Femme sans ombre* de Richard Strauss, qu'il a dirigée au Grand Théâtre de Genève, le chef suisse a reçu **le prix 1997 du Rayonnement français**, en témoignage de la contribution éminente qu'il a apportée à la connaissance des compositeurs français. Rappelons-nous en effet la place toujours essentielle que Jordan réserve dans ses programmes, non seulement à Debussy et à Ravel, mais aussi à Dukas, Chausson, Chabrier, Dutilleux. C'est d'ailleurs sous sa baguette qu'Erato a réalisé les premiers – et à ce jour uniques – enregistrements du *Roi Arthus* d'Ernest Chausson et d'*Ariane et Barbe-Bleue* de Paul Dukas.

Un livre, *Armin Jordan, Images d'un chef*, s'attache aux multiples visages de l'homme et de l'artiste, au gré des portraits du photographe Jean Mohr, depuis longtemps associé aux tournées de l'OSR, et des propos recueillis par Jean-Jacques Roth, qui font mieux saisir cette personnalité diverse et paradoxale, joyeuse et désenchantée.

Contrechamps a fêté son vingtième anniversaire. Animée par Philippe Albèra, cette organisation est à la fois une saison de concerts, sans lesquels le public genevois resterait dans une ignorance à peu près totale de ce qu'est la musique contemporaine; c'est aussi un ensemble de musiciens remarquablement préparés à défendre les œuvres de notre siècle (l'Ensemble Contrechamps vient d'accomplir en Chine une tournée couronnée du plus vif succès); c'est encore une série de publications qui ont considérablement enrichi la bibliographie musicologique de langue française.

Événement au Grand Théâtre de Genève: la *Vénus* d'Othmar Schoeck

Le Grand Théâtre de Genève nous a offert, cette saison, un événement d'importance nationale et de grande qualité artistique avec la nouvelle production de la *Vénus* de Schoeck, compositeur suisse né en 1886 à Brunnen dans le canton de Schwytz. Connue sur les scènes germanophones, la pièce est très peu jouée dans le monde francophone et nous ne pouvons que féliciter le Grand Théâtre pour le trait d'union qu'il a ainsi tracé entre deux des grandes cultures de notre pays et du vieux continent. Le livret d'Armin Rüeger a, en effet, puisé son invention dans deux sources, la *Vénus d'Ille* de Mérimée et la nouvelle d'Eichendorff *La Statue de marbre*. L'ouvrage pourrait souffrir de cette dualité, mais on se laisse volontiers prendre par l'envoûtement de la musique, laquelle conjugue également deux styles, un certain lyrisme de jeunesse et la poésie harmonique qu'on retrouve dans les œuvres ultérieures du compositeur. La mise en scène de Francisco Negrin a parfaitement joué de cette hétérogénéité: un premier acte d'inspiration romantique joué dans un cadre pittoresque qui n'était pas sans rappeler des descriptions littéraires de la première moitié du dix-neuvième siècle, un deuxième acte fantastique avec un soin tout particulier accordé au décor et aux lumières, et, pour terminer, un dernier acte très sobre illustrant parfaitement le passage du fantastique à une dimension véritablement métaphysique. Ce spectacle mériterait sans conteste d'être vu sur d'autres scènes francophones.

Plusieurs expositions de grand intérêt ont jalonné le premier semestre 1997 en Suisse romande:

Dialogues, Musée cantonal des beaux-arts

Cette exposition d'art contemporain suisse réunit les oeuvres de la Stiftung Kunst Heute de Berne et celles du Musée valaisan. Chaque salle est composée autour d'un thème ou d'un style. Ainsi les corps noirs et en apesanteur de Miriam Cahn font face à une série de peintures au réalisme photographique d'Alex Hanimann; ainsi, dans la discordance cette fois, les tableaux-miroirs, posés au sol d'Adrian Schiess s'opposent aux photographies de Beat Streuli représentant des enfants de New York; ainsi l'ordinateur de Hervé Graumann mettant en scène un bonhomme-peintre jouxte, de manière ironique, des oeuvres de John Armleder et de Daniel Berset. Correspondances, contrastes, face à face mettent en *dialogues* des oeuvres d'artistes suisses de réputation internationale.

Sion, janvier à mai 1997

Armand Schulthess, *Collection de l'Art Brut*

Né en 1901 et décédé en 1972, Armand Schulthess ne se proclamait pas artiste. Ce fonctionnaire fédéral retiré dès sa retraite dans son domaine forestier du Tessin, vivant en solitaire comme un ermite, créa une oeuvre de «land art» à la fois monumentale et intime. Il traça dans la nature des sentiers, des voies de circulation balisées par des milliers de plaquettes en tôle couvertes d'inscriptions. Le «Jardin encyclopédique» de Schulthess déclinait les concepts philosophiques, réinventait l'astrologie et la psychologie, donnait des conseils aux hypothétiques promeneurs égarés sur les chemins de la connaissance. Détruite après sa mort, son oeuvre est conservée partiellement par la photographie et par le film, ainsi que par les témoignages d'écrivains comme Corinna Bille et Max Frisch qui avaient connu le créateur.

Lausanne, février à mai 1997

Veronica's revenge, Centre d'art contemporain

La photographie contemporaine, dans cette exposition, se donne comme le prolongement du voile de Véronique, la «vraie image», l'empreinte, la trace. Tous les grands noms de la photographie contemporaine, non pas celle des photographes à proprement parler mais surtout celle des artistes, sont réunis dans cette présentation de la Lambert Art Collection. Les femmes, telles Nan Goldin, Cindy Sherman, Barbara Kruger ou Annette Messager, exhibent les corps, les triturent, les soumettent à des manipulations fantasmatiques. Thomas Ruff, dans ses cibachromes géants, donne au visage humain une dimension urbaine d'affiche publicitaire. Sigmar Polke travaille dans une veine surréaliste en proposant un détournement d'objets du quotidien. Et Andy Warhol fait écho à Man Ray.

Genève, mars à mai 1997

Papiers peints Art Nouveau, Fondation Neuman

Une centaine de papiers peints, la plupart sous la forme d'échantillons, provenant du Musée du papier peint de Rixheim en Alsace sont rassemblés dans la Fondation connue pour sa collection d'objets (verre) et de meubles du début de notre siècle. On retrouve dans le papier peint, qui joue à être tissu, les motifs de prédilection de l'Art Nouveau: formes végétales qui métamorphosent le salon en un jardin édénique, lignes serpentines qui enroulent les motifs, aplats de couleurs tendres, stylisation des fleurs plutôt que description savante, graphisme vigoureux et sensuel. Un catalogue aux textes fondamentaux accompagne l'exposition.

Gingins, avril à août 1997

Rembrandt, Cabinet cantonal des estampes, Musée Jenisch

Pour fêter le centième anniversaire du Musée Jenisch, le cabinet cantonal des estampes présente une exposition des gravures de Rembrandt issues des trois fonds qui le composent: les fonds William Cuendet, Pierre Decker et Alexis Forel. L'ensemble est somptueux, allant des premiers autoportraits de 1630 jusqu'aux scènes religieuses (*Les Trois Croix, la Descente de la croix*) qui constituent les thèmes principaux du maître hollandais, en passant par le paysage (*Les Trois Arbres*) et les nus féminins.

Vevey, mai à septembre 1997

Quelques expositions importantes

Pierre Tal-Coat, devant l'image, Musée Rath, Genève, janvier à mai 1997.

Cobra, art expérimental, Musée cantonal des beaux-arts, Lausanne, juin à août 1997.

Balthasar Burckhard, l'éloge de l'ombre, Musée Rath, Genève, juin à août 1997.

Erwin Blumenfeld, Musée de l'Élysée, Lausanne, mars à mai 1997. *Mel Bochner*, Cabinet des estampes, Genève, mars, avril 1997.

De Greco à Mondrian (collection Weinberg), Fondation de l'Hermitage, Lausanne, février à mai 1997.

Anne Blanchet, Forum de Sierre, mai 1997.

Nouveaux lieux d'expositions:

Espace Arlaud, dépendance des musées cantonaux, Lausanne.

Fondation Claude Verdan, Lausanne.

Galerie MIRE, Genève.

Greene Gallery, Genève.

Movid Art, Genève.

Théâtre

La saison théâtrale 96-97 restera comme la grande année d'**Olivier Chiacchiari**. Cet auteur genevois de vingt-huit ans avait déjà été remarqué lors de plusieurs lectures publiques de ses textes, notamment celles organisées par le Parloir romand; mais depuis l'automne dernier, coup sur coup, trois de ses pièces ont été créées sur les scènes romandes. Ce fut d'abord le 29 octobre, au Théâtre St-Gervais de Genève, *10 – Le Livre des machines* (Lausanne, éd. L'Âge d'Homme), décalogue profane et cynique qui se présente comme une série de contes cruels illustrant l'asservissement de l'homme à la «Machine», nouveau dieu tout puissant. Puis, le 4 février, la Compagnie du Phénix, de Paris, a créé au Théâtre du Vide-Poche, à Lausanne, *Nous le sommes tous* (Mimos n°4 / 1996, Bâle, Société suisse du théâtre), sept joutes verbales mettant à nu la suite de nos petites lâchetés quotidiennes, avec une redoutable efficacité et un humour noir percutant. Enfin le 12 mai, *Le Drame* (Genève, Zoé) est créé dans l'un des deux théâtres les plus importants de Suisse romande, la Comédie de Genève. Claude Stratz, qui en est le directeur, a mis en scène cette cérémonie funèbre devant un cercueil, progressivement oublié. La famille et les proches du jeune disparu pleurent, puis continuent vite à vivre. La veuve trouve une solution de rechange, le frère sans travail est embauché par le patron du défunt, jusqu'à l'appartement du mort qui trouve à cette occasion repreneur: ce travail de deuil en condensé exhibe la furieuse et scandaleuse comédie de la vie toute crue. L'écriture de Chiacchiari fait la part belle aux dialogues incisifs et aux renversements des rapports de domination, avec une puissance d'évocation d'une rare férocité. Avec le prix qu'il a reçu en janvier au Festival du film de Soleure pour le scénario de *Sale Histoire*,

96-97 aura donc été pour lui l'année des premières consécrations. Lorsqu'il étendra le comique grinçant de ses satires à des pièces d'une construction plus ample et plus élaborée, il deviendra sans nul doute un grand auteur dramatique.

C'est par ailleurs la **Comédie de Genève** qui a offert la programmation la plus faste de la saison, avec notamment deux accueils de qualité exceptionnelle. *L'Île du Salut*, d'après *La Colonie pénitentiaire* de Kafka, mise en scène par Matthias Langhoff, a imposé le spectacle terrible et grotesque d'un système concentrationnaire, jusqu'à son apothéose dans l'autodestruction. La volonté pervertie de punition va jusqu'au bout de sa logique et retourne au néant. Au final, passent et repassent, jusqu'au départ du dernier spectateur, des figurants aux masques d'animaux: la nature se réapproprie la colonie. Pas de "salut" donc, mais peut-on vraiment applaudir des bourreaux? *La Tragédie de Macbeth* de Shakespeare, mise en scène par Katharina Thalbach, où l'action des brutaux écossais, en kilts, était dominée par l'espace arachnéen des sorcières. Bref, deux sommets d'intelligence théâtrale! Avant une pimpante *Petite Catherine de Heilbronn*, texte très remuant et plein d'ironie de Kleist, mis en scène sans concession au surnaturel par Hervé Loichemol, la saison avait commencé en fanfare le 5 novembre avec *Un ennemi du peuple*, d'Ibsen, monté euphoriquement par Claude Stratz, avec une belle clarté dans la mise à jour des mécanismes du pouvoir, en démocratie, où avoir raison tout seul est une faute souvent trop lourde à porter.

Parmi les nombreuses créations du *off*, une mention spéciale à décerner à *Mémé*, troisième spectacle de Véronique Reymond et Stéphanie Chuat, créé au CPO de Lausanne le 14 janvier 97, puis tourné en Suisse romande et en France, avec arrêt prolongé cet été au Festival d'Avignon. Sur fond de café-théâtre, mâtiné de vieux ciné-club, ces deux excellentes comédiennes, insolentes de jeunesse, ont joué leur rencontre avec une superbe vieille dame, Neige Dolsky, l'une des doyennes parmi les comédiennes romandes: un traitement ravigotant pour celles et ceux que travaille la peur de vieillir, le tout avec beaucoup de grâce et de tendresse.

La littérature en Suisse romande

L'année fera date en Suisse française: on attendait depuis longtemps un ouvrage permettant d'embrasser d'un coup l'ensemble de nos lettres, et voici qu'a paru le premier tome d'une magistrale *Histoire de la littérature en Suisse romande* (Lausanne, Payot). Sous la direction du professeur **Roger Francillon**, de l'université de Zurich, tout ce que le pays compte de spécialistes et de connaisseurs se sont mis à l'œuvre pour continuer le travail accompli à la fin du XIXe siècle par Philippe Godet ainsi que par Virgile Rossel, combler les vides qui existaient entre les ouvrages d'Alfred Berchtold et de Manfred Gsteiger, notamment, et dresser un état de la littérature romande à la fin du deuxième millénaire. Le premier des quatre volumes couvre la période allant du Moyen Âge au début du dix-neuvième siècle; le deuxième, sorti ce printemps, va jusqu'à la Seconde Guerre mondiale, le troisième ira de la Guerre aux années 70 et le dernier fera le point jusqu'en 1999, date de sa parution.

L'intérêt du premier volume réside dans la mise en perspective historique des courants et des auteurs et dans l'analyse des œuvres selon les démarches de la critique contemporaine. Les chapitres sur les auteurs de la Réforme permettent de comprendre le climat culturel de la Suisse romande protestante; la naissance et le développement de l'helvétisme préparent la recherche identitaire de la Suisse au XIXe siècle. La lecture des écrivains célèbres tels Rousseau, Benjamin Constant ou Mme de Staël se trouve renouvelée et l'on découvre la modernité et la richesse de l'œuvre de Mme de Charrière. Enrichi d'illustrations souvent inconnues, ce livre est un outil indispensable aussi bien pour ceux qui s'intéressent à la littérature romande dans la francophonie que pour tous les chercheurs

et enseignants qui s'en occupent en Suisse romande et pour le large public de lecteurs qui pourront enfin découvrir et mesurer la richesse de leur patrimoine littéraire.

Quelques anniversaires ont marqué l'année écoulée: les 95 ans de la doyenne de nos lettres, **Alice Rivaz**; on mesure aujourd'hui la modernité de l'œuvre de cette pionnière qui, à travers nouvelles et romans mêlant l'intérêt pour les humbles et les préoccupations féminines, a renouvelé les perspectives narratives en même temps qu'elle a introduit des thèmes nouveaux dans la littérature romande.

Les 80 ans du poète valaisan **Maurice Chappaz** ont été fêtés par une exposition à la Bibliothèque nationale de Berne et la parution de son *Journal de l'année 84*, (Lausanne, Empreintes) en même temps que d'un second volume de *Pages choisies* à l'Âge d'Homme.

Le 150e anniversaire de la mort du caricaturiste genevois **Rodolphe Tœpffer** a été l'occasion de la publication d'un important ouvrage (Genève, Slatkine), où, pour la première fois, sont étudiées parallèlement les différentes facettes de sa production: dessins, récits de voyage, nouvelles, bandes dessinées, qui sont mises en résonance avec son activité pédagogique et politique. Ainsi se dégage la cohérence d'une œuvre et d'une vie inscrite dans son siècle.

Dans l'abondance des parutions, quelques courants se dessinent, quelles que soient les générations: des textes à résonance autobiographique où les écrivains recherchent, à travers le questionnement du passé, à mieux habiter le présent. C'est le cas d'Yves Laplace dans *La Réfutation*, (Paris, Seuil), interrogation douloureuse et sans espoir du père devenu infirme, de Jacques Chessex qui, dans *L'Imparfait* (Bernard Campiche éditeur), questionne quelques expériences clés de sa jeunesse, d'Yvette Z'Graggen qui, dans *Ciel d'Allemagne* (L'Aire), recherche à travers le Berlin contemporain les traces d'une amitié détruite par la guerre, ainsi que de Gilbert Salem, qui dans *À la place du mort*, (Campiche), évoque la figure d'un ami qu'il a accompagné les derniers mois de sa vie. Georges Haldas, lui, ressuscite des lieux disparus dans *La Légende de Genève* (L'Âge d'Homme).

La critique sociale est au cœur de plusieurs livres, parfois sous forme de satire, comme dans les *Nains de jardin* de Jacques-Etienne Bovard (Campiche), les *Tribulations amou-*

reuses de Jean-Pierre Moulin (L'Âge d'Homme), *Diable d'acteur et Dieu en bouteille*, de Roger Favre (Genève, Zoé), *Les Noces de Cana*, de Monique Laederach et *Le Crocodile ne dévore pas le pangolin*, d'Anne-Lise Thurler. Anne Cuneo nous ramène à l'époque de Shakespeare avec *Objets de splendeur*, Elisabeth Horem nous dépayse avec *Congo*

Océan, ainsi que Catherine Safonoff avec *Le Pont aux heures*. Une jeune relève semble aussi assurée d'écrivains vifs, doués, parfois impertinents, qui préparent pour les collaborateurs du quatrième tome de *L'Histoire de la littérature en Suisse romande* un parc d'attractions animé dans lequel ils devront tenter de flécher leur chemin.

BIBLIOGRAPHIE

Un livre sur les rapports entre la Suisse romande et la Francophonie
BERTHOUD Eric, *Les Monts Athos de la francophonie. Essai sur l'éveil de la Suisse française*, Neuchâtel, chez l'auteur, 1994, 197 p.
L'auteur retrace les aléas de la participation de la Suisse aux institutions francophones depuis les Conférences de Niamey jusqu'au Sommet de Chaillot à Paris en 1991 où, pour la première fois, la Suisse fut représentée par l'un de ses conseillers fédéraux. Il présente un point de vue très critique à l'encontre de Berne qui, sous prétexte de pluriculturalisme, empêche les différentes entités culturelles d'exister réellement. C'est un plaidoyer pour une certaine autonomie de la Suisse romande dans les secteurs culturels qui la touchent au premier chef comme la langue française et par conséquent pour la création d'un ministère romand de la Francophonie.

La bibliographie qui suit n'est pas exhaustive. Il faut se reporter, pour une liste détaillée, aux catalogues d'éditeurs et aux bibliographies spécialisées. Les ouvrages de l'année 1997 ici mentionnés, issus d'une sélection attentive, présentent tous un intérêt certain.

Prose et poésie
BARILIER Etienne, *Martina Hingis ou la beauté du jeu*, Genève, Zoé, 142 p.
De la plume du romancier essayiste, le premier ouvrage consacré à la jeune championne de tennis. Illustré.
BEETSCHEN Olivier, *Le Sceau des pierres*, Lausanne, Empreintes, 84 p.
Vingt ans d'errance en poésie, entre narration et musique intérieure.
Du même auteur: *À la nuit*, roman, Genève, Lézardes, 185 p. Avec une postface de Jean Roudaut.
BORGEAUD Georges, *Mille Feuilles*, Lausanne-Paris, La Bibliothèque des Arts, 150 p.
Portraits, rencontres, lectures, ces textes, écrits entre 1950 et 1960 pour des revues françaises et suisses, témoignent d'un échange vif et pétillant entre l'écrivain et ses contemporains.
BREGANI Anne, *Le Livre des séparations*, Genève, Samizdat, 77 p.
En forme de travail de deuil, une suite poétique où passent, fraternelles, les ombres d'Agamemnon et d'Iphigénie.
CHAPPUIS Pierre, *Pleines marges*, Paris, Corti, 85 p.
Par l'auteur de *Décalages*, quatre suites de brefs poèmes aériens pour "retentir par l'esprit, par le corps, par la parole, aux sollicitations du dehors" (Michel Collot).
CHIACHIARI Olivier, *Le Drame*, Genève, Zoé, 92 p.
Que valent nos deuils si on les montre en accéléré? Humour noir, rythme serré et allusif se bousculent dans cette pièce, la troisième publiée d'un jeune auteur né en 1969. Il y confirme son éclatante maîtrise.

SUISSE

FROCHAUX Claude, *L'Homme seul*, Lausanne, L'Âge d'Homme, 488 p.
Un essai sur la culture, entre ironie, non conformisme, érudition et scepticisme.
GABEREL Henri, *D'arbres, d'oiseaux et de vagues*, poèmes, Lausanne, Empreintes, 65 p.
Le dernier recueil d'un poète récemment disparu.
HALDAS Georges, *La Légende de Genève*, Lausanne, L'Âge d'Homme, 125 p.
Après les célèbres *Légende des cafés* (1976), *Légende du football* (1981) et *Légende des repas* (1987).
HAZANOV Serguëi, *Lettres russes*, Vevey, L'Aire, 396 p.
L'esprit des *Lettres persanes* et de *Till Eulenspiegel* souffle dans ce truculent roman épistolaire, où l'auteur règle ses comptes avec l'URSS, sans pour autant épargner la Russie et la Suisse.
JACCOTTET Philippe, *D'une Lyre à cinq cordes*, traductions 1946- 1995, Paris, Gallimard, 204 p.
Panorama éloquent du vaste chantier de traductions mené par le poète de *L'Ignorant*, ce volume regroupe des textes de 18 poètes traduits de cinq langues, de Pétrarque et Leopardi à Christine Lavant et Jan Skàcel. Les traductions sont suivies de notices présentant les poètes et précédées d'une préface où Jaccottet évoque ses années d'apprentissage d'un art qui exige effacement et hardiesse.
Haïku, Montpellier, Fata Morgana.
MUTZENBERG Gabriel, *Grands Pédagogues de Suisse romande*, Lausanne, L'Âge d'Homme, 217 p.
De Mathurin Cordier, le maître de Calvin, à Édouard Claparède, le fondateur de l'Institut Jean-Jacques Rousseau, l'on découvre plus d'une figure qui ont fait de la Suisse romande une terre passionnée d'éducation.
PACHE Jean, *Dans l'Oeil du silence*, poèmes, Lausanne, Empreintes, 67 p.
Un recueil où l'auteur dénonce les illusions du lyrisme d'une voix joueuse, exubérante.
PINGET Robert, *Taches d'encre*, Paris, Minuit, 96 p.
L'écrivain d'origine genevoise signe ici, selon ses dires, son ultime ouvrage. Bribes de paroles arrachées à la mort, ces quelques pensées de monsieur Songe questionnent la vanité du langage.
STEINIGER Anne-Lou, *La Maladie d'être mouche*, Paris, Gallimard, 288 p.
La Valaisanne Anne-Lou Steiniger signe son premier livre, un parcours mythologique dans la république des mouches, sillonné de lois, de décrets, de prières, de chansons, répétant toutes à l'envi que la mouche craint la mort, s'agglutine pour la repousser, mais ne cesse de s'en nourrir. Du ton le plus solennel à l'humour noir, une grande métaphore des colonies humaines.
VUILLÈME Jean-Bernard, *Les Assis, regards sur le monde des chaises*, Genève, Zoé, 144 p.
Du trône céleste aux sanisettes parisiennes, de la chaise haute du bébé au Louis XVIII du centenaire, l'auteur nous promène à travers le temps, l'histoire, les symboles et la vie quotidienne.
RACINE Charles-Edouard, *Hôtel Majestic*, Genève, Lézardes, 184 p.
À travers trois époques, trois voix, trois solitudes, l'auteur nous fait suivre l'existence d'un bâtiment, de sa naissance à son agonie. "Un roman sans terroir et sans sagesse paysanne, anti-agricole et joyeux."
SALEM Gilbert, *À la place du mort*, Yvonand, Bernard Campiche, 234 p.
Deux ans après *Le Miel du lac*, un récit du reporter et chroniqueur au journal *24 Heures*.
TACHE Pierre-Alain, *Le Rappel des oiseaux*, Lausanne, Empreintes, 49 p.
Le poète répond aux musiciens qu'il admire, accordant ses timbres aux registres musicaux de leurs œuvres.
VOELIN Pierre, *La Lumière et d'autres pas*, Genève, La Dogana, 61 p.
Poèmes d'altitude, de vent, de pierriers et d'eaux bondissantes. Poèmes de graminées et de bouches brisées pour dire le deuil, une mémoire historique douloureuse, l'enfance, la patience et le pardon.
VOISARD Alexandre, *Le Déjeu*, Yvonand, Bernard Campiche, 115 p.
Nouveaux poèmes d'un arpenteur enchanté, entre l'immédiateté des images charnelles et les chemins de traverse d'une parole rusée.

Musique

BARILIER Etienne, *B-A-C-H, Histoire d'un nom dans la musique*, Genève, Zoé, 299 p.
Sur les quatre lettres du nom de Bach, presque tous les compositeurs ont écrit leurs variations. S'y joue en réduction toute l'histoire de la création musicale.
CUENOD Hugues, *D'une voix légère, Entretiens avec François Hudry*, Lausanne, La Bibliothèque des Arts, 189 p.
Le ténor veveysan, qui a débuté au Metropolitan Opera de New York, raconte à 85 ans sa longue vie, sa carrière de ténor atypique, et ses étonnantes rencontres.
Norbert Moret compositeur, Témoignages, Genève, Médecine et Hygiène, 143 p.
Pour le 75ᵉ anniversaire du musicien fribourgeois, une analyse de l'œuvre par Harry Halbreich et des textes de Jean-Jacques Rapin, Bertil Galland, Andres Briner, Jean-Michel Hayoz et Paul Sacher.

Rééditions

DE CHARRIÈRE Isabelle, *Trois femmes*, Lausanne, L'Âge d'homme, Poche Suisse, 146 p.
Avec une préface de Claire Jaquier.
Un texte classique d'une des plus grandes romancières du XVIIIᵉ siècle.
ROD Édouard, *Là-Haut*, Lausanne, L'Âge d'homme, Poche Suisse, 332 p.
Un roman alpestre du romancier d'origine vaudoise Édouard Rod, ami de Zola, parrain littéraire de Ramuz. L'affrontement de la tradition et de la modernité touristique dans un village des Alpes. Postface de César Revaz, qui dévoile les enjeux réels de ce roman à clefs.
BILLE S. Corinna, *Œuvre dramatique complète*, Lausanne, L'Âge d'homme, Poche Suisse, 2 vol.
Reprise de *L'Inconnue du Haut-Rhône*, et publication, orchestrée par Christiane Markward, de pièces inédites.

Monique Saint-Hélier

SAINT-HÉLIER Monique, *Quick* suivi de *Premiers Écrits*, L'Aire bleue, 38 p.
De la romancière du célèbre cycle des Alérac: *Bois-Mort, Le Cavalier de paille, Le Martin-Pêcheur* et *L'Arrosoir rouge*.
MOOSER Anne, *Monique Saint-Hélier*, Fribourg, Éditions universitaires, coll. Cristal, 183 p.
Une présentation de la vie et de l'œuvre de l'écrivain, suivie d'un choix de textes.

En poche/poésie

DEBLUÉ François, *Travail du temps*, suivi de *Judith et Holopherne* et de *Poèmes de la nuit venue*, 257 p.
Pour découvrir l'univers du futur auteur de la Fête des Vignerons de 1999. Avec, en préface, un bel essai du poète Alain Lévêque.

Ouvrage de référence

Histoire de la littérature en Suisse romande, De Töpffer à Ramuz, publiée sous la direction de Roger FRANCILLON, vol. II, Lausanne, Payot, coll. Territoires, 537 p.
Second tome d'un ensemble de quatre volumes. Töpffer, l'inventeur de la bande dessinée, Vinet, le théologien esthète et moraliste, Amiel, l'auteur du célébrissime *Journal intime*, Ramuz, Cendrars, Guy de Pourtalès, Charles-Albert Cingria sont les héros de cet ouvrage de référence, qui couvre les années 1815 à 1939. En marge des monographies consacrées à ces grandes figures, le volume présente une foule d'écrivains plus ou moins oubliés, et éclaire d'un point de vue plus sociologique l'émergence du concept de "littérature romande": prise de conscience qui s'affirme dès la fin du XIXᵉ siècle et qui, au début de ce siècle, permettra aux artistes romands de revendiquer une autonomie esthétique par rapport à Paris; ce sera l'aventure de *La Voile latine*, puis celle des *Cahiers vaudois*. À relever : une belle place faite au théâtre, la présentation aérée, la riche iconographie et les remarquables introductions historiques qui précèdent les trois parties de l'ouvrage, très documenté et de lecture aisée.

Événements Ramuz

En mai 1997, diverses manifestations sont venues commémorer le cinquantenaire de la mort de C. F. Ramuz (1878-1947).

Un film documentaire, réalisé par Pierre-André THIEBAUD et François BAUMBERGER pour la série "Un siècle d'écrivains" (France 3) a été présenté à la Cinémathèque suisse. Jean Starobinski, Jacques Chessex et Jérôme Meizoz y commentent l'œuvre et la vie du grand auteur suisse.

On publie à cette occasion le recueil complet, annoté et préfacé, des *Critiques littéraires* de Ramuz (Genève, Slatkine, 452 p.). Cet ouvrage permet de saisir le laboratoire d'écriture de Ramuz et d'approcher les divers auteurs avec lesquels il a dialogué (Claudel, Péguy, Philippe, Whitman, Dostoïevski, Chavannes).

Le critique Jérôme MEIZOZ signe un essai consacré à la carrière française de Ramuz, *Ramuz. Un passager clandestin des Lettres françaises* (Genève, Zoé, coll. critique, 234 p.). Sociologique et littéraire à la fois, ce parcours de l'œuvre de Ramuz insiste sur la réception problématique d'un auteur francophone non-Français dans un champ littéraire centralisé à Paris. Mais il montre également les effets créateurs que cette position clandestine ou décalée peut induire.

La revue littéraire *Le Passe-Muraille* (Lausanne) consacre un numéro thématique complet à Ramuz (no. 2, février 1997), avec des contributions de Jean-Pierre Monnier, Jaques Chessex, Maurice Chappaz.

Au cours de l'automne, le *Centre culturel suisse* de Paris consacrera plusieurs manifestations à l'écrivain suisse, en collaboration notamment avec *Le Magazine littéraire* qui prépare, de son côté, un dossier spécial.

Année Gustave Roud (1897-1976)

Un ensemble de publications marquent le centenaire de la naissance de l'écrivain:

Quatre *Cahiers Gustave Roud* , publiés par L'Association des Amis de Gustave Roud, Lausanne et Carrouge (distr. Zoé, Genève), dont trois correspondances:

Gustave Roud et le poète Edmond-Henri Crisinel, 1928-1947 (*Cahier* n°7)

Gustave Roud et le poète Pierre-Louis Matthey, 1932 - 1969 (*Cahier* n° 8)

Gustave Roud et la romancière Catherine Colomb, 1945-1964 (*Cahier* n°9)

ainsi qu' une édition critique et génétique d'une grande œuvre de Roud:

Requiem (1967), présentation, lecture et analyse des différents manuscrits par Adrien PASQUALI (*Cahier* n° 10).

Une réédition, en poche:

Gustave ROUD, *Adieu* et *Requiem*, Genève, Minizoé, 62 p.

Une édition bibliophilique:

Ici ce conte, Lausanne, Raynald Métraux.

Édition en fac-similé et en version typographique d'un texte de jeunesse inédit, illustré de lithographies de Gérard de Palézieux.

Bicentenaire d'Alexandre Vinet

Alexandre Vinet, Portraits: l'éloquence, la morale, la passion, Lausanne, Espace Arlaud, avril - juin 1997: grande exposition thématique, au carrefour de l'histoire littéraire, des beaux-arts, et de la pensée théologique, réalisée par le Centre de recherches sur les lettres romandes et accompagnée d'un livre collectif publié par Véronique Mauron et Claire de Ribaupierre, sous la responsabilité de Doris Jakubec, Lausanne, Payot/CRLR, 143 p.

Jeter l'ancre dans l'éternité, études sur Alexandre Vinet, textes rassemblés et publiés par Daniel Maggetti et Nadia Lamamra, Bibliothèque historique vaudoise, 352 p.

Alexandre Vinet, regards actuels, collectif, Lausanne, Cahiers de la Renaissance vaudoise, 198 p.

Source: Photoglob Zürich/Vevey

Le Palais fédéral à Berne

DISTINCTIONS LITTÉRAIRES

Etienne BARILIER, prix lémanique de la traduction, pour son travail de traducteur. Prix décerné également à Hanno Helbling (Zurich - Rome).

Barilier a traduit en français la somme que représente *Le Droit maternel* de Johann Jakob Bachofen, des textes importants de l'oeuvre tardive de Friedrich Dürrenmatt, ainsi que deux oeuvres majeures de Ludwig Hohl: *Nuances et Détails* et *Notes*.

Pierre CHAPPUIS, prix de l'Institut neuchâtelois pour l'ensemble de son oeuvre poétique.

Sylvaine MARGUIER, prix Georges-Nicole pour son roman Le *Mensonge* (Yvonand, Bernard Campiche, 126 p.). Prix qui couronne sur manuscrit une première oeuvre.

Guy POITRY, prix de la Fondation Pittard de l'Andelyn pour son roman *Jorge* (Genève, Metropolis).

Claudine ROULET, prix Michel Dentan, pour son roman *Rien qu'une écaille* (Sierre, Monographic, 176 p.)

Disparition d'Ella Maillart

Née en 1903, genevoise, grande aventurière, auteure de célèbres récits de voyages comme *Des monts célestes aux sables rouges* (1934), *Oasis interdites* (1937), *Croisières et Caravanes* (1951), elle s'inscrit dans la lignée des voyageurs qui écrivent, mais surtout photographient les visages de l'altérité. De l'URSS aux confins de la Chine, en passant par le Turkestan, le Sinkiang, l'Afghanistan, l'Himalaya, le Cachemire, et jusqu'en Inde où elle séjourna plusieurs années, avec pour compagnon de route le correspondant du *Times* Peter Fleming, elle parcourra ensuite, en cavalier seul, toute l'Asie: "Je sens que Paris n'est rien, ni la France, ni l'Europe, ni les Blancs. Une seule chose compte, c'est l'engrenage magnifique qui s'appelle le monde." (Ses archives ont été déposées à la Bibliothèque publique et universitaire de Genève, ses photographies au Musée de l'Élysée, à Lausanne.)

LUXEMBOURG

Frank WILHELM
Centre d'Études et de Recherches francophones
Centre universitaire de Luxembourg

Avec son ancien premier ministre, Jacques Santer, à
Bruxelles, le Luxembourg joue la carte de l'Europe.

LE GRAND-DUCHÉ ET LA PRÉSIDENCE DE L'UNION EUROPÉENNE

Le 1ᵉʳ juillet 1997, le grand-duché a assumé pour la dixième fois pour six mois la présidence de l'Union européenne, sa dernière présidence remontant à 1985. Pour un petit pays, l'organisation de centaines de réunions ministérielles pose de sérieux problèmes logistiques et humains, mais l'expérience en la matière et une approche pragmatique des questions à traiter devraient permettre au gouvernement luxembourgeois d'être à la hauteur de la tâche. Les quelque 9 000 fonctionnaires, stagiaires et collaborateurs occasionnels des institutions européennes qui ont leur siège à Luxembourg en font vraiment une des trois capitales de l'Union, au même titre et avec la même ancienneté que Strasbourg et Bruxelles. Les priorités politiques de la présidence luxembourgeoise concernaient essentiellement l'élargissement de l'Union et les problèmes de réorganisation qui en résulteront, ainsi que la réunion des États membres à la demande de la France pour discuter du volet social du traité de Maastricht venant à application. Sans parti pris idéologique et cherchant le consensus par vocation nationale, le Luxembourg aura-t-il eu l'occasion de reprendre son rôle d'intermédiaire entre les grands pays et de contribuer par là à un renforcement de l'Union?

Dans ce contexte, deux expositions ont été montées par le gouvernement luxembourgeois dans le socle de la grande arche de la Défense à Paris sous le sigle "Sources d'Europe". L'itinéraire culturel dit "Wenzel" (l'empereur Wenceslas) retrace 1 000 ans de la ville de Luxembourg en une promenade de 100 minutes. (Une antenne du Conseil de l'Europe, l'Institut européen des itinéraires culturels, a vu le jour à Luxembourg en 1997.) La collection "Des hommes et des images: regards sur la société multiculturelle du Luxembourg", rassemble des photos réalisées par le Luxembourgeois Norbert Ketter, disparu récemment. La ville de Luxembourg elle-même s'est parée de juin à octobre d'une vingtaine d'œuvres illustrant la statuaire du XXᵉ siècle, exposées en 1995 sur les Champs Élysées avec, entre autres, des sculptures d'Arman, Bourdelle, Calder, César, Dubuffet, Léger, Rodin, Zadkine et Niki de Saint-Phalle.

Cinéma

Au début de cette année s'est ouvert dans la capitale grand-ducale un nouveau complexe multisalles: le ciné UTOPOLIS. Malheureusement, le cinéma français, confidentiel et élitiste, y sera peu à l'honneur. Cet investissement important, (dix salles dans un quartier peu résidentiel en pleine expansion, Kirchberg) entraînera la fermeture à moyen terme de salles au centre-ville, aggravant la progression constante du cinéma hollywoodien, nourrie par des productions à grand spectacle au détriment d'un cinéma original de qualité, fait par de véritables auteurs, souvent encore européens. Ce dernier type de production, requérant un public de cinéphiles exigeants est surtout représenté par le cinéma français, mais économiquement il n'est guère viable. La situation du marché est telle que, sur la centaine de longs métrages produits encore annuellement en France (sans parler des coproductions), seule une quinzaine sont programmés dans les salles luxembourgeoises, en l'absence d'une véritable politique de promotion de la part des producteurs parisiens. Si l'on veut sauver ce qui reste de l'industrie cinématographique française ou européenne et donner une chance à des films tournés par des pays nouvellement producteurs comme le Luxembourg (législation fiscale favorable à la création audio-visuelle), il faut nécessairement accorder à la promotion de ce cinéma la place que toute situation concurrentielle et commerciale exige.

Vie juridique
Dean SPIELMANN, avocat à la Cour
Centre universitaire de Luxembourg

Le grand-duché de Luxembourg, doté d'un système juridique à part entière, est cependant fortement influencé par les systèmes belge et français.

L'année 1997 est marquée par l'installation des nouvelles juridictions administratives, à savoir le Tribunal administratif et la Cour administrative, à qui les compétences du comité du contentieux du Conseil d'État ont été attribuées. Cette importante réforme institutionnelle a notamment introduit le droit au double degré de juridictions dans la plupart des matières administratives.

Situation linguistique

Au point de vue linguistique, une récente enquête menée auprès d'un échantillon représentatif de 2 000 personnes à l'initiative du Centre de recherche public en sciences humaines rattaché au Centre universitaire de Luxembourg vient de confirmer ce que les observateurs des conduites langagières constataient depuis longtemps. Toutes nationalités confondues, 96% des résidants déclarent utiliser plus ou moins régulièrement le français, alors que 81% utilisent l'allemand, 80% le luxembourgeois et 57% l'anglais. La langue française opère quasiment comme facteur d'intégration sociale, d'autant plus que pour la lecture, de formulaires officiels par exemple, 77% des personnes interrogées ont recours au français, 67% à l'allemand et 55% au luxembourgeois, langue nationale dont l'utilisation est en progression mais ne peut lui valoir le rôle de koiné par rapport au fort pourcentage de résidents et immigrés francophones. Même si l'enquête ne révèle rien sur la plus ou moins grande maîtrise qualitative, l'on peut cependant tenir comme assuré que la francophonie contemporaine touche plutôt les registres inférieurs de la langue (français oral, populaire) pratiqués par le personnel de maison, le personnel de la restauration, de l'artisanat et du commerce, contrairement à ce qui se passait au XIXe siècle, où la haute bourgeoisie luxembourgeoise utilisait les formes les plus châtiées du français parisien. Une curiosité linguistique à relever: depuis le 15 septembre l'émission télé quotidienne en langue luxembourgeoise est diffusée avec une interprétation simultanée en français.

Présences françaises sur la place financière de Luxembourg
René LINK, conseiller de direction
Institut Monétaire Luxembourgeois

Les relations bancaires franco-luxembourgeoises débutent en 1871 avec l'installation à Metz d'une succursale de la "Banque Internationale à Luxembourg", qui projette la même année de créer à Paris une commandite avec le financier messin Justin Worms sous le nom de "Le Comptoir Lorrain". L'implantation d'établissements français en Luxembourg commence en 1893 avec l'arrivée de la "Société Générale Alsacienne de Banque", toujours présente sur la place, et de quelques autres maisons de change et de banques de plus faible envergure et de plus courte durée. La SOGÉNAL devient rapidement une banque importante avec même une agence en dehors de la capitale, phénomène très rare à l'époque. D'autres maisons venues de France sont la "Banque d'Alsace et de Lorraine" et le "Crédit Lyonnais", lui aussi toujours présent à Luxembourg.

Après la Première Guerre mondiale, la rupture des liens du Luxembourg avec l'Union douanière allemande amène une réorientation de l'activité économique; des groupes financiers français et belges prennent la relève des capitaux allemands. Les difficultés consécutives à la guerre de 14-18, la grande crise des années 30 et la Seconde Guerre mondiale ne permettent que des opérations purement domestiques.

En 1945, des 13 banques actives à Luxembourg, 3 sont d'origine française. L'internationalisation de la place de Luxembourg dans les années 60 par l'euromarché change la physionomie du secteur financier: en 1970, des 37 banques présentes en Luxembourg, 5 ont un actionnariat français. Avec l'activité de la gestion privée ("private banking") à partir du début des années 80, la présence française se renforce à Luxembourg: en 1990, le nombre total des banques est de 177, dont 20 françaises. Par rapport à 1970, la croissance globale en nombre accuse ainsi la même proportion que celle du segment des établissements français. Cette évolution parallèle cesse après 1990; en mars 1997, la place compte 218 établissements, alors que la présence française est ramenée à 18 entités. À titre de comparaison l'on notera les données sur l'origine géographique de quelques autres banques: Allemagne, 68, Italie, 20, Suisse, 17, Pays-Bas, 6, Royaume-Uni, 5.

Pour les autres secteurs de l'industrie financière, l'apport français est également important: à la fin de 1996, 13,5% des organismes de placement collectif sont l'oeuvre de promoteurs français (185 sur 1 384); quant aux autres professionnels financiers (courtiers, commissionnaires, gérants de fortunes), 11 sur 82 sont de provenance française, ce qui représente le même pourcentage que celui des OPC.

UNE ÉCONOMIE DE TRÈS PETITE DIMENSION

André BAULER, professeur d'économie

L'espace économique très réduit du grand-duché de Luxembourg se distingue depuis des années par un climat social assez stable, un taux de chômage relativement faible (environ 3,5%), un niveau de vie élevé, un déficit budgétaire insignifiant et une dette publique modérée. Comparer toutefois son économie minuscule à un eldorado, voire à un "paradis fiscal" tiendrait certainement du mythe. En fait, le grand-duché, pays d'apparence solide et saine, pâtit de la vulnérabilité de son système économique. L'absence d'un marché domestique digne de cette appellation explique l'extrême dépendance du pays à l'égard de facteurs de production étrangers, résidents et non-résidents. C'est la faiblesse par excellence de toute économie microscopique, si bien que celle du grand-duché se montre très sensible aux mutations, voire aux chocs qui ont leur origine à l'étranger et qu'elle est obligée d'"importer".

Il en résulte que le Luxembourg, plus que tout autre pays de l'Union européenne, est amené à poser ses problèmes de politique économique dans un contexte transfrontalier. De nos jours, presque 65 000 travailleurs frontaliers de la Lorraine, du Luxembourg belge (francophones) ou des régions allemandes limitrophes exercent un emploi en Luxembourg où ils représentent environ 30% de la population active. La majorité d'entre eux parlent le français, ce que l'enquête, menée au printemps 1997 à l'initiative du Centre de recherche public du Centre universitaire, vient de confirmer.

Le croisement entre les thèmes nationaux (comme les finances publiques) et les sujets régionaux met en évidence les (inter)dépendances qui se sont progressivement développées entre le Luxembourg et ses voisins. En effet, depuis la fin de la Première Guerre mondiale et la suppression de l'Union douanière allemande dont le grand-duché faisait partie depuis trois quarts de siècle, la Belgique et la France figurent parmi les principaux partenaires commerciaux du pays. À partir de 1951, le processus de l'intégration européenne a encore intensifié les échanges avec les territoires francophones.

LA SCÈNE LITTÉRAIRE

Le 7 janvier 1997 est décédé à Luxembourg le doyen des lettres françaises du pays: Joseph Leydenbach, né en 1903, un des rares hommes à avoir signé à la fois des romans – il en a publié une demi-douzaine – et des billets de banque – il fut président du conseil d'administration de la Banque internationale, qui avait le droit d'émission de monnaie. Son oeuvre maîtresse, *Les Désirs de Jean Bachelin*, roman de formation, a paru à Paris en 1948.

Journées littéraires de Mondorf

En avril 1997 a eu lieu une nouvelle édition des Journées littéraires de Mondorf, qui a vu la participation d'une cinquantaine d'écrivains de nombreux pays. Une anthologie des principaux textes lus à cette occasion a été présentée par l'équipe d'organisation, où l'on regrettera le départ de

la fondatrice, Anise Koltz, qui, en 1962, avait lancé et réalisé avec son mari, le Dr René Koltz, ce qui allait devenir la plus importante manifestation littéraire du pays.

Nouveau périodique français

Un nouveau périodique a vu le jour: *Le Jeudi*, premier hebdomadaire luxembourgeois en français, dont le premier numéro a paru le 17 avril 1997 sous la direction de Danièle Fonck. Publié par la société éditrice du quotidien *Tageblatt* proche du Parti socialiste, *Le Jeudi* vise essentiellement le public des quelque 50 000 résidants francophones, les rubriques du nouveau titre concernant essentiellement l'économie, la société, la politique internationale et la culture. Parmi les chroniqueurs réguliers on relève Jean Portante, écrivain également responsable du beau succès du supplément littéraire du

Tageblatt, "Livres", et deux femmes: Liliane Thorn-Petit, la journaliste la plus connue du pays, et Corina Mersch-Ciocarlie, Roumaine d'origine qui apporte à la critique littéraire autochtone une tournure scientifique. Malgré tout, le succès durable du nouveau titre n'est pas assuré, la publication n'arrivant pas à couvrir son créneau avec suffisamment de cohérence.

Association Victor Hugo

Le mardi 6 mai s'est constituée, avec l'appui de l'ambassade de France, une Association Victor Hugo visant à développer l'octroi de bourses aux étudiants luxembourgeois désireux de poursuivre leurs études en France et à promouvoir des activités artistiques et culturelles en langue française. Le choix du nom de l'écrivain pour cette nouvelle fondation souligne à quel point est populaire au grand-duché l'auteur des *Misérables*, touriste dans les années 1860 et réfugié politique en 1871. Depuis 1935 est ouverte à Vianden, dans la maison même qu'il a habitée, un musée Victor Hugo, institution gérée depuis 1937 par une Société des amis de la maison de Victor Hugo. Elle vient de se donner un nouveau conseil d'administration, présidé par Claude Frisoni, et prépare pour 2002, bicentenaire de la naissance du poète, une complète refonte muséale de ses collections dans un esprit ludique et interactif.

Au mois de mai s'est tenue au Centre national de littérature (Maison Servais à Mersch) et au château de Colpach (ancienne propriété d'Émile et Aline Mayrisch) la troisième assemblée de l'Académie européenne de poésie, laquelle est présidée par Alain Bosquet. Une vingtaine d'écrivains représentant une douzaine de pays y ont discuté sur "Le poète et les médias à la fin du XXᵉ siècle".

Poésie

Les six premiers mois de l'année 1997 n'ont pas vu la parution de nombreux textes littéraires luxembourgeois en langue française. On notera cependant la publication du nouveau recueil de poésie d'Anise Koltz, *Le Mur du son*. Sous forme aphoristique et dans une langue de plus en plus dépouillée, elle y reprend des fils conducteurs autobiographiques. Avec ces

poésies, synthèse d'une pensée où l'on devine certaines connivences avec l'Inde, elle semble retirer définitivement l'échelle qui la reliait au monde, remonter dans les profondeurs de soi-même et amorcer son décollage vers ses origines. Haut perchée comme sa ville millénaire (Luxembourg), elle nous propose une autre façon de regarder la vie: celle d'une femme qui sait prendre de vitesse les inanités.

Au matérialisme philosophique d'Anise Koltz s'oppose l'idéalisme chrétien de Robert Schaack-Étienne qui, dans son recueil de poèmes inspirés par sa fréquentation des Alpes, *Cimes et Nuages*, exprime sa conviction que le spiritualisme proche d'un Jean-Jacques Rousseau est le propre de l'homme.

Thérèse de Vos, Belge installée depuis longtemps à Luxembourg, a publié une plaquette de poésies d'inspiration religieuses. Dans *A ["comme Antschel, Akhmatova, Artaud, Adorno, Auschwitz, (aimer)"]*, René Welter continue de conjurer la mémoire des victimes des camps de concentration, dans une poésie allusive, proche encore du surréalisme avec ses sous-entendus, avec une syntaxe parfois au contraire répétitive comme une litanie.

Prose

Deux recueils de récits en prose ont paru. Dans *Le Destin d'un philatéliste* suivi de *Nectar de Madagascar*, Anne Schmitt nous parle de voyage, de cheminement réel et virtuel, des passerelles entre civilisations, des liens entre pays riches et pays pauvres, entre Orient et Occident. Les neuf brefs récits réunis dans *Reflets de Lune*, par Angela Boeres-Vettor, une Lorraine d'origine italienne qui vit à Luxembourg, sont davantage ancrés dans le réel. Son inspiration est résolument féministe; ses héroïnes qui, souvent, écrivent, prennent, avec humour, espièglerie et insolence, leur revanche sur les siècles d'exploitation, d'abrutissement et de censure essuyés par leur sexe.

Pour la rentrée 1997 on annonce la traduction française, par Jean Portante, du roman en luxembourgeois *Mass mat dräi Hären* (1989), de Guy Rewenig, sous le titre de: *La Cathédrale en flammes*. Ce sera une première dans l'histoire littéraire nationale.

BIBLIOGRAPHIE

Les publications essentielles sont signalées par un à trois astérisques.
Abréviations: D = droit; E = essai, éc. = économie; G = Guide; H = Histoire; P = poésie; Pl = politique; R = récit en prose. Le lieu d'édition n'est pas cité quand il s'agit de la ville de Luxembourg, ni l'année quand il s'agit de 1997.

Littérature et culture

* BOERES-VETTOR Angela, *Reflets de Lune* (R), éd. par l'auteure, 84 p.
   Neuf récits en phase avec le quotidien, mais transfiguré par le dialogue et l'ironie.
DE VOS Thérèse, *Regina Pacis. Les vitraux de la chapelle Regina Pacis à Heisdorf* (P), Heisdorf, chez l'auteure,1996, 94 p. Ill.
Jeudi (le), L'Hebdomadaire luxembourgeois en français, 1er n°, 17.04.1997, Éditpress Luxembourg (Tageblatt), 24 p.
* *Journées littéraires de Mondorf 1977. Dialogue des littératures. Liberté et responsabilité de l'écrivain*, éd. Phi et Op der Lay, 299 p.
   Anthologie des textes (au besoin traduits en français) des 50 écrivains invités.
* KOLTZ Anise, *Le Mur du son* (P), ill. de Philippe Galowich, éd. Phi & l'Orange bleue, 125 p.
   Recueil de poèmes à l'inspiration matérialiste, fondés sur la seule confiance en la force de l'homme pour affronter la vie et son opacité.
MONDORF LE DOMAINE THERMAL, *Mondorf. Son Passé, son présent, son avenir* (H), Mondorf-les-Bains, éd. par Martin Gerges pour le Domaine Thermal et Les Publications mosellanes, 614 p.
   Bilan de 150 ans de thermalisme: le curiste le plus célèbre fut Victor Hugo, en 1871, (Frank Wilhelm, "Mondorf-les-Bains vu par des écrivains").
NGUYEN Quoc, *Petite Suite de poèmes pour la paix* (P), Nantes, éd. Sol'Air, s. d. 32 p.
SCHAACK-ÉTIENNE Robert, *Cimes et Nuages. Zermatt* (P), éd. Saint-Paul.
SCHMITT Anne, *Le Destin d'un philatéliste suivi de Nectar de Madagascar* (R), illustrations de Moritz NEY, éd. Saint-Paul, 96 p.
   Deux récits fondés sur l'exotisme oriental.
PUBLICATIONS DU CENTRE UNIVERSITAIRE DE LUXEMBOURG (LES), plus de 100 fascicules parus depuis 1989. Index général (1989-1996) paru en 1996.
WELTER René, *A* (P), Soumagne (Belgique), éd. Le Tétras Lyre.

Droit, sciences économiques, politiques et sociales

BANQUE NAGELMAKERS 1747, Luxembourg. *Régime juridique et fiscalité des sociétés au Luxembourg* (D), 46 p.
BAULER André, KRIER Edmée, *Langage et principes de l'économique. Aspects de l'économie luxembourgeoise* (éc.), Min. de l'Éduc. nat., 1996. 164 p.
CAHIERS D'ÉCONOMIE, série des Publications du Centre universitaire de Luxembourg. Éd. depuis 1989 par le séminaire d'économie sous la direction du professeur Patrice PIERETTI (CunLux & CRP-Créa). Le fasc. XI a été publié en 1996.
ENTRINGER Fernand, *Stromates* (D), 480 p.
   Recueil de textes d'ordre juridique et socio-politique, d'essais, de billets d'humeur.
ENTRINGER Henri, *La Présence européenne à Luxembourg* (D), éd. des Cahiers luxembourgeois, 240 p.
LINK René, "La monnaie de la Banque internationale à Luxembourg dans l'économie luxembourgeoise" (H, Éc.), *140 ans de droit d'émission*, 60 p.
PRUM André, SPIELMANN Dean, BOURIN Catherine, *Bibliographie juridique luxembourgeoise (1989-1996)* (D), Bruxelles, éd. Nemesis, Bruylant, 195 p.
SPIELMANN Dean, THEWES Marc, REDING Luc, *Recueil de la Jurisprudence administrative du Conseil d'État luxembourgeois (1985-1995)* (D), Bruxelles, Bruylant, 1996. 639 p.
SPIELMANN Dean, THEWES Marc, *Annales du droit luxembourgeois*, (D), Bruxelles, Bruylant.
STATEC, *Portrait économique du Luxembourg* (éc.), dir. Robert WEIDES, 1995. 168 p.
STEICHEN Alain, Précis de Droit fiscal de l'entreprise (D), Christnach, éd. Émile Borschette, 1996. 557 p.
STEICHEN Alain, *Manuel de droit fiscal. Le droit fiscal général. T. 1* (D), Min. de l'Éduc. nat., Les Cours du Centre universitaire, 1996. 686 p.

VAL D'AOSTE

Pierre LEXERT
Directeur de l'Institut valdôtain de la Culture

Le serpent de mer de la réforme constitutionnelle continue à agiter les eaux opaques de la vie politique italienne, avec toutes les incertitudes que cela implique quant au respect de l'identité francophone du Val d'Aoste.

POLITIQUE

La péninsule italienne, pour la Vallée d'Aoste, constitue un horizon d'où surgissent immanquablement nuages et calamités. Sous les Augustes romains, déjà, et depuis son intégration arbitraire à l'État italien de 1861, le Val d'Aoste a toujours été traité en colonie à réduire.

Après la faillite de l'idéologie marxiste et la déconfiture de la Démocratie-chrétienne de gangreneuse mémoire, la recomposition du corps politique italien n'a modifié que des apparences. Les mêmes politiciens – à peu de chose près – la même administration sclérosée, inefficiente et partiale, les mêmes mafias et lobbies, s'affairent et réglementent de façon aberrante. Qu'il s'agisse des partisans du *Polo*, de l'*Ulivo* ou de la *Lega*, le sort du Val d'Aoste francophone est le cadet de leurs soucis quand il n'est pas l'objet de leur hostilité. Et la Commission "bicamérale" chargée de préparer la réforme de la Constitution n'a jusqu'ici accouché que d'un pâle projet de déconcentration, dénué de tout esprit fédéraliste respectueux des composantes régionales. Ce qui fait écrire au journaliste Arthur: "L'Italie, pays de la déception permanente"...

En Vallée d'Aoste même, de pseudo-autonomistes, constitués en groupe de pression désireux de faire pièce à la vocation francophone affirmée de l'*Union Valdôtaine* (actuellement présidée par Charles Perrin), ont récemment tenté sans succès de déstabiliser la majorité gouvernementale conduite par le Président Dino Viérin, lequel assume également, outre la fonction de préfet, la présidence du Conseil Valais-Vallée d'Aoste pour deux ans.

QUELQUES POINTS DE REPÈRE

Géographie

➤ Région alpine intramontaine (3 300 km², 116 000 habitants) entre le Piémont où coulent ses eaux, la France et le Valais suisse d'où on accède par les tunnels du Grand-Saint-Bernard et du Mont-Blanc.

Histoire

➤ IIIᵉ s. av. J.-C. Peuplement celto-ligure.

➤ Iᵉʳ s. av. J.-C. Région de passage, occupation romaine.

➤ 575 Entrée d'Aoste dans la mouvance des parlers franco-romands; la Savoie intégrée au royaume mérovingien.

➤ 1032 Aoste passe au Saint Empire par la maison de Savoie.

➤ 1561 Le français langue officielle, mais le Piémont devient prédominant et la capitale des États de Savoie est transférée de Chambéry à Turin (1562).

➤ 1800-1814 Annexion à la France par Napoléon 1ᵉʳ.

➤ 1814-1861 Retour du duc de Savoie.

➤ 1861-1945 L'Italie naissante de Victor-Emmanuel II englobe le Val d'Aoste francophone et prône l'unité linguistique alors que la Savoie est rattachée à la France (plébiscite de 1860).

➤ 1945 Autonomie provisoire.

➤ 1948 (26 février) Statut de région autonome :

- un conseil de la Vallée (35 membres élus);

- le président du gouvernement régional est élu par le conseil. Chef de l'exécutif (composé de 8 assesseurs), il exerce aussi la fonction de préfet;

- deux représentants de la Région auprès de l'État, un député et un sénateur.

À noter

➤ Le français (enseignement obligatoire) résiste à l'immigration italophone.

➤ Invité spécial aux Sommets de la Francophonie.

ÉCONOMIE ET SOCIÉTÉ

Dans le contexte évoqué ci-dessus, l'Exécutif régional n'en poursuit pas moins ses objectifs avec cohérence, notamment en instituant – Robert Vicquéry étant assesseur à la Santé – un plan-cadre socio-sanitaire; en intervenant en faveur de l'écologie et de l'environnement (déchets, autoroutes, parcs naturels); en œuvrant à désenclaver le territoire grâce à l'amélioration de la ligne ferroviaire, l'adaptation de l'aéroport au trafic commercial interrégional et l'instauration d'une liaison postale sous le Mont-Blanc; en veillant à la réalisation du programme Interreg de Coopération transfrontalière; en assurant la réorganisation de l'administration régionale selon les nouvelles normes étatiques, parallèlement à la refonte – pour plus de transparence et d'efficacité – des règles régentant les marchés de travaux publics; en entreprenant le recensement sanitaire des bovins et en renouvelant la promotion de l'agriculture valdôtaine au Salon de Paris; en ouvrant enfin à Bruxelles un Bureau de la Région autonome afin que celle-ci se fasse mieux entendre des institutions européennes.

Notons encore, mais dans le domaine relationnel et diplomatique, la visite amicale en mars 97, de S.E. Jean-Bernard Mérimée, ambassadeur de France en Italie, et les excellentes dispositions à l'égard du Val d'Aoste, du nouveau consul général de France à Turin, M. Hervé Bouché. Soulignons aussi que François Stévenin, président du Conseil régional et de la section valdôtaine de l'AIPLF a été élu membre du Bureau de cette association.

CULTURE ET FRANCOPHONIE

Nombre de visiteurs étrangers au pays sont frappés par la densité de son activité culturelle: éditions, expositions d'arts plastiques ou appliqués, concerts, chorales, récitals, festivals, représentations théâtrales, projections de films, conférences, foires, carnavals, célébrations... se succèdent, se chevauchent ou se conjuguent à l'envi, – les contributions et l'exceptionnelle attention du gouvernement autonome aux divers volets de cette activité conférant aux réalisations qui le justifient une tenue de niveau international.

Comme chaque année s'imposent des manifestations en quelque sorte institutionnelles, telles la "millénaire" **Foire de Saint-Ours**, en fin janvier, dont l'importance et le rayonnement européen vont croissant; le "Printemps théâtral" qui voit notre théâtre populaire s'attacher à valoriser notre français médiéval, de même que la "**Fête du patois**" qui en est à sa 35e mouture; les divers carnavals en leur singularité; les "batailles de reines", où les éleveurs de bovins se mesurent sans effusion de sang par vaches interposées, duels qui ont justement fait l'objet d'un bel album commandité par Franco Vallet, assesseur à l'Agriculture; la 37e session du Collège universitaire d'études fédéralistes et la 32e attribution du prix Saint-Vincent de journalisme...

La culture a d'ailleurs été au centre des préoccupations de beaucoup au cours des douze derniers mois, puisque ses "**États généraux**", voulus par Robert Louvin, assesseur à l'Instruction publique, ont maintenant achevé leurs travaux et déposé leurs conclusions.

Du point de vue de la promotion et de l'"illustration" du français, on retiendra particulièrement:

– l'inauguration à Aoste, en présence de M. Boutros-Ghali, des locaux destinés au Groupe Europe du Forum francophone des affaires;

– le dynamisme du nouveau directeur de l'Alliance française, Jean Dedolin;

– la nouvelle convention RAI/Région portant à 110 et 78 heures respectivement la durée annuelle des émissions radiophoniques et télévisées en français;

– la mise en réseau des établissements scolaires valdôtains et hauts-savoyards;

– la perspective d'une prochaine université libre;

– la participation du Val d'Aoste, aux côtés de la Wallonie, de la Suisse romande et de la Franche-Comté au concours "Jeunes Auteurs", dont notre compatriote Enrica Zanin, vient de remporter le 2e Prix;

– la thèse de doctorat soutenue en France par Luisa Montrosset, consacrée à "un livre à venir" de Blaise Cendrars;

– le prix Barbey d'Aurevilly, décerné par la Fédération des écrivains de France au volume de nouvelles de Pierre Lexert: *Le Dévoiement*, édité sur place par Musumeci et au Québec par les éditions Stanké, – volume suivi peu après par une plaquette illustrée, *A l'ombre du Temps*, inspirée par les cadrans solaires valdôtains;

– la publication, par l'université de Ferrare, sous le titre: *Alla Corte del Principe*, des éclairantes études et communications bilingues de Rosanna Gorris sur les rapports franco-italiens concernant la traduction, le

---

Sport

Ici comme ailleurs, en dépit de son petit nombre d'habitants, la Vallée d'Aoste exprime sa vitalité, l'athlétisme, le ski et la luge, par exemple, lui ayant valu les médailles d'or ou de bronze de:

– Bruno Brunod (champion du monde de *skyrunning* 1996);
– Patrick Favre (médaille de bronze, relais, championnat du monde de biathlon);
– Margherita Parini (médaille de bronze, slalom géant dames, *snowboard*);
– Erik Seletto (champion d'Italie de descente en ski);
– Roberta Brunet (médaille d'or pour le 5 000 m des Jeux de la Méditerranée et de bronze pour le 3 000 m de Munich);
– Vanessa Luigi (championne junior d'Italie de descente en luge).

roman, l'alchimie, les sciences et la politique durant la Renaissance;

– la parution d'un nouveau roman historique de Parfait Jans: *Catherine de Challant*;

– les toujours riches livraisons de la revue régionaliste *Le Flambeau* (Prix Enea Balmas 96) et des *Cahiers du Ru*, qui, destinés à l'espace francophone, ont nourri une soutenance de thèse à l'université de Milan.

En matière d'**expositions**, la moisson se révèle des plus remarquables, avec des vernissages qui se sont succédé à un rythme soutenu. Mentionnons entre autres:

– Le cliché-verre de Corot à Man Ray;

– la Vallée d'Aoste dans la peinture du XIXe siècle;

– Mille ans de christianisme en Russie (Icônes du XIe au XXe siècle);

et les installations ou accrochages d'artistes valdôtains de premier ordre: Luciano Finessi, Franco Balan (12 personnages insignes sérigraphiés), Massimo Sacchetti, Marco Jaccond et Roberto Priod, – ces trois derniers ayant été l'objet de catalogues de haute distinction conçus par les graphistes Maurizio Casale et Arnaldo Tranti.

Quant à la **gastronomie**, le savoir-faire de nos viticulteurs a mérité l'octroi de sept médailles d'or lors du dernier concours international des vins de montagne.

BIBLIOGRAPHIE

OUVRAGES DE BASE

THIÉBAT Pierre-Georges, *Une région intramontaine, la Vallée d'Aoste*, n° spécial, Chambéry, Société savoisienne d'Histoire et d'Archéologie, 1982, 120 p.

JANIN Bernard, *La Vallée d'Aoste, tradition et renouveau*, Quart, Musumeci, 1991, 744 p.

COLLIARD Lin, *La Culture valdôtaine au cours des siècles*, Aoste, ITLA, 1976, 700 p.

GORRIS Rosanna (dir.), *La Littérature valdôtaine au fil de l'histoire*, Aoste, Imprimerie valdôtaine, 1993, 358 p.

La Vallée d'Aoste, Guide, Novara, Institut géographique De Agostini, 1990, 304 p.

LENGEREAU Marc, *Une sécession manquée*, Quart, Musumeci, 1984, 96 p.

NOUVEAUTÉS

GERBELLE Giustino, MACCARI Paolo, RAMIRES Luciano (photographe), *La Vallée des Reines*, Quart, Musumeci, 1996, 174 p.

RONC Maria Cristina, CAMISASCA Davide (photographe), *Les Châteaux, un voyage dans l'histoire du Val d'Aoste*, Quart, Musumeci, 160 p.

LEXERT Pierre, *Le Dévoiement, et autres nouvelles (par endroits inconvenantes)*, préf. de Séverine Zwicky, Quart, Musumeci, 206 p. et Montréal, Stanké, 204 p.

LEXERT Pierre, *A l'ombre du Temps*, contrepoint poétique autour des cadrans solaires du Val d'Aoste, photographies de Guido Cossard, Quart, Musumeci, coll. Mirabilia, 48 p.

GORRIS Rosanna, *Alla Corte del Principe*, essais, Annali dell'Università di Ferrara, sezione Lettere, Aoste, Tipografia valdostana, 1996/97, 292 p.

Le Flambeau, revue trimestrielle, publiée par le Comité des Traditions valdôtaines, 10 rue Saint-Ours, 11100 Aoste, Italie.

Les Cahiers du Ru, publication quasi quadrimestrielle de l'Institut valdôtain de la Culture, 59 Grand Eyvia, 11100 Aoste, Italie.

POZZOLI Daniela, *Pierre Lexert directeur des Cahiers du Ru*, mémoire de licence, Faculté des lettres de l'Université de Milan, 1996/97, 148 p.

MONTROSSET Luisa, *Sous le signe de François Villon, genèse d'un livre à venir de Blaise Cendrars*, thèse de doctorat, Faculté des lettres de l'Université de Savoie, 1996, 552 p.

DOMAINE Jean, *Chantons encore*, Quart, Musumeci, 1996, 78 p.

FINESSI Luciano, *Projet multimédia pour la nature*, catalogue d'exposition, Aoste, Imprimerie valdôtaine, 72 p.

SACCHETTI Massimo, *Dall'Alto*, catalogue, Aoste, Imprimerie valdôtaine, 66 p.

JACCOND Marco, *Finzioni*, catalogue, Aoste, Imprimerie valdôtaine, 64 p.

PRIOD Roberto, *Licheni*, catalogue, Aoste, Musumeci.

EUROPE CENTRALE ET ORIENTALE

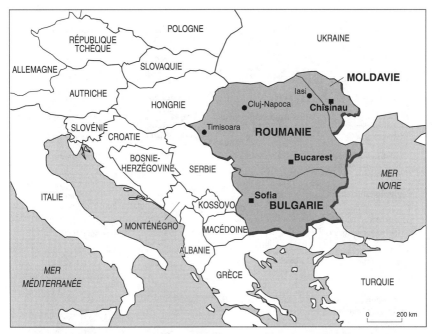

Le français est présent en Europe centrale et en Europe de l'Est à divers degrés; il y est langue de culture et d'enseignement dans tous les pays de la région, en particulier dans ceux où l'on parle le roumain, langue romane.

La **Roumanie**, autrefois province romaine – la Dacie –, a donné à la francophonie de nombreux écrivains (Ionesco, Cioran, Gheorghiu, Istrati, etc). C'est le pays où le français est le plus enseigné; il participe aux Sommets de la Francophonie.

En **Moldavie**, république autonome, le moldave – roumain écrit en caractères cyrilliques – est langue officielle. Le français y est langue étrangère prédominante. Ce pays participe aux Sommets de la Francophonie depuis 1995.

La **Bulgarie** a développé une tradition francophone, surtout dans l'élite et en milieu éducatif. Elle participe aux Sommets de la Francophonie.

La **Pologne** et la **Russie** ont été fortement liées à la culture française depuis le Siècle des lumières. En **Autriche** et en **Hongrie**, une partie de l'élite intellectuelle, et surtout les écrivains, sont aussi de tradition française depuis longtemps.

Parmi les anciens États de l'URSS, plusieurs républiques ont été liées à la culture française (États baltes, Arménie, Russie). L'**Arménie** a entrepris des demandes pour participer aux Sommets de la Francophonie.

Certaines organisations de la Francophonie couvrent une bonne partie des territoires identifiés ci-haut; c'est le cas notamment de l'Association des études francophones d'Europe centre-orientale, implantée à Vienne (Autriche) et à Pécs (Hongrie).

On peut consulter:
DURANDIN Catherine, *Histoire des Roumains*, Paris, Fayard, 1995.
"La Roumanie", *L'Espace géographique*, n° 4, Paris, 1994.
"Les églises en Europe centrale et orientale" (dossier), *La Nouvelle Alternative*, Paris, juin 1996.
"Bulgarie" (dossier), *Diagonales Est-Ouest*, n° 7, Lyon, fév. 1993.
LHOMEL Édith, (dir.), *Transitions économiques à l'Est : 1989-1995*, Paris, Les études de la Documentation française, 1996.
LHOMEL Édith et T. SCHREIBER (dir.), *L'Europe centrale et orientale,* Édition 1996, Paris, Les études de la Documentation française, 1996.

EUROPE CENTRALE ET ORIENTALE

	Roumanie	Moldavie	Bulgarie
Nom officiel	République de Roumanie	République de Moldavie	République de Bulgarie
Capitale	Bucarest	Chisinau[1]	Sofia
Superficie (km^2)	237 500	33 700	110 912
Régime politique	république	république	république
Chef d'État Entrée en fonction Prédécesseur	Emile **Constantinescu** 17-11-1996 Ion **Iliescu**	Petru **Lucinschi** 07-12-1996 Mircea**Snegur**	Petar **Stoyanov** 16-11-1996 Jelu Mitev**Jelev**
Chef du gouvernement Entrée en fonction Prédécesseur	Victor **Ciobea** 1997 Nicolae **Vacaroiu**	Petru **Lucinschi** 1997 Andrei **Sangheli**	Ivan**Kostov** 04-1997 Stephane **Sofianski**
Langues officielles Autres langues	roumain hongrois, français, allemand	moldave français, bulgare, russe	bulgare français, turc, roumain
Principales religions en % de la population	orthodoxe roumain (86,8) catholicisme (5), orthodoxe grec (3,5), autres (3,7) pentecôtisme (1)	orthodoxe (98,5) judaïsme (1,5)	orthodoxe (87) islam (12,7), autres (0,3)
Population Moins de 15 ans en % Plus de 65 ans en % Indice de fécondité Espérance de vie H/F Alphabétisation en %	22 693 000 23 11 1,50 66,7/73,3 96,9	4 300 000 28,9 8 2,18 64,65/71,67 100	8 500 000 20 13 1,7 67,8/74,8 95,5
IDH (rang/174)[2]	74	98	62
PNB (en million) **PNB/habitant**	32 200 1 419	3 650 849	9 660 1 136
Monnaie[3] FF $ US	Leu 0,00081 0,00014	Leu 1,27770 0,22301	Lev bulgare 0,00367 0,00064
Principales exportations	machineries, équipements de transport, produits pétroliers	produits alimentaires	machineries agricoles, produits chimiques, équipements de transport
Principales importations	hydrocarbures, minéraux, équipements industriels	produits industriels (produits chimiques, pétrole)	machineries, hydrocarbures
Principaux partenaires commerciaux	Allemagne, États-Unis, France, Italie	Ex-URSS, Allemagne, Roumanie, États-Unis, Autriche	Ex- URSS, Allemagne, République tchèque, Slovaquie

[1]. Chisinau en roumain, Kichinev en russe.
[2]. Indice de développement humain, mesure de classement des pays utilisée par l'ONU.
[3]. Taux au 15 septembre 1997, donné à titre indicatif.

EUROPE CENTRALE ET ORIENTALE

ROUMANIE

Paul MICLAU
Université de Bucarest

Politique

Où va la Roumanie?

Comme la situation de tout pays dépend normalement de l'ensemble de la zone dont il fait partie, on pourrait répondre facilement: là où se dirigent les pays de l'Europe centrale et de l'Europe de l'Est; vers la démocratie et l'économie de marché.

En novembre 1996, les Roumains ont voté pour le changement (voir *AFI* 1997): le pouvoir de centre-gauche, avec son chef symbolique le président Ion Iliescu, a été remplacé par une majorité de centre-droit. En réalité, cette majorité regroupe une coalition formée à partir de la Convention démocratique, représentée par deux partis, le Parti national paysan chrétien démocrate et, le plus important, le Parti démocrate . S'y est associée l'Union social-démocrate constituée à son tour par l'Union social-démocrate, dirigée par Petre Roman et le Parti social démocratique des Hongrois. Avec cela, on est arrivé à une majorité de 52%. Mais la coalition est renforcée par l'association de l'Union démocratique des Hongrois.

Dans le gouvernement, le premier ministre Victor Ciorbea, ainsi que la plupart des ministres appartiennent au Parti national paysan chrétien démocrate. Le président, Émil Constantinescu est membre du même parti.

C'est ainsi que l'image de la Roumanie a radicalement changé et dans un laps de temps très court.

Roumanie et Europe

À partir de cette nouvelle orientation, le pouvoir a œuvré avant tout pour réaliser le programme de politique étrangère, dominé par l'intégration euro-atlantique. L'image était bonne, mais cela ne suffisait pas. Le président et les ministres, les parlementaires se sont lancés dans un va-et-vient aux États-Unis et dans les pays européens, pour convaincre les autorités de chaque pays du bien-fondé de la Roumanie en matière d'intégration d'abord à

ROUMANIE

QUELQUES POINTS DE REPÈRE

Géographie

➤ Pays de langue romane (le roumain) dans les Carpates.

Histoire

➤ IIe s. La Dacie, province de l'empire romain jusqu'en 270.

➤ XIVe-XVIe s. Invasions ottomanes.

➤ 1859 Union de la Moldavie et de la Valachie sous le nom de Roumanie à laquelle s'ajoutent la Transylvanie et la Bessarabie en 1918.

➤ 1947 Abdication du roi Michel Ier. Instauration du régime communiste.

➤ 1965 Nicolas Ceausescu devient secrétaire du parti communiste.

➤ 1974 Ceausescu élu président de la République. Régime de plus en plus autoritaire.

➤ 1985-1987 Protestations contre la destruction du patrimoine culturel.

➤ 1989 (25 décembre) Après un soulèvement, Nicolas et Eléna Ceausescu sont jugés sommairement et exécutés.

➤ 1990 (20 mai) Ion Iliescu élu président avec 85% des voix.

➤ 1996 (17 novembre) Ion Iliescu est battu par le chrétien démocrate Emil Constantinescu avec 54% des voix. Changement important appelé à faire évoluer plus rapidement la Roumanie vers l'économie de marché et la démocratie.

Culture

➤ La Roumanie a donné à la Francophonie plusieurs écrivains célèbres dont George Ionesco, Cioran, Virgil Georghiu...

l'OTAN et puis à l'Union Européenne. Même l'ex-roi Michel a fait le tour des monarchies d'Europe pour les convaincre d'appuyer la candidature de la Roumanie à l'OTAN.

À l'intérieur, la campagne a été très politisée et médiatisée jusqu'à la saturation; avant que soit prise la décision à Madrid, la majorité de la population avait exprimé son accord en proportion de 95%, selon les sondages. Redondance? Non, parce que les meneurs du jeu croyaient à une contagion qui allait s'étendre à partir du demandeur vers les décideurs.

Sur le plan diplomatique, on avait déjà un atout: le traité avec la Hongrie signé une année auparavant, avec la devise de "réconciliation historique" entre les deux peuples et États, réconciliation vive puisque l'Union démocratique des Hongrois participait maintenant au gouvernement.

Au printemps, on a signé également en vitesse disent certains – le traité avec l'Ukraine. Tout était prêt: on démontrait les bonnes relations avec tous les voisins.

Sur le plan militaire, la Roumanie a adhéré la première au partenariat pour la paix. Outre la participation conséquente à toutes les activités organisées dans le cadre de ce partenariat, on avait envoyé des formations militaires pour le maintien de la paix. Ce fut d'abord en en Angola, puis un hôpital militaire au Soudan, un bataillon de génie en Bosnie et un autre enfin en Albanie. Cela a coûté très cher, mais cela a montré la vocation de la Roumanie pour l'intégration à l'OTAN. Sa position stratégique dans la région comme pivot de stabilité était aussi un argument pragmatique. majeur.

Résultats: le premier avocat de cette intégration a été et est encore la France avec son président, Jacques Chirac qui l'a dit solennellement lors de sa visite à Bucarest au printemps 1997. D'autres avocats: l'Italie, l'Espagne, le

Portugal, neuf pays au total, y compris l'Allemagne en fin de compte. Mais l'homme propose et Dieu dispose! Avant la célèbre réunion de Madrid au mois de mai, le département d'État américain a fait savoir carrément qu'il n'y aurait que trois candidatures acceptées. Elles ont été "nominalisées" (comme disent maintenant les Roumains) la Pologne, la République tchèque et la Hongrie.

La déception fut de la même taille que l'enthousiasme d'avant. Le pouvoir n'a pas fait amende honorable, puisqu'un codicille prévoit que la Roumanie aura ses chances en 1999 (comme dans les prix des magasins qui craignent les chiffres ronds).

Cela a été pareil pour l'Union européenne. Les décisions préalables prévoient cinq pays et la Roumanie ne fait pas partie du lot. Certains messagers occidentaux participant à des colloques à Bucarest marquent des nuances pour faire plaisir aux organisateurs et calmer l'opinion publique. Évidemment, l'intégration à l'Europe n'est pas pour demain, tout le monde le sait, même les enfants. Mais il faut laisser la porte ouverte aux négociations à tous les pays associés, autrement dit, ne pas procéder par "vagues successives", expression déjà entrée dans le folklore estival des Roumains.

ÉCONOMIE ET SOCIÉTÉ

Mais revenons à la maison, comme dit une présentatrice de la télévision roumaine: elle est ingénieure en automatique et digère mal la mosaïque des médias.

Le gouvernement a avoué qu'il avait accordé la priorité à l'intégration euro-atlantique et qu'après cet épisode il allait s'occuper des affaires internes. En un temps record, avec le concours du Parlement, il a réalisé la macroréforme, c'est-à-dire le cadre législatif.

Reste la réforme économique à la base, promise dans le programme électoral, maintenant exigée par le Fonds monétaire et la Banque mondiale. Le pouvoir précédent a été fortement critiqué pour la lenteur de la réforme. Qu'à cela ne tienne! Le gouvernement lance des dizaines d'ordonnances que le Parlement réussit à peine à ratifier.

Parmi les mesures radicales, on a décidé de fermer les entreprises non-rentables, qui vont être privatisées par la suite, avec des mesures de protection sociale, parmi lesquelles l'offre de payer entre 6 et 20 fois leur salaire aux travailleurs "disponibilisés". Surprise: les mineurs quittent leur travail; certains déposent les millions en banque, d'autres rentrent à la campagne. Fini les célèbres "minériades", dont l'une a causé la chute du gouvernement P. Roman en 1992.

Les lois économiques s'accélèrent. Notons l'une d'entre elle, celle qui prévoit des avantages pour les investisseurs étrangers. On peut en déduire que les investissements vont certainement augmenter dans les mois qui viennent. Face à cette loi, les investisseurs autochtones ont protesté, si bien que le Parlement a promis de voter une autre loi pour uniformiser les avantages des deux catégories.

Rang	Pays	Capital ($ US)	Pays	Investisseurs
	Principaux investissements étrangers en Roumanie **Période: 20-03-1990 – 19-08-1997**			
1	Pays-Bas	294 624	Italie	3 913
2	Allemagne	24 656	Allemagne	5 756
3	Corée du Sud	235 036	Turquie	4 732
4	France	225 120	Syrie	4 507
5	Italie	197 152	Chine	3 904
6	États-Unis	193 764	Irak	2 883
7	Royaume-Uni	133 966	Liban	2 649
8	Turquie	124 389	Jordanie	2 538
9	Luxembourg	94 861	États-Unis	2 333
10	Autriche	87 414	Iran	2 296
	Total de tous les investissements	25 778 493	**Nombre total d'investisseurs**	55 694

La réforme s'attaque donc à la machine économique. Entre autres, les grandes régies se transforment en compagnies nationales plus souples. L'un des domaines les plus touchés est celui du pétrole, déjà nettement restructuré. D'autres vont suivre d'ici peu.

Cela donne un peu de vertige mais le gouvernement tient bon. La coalition grince parfois sur tel ou tel projet de loi, comme celui de la restitution des propriétés jusqu'à 50 ha de terres et 30 ha de forêts. Alors, on vote le principe. L'application précise fera l'objet d'une autre loi en mars 1998.

Le pouvoir soutient qu'il sait très bien où va la Roumanie: vers la démocratie et l'économie de marché qui doit apporter le bien-être à partir de l'an prochain. La presse doute et le peuple s'inquiète devant cette boussole qui tremblote. (Je console mes proches en leur disant qu'elle fait pareil ailleurs. Je n'ose pas reproduire la réplique de mes frères, les paysans!)

CULTURE

Il est de tradition de publier des éditions bilingues de poésie; plus rarement des versions parallèles franco-roumaines. En revanche, plusieurs maisons d'édition ont publié et publient encore des volumes bilingues de poésie roumaine "classique" et moderne, transposée en français par des traducteurs roumains, dans la plupart des cas.

Voici maintenant un cas inédit: la maison Hélicon de Timisoara, vient de publier un volume de cent sonnets français, écrits par Paul Miclau entre 1988 et 1992.

Sous le trésor; Sonnets de Paul Miclau

Comme l'auteur nous l'a avoué, cela a commencé à Paris et son inspiration s'est nettement développée après la Rencontre mondiale des départements de français, organisée par l'AUPELF à New Delhi.

Les poèmes sont marqués par des sentiments complexes qui traversent des niveaux de discours à partir d'un érotisme raffiné jusqu'au déchirement métaphysique. Sur le plan de l'expression, on doit noter un métalangage hautement sémiotisé.

Dans les milieux français, la pièce la plus appréciée est les *Barreaux du sonnet* qui dit le drame de l'exil dans la langue française, vécu avec plaisir paradoxal: "Je rejoins renversé la tristesse d'Ovide / Et caresse toujours les barreaux du sonnet"

Tamara Ceban

ROUMANIE

La journée internationale de la Francophonie en Roumanie

Depuis son entrée dans la Francophonie, en tant que membre à part entière, au Sommet de Maurice, la Roumanie célèbre, chaque année, tout au long de la semaine du 20 mars, la Journée internationale de la Francophonie.

Cette année, le ministère des Affaires étrangères, en collaboration avec le Conseil national consultatif pour la Francophonie (CNCF) ont organisé, le 20 mars, une réunion solennelle, dans le cadre de laquelle ont été présentés aux participants – chefs de missions diplomatiques des pays francophones accrédités à Bucarest, membre du CNCF, etc. – les messages de monsieur Adrian Severin, ministre d'État, ministre des Affaires étrangères, et de monsieur Jean-Louis Roy, secrétaire général de l'Agence de la Francophonie. La réunion a été suivie du vernissage de l'exposition de photos, *Jeux de la Francophonie, arts et sports*, prêtée par le Comité international d'organisation du jour de la Francophonie, du lancement de l'ouvrage *Les Monts Apuseni*, du géographe français Robert Ficheux, membre d'honneur de l'Académie roumaine et du récital de la chorale enfantine de la Société nationale de radiodiffusion.

Le 21 mars, le ministère de la Jeunesse et des Sports et l'Académie nationale d'éducation physique et des sports de Bucarest ont célébré la journée internationale de la Francophonie dans le cadre d'une manifestation qui a compris un récital de poésie francophone, une démonstration de gymnastique rythmique et aérobique et la présentation de l'exposition *"Jeux de la Francophonie, arts et sports"*.

À part ces manifestations organisées au niveau gouvernemental, l'Institut français de Bucarest et les Centres culturels français de Iasi, Cluj et Timisoara, ainsi qu'un grand nombre d'organisations non gouvernementales ont marqué la journée et la semaine internationale de la Francophonie.

Ligue de coopération culturelle et scientifique Roumanie-France

Nicolae DRAGULANESCU, président de la Ligue
Université Politeknica de Bucarest

La Ligue de coopération culturelle et scientifique Roumanie-France de Bucarest/Roumanie a tenu son sssemblée générale le 24 mai 1997 à Bucarest.

Depuis sa dernière assemblée générale (1995), la Ligue a organisé, à Bucarest et dans ses 12 filiales de province, de nombreux spectacles, expositions, conférences, concours, symposiums et commémorations, publiant périodiquement son bulletin informatif *Interférences*. Elle a contribué à la réalisation des chapitres dédiés à la Roumanie dans le *Guide Vert Michelin* "Europe" et dans le *Guide du Routard Pays de l'Est*, paru en 1995 en France.

Seule association roumaine dont le but statutaire principal est "la promotion de la Francophonie et de la francophonie en Roumanie", la Ligue a réussi à éditer une version roumaine de l'excellent ouvrage *La Francophonie* de Xavier Deniau, le président de l'AFAL. Cet événement représente, à lui seul, un exemple pertinent de coopération francophone puisque le livre a été écrit un Français, traduit par un Roumain, édité avec le financement de l'ambassade du Canada à Bucarest et... lancé à Bucarest, en présence de l'ambassadeur de France, Bernard Boyer, président d'honneur de la Ligue.

L'assemblée générale a chargé le président de la Ligue de faire part au Forum des associations francophones (organisé par l'AFAL) des difficultés, critiques et doléances, représentant les points de vue des adhérents de la Ligue.

Ils espèrent non seulement qu'il y aura réponse (de la part des organisations francophones membres de l'AFAL et /ou de l'AFAL même) mais aussi que cette réponse saura combler l'actuelle déception de bon nombre de francophones roumains, se trouvant tout à fait isolés (de par leur pauvreté), en Roumanie, loin de la Communauté francophone internationale.

Nous sommes toujours dans l'impossibilité de participer aux réunions et colloques francophones (en France ou ailleurs) par manque d'argent et de... visas. Pour faire entendre notre voix, nous invitons nos amis francophones à Bucarest.

MOLDAVIE

Tamara CEBAN
Université pédagogique I. Creanga de Chisinau

POLITIQUE

MOLDAVIE

QUELQUES POINTS DE REPÈRE

➤ Jusqu'à la Seconde Guerre mondiale, l'histoire de la Moldavie est pratiquement celle de la Roumanie. On y parle le roumain.
➤ 1940 La Moldavie, retirée à la Roumanie, est annexée à l'URSS dont elle devient une république fédérée.
➤ 1991 (27 août) La Moldavie devient république indépendante. Mircea Ion Snegur est élu président (8 décembre).
➤ 1995 La Moldavie, déjà invitée aux Sommets de la Francophonie, en devient membre.
➤ 1996 Admission au Conseil de l'Europe.
➤ 1996 (1er décembre) Élections présidentielles. Petru Lucinschi, succède à Mircea Snegur .

L'Année a été relativement calme après les élections de la fin 1996 (7 novembre et 1er décembre) qui avait vu la défaite du président Mircea Snegur (46,74%) représentant le Parti de la renaissance nationale, battu par Petru Lucinschi (53,26%) se présentant comme candidat indépendant.

Cette élection marquait en fait le retour du Parti communiste qui soutenait P. Lucinschi avec le Parti agrarien (paysan) et le Parti Unité (voir *AFI* 1997).

ÉDUCATION

En Moldavie, le français est la langue étrangère prédominante et est largement enseignée. En effet, 67% des élèves y étudient le français au secondaire grâce à un réseau de plus de 2400 enseignants. On observe aussi un nombre particulièrement élevé de francophones dans les domaines de la culture, de la science et de l'enseignement.

Le séminaire régional de l'AUPELF-UREF (Chisinau 9-11 septembre 1997)

Dans le cadre des préoccupations de l'AUPELF-UREF de couvrir toutes les zones de la francophonie, s'est déroulé à Chisinau, le Séminaire régional pour l'Europe centrale et de l'Est sur le thème "L'apprentissage du français – une stratégie du multilinguisme". Y ont participé environ 40 spécialistes provenant de Bulgarie, de Pologne, de Moldavie*, de Roumanie et de Hongrie.

Le séminaire s'est placé dans la panoplie des réunions préparatoires en vue de la Conférence des chefs d'États et de gouvernements ayant en partage le français; en même temps, il était question des stratégies concernant le multilinguisme comme toile de fond de la diffusion du français dans le monde.

Le séminaire a bénéficié de la présence des personnalités de l'AUPELF et des autorités moldaves, ainsi que des spécialistes dans la didactique du français.

Si, pour l'AUPELF-UREF, de tels séminaires sont devenus autant de signes de compétence et d'appui de l'espace francophone, pour la République de Moldavie, cette réunion a marqué un pas décisif dans la consolidation du français dans ce pays et un programme authentique d'amélioration de la didactique du français dans cette zone complexe de l'Europe.

* Des Moldaves préfèrent "Moldova" au français "Moldavie" encore ressenti comme russisme.

BULGARIE

Stoyan ATANASSOV
Université de Sofia Saint-Clément d'Ohrid

POLITIQUE

En 1996, l'anecdote la plus souvent racontée en Bulgarie était: "On croyait déjà avoir atteint le fond. – Oui, mais on continue de creuser!". En effet, ces deux phrases résument à elles seules l'impasse dans laquelle s'enlisait la société post-totalitaire bulgare. Le gouvernement du Parti socialiste (ex-communiste), créé en février 1995, n'a su tenir ses promesses électorales. La faillite d'une dizaine de banques a porté un coup aux petits et moyens entrepreneurs en herbe; la pénurie de blé et des produits fourragers a eu pour effet une flambée des prix de toutes les denrées alimentaires; le marché devenait un espace aux prix arbitraires et incontrôlables. Le mot qui résumait la situation: inflation. Ou plus exactement, hyper-inflation.

En décembre 1996 le gouvernement remettait sa démission, mais le Parti socialiste dont il était issu ne renonçait pas à son mandat pour en former un autre. La période janvier-février 1997 fut la plus difficile à vivre depuis la chute du totalitarisme en 1989. Les manifestations quotidiennes de la population et notamment des étudiants dans toutes les grandes villes du pays ont fini par briser l'obstination du Parti socialiste à se maintenir à tout prix au pouvoir. Un gouvernement intérimaire, nommé par le président Petar Stoyanov, exerça l'exécutif entre février et avril.

Sous la direction de Stephane Sofianski (Maire de Sofia qui jouit d'une bonne cote de popularité), le gouvernement d'experts (aux couleurs de la coalition démocratique anti-socialiste) a su juguler l'inflation et créer les conditions pour mettre la monnaie nationale (lev) sous le contrôle du Fonds monétaire international. Depuis le 1er juillet 1997, les institutions financières bulgares ont été placées sous la tutelle du F.M.I. Un premier effet

---

BULGARIE

QUELQUES POINTS DE REPÈRE

Histoire

➤ 1878 La Bulgarie, peuplée à l'origine par les Thraces et longtemps sous domination ottomane, devient indépendante à l'issue de la guerre russo-turque.

➤ 1946 La monarchie est abolie. Proclamation de la République. La Bulgarie s'aligne sur l'URSS.

➤ 1989 Manifestations contre le régime. La Bulgarie s'ouvre à l'Europe.

➤ 1991 La Bulgarie entre dans la Francophonie.

➤ 1994 Retour des ex-communistes (parti socialiste bulgare) aux élections législatives (16 décembre) et municipales (novembre 1995).

➤ 1996 (17 novembre) Élection du démocrate Petar Stoyanov à la présidence qui succède à Jelu Mitev Jelev.

Économie

➤ La Bulgarie a ressenti les effets du retour au pouvoir des communistes.

➤ Une dévaluation du lev de près de 70 % au printemps 1996 a replongé le pays dans les difficultés (faillite de banques, flambée des prix).

bénéfique de celle-ci: l'inflation a été stoppée et le lev bulgare fixé par rapport au mark allemand. L'hiver 1997-1998 révélera le revers de la médaille FMI: fermeture d'entreprises, chômage, prix d'énergie exorbitants pour le pouvoir d'achat de la population.

En avril 1997, le Rassemblement des forces démocratiques emportait les élections législatives et s'assurait une majorité parlementaire absolue. Le nouveau gouvernement, formé par Ivan Kostov, leader de l'Union des forces démocratiques, a entrepris des actions énergiques aussi bien contre la délinquance généralisée, qui traumatise la vie quotidienne de tous, que contre les groupes industriels mafieux qui sont en voie d'occuper les positions stratégiques dans le secteur économique. Il faut mettre aussi à l'actif du nouveau gouvernement l'accroissement des réserves nationales en devises. Les prix continuent cependant d'augmenter et la vie du Bulgare moyen n'est pas améliorée.

Francophonie

La nouvelle équipe de l'exécutif donne quelques signes prometteurs quant à la Francophonie institutionnelle. La Commission interministérielle de la Francophonie a renouvelé sa composition et reprend lentement son activité qui sera coordonnée par le ministère des Affaires étrangères. Par ailleurs, le ministère de la Culture, initialement chargé de la francophonie au moment de l'adhésion de la Bulgarie à la Communauté, vient de créer un poste qui, au sein de la Direction de l'intégration européenne, s'occupera de la coopération francophone.

La journée de la Francophonie (le 20 mars), fut l'occasion de toute une série d'activités pendant une semaine (17-22 mars). Comme d'habitude (c'est la quatrième célébration de la Francophonie en Bulgarie), l'initiative en revenait à l'ambassade de France et son service culturel, à l'Institut français de Sofia, ainsi qu'à l'Alliance française. Du côté bulgare, le ministère des Affaires étrangères et le ministère de la Culture ont assuré l'encadrement nécessaire. Dans une conférence de presse, M. Glavanakov, vice-ministre des Affaires étrangères, a parlé, en présence de représentants des ambassades francophones à Sofia, du rôle de la Francophonie internationale.

– Exposition d'affiches "Patrimoines francophones", présentée au palais national de la Culture, et à laquelle ont participé la Bulgarie, la France, la Belgique, le Liban, le Maroc et la Suisse;

– Projection du film d'Édouard Molinaro *Beaumarchais l'insolent*, le 20 mars, au palais national de la Culture, devant quelque 3000 spectateurs;

– Participation de quatre équipes bulgares à la "nuit du Web", organisée conjointement par l'Institut français, l'université technique de Sofia, l'université "Saint Clément d'Ohrid" et l'université d'Économie nationale et mondiale;

– Projection, le 21 mars, sur la chaîne 1 de la télévision nationale, d'un magazine consacré à la poésie francophone;

– L'Ambassade de Suisse a présenté, le 18 mars, le film d'Alain Tanner *La Salamandre*. Le ministère de la Culture, de son côté, a organisé, le 21 mars, la projection d'une coproduction bulgaro-franco-suisse *Les amis d'Émilia*. Au cours de cette semaine l'Institut français de Sofia a inauguré une exposition de photos *Édifices patrimoniaux – la France et ses régions*;

– L'Alliance française de Plovdiv a organisé avec le BCLE diverses manifestations dont: un cycle de cinéma francophone (4 projections); une exposition *la francophonie illustrée*, dessins de collégiens sur le thème de la francophonie; un concert spectacle *La francophonie en fête*; une exposition de livres francophones à la bibliothèque municipale.

– À Veliko Tarnovo, l'antenne décentralisée du BCLE et l'équipe de l'Alliance française ont été les initiateurs des activités suivantes: un concours de dessins d'enfants sur les *Contes* de Perrault; une exposition sur André Malraux à la Maison des écrivains; une exposition *Des architectes français dans le monde*, au musée national d'Architecture; des projections de films français dans les lycées.

– À Varna, l'Alliance française a présenté, avec le concours de la municipalité, un semaine de cinéma français (Rétrospective Gaumont de 10 films).

Il faut se réjouir de la richesse de cette Semaine. Grâce à elle, les idées de la francophonie trouvent une manifestation concrète très appréciée par les jeunes Bulgares.

Les 15-16 mai, le Conseil administratif de l'AUPELF-UREF s'est tenu à Sofia. Les participants de 12 pays ont fait le point de la situation des filières francophones. Pour ce qui est de la Bulgarie, à partir de l'année académique 1997-98, deux nouvelles filières seront ouvertes: celle de l'Institut supérieur d'industrie alimentaire de Plovdiv et celle d'informatique (à côté d'une première filière de génie électrique, qui existe depuis 4 ans) à l'université technique de Sofia. Ainsi le nombre de filières francophones dans le pays est-il porté à cinq. Un sixième établissement francophone, l'Institut francophone d'administration et de gestion (IFAG), forme depuis 1996, et pendant deux ans, des spécialistes au niveau du troisième cycle.

Français et multilinguisme

L'une des voies vers le multilinguisme réel passe par l'enseignement précoce du français. Si les efforts de la Roumanie à cet égard portent déjà des fruits (1 302 202 élèves de l'école primaire et du collège étudient le français, l'anglais langue étrangère occupant la deuxième place avec 601 349 élèves) en Moldavie, la position du français à l'école varie selon le type d'établissement (dans les écoles primaires de langue roumaine, le français est la première langue étrangère enseignée – plus de 40 000 élèves, contre 12 000 pour l'anglais – ; dans les écoles primaires de langue russe, le français est choisi comme première langue étrangère par quelque 3 000 élèves alors que 7 000 choisissent l'anglais).

En Bulgarie, l'enseignement précoce des langues étrangères n'est pas généralisé dans le système scolaire. À la différence de la Roumanie et de la Moldavie, où l'élève peut se mettre à l'étude du français dès la deuxième année du primaire (à l'âge de 8-9 ans), l'école primaire bulgare ne dispense pas, en règle générale, d'enseignement de langue étrangère. Il faut pour cela attendre la première année du collège, lorsque l'élève a 12 ans. Or, plusieurs spécialistes sont d'avis que le meilleur âge pour apprendre une langue étrangère, c'est l'âge de 6-12 ans.

Le français précoce en Bulgarie n'est enseigné que dans le cadre de programmes spécialisés qui ne touchent que 1 896 élèves. Ainsi, le français précoce langue étrangère se range-t-il à la quatrième position après l'anglais (21 170 apprenants), le russe (6 755 apprenants) et l'allemand (2 633 apprenants). Il s'en faut de beaucoup pour que l'école primaire et le collège deviennent un vivier de la francophonie en Bulgarie! Heureusement, les lycées bilingues viennent redresser quelque peu la situation fragile du français. Dans ce type d'établissements, un enseignement de qualité du français et en français forme quelque 2 000 élèves qui, à la sortie du lycée, peuvent pratiquer très convenablement le français écrit et oral.

Depuis cette année, un accent particulier est mis sur l'enseignement du français oral, notamment à l'université Saint Clément d'Ohrid et au lycée bilingue de Sofia Lamartine. Grâce à une aide matérielle et méthodologique importante de l'Agence de la Francophonie, le programme VIFAX – un système d'enseignement à distance du français oral, élaboré par Michel Perrin de Bordeaux II – a été lancé cette année. Les premiers résultats sont très encourageants. L'extension du programme VIFAX passe par l'élargissement du réseau de TV5 en Bulgarie. Or, depuis septembre, TV5 a cessé d'émettre sur le territoire bulgare. Espérons que la question des droits d'émission trouve vite une solution.

Élèves apprenant une première langue étrangère année scolaire 1996/97 en Bulgarie

Langue	Total	École primaire	Collège	Année zéro	Lycée
Anglais	290 800	21 170	186 965	7 677	74 988
Russe	102 617	6 755	72 531	273	23 058
Français	91 283	1 896	66 354	2 101	20 932
Allemand	86 543	2 633	57 769	3 005	23 136
Espagnol	4 655	367	912	442	2 934
Italien	2 036	102	266	184	1 484

POLOGNE

Jozef KWATERKO
Université de Varsovie

DEUX IMPORTANTES RENCONTRES

"Rêves d'Europe": Rencontres de Cracovie

L'Institut français de Cracovie a organisé (19-20 avril), une rencontre des jeunes, représentant 46 pays européens, en vue de constituer un réseau de communication et de dialogue autour des valeurs humanistes et au nom des principes démocratiques et antiracistes dans le contexte de l'unité européenne. Cette manifestation de la solidarité intereuropéenne a abouti à la rédaction d'une charte sur l'avenir du continent et d'un appel à la participation au réseau adressé à tous ceux qui souhaiteraient s'exprimer librement sur les défis sociaux, politiques et économiques actuels. Les thèmes de cette rencontre – patronnée par le président de la ville de Cracovie et le secrétaire général du Conseil de l'Europe – ont été introduits par cinq personnalités européennes invitées: Simone Weil, Vesna Plasic, Barbara Labuda, Bronislaw Geremek et Adam Michnik. Le français, langue commune des débats, a été officiellement reconnu comme un important outil de communication internationale et d'avenir, porteur de valeurs positives.

Littératures francophones à l'université de Varsovie

Les 19 et 20 juin, à l'université de Varsovie a eu lieu un colloque international, "À la découverte de la mosaïque francophone". Organisé conjointement par le Centre de civilisation française et d'études francophones et l'Institut d'études romanes, il a accueilli des spécialistes de l'université de Varsovie et de Paris XIII ainsi que trois écrivains – Driss Chraibi (Maroc), Majid El Houssi (Tunisie) et Tierno Monenembo (Guinée/Sénégal).

Ce colloque fait suite à des séminaires sur les littératures francophones offerts depuis 1995-96 aux étudiants polonais, aux niveaux de la licence et de la maîtrise, par les professeurs Claude Lesbats et Alain Degenne (responsables du Centre en mission à Varsovie) ainsi que par les enseignants et chercheurs du Centre de littératures francophones à Paris XIII, notamment Béïda Chikhi, Xavier Garnier et Jean-Louis Joubert, concepteur du programme. Portant sur la littérature francophone du Maghreb, de l'Afrique subsaharienne, de l'océan Indien et des Antilles, ce séminaire complète l'enseignement de la littérature québécoise, belge et suisse romande existant déjà à Varsovie depuis la fin des années 1980. À l'occasion du colloque, une convention signée par les universités de Varsovie et de Paris XIII permettra désormais aux étudiants polonais de s'inscrire à un programme de maîtrise en littératures francophones (60 heures de séminaire annuel) et de poursuivre les études de 3e cycle (doctorat) dans ce domaine à Paris XIII. Ce programme s'étend ainsi au total sur quatre à cinq ans en vue de former la première génération des spécialistes polonais de littérature francophone.

Après la scéance d'inauguration en présence de Jean-Louis Roy (secrétaire général de l'Agence de la Francophonie) et des recteurs de deux universités, les séances ont comporté des communications sur le concept de littérature francophone et de "circulation littéraire" transterritoriale.

D'autres séances se sont déroulées suivant l'idée de débats croisées – d'une part, entre les étudiants, les universitaires et les auteurs francophones présents (à la suite de la lecture qu'ils ont faite des fragments de leurs œuvres); d'autre part, autour d'une table ronde organisée par l'Institut français de Varsovie, "Le livre français et francophone en Pologne: de son écriture à sa diffusion", qui a réuni, à coté des écrivains et des professeurs, les traducteurs et les éditeurs polonais. L'un des avantages de cette dernière rencontre a été de pouvoir mesurer les lacunes éditoriales et de réfléchir sur les modalités de promotion de la littérature francophone en Pologne. Ce colloque a donc été le premier lieu d'échanges aussi importants entre les universitaires franco-polonais, les étudiants, les écrivains francophones et les représentants de l'institution littéraire polonaise.

AMÉRIQUE DU NORD

Le Canada est officiellement bilingue – français et anglais – mais dans chacune de ses dix provinces, les statuts diffèrent: au Québec, qui comprend 82% de francophones, le français est seule langue officielle; le Nouveau-Brunswick, où vit la majorité des Acadiens, est officiellement bilingue; les autres provinces (dont l'Ontario, voisine du Québec et qui compte une importante minorité francophone) sont officiellement anglophones.

Dans les instances de la Francophonie, le Canada siège comme État membre, alors que le Québec et le Nouveau-Brunswick y sont comme gouvernements participants.

Aux États-Unis, l'anglais est la langue officielle, mais le français est parlé en plusieurs endroits: la Louisiane, jadis territoire français, qui accueillit nombre d'Acadiens après leur déportation (1755); la Nouvelle-Angleterre (Connecticut[3], Maine[6], Massachusetts[2], New Hampshire[5], Rhode Island[1], Vermont[4]), où de nombreux Québécois émigrèrent de 1840 à 1929 pour trouver du travail. La Louisiane et la Nouvelle-Angleterre sont invités aux Sommets de la Francophonie. Le français est également assez répandu dans la partie sud de deux autres États: la Floride, destination touristique des Québécois, et la Californie, où plusieurs ont choisi de faire carrière. Dans l'ensemble des États-Unis sur 230 millions d'habitants, 13 millions sont d'origine francophone et 1,6 million utilisent le français à la maison.

Finalement, la francophonie en Amérique du Nord s'incarne également à Saint-Pierre-et-Miquelon, collectivité territoriale de la France.

On peut consulter :

CASANOVA Jacques-Donat, *Une Amérique française*, Paris, Documentation française/Québec, l'Éditeur officiel, 1975, 160 p.

CHARTIER Armand, *Histoire des Franco-Américains de la Nouvelle-Angleterre, 1775-1990*, Québec, Septentrion, 1991, 434 p.

DAIGLE Jean (sous la direction de), *L'Acadie des Maritimes*, Moncton, Chaire d'études acadiennes, 1993, 908 p.

LOUDER Dean R. et Éric WADDELL, *Du continent perdu à l'archipel retrouvé, Le Québec et l'Amérique française*, Québec, Presses de l'Université Laval, 1983, 289 p.

TÉTU de LABSADE Françoise, *Le Québec, un pays, une culture*, Montréal, Boréal/Paris, Seuil, 1990, 458 p.

AMÉRIQUE DU NORD

	Canada	Québec	Nouveau-Brunswick	Louisiane
Nom officiel	Canada	Québec	Nouveau-Brunswick	Louisiane
Capitale	Ottawa	Québec	Fredericton	Baton Rouge
Superficie (km^2)	9 976 139	1 540 680	73 437	125 674
Régime politique	fédération	voir Canada	voir Canada	démocratie parlementaire
Chef d'État Entrée en fonction Prédécesseur	**Élisabeth II** 02-1952 **George VI**	voir Canada voir Canada voir Canada	voir Canada voir Canada voir Canada	William J.**Clinton** 03-11-1992 George **Bush**
Chef du gouvernement Entrée en fonction Prédécesseur	Jean **Chrétien** 05-11-1993 Kim **Campbell**	Lucien **Bouchard** 29-01-1996 Jacques **Parizeau**	Raymond **Frenette** 13-10-1997 Frank **McKenna**	Murphy Mike **Foster** (gouverneur) 1996 Edwin N. **Edwards** (gouverneur)
Langues officielles Autres langues	français, anglais italien, amérindiennes (cree, inuit)	français anglais, italien	anglais, français	anglais français
Principales religions en % de la population	christianisme	christianisme	christianisme	christianisme
Population Moins de 15 ans en % Plus de 65 ans en % Indice de fécondité Espérance de vie H/F Alphabétisation en %	29 600 000 20,7 12 1,9 74,7/81,7 96,6	7 370 351 18,79 12,10 1,60 74,40/81,17	761 529 19,29 12,54 1,51 74,8/80,6 n.d.	4 500 000
IDH (rang/174)[1]	1	voir Canada	voir Canada	n.d.
PIB (en M$US)[2] **PIB/hab. (en $US)**[3]	564 600 19 074	136 407 18 507	12 393 16 274	17 505
Monnaie[4] FF $ US	dollar canadien 4,18235 0,73	dollar canadien 4,18235 0,73	dollar canadien 4,18235 0,73	dollar US 5,75156 1
Principales exportations	véhicules à moteur, pièces d'auto, papier, gaz naturel	aluminium et alliages, automobiles, équipements et matériel de communications papier journal, bois d'œuvre, résineux	produits pétroliers, bois, papier, pâte à papier, crustacés, électricité	pétrole, gaz naturel, produits agricoles, construcuion navale, ressources halieutiques
Principales importations	produits manufacturés, (auto, pièces), produits alimentaires	tubes électroniques et semi-conducteurs, automobiles et chassis, pétrole brut, produits chimiques organiques	produits pétroiers, crustacés, sucre, véhicules de transport, caoutchouc	produits manufacturés, produits alimentaires
Principaux partenaires commerciaux	États-Unis, Japon, Royaume-Uni	Canada, États-Unis, Japon	Canada, États-Unis, Norvège, Arabie Saoudite, Angola	États-Unis

Sources: Banque mondiale; ONU, *Bulletin mensuel de la statistique*

1. Indice de développement humain, mesure de classement des pays utilisée par l'ONU.
2. Il s'agit ici du produit intérieur brut (PIB) comme pour tous les autres pays membres de l'OCDE.
3. Produit intérieur brut (PIB) par habitant.
4. Taux au 15 septembre 1997, donné à titre indicatif.

CANADA

Françoise TÉTU DE LABSADE
Université Laval, Québec

avec la collaboration de

Gilles DORION, CRÉLIQ, Université Laval
James de FINNEY, Université de Moncton, Nouveau-Brunswick
Pierre FORTIER et Clermont TRUDELLE, Société d'histoire de Toronto, Ontario
Isabelle FOURMAUX, Québec
Lise GABOURY-DIALLO, Collège universitaire de St-Boniface, Univ. du Manitoba
André GIROUARD, Sudbury, Ontario
Douglas GOSSE, Terre-Neuve
Jacques JULIEN, Université de Saskatoon, Saskatchewan
André RICARD, de l'Académie des lettres du Québec
Michel RICHARD, Montréal;
Larry STEELE, Mount St Vincent University, Halifax, Nouvelle-Écosse
Jules TESSIER, Université d'Ottawa, Ontario
Jason ARBOGAST, David STAFFORD et Cindy ZELMER, Université Laval

POLITIQUE

L'année 1997 était une année d'élections fédérales. La campagne a été lancée en avril. Dans l'Ouest, de graves inondations menaçaient le Manitoba qui eut à concentrer ses forces sur les débordements de la rivière Rouge au détriment des efforts des partis politiques pour faire entendre leurs arguments respectifs. Les changements de chef au Bloc québécois (Gilles Duceppe) et au Nouveau parti démocratique (Alexa Mc Donough) avaient précédé de peu; la détermination farouche et bien organisée du chef conservateur, Jean Charest, laissait prévoir quelques changements. Plus de 19 millions d'électeurs eurent à choisir 301 députés parmi 1673 candidats.

Lors du scrutin du 2 juin, les résultats donnèrent la victoire au Parti libéral de Jean Chrétien qui perdit toutefois 22 sièges et conserva ainsi de justesse la majorité absolue avec 155 députés. Premier ministre depuis 1993, Jean Chrétien obtient un deuxième mandat majoritaire consécutif.

Le Parti conservateur a partiellement regagné la faveur d'un public qui l'avait boudé aux élections précédentes. Pour le Nouveau Parti démocratique, ce fut un beau succès. Mais comme on le craignait, le résultat le plus concluant de cette consultation populaire montre le renforcement des régionalismes. Le Reform Party, résolument anglophone devient l'opposition officielle. Il est surtout implanté dans l'Ouest du pays. L'Ontario a voté majoritairement libéral (101 députés sur leur quota de 103 et sur le

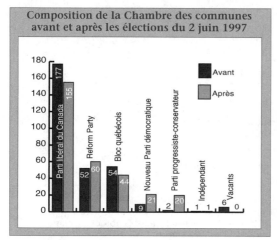

Composition de la Chambre des communes avant et après les élections du 2 juin 1997

grand total des libéraux au Canada, 155). Les provinces maritimes ont récompensé les efforts du NPD. Quant au Bloc québécois, qui a perdu son rôle d'opposition officielle au profit du Reform Party, il reste bien installé au Québec (44 élus sur 75) dont il défend la cause, malgré des pertes importantes et parfois surprenantes. Il n'est pas sûr que Jacques Parizeau, ancien premier ministre du Québec, en lançant un livre-choc en pleine campagne électorale, ait aidé les souverainistes dont le mandat à Ottawa n'est pas toujours bien compris. Le Premier ministre devra donc compter avec les quatre partis d'opposition (le PC et le NPD étant redevenus partis officiels à la Chambre des communes), comme avec l'affirmation des régions. Dans ce nouveau paysage politique, l'aube du prochain millénaire ne s'annonce pas particulièrement rose pour le gouvernement.

Après le référendum canadien de 1992 sur l'accord dit de Charlottetown et le référendum québécois de 1995, une conférence des premiers ministres provinciaux, à laquelle ne participait ni le premier ministre Jean Chrétien ni le premier ministre du Québec Lucien Bouchard, ni les représentants des nations amérindiennes, a eu lieu en septembre à Calgary; la déclaration finale reconnaît "le caractère unique de la société québécoise" et réaffirme du même souffle l'égalité des provinces; il s'agirait d'un "cadre de discussion" à soumettre à diverses consultations populaires; interprétations, réactions et débats sont à l'ordre du jour; affaire à suivre.

Au plan international, le Canada a obtenu un succès à Oslo en ralliant presque tous les pays dans sa croisade contre les mines anti-personnelles, malgré la vive résistance des États-Unis qui se sont retirés avant le vote final.

Décès

Gérard Pelletier, qui, avec Trudeau et Marchand, avaient installé un *french power* à Ottawa dans les années 60; le sénateur Pietro Rizzuto; Stanley Knowles (élu 13 fois à la Chambre des communes).

ÉCONOMIE

Les marchés financiers ont réagi favorablement aux résultats des élections. Grâce à la détermination de Paul Martin, ministre des Finances, le déficit a diminué plus rapidement que prévu. Au mois d'août on constate que le PIB a augmenté de 4,9% en un an; les ventes de voitures sont en hausse; les faillites des particuliers demeurent nombreuses, mais celles des entreprises ont diminué nettement. Les banques, de leur côté, diversifient placements et services et font des profits en milliards de dollars que beaucoup qualifient d'extravagants, étant donné les efforts des gouvernements et des particuliers pour juguler les dettes de la collectivité. Yves Michaud, ancien homme politique québécois, s'est lancé seul, avec un certain succès, dans une guerre contre les privilèges exagérés des dirigeants des banques et les règlements qui leur donnent tous les pouvoirs; on l'a surnommé le "Robin des banques". L'Accord de libre-échange nord-américain (ALENA) sert l'économie canadienne, comme la faiblesse du dollar canadien face à la bonne tenue du dollar états-unien. Les entreprises investissent; des emplois sont créés, pas autant que l'on voudrait cependant. La Colombie-Britannique bénéficie de sa position géographique pour assurer sa place sur les nouveaux marchés de l'Asie et du Pacifique. La Saskatchewan connaît une expansion remarquée dans l'ensemble du pays.

Le Pacifique est une région d'avenir; pour l'instant, un contentieux entre le Canada et les États-Unis concernant la pêche du saumon occupe les autorités et les pêcheurs des deux pays. Maigre consolation: à l'Est, la pêche à la morue recommence tout doucement.

Tandis que plusieurs sociétés minières investissent au Chili, une affaire a secoué les marchés boursiers: Bre-X croyait avoir découvert en Indonésie le gisement d'or du siècle, qui s'est avéré insignifiant, emportant dans la débâcle les épargnes (3 milliards de dollars) de petits et gros investisseurs. La Banque du Canada prévoit une "croissance robuste" en 1997-98.

QUELQUES POINTS DE REPÈRE

Géographie
➤ Immense pays (2ᵉ au monde, 18 fois la France), essentiellement habité sur une mince bande, au sud.

Histoire
➤ 1534 Arrivée de Jacques Cartier sous François Iᵉʳ.
➤ 1604 Colonisation de l'Acadie.
➤ 1608 Fondation de Québec. Colonisation.
➤ 1763 Traité de Paris: la France cède la Nouvelle-France à l'Angleterre.
➤ 1840 L'Angleterre unit le Bas-Canada (≈Québec) et le Haut-Canada (≈Ontario) pour former le Canada-Uni.
➤ 1867 Acte de l'Amérique du Nord britannique; le Québec, l'Ontario, le Nouveau-Brunswick et la Nouvelle-Écosse forment le Canada, État fédéral;
• 1870 + le Manitoba;
• 1871 + la Colombie-Britannique;
• 1873 + l'Île-du-Prince-Édouard;
• 1905 + la Saskatchewan, + l'Alberta;
• 1949 + Terre-Neuve;
• + découpage de deux territoires, le Yukon et les Territoires du Nord-Ouest.
➤ 1982 P. E. Trudeau, premier ministre libéral depuis 1968, rapatrie de Londres la Constitution.
➤ 1984 -1993 Brian Mulroney, premier ministre, conservateur.
➤ 1990 (juin) Échec des accords de principe (1987) du lac Meech.
➤ 1992 (oct.) Échec de l'entente de Charlottetown.
➤ 1993 (23 juin) Accord de libre-échange nord-américain (ALENA).
➤ 1993 (25 oct.) Jean Chrétien, premier ministre, libéral; opposition officielle = Bloc québécois; autres partis : Reform Party, Conservateur, Nouveau Parti démocratique.
➤ 1997 (2 juin) Jean Chrétien réélu. Opposition officielle: Reform Party.

Société
➤ Population francophone = 25%
➤ Une capitale Ottawa; deux métropoles Toronto (Ont.) et Montréal (Qué.).
➤ En 1994, "l'indice de développement humain" classait le Canada au 1ᵉʳ rang sur 174 pays étudiés.

Société

Le chômage est à son plus bas niveau depuis 1990, mais reste élevé (9,1%). L'emploi s'améliore grâce à la croissance économique qui semble régulière.

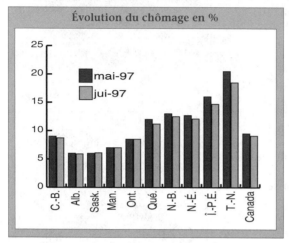

Les offres d'emploi ont augmenté de 24% depuis un an. Un Canadien sur trois trouvait en mai que sa "qualité de vie s'était améliorée" par rapport au début de l'année. Le principe d'universalité, sur lequel le gouvernement fédéral demeure intraitable lorsqu'il s'agit de santé, a été battu en brèche par le dernier budget qui a mis fin à l'universalité du régime de sécurité de la vieillesse, le calcul des prestations se faisant désormais en fonction des revenus familiaux. Une entente fédérale-provinciale concernant la formation de la main d'œuvre a été signée entre Ottawa et Québec, qualifiée d'historique par Chrétien, de partielle pour Bouchard.

La Fédération nationale des femmes canadiennes françaises, fondée en 1914 par la Franco-Ontarienne Almanda Walker-Marchand compte aujourd'hui 7 000 femmes en une vingtaine de groupes répartis hors du Québec dans toutes les provinces. C'est par les femmes que se transmet d'abord et que perdure souvent la langue maternelle.

Sports

Le Canadien Donovan Bailey est devenu l'homme le plus rapide du monde en l'emportant dans le 150 mètres hybride en 14,99 secondes.

Les jeunes Canadiens se distinguent au hockey junior et redorent le blason de leurs aînés; Elvis Stojko est pour la 3e fois champion du monde de patinage artistique.

Culture

Prix du Gouverneur général pour les arts de la scène
(*récipiendaires francophones)
Betty Oliphant et Karen Kain, *danse*
*Jean-Pierre Ronfard, *théâtre*
*Monique Leyrac, *chanson et théâtre*
Gordon Lightfoot, *chanson*
*Gilles Carle, *cinéma*
Nicholas Goldschmidt et *Maryvonne Kendergi, *musique*

Depuis 15 ans, un **Symposium de la nouvelle peinture** du Canada se tient pendant un mois à Baie-Saint-Paul (Charlevoix) qui renoue avec un passé riche en peintres de toutes obédiences. Cette édition-ci (*Espace ... s mémoire*), fut un bon millésime.

Le **Centre culturel canadien** à Paris a été doté d'excellents instruments de technologie des communications après avoir été rénové. On avait craint un moment qu'il disparaisse dans la vague de fond des compressions budgétaires. Le Centre se veut une plaque tournante pour les relations entre le Canada, la France et l'Europe. Nos voisins du Sud critiquent vivement le Canada pour le protectionnisme culturel: taxation de certains produits de l'industrie culturelle (revues, magazines édités aux États-Unis, mais qui tirent la majorité de leurs revenus de la publicité canadienne). Les technologies nouvelles du village planétaire sont à l'ordre du jour et apparaissent menaçantes à plusieurs. Aussi le gouvernement fédéral veille-t-il à ce que l'autoroute de l'information ne parvienne pas à chaque Canadien après un détour obligé par les États-Unis. La croissance étant rapide dans ce domaine, il convient de ne pas laisser passer le train qui va en général plutôt Nord-Sud qu'Est-Ouest.

En **éducation**, au niveau supérieur, douze établissements universitaires des Maritimes, de l'Ontario et de l'Ouest fondent un réseau national d'éducation universitaire en français, pour pouvoir enrichir les programmes de formation par un échange de cours, par une concertation en matière de

Un fonds pour l'inforoute

Les ministres des pays francophones chargés des inforoutes, réunis à Montréal dans une Conférence, organisée conjointement par l'Agence de la Francophonie, en tant que Secrétariat des Sommets, ainsi que par les gouvernements du Canada et du Québec, ont proposé la création d'un fonds pour soutenir la production de contenu de langue française. Ils sont cependant conscients que ce fonds ne peut servir aux infrastructures qui manquent cruellement aux pays du tiers-monde

recherche et de production, via l'Internet qui est un moyen peu coûteux de transmission des informations. Le Conseil des arts a vu son budget baisser dramatiquement et a dû remplacer du personnel par une série de boites vocales pour ne pas fermer carrément plusieurs programmes d'aide à la création.

Le **théâtre** en français se porte bien; on construit des salles à Sudbury et Caraquet, on rénove à Ottawa, on forme des professionnels à Saint-Boniface.

Il y a 60 ans, naissait le **Conseil de la vie française en Amérique**, première institution de la Francophonie nord-américaine, qui continue à rassembler les forces éparses sur le continent avec des moyens extrêmement modestes. Le Conseil a décerné le 39e prix Champlain à l'Ontarien Patrice Desbiens.

Le pont de la Confédération

Un des plus longs ponts à travées multiples au monde, le plus long à enjamber des glaces, ce pont relie en 13 km l'Île-du-Prince-Édouard, la plus petite des provinces canadiennes, au continent. Le pont a été nommé ainsi parce que, en 1867, c'est à Charlottetown, la capitale provinciale, que l'acte de naissance du Canada (Acte de l'Amérique du Nord britannique) a été signé.

QUÉBEC

POLITIQUE

L'État québécois a réussi à diminuer ses dépenses: déficit zéro pour l'an 2000 et création d'emplois sont à l'ordre du jour. Le gouvernement Bouchard, courageux et ne reculant devant aucune mesure même impopulaire, a dû faire face au mécontentement de ceux qui sont directement touchés par les inévitables compressions budgétaires: virage ambulatoire dans le domaine de la santé, "pelletage" de certaines factures dans la cour des municipalités, autant de risques de déplaire; on ne change pas facilement d'habitudes et celle de l'État-providence était bien confortable. Mais l'État a réussi à négocier des ententes concernant les salaires avec tous les domaines du secteur public. La réforme du système de santé a vu l'instauration d'un nouveau régime d'assurance-médicaments. On a nommé un ministre responsable de la métropole, où vit un Québécois sur deux.

Le débat constitutionnel occupe les esprits et de longues pages dans les journaux: le gouvernement fédéral défend le point de vue de l'intégrité du Canada en cour, où le Québec refuse de se laisser entraîner; Stéphane Dion, ministre fédéral et Bernard Landry, vice-premier ministre du Québec, ont croisé le fer de leurs plumes dans un échange de correspondance. Un des arguments d'Ottawa, qu'ont suivi quelques municipalités, est la possibilité de partition du territoire québécois, advenant un résultat positif à un prochain référendum, contre laquelle s'objectent les souverainistes.

La perception du Québec à l'extérieur réserve des surprises: parfois haineuse dans le cas de certains médias (presse anglophone et même un journal de Munich, une radio états-unienne, un site Internet bientôt fermé, médiatisation tous azimuts d'une biographie en anglais très controversée de Lucien Bouchard); perception souvent positive par ailleurs: l'île de la

Réunion vient y chercher des idées pour améliorer le tourisme; les étudiants étrangers y sont nombreux; les échanges internationaux augmentent. Le gouvernement est conscient qu'il faut que le Québec soit mieux compris à l'extérieur, d'où la décision d'appuyer le travail des délégations (Tokyo) et d'ouvrir un Bureau en Allemagne. Les universitaires créent un centre Moscou-Québec et un réseau international de chercheurs en études québécoises.

Un premier Forum de concertation entre les communautés franco-canadiennes et québécoise a réuni 450 personnes à Québec: plans d'action, structures de coopération dont des tables sectorielles dans les domaines de la culture, de l'éducation et de l'économie, sont quelques-unes des conséquences de la politique gouvernementale québécoise.

ÉCONOMIE

Les indicateurs économiques sont à la hausse, de modérés en 1996, ils prennent de la hauteur en 1997. La politique du gouvernement, qui s'est rapprochée du milieu des affaires, relance les investissements notamment dans le domaine du multimédia (150 sociétés au Québec) qui connaît une croissance remarquable à Montréal (Softimage, Microintel); Nortel crée 500 emplois de haut niveau pour garder l'avance qu'elle a en matière de transport des données par fibre optique. Les technologies de pointe attirent une entreprise française: Ubisoft investira des capitaux et créera 800 emplois. Par un effet d'entraînement, la multinationale MCI songe à s'implanter aussi à Montréal et à investir massivement dans la recherche et le développement. La politique fiscale intéressante, une bonne concentration de diplômés sont en partie responsables de la relance économique, sensible bien au-delà de la zone métropolitaine.

Le domaine forestier et ses corollaires (papier, carton) confirment la reprise commencée en 1994; Péladeau se lance dans l'édition et dans le monde de la télévision. Le groupe Lacasse est le 2e fabricant de meubles de bureau au Canada. L'agro-alimentaire va bien (Agropur); les microbrasseries sont en expansion. La plupart de ces entreprises sont pré-

QUELQUES POINTS DE REPÈRE

Géographie
➤ Vaste territoire (trois fois la France), dont à peine 10% est habité par 85% de la population.

Histoire
➤ 1534 Arrivée de Jacques Cartier.
➤ 1608 Fondation et colonisation de Québec par Champlain.
➤ 1763 Traité de Paris: la France cède la Nouvelle-France à l'Angleterre.
➤ 1774 Acte de Québec.
➤ 1791 Le Québec devient le Bas-Canada.
➤ 1840 L'Angleterre unit le Bas-Canada (≈le Québec) et le Haut-Canada (≈l'Ontario) pour former le Canada-Uni.
➤ 1867 Acte de l'Amérique du Nord britannique; Québec + Ontario
➤ Nouveau-Brunswick + Nouvelle-Écosse = Canada, État fédéral. S'ajouteront au cours du siècle suivant six provinces et deux territoires.
➤ 1960-1970 La Révolution tranquille débute avec les libéraux de Jean Lesage et continue avec l'Union nationale de Daniel Johnson, père.
➤ 1970-1976 Robert Bourassa, premier ministre, libéral.
➤ 1976 (15 nov.) René Lévesque, premier ministre, Parti québécois.
➤ 1980 (20 mai) Référendum sur la souveraineté : non = 59 %
➤ 1985 (déc.) - 1993 Robert Bourassa, premier ministre, libéral.
➤ 1994 (12 sept.) Jacques Parizeau, premier ministre, Parti québécois.
➤ 1995 (30 oct.) Deuxième référendum sur la souveraineté : non = 50,58 %; oui = 49,42 %; Parizeau démissionne.
➤ 1996 (jan.) Lucien Bouchard quitte la direction du Bloc québécois à Ottawa, devient chef du Parti québécois et premier ministre.

Société
➤ Un Québécois sur deux habite la région de Montréal.
➤ Langue : français (82% des Québécois sont francophones, 10% sont d'origine britannique, 8% d'autres origines).
➤ Capitale Québec; métropole Montréal.

sentes sur le marché international où le Québec affirme son expertise en matière d'industrie aéronautique (Bombardier fabrique plus de 50 % des avions de 20 à 90 places), pharmaceutique et de haute technologie. Dans d'autres domaines, Castorama a acquis Réno-dépot, le groupe Gallet a une filiale québécoise, etc. Parmi les entreprises qui vont de l'avant sur le marché mondial, on note aussi les sociétés d'ingénierie (CIMA +, Dassault, Roche, Tecsult et SNC-Lavalin) dont le chiffre d'affaires est de plus en plus réalisé à l'extérieur du Québec. Onze entreprises et organismes ont mérité les grands prix de l'Exportation au 1er gala de l'Exportation (Martin International): VIASAT géo-technoloigie (Technologies de l'information); le Groupe Chagnon International (Francophonie et partenariat d'affaires);lLe Fonds de solidarité des travailleurs du Québec (Institutions financières).

> ### SNC-Lavalin
> David Stafford
>
> Avec quelques 6 000 employés dans ses bureaux dans plus de 100 pays, SNC-Lavalin est une des plus grandes compagnies d'ingénierie au monde. Son revenu annuel d'à peu près un milliard de dollars vient pour la plupart de ses activités internationales (57% de ses revenus pour 1995 réalisés en dehors du Canada). La société exporte son savoir-faire dans les domaines de l'énergie, du transport, des télécommunications, de la construction, du dessin industriel et des études environnementales. Sa compétence dans ces domaines l'a menée à la signature de plusieurs contrats importants dont la construction de barrages hydroélectriques au Québec, en Inde, en Indonésie, en Chine et au Vietnam, la construction du métro à Ankara et du *sky-train* à Vancouver. Outre une activité minière proprement dite (cuivre en Nouvelle-Calédonie), SNC-Lavalin s'occupe de l'approvisionnement en eau au Kenya, en Libye et au Venezuela et mène de front plusieurs autres projets à incidence écologique au Maroc, en Tunisie, en Slovénie et au Vietnam.

Des compagnies québécoises sont aussi très présentes en France (Bombardier, ACT; Québécor a acquis l'imprimerie Lino del Duca et imprime *Le Figaro*, *L'Express*, et *Le Nouvel Observateur* entre autres; Novalis signe un accord avec Montparnasse multimédia). Le Fonds de solidarité de la Fédération des travailleurs du Québec a signé aussi un accord de coopération internationale avec la Société pour le développement de l'industrie et de l'emploi.

SOCIÉTÉ

Le gouvernement s'est doté d'une politique familiale structurée: création d'un ministère de la famille, baisse de l'impôt sur les particuliers, réforme de l'éducation axée sur la petite enfance, mise sur pied d'un système de "centres intégrés de garde à l'enfance", allocation unifiée pour enfants.

La génération des 50 ans et plus quitte les postes de fonctionnaires, d'enseignants ou assimilés par dizaines, ce qui permet le rajeunissement des cadres. On constate cependant que le marché du travail est en pleine mutation partout en Occident: il s'est créé au Québec plus d'emplois autonomes que d'emplois salariés depuis six ans. L'éducation devra donc préparer les jeunes à envisager une certaine polyvalence dans leur carrière. Les Québécois ont toujours été réceptifs aux nouvelles technologies, ce que confirme le fait qu'un ménage sur quatre possède un ordinateur alors que se multiplient les accès à Internet.

Les municipalités ont un rôle social de plus en plus important: le gouvernement veut déléguer à ce palier de gouvernement des responsabilités accrues concernant l'entretien ou le transport scolaire; la facture de 500 millions est dure à avaler et des discussions ardues sont en cours. La ville de Montréal, comme beaucoup de métropoles, est lourde à gérer et le maire Bourque connaît des moments difficiles: plusieurs conseillers ont quitté son parti, Vision Montréal. En ce qui concerne la région métropolitaine, un démographe, Marc Termotte, affirme que les francophones seront minoritaires dans l'île de Montréal d'ici une douzaine d'années, les immigrés allophones conservant souvent leur langue maternelle comme langue d'usage et les francophones préférant vivre en banlieue. Le gouvernement a donc adopté une politique volontariste d'immigration francophone qu'il est le seul pays au monde à pratiquer.

La décision de relocaliser les vols réguliers à Dorval, dans l'aéroport qui vient d'être rénové, ne fait pas que des heureux; les vols nolisés et tout-cargo restent à Mirabel, beaucoup plus loin de la métropole. Les citoyens du nord de la région métropolitaine qui s'étaient ligués contre les expropriations massives que nécessitait la construction du "futur super-aéroport" de Mirabel (décision fédérale, d'ailleurs) voient se dégonfler cet éléphant blanc dont on leur avait fait miroiter les avantages.

Sports
Certaines disciplines forment des athlètes: le canoë-kayak sacre Caroline Brunet, championne du monde (trois médailles d'or); le sport automobile prépare Patrick Carpentier à une carrière dans laquelle Jacques Villeneuve fait des prouesses.

ANNIVERSAIRES

La **Charte de la langue française**, appelée aussi loi 101, entrait en vigueur il y a 20 ans; battue en brèche par ses opposants, fédéralistes dans l'ensemble, voire déclarée anticonstitutionnelle, controversée dans certaines de ses applications, elle demeure un acquis fondamental pour le peuple québécois, à qui elle a donné la fierté officielle de posséder et de défendre une langue que l'on parle sur les cinq continents. Le maître d'œuvre, le ministre Camille Laurin, est fier des résultats obtenus qui ont changé des mentalités, amélioré des conditions de vie et de travail et remis, en quelque sorte, les pendules du Québec à l'heure de la francophonie.

Le Québec a aussi souligné le 150ᵉ anniversaire d'un moment fort de l'**immigration irlandaise**: la ville de Québec comptait alors 32 000 habitants et en la seule année 1847 on dénombra plus de 10 000 morts du typhus ou du choléra au cours des traversées dans des bateaux insalubres. Ces Irlandais quittaient leur île par milliers à cause de la Grande Famine qui sévissait et servaient de ballast de retour aux navi-res qui avaient transporté du bois du Canada vers les îles Britanniques. Au-delà de 2000 petits orphelins catholiques furent adoptés par les Québécois dont la plupart laissèrent aux enfants leur nom d'origine. Soulignons aussi le 75ᵉ anniversaire de la naissance de la radiodiffusion, le centenaire du *Soleil*, le quotidien de la capitale. Du côté des **syndicats**, c'est la Confédération des syndicats nationaux qui fêtait 75 ans d'action sociale tandis que la Fédération des travailleurs du Québec peut être fière, après 40 ans, de s'afficher comme la plus grande centrale syndicale québécoise. Le 24 juillet 1967, **le général de Gaulle** avait lancé "Vive le Québec libre!" du haut du balcon de l'hôtel de ville de Montréal devant une foule en liesse. Cet anniversaire a donné lieu à diverses manifestations de part et d'autre de l'Atlantique: commémorations, colloques, numéros spéciaux de revues, dévoilement d'une statue, discussions autour d'un timbre. Bref, 30 ans après, la controverse sévit toujours, alimentée par des médias à la recherche de sensationnalisme.

Décès

De grands penseurs, les universitaires Léon Dion, Fernand Dumont;

Gérard Pelletier, journaliste, écrivain, politicien et diplomate; le juge Malouf;

Le père Ambroise Lafortune, missionnaire et communicateur hors pair, francophone avant le mot (de la Martinique au Québec);

Arts: Lucien Poirier, musicologue; Robert Gravel, Georges Groulx (milieu du théâtre), les caricaturistes Normand Hudon et Robert Lapalme; le jeune cinéaste Jean-Claude Lauzon (*Léolo*) et la charmante animatrice et comédienne Marie-Soleil Tougas dans le même accident d'avion; le chanteur Johnny Farago;

Le navigateur Gerry Roufs, le joueur de hockey Camille Henry;

Jean-Claude Gilbert, ingénieur en agro-alimentaire, qui avait tout lâché au Québec, pour installer une usine de transformation de produits locaux au Bénin parce qu'il voulait participer à la mutation de l'économie africaine.

Fernand Dumont 1927 – 1997

Jason Arbogast

Figure dominante du début des études en sciences humaines au Québec, il fut nommé professeur à l'Université Laval où il dirigea l'Institut supérieur des sciences humaines. Puis il prit la tête de l'Institut québécois de recherche sur la culture.

Sociologue, essayiste et poète, Fernand Dumont a marqué l'histoire du Québec. Dans les années 70, il est un des "pères" de la *Charte de la langue française*; il participe aussi à la Commission d'études sur les laïcs et l'Église. Pendant une carrière littéraire exceptionnellement dense et variée, il publia des essais fondamentaux comme *Le Lieu de l'homme* (1968), *Genèse de la société québécoise* (1993), *Raisons communes* (1995) et *Une foi partagée* (1996), qui lui ont mérité de nombreux prix prestigieux : prix du Gouverneur général du Canada, médaille Parizeau de l'ACFAS, prix Athanase-David et prix Léon-Gérin, entre autres reconnaissances.

Ce penseur majeur de l'histoire québécoise s'est éteint le premier mai 1997. La mort de cet intellectuel, vraisemblablement le plus complet que le Québec ait jamais produit, constitue une très grande perte pour le pays. Le premier ministre Lucien Bouchard lui a rendu ainsi hommage :

"La mort de Fernand Dumont nous prive d'une des voix les plus lucides que le Québec ait connues. Partout, cependant, dans le Québec d'aujourd'hui comme dans celui de demain, on retrouvera la trace de ses idées, de son œuvre, de son action. Fernand Dumont, comme peu de contemporains, a su comprendre et expliquer le peuple québécois, sa genèse et son développement, son présent et son espoir d'émancipation".

ÉDUCATION

La ministre Marois réduit de moitié le nombre de territoires scolaires et réalise ainsi des économies d'administrateurs importantes (150 commissions scolaires autrefois confessionnelles fusionneront en 70 commissions scolaires linguistiques); les institutions auront plus de pouvoir, mais moins d'argent. Quant à la réforme de l'enseignement proprement dite, elle donne une place prépondérante à l'enseignement du français sans négliger les mathématiques pour autant, redonne à l'histoire la place qu'elle avait perdue, insiste sur l'apprentissage de l'anglais langue seconde, souhaite même une 3e langue. Un changement fondamental sera la "rentrée " cet automne de tous les enfants de cinq ans dans une classe de niveau préscolaire à plein temps, contrairement au mi-temps qui prévalait jusqu'ici. Le corps professoral se renouvelle et rajeunit, mais les compressions budgétaires affectent les services aux élèves (encadrement pour les élèves en difficulté, par exemple). Le virage technologique est bien amorcé aux niveaux primaire et secondaire; quant au niveau collégial, les étudiants dépassent souvent les maîtres. On envisage même un projet de diplôme d'études collégiales "virtuel" que l'on pourrait obtenir sans réellement venir au collège. À Montréal, on fonde trois nouvelles écoles internationales, c'est signe que l'on est concerné par la qualité de l'enseignement et que l'on tient à préparer des personnes qui s'ajusteront au monde complexe qui nous entoure.

CULTURE

La **télévision** est en effervescence: nouveaux canaux, chambardements de tous ordres: achats des chaînes privées, nominations, concurrence effrénée pour les journaux télévisés qui s'arrachent les meilleurs annonceurs. Une série a connu un succès qui montre à quel point l'histoire passionne le public. Jacques Lacoursière, dont on apprécie les quatre tomes de *L'Histoire populaire du Québec*, fait depuis quelques années une émission de radio fort prisée malgré son heure matinale pour un dimanche matin. Sa série télévisée à Télé-Québec, *Épopée en Amérique*, remarquablement illustrée par le cinéaste Gilles Carle, a accroché un grand public, ravi de revivre son passé, à l'heure où le bon peuple s'assoupit en général devant un des innombrables téléromans. La chaîne publique québécoise prépare aussi, avec l'Institut national de recherche scientifique, une série d'une durée de trois ans sur *La Culture dans tous ses états*. Le gouvernement qui s'implique financièrement dans l'inforoute en français a créé une entité autonome, la Grande Bibliothèque du Québec, qui rassemblera les énergies jusque-là éparses et les documents, dont ceux de la Bibliothèque nationale du Québec qui numérise 20 000 documents (livres, estampes, vieux disques), pour mettre ce capital documentaire important à la disposition d'un plus large public.

En **littérature**, les biographies (Victor Barbeau, René Lévesque, Errol Bouchette, Olivier Guimond, Sir Wilfrid Laurier, Monica la mitraille et même Thérèse de Lisieux), les biographies romancées (Marie de l'Incarnation, Ozias leduc, Emma Albani, Marc Lescarbot) les romans historiques (*La Saga des Béothuks*, *Cristoforo*, *Guilhèm ou les En-*fances d'un chevalier) ont toujours la faveur du public qui ne déserte pas autant les livres qu'on ne le croit; ce qui a incité la Commission de toponymie à nommer 101 — en souvenir de la loi en question — des îles de l'immense lac-réservoir Caniapiscau, dans le grand Nord, d'après les titres ou des citations de quelques-unes des œuvres littéraires québécoises sans avoir consulté les Amérindiens; après avoir baigné ce "jardin du bout du monde", les eaux alimentent les turbines des barrages de la Grande Rivière. Poésie et géographie font d'ailleurs bon ménage (*Géographie de la nuit*). Élise Turcotte, Pauline Harvey, Jean-Pierre Girard confirment leur talent; les **néo-Québécois** Dany Laferrière, Sergio Kokis, Naïm Kattan, Pan Bouyoucas, Philippe Poloni également, assaisonné dans leur cas d'un imaginaire venu d'ailleurs.

Des **essais** suscitèrent des débats passionnés: *Pour un Québec souverain* de Jacques Parizeau, *L'Arpenteur et le Navigateur* de Monique LaRue. Le prix Gilles Corbeil, décerné tous les trois ans, a couronné le poète Jacques Brault et 1997 a vu plusieurs publications autour de son œuvre comme autour de celle d'un autre grand poète, Gilbert Langevin, mort dans la solitude en 1995. La **nouvelle** est un genre de plus en plus fréquent : créateurs, critiques et universitaires se penchent sur ce qu'on appelait bien à tort "un petit genre". Plusieurs maisons d'édition (Boréal, HMH) offrent maintenant des "classiques" en parallèle avec les éditions de poche. L'industrie du livre se porte bien (600 millions de dollars) et se tourne, timidement dans certains cas, vers le multimédia.

L'anthropologue Pierre Maranda et Mavis Gallant, une des meilleurs nouvellistes de langue anglaise, établie à Paris, ont reçu les prix Molson que le Conseil des arts décerne tous les deux ans. Un éditeur belge a publié un coffret de textes dramatiques québécois contemporains (Abla Farhoud, Larry Tremblay et alii). Francine d'Amour a eu le prix Québec-Paris pour son roman, *Presque rien*.

Arts visuels

On redécouvre l'œuvre variée d'un peintre québécois (Paul-Vanier Beaulieu, décédé l'an dernier) peu connu, mais qui participa activement à la vie artistique parisienne à la fin des années 50. De ceux-là faisait partie Jean-Paul Riopelle, dont la réputation internationale n'est plus à faire. Son immense polyptyque de 40 mètres de long (*Hommage à Rosa Luxemburg*) entre au... Casino de Hull, à la suite d'une entente avec le Musée du Québec. Riopelle, comme beaucoup d'autres artistes, touche à plusieurs disciplines; la peinture et la gravure dans son cas, mais aussi la sculpture dont on pouvait voir un exemple en France, à Eymoutiers; *Le Mur* a déconcerté plus d'un critique avec ses reliefs en terre cuite et kaolin suspendus à des cordes, montés en parallèle avec des acryliques sur toiles peintes après la mort de Joan Mitchell, comme *Hommage* d'ailleurs, dans lesquels la présence du figuratif n'entrave en rien la fantaisie.

Jean-Paul Mousseau avait lui aussi signé *Refus global* en 1948; une rétrospective a montré combien les grands artistes sont tentés par toutes sortes d'aventures dans toutes sortes de domaines: dans son cas, la peinture, les grandes murales et les totems en pâte de verre éclairés de l'intérieur, les décors de théâtre et de discothèque. Le sculpteur Michel Goulet est un autre exemple, une génération plus tard, de cette multidisciplinarité de l'artiste: détourner les objets usuels de leur fonction, les organiser en une installation signifiante, par une sorte de scénographie qui explique l'engouement des metteurs en scène à le recruter pour transformer la scène en lieu où peut naître l'illusion.

Une nouvelle donne: l'importance de plus en plus grande que prend la photographie en arts visuels, au moment où la numérisation apporte des changements considérables dans le métier.

Spectacles

Après Marie-Lise Pilote, une nouvelle venue dans le domaine de l'humour, Lise Dion, montre que les femmes aussi savent rire d'elles-mêmes. Nathalie Derome a offert un spectacle dérangeant dans le cadre du théâtre à risque: *Des mots, d'la dynamite* aborde le problème toujours explosif de la langue dont elle contrôle les variantes et dont elle joue à tous les niveaux. En musique, Pauline Vaillancourt, soprano, continue le long travail de cantatrice et d'organisatrice (Chants libres) de spectacles d'art lyrique contemporain; *Yo soy la desintegración* (bande multiple de Jean Piché), après *Le Vampire et la nymphomane* (1996), témoigne de nouveaux champs de création sur le terrain risqué de l'opéra. Walter Boudreau a invité l'Orchestre symphonique de Montréal à jouer avec sa compagnie (Société de musique contemporaine du Québec) les œuvres "de la génération sacrifiée". Le compositeur Claude Vivier (mort en 1983 à 34 ans) commence, pour sa part, à être reconnu en Grande-Bretagne et en France.

Montréal occupe une place importante dans le **jazz**. Cette année a vu fleurir une quantité d'albums (Michel Donato et Frédéric Alarie, contrebassistes, *Musiques intérieures* du pianiste Jean Beaudet). Pour la troisième fois, une symphonie portuaire a mis en branle sirènes diverses, cloches d'église, percussions sur barils dans le Vieux-Port de Montréal; les musiciens du *Chant des grandes coques*, réglés au chronomètre, étaient dirigés par le compositeur André Hamel. Du côté de la musique classique, le tromboniste Alain Trudel (prix Virginia-Parker 1996) poursuit une carrière actuelle de soliste, après avoir joué dans plusieurs grands orchestres du monde. Le violoniste Olivier Thouin obtenu le prix d'Europe 1997.

Théâtre : l'air du large
André RICARD

La saison en cours, par l'abondance des événements et la variété des expressions conserve à l'activité dramatique une place de premier plan dans le paysage culturel. Les efforts des dernières années en vue de soutenir la croissance d'une pratique en dialogue avec les formes et les savoirs actuels portent fruit, en même temps que de nouvelles perspectives s'ouvrent, suite aux avancées hors frontière des plus originaux de ses concepteurs.

Ainsi voit-on se conclure une phase intensive de modernisation des équipements avec l'ouverture, à Montréal, de la salle entièrement rénovée du Théâtre du Nouveau monde, et l'inauguration, à Québec, de la Caserne, espace polyvalent de recherche multimédia où Ex Machina célébrera, selon le mot de son directeur, Robert Lepage, "le mariage entre l'art et la technologie".

Le Théâtre de création, fît-il usage de marionnettes (Théâtre Sans Fil), de mouvements chorégraphiés (Carbone 14) ou de la parole prépondérante (Théâtre Ubu), est bien entré en contact avec le monde, au point de passer une partie significative de son temps hors de ses foyers. Le théâtre jeune public, de Montréal ou de Québec, traduit les oeuvres qu'il crée et les transporte au Canada anglais et aux États-Unis. Mais quelquefois aussi sur les autres continents comme c'est le cas de *L'Histoire de l'oie*, de Michel-Marc Bouchard, jouée en quatre langues et jusqu'en Chine par la Compagnie des Deux Mondes. Ex Machina, cette multinationale de création, réalise les trois quarts de ses revenus à l'étranger. L'Europe francophone, et particulièrement la France, accueille de plus en plus les artistes québécois de théâtre. Le Festival d'Avignon réservait à Denis Marleau d'ouvrir sa 51e édition. Le succès remporté l'année précédente par *Le Passage de l'*Indiana (Chaurette) a valu au metteur en scène montréalais d'offrir son *Nathan le sage* (Lessing, 1781) dans la prestigieuse cour d'honneur du palais des Papes où s'est distinguée une distribution franco-québécoise (Sami Frey, Gabriel Gascon). *Petit Navire*, pièce du même Normand Chaurette, après la création de Chambéry a été reprise à Montréal, au moment même où la Comédie-Française donnait au Vieux-Colombier *Les Reines*, que le Théâtre d'Aujourd'hui avait révélée aux Montréalais quelques années plus tôt. Malmenée par la critique lors des premières en 1993, la pièce de Jean-François Caron, *Aux hommes de bonne volonté*, revenait à ses sources (Théâtre de Quat'sous, Montréal), défendue par la distribution française qui en avait fait l'un des événements parisiens salués par les commentateurs; la mise en scène onirique d'Anita Picchiarini (Sirocco Théâtre) a en outre été applaudie à Ottawa, à Québec et à Toronto. La romancière et dramaturge Marie Laberge, dont *L'Homme Gris* avait reçu la faveur du public à Paris y a vu *Le Faucon* (régie Gabriel Garran) passer le cap des cent représentations. *Motel Hélène*, du jeune auteur Serge Boucher, présentée à l'Espace Go (Montréal), figure parmi les révélations de l'année; dans la mise en scène de René Richard Cyr, la pièce s'envolera ensuite pour le Festival des francophonies en Limousin. Parallèlement, des troupes de la francophonie ont fait, de ce côté-ci de l'Atlantique, des escales remarquées avec, entre autres, un Arrabal et un Racine à Québec, cependant qu'à Montréal le Théâtre d'Aujourd'hui recevrait *L'Enseigneur* (J.-P. Dopagne, Festival de Théâtre de Spa) et le Théâtre Denise-Pelletier inviterait *L'Étranger* (Cie de l'Ours, Belgique également). Échanges, emprunts et coproductions gagnent en faveur, privilégiant l'expérience nouvelle.

Le 7e Festival international des Amériques a fracassé ses records d'assistance (et creusé son déficit) en juxtaposant six réalisations étrangères majeures et quelques-unes des plus récentes créations québécoises. Se voisinaient entre autres, dans la programmation de la biennale montréalaise, le Deutches Schauspielhaus de Hambourg, l'Ontological-Hysteric Theater, le Théâtre Ubu et le Nouveau Théâtre Expérimental. Magistralement inauguré avec Stunde Null... (*L'Heure zéro* ou *L'Art de servir*), de Christophe Marthaler, il s'est conclu brillamment avec *Les Sept Branches de la rivière Ota* de Robert Lepage. *Littoral*, de Wajdi Mouawad suscite à son tour l'intérêt des diffuseurs étrangers, de même que *Thérèse, Tom et Simon... l'intégrale* du regretté Robert Gravel.

Chanson

Comment ne pas parler de Céline Dion, l'interprète qui connaît un succès mondial encore inégalé? Elle a remporté deux *Grammies* à New York, pour son dernier album en anglais vendu à 21 millions d'exemplaires et elle est devenue une des personnalités artistiques les plus riches au monde.

La nostalgie des années soixante est très à la mode. Alors que le spectacle *Elvis Story* a encore rempli le Capitole de Québec tout l'été, c'est un des grands moments de la chanson québécoise qui a eu l'honneur d'être remis au goût du jour: *L'Osstidcho*: en 1968, Robert Charlebois, Yvon Deschamps, Louise Forestier et Mouffe avaient créé un spectacle novateur et original, devenu mythique. Dix-neuf ans après, la prestation de Daniel Jean, François Parenteau, Claudine Coulombe et Julie Tremblay-Sauvé, très talentueux et qui ont accompli par ailleurs une très bonne imitation, pose néanmoins la question de la pertinence de ce genre de "reproduction".

Heureusement, la vague des *remakes*, très anglo-saxonne, n'empêche pas d'autres artistes de faire preuve d'originalité voire de prendre des risques. Louise Forestier, par exemple, dans son album *Forestier chante Louise*, dont la plupart des musiques et les arrangements sont de Daniel Lavoie, a écrit elle-même les textes et son spectacle aux FrancoFolies de Montréal en duo avec Daniel Lavoie a été un des grands moments de ce festival. En rupture totale avec ses grands spectacles d'autrefois, Diane Dufresne, quant à elle, offre, dans une petite salle du Musée d'art contemporain de Montréal, une prestation intimiste et multidisciplinaire (*Réservé*).

Autre exemple, les deux interprètes principaux de *La Légende de Jimmy* et de *Starmania*, Bruno Pelletier et la Franco-Ontarienne établie au Québec, Luce Dufault, continuent brillamment leur carrière solo et remportent un grand succès auprès du public, aussi bien avec leurs albums respectifs (*Miserere* et *Luce Dufault*) que dans leurs prestations sur scène. Luce Dufault a d'ailleurs reçu le prix spécial du jury au Festival d'été de Québec qui fêtait cette année son trentième anniversaire.

Enfin, *Dubmatique*, trio formé par un Sénégalo-Québécois, un Français et un Québécois, semble donner une identité et une originalité au rap québécois. Le métissage et la dualité linguistique et culturelle de la métropole s'entendent dans *La Force de comprendre*, leur album qui ne ressemble ni à du rap français ni à du rap états-unien et risque fort d'entraîner derrière lui nombre de jeunes Québécois.

Danse

La danse moderne est toujours très créative, très diverse et assez populaire au Québec: de *Joe* (1984) à *Eironos* (1996-97), Jean-Pierre Perreault continue son exploration de l'homme dans la société actuelle. Les chorégraphes de la 3ᵉ génération se retrouvent sur de grandes scènes; Hélène Blackburn (*Suite furieuse*), Dominique Porte (*Ne marchez pas sur le concret*) et José Navas (*Sterile Fields*) explorent toujours la précarité de l'être, chacun à sa façon, et assurent une relève à leurs aînés, Marie Chouinard et Irène Stamou, entre autres.

Cinéma

La nouvelle cinémathèque québécoise a ouvert ses portes dans la métropole, mais n'a réglé en rien le contentieux franco-québécois sur le doublage. L'animation (*Le Jardin d'Écos* de Co Hoedeman, *La Plante humaine* de Pierre Hébert) garde ses adeptes. Une comédie (*J'en suis*) et un policier (*La Conciergerie*) renverront sans doute au public ravi l'image qu'il recherche. *Le Siège de l'âme*, plus raffiné (2ᵉ film d'Olivier Asselin), séduira plutôt une élite cultivée. Des femmes teintent de lyrisme des documentaires sur des sujets difficiles (l'Islam et les femmes par Louise Carré, la drogue et la prostitution par Anne-Claire Poirier). Un malaise subsiste chez certains cinéastes concernant, soit le financement, soit la réception de leur œuvre. Comment de nouveaux venus dans le long métrage (Pierre Gang, Denis Chouinard et le Suisse Nicolas Vadimoff) remplaceront-ils Jean-Claude Lauzon, décédé accidentellement? Le film québécois a de la peine à faire reconnaître de réelles valeurs ailleurs (*Cosmos* a été cependant bien reçu à Cannes) et, à de rares exceptions, semble boudé même par le public québécois.

Un journaliste francophone en Chine
À Beijing, Roger Clavel a été nommé rédacteur en français de l'agence de presse Chine nouvelle; il est l'un des 8 000 employés de la 2ᵉ agence de presse mondiale, rémunéré au même tarif que les journalistes chinois.

NOUVEAU-BRUNSWICK (ACADIE)

POLITIQUE

Le paysage politique du Nouveau-Brunswick a été transformé par l'élection, au parlement fédéral, d'Yvon Godin et d'Angela Vautour dans les circonscriptions de Beauséjour-Petitcodiac et d'Acadie-Bathurst; ces deux membres du Nouveau Parti démocratique ont battu deux personnalités libérales, Dominic Leblanc, fils du Gouverneur général du Canada et Doug Young, ancien ministre. On peut y voir un mouvement de protestation contre les réformes économiques du premier ministre provincial Frank McKenna, libéral, qui ont eu un effet néfaste dans certaines régions acadiennes. Fermetures d'usines, subventions aux infrastructures régionales diminuées sont des conséquences directes des compressions budgétaires auxquelles sont confrontés presque tous les gouvernements occidentaux. Bernard Valcourt, ancien ministre de Brian Mulroney, a démissionné de son poste de chef du Parti conservateur du Nouveau-Brunswick, en raison de l'appui mitigé qu'il dit avoir reçu des membres de son parti.

Frank McKenna démissionne après dix ans au pouvoir

Après sa victoire éclatante du 13 octobre 1987 (58 libéraux sur 58 sièges), le premier ministre Frank McKenna s'était donné une décennie pour sortir sa province du marasme où elle végétait. Projetant une image de *leader* infatigable, il a réussi à rendre confiance et fierté aux citoyens, à vendre le Nouveau-Brunswick à l'extérieur en en modernisant notamment les télécommunications. Il a su contrôler le déficit qu'il a même transformé en surplus budgétaire à partir de 1995, moyennant des compressions qui ont fait mal. Il a moins bien réussi à contrôler le chômage qui n'a diminué que de 1% pendant ces dix ans malgré le fait qu'il "ratissait large" et était toujours très actif à la recherche de nouvelles industries.

Pour les Acadiens, il restera celui qui a fait enchâsser dans la Constitution canadienne l'égalité des deux communautés linguistiques officielles (mars 1993). Dans un autre ordre d'idées, il fut le premier chef de gouvernement à contrer les accords de principe (1987) du lac Meech (1990). Raymond Frenette, vice-premier ministre, a été chargé de l'intérim du 13 octobre 1997 au printemps 1998.

ÉCONOMIE

Les conditions particulièrement intéressantes du point de vue fiscal et du point de vue social (bilinguisme des Acadiens) font que le Nouveau-Brunswick voit affluer les centres d'appel (1-800...) d'entreprises qui choisissent le Nouveau-Brunswick en raison aussi d'une excellente technologie des télécommunications. La ténacité du premier ministre Frank McKenna porte

ses fruits et le chômage autrefois endémique est maintenant à un taux comparable – quoique toujours trop élevé – à celui du Québec et de la France. On a créé des emplois certes, mais ces emplois sont au bas de l'échelle, voire intérimaires. de grands travaux d'infrastructures routières sont entrepris, dont la main d'œuvre n'est, cette fois-ci, pas prioritairement francophone. Les observateurs ont noté que le premier ministre "ratisse large", toujours très actif dans la recherche de nouvelles industries, que ce soit au Canada ou en Asie lorsqu'il a accompagné Jean Chrétien et les autres premiers ministres provinciaux. Dans le Sud-Ouest de la province, syndicats et groupes de travailleurs se mobilisent, organisent des conférences sur le sous-emploi et plaident en faveur de l'auto-gestion des travailleurs.

La Société Nationale de l'Acadie (SNA), avec l'aide du ministère des Affaires intergouvernementales du Québec et la Fondation des économusées, a mis sur pied l'Économusée de l'huître, à Caraquet, le premier de six économusées acadiens. Il s'agit de nouvelles entreprises vouées à la promotion de métiers et de produits artisanaux. La SNA a créé, avec la Fédération acadienne de la Nouvelle-Écosse, la Société de Grand-Pré, dont l'objectif principal est la mise en valeur de ce site de la Déportation des Acadiens en 1755.

COMMUNICATIONS

L'or de nouveau pour le CIDIF

En mai dernier, à Montréal, le Centre international pour le développement de l'inforoute en Français a remporté le prix du Site Web d'or francophone toutes catégories à l'occasion du Marché international des inforoutes et du multimedia (MIM). C'est la deuxième fois en un peu plus d'un an d'existence que le CIDIF voit ses efforts ainsi récompensés. En octobre 1996, à Toulouse, il avait remporté un F.A.U.S.T. d'or pour la qualité de ses services et de son engagement envers la Francophonie. Organisme à but non lucratif, le CIDIF a pour mission de consolider la présence francophone sur les inforoutes.

Dans un autre registre, le 110e anniversaire de la fondation du journal acadien *L'Évangéline* a été souligné par la publication de *L'Évangéline 1887-1982: entre l'élite et le peuple.* L'année 1997 a vu naître plusieurs nouveaux magazines, notamment *Le Papier* (Richibouctou), *Le Noroît* (Shippagan), *Le Journal* (Moncton), *L'Express Chaleur* (Bathurst). Seul l'hebdomadaire *Le Journal* a un mandat non régional, proposant des analyses de l'actualité nationale et internationale outre des articles de fond sur la vie socio-culturelle de la région.

La télévision éducative franco-ontarienne TFO distribue son signal en Acadie et s'attend à des coopérations dans le domaine de la production.

CULTURE ET SOCIÉTÉ

Le Nouveau-Brunswick est la deuxième province canadienne à adopter une **politique officielle en matière de culture.** Tout en participant à l'élaboration de celle-ci, l'Association acadienne des artistes professionnels du Nouveau-Brunswick (AAAPNB) a mis l'accent notamment sur le financement des arts, l'autonomie du Conseil des arts du N.-B. et la participation de la communauté artistique.

Fort d'une nouvelle politique culturelle, le monde des arts du Nouveau-Brunswick s'attend à des mesures concrètes qui permettront la reconnaissance internationale du potentiel artistique et créateur des Acadiens. (Les amateurs savent-ils qu'un festival de musique baroque a lieu tous les ans dans l'île de Lamèque, et ce depuis 21 ans?) La gestion scolaire ne se fait pas sans heurts. Au Nouveau-Brunswick, l'abolition des conseils scolaires a entraîné la contestation de la légalité de la réforme par le Comité des parents du Nouveau-Brunswick, avec l'appui de la Société des Acadiens et Acadiennes du Nouveau-Brunswick. L'Université de Moncton s'appuie maintenant sur un parc scientifique, dont les entreprises permettront à la nouvelle élite de diplômés de rester sur place.

La **littérature** acadienne avait connu un renouveau spectaculaire, il y a un quart de siècle, avec la parution de *La Sagouine* d'Antonine Maillet et de *Cri de terre* de Raymond LeBlanc. Ces anniversaires ont été soulignés par des publications, dont un cahier spécial de la revue *Vent d'est*, une série de quatre spectacles poétiques et dix émissions radiophoniques " L'Acadie entre les lignes".

Prix littéraires France-Acadie

Littérature: Ulysse Landry, *Sacrée montagne de fous,* Moncton, Perce-Neige, 1996.

Sciences humaines: Paul Surette, *Atlas de l'établissement des Acadiens aux trois rivières du Chignectou, 1660-1755,* Moncton, Éditions d'Acadie, 1996.

On ne saurait passer sous silence le 150e anniversaire de la publication d'*Evangeline, a Tale of Acadie*, par le poète états-unien Henry Wadsworth Longfellow qui a donné lieu à quelques manifestations, dont une exposition, "L'odyssée d'Évangéline" à Moncton.

25e anniversaire des Éditions d'Acadie

Plus de 350 titres, plus de 200 auteurs, près d'une trentaine de prix littéraires, une dizaine d'employés permanents, plusieurs projets internationaux, un chiffre d'affaires annuel dépassant le million de dollars. Le phénomène a été souligné, entre autres, par une série de 25 articles dans le quotidien *L'Acadie Nouvelle* et la publication de l'importante *Bibliographie des publications de l'Acadie des provinces Maritimes 1609-1995*. Les Éditions d'Acadie sont aujourd'hui la maison d'édition canadienne-française la plus importante hors des frontières du Québec et n'hésitent pas à publier des œuvres d'auteurs de la diaspora acadienne, notamment de Louisiane (Zachary Richard, David Chéramie cette année).

QUELQUES POINTS DE REPÈRE

Géopolitique

➤ Le Nouveau-Brunswick, la Nouvelle-Écosse et l'Île-du-Prince-Édouard forment l'Acadie des Maritimes et constituent avec Terre-Neuve un sous-ensemble géopolitique appelé provinces de l'Atlantique.

Histoire

➤ 1534 Arrivée de Jacques Cartier.
➤ 1603-4 Installation à l'Île Sainte-Croix puis fondation de Port-Royal en Acadie, devenue la Nouvelle-Écosse actuelle.
➤ 1713 Traité d'Utrecht: la France cède l'Acadie à l'Angleterre.
➤ 1755 "Le Grand Dérangement": l'Angleterre déporte 12 000 Acadiens (sur 15 000) et récupère les terres pour des colons britanniques. Au cours du siècle suivant, quelques-uns reviendront en Nouvelle-Écosse; d'autres se fixeront au Nouveau-Brunswick, le long de la rivière Saint-Jean et de la côte atlantique, maintenant le cœur de l'Acadie des Maritimes.
➤ 1784 dénomination du Nouveau-Brunswick.
➤ 1867 Acte de l'Amérique du Nord britannique; l'Ontario, le Québec, le Nouveau-Brunswick et la Nouvelle-Écosse forment le Canada, État fédéral.
➤ 1867 Création du journal *Le Moniteur acadien* à Shédiac.
➤ 1905 Le journal *L'Évangéline*, fondé en Nouvelle-Écosse en 1887, s'installe au Nouveau-Brunswick.
➤ 1964 Fondation de l'Univ. de Moncton
➤ 1969 Bilinguisme officiel.
➤ 1970-1980 Renaissance acadienne; participation à la fondation de l'ACCT.
➤ 1970-1987 Richard Hatfield, premier ministre, conservateur.
➤ 1981 Loi 88: égalité des deux communautés linguistiques officielles, enchâssée dans la Constitution canadienne en mars 1993.
➤ 1987-1997 Frank McKenna, premier ministre, libéral. Raymond Frenette assume l'intérim.
➤ Population francophone : 34%
➤ Capitale : Fredericton; métropoles : Moncton, Saint-Jean, Edmundston.

PROVINCES DE L'ATLANTIQUE

NOUVELLE-ÉCOSSE (ACADIE)

Larry STEELE, Mount St Vincent University, Halifax

SOCIÉTÉ

En politique, à la suite des dernières élections, les francophones ont maintenant un premier ministre bilingue et davantage de députés aptes à utiliser le français. Le Conseil des arts de la Nouvelle-Écosse traduit maintenant ses formulaires en français. L'avenir du Parc historique de Grand-Pré demeure une source de controverse, car même si la Fédération acadienne de la Nouvelle-Écosse (FANE) s'est assurée d'un rôle dans la gestion du parc, on se demande à quel point les objectifs du développeur privé Harold Medjuck, propriétaire de terres adjacentes au site, vont s'harmoniser avec ceux de la communauté acadienne. Une vingtaine de délégués néo-écossais se sont rendus en mai à Lafayette, en Louisiane, afin de promouvoir des liens artistiques et culturels entre les Acadiens et les Louisianais. En éducation, le Conseil scolaire acadien provincial, formé l'année passée, continue ses activités. L'école du Carrefour du Grand-Havre et d'autres écoles francophones ont ainsi profité de la visite de groupes musicaux de qualité ainsi que de troupes de théâtre.

CULTURE

La Revue musicale acadienne, mettant en vedette des interprètes et compositeurs acadiens tels que Lola Lelièvre et Len Leblanc, a été présentée à travers la province au cours de l'été. Par contre, la compagnie de disques Atlantica Records, le plus important distributeur de musique francophone et anglophone dans les provinces de l'Atlantique, a dû fermer ses portes à cause de difficultés financières. Une relève s'annonce mais en attendant, les nouveaux disques acadiens deviennent difficiles à trouver.

Le journal hebdomadaire Le Courrier de la Nouvelle-Écosse, seul journal de langue française en Nouvelle-Écosse, a fêté ses soixante ans et s'est également vu décerner le prix d'Excellence de L'Association de la presse francophone pour "la qualité de l'éditorial".

En février, le cinéaste Phil Comeau a remporté le prix du meilleur premier long métrage au festival de San José pour son film Le Secret de Jérôme, (1994). En juillet, aux "Journées acadiennes de Grand-Pré", Comeau a reçu le Prix de Grand-Pré pour l'ensemble de sa contribution aux arts de la scène.

En littérature deux romans historiques traitant du passé acadien, Loin de France de Germaine Comeau et Sigogne par les sources de Gérald C. Boudreau ont vu le jour en 1997. Un troisième numéro de Feux Chalins, la revue de création littéraire de l'université Sainte-Anne, et un numéro spécial de Dalhousie French Studies consacré au théâtre québécois ont également été publiés cette année.

Décès

Marcelle Sandhu, Professeure à l'Université Dalhousie et auteure de plusieurs manuels scolaires de haute qualité; le peintre Ronald à Gonzague Landry.

ÎLE-DU-PRINCE-ÉDOUARD ET TERRE-NEUVE

Le gouvernement de l'Île-du-Prince-Édouard assure un certain nombre de services en français aux Acadiens. Plusieurs Caisses populaires de l'Île ont déjà 60 ans d'activité.

Terre-Neuve a célébré avec faste le 500e anniver-saire de l'arrivée de Giovanni Caboto (Cabot) dans le Nouveau Monde; une réplique de son bateau, le *Matthew*, qui avait appareillé en Angleterre, est arrivée le 24 juin à Bonavista. Au Labrador (Terre-Neuve), l'exploitation du gisement de nickel de Voisey's Bay est retardée en raison de négocia-tions avec les autochtones. L'énorme superstruc-ture de la plateforme Hibernia, prévue pour l'ex-ploitation de gisements pétrolifères en haute mer, a été raccordée à sa base en béton.

L'ÉDUCATION EN FRANÇAIS À L'EST DU QUÉBEC

La loi canadienne reconnaît aux minorités le droit de gérer leurs écoles. Mais les systèmes scolaires des provinces de l'Atlantique ne s'ajustent pas sans heurts aux nouvelles politiques qui accordent davantage de pouvoir aux parents. Dans plusieurs villages du Nouveau-Brunswick, des parents sont descendus dans la rue pour forcer le gouvernement à garder des écoles ouvertes. En Nouvelle-Écosse le nouveau Conseil scolaire acadien provin-cial (CSAP) est aux prises avec la question épineuse des programmes bilin-gues. À l'Île-du-Prince-Édouard, un juge a ordonné l'ouverture d'une école primaire francophone à la demande des parents. En somme, les réformes récentes, qui semblaient accorder davantage de pouvoir à la base, soulè-vent de nombreuses questions quant à l'étendue et aux modalités d'appli-cation de ce pouvoir. La population terre-neuvienne a exprimé, à un très large consensus, son désir de laïcisation des commissions scolaires, et on a décidé de la création d'une commission scolaire francophone.

ONTARIO

POLITIQUE

L e gouvernement conservateur ontarien a, pour la deuxième année consécutive, allégé le fardeau fiscal des contribuables, moyennant des réformes qui ne font pas toujours l'affaire des uns ou des autres. Ainsi le projet de "mégacité" mis de l'avant pour Toronto a suscité le dépôt de 12 000 amendements par l'opposition libérale et, par conséquent, causé la paralysie de l'Assemblée législative ontarienne pendant de longues journées. Après avoir mis la hache dans l'Éducation et licencié des milliers de fonctionnaires, Mike Harris a décidé de confier aux municipalités la gestion et le financement futur des programmes sociaux, ce qui ne pourra se faire qu'en augmentant dans certains cas les taxes foncières. Ce projet de loi menace le fondement de la loi sur les services en français; aussi l'Association des juristes de langue française de l'Ontario a-t-elle exigé des garanties linguistiques dans le respect de la loi puisque les municipalités n'y sont pas contraintes. C'était aussi le tour du domaine de la santé de goûter à la politique conservatrice de laminage par compressions répétées. Or il est de notoriété universelle que le lien entre la langue et la santé est fondamental. Parmi les hôpitaux obligés de fermer, la décision concernant l'hôpital Montfort d'Ottawa, seul hôpital entièrement francophone de la province — et en outre le seul à faire ses frais dans la région de la capitale canadienne — déclencha une révolution: mobilisation massive, médiatisation intensive, manifestations monstres, appels au premier ministre canadien, Jean Chrétien; le front commun, mené énergiquement par Gisèle Lalonde réussit à conserver à l'Hôpital Monfort une petite partie de ses activités, d'où nouvelles menaces de démission des omnipraticiens et démission effective de celle qui avait pris en main l'avenir de l'hôpital. Cette lutte a, pendant sept mois, cristallisé les efforts des Canadiens français au point qu'un livre est sous presse et qu'une certaine dissension apparaît chez les meneuses franco-ontariennes, l'une dégoûtée du système s'en prend aux politiciens fédéraux et provinciaux et comprend du même coup les souverainistes québécois tandis que l'autre, présidente de L'Association canadienne française de l'Ontario, appuierait le principe de la partition du Québec en cas d'indépendance, hypothèse qu'on préfère écarter chez les francophones hors Québec.

> **Prix Champlain**
> Patrice Desbiens, de Timmins, est lauréat du prix Champlain (39e édition) pour son recueil *Un pépin de pomme sur le poêle à bois* (1995). Un autre Franco-Ontarien, Maurice Henrie, s'est vu attribuer une mention honorable par le jury pour son roman *Le Balcon dans le ciel* (1995)

ÉDUCATION

Les francophones de l'Ontario pourront désormais gérer eux-mêmes leurs écoles — enfin! — grâce à onze conseils scolaires, dont sept viennent d'être créés officiellement. L'heure est à la prudence, cependant, car les modalités de financement ne sont pas très claires étant donné le rapatriement par le gouvernement ontarien des taxes scolaires, autrefois perçues par les municipalités. De plus, il a été précisé que les conseils francophones devront partager certains services avec les conseils anglophones: bâtiments, bibliothèques, ordinateurs, etc. D'autre part on a fêté à Toronto le 25e anniversaire de l'éducation par immersion en français. En revanche il semble que le Conseil des arts de la même ville traite le français comme une langue étrangère dans un règlement qui exclurait de ce fait les œuvres écrites uniquement en français.

> **La communauté franco-torontoise selon Statistique Canada**
> - 14 000 francophones dans la municipalité de Toronto, (dont plus de 5 000 nés à l'extérieur du Canada;
> - 45 000 francophones dans le Toronto métropolitain (six municipalités);
> - 95% des francophones affirment pouvoir fonctionner en anglais;
> - 30% des francophones ont une éducation universitaire;
> - 65% possèdent un niveau d'instruction supérieur à l'école secondaire.

Cinq organismes provinciaux unissent leurs efforts, financés par un programme fédéral, pour que les internautes ontariens puissent naviguer en français sur le réseau et pour que les communautés francophones profitent de ce maillage pour faire des échanges culturels et économiques.

CULTURE ET SOCIÉTÉ

Les auteurs immigrants de langue française sont nombreux en Ontario et ont d'ailleurs beaucoup fait pour animer la culture franco-ontarienne; un colloque a été consacré aux **"autres littératures"** dans lequel on a aussi abordé la nécessité de plonger sa plume dans l'encre colorée de la politique.

À propos de couleur, un sondage a révélé que le jeune Franco-Ontarien ne voit aucun intérêt à étudier l'histoire des autres pays du monde; il n'est en cela ni meilleur ni pire que la plupart des personnes de souche vis-à-vis des immigrants, ce qui est contradictoire à l'heure du village planétaire que nous habitons. Le problème de l'identité ontaroise a d'ailleurs été abordé abondamment par divers auteurs (François Paré, Fernand Dorais) au cours des années précédentes, mais le rythme de publications de ce type semble s'être accéléré ces derniers temps, comme on pourra le constater en bibliographie.

Théâtre-Action, qui avait présidé à la naissance du magazine littéraire *Liaison*, a un quart de siècle d'activités dont des ateliers et des stages de formation: le regroupement, deux compagnies professionnelles et huit troupes scolaires et communautaires à ses débuts, compte maintenant huit compagnies professionnelles et 60 troupes scolaires et communautaires.

London (Sud-Ouest), maintenant officiellement bilingue, est ainsi devenue la 23e région de l'Ontario désignée pour recevoir des services gouvernementaux en français. Il faut 5 000 francophones ou l'équivalent de 10% de la population pour que s'applique la législation provinciale.

Le diocèse d'Ottawa éprouve le besoin de construire une nouvelle église: Sainte-Marie, paroisse fondée en 1987 à Orléans, est en effet la deuxième plus grosse paroisse francophone du diocèse après Saint-Joseph d'Orléans, en banlieue d'Ottawa.

Les **femmes** se regroupent en divers réseaux ou associations selon leurs affinités et leurs objectifs: le Réseau socio-action des femmes francophones professionnelles, le Centre d'accès pour femmes de l'Est ontarien, les Femmes d'affaires francophones, le Conseil d'échanges entre Canadiennes et Africaines, Féminin Pluri-Elles, le Réseau des chercheures féministes, la Table féministe francophone de concertation, le Collectif des femmes francophones du Nord-Est ontarien, etc. La Fédération des femmes canadiennes-françaises de l'Ontario compte 1000 membres dans 20 sections locales et consacre ses efforts au domaine économique; le Club français de Clarkson existe à Mississauga depuis 30 ans et s'est enrichi au fil des ans de Suissesses, de Belges, de Québécoises et même de Canadiennes anglaises.

Répartition de la population de langue maternelle française			
Régions	Population totale	Population de langue maternelle française Nombre	%
Est (Ottawa et environs)	1 375 485	200 135	14,6
Nord-Est (Sudbury, Hearst)	575 780	141 770	24,6
Centre (Toronto et environs)	6 420 640	102 695	,6
Sud-Ouest (Windsor)	1 366 800	30 950	2,3
Nord-Ouest (Thunder Bay)	238 245	9 840	4,1
Ontario (total)	9 976 950	485 390	4,9

Source: *Les Réalités franco-ontariennes*

OUEST CANADIEN

Société

En avril et mai, de très graves inondations ont occupé pendant plusieurs mois les riverains de la rivière Rouge au Manitoba (voir carte ci-dessous). On les attendait, on s'y était préparé, mais ce fut une lutte de tous les instants pendant des semaines. La capitale du Manitoba dut son salut à la construction hâtive de gigantesques digues. Autour de Winnipeg, quelques villages dont plusieurs francophones, d'autres amérindiens, furent totalement détruits par les eaux (20 000 personnes évacuées). Après, il a fallu reconstruire. On comprendra que la vie politique manitobaine ait alors connu un certain ralentissement. Un concert bénéfice pour venir en aide aux sinistrés rassembla toute une pléiade d'artistes francophones du Canada et du Québec. L'économie est au beau fixe en Alberta, maintenant libérée de son déficit. Quant à la Saskatchewan, son gouvernement a pu réduire la taxe de vente provinciale de 2 %.

En ce qui concerne l'éducation en français, les membres de la Fédération provinciale (Manitoba) de comités de parents jugent inconstitutionnelle la loi scolaire et entendent la contester devant les tribunaux. En revanche, les 14 écoles françaises de l'Alberta semblent fonctionner sans trop de problèmes. En Colombie-Britannique, l'avenir est au multilinguisme; la situation politico-économique explique la baisse de fréquentation des écoles d'immersion française, dont on emprunte cependant l'expertise pour d'autres langues (japonais, mandarin).

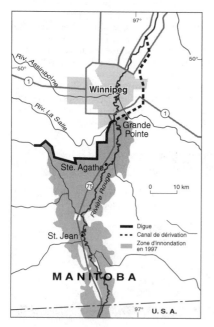

Culture

Le **théâtre**, par son côté interactif, est un genre qui convient parfaitement à un certain type de francophonie; l'Ouest canadien voit fleurir des cours de théâtre à Edmonton; en Alberta, réussite du Festival de théâtre jeunesse; en Saskatchewan, le premier Festival de la dramaturgie fransaskoise a connu un remarquable succès avec ses ateliers de création et ses lectures publiques; le comédien-metteur en scène québécois Alain Jean est parti pour diriger la seule troupe de théâtre francophone de Colombie-Britannique, La Seizième. Le Cercle Molière, la plus ancienne troupe de théâtre francophone au Canada, aura dorénavant sa propre salle à Saint-Boniface.

L'ensemble folklorique de la rivière Rouge a fêté son 50e anniversaire et un spectacle son et lumière de Marcien Ferland marquera le 150e anniversaire du diocèse de Saint-Boniface. La **chanson** a propulsé l'auteur-compositeur-interprète manitobain Marcel Souldore au festival Expo-Langue à Paris. De nouveaux albums en Saskatchewan: *Balance* de Francis Marchildon, et celui du groupe Polly-Esther (Anique Granger et Rachel Duperreault). De son côté, Annette Campagne a quitté le groupe fransaskois Hart Rouge pour produire un album solo *Sauter de haut*; Daniel Lavoie a repris ses grands succès et ajouté quelques nouvelles chansons dans un nouvel album et composé un album pour enfants.

La cinéaste Léa Pool tourne un long métrage sur Gabrielle Roy, originaire de Saint-Boniface, qui a marqué les lettres franco-canadiennes et québécoises (*Bonheur d'occasion* (1947) a eu le prix Fémina).

Les Franco-Manitobains participent avec succès aux activités de la francophonie: Lise Hudon-Bonin est championne senior (groupe B) à la Dictée des Amériques; Jean-Pierre Dubé reçoit le prix littéraire des Caisses populaires pour son roman *La Grotte*;

l'enseignant Denis Beaudette remporte un premier prix national pour avoir créé une émission de radio avec de jeunes Franco-Manitobains, qui ont la chance de pouvoir lire un certain nombre de livres écrits (Nadine Mackenzie, Pierre Mathieu et Louise-Michelle Sauriol) ou traduits en français pour eux précisément.

En Saskatchewan, la petite communauté fransaskoise célèbre les 25 ans de son hebdomadaire, *L'Eau Vive* et a tenu un premier Forum économique francophone à Regina. En Alberta, des radios communautaires naissent à la suite des coupures à Radio-Canada. Rivière-la-Paix a aussi réussi à développer des services de santé en français.

Phil Fontaine, un Ojibway du Manitoba, est devenu le nouveau Grand Chef de l'Assemblée des premières nations en remplacement d'Ovide Mercredi.

BIBLIOGRAPHIE

À moins d'indication, la date d'édition est 1997. PU=Presses universitaires.

FRANCOPHONIE DES AMÉRIQUES EN GÉNÉRAL

Un Cahier d'activités pédagogiques, *Le Français et la francophonie*, et un Cahier thématique, *La Chanson d'expression française* (accompagné d'un disque compact), publiés à Québec par L'Association canadienne d'éducation de langue française pour la Semaine de la francophonie. (L'ACELF fête cette année ses 50 ans.)

Études francophones. CIEF, vol.XI, no 2, Lafayette, Université du Sud-Ouest de la Louisiane, hiver 1996, 224 p. et vol. XII, no 1, printemps 1997.

Francophonies d'Amérique, n° 7, *Le(s) discours féminin(s) de la francophonie nord-américaine*, coordonné par Estelle Dansereau, Ottawa, PU d'Ottawa.

CANORA, (pour Canadiens d'origine africaine, antillaise et asiatique), journal bimestriel tiré à 5000 exemplaires, distribué à Toronto, Montréal, dans les Maritimes, etc.

QUÉBEC

Anthologies, manuels, guides

ALLARD Jacques, *Le Roman mauve. Microlectures de la fiction récente au Québec*, Montréal, Québec/Amérique, 393 p.
Panorama critique d'une centaine de romans écrits dans les années 90.

BOIVIN Aurélien, *Les Meilleurs Contes fantastiques québécois du XIXᵉ siècle*, Saint-Laurent, Fides, 1996, 365 p. et *Les Meilleures Nouvelles québécoises du XIXᵉ siècle*, Saint-Laurent, Fides, 1996, 450 p.
Deux recueils pour un retour aux sources de l'imaginaire québécois.

GRÉGOIRE Claude, *Le Fantastique même. Une anthologie québécoise*, Québec, L'instant même, 234 p.
23 récits tirés, sauf un, de la production des dix dernières années.

GADBOIS Vital, GRAVEL Jacques, PAQUIN Michel et RENY Roger, *Imaginaire et représentation du monde. Romantisme, réalisme et naturalisme, symbolisme et fantastique dans la littérature française et québécoise*, Sainte-Foy, Le griffon d'argile, 360 p.
Livre soigné conçu au départ pour les étudiants du niveau collégial (Textes, illustrations).

**HAMEL Réginald (dir.) *Panorama de la littérature québécoise contemporaine*, Montréal, Guérin, 822 p.

Un tour d'horizon des 30 dernières années par 29 collaborateurs; 15 pages d'index et des illustrations font de ce livre de références un outil pratique et très complet sur la littérature contemporaine dans son sens le plus large.

Autour du temps, anthologie de 15 auteur-es, Saint-Hippolyte, Le Noroît, coll. poésie/musique, livre et disque compact.

Biographies, chroniques, études, essais

ANCELOVICI Marcos et DUPUIS-DÉRY Francis, *L'Archipel identitaire. Recueil d'entretiens sur l'identité culturelle*, Montréal, Boréal, 215 p.

Philosophes et artistes abordent cinq thèmes: fédération multinationale et nationalisme, langue, art et religion.

*BUREAU Luc, *Géographie de la nuit*, Montréal, L'Hexagone, 253 p.

La nuit réhabilitée par un géographe humaniste et poète à ses heures.

CHOLETTE Gaston, *L'Action internationale du Québec en matière linguistique, coopération avec la France et la francophonie de 1961 à 1995*, Sainte-Foy, PU Laval, 197 p.

DESMEULES Georges et LAHAIE Christiane, *Les Classiques québécois*, Québec, L'instant même, coll. Connaître, 110 p.

Survol des classiques en littérature à partir de trois grandes figures mythiques.

GALLAYS François et VIGNEAULT Robert (dir.), *La Nouvelle au Québec*, Saint-Laurent, Fides, coll. Archives des lettres canadiennes, 270 p.

KATTAN Naïm, *Culture: alibi ou liberté?*, Lasalle, Hurtubise-HMH, 1996. 150 p.

LAFOREST Marty, *États d'âme, états de langue*, Essai sur le français parlé au Québec, Québec, Nuit blanche éd., 144 p.

Introduction excellente et très claire aux spécificités du français québécois.

LALONDE Robert, *Le Monde sur le flanc de la truite. Notes sur l'art de voir, de lire et d'écrire*, Montréal, Boréal, 194 p.

Un romancier et poète rivé à la nature ambiante se plaît à revisiter des écrivains qui se sont posé les mêmes questions.

LARUE Monique, *L'Arpenteur et le Navigateur*, Montréal, CETUQ/Fides, coll. Les grandes conférences, 1996. 32 p.

Qu'est-ce que la littérature québécoise? Qu'est-ce qu'un écrivain québécois? Ce petit livre a suscité plusieurs débats passionnés.

PAQUIN Jacques, *L'écriture de Jacques Brault. De la coexistence des contraires à la pluralité des voix*, Sainte -Foy, P.U. Laval, coll. Vie des lettres québécoises, no 34, 264 p.

*PELLERIN Gilles, *Nous aurions un petit genre. Publier des nouvelles*, Québec, L'instant même, 217 p.

Plaidoyer pour ce genre narratif court en pleine expansion.

Poésie

*BEAUSOLEIL Claude, *Grand Hôtel des étrangers*, Trois-Rivières, Écrits des forges, 1996, 100 p.

Prix Alain-Grandbois 1997 (de l'Académie des lettres du Québec).

BRAULT Jacques, *Au bras des ombres*, Paris, Arfuyen / Saint-Hippolyte, Le Noroît, 72 p.

*BRAULT Jacques, *Poèmes choisis - 1965-1990*, Saint-Hyppolyte, Le Noroît, 130 p.

Prix Gilles Corbeil (décerné tous les trois ans) pour l'ensemble de son œuvre.

COPPENS Carle, *Poèmes contre la montre*, Saint-Hippolyte, Le Noroît, 1996, n. p.

Prix de la Vocation, prix Émile Nelligan, Alquin Citation Award pour le plus beau livre publié au Canada.

DESAUTELS Denise, *"Ma joie" crie-t-elle*, Saint-Hippolyte, Le Noroît, 108 p.

DUCHARME Guy, *Il est l'heure*, Saint-Hippolyte, Le Noroît, 90 p.

*GIGUÈRE Roland, *Illuminures*, Montréal, L'Hexagone, 84 p.

19e recueil d'un poète majeur, mais discret et connu aussi pour son travail d'artiste de l'estampe.

GILL Charles, *Poésies complètes*, Éd. critique de Réginald Hamel, Montréal, Hurtubise-HMH, 284 p.

HÉBERT Anne, *Poèmes pour la main gauche*, Montréal, Boréal, 64 p.

LANGEVIN Gilbert, *La voix que j'ai*. Recueil préparé par André Gervais, Montréal, VLB éd., coll. Chansons et monologues, 280 p.

*LANGEVIN Gilbert, *PoéVie*, anthologie présentée par Norman Baillargeon, Montréal, Typo, 268 p.
LECLERC Michel, *Poèmes de l'infime amour*, Saint-Hippolyte, Le Noroît, 82 p.
NICOLAS Sylvie, *Par les ongles, retenue*, Trois-Rivières, Écrits des forges, 68 p.
PARADIS Claude, *Lettres d'écorce*, Saint-Hippolyte, Le Noroît, 66 p.
ROBERT Dominique, *Sourires*, Montréal, Les Herbes rouges, 96 p.
TURCOTTE Élise, *Deux ou trois feux*, Montréal, Dazibao, 72 p.

Romans, récits, contes, nouvelles

*AUDE, (Claudette Charbonneau-Tissot) *Cet imperceptible mouvement*, nouvelles, Montréal, XYZ éd., coll. Romanichels, 124 p.
   Une qualité d'écriture remarquable, après dix ans de silence de l'auteure.
BARCELO François, *Vie sans suite*, Montréal, Libre expression, 214 p.
BISSONNETTE Lise, *Quittes et Doubles. Scènes de réciprocité*, nouvelles, Montréal, Boréal, 167 p.
   Brillant exercice d'écriture pour ces études de la nature humaine hypocrite dans ce qu'elle a de plus pervers et charnel.
BOURGUIGNON Stéphane, *Le Principe du geyser*, roman, Montréal, Québec/Amérique, 1996, 208 p.
DELISLE Jeanne-Mance, *La Bête rouge*, roman, Éd. de la pleine lune, 216 p.
DEMERS Dominique, *Maïna*, roman, Montréal, Québec/Amérique,361 p.
   Comment se rapprochaient des cultures amérindiennes antagonistes il y a 3500 ans. Fascinant.
DUPRÉ Louise, *La Mémoria*, roman, Montréal, XYZ, coll. Romanichels, 1996, 264 p.
   Prix du roman de l'Académie des lettres du Québec.
DUPUIS Gilbert, *L'Étoile noire*, roman, VLB Éd., 1996, 186 p.
*GIRARD Jean-Pierre, *Haïr*, Québec, l'instant même, 163 p.
   Le nouvelliste, qui a obtenu la médaille de bronze du Volet littéraire des jeux de la francophonie à Madagascar, explore en profondeur l'ambiguïté des sentiments humains.
GODIN Gérald, *Tendres et Emportés*, Outremont, Lanctôt éd., 131 p.
   Récits et nouvelles d'un homme politique, et poète, engagé au service d'une cause.
GREIF Hans-Jürgen, *Solistes*, Québec, L'instant même, 223 p.
KATTAN Naïm, *La Célébration*, roman, Montréal, l'Hexagone, 294 p.
*KOKIS Sergio, *L'Art du maquillage*, roman, Montréal, XYZ éd., coll. Romanichels, 369 p.
   Simulation, dissimulation, déguisement, contrefaçons, simulacres, déformations, tout confirme le talent exceptionnel du romancier ou de son narrateur qui regarde les hommes et les objets et les métamorphose.
*LAFERRIÈRE Dany, *La Chair du maître*, nouvelles, Lanctôt éd. 312 p.
   23 nouvelles "haïtiennes" d'un style au charme irrésistible.
MARCOTTE Gilles, *Une mission difficile*, roman, Montréal, Boréal, 103 p.
   Brio et désinvolture sur fond d'aventures de toutes sortes pour ce brillant exercice de style de l'un des plus prestigieux critiques et écrivains du Québec.
MILLET Pascal, *Sirène de caniveau*, roman, Lachine, Éd. de la pleine lune, 147 p.
MONETTE Madeleine, *La Femme furieuse*, **Montréal**, l'Hexagone, 336 p
*POLONI Philippe, *Olivo Oliva*, Montréal, Lanctôt éd., 207 p.
   Premier roman très réussi; véritable prouesse d'un imaginaire baroque.
TREMBLAY Michel, *Quarante-quatre minutes quarante-quatre secondes*, roman, Montréal, Leméac / Arles, Actes Sud, 358 p.

Théâtre

DUBÉ Jasmine, *La Bonne Femme*, Montréal, Leméac, 64 p.
*FARHOUD Abla, *Jeux de patience*, Montréal, VLB éd., 77 p.
*MARTIN Alexis, *Matroni et moi*, Montréal, Leméac, 87 p.
QUINTAL Patrick, *Mowgli*, Montréal, VLB éd., 144 p.
TREMBLAY Michel, *Albertine en cinq temps*, 2 disques compacts, 49 min. et 29 min., Montréal, Audiogram, ABCD 10104.

Autres documents, numéros spéciaux

BOULIANNE Michel, *Lumières d'un pays*, Québec, Anne Sigier, 117 p.
   Superbes photos d'un professionnel amoureux de la nature et de son pays.

La Chanson, n° spécial (48) de *Présence francophone*, Sherbrooke, 1996.
De Gaulle et le Québec, n° spécial (7) des *Cahiers d'histoire du Québec au XXe siècle*, Centre de recherche Lionel Groulx, Les publications du Québec.

NOUVEAU-BRUNSWICK (ACADIE)

ARSENAULT Sr Yvette, *Du fleuve à la source*, histoire, Moncton, Éd. d'Acadie, 201 p.

BEAULIEU Gérard (dir.), *L'Évangéline 1887-1982: entre l'élite et le peuple*, histoire, Moncton, Éd. d'Acadie, 416 p.

BRUN Christian, *Tremplin*, poésie, Moncton, Perce-Neige, 1996, 66 p.

COMEAU Frédéric-Gary, *Trajets*, poésie, Moncton, Perce-Neige, 1996, 57 p.

COUTURIER Gracia, *L'Antichambre*, roman, Moncton, Éd. d'Acadie, 136 p.

**COUTURIER Jacques Paul en collaboration avec Wendy Johnston et Réjean Ouellette, *Un passé composé. Le Canada de 1850 à nos jours*, Éd. d'Acadie, 1996, 418 p.

L'histoire du Canada est celle d'une communauté humaine complexe que les travaux d'histoire sociale ont récemment mis à jour. Ouvrage original qui jette un nouvel éclairage sur un passé qui nous touche de près.

DESPRÉS, Rose, *Gymnastique pour un soir d'anguilles*, poésie, Moncton, Perce-Neige, 1996.

DUBOIS Lise et BOUDREAU Annette (dir.), *Les Acadiens et leur(s) langue(s): quand le français est minoritaire*, actes de colloque, Moncton, Éd. d'Acadie, 324 p.

*GOUPIL Laval, *Le Djibou, ou l'Ange déserteur*, théâtre, Tracadie-Sheila, Grande marée, 140 p.

GRIFFITHS Naomi E. S., *L'Acadie de 1686 à 1784, contexte d'une histoire*, trad.: Kathryn Hamer, Moncton, Éd. d'Acadie / Sackville, Mount Allison University.

IBRAHAM Debbie, *Peur d'aimer*, roman, Tracadie-Sheila, Grande marée, 204 p.

LEE Michel, *Le Pont*, théâtre, Moncton, Éd. d'Acadie, 51 p.

*LÉGER Dyane, *Comme un boxeur dans une cathédrale*, poésie, Moncton, Perce-Neige, 1996, 149 p.

**MAILLET Marguerite, *Bibliographie des publications de l'Acadie des provinces maritimes (livres et brochures, 1609-1995)*, Moncton, Éd. d'Acadie, 555 p.

Suite logique des travaux de l'auteure qui a consacré sa carrière aux études acadiennes. (Ses pairs et de nombreux écrivains lui ont offert en 1996 des *Mélanges* qui apportent une autre contribution à l'étude de l'Acadie, toutes disciplines confondues). Les 2000 titres de la *Bibliographie* constituent l'inventaire le plus complet des publications acadiennes. Ouvrage de référence indispensable.

ROY Albert, *Confidences sur un air country*, biographie d'Onil Devost, Saint-Basile, Au Mot Juste, 200 p.

SAVOIE Jacques, *Les Ruelles de Caresso*, Montréal, La courte échelle, coll. roman 16/96, 192 p.

Deuxième volet d'une trilogie amorcée avec *le Cirque bleu*: Des personnages dont un enfant sur fond d'Internet.

SYLVESTER John, *Splendeurs du Nouveau-Brunswick*, livre d'art, Moncton, Éd. d'Acadie.

TARD Louis-Martin, *Marc Lescarbot*, biographie romancée, Montréal, XYZ, 188 p. ill.

THIBODEAU Serge-Patrice, *Nocturnes*, poésie, Trois-Rivières, Écrits des forges, 96 p.

NOUVELLE-ÉCOSSE (ACADIE)

BEDNARSKI Betty, OORE Irène (dir.), *Nouveaux regards sur le théâtre québécois* [recueil d'articles], Halifax, Dalhousie French Studies / Montréal, XYZ éd.

BOUDREAU Anselme, *Mémoires de Chéticamp*, réécrit et annoté par le père Anselme Chiasson, Moncton, Éd. des Aboiteaux, 1996, 228 p.

Récit de vie d'un centenaire qui a marqué son village natal comme instituteur, assistant-gérant de la mine de plâtre, conseiller municipal et préfet de comté.

BOUDREAU Gérald C., *Sigogne par les sources*, roman, Pointe-de-l'Église, PU Sainte-Anne / Moncton, Éd. d'Acadie.

CAUVILLE Joëlle, ZUPANCIC Metka (dir.), *Réécriture des mythes : l'utopie au féminin*, Amsterdam, Éd. Rodopi / Atlanta (Ga), B.V. , 266 p.

COMEAU, Germaine, *Loin de France*, roman, Moncton, Éd. d'Acadie, 216 p.

Feux Chalins, revue de création littéraire, n° 3, Pointe-de-l'Église, PU Sainte-Anne.

Mélanges de linguistique offerts à Rostislav Kocourek par Lise Lapierre, Irène Oore, et Hans R. Runte, Halifax, Les presses d'ALFA, 380 p.

Ontario

BERNARD Roger, De Québécois *à Ontarois*, Hearst, Le Nordir, rééd. 1996, 183 p.
CLAIRE Anne, *Le Pied de Sappho*, Montréal, Éd. Trois, 1996, 191 p. **Prix Trillium 1996.**
CHEVRIER Bernard, *Lionel Chevrier, un homme de combat*, Vanier, L'Interligne, 222 p.
   Politicien franco-ontarien, député fédéral à neuf reprises, qui s'est aussi illustré sur la scène internationale
COTNAM Jacques (dir.) *Hédi Bouraoui, iconoclaste et chantre du transculturel*, Hearst, Le Nordir, 1996, 272 p.
   Études sur l'un des auteurs torontois les plus prolifiques et les plus haut en couleur.
**DIONNE René, *Histoire de la littérature franco-ontarienne, des origines à nos jours*, T. 1: *les origines françaises (1670-1760); les origines franco-ontariennes (1760-1865)*, Sudbury, Prise de parole, 360 p.
**DIONNE René, *Anthologie de la littérature franco-ontarienne, des origines à nos jours*, V. 1: *les origines françaises (1670-1760); les origines franco-ontariennes(1760-1865)*, Sudbury, Prise de parole, 562 p.
   Deux ouvrages, *histoire* et *anthologie*, chacun le premier d'une série de quatre, très riches, par un pionnier de la recherche en littérature franco-ontarienne.
HOTTE Lucie et OUELLET François (dir.), *La Littérature franco-ontarienne. Enjeux esthétiques*, Hearst, Le Nordir, 1996, 139 p.
   Actes d'un colloque, inspiré des réflexions de François Paré développées dans *Les Littératures de l'exiguïté* (1992) et dans *Théories de la fragilité* (1994).
**LEFIER Yves, *L'Ontario en français: 1613-1996. Réalités et fiction. Répertoire chronologique commenté de textes concernant l'Ontario: Récits de voyage et de séjour. Description. Fiction*, Sudbury, Université Laurentienne, Institut franco-ontarien, collection Universitaire, série Références, 1996, 1040 p., Index: p. 955 à 1040.
   "Le" document de référence.
WHITFIELD Agnès et COTNAM Jacques, *La Nouvelle: écriture(s) et lecture(s)*, Toronto, GREF, coll. Dont actes n° 10 / Montréal, XYZ éd., coll. Documents, 226 p.
   Une autre contribution aux recherches concernant ce genre littéraire décidément de plus en plus prisé en Amérique du Nord francophone.
Cahiers Charlevoix. Études franco-ontariennes, Sudbury, Prise de parole , 487 p.
   Deuxième volume consacré à la recherche universitaire.

Ouest canadien

CHAPUT Lucien, *Vive la compagnie! 50 ans d'histoire en danse, chant et musique*, Saint-Boniface, Éd. du Blé, 220 p.
GENUIST Monique, *L'Île au cotonnier*, roman, Sudbury, Prise de parole.
**HUSTON Nancy, *Instruments des ténèbres*, Montréal, Leméac / Arles, Actes Sud, 1996, 409 p.
   Prix Goncourt des lycéens 1996, grand prix des lectrices de *Elle Québec* 1997 et prix du Livre Inter 1997.
LEBLANC Charles, *Corps météo*, poésie, Saint-Boniface, Éd. du Blé, coll. Rouge, 80 p.
LÉVEILLÉ Roger, *Une si simple passion*, roman, Saint-Boniface, Éd. du Blé, 64 p.
SAINT-PIERRE Annette, *Faut placer le père*, roman, Saint-Boniface, Éd. des Plaines.
SIGGINS Maggie, *Riel: une vie de révolution*, trad.: Suzanne Bolduc, Montréal, Québec/ Amérique, 468 p.
Under the Prairie Sky/Sous le ciel des Prairies, anthologie bilingue d'œuvres choisies, Brandon, Société des Jeux du Canada 1997.

Ordre des francophones d'Amérique	
Acadie:	Édith Comeau-Tufts de Nouvelle-Écosse
Québec:	Dean Louder, géographe
Ontario et Ouest canadien:	Jean-Marc Dalpé, dramaturge
Les Amériques:	Laura Lopez, de Mexico
Volet international:	Pierre-Louis Mallen, de France

ÉTATS-UNIS

Françoise TÉTU DE LABSADE, Université Laval, Québec

avec la collaboration de
Frans A. AMELINCKS, Université du Sud-Ouest de la Louisiane, Lafayette
Éloïse A. BRIÈRE, New York State University at Albany, New York
David CHÉRAMIE, Lafayette
David Émile MARCANTEL, Jennings, Louisiane

Les graves inondations de la rivière Rouge en avril ont bien failli emporter le calendrier, *Les Français d'Amérique*, édité par l'Alliance franco-américaine du Midwest dont les illustrations sont chaque année des rappels de l'histoire de la présence française sur le continent.

Sur 18 millions d'élèves scolarisés dans l'enseignement public, 5 millions seulement apprennent une langue étrangère et 24% de ce dernier groupe optent pour le français, ce qui est loin d'être mirobolant. Ils peuvent cependant acheter des livres dans plusieurs librairies françaises dont la plus achalandée est celle de Manhattan, magnifiquement située au cœur même du Rockfeller Center. Ils peuvent regarder la télévision en français; TV5 gagne du terrain; la société de distribution Cancom s'associe avec Havas pour la diffusion d'un "bouquet de chaînes francophones" dans les Amériques et les Antilles. En Floride, une chaîne de télévision haïtienne en français passe d'une diffusion de 2 heures à 5 heures, trois jours par semaine. La voix remarquable de Teri Moïse, née à Los Angeles de parents haïtiens, les entretient de préoccupations qu'ils vivent quotidiennement. Les jeunes garçons peuvent en outre s'identifier au gardien de but des Pingouins de Pittsburg, Patrick Lalime, qui vient d'inscrire le record de 15 joutes sans but. Au large du Texas, on travaille à renflouer l'épave du voilier de Cavelier de La Salle, qui fit naufrage il y a 300 ans, alors qu'il revenait établir une colonie dans la Louisiane qu'il avait découverte et nommée en 1682.

LOUISIANE

L'Association France / Louisiane et Franco-américanie a fêté 20 ans d'étroite collaboration principalement dans le domaine culturel. La coopération avec la Communauté française de Belgique s'intensifie: développement de bi-

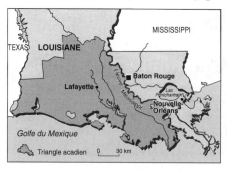

bliothèques et de programmes pour les écoles d'immersion, mise sur pied de programmes d'alpha-bétisation en français et développement du français de l'hôtellerie et du tourisme.

Cette année a vu une vingtaine de stations de radio faire de grands efforts pour augmenter les heures consacrées aux émissions de langue française, on estime que le

Zachary Richard
(photo en couverture)

Cap enragé, son dernier album, a été écrit et composé peu après une prestation que l'on n'oubliera pas de sitôt: aux retrouvailles du Congrès mondial acadien, en 1994 au Nouveau Brunswick, sa chanson "Réveille", avait donné des transes à un innombrable public et, en retour, secoué le chanteur qui en avait les larmes aux yeux. *Cap enragé*, premier album en français depuis 12 ans d'une carrière plutôt en anglais mais toujours en musique, occupe la première place du palmarès Top Ventes francophones depuis 3 mois et a valu à son auteur un disque d'or en août. Le rocker se dit "cousin du jazz" de la Nouvelle-Orléans, fier d'être Américain; mais il est bien conscient d'avoir un rôle de premier plan à jouer dans la défense et l'illustration de la langue et de la culture cadiennes. Il rage, certes, mais retrousse ses manches, prend la charge de président d'Action cadienne en Louisiane, empoigne sa guitare et balance jusqu'en Europe ses émouvantes complaintes avec l'énergie poignante d'un loup qui hurle à la lune. Le poète de *Cris sur le Bayou* et de *Voyage de nuit*, vient de publier un autre recueil en solo, *Faire récolte*.

nombre d'heures de musique cadienne française a doublé en un an: à Jennings (40 milles à l'Ouest de Lafayette), par exemple, KJEF-FM, qui est captée par 160 000 francophones, diffuse les actualités de Radio-France Internationale tous les jours, ainsi que des émissions de spiritualité et de musique cadienne. Dans la même région, KJEF-AM, la station de **radio** aux États-Unis qui diffuse des émissions hebdomadaires en français depuis le plus longtemps (47 ans), vient de se convertir en station entièrement de langue française, 24 heures par jour et sept jours par semaine. Seule station de radio entièrement de langue française visant une population états-unienne, elle met son point d'honneur à ne passer que des chansons principalement en français (combien de radios au Québec ou en France peuvent en dire autant?)

8ᵉ Concours international de plaidoiries
pour la défense des droits de l'homme

Des avocats, venus en France de toute la francophonie, ont fait une plaidoirie de 20 minutes pour cette même cause. Le jury officiel, comme le public, ont donné le premier prix à Mᵉ David Émile Marcantel, de Jennings en Louisiane.

NOUVELLE-ANGLETERRE

L'État du Maine a reconnu officiellement les Franco-Américains comme ressource économique et, à ce titre, a attribué des fonds au Centre franco-américain de l'Université du Maine pour soutenir ses initiatives dans le commerce. Le politique est tributaire de l'économie; les États-Unis, via l'État du Maine, sont aussi devenus membre du Forum francophone des affaires. Le service des Parcs nationaux des États-Unis s'intéresse à la conservation de la culture acadienne dans la Vallée du Saint-Jean et le gouvernement fédéral a instauré un programme pour soutenir la langue française (l'acadien du Haut-Saint-Jean) dans les deux grandes régions francophones du Nord du Maine. Le Québec reconnaît aussi l'importance de l'enjeu: le premier ministre Bouchard et le gouverneur du Maine sont convenus de travailler en concertation de part et d'autre d'une frontière assez longue et très souvent traversée dans un sens ou dans l'autre.

Le prix littéraire France / Louisiane et Franco-américanie a été attribué à Julien Olivier du New Hampshire pour sa nouvelle la *Bombe*.

L'Association Canado-Américaine de Manchester (NH) a reçu du Gouvernement du Québec le prix du 3 juillet 1608.

Les médias écrits se raréfient, en revanche des programmes de radio sont diffusés de Manchester (NH) et de Lowell (Mass.). Plusieurs sites existent sur **Internet**: Toile franco <http://www.umfl.maine.edu/alacarte>. Les femmes ont aussi un groupe de discussion électronique: <http://members.aol.com/fawi2000/index.html>. L'Institut féminin franco-américain est en train de se constituer des archives pour montrer la contribution de la femme à la franco-américanie.

Les **universités** sont à la tête de recherches de plus en plus précises et de plus en plus diversifiées; aussi une centaine de chercheurs se sont-ils réunis à l'Institut français pour faire le point. Par exemple, le groupe de travail sur la langue franco-américaine (LAFRA) a réuni à Albany, pour sa deuxième année d'existence, des linguistes spécialistes du français parlé dans le Maine, le Vermont, le Rhode Island et l'État de New York. Au New Hampshire, Keene State College explore l'identité franco-américaine et offre un cours sur le Québec et le rêve américain. Les projets de coopération interuniversitaire se précisent: l'étude de la "Route du Canada" (Maine / Université Laval) attire l'attention des médias anglophones et l'Université d'Angers en France a accueilli un professeur du Maine pour offrir un cours sur la franco-américanie.

Du côté du spectacle, notons la tournée qu'ont faite 40 enfants (*La Danse des enfants*) en Nouvelle-Angleterre et au Québec; le couronnement de la chanteuse Lucie Therrien par le New Hampshire Finalist Fellowship Award du New Hampshire Council on the Arts; le traditionnel Rassemblement des artistes et des écrivains franco-américains et une exposition de sculpture. On sait que le **théâtre**, par sa forme interactive est une des formes littéraires privilégiées dans certains milieux: États d'espoir de Benoît Pelletier a rejoint un grand public à Woonsocket (Rhode Island). Fait plus significatif encore, Grégoire Chabot est venu à Québec jouer son *Jacques Cartier errant* (réédité en 1996) avec des comédiens franco-américains. "C'est la première fois que la culture 'franco' remonte au Québec, d'habitude le courant va dans l'autre sens", de commenter l'auteur.

Le 150ᵉ anniversaire d'*Évangéline*, long poème lyrique de Longfellow, qui narre les mésaventures d'une jeune Acadienne au moment de la Déportation de 1755, a été souligné par diverses manifestations.

TV5 sera présente à nouveau aux États-Unis, en 1998 avec une programmation différente de celle du Canada. Le président de TV5-USA, Guy Gougeon, également président de TV5-Québec-Canada, dirigera les opérations depuis Montréal. Il compte sur environ 200 000 abonnés d'ici l'an 2000, particulièrement dans la région de New York, à Boston, en Floride, en Louisiane et en Californie.

PARUTIONS

Louisiane

CHÉRAMIE David, *Lait à mère. Interrompu par "l'Été et Février"*, (Poèmes de l'Acadiana du XXᵉ siècle finissant), Moncton (N.-B.), Éd. d'Acadie / Sudbury. Prise de parole, 1997, 70 p.

RICHARD Zachary, *Faire récolte*, poésie, Moncton (N.-B.), Éd. Perce-neige, coll. Acadie tropicale, 1997.

Études francophones, actes des colloques du CIEF: voir en tête de la bibliographie pour l'Amérique du Nord.

Nouvelle-Angleterre

Articles de Claire QUINTAL et de Mary Elizabeth AUBÉ dans *Francophonies d'Amérique*, nᵒ 7 (voir en tête de la bibliographie pour l'Amérique du Nord).

CÔTÉ-ROBBINS Rhea, *Wednesday's Child*, écrit, Brunswick, Maine Writers and publishers Alliance, 90 p. (citations en français).

Lauréate du 1997 MWPA Chapbook Award.

CARAÏBE

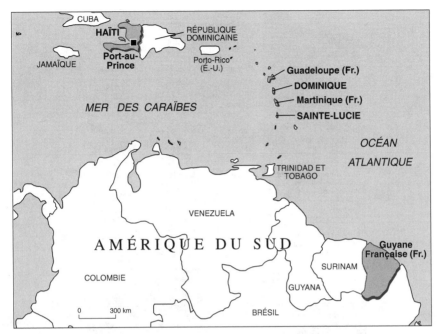

La Caraïbe est la région géographique regroupant l'ensemble des Antilles et certaines terres bordant la mer des Antilles; quelques-uns des pays qui la composent, essentiellement d'anciennes colonies créolophones, font partie de la Francophonie.

La **Guadeloupe**, la **Guyane** et la **Martinique** constituent, depuis 1948, des départements d'outre-mer de la France; le français y est donc la langue officielle couramment pratiquée, mais on y parle parallèlement le créole.

Haïti, ex-colonie française, est devenue en 1804 — après la révolte des esclaves — la première république noire indépendante ; le français est langue officielle et le créole, langue nationale. Haïti participe aux Sommets de la Francophonie.

La **Dominique** et **Sainte-Lucie**, près de la Martinique et de la Guadeloupe et ayant fortement subi l'influence française, sont deux ex-colonies anglaises, indépendantes depuis 1978 et 1979; l'anglais y est la langue officielle mais le créole, à base lexicale française, la langue d'usage, ce qui explique leur participation aux Sommets de la Francophonie.

* * *

N.B. La Caraïbe est une région géographique; au pluriel, les Caraïbes désignent les premiers autochtones aujourd'hui pratiquement disparus, qui habitaient les Petites Antilles et les côtes voisines.

On peut consulter:

ADÉLAÏDE-MERLANDE Jacques, *Histoire générale des Antilles et des Guyanes*, Paris, Éd. caribéennes/Harmattan, 1994.

BELLORGEY G. et BERTRAND G., *Les DOM-TOM*, Paris, La Découverte, coll. Repères, 1994.

BURAC Maurice (dir.), *Guadeloupe, Martinique et Guyane dans le monde américain*, Paris, Karthala, 1994.

BERNABÉ Jean, CONFIANT Raphaël et CHAMOISEAU Patrick, *Éloge de la créolité*, Paris, Gallimard, 1989, 70 p.

CHAMOISEAU Patrick et CONFIANT Raphaël, *Lettres créoles. Tracées antillaises et continentales de la littérature 1635-1975*, Paris, Hatier, 1991, 224 p.

MANVILLE Marcel, *Les Antilles sans fard*, Paris, L'Harmattan, 1992.

MATTHIEU Jean-Luc, *Histoire des DOM-TOM*, Paris, PUF, coll. Que sais-je?, 1993.

CARAÏBE

	Dominique	Haïti	Sainte-Lucie
Nom officiel	Commonwealth de la Dominique	République d'Haïti	Sainte-Lucie
Capitale	Roseau	Port-au-Prince	Castries
Superficie (km^2)	751	27 750	616
Régime politique	présidentiel	présidentiel	démocratie parlementaire
Chef d'État Entrée en fonction Prédécesseur	**Élisabeth II** 02-1952 **George VI**	René **Préval** 7-2-1996 Jean-Bertrand **Aristide**	**Élisabeth II** 02-1952 **George VI**
Chef du gouvernement Entrée en fonction Prédécesseur	Edison **James** 14-06-1995 Eugenia **Charles**	Eric **Pierre** 28-02-1997 Rony **Smarth**	Mario**Michel** 1997 Vaughan **Lewis**
Langue officielle Autres langues	anglais français, créole	français, créole	anglais, français, créole
Principales religions en % de la population	christianisme (79,2), autre (20,8)	catholicisme[1] (80,3), protestantisme (15,8), sans appartenance (1,2), autres (2,7)	catholicisme (79), protestantisme (15,5), autres (5,5)
Population	72 100	6 589 000	143 000
Moins de 15 ans en %	35,1	40,2	36,7
Plus de 65 ans en %	11,7[2]	4	8,8[2]
Indice de fécondité	2	4,7	2,5
Espérance de vie	74,1/79,9	43/47	67/72
Alphabétisation en %	94,4	53	80
IDH (rang/174)[3]	65	145	76
PNB (en M$US) **PNB/hab. (en $US)**	210 2 913	1 870 284	450 3 147
Monnaie[4] FF $US	east carib. dol. 2,13508 0,37266	gourde 0,34591 0,06037	east carib. dol. 2,13508 0,37266
Principales exportations	bananes, savon	café, bauxite, équipement de sport	bananes, carton, vêtements
Principales importations	biens manufacturés, équipements mécaniques,	produits alimentaires, hydrocarbures	équipements industriels et de transport, produits alimentaires et animaux sur pied, produits manufacturés de base, produits chimiques et dérivés
Principaux partenaires commerciaux	États-Unis, CARICOM, Royaume-Uni, Japon	États-Unis, Italie, France, Japon	États-Unis, Royaume-Uni, Trinité et Tobago, Japon, Canada, Dominique, Allemagne, Barbade

Sources: Banque mondiale; ONU, *Bulletin mensuel de la statistique*
1. Environ 80% des catholiques pratiquent le vaudou.
2. 60 ans et plus.
3. Indice de développement humain, mesure de classement des pays utilisée par l'ONU.
4. Taux au 15 septembre 1997, donné à titre indicatif.

CARAÏBE

Raymond RELOUZAT
Université Antilles-Guyane

avec la collaboration de
Serge MAM LAM FOUCK
Maître de conférences à l'Université Antilles-Guyane
Paule TURMEL-JOHN, professeur (Sainte-Lucie)
Sonia MAGLOIRE-AKPA (Dominique)

MARTINIQUE

POLITIQUE

L'événement majeur a été bien, entendu, la dissolution de l'Assemblée nationale française, suivie du changement de majorité. Mais sur le plan local, pour la première fois, la Martinique a élu un député indépendantiste, Alfred Marie-Jeanne, maire de Rivière-Pilote. Cette élection est généralement interprétée, en raison de la personnalité même du nouveau député, un bon gestionnaire et s'accommodant des valeurs républicaines, comme destinée à opérer une pression morale sur le gouvernement, pour accentuer la décentralisation. Camille Darsières, adjoint au maire de Fort-de-France, Aimé Césaire, et dont les propos sont généralement considérés comme reflétant l'opinion du fondateur du Parti progressiste martiniquais, avait implicitement appelé les électeurs de la circonscription concernée (le Sud) à ne pas voter au deuxième tour pour le RPR Lesueur, député sortant, qui a été battu.

ÉCONOMIE

Les productions traditionnelles se maintiennent au même niveau. Les importations restent importantes. Le niveau de l'emploi reste insuffisant, mais c'est le sort commun. En fait, comme pour la Guadeloupe, le taux de chômage se situe entre 20% et 30% selon les sources INSEE (il atteindrait 32% pour les femmes). Mais les syndicats, dans leur majorité, l'estiment à près de 40%. On recense 21 733 salariés dans les secteurs suivants: BTP; industrie; commerce; transports; banques; services.

Les services continuent à se développer, par l'effet d'entraînement du tourisme. Dans cette optique, le projet déjà vigentenaire de créer une zone piétonnière dans le centre historique de Fort-de-France est enfin en cours de réalisation.

Quelques chiffres			
Cannes à sucre:	202 000 t	Pêche:	5 900 t
Bananes:	169 000 t	Sucre:	7 000 t
Viande (hors volaille):	4600 t	Rhum agricole:	60 400 hl
Population active:	169 083	Chômeurs (réf. BIT):	46 058
dont ayant un emploi:	123 025	Demandeurs d'emploi:	43 200

Une grave crise a secoué, en mai-juin, l'une des deux dernières banques privées de France, le Crédit Martiniquais. Il a été nécessaire de nommer un administrateur, M. Alain Dennart, qui, depuis, s'efforce de rassurer le public, lequel a toute fois le sentiment, justifié ou non, que rien n'est réglé et que l'on n'est pas passé loin du dépôt de bilan...

Pour la septième fois, La Foire caribéenne se tiendra en Martinique, du 5 au 9 Mars 1998, et y accueillera 300 entreprises antillaises et, plus largement caribéennes ainsi que les 50 000 visiteurs qui y sont attendus.

Partenariat Europe-Caraïbe-Amérique Latine

Après *Interpartenariat DOM* (1994), la chambre de commerce et d'industrie de la Martinique a organisé, à l'attention des chefs d'entreprises désireux d'établir des partenariats avec l'Europe, la Caraïbe et l'Amérique latine, l'opération: *Partenariat Europe-Caraïbe-Amérique latine* (25 - 26 mars 1997) dont l'objectif est double:

1- Permettre aux entreprises de la Martinique de consolider leur ouverture sur leur environnement proche que sont la Caraïbe et l'Amérique Latine, mais également, sur l'Europe continentale. Il s'agit pour elles d'acquérir ainsi de nouveaux savoir-faire, mais aussi d'être des relais pour les entreprises européennes dans la zone Caraïbe et des relais pour les entreprises caribéennes et latino-américaines, en Europe.

2- Faire en sorte que les entreprises caribéennes et latino-américaines, soucieuses de rapprochement avec l'Europe, puissent avoir accès à des produits, à des technologies et à la culture européenne.

Les secteurs concernés: industrie (agro-alimentaire, chimie, bois); tourisme; commerce et services.

SOCIÉTÉ

La vie sociale est dominée par le conflit sans fin des deux sociétés de transports, le GET et la SETUFF, qui se disputent le marché de Fort-de-France et de sa grande banlieue. Le moins que l'on puisse dire, c'est que la municipalité ne maîtrise pas grand-chose dans cette affaire qu'elle a pourtant déclenchée. Celle-ci se politise de plus en plus, et, compte tenu de l'exaspération des usagers, pèsera certainement d'un poids non négligeable lors des prochaines élections municipales.

Les mouvements syndicaux n'ont pas connu de pic particulier en ce début d'année 1997: mais la vie syndicale reste active, en particulier dans le secteur bananier où des manifestations dures (séquestration, occupation de la maison du patronat) ont opposé les petits planteurs aux gros producteurs, tout cela sur fond de restructuration accélérée d'organisations bananières.

La mairie de Schœlcher a commencé à commémorer avec faste l'anniversaire de l'abolition de l'esclavage. À ce propos un Martiniquais, qui s'est déjà distingué dans l'utilisation de compétences sportives, la marche sur échasse, pour défendre des causes humanitaires, va tenter très prochainement de rallier Nantes (ancien port négrier) à Paris, pour accomplir un devoir de mémoire envers la tragédie et le déni de justice qu'a constitué l'esclavage. Il a relancé à cette occasion le projet d'une stèle ou d'une autre forme de monument commémoratif à l'"esclave inconnu"

CULTURE

Théâtre

Remontée du festival de la ville de Fort-de-France (début juillet) qui avait connu un petit passage à vide ces deux dernières années. Deux temps forts: la prestation de Guy Louiset et de son orchestre de *steelband*, qui a interprété des extraits du répertoire classique, avant de passer à la musique caribéenne traditionnelle et en particulier au calypso. Par ailleurs, s'est produit pour la première fois en Martinique un groupe de "tambouriers" japonais, *Shidara*, qui a enchanté le public.

Musique

La huitième édition de "Convergences" (22-23 mars 1997), couplée au festival Jazz à la Plantation, manifestation maintenant traditionnelle des vacances, s'organise cette année autour du thème "Saveurs plurielles-Indianité", la majeure partie de la minorité martiniquaise d'origine tamoule se trouvant concentrée dans le Nord de l'île. Un hommage appuyé a été rendu à l'un des grands maîtres de la musique traditionnelle de la Martinique, Fernand Donatien par tout ce que l'île compte de folkloristes.

Cinéma

Le circuit cinématographique Elizé a présenté en avant-première un documentaire de 25' d'un jeune réalisateur martiniquais, Patrick Baucelin, *Fort-de-France, ses monuments*. C'est le premier d'une série sur le patrimoine culturel de la Martinique, bientôt commercialisé en cassettes vidéo.

Audio-visuel

TDF, à la demande de RFO, a terminé l'installation de quatre nouveaux relais hertziens sur le territoire de la Martinique. Il ne reste plus qu'un site à équiper, celui du Prêcheur, dans l'extrême Nord.

Peinture

L'École régionale des Arts Plastiques a organisé, du 3 au 7 février un fort intéressant colloque, doublé d'une exposition sur le thème: "Des Amérindiens à l'art contemporain". Justice est enfin rendue aux deux plasticiens martiniquais, Bertin Nivor et

---

MARTINIQUE

QUELQUES POINTS DE REPÈRE

Géographie

➤ Île volcanique des Petites Antilles située entre la Dominique au nord et Sainte-Lucie au sud.

Histoire

➤ Occupation précolombienne: Arawaks puis Caraïbes.

➤ 1502 Arrivée de Christophe Colomb.

➤ 1635 Implantation de la France par Belain d'Esnambuc. Économie de plantation.

➤ 1848 Abolition de l'esclavage grâce à Victor Schœlcher, membre du gouvernement républicain, député de la Martinique et de la Guadeloupe.

➤ 1902 (8 mai) Destruction de Saint-Pierre lors de l'éruption de la montagne Pelée.

➤ 1945 Aimé Césaire, le "père de la négritude", est élu maire de Fort-de-France (2 mai) et député (21 octobre).

➤ 1946 La Martinique devient un département d'outre-mer (conseil général).

➤ 1982 La Martinique devient aussi une région (conseil régional).

➤ 1992 Patrick Chamoiseau remporte le prix Goncourt avec *Texaco*.

Victor Anicet, qui avaient toujours considéré comme source d'inspiration valable les oeuvres et surtout la symbolique esthétique de nos prédécesseurs amérindiens.

Littérature

Le prix Soni Rupè, qui récompense chaque année une œuvre en créole, a été attribué à l'écrivain et journaliste haïtien Dominique Batraville, pour son œuvre poétique *Potré van la sèvolan lakansyel*. Notre lauréat avait déjà été distingué par l'UNICEF pour sa pièce *Le Nègre et la Rose de l'auberge*.

Le prix RFO du Livre a été attribué cette année à Paris à l'un des tenants de la créolité, Ernest Pépin, pour son roman *Tambour-Babel*, paru en 1996. L'un des membres du jury était Max Elize, important homme d'affaires martiniquais, qui a tenu à marquer ainsi son intérêt en général pour notre créativité littéraire antillaise.

Arts plastiques

L'artiste Sinamal (céramique, dessin, sculpture, décorateur scénographique) et le sculpteur sur fer Pélage doivent particulièrement être cités pour l'originalité et la force de leurs créations, exposées dans le cadre du Festival culturel.

Sports

L'événement majeur de la vie sportive a été l'organisation et le déroulement des Championnats de France d'athlétisme en Martinique (4-5-6 juillet).Pour la première fois, ces championnats se tenaient hors du territoire métropolitain. Les dirigeants de la Fédération française d'athlétisme ont reconnu que l'une des raisons de ce choix a été le désir de signaler la part prise depuis vingt ans par les athlètes d'origine antillaise dans les succès internationaux de la France. Deux nouvelles sprinteuses, une Martiniquaise, Sylviane Félix, et une Guadeloupéenne, Christine Arron, se sont d'ailleurs révélées au public antillais lors de cette manifestation dont le déroulement a été en partie gêné par la dépression tropicale Sandrine. À noter également les remarquables prestations de Cali (100 m) vainqueur de la finale, et de Cheval, vainqueur du 200 m.

GUADELOUPE

POLITIQUE

Début juillet, les deux grands partis de la coalition de gauche se sont réunis en Grande-Terre pour tirer le bilan des récentes législatives au Centre des arts et de la culture, pour le PPDG (Parti progressiste et démocratique de la Guadeloupe), avec son président Henri Bangou et son secrétaire général Géniès; et pour le GUSR (Groupement pour l'union du socialisme et de la Réalité), à Morne-à-l'Eau sous la direction de Dominique Larifla, par ailleurs président du Conseil Général. Il s'est dégagé de ces deux réunions l'expression d'une volonté accrue d'autonomie.

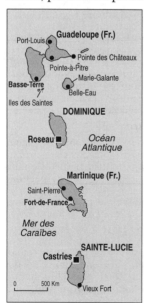

Mais la défaite d'Henri Bangou, leader incontesté et respecté de la gauche depuis plus de trente ans, maire de Pointe-à-Pitre, face à un jeune homme politique de gauche lui aussi, Daniel Marsin, fait ressortir la renouvellement progressif de la classe politique en Guadeloupe. De plus, la naissance d'un nouveau parti, le "Mouvement guadeloupéen", où l'on peut trouver Jean Barfleur, le syndicaliste Rosan Mounien, Roland Thésauros, et Josiane Gatibelza, vise, selon les déclarations mêmes de ses parrains, à briser l'alternance droite-gauche, au profit de l'opposition autonomie-dépendance.

Dans cette ambiance générale, le Conseil général doit toutefois affronter quelques difficultés: son budget connaît un déficit de 480 millions de FF, ce qui a amené le préfet à s'en faire provisoirement le gestionnaire.

ÉCONOMIE

L'agriculture est importante dans l'économie guadeloupéenne. Outre les traditionnelles productions vivrières, qui se sont fort réduites, l'essentiel de la superficie agricole utile, soit 25% de la superficie totale de l'île, est consacré à des cultures d'exportation, en particulier la canne à sucre. Celle-ci représente environ 50% de la production agricole de la Guadeloupe. Elle fait du département un important producteur de sucre et de rhum, commercialisés principalement en France.

La Guadeloupe est également un producteur de bananes, mais elle doit affronter la concurrence des pays d'Amérique latine qui bénéficient d'un faible coût de main-d'œuvre. Aussi cette production est-elle en difficulté et ne subsiste que grâce aux aides et au protectionnisme de la métropole, débouché principal des bananes. Ananas, café, cacao et vanille sont également produits, mais de façon plus restreinte, en particulier la vanille qui n'a pas résisté à l'introduction de la vanille artificielle. Le tissu industriel guadeloupéen est réduit: il se limite pour l'essentiel à la transformation des produits agricoles locaux. Ainsi, distilleries, usines de canne et rhumeries sont-elles les principales installations industrielles.

La richesse économique essentielle de la Guadeloupe reste donc le tourisme qui connaît un fort développement depuis plusieurs années et exploite au mieux sa dimension archipélique (Marie-Galante, Les Saintes, Saint-Martin, Saint-Barthélemy). Il a ainsi bénéficié non seulement de la déréglementation du transport aérien qui a permis d'élargir la clientèle touristique, mais aussi d'une politique fiscale attractive qui vise à exonérer les investissements immobiliers et de loisirs réalisés en Guadeloupe. Cependant, le département souffre de la concurrence des autres destinations antillaises, et la clientèle française ne suffit plus à faire vivre l'économie locale. De gros efforts ont donc été réalisés pour attirer une clientèle nord-américaine à pouvoir d'achat plus élevé que la clientèle française et pour laquelle le coût du transport est moindre en raison de la proximité. Comme les autres départements insulaires français, la Guadeloupe souffre de l'éloignement par rapport au reste du territoire national.

GUADELOUPE

QUELQUES POINTS DE REPÈRE

Géographie

➤ Île volcanique des Petites Antilles située au nord de la Dominique. Plusieurs dépendances (Marie-Galante, les Saintes, la Désirade et une partie de Saint-Martin).

Histoire

➤ Occupation précolombienne: Arawaks puis Caraïbes.

➤ 1493-1494 Arrivée de Christophe Colomb.

➤ 1635 Olive et Duplessis prennent possession du territoire au nom de la France. Économie de plantation.

➤ 1792 La Révolution française atteint la Guadeloupe. Exécutions pendant la Terreur. 1re abolition de l'esclavage, rétabli avec l'arrivée de Bonaparte.

➤ 1848 Abolition de l'esclavage grâce à Victor Schoelcher, membre du gouvernement républicain, député de la Martinique et de la Guadeloupe.

➤ 1946 La Guadeloupe devient département d'outre-mer (conseil général).

➤ 1982 La Guadeloupe devient aussi une région (conseil régional).

Quelques chiffres			
Cannes à sucre:	627 000 t	Bananes:	115 600 t
Sucre:	33 000 t	Pêche:	9 500 t
Rhum agricole:	65 900 hl		

On compte 27 396 salariés dans le cadre du BTP, de l'industrie, du commerce, des banques et des services conjoints, pour une population active de 175 600 personnes, dont 128 400 ayant un emploi. On dénombre 51 500 chômeurs BIT et environ 45 000 demandeurs d'emploi. (sources INSEE)

VIE SOCIALE

La grande préoccupation de la société guadeloupéenne reste l'insécurité, la violence et la délinquance, surtout chez les jeunes. Un "Plan départemental contre la délinquance" est en cours de réalisation, à l'instigation du Conseil général; et l'un des "Vendredis du CDDP" s'est tenu, au second trimestre, sur le thème: "Les jeunes et la violence"

Du 5 au 8 Juin se sont tenues dans tout le département les "Journées de l'environnement", qui ont fait l'objet d'une publicité maximale en direction du public surtout en ce qui concerne le traitement des ordures, la propreté des plages et l'entretien des forêts domaniales.

Six visites successives de maires haïtiens faites à la commune de Trois-Rivières et à Alain Dorville et son équipe confirment le développement des relations entre guadeloupéens et haïtiens;

L'éruption de la Soufrière de Montserrat (petite île indépendante exclusivement anglophone mais située à 80 km au nord-ouest de la Guadeloupe) a permis à ses habitants d'apprécier la solidarité de la population de la Guadeloupe. Les hélicoptères *Puma* sont intervenus sur les flancs mêmes du volcan.

Transport aérien
Marie-Claire Le Roux, présidente de l'ARCAG (Association Régionale des Compagnies Aériennes en Guadeloupe) a récemment déclaré: "Pour véritablement développer le transport aérien dans la Caraïbe, il faut un pôle francophone fort".

CULTURE

Télévision

Les 22-24 Juin se tenait en Guadeloupe la 63e séance plénière des télévisions francophones. À cette occasion, Jean-Pierre Cavada était venu dresser son salut amical aux Guadeloupéens, et affirmer, par sa présence, l'importance qu'il accordait au développement et à la promotion internationale de la télévision francophone en général. Sous la présidence effective de M. Ferrus, deux orientations ont été particulièrement souhaitées, à l'issue de la séance:
1- Initier un programme de doublage systématique (sous-titres rédigés dans la langue du pays-cible) des émissions francophones à destination de pays non-francophones;

2- Échanger des programmes entre les différentes télévisions francophones. Cela, et d'autres mesures plus traditionnelles (création de nouveaux programmes), devrait contribuer à renforcer l'influence de la francophonie dans le monde.

Littérature

Gisèle Pineau, la romancière guadeloupéenne bien connue, déjà lauréate du prix RFO du livre, a participé à une série de rencontres scolaires. À peu près à la même période (mi-juin), un hommage a été rendu à Max Rippon à l'occasion de la sortie de son livre *Marie-Galante: Itinéraires*, en la présence de Simone Schwarz-Bart.

Patrimoine

La maison d'édition Hibiscus rend hommage aux maîtres de la musique traditionnelle guadeloupéenne à travers un album de la collection Prestige de la musique caribéenne en soulignant le rôle déterminant du tambourier Vélo.

Négritude et créolité

Ernest Pépin, le récent lauréat du prix RFO pour son roman *Tambour-Babel* (1996), a tenu en juin une importante conférence au Gosier sur le thème "Négritude et créolité".

Musique

Le festival traditionnel de *gwo ka* qui se tient chaque année à Sainte-Anne au début des vacances a connu un vif succès. Toute la Guadeloupe, jeunes et moins jeunes, était au rendez-vous.

Art

Du 21 juillet au 2 août, la Guadeloupe a été le centre mondial de l'*Ikebana*, l'art floral japonais bien connu. Les maîtres japonais ont inauguré ces rencontres par une démonstration-exposition au Centre des arts et de la culture de Pointe-à-Pitre.

GUYANE

LA VIE POLITIQUE ET SOCIALE

L'année 1997 est largement marquée par les conséquences des "événements" de novembre 1996. Des émeutes nocturnes avaient éclaté au centre-ville de Cayenne à la suite de manifestations de lycéens réclamant les moyens (enseignants et matériel informatique) qu'ils jugeaient nécessaires pour travailler dans de bonnes conditions. Durant trois nuits, des magasins avaient été pillés et saccagés, des voitures et immeubles incendiés, des affrontements avaient opposé émeutiers et forces de l'ordre qui avaient reçu des renforts en provenance de France. Les affrontements avaient fait de part et d'autre plusieurs blessés et les dégâts matériels avaient impressionné les Cayennais, peu habitués au déchaînement d'une telle violence. Pour apaiser les esprits, le gouvernement français, qui avait dépêché sur place le ministre de l'Éducation nationale et celui des DOM-TOM, s'était engagé à créer un rectorat en Guyane, ce qui mettait fin au regroupement des Antilles françaises et de la Guyane dans un rectorat.

Après la période du carnaval, moment fort de la vie guyanaise, moment de liesse populaire propice à l'examen des problèmes de société, des arrestations ont été effectuées de personnes soupçonnées de participation aux délits commis lors des émeutes de novembre. L'arrestation des militants nationalistes appartenant à l'Union des travailleurs guyanais (UTG), au Parti national populaire guyanais (PNPG) et au Mouvement de décolonisation et d'émancipation sociale (MDES) mit à nouveau le feu aux poudres à Cayenne durant une nuit d'émeutes, toutefois moins violentes que celles de novembre de l'année dernière.

La Guyane que l'on percevait aux Antilles françaises (où se trouve une part non négligeable des centres de commandement de la vie guyanaise) et en France comme un pays tranquille vivant au rythme régulier des lancements de satellites, exemplaire pour sa pluriculturalité réussie et la préservation de sa forêt, cette Guyane-là était donc brutalement plongée dans la violence urbaine commune à tant de villes dans le monde.

GUYANE

Quelques points de repère

Géographie

➤ Région équatoriale d'Amazonie située entre le Surinam et le Brésil, couverte à 90 % de forêts. Population concentrée sur le littoral (Cayenne).

Histoire

➤ 1643 Fondation de Cayenne par une compagnie normande.

➤ 1677 Convoitée par les Anglais et les Hollandais, la Guyane est conquise pour la France par l'amiral d'Estrées. Objet de nombreuses tractations, elle devient définitivement française en 1917.

➤ 1848 Abolition de l'esclavage.

➤ 1852 Établissement d'un bagne tristement célèbre à Cayenne.

➤ 1870 Exploitation de l'or découvert vers 1855.

➤ 1946 La Guyane département d'outre-mer (conseil général). Fermeture effective du bagne (décidée en 1938).

➤ 1968 Création d'un centre de lancement de fusées à Kourou.

➤ 1982 La Guyane devient aussi région (conseil régional).

En fait, les événements de novembre 1996 et d'avril 1997 révèlent les déséquilibres sociaux des trois dernières décennies dûs à l'expansion économique qui a provoqué une explosion démographique bouleversant les structures sociales traditionnelles.

En effet, la nouvelle donne économique générée en partie par la réussite du Centre spatial de Kourou a fait désormais de la Guyane une région dont le niveau de vie est relativement élevé par rapport aux pays voisins (Brésil et Surinam) et aux pays pauvres de la Caraïbe comme Haïti: des milliers d'immigrés sont venus ainsi grossir une population déjà dotée d'un très fort taux de natalité. Mais, depuis 1992, la fin

des "grands chantiers" de la base spatiale et des infrastructures de la région jointe aux difficultés financières des collectivités territoriales a plongé la Guyane dans une récession économique qui s'est traduite, cette année, par une hausse record du chômage qui s'est élevé en mai à 25% de la population active. Les structures économiques guyanaises (faible développement de l'industrie, secteur tertiaire public pléthorique, prépondérance du spatial) ne permettent pas d'employer une jeunesse de plus en plus nombreuse sur le marché et qui s'est retrouvée dans les rues de Cayenne lors des émeutes.

La campagne électorale des élections législatives n'a pu ignorer les événements de novembre et d'avril. Si la majorité des votants a choisi de reconduire les deux députés sortants (Madame Taubira-Delannon de Walwari et Monsieur Bertrand du RPR) des formations politiques comme le MDES et certains candidats ont cherché à tirer parti de ces événements pour mieux diffuser leurs idées "anticolonialistes". Les résultats du scrutin des 25 mai et 1er juin font apparaître une progression du MDES (ce mouvement recueillait environ 10% des suffrages exprimés) sur l'échiquier politique. S'agit-il d'une donnée conjoncturelle ou d'une tendance plus profonde de la vie politique guyanaise? L'avenir le dira. Ces élections se sont également signalées par l'émergence d'une nouvelle génération d'hommes (et de femmes) politiques issue de la communauté créole et de la communauté amérindienne.

La présence de candidats amérindiens aux élections législatives participe au mouvement de reconnaissance des valeurs amérindiennes par l'ensemble des Guyanais mais aussi par les Amérindiens eux-mêmes. Par ailleurs, la remise en vigueur, avec un certain éclat, de l'institution de la chefferie au sein des communautés amérindiennes du littoral (celle de Kourou et celle d'Iracoubo) y a également contribué. Les Amérindiens de Guyane semblent ainsi affirmer leur volonté d'être présents dans le jeu politique guyanais sans renoncer à leur identité.

Quelques chiffres			
Cannes à sucre:	1 250 t	Pêche:	4 300 t
Bananes:	3 736 t	Rhum agricole:	500 hl
Viande (hors volaille):	680 t		
Sur un total de 56 136 personnes actives, 44 562 ont un emploi, et on dénombre 8900 demandes d'emploi. Le taux de chômage atteint 20% pour les hommes, et s'élève à 26% pour les femmes. (Sources: INSEE)			

LA VIE CULTURELLE

L'installation d'un éditeur en Guyane (Les Éditions Ibis Rouge) et la création d'une nouvelle revue de sciences humaines (*Papara*) ont donné une nouvelle impulsion à la production littéraire et scientifique. Des chercheurs et des écrivains ont ainsi publié des travaux qui sans ces supports auraient eu plus de difficultés à paraître (voir bibliographie). Les Éditions Ibis Rouge en collaboration avec RFO et France-Guyane ont organisé en juillet un concours littéraire ouvert à l'ensemble de la Caraïbe et destiné à révéler les talents de jeunes romanciers.

La commémoration de l'abolition de l'esclavage (le 10 juin) a eu un éclat particulier cette année. Les médias régionaux et notamment la télévision (RFO) lui ont consacré de larges espaces tandis que des associations organisaient des manifestations rappelant aux Guyanais le temps de l'esclavage et son rôle dans la formation de la société guyanaise.

SAINTE LUCIE

Sainte Lucie, le "petit bijou des Antilles", finalement colonisé par l'Angleterre après des périodes de domination française, a deux langues principales: l'anglais, langue officielle et le créole, langue nationale à base lexicale française. Toutefois, même si le français n'est plus utilisé depuis près de deux siècles, son influence est présente aussi bien dans la langue (emploi de l'anglais truffé de mots créoles) que dans les noms d'origine française donnés à la majorité des endroits (Vieux Fort, Soufrière, Dernière Rivière, etc.) ainsi que dans le folklore.

Le français n'a plus aujourd'hui qu'un statut de langue étrangère. Cependant, avec ces vestiges de la culture française, il n'en reste pas moins que l'histoire du pays le rattache au monde francophone lui ayant permis ainsi son adhésion à la Francophonie. Ses liens avec la Martinique toute proche pourraient être plus grands si la différence de niveau de vie au profit de cette dernière n'était pas aussi écrasante.

SAINTE-LUCIE

QUELQUES POINTS DE REPÈRE

Géographie
➤ Île volcanique des Petites Antilles britanniques entre la Martinique, Saint-Vincent et les Grenadines.

Histoire
➤ 1502 Arrivée de Christophe Colomb. Le nom de Santa-Lucia remplace celui de "Louanalao" donné par les Indiens, qui signifie "le pays des iguanes".
➤ 1604 Première colonisation.
➤ 1639 Du Parquet, seigneur de la Martinique, acquiert l'île.
➤ 1728 Le traité d'Aix-la-Chapelle attribue l'île à la France.
➤ 1763 Le traité de Paris cède l'île à l'Angleterre.
➤ 1803 L'île tombe définitivement sous la tutelle anglaise, après avoir été reprise par les Français.
➤ 1979 (22 février) Indépendance.
➤ 1986 Participe aux Sommets de la Francophonie; membre de l'ACCT.

À noter
➤ Le créole est la langue courante, l'anglais, langue officielle.

CULTURE

– 7 mars - Mime Laurent Decol (tournée des pays de l'OECS);
– 20 mars - Fête de la Francophonie - Théâtre de la soif nouvelle, *Dodine*; Manifestations à l'Alliance française et dans les écoles;
– 14 juin - Jazz - Quartet de Daniel Mille (tournée dans les États de l'OECS);
– 21 juin - Fête de la musique à l'Alliance française ainsi qu'à Soufrière et Laborie;

– 28 juin - Lecture d'extraits de *Texaco* par Patrick Chamoiseau et lecture en anglais par Dereck Walcott (prix Nobel, 1992).

Expositions

– exposition d'affiches sur la vie et l'œuvre d'André Malraux, décembre 1996;
– exposition-vente d'ouvrages: du 3 au 12 décembre 1996, l'Alliance Française avec la collaboration de la librairie Alexandre de Fort-de-France a présenté une collection variée en français et en créole: livres d'art, jeunesse, nouveautés, ainsi qu'une présentation spéciale consacrée à André Malraux;

– exposition de Bernard Gerbaud, du 26 février au 1er mars, présentant des modèles de bateaux marins; demi-coques de bois de très bonne facture;
– exposition d'Habdaphaï, du 18 au 28 février, artiste martiniquais;
– exposition permanente des artistes Saint-Luciens dans le hall d'accueil de l'Alliance Française.

Émission de radio

– *French Corner* diffusé deux fois par semaine sur Radio Sainte-Lucie, animé par un représentant de l'Alliance française et des professeurs de français

DOMINIQUE

POLITIQUE

Visite du secrétaire général de l'ACCT

Jean-Louis Roy a effectué une visite à la Dominique du 8 au 10 janvier 1997. Il était accompagné par son conseiller politique, M. Clément Duhaime et a eu des discussions très fructueuses avec le premier ministre de la Dominique, Edison James et d'autres membres du gouvernement ainsi que les membres du Comité national de la Francophonie.

Ces entretiens ont été suivis par une visite à l'Alliance française, un déjeuner offert par le ministre de l'Éducation et une conférence de presse. Un cocktail offert par le premier ministre avec une présentation des habits et des danses traditionnels de la Dominique a clôturé la soirée.

Journée de la Francophonie

La Dominique a célébré avec un certain éclat la Journée internationale de la Francophonie le 20 mars 1997. Des manifestations ont été organisées par les partenaires francophones de la Dominique: le Comité natio-

DOMINIQUE

QUELQUES POINTS DE REPÈRE

Géographie
➤ Île des Petites Antilles, 751 km², entre la Guadeloupe et la Martinique, couverte par la jungle du climat tropical humide. Il existe encore quelques centaines de descendants des Indiens caraïbes.

Histoire
➤ Occupation précolombienne: Arawaks puis Caraïbes.
➤ 1493 Arrivée de C. Colomb, le dimanche 3 novembre (d'où son nom).
➤ XVIIe s. Français et Anglais signent une entente de paix avec les Caraïbes, à qui ils accordent l'entière possession de l'île de la Dominique. Entente confirmée en 1728, neutralité de l'île.
➤ 1763 L'île est cédée à l'Angleterre par le traité de Paris.
➤ 1967 État associé à la Grande-Bretagne.
➤ 1978 (3 novembre) Indépendance de la Dominique.
➤ 1986 Participe aux Sommets francophones. Membre de l'ACCT.

À noter
➤ Le créole est langue courante, l'anglais, langue officielle.

nal de la Francophonie, l'Alliance française et l'Association des professeurs de langues étrangères.

L'Agence de la Francophonie, le ministère des Affaires étrangères et la Mission française de coopération ont contribué au financement.

Les activités ont inclus une exposition sur la francophonie à la Bibliothèque nationale, une cérémonie officielle, des activités éducatives et culturelles pour les élèves de français des écoles secondaires. Les élèves de l'Alliance française ont organisé une soirée culturelle francophone.

CULTURE

Formation à distance

M. Cyrille Simard de l'École internationale de la Francophonie à Bordeaux a effectué une mission à la Dominique du 28 février au 5 mars 1997 pour avoir des entretiens avec des autorités compétentes au sujet de la formation à distance. Il a donc discuté avec les autorités et les membres du Comité national de la francophonie.

Divers

Six artistes ont participé au volet culturel des IIIe Jeux de la Francophonie à Madagascar.

On a édité *Proverbes créoles de la Dominique*.

Un échange culturel entre les handicapés de la Dominique, de la Martinique et de la Guadeloupe a été approuvé par l'Agence de la Francophonie qui doit les financer.

BIBLIOGRAPHIE

En l'absence d'indication, l'année de parution est 1997.

MARTINIQUE

ALCINDOR Jocelyn, *Zabriko modi*, Paris, L'Harmattan.
ANTILLES, Martinique et Guadeloupe, (texte & photos), Paris, Gallimard Nouveaux Loisirs.
**CHAMOISEAU Patrick, *Le Vieil Homme esclave et le Molosse*, (roman), Paris, Gallimard.
**CHAMOISEAU Patrick, *Écrire en pays dominé*, (essai), Paris, Gallimard.
Chants et compositions de Loulou Boislaville, Fort-de-France, Éd. Les cahiers de la musique créole.
**Chemins critiques*, revue Haïtiano-caribéenne, Volume III, n°3, Janvier 1997, Les Montréal, Éditions du CIDIHCA.
**CONFIANT Raphaël, *Le Meurtre du Samedi-Gloria*, Paris, Mercure de France.
*CONFIANT Raphaël, *La Baignoire de Joséphine*, Paris, Éd. des Mille et une nuits.
DELISLE Philippe, *Renouveau missionnaire et Société esclavagiste: La Martinique, 1815-1848*, Paris, Éd. Publisud.
DELSHAM Tony, *Papa, est-ce que je peux venir mourir à la maison?*, Fort-de-France, Éd. MGG.
*DESROCHES Monique, *Tambours des Dieux, Musique et sacrifice d'origine Tamoule en Martinique*, L'Harmattan.
Les Encyclopédies du voyage: Guadeloupe, Martinique, Paris, Gallimard.
GUERIN Isabelle et LE ROUX Béatrice, *Le Dico créole* (pour enfants), Paris, Hachette.
JAHAM (de) Marie-Reine, *Le Sang du volcan (L'or des isles, II)*, Paris, Robert Laffont.
LAGIER André, *Le Sommeil des dieux*, Fort-de-France, Éd. Lafontaine.
*LEOTIN Térez, *Ora la vi* (texte bilingue créole-français), Paris, L'Harmattan.
MACED Edouard, *Martinique d'Hier, Nouvelles et Pawol*, Fort-de-France, @Edouard Maced.
MARIN Renaud, *Un état des lieux*, Saint-Cloud, Éd. MB.
PERINA Mickaëlle, *Citoyenneté et Sujétion aux Antilles françaises: post-esclavagisme et aspiration démocratique*, Paris, L'Harmattan.

*SEABROOK William (réédition), *L'Île magique*, Paris, Éd. Phébus.
  NB: Ce classique du genre, qui en fait concerne Haïti, pose le problème de la rencontre de la" rationalité" occidentale, et de ce que l'auteur estime être le caractère "magico-religieux" de la culture négro-antillaise.
Martinique en poche, Paris, (guide) MGL Publi-Éditions.
*TELCHID Sylviane, *Dictionnaire du français régional des Antilles, Guadeloupe-Martinique*, Paris, Éditions Bonneton.
*THÉSÉE Françoise, *Le Général Donzelot à la Martinique; Vers la fin de l'ancien régime colonial (1816-1826)*, Paris, Éd. Karthala.
Une semaine en Martinique (guide), Paris, Éd. Marco Polo.
URSULET Léo, *Le Désastre de 1902 à la Martinique; l'éruption de la Montagne Pelée et ses conséquences*, Paris, L'Harmattan.

Vidéographie
Le Jardin de Balata, Paris, Hachette VDM.
Les Beautés sous-marines de la Martinique, Fort-de-France, Éd. Exbrayat.
Guide vidéo Hachette de la Martinique, Paris.

Cartographie
L'IGN réalise, depuis décembre 1996, une série de cartes routières, touristiques et topographiques destinées au grand public, qui décrivent systématiquement la Martinique (et la Guadeloupe, ainsi que la Guyane) par secteurs et par communes.

GUADELOUPE

DUPRAT Roger, *Christophe Colomb était français;essai sur l'identité du Découvreur*, Paris, Éd. Godefroy de Bouillon.
Guide social de l'artisan & Guide pratique de l'artisan, Pointe-à-Pitre, Chambre des métiers de la Guadeloupe.
LAFONTANT Georges-Max, *La Guadeloupe en poche: un pays, plus un voyage*, (guide) Paris, Éd. MGL.
*MONNERVILLE Gaston, *Témoignages*, Paris, Éd. de La Rive droite.
*PETRE-GRENOUILLEAU Olivier, *La Traite des Noirs*, Paris, PUF, coll. Que sais-je?.
*RICHARD Guy, *Européens et espaces maritimes au XVIIe siècle*, Paris, Éd. du temps.
**RIPPON Max, *Marie-Galante: itinéraires* (texte poétique & illustrations) Pointe-à-Pitre, Éd. Aïchi.
*TARDIEU Jean-Pierre, *Noirs et nouveaux maîtres dans les valeurs sanglantes de l'Équateur, 1708-1820*, Paris, l'Harmattan, coll. Amériques Latines.
VIGNE J. D., *Îles: vivre entre ciel et mer*, Paris, Nathan.
Une semaine en Guadeloupe (guide), Paris, Éd. Marco Polo.
ZIMMERMANN Larry J., *Les Amérindiens*, Paris, Albin Michel.

GUYANE

ALEXANDRE Rodolphe, *Ti Momo*, biographie, Kourou, Ibis Rouge, 1997, 300 p.
BENOT Yves, *La Guyane sous la Révolution française*, Kourou, Ibis Rouge, 220 p.
CONTOUT Auxence, *Le Petit Dictionnaire de la Guyane*, 264 p.
JADFARD Roseline, *Guide pratique de conversation du Kréol guyanais*, Kourou, Ibis Rouge, 110 p.
MAM LAM FOUCK Serge, *Dchimbo. Du criminel au héros. Une incursion dans l'imaginaire guyanais*, Kourou, Ibis Rouge, 128 p.
POLICE Gérard, *La Fête noire au Brésil. L'Afro-brésilien et ses doubles*, Paris, L'Harmattan, 453 p.
SOUQUET BASSIEGE Pierre, *Le Malaise créole, une dérive du mal français*, essai Kourou, Ibis Rouge, 220 p.
VAN BAARLE P. et SABAJO M.-A., *Manuel de langue Arawak*, traduction de Marie-France Patte, Éd. du saule, 124 p.

HAÏTI

Maximilien LAROCHE
Université Laval
Rodney SAINT-ÉLOI
Journaliste, Haïti

*Les difficultés économiques, pauvreté et misère
endémiques, restent le lot de la population. La relance
que l'on attendait n'est pas venue avec la démocratie.*

L'ANNÉE POLITIQUE

L es utopies ne tiennent plus ou semblent du moins interdites par la
tragique réalité d'Haïti. La catastrophe, politique, économique et sociale,
est visible. Le président Préval a récemment déclaré, à la suite du naufrage
causant la mort à plus de trois cents personnes au cours d'une traversée,
que par manque d'infrastructures les Haïtiens devaient s'attendre tous les
jours à ce genre de catastrophe. Le président est sorti de son rôle traditionnel
de bon papa et ne cherche ni à vendre ni à trafiquer l'espérance. La
catastrophe est imminente. Sur fond d'impuissance et d'incertitude, la réalité
politique et économique est intenable.

La relance tant attendue de l'économie haïtienne, après l'accès au pouvoir
de deux gouvernements démocratiques n'a pas eu l'effet escompté. L'opération *Restore Democracy* entreprise par les Forces armées américaines en
1994 en Haïti a échoué trois ans plus tard. Cette année politique a été
largement marquée par les guerres intestines entre les branches de la famille lavalassienne au pouvoir. La mégalomanie des uns, la mauvaise foi
des autres, ou simplement l'incompétence à trouver des modes de gestion
et de planification aura pour effet d'élargir la dépendance d'Haïti vis-à-vis
de l'Occident. La grande leçon est peut-être que le volontarisme politique
ne mène nulle part. Protestations, grèves, croisade contre la famine au nord-
ouest et retournement des organisations populaires contre la politique néolibérale du gouvernement haïtien assombrissent le panorama politique.
L'indétermination s'érige en règle et, finalement, les dirigeants comme les
dirigés, à défaut de trouver ensemble une quelconque action politique,
laissent toute la marge au désespoir et à l'ingérence étrangère.

La situation ambiguë des missions militaires en Haïti est diversement interprétée. Certains parlent de protectorat, d'autres d'occupation. La réalité
est que toute analyse politique, aussi juste soit-elle, ne peut offrir aucune

HAÏTI

QUELQUES POINTS DE REPÈRE

Géographie

➤ L'île d'Haïti – en arawak *terre montagneuse* –, l'une des Grandes Antilles (avec Cuba, la Jamaïque et Porto Rico) est partagée entre la République d'Haïti (tiers occidental) et la République dominicaine (deux tiers orientaux).

Histoire

➤ 1492 (6 décembre) Arrivée de Christophe Colomb qui dénomme Haïti *Hispañola*.

➤ 1550 Début de la traite des Noirs par les Espagnols pour remplacer la main-d'œuvre indigène décimée.

➤ 1697 Occupation de la partie occidentale par la France, ratifiée par le traité de Ryswick. Arrivée massive d'esclaves (90 % de la population au XVIIIᵉ siècle), prospérité de l'île, *la perle des Antilles*.

➤ 1791-1803 Révolte des esclaves sous la conduite de Toussaint Louverture. Malgré la capture de ce dernier, ils résistent, appliquent la stratégie de la terre brûlée et chassent les Français.

➤ 1804 Indépendance d'Haïti (négociée avec la France en 1825). Jean-Jacques Dessalines se proclame empereur.

➤ 1915-1934 Occupation américaine.

➤ 1957-1971 Dictature de François Duvalier, "Papa Doc".

➤ 1971-1986 Jean-Claude Duvalier, "Baby Doc", succède à son père.

➤ 1990 (12 décembre) Le père Jean-Bertrand Aristide est élu président. Chassé par l'armée (20 septembre 1991) avec l'accord tacite des États-Unis, il revient le 15 octobre 1994.

➤ 1995 (30 octobre) René Préval, nouveau président élu, successeur de Jean-Bertrand Aristide.

➤ 1997 (28 juillet) Élections, Éric Pierre premier ministre

Société

➤ Le déboisement intense et anarchique a entraîné l'érosion des pentes montagneuses. Pauvreté et misère d'une population poussée à s'expatrier (plus d'un million à l'extérieur, 7 millions à l'intérieur).

perspective d'avenir. *Peyi sa foutu* (ce pays est foutu), disent certains dans un créole amer. Les couches populaires, qui longtemps ont appuyé la nouvelle équipe politique au pouvoir, sont aujourd'hui déçues et on assiste à l'effet *backlash*: les pratiques de pouvoir anciennes, les tentations totalitaires s'affirment de plus en plus. La violence n'épargne personne. Dans certains bidonvilles, la violence armée atteint des proportions alarmantes.

Amnesty International, dans son rapport annuel 97, a constaté en Haïti des cas de mauvais traitement, de torture, d'assassinat ou d'exécution. Constat bouleversant: le Parlement constamment menacé d'être dissout, la faiblesse des institutions judiciaires de plus en plus évidente, la corruption à tous les niveaux de l'administration publique, la nouvelle police nationale toujours en quête de sa légitimité sociale, le Conseil électoral sur la sellette, les partis politiques discrédités. La crise est partout, à l'université d'État d'Haïti, à la Télécommunication, au Parlement, à l'Exécutif, dans les foyers. Un dicton populaire, repris dans une chanson du groupe-racine *Dyakout* condamne les "grands mangeurs", expression à succès désignant les nouveaux pilleurs "lavalassiens" des deniers publics.

Face à cette situation de délabrement, certaines organisations de la société civile sont nées en toute urgence, essayant de "repenser Haïti". Initiative Démocratique (ID), mise en place par une centaine de professionnels haïtiens de la société civile et qui regroupe l'ambassadeur Guy Alexandre, l'historien Claude Moïse, la sociologue Sabine Manigat entre autres, se propose justement de penser à une alternative. Mais face au pourrissement de la situation politique et aux nouveaux enjeux de pouvoir, aux formes traditionnelles de gestion politique mises en place, les observateurs sont plus ou moins sceptiques concernant toute entreprise politique.

Au tableau, une note d'espoir: la réforme agraire entreprise par le gouvernement dans l'Artibonite! Mais là encore, la redistribution des terres est contestée et semble n'obéir à aucun projet global. Le flot de boat-people vers la Floride a largement diminué, mais les rapports entre Haïti et l'île voisine, la République dominicaine, sont tendus par l'extradition massive des braceros haïtiens (travailleurs de la canne) dans les batteys dominicains. Haïti s'ouvre au marché commun de la Caraïbe, néanmoins, l'état faible de la production haïtienne fait en sorte que peu d'observateurs croient que cette ouverture changerait grand-chose à la situation économique du pays.

La situation de l'emploi est un des points d'achoppement. Car d'après les chiffres avancés par l'ONU, le chômage atteint en Haïti la fourchette critique de 70%. L'inflation galopante et la survie de plus en plus menacée des petites bourses, l'insécurité ambiante mettent en cause déjà le difficile accès d'Haïti à la démocratie. L'attitude politique actuelle est formulée par un groupe de pression anarcho-populiste, très efficace entre autre, dénommé JPP, en créole *Jan l pase l pase* et en français *advienne que pourra*.

Un problème de communication

Pour les médias, l'actualité haïtienne est tout entière contenue dans la tragédie maritime qui a vu plusieurs centaines de personnes perdre la vie dans la traversée du chenal entre l'île de la Gonâve et le rivage de Montrouis.

Cette polarisation sur un accident de la mer ne se justifierait que si d'abord on voulait se souvenir qu'il n'y a pas si longtemps, sous le gouvernement de Marc Bazin, la tragédie du *Neptune*, au large de Jérémie, avait fait autant de victimes. Et si surtout on voulait chercher une signification autre qu'immédiate et sensationnaliste à cette répétition de malheurs qui ne semblent pas près de cesser.

On pourrait en effet se dire que c'est un problème de transports qui constitue l'une des plaies d'Haïti. Mais on parle beaucoup moins des accidents de la route qui ne causent pas autant de morts à la fois mais dont la liste, à la longue, pourrait bien montrer que ce sont les mêmes causes qui provoquent les désastres maritimes. Camions aménagés en autobus, conduits par des chauffeurs casse-cou, surchargés et roulant sur des routes mal entretenues, cela équivaut aux coques de noix qui coulent à pic à force d'embarquer des passagers pour des voyages hasardeux.

Et comme les voyageurs ne semblent guère avoir de choix entre rester sur place, ce qui est se condamner à l'immobilité, ou s'embarquer sur de véritables cercueils flottants, autre façon de se condamner, on se demande si les Haïtiens ne sont pas soumis à une fatalité génératrice de tragédies sans fin.

À la vérité, si l'on considère l'omniprésence du risque en matière de déplacement, on se persuade aisément qu'en Haïti, il ne s'agit pas seulement de régulariser le

---

flux des passagers mais qu'il faut le faire aussi pour les connaissances et qu'en dernier ressort c'est à un problème de communication, au sens le plus large, qu'on fait face.

On n'a, pour s'en convaincre, qu'à réfléchir sur l'hécatombe qu'ont constitué les examens du baccalauréat de juillet 1997. Sur 11 000 candidats, à peine 1 500 ont réussi ces examens. Ce taux d'échec de 90% révèle bien qu'il y a problème autant dans la communication des connaissances que dans celle des voyageurs. La mobilité des individus vers la satisfaction de leurs besoins personnels est étroitement liée à la capacité de la communauté de progresser dans l'amélioration de ses conditions de vie. Or, l'ignorance ou la méconnaissance délibérée des méthodes susceptibles de permettre ce progrès ne peut que laisser la voie libre au déchaînement de toutes les violences, aussi bien individuelles que contextuelles. Ne pas maîtriser la fureur des flots c'est tout simplement ne pas maîtriser les règles de la navigation ou croire que les ignorer ne porte pas à conséquence.

La comparaison pourrait s'étendre jusqu'au domaine politique où la longue crise ministérielle que connaît le pays depuis des mois révèle, pour le moins, une méconnaissance des exigences de l'efficacité de l'administration d'un pays. Surtout si l'on se dit que cette crise résulte d'une mésentente entre des forces politiques qui seraient censées s'entendre, c'est-à-dire communiquer entre elles.

L'ANNÉE CULTURELLE

L'espace culturel haïtien a été nettement dominé par les concerts du célèbre groupe haïtiano-américain *Fugees*, qui, au cours d'une semaine de showbiz, a fait oublier tous les naufrages. Mais encore un problème de communication, le leader du groupe, le célèbre Jean Wyclef et le ministre de la culture, Raoul Peck, en sont sortis à couteaux tirés. Le déficit de 200 000 dollars US, les problèmes liés à l'organisation et à la gestion des concerts ont été soulevés avec une vive polémique, qui a débordé les frontières nationales. Le scandale financier a touché la culture! Pour les uns comme pour les autres, cela avait simplement une allure de supercherie.

En dépit de l'absence de stratégies culturelles et de communication normale et normalisée entre les différents secteurs de la culture, certaines réalisations ont néanmoins été importantes, comme la naissance de l'Association des écrivains haïtiens qui a démarré, avec un grand enthousiasme, le projet "Voyage à l'intérieur de nous-mêmes", avec l'appui de la Mission française de coopération et d'action culturelle, dans le cadre du projet Lecture publique. Une vingtaine d'écrivains ont sillonné l'ensemble du pays et ont ramené de leur voyage un reportage géo-poétique. L'ensemble, collectif de plus de 150 pages, a été publié à la fin de l'année.

Michel Monnin, galeriste et romancier, a surpris agréablement les lecteurs avec son recueil de nouvelles *Café-Amer*. Exploitant la tendance ethnographique, il met le lecteur face à un fait culturel haïtien, populaire: le combat de coqs. Le romancier Gary Victor, avec son roman *La piste des sortilèges* opte pour le fantastique. Brique de plus de six cents pages qui donne à voir l'imaginaire des tropiques, sous ses aspects les plus insolites. Evelyne Trouillot, avec ses nouvelles intimistes *La chambre interdite,* offre d'autres pistes à l'écrit au féminin en Haïti.

Dans les arts plastiques, l'année semble être celle du peintre Mario Benjamin. Ses oeuvres, postconceptuelles, exposées à la *6ᵉ Biennale des arts visuels de la Havane*, et à la fin de l'année, à la Biennale de l'Afrique du Sud, contribuent à l'enrichissement de la palette caribéenne. Le 25ᵉ anniversaire du Musée d'art du Collège Saint-Pierre a été l'occasion d'accueillir un ensemble de manifestations d'envergure dont l'exposition-rétrospective, *Double Résonance*, qui retrace l'itinéraire de deux peintres amis, décédés au cours des années 90: Jean René Jérôme et Bernard Séjourné tous deux fondateurs, dans les années 70, de ce qu'on appellera dix ans après *École de la Beauté*. Un catalogue en support à cette exposition de plus d'une centaine de pages, avec une vingtaine de planches couleurs, a été publié à l'occasion. Des études de l'historien haïtien Michel Philippe Lerebours, de la critique cubaine Yolanda Wood, entre autres, ont apporté de précieux éclairages sur la connivence entre les deux artistes. Le festival des peintres du mouvement *Saint Soleil*, organisé à Soissons La Montagne, localité proche de Port-au-Prince, a fait revivre ce que l'écrivain André Malraux a appelé "l'expérience de peinture magique la plus saisissante du siècle". Les sculptures, variations sur la mort, de Patrick Vilaire, ont été accueillies au cours du mois de janvier à Paris par la fondation Cartier pour l'art contemporain. Le peintre Philippe Dodard, avec sa boulimie créatrice et ses grandes plages de couleurs, tente des incursions dans l'érotisme. Les ateliers Jérôme, avec l'exposition *Corps Espace* réunissant une dizaine de peintres, convoque la question fondamentale du rêve d'habiter.

Le théâtre haïtien avec ses deux tendances, l'une fortement populaire, parodique à dessein et l'autre plutôt élaborée, cherche encore les voies de son renouvellement. Le metteur en scène Hervé Denis a monté *Les Circoncis de la Saint-Jean* de Michel Philippe Lerebours, drame de fin d'un monde. Le groupe théâtral *Jesifra*, avec son gros rire, a continué de drainer des foules. Les marionnettistes de COPART ont mis en scène l'imagerie populaire haïtienne, avec des marionnettes géantes et des spectacles publics. Le jeune metteur en scène Daniel Marcelin a adapté, dans une perspective plutôt circulaire, le roman *Les Fous de Saint-Antoine* de Lyonel Trouillot. Le metteur en scène Syto Cavé, avec *Ce fou d'empereur* de Claude Innocent, réconcilie le théâtre haïtien avec l'œuvre d'un de ses plus anciens dramaturges; et Franckétienne, avec *Kalibofobo*, rouvre la voie à un théâtre immédiat, politiquement engagé.

Tout semble dispersé dans ce champ culturel audacieux. Pourtant, un ensemble d'événements marquent l'année culturelle comme la troisième édition de la foire du livre: Livres en folie; les festivals de musique du Cap haïtien, de Gelée, de Kenskoff.

Et l'expérience musicale *Strings*, musique plutôt sobre, élaborée, avec des guitaristes dont le musicien Ambroise... Le chanteur-guitariste Beethova Obas, dans ses chansons-hommages à Ti Paris, invite à redécouvrir l'un des plus grands musiciens haïtiens. La musique-racine, avec ses plongées dans la mémoire rurale, continue à ouvrir toutes les portes. La poésie, elle aussi, se donne une place: le poète Anthony Phelps, directeur des Productions Caliban, a mis sur laser les plus beaux chants d'amour des poètes du mouvement Haïti Littéraire (1960).

La mort de la romancière Marie Thérèse Collimon Hall, auteure de *Fils de misère*, prix France-Haïti, membre active de la Ligue féminine d'actions sociales dont elle assura la présidence pendant douze ans, a secoué les milieux féministes en Haïti. La visite de l'écrivain martiniquais Xavier Orville a établi une nouvelle fois le pont entre Haïti et la Martinique. Et le directeur de *Casas de las Américas*, l'historien cubain Roberto Fernandez Retamar et son épouse, l'enseignante Adelaida De Juan ont séjourné en Haïti, ont animé des causeries et rencontré les intellectuels haïtiens. Le débat s'est porté surtout sur ce que Rétamar appelle HAIPACU (Haïti, Paraguay, Cuba), "ces trois petits pays qui sont un seul pays, le pays de la dignité et de l'espérance". D'autres écrivains comme l'américain Bell Madison Smartt, les écrivains d'origine haïtienne, Maximilien Laroche, Dany Laferrière, Edwidge Danticat, de passage en Haïti, ont témoigné de la nécessité d'ouverture. La bibliothèque Monique Calixte est désormais un lieu d'accueil privilégié en vue de la relance du débat sur les arts en général et sur la littérature en particulier.

Cette culture rebelle, culture de la résistance, du marronnage ou de la misère, trouve les moyens d'exister et de se renouveler. Moins centrée sur elle-même, elle se crée des partenaires et des ouvertures nécessaires.

Dans la diaspora

Dans un éditorial du magazine culturel et artistique *Culura* (vol. 3, n°s 3 et 4, mars-avril 1997) Lyonel Trouillot, parlait de *Lakilti lanmizè* (la culture de la misère). Ce pourrait être un nouveau concept comme ceux de "culture opprimée" (Jean Casimir), de "théâtre pauvre" (Grotowski) ou de "théâtre de l'opprimé" (A. Boal). Mais pour ceux qui connaissent la mythologie haïtienne, on pourrait aussi parler de "Lakilti tètsankô " (la culture-tête-sans-corps).

Alors qu'il n'existe au pays même aucune institution pour soutenir la création intellectuelle et artistique, on voit, à l'extérieur du pays, se multiplier les occasions pour les artistes haïtiens de témoigner de leur créativité artistique.

Parmi ces manifestations, signalons le colloque sur le théâtre caribéen organisé par le professeur Alvina Ruprecht à l'université Carleton, du 15 au 18 octobre 97. Franketienne y a présenté, en jouant l'un des rôles-titres, sa pièce *Kalifobobo*. Presque dans le même temps se tenaient deux manifestations à Paris. Dans le cadre des *24 heures du livre du Mans*, la culture haïtienne était à l'honneur avec des écrivains d'Haiti (Lyonel Trouillot et Yannick Lahens) ou venant du Canada (Émile Ollivier, Stanley Péan, Dany Laferrière) ou de France (Mimi Barthélemy) tandis que dans le même temps se tenait le Salon de *La Plume noire*, au toit de la Grande Arche de la Défense à Paris, à laquelle participaient d'autres écrivains (Joël Des Rosiers, Maximilien Laroche).

Au Québec où les intellectuels ont discuté avec âpreté de littérature migrante, ces derniers temps, signalons deux parutions qui soulignent de façon ostensible la positivité des échanges interculturels. Dans un premier cas, il s'agit de *Dialogue d'île en île*, échange épistolaire entre écrivains québécois (de souche anciennement française et d'origine haïtienne récente). Et puis il y a la publication de la rétrospective poétique de Serge Legagneur, à la fois hommage à son œuvre et illustration d'une création artistique qui, s'échelonnant sur plus de 40 ans, a su traverser les mers et passer d'Haïti au Québec sans que l'inspiration du poète ne fléchisse. Et finalement autre hommage rendu à un artiste haïtien: la ville de Montréal a donné à un de ses parcs le nom de Toto Bissainthe. Montréal aurait-elle devancé Port-au-Prince?

En Allemagne où l'Association *Rencontres* fait de plus en plus connaître la littérature haïtienne, *Dokumenta X*, le grand évenement culturel de Kassel, a servi de cadre à la rentrée du cinéaste-ministre Raoul Peck qui y a lancé sa lettre-vidéo "Chère Catherine" pour laquelle, il recevra le prix Sony Special Video au cinquantième festival de Locarno.

L'Assemblée des artistes haïtiens du Massachusetts (Boston) a rendu hommage au poète, dramaturge et chansonnier haïtien Jean-Claude Martineau, écrivain connu surtout pour son infatigable travail sur la langue créole.

BIBLIOGRAPHIE

OUVRAGES GÉNÉRAUX

ACACIA Michel, *Problématiques*, recherches sur le social et l'idéologie en Haïti, s. 1. n.d., 1997.

L'Actualité en question, Port-au-Prince, Imprimeur II, 1997.

APPOLON Georges, *Amour, déchéance et rédemption* (roman), Port-au-Prince, 1997, 228 p.

BARTHÉLÉMY Gérard, *Dans la splendeur d'un après-midi d'Histoire*, Port-au-Prince Éd. Henri Deschamps, 1996, 430 p.
Un essai sur Haïti par un grand connaisseur du pays.

BELL Madison Smartt, *Le Soulèvement des âmes*, Paris, Actes Sud, 1996, 598 p.

CHASSAGNE Raymond, *Incantatoires* (poèmes), Port-au-Prince, Éd. Regain, 1996, 116 p

CHERY Romel, *L'Adieu aux étoiles*, Hull, Éd. Vents d'Ouest (coll. Azimuts roman), 1997, 267 p.

DEITA, *Mon pays inconnu*, Port-au-Prince, 1997, 352 p.

DÉSINOR Carlo, *La Tragédie des libertés*, Port-au-Prince, Imprimeur II, 1997.

Dialogue d'île en île, de Montréal à Haïti (Radio-Canada), dialogue épistolaire entre Jacques Godbout et Émile Ollivier, Monique Proulx et Dany Laferièrre, Paul Chamberland et Serge Legagneur, Jacques Brault et Jean-Richard Laforest, Montréal, Éd. du CIDHICA, 1997, 114 p.

GILLES Alain, *Littérature et science haïtiennes*, Répertoire des écrivains et chercheurs d'origine haïtienne au Canada, 1963-1995, Port-au-Prince, Montréal, Institut haïtien de recherche et d'études sociales, 1997, 129 p.

Un outil de travail précieux qui est un répertoire exhaustif des publications des écrivains et chercheurs d'origine haïtienne au Canada.

KLANG Gary, *L'Île aux deux visages* (roman), Montréal, Humanitas, 1996, 172 p.

LAROCHE Maximilien, *Bizango*, essai de mythologie haïtienne, Québec, GRELCA, 1997, 158 p.

LEGAGNEUR Serge, *Poèmes choisis*, 1961-1997, Montréal, Noroît, 1997, 134 p.

LUBIN Maurice A., *Panorama de la poésie haïtienne*, tome 1 de 1800-1950, Miami Educa Vjision Inc, (1996) 811 p.

L'auteur du *Panorama de la poésie haïtienne* publié en 1950, met à jour cette anthologie devenue désormais un ouvrage de référence.

MÉTELLUS Jean, *FiltroAmaro* (Philtre Amer, poésie), testo originale e traduzione italiana a fronte, Torino, La Rosa Éditrice, 1996, 235 p.

MÉTELLUS Jean, *Les Dieux pèlerins*, Ivry, Éd. Nouvelles du Sud, 1997, 153 p.

MÉTELLUS Jean, *Voyage à travers le langage*, Isbergues, L'Ortho-Edition, 1996, 670 p.

Une somme des travaux scientifiques d'un écrivain majeur de la littérature haïtienne contemporaine.

MONNIN Michel, *Café-amer et autres histoires de coqs et d'amour*, Port-au-Prince, Éd. Regain, 1997, 185 p.

L'auteur a reçu le prix Deschamps 1985 pour son roman *Manès Descollines*.

MOUTERDE Pierre, WARGNY Christophe, *Apre bal, tanbou lou-Après la fête, les tambours sont lourds, cinq ans de duplicité américaine en Haïti (1991-1996)*, Paris, Éd. Austral, 1996, 221 p.

POMPILUS Pradel, *Au service de l'enseignement national et de la jeunesse*, Port-au-Prince, Éd. Pegasus, 1996, 208 p.

L'auteur qui est un des pionniers de la critique littéraire et de la recherche linguistique actuelle en Haïti fait un bilan de ses recherches.

Prix Jacques Stephen Alexis de la nouvelle, 1ʳᵉ édition, Les treize textes sélectionnés, Port-au-Prince, Unibank, 1997, 163 p.

SAVEN Woje E., *Dis pa nan lang ayisyen-an*, Rochester, Vermont, Schenkman Books Inc. 1997, 122 p.

SÉVÈRE Georges Marc, *À la découverte d'un monde nouveau*, une aventure des boat-people haïtiens (roman), Montréal, Éd. Quatre Libertés, 1996, 226 p.

SUPRICE Lenous, *En enjambant le vent* (poésie), Montréal, Humanitas, 1996, 120 p.

TROUILLOT Évelyne, *La Chambre interdite* (nouvelles), Paris, L'Harmattan, 1996, 153 p.

VICTOR Gary, *La Piste des sortilèges* (roman), Port-au-Prince, Éd. Henri Deschamps, 1997, 628 p.

Romancier, dramaturge radiophonique, chroniqueur, l'auteur aborde le fantastique.

REVUES – ARTICLES

Chemins critiques, "Justice", vol 3, n° 3, janvier 1997.

Journal of Haitian studies, Spring 1996, vol 2, n° 1; Autumn 1996, vol 2, n° 2, Haitian Studies Association, Boston, Massachusetts.

HSA REPORTS, "Political and economic reconstruction of Haiti", october 1996, Haitian Studies Association, Boston, Massachusetts.

GÉRIN-LAJOIE Paul, "Faim d'école et soif de connaître", *Le Devoir*, mercredi 27 août 1997, p. A7.

Manifeste de Paul Gérin-Lajoie signé par 62 personnalités haïtiennes et québécoises.

LAPIERRE Nicole, "L'invention d'Haïti", *Le Monde*, vendredi 30 mai 1997, p. IX (compte-rendu du livre de Gérard Barthélemy, *Dans la splendeur d'un après-midi d'Histoire.)*

Notre Librairie, "Cinq ans de littératures: 1991-1995, Caraïbes s. l, n° 127, juillet-septembre 1996; Cinq ans de littératures: 1991-1995, Haïti-Océan Indien-2, n° 128, octobre-décembre 1996"; 500 nouveaux titres de littérature des Caraïbes et de l'Océan Indien, 1991-1995, n° 130, avril-juin 1997.

Stratégies, "Haïti, qui es-tu? Où t'en vas-tu? Qu'attends-tu du Canada?", le magazine des gens d'affaires du Canada, de l'Afrique et de la Francophonie, décembre 1996-janvier 1997.

Vwa, n° 24, hiver 1996-97 (Louis Philippe Dalembert, Lilas Desquiron, Eugène, Christiane Perros, Rodney Saint-Éloi, Lyonel Trouillot), C.P.172, 2301 La Chaux-de-Fonds.

Haïti, une nouvelle démocratie dans le monde francophone

René PRÉVAL
Président de la République d'Haïti

L'expérience démocratique que vit actuellement Haïti a débuté en février 1986 avec la chute de la dictature. Son institutionnalisation s'inscrit dans une nouvelle constitution, votée par plus de 90% des citoyens en mars 1987, qui fait obligation de construire une société plus respectueuse du citoyen. L'instauration d'un État de droit, à travers un régime démocratique, est l'objectif fondamental qui y est visé.

Une autre date importante, le 16 décembre 1990, marque une nouvelle étape dans la concrétisation de cette volonté largement majoritaire du peuple haïtien d'en finir avec l'arbitraire comme mode de gouvernement. Elle correspond à la tenue des premières élections présidentielles véritablement libres, au cours desquelles M. Jean-Bertrand Aristide, qui représentait aux yeux de la très grande majorité de l'électorat le camp de la rupture avec le statu quo, y obtient 67% des voix. En conformité avec les exigences du mouvement populaire dont il est issu, le nouveau pouvoir met en œuvre une politique qui vise la prise en charge de leurs affaires par les citoyens et la fin de l'exclusion sociale et économique. En combattant la corruption, l'injustice, la misère..., son but ultime est de redonner à chaque citoyen sa dignité.

Nous devons créer les conditions qui permettront une reprise de l'activité économique dans tous les secteurs. C'est en effet par l'augmentation de la production nationale et le maintien d'une croissance soutenue que nous pourrons combattre le chômage et la pauvreté, améliorer l'accès aux services sociaux, scolariser le plus grand nombre d'enfants... Dans cette perspective, nous avons accordé une très grande priorité à l'agriculture: en plus de la mise en place d'une politique de crédit agricole, de travaux de remise en état des routes de desserte et de nettoyage des réseaux d'irrigation, nous avons entrepris une réforme agraire; tout ceci devrait se traduire par une augmentation rapide de la production pour assurer la sécurité alimentaire. Mais, pour passer ce cap difficile, il nous faut moderniser les structures étatiques héritées; donc, rompre avec des manières de faire inefficaces. Il est ainsi essentiel de définir le rôle important que doit jouer l'État dans la nouvelle politique économique proposée par l'Exécutif, d'autant plus que ses formes d'intervention doivent s'inscrire dans l'exigence de décentralisation prônée par la Constitution de 1987.

Tout en reconduisant l'édifice économique, nous devons donc aussi mettre en place les diverses institutions prévues par la Constitution pour favoriser la participation des régions et des citoyens dans les affaires collectives. Nous devons garantir des élections libres et honnêtes tant pour la présidence que pour le législatif et les collectivités locales, garantir effectivement le respect des libertés fondamentales en assurant l'indépendance du pouvoir judiciaire. Conformément à l'exigence d'instauration d'un État de droit, nous devons veiller à ce que, partout, le droit prime sur la force. Pour cela, l'État a pour devoir de faire la promotion du respect des droits humains. L'ensemble de ces mesures devrait consommer la rupture définitive avec notre passé de régimes dictatoriaux.

Malgré l'ensemble des difficultés à surmonter, on peut dire que la volonté d'instituer la démocratie reste une exigence fondamentale et s'inscrit dans plusieurs aspects de notre vie collective. C'est là une tâche historique essentielle, qui définit l'orientation du mandat que m'a confié le peuple haïtien.

AFRIQUE SUBSAHARIENNE

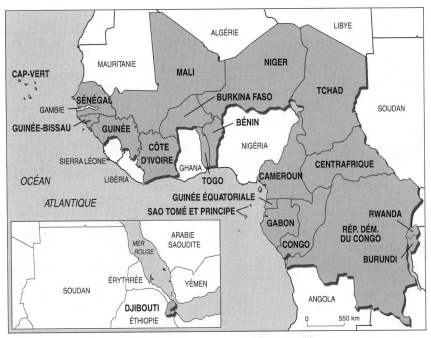

De l'Afrique subsaharienne, vingt et un pays sont présents aux Sommets de la Francophonie. Ces pays sont nés des anciennes colonies européennes, particulièrement de la France*, de la Belgique et du Portugal.

Selon les endroits, le pourcentage de francophones réels varie de 0,1% à 35%, alors que celui des francophones occasionnels oscille entre 4% et 40%. Dans la grande majorité de ces pays, la langue officielle est le français, auquel s'ajoute l'espagnol (Guinée-Équatoriale), l'arabe (Djibouti, Tchad), l'anglais (Cameroun), le kirundi (Burundi) et le kinyarwanda (Rwanda); c'est le portugais qui possède ce statut au Cap-Vert, en Guinée-Bissau ainsi qu'à São Tomé e Príncipe.

La situation du français est particulière. C'est la langue de l'administration, de l'enseignement et de la communication internationale. Mais dans la vie quotidienne, il est en contact permanent avec les langues africaines, habituellement langues d'usage, ce qui ne va pas sans conséquences. D'où le développement de niveaux dans le français parlé où la création imaginative de l'Africain trouve à s'exprimer, au point que l'on est amené à parler parfois de "français d'Afrique". À l'occasion, ces particularités poussent jusqu'à des transformations profondes de la syntaxe et de la lexicologie. L'Africain s'approprie alors le français qu'il soumet à de nouveaux modèles linguistiques.

*AEF: Afrique équatoriale française (1910-1958), fédération regroupant le Gabon, le Moyen-Congo, l'Oubangui-Chari et le Tchad. AOF: Afrique occidentale française (1895-1958), fédération regroupant le Sénégal, la Mauritanie, le Soudan, la Haute-Volta (actuel Burkina-Faso), la Guinée, le Niger, la Côte d'Ivoire et le Dahomey (actuel Bénin).

On peut consulter CEAN, *L'Afrique politique 1995*, Paris, Karthala, 1995.
ELLIS Stephen, *L'Afrique maintenant* (Trad. de *Africa Now*), Paris, Karthala, 1995, 488 p.
Équipe IFA, *Inventaire des particularités lexicales du français en Afrique noire*, Paris, ACCT/AUPELF, 1e éd. 1983, 550 p.; rééd. AUPELF/UREF.

Évolution de la population africaine par rapport à l'ensemble du monde (*en millions)

	en 1994*	en %	en 2010*	en %	en 2025*	en %
Afrique	700	12,5	1078	15,4	1538	18,3
Monde	5606	100	7022	100	8379	100

Source : *Les grandes évolutions démographiques*, Gérard François Dumont, 1995.

(1) AFRIQUE SAHÉLIENNE

	Burkina Faso	Mali	Niger	Tchad	Sénégal
Nom officiel	République du Burkina Faso	République du Mali	République du Niger	République du Tchad	République du Sénégal
Capitale	Ouagadougou	Bamako	Niamey	N'Djamena	Dakar
Superficie (km^2)	274 200	1 240 192	1 267 000	1 284 000	196 722
Régime politique	présidentiel	présidentiel	présidentiel	présidentiel	semi-présidentiel
Chef d'État	Blaise Compaoré	Alpha Oumar Konaré	Ibrahim Maïnassara Baré	Idriss Deby	Abdou Diouf
Entrée en fonction	15-10-1987	26-04-1992	27-01-1996	04-04-1991	01-01-1981
Prédécesseur	Thomas Sankara	Moussa Traoré	Mahamane Ousmane	Hissène Habré	Léopold Sédar Senghor
Chef du gouvernement	Kadré Désiré Ouedraogo	Ibrahima Boubacar Keïta	Amadou Cissé	Nassour Guelengdouksia Onaidou	Habib Thiam
Entrée en fonction	07-02-1996	11-02-1994	21-12-1996	1997	07-04-1991
Prédécesseur	Christian Roch Kaboré	Abdoulaye Sékou Sow	Boukari Adji	Djimasta Koïbla	Abdou Diouf
Langues officielles Autres langues	français moré, dioula, gourmanc,	français bambara, songha, soninké, malinké, pulaar, khassonké	français dyerma, haoussa tamachek, songhaï,	français, arabe fulfude, mundang fufulde, touareg	wolof, fulacunda, tukulor, mandinka, diola, (casamana)
				tupuri	français
Principales religions	croyances traditionnelles (44,8)	islam (90)	islam (98,6),	islam (53,9)	islam (94)
en % de la population	islam (43), christianisme (12,2)	croyances traditionnelles (9), christianisme (1)	animisme (1,4)	christianisme (34,7), croyances traditionnelles (11,4)	christianisme (4,9), autres(1,1)
Population	10 324 000	10 800 000	9 151 000	6 361 000	8 350 000
Moins de 15 ans en %	44,9	48,3	48,4	43,4	47
Plus de 65 ans en %	3	3	2	4	3
Indice de fécondité	6,5	7,3	7,4	5,9	5,84
Espérance de vie H/F	45,8/49	44,7/48,1	44,9/48,1	45,9/49,1	50,3/52,3
Alphabétisation en %	18,2	18,8	13,6	29,8	30,5
IDH (rang/174)[1]	170	171	174	163	153
PNB (en mM$US)	3 470	3 180	2 300	1 280	6 050
PNB par hab. (en $US)	336	300	251	201	725
Monnaie[2]	franc CFA	franc CFA	franc CFA	franc CFA	franc CFA
FF	0,01	0,01	0,01	0,01	0,01
$ US	0,00174	0,00174	0,00174	0,00174	0,00174
Principales exportations	coton, noix de karité, graines de sésame, céréales or	coton, bétail vivant, or	uranium, bétail vivant	coton, produits pétroliers, bétail vivant	produits pétroliers, huile d'arachide, poissons, alumine
Principales importations	produits pétroliers, produits chimiques	produits alimentaires, produits chimiques	matériel de transport, articles manufacturés, produits alimentaires	produits pharmacutiques, céréales, produits pétroliers	produits pétroliers, biens d'équipement, riz
Principaux partenaires commerciaux	France, Côte d'Ivoire, Suisse, États-Unis	France, Côte d'Ivoire, Sénégal	France, États-Unis, Nigeria, Chine	France, Cameroun, États-Unis, Nigeria	France, Inde, Nigeria, Mali

Sources: Banque mondiale; ONU, *Bulletin mensuel de la statistique*

1. Indice de développement humain, mesure de classement des pays utilisée par l'ONU.
2. Taux au 15 septembre 1997, donné à titre indicatif.

AFRIQUE SUBSAHARIENNE

Afrique équatoriale: Thérèse BELLE WANGUE,
Université de Douala
Afrique centrale: Anicet MOBÉ FANSIAMA
École des Hautes Études en sciences sociales
Groupe sociologique de la défense
Afrique occidentale: Tom Amadou SECK
Université de Paris I

Avec la collaboration de
Fernando LAMBERT, Université Laval
Denyse de SAIVRE, Société des africanistes
Jean-Michel DEVÉSA, Université de Bordeaux XIII
Réjean BEAUDIN, Université Laval

L'Afrique est une terre de contraste. L'année en aura une fois de plus donné la preuve. Calme, lente progression vers le développement et la démocratie d'un côté, troubles et guerres civiles d'autre part entraînant de grands bouleversements et dans tous les cas l'écoulement d'économie fragiles.

L'Afrique subsaharienne en 1997

Les médias ont largement commenté, après les massacres du Rwanda et du Burundi, la conquête du Zaïre par les soldats en bonne partie d'origine étrangère de Laurent-Désiré Kabila. On avait auparavant longuement fait état de la mort de trois soldats français pris entre les factions opposées de la République centrafricaine: de nombreux quotidiens et périodiques internationaux en profitèrent pour juger avec sévérité la politique africaine de la France depuis la disparition du général de Gaulle. Ce fut encore la lutte armée entre l'actuel président du Congo et son prédécesseur en prélude à des élections présidentielles qui semblent compromises dans un pays ruiné.

On oublie pendant ce temps que l'Afrique francophone compte une vingtaine d'États dont plusieurs travaillent patiemment à redresser leur économie, à régler leurs dettes et à s'orienter délibérément vers une démocratisation du régime. Ces efforts considérables méritent d'être retenus; on le verra dans les pages suivantes. De grandes manifestations culturelles comme le MASA ou le FESPACO sont aussi d'incontestables réussites.

Afrique sahélienne
BURKINA FASO

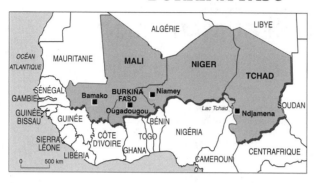

Un nouveau gouvernement a été constitué, le 10 juin, composé en majorité de membres du parti présidentiel, le Congrès pour la démocratie et le progrès (CPD), sous la direction du premier ministre sortant.

Le pays a innové en matière d'emprunt d'État. Un million de titres ont été émis et ont rapporté des fonds substantiels pour financer des activités du monde rural, du secteur informel, des femmes et de la micro-entreprise.

En dépit de la faiblesse de la souscription due à la "nouveauté du produit et des difficultés d'en comprendre les mécanismes", les fonds collectés sont cédés aux structures publiques qui, à leur tour, vont les prêter en dernier ressort aux populations. Ce qui permet un accroissement des revenus ruraux et une intensification de l'agriculture.

L'accès au crédit demeure un enjeu important pour les ruraux pauvres et les femmes. Le projet "petit crédit rural" entre également dans sa troisième phase, financé à hauteur de 1,5 milliard de FCFA par la CFD (Crédit type Grameen Bank). En 1996, un volume de 33 000 crédits a été octroyé, dans quatre provinces pour un montant de 1,1 milliard de FCFA. L'extension du projet à 12 nouvelles provinces a été décidée pour les quatre prochaines années.

Un autre volet "infrastructures", financé par la CFD, concerne l'Office national des télécommunications (3,6 milliards de FCFA).

QUELQUES POINTS DE REPÈRE

Géographie
➤ Pays enclavé au cœur du Sahel.
➤ Agriculture vivrière majoritaire; quelques cultures commerciales (coton, arachide).

Histoire
➤ 1898 La France occupe Bobo-Dioulasso.
➤ 1919 Colonie particulière (avant incluse dans le Haut-Sénégal-Niger).
➤ 1960 (15 août) Indépendance sous le nom de Haute-Volta, Yaméogo président.
➤ 1966-1980 Gouvernement du Général Lamizana.
➤ 1983 Thomas Sankara s'empare du pouvoir; révolution démocratique et populaire.
➤ 1986 Devient Burkina Faso.
➤ 1987 Sankara est tué lors du coup d'État militaire mené par Blaise Compaoré qui lui succède.
➤ 1991 Nouvelle Constitution adoptée par référendum, multipartisme.

À noter
➤ La capitale Ouagadougou accueille tous les deux ans depuis 1969, une grande manifestation culturelle, le Festival pan-africain de cinéma (FESPACO).

Le 6 septembre 1997, les pouvoirs publics ont entamé la construction d'un canal autour du barrage de Bagre, destiné à l'irrigation: 7 400 hectares (par gravitation) et 30 000 hectares (par pompage) pour 10 000 familles concernant la riziculture et le maraîchage. Des écoles et des centres de santé vont compléter le projet.

Le Burkina Faso a aussi négocié avec le FMI la deuxième tranche de la FASR qui va du 1er juillet 1997 au 30 juin 1998.

MALI

Le président Konaré a présenté, le 7 septembre, son programme de gouvernement à l'opposition, alors que certains membres du collectif étaient toujours emprisonnés, à la suite de manifestations.

Le président a cependant annoncé une décrispation de la vie politique, une ouverture vers l'opposition: "Je n'ai nullement l'intention de gouverner seul, lors de mon prochain mandat, et mon souhait le plus ardent est de former un gouvernement de large ouverture dans lequel travailleront les Maliens, toutes sensibilités confondues, sur la base d'un programme..." Le collectif compte donner prochainement sa réponse.

Deux priorités ont été annoncées pour la mise en œuvre du programme: le respect des droits de l'homme et la lutte contre la pauvreté.

En effet, le nouveau gouvernement, formé le 16 septembre, consacre un élargissement politique. Des membres de l'opposition et de la société civile sont largement représentés. Sur le plan économique, la Banque mondiale estime que les réformes structurelles vont dans le "bon sens".

À Kayes, une table ronde s'est tenue en janvier, sur le développement de la région, en présence des autorités françaises et maliennes. L'objectif recherché est de créer les conditions d'un développement rural intégré pour freiner l'émigration en Europe et dissiper le malaise de l'expulsion des sans-papiers de l'église Saint-Bernard à Paris.

QUELQUES POINTS DE REPÈRE

Géographie
➤ Autrefois couvert de végétation, le pays est aujourd'hui pour une bonne part désertique (au nord et au centre: le Sahara).
➤ Enclavé, il souffre de son absence de débouché maritime.
➤ Autour de Mopti, le pays Dogon, source de nombreux travaux ethnologiques.

Histoire
➤ Berceau des grands empires du Niger, du Ghana, du Mali; succession de divers pouvoirs.
➤ 1857 Occupation française.
➤ 1904 Inclus dans le Haut-Sénégal-Niger qui, amputé de la Haute-Volta en 1920, devient le Soudan français.
➤ 1958 La République soudanaise est proclamée.
➤ 1959 Elle forme, avec le Sénégal, la fédération du Mali.
➤ 1960 Fédération dissoute; le Soudan devient la république du Mali présidée par Modibo Keita.
➤ 1968 Coup d'État; Moussa Traoré au pouvoir.
➤ 1991 Moussa Traoré est renversé par l'armée.
➤ 1992 Multipartisme; élection de Alpha Oumar Konaré à la présidence et réélu en 1997.
➤ 1993 Moussa Traoré condamné à mort. Le FMI et la Banque mondiale suspendent leur aide.
➤ 1994 Ibrahim Boubacar Keita, premier ministre.

Les bailleurs de fonds présents (Banque mondiale, Caisse française de développement, Union européenne, USAID) ont donné des assurances quant au désenclavement en matière d'infrastructures et de développement de la région. Un accent particulier a été mis par le mouvement associatif sur la nécessité d'une formation professionnelle adaptée aux besoins des émigrés pour aider à leur réinsertion.

NIGER

Depuis le coup d'État militaire du 27 janvier 1996, le pays est isolé aux niveaux diplomatique et financier. La décrispation de la vie politique n'est toujours pas réalisée.

L'opposition remet en cause la légitimité du gouvernement. Ce dernier ne fait pas beaucoup d'effort pour améliorer le processus démocratique. Dans son message du 9 juin, le général-président estime avoir "pris acte de l'option délibérée de l'opposition de se mettre en travers de la Constitution et des lois de la République".

En mai 1997, les négociations entre l'opposition et le gouvernement se sont traduites par un échec. Pour l'opposition, la dissolution de l'Assemblée nationale constitue un préalable avant toute négociation. Les autorités politiques viennent d'adopter une Haute Cour de justice.

QUELQUES POINTS DE REPÈRE

Géographie

➤ Vaste territoire traversé au sud-ouest par le fleuve Niger, qui concentre sur ses rives activités et populations (près de la frontière avec le Nigeria).

Histoire

➤ Occupation humaine très ancienne; peuplements multiples (Berbères, Touaregs, Peuls, et autres).
➤ VIIe S. Islamisation.
➤ 1897 Pénétration française (amorcée en 1830).
➤ 1922 Le Niger devient une colonie de l'A-OF.
➤ 1960 Indépendance du Niger, Hamani Diori président.
➤ 1974 Coup d'État militaire; Seyni Kountché au pouvoir.
➤ 1987 Mort de Kountché; Ali Seibou lui succède.
➤ 1993 Élections remportées par Mahamane Ousmane.
➤ 1996 (27 janvier) Coup d'État du général Ibrahim Baré Maïnassara. Révision de la Constitution.

Dans le domaine économique, les négociations avec la Banque mondiale et l'Union européenne reprennent progressivement. La libéralisation de l'économie s'effectue. La France a repris son aide, suspendue depuis le coup d'État.

TCHAD

Les Tchadiens ont-ils définitivement tourné le dos à plus de trente ans de guerre civile qui les ont meurtris à tous points de vue? L'exil d'Hissène Habré, la paix qu'ils ont faite avec la Libye à propos de leurs frontières communes avec ce pays, les progrès enregistrés dans le processus de démocratisation incitent à une réponse positive, encore qu'il soit difficile au président Idriss Deby, élu avec une confortable majorité (47,8%) des suffrages valablement exprimés, de consoler les contestataires des résultats des élections.

POLITIQUE

Par son activité politique, le Tchad s'engage dans l'itinéraire de la démocratie dont ce pays a besoin pour corriger les déséquilibres internes et externes. Précédées par le référendum constitutionnel de mars 1996 suivi lui-même de l'élection présidentielle de juin-juillet 1996, les élections législatives de janvier-février 1997 (Ier et 2e tours) ont conforté la majorité des suffrages acquis à la cause du Mouvement patriotique du salut (MPS) du président Idriss Deby.

Ce parti fut confronté à vingt-cinq formations politiques d'importances diverses dont les principales sont représentées par l'Union pour le renouveau de la démocratie (URD) du candidat vaincu à la dernière élection présidentielle, l'Union nationale pour la démocratie et le renouveau (UNDR) d'un opposant rallié au Chef d'État, le Rassemblement démocratique du Tchad (RDT), l'Union pour la démocratie et la république (UDR).

La nouvelle Assemblée doit remplacer le Conseil supérieur de transition (CST), Parlement provisoire mis en fonction depuis quatre ans.

ÉCONOMIE

Les bonnes dispositions des institutions de Bretton Woods et autres bailleurs de fonds, l'augmentation quantitative et qualitative de la production locale, notamment celle de la filière coton porterait à croire que sur le plan économique et du point de vue social, ce pays est promis à un bel essor, plus particulièrement dans les secteurs de l'agriculture et de l'industrie où la progression de la production en volume est spectaculaire. Ceci n'est pas fondamentalement démenti par la baisse qu'enregistre le créneau des brasseries à cause de la concurrence des bières importées.

Le FMI a approuvé un prêt de 124 millions de francs français au titre de la FASR, à l'ap-

TCHAD

QUELQUES POINTS DE REPÈRE

Géographie

➤ Composé du nord au sud de trois grandes zones : le désert, la steppe et la savane.

➤ Deux grands fleuves du sud alimentent le lac Tchad : le Logone et le Chari, qui rassemblent sur leurs rives plus de la moitié de la population.

Histoire

➤ Fin IXe - XIXe siècle Royaume de Kanem, rapidement islamisé.

➤ Fin XIXe - début XXe siècle Le Tchad suscite la convoitise de plusieurs pays européens.

➤ 1910 Incorporé à l'A-ÉF.

➤ 1940 Ralliement à la Force libre avec son gouverneur Félix Eboué.

➤ 1960 Indépendance.

➤ 1962-1975 François Tombalbaye président.

➤ 1980 Goukouni Oueddeïe prend le pouvoir (appuide la Libye).

➤ 1982 Hissène Habré et ses forces occupent N'Djamena.

➤ 1986 La France met en place un processus de protection militaire du Tchad, au sud du 16e parallèle.

➤ Fin de plus de 15 ans de conflits avec la Lybie.

➤ 1990 Hissène Habré est renversé par Idriss Deby.

➤ 1996 (31 mars) Nouvelle constitution par référendum; Idriss Deby élu président.

pui de la deuxième année du Programme d'ajustement structurel des autorités tchadiennes, en vue de l'accélération des programmes de privatisation et de la réforme de la fonction publique. Celle-ci passe par la mise en œuvre d'un nouveau statut précédée par le nettoyage des fichiers de la paye que le gouvernement tchadien a préféré face à la compression des personnels.

Outre ce grand programme, la Caisse française de développement (CFD) a accordé une subvention de 45 millions de francs français à l'État pour le financement d'un programme d'hydraulique villageoise sur la zone soudanienne.

Le Tchad compte sur la mise en valeur d'importants gisements pétroliers découverts à Faya Largeau et Kanen dans le sud et sur l'exploitation du pétrole du bassin de Doba pour laquelle l'accord a été signé le 25 novembre 1996

À cela s'ajoutent le récent accord définitif tchado-camerounais signé récemment par les deux pays, portant sur l'exploitation de ce produit par le port de Kribi situé au sud du Cameroun et sur le plan intérieur avec ses effets bénéfiques de l'accroissement de la production cotonnière sur l'achat des graines aux producteurs..

Il reste à ldriss Deby, qui s'est révélé un talentueux chef de guerre, d'user de tact et de mettre en œuvre une stratégie afin de bien utiliser les compétences, de pratiquer la justice, de provoquer la réconciliation nationale qui pourra entraîner la mobilisation des populations perçue comme l'un des facteurs essentiels du développement.

Afrique occidentale
CAP-VERT

Ce pays, parmi les plus démocratiques de l'Afrique de l'Ouest (alternance démocratique en douceur), a engagé un ambitieux programme de privatisations.

Tous les fleurons de l'économie sont concernés: la Banque commerciale de l'Atlantique; Electra (compagnie nationale d'électricité et d'eau désalinisée); la Caisse d'épargne de Cap-Vert (CECV); EMPA, entreprise de distribution de produits de base (agro-alimentaire, matériaux de construction), la première en termes de chiffre d'affaires (environ 250 millions de FF); la principale compagnie d'assurance (GARANTIA); les transports aériens du Cap-Vert (TACV), une des entreprises les mieux gérées de l'Afrique Occidentale; la totalité du parc hôtelier; la principale entreprise publique du secteur des carburants (ENACOL); le secteur des télécommunications (Cap-Vert TELECOM).

L'objectif recherché, outre la libéralisation totale de l'économie, est la mise en place d'un marché des capitaux, puis d'une bourse de valeurs. Les principaux opérateurs économiques européens, en particulier portugais, français et la Banque mondiale encouragent le processus.

QUELQUES POINTS DE REPÈRE

Géographie

➤ Archipel d'une dizaine d'îles escarpées (point culminant: le Pico, 2 899 m) au large du Sénégal.

Histoire

➤ 1975 La colonie portugaise devient indépendante et marxiste.
➤ 1991 (13 janvier) Premières élections législatives libres. Victoire du MPD d'Antonio Monteiro (libéral).
➤ 1991 (novembre) Antonio Monteiro devient président. Le Cap-Vert entre dans la Francophonie au Sommet de Chaillot.
➤ 1996 (18 février) Réélection d'Antonio Monteiro.

(2) AFRIQUE OCCIDENTALE

	Cap-Vert	Côte d'Ivoire	Guinée	Guinée-Bissau	Bénin
Nom officiel	République du Cap-Vert	République de Côte d'Ivoire	République de Guinée	République de Guinée-Bissau	République du Bénin
Capitale	Praia	Yamoussoukro	Conakry	Bissau	Porto-Novo
Superficie (km²)	4 033	322 462	245 847	36 125	112 622
Régime politique	présidentiel	présidentiel	présidentiel	présidentiel	présidentiel
Chef d'État	Antonio **Mascarenhas Montero**	Henri **Konan Bédié**	Lansana **Conté**	João Bernardo **Vieira**	Mathieu **Kérékou**
Entrée en fonction	17-02-1991	07-12-1993	05-04-1984	14-11-1980	03-1996
Prédécesseur	Aristide **Pereira**	Félix **Houphouët-Boigny**	Sékou **Touré**	Luis de Almeida **Cabral**	Nicéphore **Soglo**
Chef du gouvernement	Carlos Veiga	Daniel **Kablan** Duncan	Sidy Touré	Carlos Correia	Adrien Houngbédji
Entrée en fonction	15-01-1991	10-12-1993	09-17-1996	n/d	03-1996
Prédécesseur	Carlos **Pires**	Alassane Ouattara	Lansana **Conté**	Manuel **Saturnino da Costa**	Florentin **Mito-Baba**
Langues officielles	portugais	français	français	portugais	français
Autres langues	français, créole, mandyak	akan, dioula, moré, senoufo, bété, agni	pulaar (fuuta jalon), maninka malinké sussu, kissi	français, créole, portugais, balante, fulacunda, mandyak	fon, yorouba, somba, peul, bariba
Principales religions	christianisme (93,2)	islam (38,7)	islam (85)	animisme (54)	croyances traditionnelles (62)
en % de la population	autres (6,8)	christianisme (26,1), animisme (17), athées (13,4), autres (4,8)	autres (8,5), religions tribales (5), christianisme (1,5)	islam (38), christianisme (8)	christianisme (23,3), islam (12), autres (2,7)
Population	392 000	14 253 000	6 560 000	1 073 000	5 409 000
Moins de 15 ans en %	45	46,8	47,1	47,1	47,4
Plus de 65 ans en %	8,4[1]	3	3	4	3
Indice de fécondité	6,3	7,4	6,5	5,8	6,2
Espérance de vie H/F	60,7/64,6	53,6/57,2	44/45	41,9/45,1	49,0/52,0
Alphabétisation en %	65,3	40,1	35,9	54,9	63
IDH (rang/173)[2]	122	147	160	161	154
PNB (en M$US)	360	8 100	3 800	240	2 050
PNB /hab. (en $US)	918	568	579	224	379
Monnaie[3]	escudo cap verdien	franc CFA	franc CFA	Peso	franc CFA
FF	0,06207	0,01	0,01	0,00164	0,01
$ US	0,01083	0,00174	0,00174	0,00028	0,00174
Principales exportations	poisson et dérivés, bananes	café, cacao, huile, bois	animine, bauxite	arachides, poisson, noix de coco	pétrole, coton, huile de palme
Principales importations	céréale, produits pétroliers, produits chimiques	produits pétroliers, équipements de transport	produits pétroliers, biens semi-manufacturés	matériel de transport, produits alimentaires	céréales, biens d'équipement
Principaux partenaires commerciaux	Portugal, Pays Bas, Brésil	France, Nigéria, Pays-Bas, Allemagne	France, Allemagne, États-Unis	Portugal, Espagne, Suède, France	États-Unis, France, Portugal

Sources: Banque mondiale; ONU, *Bulletin mensuel de la statistique*

1. 60 ans et plus
2. Indice de débeloppement humain, mesure de classement des pays ulilisée par l'ONU.
3. Taux au 15 septembre 1997, donné à titre indicatif.

SÉNÉGAL

L'année 1997 a été marquée par trois événements importants: la décentralisation, la mise en place de l'Observatoire national des élections (ONEL) et les succès économiques en matière de facilité d'ajustement structurel renforcé.

QUELQUES POINTS DE REPÈRE

Géographie

➤ Le Sénégal se compose d'une zone sahélienne, au nord, assez aride et d'une zone tropicale, au sud, plutôt fertile. L'agglomération de Dakar constitue un 3e pôle.

➤ Enclave indépendante membre du Commonwealth : la Gambie (1 100 000 habitants, 11.295 km²).

Histoire

➤ Peuplé dès la préhistoire; peuplements successifs.

➤ XIe siècle Début de l'islamisation (influence malienne).

➤ XVIIe siècle Les Hollandais fondent Gorée.

➤ 1659 Les Français fondent Saint-Louis et prennent Gorée en 1677.

➤ 1895 Le Sénégal est intégré à l'A-OF, dont le gouvernement général se situe à Dakar.

➤ 1960 (20 août) République indépendante, Senghor président.

➤ 1976 Instauration d'un régime tripartite.

➤ 1980 Senghor se retire, Abdou Diouf lui succède (réélu en 1988 et en 1993).

Société

➤ Dakar : l'une des capitales culturelles de l'Afrique noire, siège de nombreuses organisations internationales.

POLITIQUE

L'opposition réclame depuis longtemps la mise en place d'une commission électorale indépendante (CENO). Après un long silence, le président Abdou Diouf vient d'installer un observatoire national des élections (ONEL) qui, selon le porte-parole des 19 partis de l'opposition "reprend plus de 80% des propositions faites par l'opposition". L'ONEL est composé de neuf membres nommés par le président de la République, après consultation des organismes regroupant les magistrats, les avocats, les universitaires, les professionnels de la communication et les défenseurs des droits de l'homme. Les membres de l'observatoire bénéficient de l'immunité dans l'exercice de leurs fonctions. Par contre, en Casamance, la paix reste toujours fragile. Des escarmouches entre les indépendantistes et l'armée sénégalaise continuent.

Notons que le 21 mars, le président Abdou Diouf a été admis comme membre associé par l'Académie des sciences d'outre-mer, en présence du président Chirac. À cette occasion, il a lancé un vibrant appel pour la création d'une Cour africaine des droits de l'homme.

ÉCONOMIE

Le Sénégal est le premier pays à mettre en place un plan d'ajustement structurel en 1984: libéralisation de l'économie, désengagement de l'État, restructuration du secteur public et parapublic. Actuellement, la deuxième tranche de la FASR est en voie de négociation avec la mise en place d'une nouvelle politique d'ajustement sectoriel de l'agriculture (PASA) et du programme d'investissement du secteur agricole (PISA). Le pays a reçu un

Gambie

Ce petit pays, enclave du Sénégal, commence à sortir de l'isolement dû au coup d'État militaire de Yaya Jammeh qui avait renversé le président Diawara en 1994. Un projet de Constitution levant l'interdiction qui pesait sur les partis politiques a été adopté par référendum: l'Assemblée nationale peut démettre le gouvernement et le président avec un vote qualifié aux deux tiers; une cour spéciale contre la corruption a été créée. Le 26 septembre, le président-colonel remporte les élections présidentielles avec 57% des voix et le conseil militaire est dissous. Selon les observateurs de l'Union Européenne, les élections "se sont déroulées dans le calme...". Mais ils conseillent au gouvernement d'aller plus loin "dans la voie des réformes démocratiques, de la bonne gestion des affaires publiques et des droits de l'homme".

Les 11 et 12 septembre 1997, la capitale, Banjul (anciennement Bathurst), accueillait le sommet du Comité permanent inter-États de lutte contre la sécheresse dans le Sahel (CILSS) qui faisait le bilan de la coopération internationale dans la région.

Le pays sort graduellement de son isolement financier grâce au soutien de Taiwan et de la Libye. Des négociations avec la Banque mondiale et le FMI sont en cours pour un soutien à la balance de paiements. Le tourisme reprend peu à peu.

satisfecit du FMI et de la Banque mondiale pour ses performances économiques: taux d'inflation (4,7%), taux de croissance (5%), baisse du déficit budgétaire et de la masse salariale.

Les privatisations concernent tous les secteurs de l'économie: eau, énergie, transports, SONACOSS et CPSP (secteur agricole), restructuration du secteur bancaire. La réforme fiscale, celle du Code du travail et du droit des affaires visent à mettre en place un environnement juridique, économique et fiscal favorable à l'investissement privé. Cette dernière réforme est la plus difficile à mettre en œuvre dans la mesure où la réforme de l'État (bonne gouvernance) piétine. L'héritage du jacobinisme français est encore lourd. Cependant, la concertation entre pouvoirs publics et organisations de la société civile évolue et la dernière loi sur la décentralisation vient parachever la recherche d'un dialogue de qualité.

GUINÉE

Sur le plan de la politique, l'opposition et le gouvernement actuel sont en situation de guerre larvée. La démocratisation de la vie politique tarde à se réaliser. Le gouvernement militaire a du mal à concevoir l'alternance.

Comme la plupart des pays de la région, la Guinée est sous ajustement structurel. Elle a donné satisfaction pour les résultats de la FASR, selon la mission du FMI du 21 mai. Les négociations pour le déblocage de la seconde tranche sont en cours. Après le feu vert du FMI, le pays pourra bénéficier du financement des autres bailleurs de fonds.

Le 27 mai, le Japon a consenti une aide importante pour l'équipement en recherches environnementales et la construction d'un poste de santé.

Le 9 février, l'écrivain Williams Sassine est mort. Journaliste, dramaturge, romancier, son dernier ouvrage *Le Zéhéros n'est pas n'importe qui*, paru en 1996, fut un succès. W. Sassine était exilé durant toute la dictature de Sékou Touré. Il était Chevalier des arts et des lettres de la France (voir plus loin à la fin de cet article).

GUINÉE

QUELQUES POINTS DE REPÈRE

Géographie
➤ Une plaine côtière, humide, peuplée et riche; au centre, le massif du Fouta-Djalon, domaine de l'élevage et source des grands fleuves Sénégal, Gambie, Niger. À l'est, un pays plat plus sec.
➤ Nombreuses ressources minières.

Histoire
➤ Au XVIIe s. Le pays des Malinkés devient le centre de la "traite des Noirs", à l'initiative des Portugais présents depuis le XVe s.
➤ XIXe s. Islamisation.
➤ 1889 La Guinée devient colonie française, intégrée à l'A-OF en 1895.
➤ 1952 Naissance du mouvement nationaliste de Sékou Touré.
➤ 1958 Indépendance et rupture totale avec la France. Régime dictatorial de Sékou Touré (république socialiste).
➤ 1984 Mort de Sékou Touré. Le colonel Lansana Conté devient chef de l'État.
➤ 1991 Nouvelle Constitution.
➤ 1993 Élection présidentielle. Victoire de Conté qui est réélu en 1995 dans les premières élections pluralistes.

GUINÉE-BISSAU

La Guinée-Bissau vient de rejoindre la zone franc au sein de l'Union économique monétaire ouest-africaine en janvier 1997, ce qui nécessite une gestion plus rigoureuse de son économie et le respect des engagements vis-à-vis du FMI. Le 25 juillet, les organismes de Bretton Woods ont décidé de prolonger la FASR signée en 1995. Cette rallonge permet aux pays de réaliser en partie les objectifs fixes: une croissance économique annuelle de 5%, un taux d'inflation à ramener à 6% d'ici 1999, une réduction du déficit budgétaire, une réforme fiscale et la poursuite du programme de privatisations. Cependant, la rigueur de l'ajustement a entraîné des grèves le 4 août. Le principal syndicat, l'Union nationale des travailleurs de Guinée, exige que les salaires soient alignés sur ceux des autres pays de la zone franc pour compenser la hausse des produits alimentaires et la baisse du pouvoir d'achat.

Le 4 juin, un accord de pêche de quatre ans a été signé avec l'Union européenne. La contrepartie financière est une enveloppe de 9 millions d'écus (55 millions de FF). Ce qui permet au pays d'avoir la tête hors de l'eau pour faire face à ses besoins financiers à moyen terme.

GUINÉE-BISSAU

QUELQUES POINTS DE REPÈRE

Géographie
➤ Pays constitué d'une partie continentale et d'un archipel de 40 îles au sud du Sénégal.
➤ Agriculture (riz, millet, arachide) et pêche.

Histoire
➤ 1446 Arrivée des Portugais dans ce pays peuplé de Mandingues musulmans et d'animistes.
➤ 1879 Colonie sous le nom de Guinée portugaise (détachée administrativement du Cap-Vert).
➤ 1962 Début de la guérilla anti-portugaise dirigée par Amilcar Cabral.
➤ 1973 Assassinat d'Amilcar Cabral. Son frère Luis proclame la république de Guinée-Bissau (marxiste).
➤ 1980 Coup d'État du commandant J. B. Vieira qui réoriente l'économie du pays et se rapproche des Occidentaux (en particulier, intégration progressive dans l'espace francophone).
➤ 1990 Multipartisme
➤ 1994 J. B. Vieira est confirmé dans ses fonctions par l'élection présidentielle du 7 août.

CÔTE D'IVOIRE

ÉCONOMIE ET POLITIQUE

Elle constitue, depuis la dévaluation du franc CFA, la ligne de mire des États-Unis, en raison de ses performances économiques remarquables, de la taille de son marché et de la mise en place d'une Bourse régionale des valeurs (décembre 1997).

Le pays a bénéficié récemment d'un rééchelonnement de sa dette commerciale par le Club de Londres et des facilités du plan de Naples pour l'allégement de sa dette.

Les négociations avec les institutions de Bretton-Woods pour une nouvelle tranche de la facilité d'ajustement renforcé sont en cours. Parmi les performances économiques qui lui ont valu un *satisfecit* du FMI, nous pouvons noter le démarrage prudent de la privatisation de la CAISTAB (Caisse de stabilisation du café-cacao), naguère symbole de l'héritage du président Houphouët-Boigny et de l'État interventionniste. Un forum sur les opportunités du commerce et de l'investissement à New York (30 avril – 1er mai) regroupait des hommes d'affaires américains et ivoiriens.

Pour M. Robert Lamprecht, vice-président de la Banque d'investissement

QUELQUES POINTS DE REPÈRE

Géographie

➤ Trois grandes zones climatiques définies par les précipitations (de 1,20 m à 2 m).

➤ Cultures commerciales : café, cacao, fruits tropicaux.

➤ Exploitation forestière : acajou.

Histoire

➤ XVIe - XIXe s. nombreux royaumes.

➤ 1893 Création de la colonie française de Côte-d'Ivoire.

➤ 1960 (7 août) Indépendance, Félix Houphouët-Boigny président (réélu jusqu'à sa mort).

➤ 1993 (7 décembre) Décès d'Houphouët-Boigny; Henri Konan Bédié lui succède.

➤ 1995 (22 octobre) Première élection présidentielle après la mort d'Houphouët-Boigny. Élection de H. K. Bédié .

À *noter*

➤ En 1983, Yamoussoukro, village natal d'Houphouët-Boigny, devient capitale.

➤ Abidjan reste la métropole de la Côte-d'Ivoire et de l'Afrique francophone. Ville cosmopolite où le français est langue véhiculaire.

➤ Abidjan accueille tous les deux ans depuis 1993 le Marché des arts du spectacle africain (MASA).

anglo-néerlandaise ING BARINGS, "L'Afrique est le seul véritable marché en développement et émergent qui subsiste au monde..." La mise en place d'une bourse régionale à Abidjan, avec la vague de privatisations en cours en Afrique de l'Ouest, intéresse les opérateurs économiques en question et offre des perspectives en matière de placements. Entre 1993 et 1996, les exportations américaines en Côte d'Ivoire sont passées de 60 millions de dollars à 117 millions de dollars, et les investissements de 430 millions de dollars à 1,1 milliard de dollars. Dans ce pays, la libéralisation de l'économie va de pair avec la démocratisation de la société.

C'est la raison pour laquelle une réforme de la Constitution a été entamée et un nouveau Code électoral adopté le 8 août en Conseil des ministres. L'article 11 de la Constitution a été abrogé. Désormais, l'intérim, en cas de vacance du pouvoir, sera assuré par le président du Sénat (instance en voie de création) et non par le président de l'Assemblée nationale.

Une dose de proportionnelle sera introduite dans le Code électoral et les nouveaux critères d'éligibilité modifiés pour l'élection à la présidence de la République: "Tout candidat à la magistrature suprême devra être ivoirien de naissance, né d'un père ivoirien, et avoir résidé au moins 15 ans dans le pays". Cela constitue un assouplissement vis-à-vis de la réglementation actuelle qui veut "que la mère et le père soient ivoiriens" et qui a permis au président actuel d'écarter la candidature de l'ancien premier ministre, Alassane Ouattara.

Pays du Golfe de Guinée

BÉNIN

L'un des premiers pays de l'Afrique subsaharienne à s'engager dans la voie de la démocratisation en 1990, le Bénin s'efforce d'effacer l'image de dictature laissée par dix-sept ans de régime militaro-marxiste. Deux élections pluralistes, une législative et une présidentielle y ont été organisées. Les progrès démocratiques et l'élaboration d'une politique économique, définissant les grands axes du développement, inaugurent une nouvelle ère pour ce pays.

Politique

Considérée comme anticonstitutionnelle, la nomination du premier ministre ne semble pas avoir eu bonne presse parmi certains membres du gouvernement qu'il a formé, du moins si l'on en croit ce que clament certains médias et partis d'opposition. Dans ces milieux, on insiste également sur le caractère hétéroclite de la coalition des partis ayant permis l'élection du président Kérékou L'incapacité de la coalition des forces démocratiques à s'entendre lors de la constitution d'une commission d'enquête parlementaire illustrerait cette situation. Mais ne pourrait-on pas voir dans cette "crise" un signe de vitalité de la démocratie béninoise ? En cette seconde moitié de l'année les institutions béninoises paraissent plutôt stables et le gouvernement se penche sur le dossier de la réforme de l'administration territoriale.

Dans une large mesure, l'État béninois lutte contre tout ce qui peut entamer l'immobilisme dans les divers secteurs de la vie nationale, entraver le développement envisagé dans sa triple dimension économique, sociale, culturelle. Il invite avec instance ses ministres a plus de modération et de discrétion dans la gestion des personnels, qui ne doit pas être affectée par la chasse aux sorcières, mais tenir compte des compétences souvent unanimement reconnues.

ÉCONOMIE

Malgré les répercussions des conséquences de la conjoncture internationale sur l'économie du pays, en dépit de la faiblesse des ressources disponibles, nonobstant les contraintes du Plan d'ajustement structurel (PAS), des remèdes ont été apportés à une situation économique pour le moins difficile : la restructuration bancaire marquée par l'installation de cinq nouvelles banques, l'amélioration de la production des produits de rente, la privatisation des entreprises, etc.

L'assainissement de la filière coton a fait de ce produit l'un des grands atouts de l'économie du Bénin, un véritable or blanc. Intensifiée, l'exploitation des noix d'acajou est devenue une précieuse source de recettes budgétaires en même temps qu'un instrument d'amélioration de la balance commerciale.

La privatisation d'une quinzaine d'entreprises sur vingt-deux, l'amélioration quantitative et qualitative de la production découlant de cette restructuration, la simplification du régime fiscal et la moralisation des comportements individuels et collectif donneront sans doute un coup de fouet à l'économie béninoise

Des manifestations sont déjà perceptibles: résorption des arriérés de la dette extérieure, nouveaux crédits du FMI au Bénin, réduction de 2/3 de la dette extérieure du pays par le club de Paris.

BÉNIN

QUELQUES POINTS DE REPÈRE

Géographie
➤ Longue bande de terre orientée nord-sud.

Histoire
➤ Ancien royaume du Dahomey célèbre pour ses rois, Glé-Glé et son fils Behanzin, qui luttèrent contre la France jusqu'en 1894.
➤ 1895 Le Dahomey, membre de l'A-OF, devient peu à peu la pépinière des cadres de l'Afrique, d'où son surnom de "Quartier latin de l'Afrique".
➤ 1960 (1er août) Indépendance.
➤ 1972 Coup d'État de Mathieu Kérékou.
➤ 1974 Le marxisme-léninisme idéologie d'État.
➤ 1975 (30 novembre) Le Dahomey devient la république populaire du Bénin.
➤ 1990 Nouvelle Constitution.
➤ 1991 Nicéphore Soglo (démocrate) président de la République.
➤ 1995 (avril) Victoire de l'opposition aux élections législatives.
➤ 1995 (novembre) Sixième Sommet de la Francophonie à Cotonou.
➤ 1996 (mars) Élections présidentielles. Retour de Mathieu Kérékou dans le cadre démocratique de l'actuelle Constitution.

À noter
➤ Porto-Novo (180 000 habitants) est la capitale officielle mais sa voisine, Cotonou (555 000 habitants), est la métropole qui abrite le gouvernement.

Au lendemain de la conférence économique nationale tenue le 16 décembre 1996, encouragée par les efforts déployés par les autorités béninoises, la Chambre de commerce et d'industrie de Paris (CCIP), en collaboration avec la Maison de l'Afrique, a organisé une journée de mobilisation des opportunités d'investissement au Bénin. L'économie béninoise va sans doute s'en ressentir de façon bénéfique.

Conférence nationale économique

La Conférence nationale économique avait reçu pour mission de procéder à une analyse critique des ressources humaines, financières, naturelles, propres à permettre de redynamiser les anciens secteurs, d'en susciter d'autres et surtout d'améliorer les rapports entre l'État et les institutions financières internationales. Tenue du 9 au 13 décembre 1996, c'est une des promesses faites au cours de la campagne électorale par le président élu M. Mathieu Kérékou. Le Bénin est le premier pays de l'Afrique subsaharienne a avoir organisé pareille assise. Celle-ci est regardée comme susceptible de revigorer la vie nationale. La présence des représentants des institutions financières internationales, celle de Mgr Isidore de Souza, ancien président en 1990 de la Conférence nationale des forces vives de la nation, paraît pouvoir garantir le sérieux des résolutions prises. L'absence du précédent président de la République, M. Nicéphore Soglo, ne semble pas avoir influencé le déroulement de cette Conférence.

Destinée à rendre efficace le fonctionnement des institutions de la République, elle devait en outre éclairer le gouvernement et l'administration sur les attentes des populations. La mise en œuvre des résolutions de cette Conférence devait s'articuler autour de l'amélioration des actions positives déjà engagées par l'État et de la nécessité de mettre fin à diverses irrégularités qui nuisent au fonctionnement des rouages de l'État : malversations, fraudes de toute nature, corruption et exactions des fonctionnaires, etc.

La nécessité de maîtriser les effectifs de la fonction publique et, par suite, l'allégement des charges liée à la rémunération des agents de l'État ont conduit le gouvernement à entreprendre une évaluation des effectifs des salariés émargeant au budget de l'État. Cette opération a permis la découverte de faux diplômes, de fonctionnaires fictifs, de morts dont les parents perçoivent les salaires. Le 31 décembre 1996, le gouvernement béninois a décidé une augmentation de 5% du salaire des fonctionnaires après une négociation difficile avec les syndicats. La lutte contre l'inflation l'a amené à mettre sur pied une brigade anti-inflationniste, plus spécialement pour juguler les conséquences de l'inflation qui frappe essentiellement la production locale

CULTURE

Le premier **Festival culturel des cités lacustres** (fin 1996) organisé sous l'égide du ministère béninois de la Culture et avec l'appui de l'UNESCO, a permis de connaître les modes de vie des populations dont toute la vie se déroule sur l'eau et d'apprécier la puissance des pirogues à moteur qui peuvent parcourir plus de 450 km.

En déclarant le 10 janvier **fête du Vodun**, le Président Kérékou se serait mis sur le dos les chrétiens et les membres des autres religions. Si ses adversaires voient dans cette décision la politisation du Vodun, les membres de cette religion se réjouissent et marquent leur reconnaissance au président Kérékou.

TOGO

SOCIOPOLITIQUE

Assuré d'une majorité au Parlement grâce aux résultats enfin obtenus aux législatives de 1996 par les partis de la majorité présidentielle, le Gouvernement togolais a procédé à la mise en place des institutions prévues par la loi fondamentale, depuis le 22 février 1997. Le Togo a commencé par se doter d'une Cour constitutionnelle, institution dont dépendra l'avenir du pays, étant chargée de veiller aux dispositions de la Constitution, de la faire respecter dans son esprit, et dans sa lettre, et d'asseoir l'État de droit.

Une activité de coopération intense a précédé et suivi cet événement politique. Le 3 juillet 1997, le FAC (Fonds d'aide et de coopération) et le Togo ont signé une convention de financement d'un projet de redynamisation du système éducatif (Éducation Togo). Par ailleurs ce pays a bénéficié d'un prêt de 56 millions de francs CFA accordé au port autonome de Lomé, pour affronter la concurrence des ports des pays voisins. Outre ces deux grands projets, de petits projets régionaux éducatifs et sociaux sont assurés par le Service de coopération au développement (SCD), une ONG a vocation internationale. Celle-ci s'occupe de trois projets localisés à Aledjo au centre et à Lomé la capitale. Le but de ces actions de développement est, à terme, la prise en charge des projets par les populations elles-mêmes.

TOGO

QUELQUES POINTS DE REPÈRE

Géographie

➤ Longue bande de terre semblable au Bénin.

Histoire

➤ 1884 Le Togo protectorat allemand.
➤ 1922 La Société des Nations confie le territoire à la France et à l'Angleterre.
➤ 1960 (27 avril) Indépendance. La partie britannique (occidentale) s'unit au Ghana. Sylvanus Olympio président, assassiné en 1963.
➤ 1967 Coup d'État militaire qui porte au pouvoir Gnassingbe Eyadéma, réélu jusqu'à maintenant. (Élection toutefois contestée en 1993.)
➤ 1991 Multipartisme

Faisant écho à l'UNICEF (Fonds des Nations Unies pour l'enfance), le 30 Janvier 1997, le mouvement togolais, sous les auspices du ministère de la Promotion féminine et de la Protection sociale, a analysé la situation des enfants du Togo. Le problème de l'emploi de ces enfants est présenté comme un fléau contre lequel les autorités togolaises ont décidé de lutter. Cette situation est liée au problème de la qualité du système éducatif togolais dénoncée dans un document du programme de coopération Togo-UNICEF

ÉCONOMIE

Ayant fait du redressement économique la priorité de ses actions, le gouvernement togolais intervient sur le plan de la réflexion et des actions. Dans cette perspective, un séminaire s'est tenu du 2 au 6 juin 1997 dans le cadre de la recherche des stratégies alternatives d'où peuvent se dégager des voies et des moyens susceptibles d'asseoir l'économie sur des bases solides.

Organisé par le ministère du Plan et de l'Aménagement du territoire dont le portefeuille est tenu par le premier ministre, ce séminaire s'est terminé sous de meilleurs auspices. Il vise à créer les conditions d'un développement humain durable du point de vue public, privé et social.

Déjà du 4 au 7 juillet 1996, cinq ans après la mise en place de zones franches, l'État togolais a organisé à Lomé une conférence internationale afin d'en évaluer les premiers résultats. Plus de mille participants y ont pris part, et ont reconnu l'intérêt croissant que présente le partenariat des entreprises implantées au Togo avec leurs homologues situées dans les zones franches des autres pays. En fait, l'exécution du programme de privatisation établi de concert avec la Banque mondiale se déroule normalement.

Le désengagement de l'État par la privatisation d'entreprises publiques au profit du secteur privé concerne surtout le secteur non stratégique car l'État tient à se consacrer au rôle classique d'un État se trouvant à la tête d'une économie libérale. Douze entreprises stratégiques sont maintenues dans le portefeuille de l'État qui a lancé une campagne de privatisation d'une vingtaine d'entreprises publiques appartenant principalement aux secteurs d'activité se rapportant à divers produits et services marchands.

CULTURE

On a plaisir, sans toutefois s'isoler du politique et de l'économique, à observer l'imposant monument de la colombe de la paix en marbre. Endommagé depuis mars 1993 lors de la tentative d'assassinat du président de la République, la colombe de la paix a été restaurée de juin à octobre 1996 à la grande satisfaction des Togolais qui s'emploient ainsi à tourner une page douloureuse de leur histoire.

AFRIQUE CENTRALE
CAMEROUN

SOCIOPOLITIQUE

Au cours d'avril 1997, une bande armée composée de plusieurs centaines d'individus a déclenché des violences dans la province anglophone du Nord-Ouest. Elle s'est livrée à l'attaque de plusieurs bâtiments et services administratifs et de maintien de l'ordre dans six localités dont Bamenda. Ces attaques se sont soldées par des morts civils et militaires. Leur nombre est loin de faire l'unanimité Les pouvoirs publics ont réagi par l'arrestation et l'incarcération de plusieurs personnes.

En raison de la fermeture d'entreprises privées avec son cortège d'effets néfastes, du licenciement de fonctionnaires et de la baisse draconienne de salaire des autres, de la dégradation constante du niveau de vie, du succès des partis d'opposition aux dernières élections municipales et de la défection de personnalités influentes de l'administration publique et du parti au pouvoir, on prévoyait un raz de marée de l'opposition aux élections législatives de mai. C'est le contraire qui s'est produit. Le Rassemblement démocratique du peuple camerounais (RDPC), a remporté plus de 66% des 180 sièges à pourvoir. Les fraudes et autres irrégularités imputées à ce parti et aux fonctionnaires peuvent difficilement, à elles seules, expliquer ce succès éclatant.

Certains partis crédités au départ d'une bonne audience ont été laminés. Parmi les partis de l'opposition non parlementaire, Seuls le Social Democratic Front (SDF) et l'Union démocratique du Cameroun (UDC) ont obtenu des sièges, 23,75% des voix (43 sièges) et 2,75% (5 sièges). L'Union nationale pour la démocratie et le progrès (UNDP) a perdu plus des 2/3 des 64 députés qu'il comptait dans la précédente législative. L'Union des populations du Cameroun (UPC) et le Mouvement pour la défense de la République (DR) passent respectivement de 18 à 1 élu et de 6 à 1 élu. Certains partis dont on prédisait l'entrée fracassante à l'Assemblée n'ont pas eu d'élus.

Précédemment à ces élections, le 12 décembre 1996, à l'issue de son Congrès ordinaire, le RDPC a proclamé

CAMEROUN

QUELQUES POINTS DE REPÈRE
Géographie
➤ Forêt équatoriale, savanes, paysages variés.
Histoire
➤ XVIIe s. Les Fangs et les Doualas s'établissent au sud.
➤ XIXe s. Les Foulbés (Peuls) s'installent au nord et imposent l'Islam.
➤ 1884 Protectorat puis colonie allemande.
➤ 1919 Expulsion des Allemands, mandats britannique et français.
➤ 1960 (1er janv.) Indépendance de l'ex-Cameroun français.
➤ 1961 Le sud de l'ex-Cameroun anglais lui est rattaché (le nord se lie au Nigéria).
➤ 1972 La fédération devient une République unitaire.
➤ 1961 Ahmadou Ahidjo, président jusqu'à sa démission (1982).
➤ 1982 Paul Biya président.
➤ 1993 Entrée du Cameroun dans la Francophonie.
➤ 1995 Entrée du Cameroun dans le Commonwealth.
➤ 1997 Élections législatives.

M. Paul Biya, son président, candidat à la prochaine élection présidentielle. Cette proclamation était entourée de circonstances à caractère esthétique destinées à la rendre plus prenante au point qu'on l'a qualifiée de "premier clip politique" du pays.

Les salaires des fonctionnaires ont connu une augmentation de 15% à 20% sur la base du réajustement de la grille indiciaire. Face à ce relèvement, l'amélioration des indemnités reconnues aux enseignants du primaire et du secondaire, celle des indemnités récemment accordées aux magistrats, ajoutées aux substantiels avantages matériels attribués à ces derniers en même temps ont été ressenties par les autres corps de fonctionnaires comme une frustration

ÉCONOMIE

L'économie du Cameroun n'est pas loin de connaître une embellie qui se dégage des perspectives conjoncturelles. Dans un climat social moins incertain, les indicateurs économiques, spécialement les résultats du commerce extérieur, l'augmentation des recettes fiscales provenant des pro-

(3) AFRIQUE CENTRALE

	Cameroun	Centrafrique	Congo	Gabon	Guinée équatoriale
Nom officiel	République du Cameroun	République centrafricaine	République du Congo	République gabonaise	République de Guinée équatoriale
Capitale	Yaoundé	Bangui	Brazzaville	Libreville	Malabo
Superficie (km^2)	475 442	622 436	341 929	267 667	28 051
Régime politique	présidentiel	présidentiel	présidentiel	présidentiel	présidentiel
Chef d'État	Paul **Biya**	Ange-Félix **Patassé**	Pascal **Lissouba**	Omar**Bongo**	Téodoro Obiang **Nguema Mbasogo**
Entrée en fonction	06-11-1982	20-10-1993	16-08-1992	28-11-1967	03-08-1979
Prédécesseur	Ahmadou **Ahidjo**	André **Kolingba**	Denis **Sassou-Nguesso**	Léon **M'Ba**	Francisco **Macias Nguema**
Chef du gouvernement	Peter **Mafany Musonge**	Michel **Ghezzera-Bria**	David-Charles **Ganao**	Paulin **Obame Nguema**	Sylvestre **Siale Bileka**
Entrée en fonction	19-09-1996	1997	25-08-1996	13-10-1994	22-12-1993
Prédécesseur	Simon **Achidi Achu**	Jean-Paul **Ngoupandé**	Joachim **Yhombi Opango**	Casimir **Oyé-M'Ba**	Lansana**Conte**
Langues officielles	français, anglais,	français, sangho	français,	français,	espagnol,
Autres langues	ewondo, bulu, fang, mengisa, fulfude, duala, basa, langues bamileke	banda, gbaya	kikongo, lingala, minokutuba, mbere	fang, myéné, punu, banzebi, bapuru, batéké	français, fang, bubi, ngumba
Principales religions	christianisme (52)	christianisme (68)	christianisme (93)	christianisme (96,2)	christianisme (88,8)
en % de la population	islam (25) animisme (23)	tribalisme (24), islam (8),	croyances traditionnelle (4,8) autres (2,2)	sectes africaines (12,1), croyances traditionnelles (2,9), autres (3)	athées et sans appartenance (5,9), animisme (4,6), islam (0,5)
Population	13 233 000	3 141 000	2 590 000	1 156 000	396 000
Moins de 15 ans en %	46,4	43,2	45,6	39,1	43,2
Plus de 65 ans en %	5,5	4	3	6	6,4
Indice de fécondité	5,7	5,8	6,3	5,3	5,3
Espérance de vie H/F	54,5/57,5	44,7/49,4	48,9/53,8	51,9/55,2	50/54,3
Alphabétisation en %	54,1	60	74,9	63,2	62,2
IDH (rang/173)[1]	127	148	125	120	131
PNB (en M$US)	9 260	1 320	1 850	3 900	190
PNB /hab. (en $US)	686	411	714	3 374	480
Monnaie[2]	franc CFA	franc CFA	franc CFA	franc CFA	franc CFA
FF	0,01	0,01	0,01	0,01	0,01
$ US	0,00174	0,00174	0,00174	0,00174	0,00174
Principales exportations	pétrole brut, café, coton	café, bois d'oeuvre, diamant	pétrole brut, diamant	pétrole brut, bois-d'oeuvre, manganèse	café, cacao, boi d'oeuvre
Principales importations	machineries, produits alimentaires (céréales)	produits manufacturés, équipements de transport, véhicules automobiles, céréales	machineries, produits chimiques, produits alimentaires	machineries, produits alimentaires, produits métalliques	produits pétroliers, matériel de transport, prosuits alimentaires
Principaux partenaires commerciaux	Union européenne, France, Belgique	France, Belgique, Cameroun, Japon	France, Allemagne, Belgique, États-Unis	France, États-Unis, Espagne, Japon	Union européenne, États-Unis, Cameroun, Japon

Sources: Banque mondiale; ONU, *Bulletin mensuel de la statistique*

1. Indice de développement humain, mesure de classement des pays utilisée par l'ONU.
2. Taux au 15 septembre 1997, donné à titre indicatif.

duits d'exportation malgré les taxes dont ils sont frappés, laissent croire que ces signes n'annoncent pas une situation de courte durée.

Le redressement probable du secteur bancaire, les plus-values budgétaires qui viennent des privatisations amélioreront davantage cette situation malgré les inquiétudes qui s'observent dans les milieux des opérateurs économiques qui semblent hésiter s'engager dans ces privatisations

Longtemps attendu, ayant fait l'objet de rudes négociations, l'accord FMI-Cameroun concernant la Facilité d'ajustement structurelle renforcée (FASR) a été signé. Selon ses protagonistes, il aura sans doute un effet positif sur l'économie, de même que la découverte de pétrole à Ebome, au large de Kribi. Le chef de l'État a inauguré le premier puits.

La récente signature de l'accord final portant sur le pipeline Tchad-Cameroun doit être regardée comme un acte d'une grande portée économique avec des effets secondaires sur les autres secteurs de la vie nationale. Avant l'exploitation du puits de pétrole, la mise en place de cet oléoduc fournira de substantielles recettes au Trésor camerounais ainsi que des dizaines d'emplois aux habitants de ce pays. Bien que les écologistes camerounais et étrangers protestent contre la signature de cette convention, les travaux concernant cet oléoduc ne semblent pas devoir se heurter à un quelconque obstacle. Le pétrole extrait des puits tchadiens sera exporté par le port de Kribi situé au sud du Cameroun

CULTURE

Quelques événements culturels significatifs pour la vie nationale.

La réalisation du prestigieux **complexe islamique de Yaoundé** financé par l'Arabie Saoudite et inauguré par le chef de l'État. Ceci marque un regain d'influence de l'islam et des monarchies arabes du Moyen-Orient au Cameroun.

Le grand prix du roman de l'Académie française décerné à Calixthe Beyala. Les Camerounais ont accueilli avec une fervente allégresse l'annonce du grand prix du roman de l'Académie française décerné à leur compatriote Calixthe Beyala pour son roman *Les Honneurs perdus,* publié aux éditions Albin Michel. Si certaines personnalités telles que Mongo Beti ont protesté contre la controverse qui a entouré l'attribution de ce prix à Calixthe Beyala, elle a laissé indifférente la grande majorité des Camerounais. Elle est passée à leurs yeux comme une chicane inspirée par la jalousie. Ils ont estimé que leur compatriote et leur pays sont à l'honneur.

La qualification de l'équipe nationale de football pour la prochaine Coupe du monde qui aura lieu en France en 1998. Les succès internationaux des "Lions indomptables" constituent l'un des facteurs émotionnels les plus tenaces qui font encore et toujours communier les Camerounais et leur font garder une certaine foi et une fierté dans la valeur de leur pays. Cette qualification a été précédée d'un remaniement controversé de la direction de l'équipe et d'une polémique montrant l'importance des enjeux financiers, ethniques et politiques impliqués par la participation du Cameroun à toute Coupe du monde.

CENTRAFRIQUE

La vie politique a été perturbée depuis le 15 novembre 1996 par les mutineries de l'armée causant la mort de nombreuses victimes civiles. Le 8 décembre 1996, le président Ange Patassé et les délégués des mutins signent une trêve de 15 jours. La mort de trois militaires français le 4 janvier a entraîné une réaction ferme de l'armée française. Le 24 janvier, le gouvernement centrafricain et l'opposition parviennent à un accord (de Bangui), contresigné par les chefs d'État du Burkina Faso, du Gabon, du Mali et du Tchad.

Le 30 janvier, M. Michel Gbezera-Bria est nommé premier ministre; il rend publique la composition de son gouvernement le 18 février. Pour veiller à l'application des accords de Bangui, une mission interafricaine des accords de Bangui (MISAB) se constitue et devient opérationnelle à partir du 12 février. Elle comporte 750 soldats de six pays (Burkina Faso, Gabon, Mali, Tchad, Sénégal et Togo) soutenus par une unité de 50 soldats français. Le 1er avril, le président Patassé rencontre les mutins et il multiplie les signes d'ouverture pour satisfaire leurs revendications. Ces efforts seront mis à rude épreuve par la mort de trois soldats mutins dans les locaux de la gendarmerie; 11 partis d'opposition et le collectif des anciens mutins remettent alors en question leur participation au gouvernement. De violents combats vont opposer les mutins aux forces de la MISAB entre les 20 et 23 juin.

Un accord de cessez-le-feu est signé le 2 juillet; c'est alors que 400 ex-mutins réintègrent l'armée régulière, le 10 juillet. Le 7 août, l'opposition annonce qu'elle est prête à réintégrer le gouvernement. Le 8 août, l'ambassadeur de France à Bangui, M. Jean-Marc Simons déclare qu'une commission franco-centrafricaine se réunira pour discuter des modalités de retrait des troupes françaises de la RCA.

CENTRAFRIQUE

QUELQUES POINTS DE REPÈRE

Géographie
➤ Pays de savanes, cultures vivrières, plantation, de café et de coton.
➤ Riche sous-sol (uranium, diamant).

Histoire
➤ XIXe s. Le pays, peuplé de Pygmées et de Bantous, est ravagé par la traite des Noirs.
➤ 1896-1898 Après l'anglais Stanley, le français Marchand explore le pays, qui devient colonie française en 1905 sous le nom d'Oubangui-Chari.
➤ 1958 Proclamation de la République centrafricaine, dans le cadre de l'Union française.
➤ 1960 (13 août) Indépendance. David Dacko président à la mort de Boganda.
➤ 1966 (1er janvier) Coup d'État du général Jean-Bedel Bokassa qui devient président à vie (1972), puis empereur (1976).
➤ 1979 La république est rétablie par David Dacko avec l'aide de la France.
➤ 1981 Coup d'État militaire d'André Kolingba qui permet en 1991 le multipartisme.
➤ 1993 (septembre) Ange-Félix Patassé élu président.
➤ 1994 Nouvelle Constitution.
➤ 1996 (novembre) Mort de Bokassa, mutinerie et troubles à Bangui (1997).

CONGO

L'année 1997 s'ouvre avec le retour au pays de deux personnalités venant de Paris. Il s'agit des généraux Sassou-Nguesso, ancien président de la République et de Michel Mokoko, ancien chef-d'État-Major lors de la conférence nationale, qui rentrent à Brazzaville, les 26 et 30 janvier.

Rien ne laisse présager alors la tragédie qu'allait vivre le pays. Alors que tout le monde redoutait à Kinshasa un bain de sang qui aurait entraîné un afflux massif des populations zaïroises à Brazzaville, rien ne se produisit. Au contraire, l'exode s'est opéré dans l'autre sens. En effet, la guerre civile opposant les milices de Sassou aux troupes régulières, demeurées fidèles au président Lissouba va causer plus de 4 000 morts, et plus de 20 000 personnes s'enfuient à Kinshasa. Le martyre enduré par le peuple ne semble guère émouvoir les protagonistes.

Cette explosion de violence est survenue au milieu d'une situation économique morose. En effet, à l'issue d'une mission effectuée au mois de février, à Brazzaville, le FMI décide de maintenir le Congo en observation. Le Koweït – où s'était rendu en visite officielle le président Lissouba – décide au mois de mai d'alléger la dette congolaise de 30%. Ce sont les incidents survenus les 10 et 14 mai à Owando (nord du pays) lors de la tournée de monsieur Sassou qui vont provoquer cette flambée de violence meurtrière le 5 juin, malgré l'adoption, le 31 mai, d'un code de bonne conduite pour les élections par la classe politique. Le 15 juin à 16 h, la France met fin à l'opération "Pélican" qui a permis d'évacuer 5 500 personnes, principalement des étrangers, vers Libreville. L'armée française a quitté le Congo, le 16, mais l'ambassadeur français est resté sur place.

Dès le 6 juin, le président du Gabon, épaulé par le maire de Brazzaville, tente de ramener à la raison les parties en conflit.

CONGO

QUELQUES POINTS DE REPÈRE

Géographie
➤ Pays équatorial couvert de forêts.
➤ Sous-sol pétrolifère.

Histoire
➤ 1875 Voyage de l'explorateur français Savorgnan de Brazza.
➤ 1891 Colonie française intégrée à l'A-ÉF en 1910 (capitale Brazzaville).
➤ 1940-1944 Brazzaville capitale de la France libre. Félix Eboué gouverneur.
➤ 1944 (février) Le célèbre discours du général de Gaulle jette les bases de l'Union française.
➤ 1958 République sous le nom de Congo-Brazzaville.
➤ 1960 (15 août) Indépendance. L'abbé Fulbert Youlou président.
➤ 1963 (13-15 août) Révolution populaire, F. Youlou est renversé.
➤ 1969 Proclamation de la République populaire du Congo par Alexandre Massemba-Débat, renversé par Marien N'Gouabi (assassiné le 18 mars 1977).
➤ 1979 Le colonel Sassou-N'Guesso écarte Joachim Yhombi-Opango.
➤ 1981 Rapprochement avec l'Occident.
➤ 1990 Abolition du marxisme.
➤ 1991 Démocratisation. Multipartisme.
➤ 1992 Nouvelle Constitution (référendum). Pascal Lissouba président.
➤ 1994 (mai) Le Congo renoue avec le FMI malgré la guerre civile (juillet 1993-juillet 1994): 2000 morts à Brazzaville.
➤ 1997 Les troubles reprennent.

GABON

Sans aucune forfanterie mais avec beaucoup de doigté, le président Bongo acquiert, au fil des années, une autorité morale que certains de ses pairs ne manqueront pas de lui envier. Du coup, le poids diplomatique et géopolitique du Gabon s'en trouve accru dans la région.

Faire de l'Afrique centrale un havre de tranquillité et de concorde pour les populations au sein de leurs pays respectifs où les conflits politiques se résolvent par le dialogue, tel est le sens profond des efforts de médiation déployés par le président Bongo au Congo-Brazzaville, où il s'est activé sans grand succès à amener les parties en conflit, dans ce pays, à reconsidérer l'idée de paix et d'unité.

Qu'il suffise de rappeler qu'en 1977, c'est grâce à son intervention auprès du Comité militaire du Parti congolais du travail (PCT) qu'a été mis fin au règlement de comptes sanglant déclenché après l'assassinat du président Marien N'gouabi. C'est ainsi que furent sauvés MM. Pascal Lissouba et Claude N'dalla. En 1991, ses conseils de modération contribuèrent à éviter des dérapages à la Conférence nationale. Les accords de Libreville (août 1993) permirent la tenue du 2e tour des élections législatives au Congo.

Le 20 décembre 1994, le président Bongo participe à Brazzaville au Forum national pour la culture de la paix, un an après la mouvance présidentielle, et les partis d'opposition signèrent un accord de paix. Il a aussi pris une part active pour résoudre les crises angolaise et centrafricaine.

La vie politique a connu un tournant avec la nomination, le 28 mai, de M. Divungi-Di-Nding au poste de vice-président après des élections législatives tenues en fin d'année 1996 et qui ont confirmé une seconde fois l'avance du PDG sur les partis de l'opposition qui ont là enregistré un grand recul.

L'économie du pays a enregistré des résultats positifs. Les soubresauts de la société ELF n'ont pas empoisonné les relations franco-gabonaises. Le Gabon n'est pas touché par les mesures de fermetures des bases militaires françaises en Afrique.

GABON

QUELQUES POINTS DE REPÈRE

Géographie
➤ Pays équatorial riche et peu peuplé.
➤ Forêts, pétrole, manganèse, uranium.

Histoire
➤ XVe s. Arrivée des Portugais sur la côte gabonaise.
➤ XVIIe - XIXe s. Traite des Noirs. Commerce de l'ivoire et de l'ébène.
➤ 1849 Libreville fondée par des esclaves libérés.
➤ 1886 Colonie française après la venue de Savorgnan de Brazza, intégrée à l'A-EF en 1910.
➤ 1958 Proclamation de la République gabonaise.
➤ 1960 Indépendance.
➤ 1961 Léon M'Ba président jusqu'à sa mort en 1967.
➤ 1967 Omar Bongo président.
➤ 1986 Inauguration du chemin de fer: Transgabonais .
➤ 1990 Multipartisme.
➤ Bongo, au pouvoir depuis 1967, est réélu.
➤ 1994 Le Gabon quitte l'OPEP.

SÃO TOMÉ E PRÍNCIPE

Le 28 janvier, l'Assemblée nationale approuve une résolution autorisant des poursuites judiciaires pour corruption et mauvaise gestion contre l'ancien gouvernement de M. Aminda Vaz d'Almeida, renversé en octobre 1996. Le 20 février, le gouvernement et l'UNICEF signent une convention sur un programme de cinq ans pour développer l'enseignement primaire. L'OPEP accorde un prêt de 2 225 millions de dollars US à Sao Tomé pour renforcer sa capacité de production d'électricité d'origine thermique. Le pays connaît plusieurs jours d'agitation sociale.

Une crise diplomatique a éclaté avec la République populaire de Chine après que Taiwan eut annoncé le 5 mai l'établissement des relations diplomatiques avec São Tomé. Ce projet fut rejeté officiellement le 15 par le Conseil des ministres de São Tomé mais, le 22 mai, le président Miguel Travoada signe un décret établissant les relations diplomatiques avec Taiwan. Cet imbroglio diplomatique et la crise économique ont terni le 22ᵉ anniversaire de l'indépendance du pays, célébré sans éclat le 12 juillet.

> ## SÃO TOMÉ E PRÍNCIPE
>
> ### QUELQUES POINTS DE REPÈRE
> ➤ Deux îles équatoriales proches du Gabon.
> ➤ Anciennes colonies portugaises indépendantes depuis 1975.
> ➤ En raison de son environnement francophone, le pays est devenu membre de la Francophonie lors du Sommet de Cotonou en novembre 1995.

RÉGION DES GRANDS-LACS

RÉPUBLIQUE DÉMOCRATIQUE DU CONGO (ex-ZAÏRE)

C'est au début du mois de décembre 1996 que le gouvernement et le peuple prennent conscience de la gravité de la situation qui prévalait à l'est du pays. Le 29 novembre 1996, la déclaration de l'ambassadeur américain à Kinshasa, selon laquelle le Zaïre n'intéresse plus les Américains, provoque un profond émoi, aggravé avec l'occupation de la ville de Béni par des soldats Ougandais équipés de blindés.

Cette situation figure à l'ordre du jour des points débattus au sommet du Comité consultatif permanent de l'ONU tenu à Brazzaville les 2 et 3 décembre. Ce 3 décembre 1996, le président Mobutu reçoit à Cap-Martin M. Raymond Chrétien, l'envoyé spécial de l'ONU chargé d'une mission de paix dans la région

Note: Voir plus haut la carte complète de la République démocratique du Congo (ex-Zaïre), en tête de l'Afrique centrale.

des Grands Lacs. Le 4 décembre, le fils du président, Nzanga Mobutu, est reçu par le secrétaire-général de l'ONU à New York.

Le président Clinton met en garde Laurent Kabila contre toute tentative de créer un État indépendant dans l'est du Zaïre. Le 17 décembre, le président Mobutu rentre à Kinshasa où il est accueilli en triomphe.

Le 18, il nomme le général Mahele chef d'État-Major général de l'armée avec autorité sur la DSP (Division spéciale présidentielle). Le 24 décembre, il signe l'ordonnance de nomination du gouvernement Kengo, remanié alors que le peuple attendait le retour de Tshisekedi au poste de premier ministre.

RÉPUBLIQUE DÉMOCRATIQUE DU CONGO (EX-ZAÏRE)

QUELQUES POINTS DE REPÈRE

Géographie

➤ Le plus grand pays de l'Afrique francophone (près de cinq fois la France).

➤ Forêt équatoriale.

➤ Hydroélectricité (Inga, 1er site mondial), ressources minières, forestières et agricoles.

Histoire

➤ Origines Deux grands groupes ethniques : Pygmées et Bantous.

➤ 1876 Le roi des Belges, Léopold II, crée l'Association internationale du Congo.

➤ 1885 Le Congo, propriété personnelle du roi des Belges, devient un "État indépendant".

➤ 1908 Léopold II cède à son pays le Congo qui devient colonie belge.

➤ 1960 (30 juin) Indépendance sous le nom de Congo-Léopoldville, proclamée par Patrice Lumumba.

➤ 1960 (11 juillet) Sésession du Katanga par Moïse Tshombe, soutenu par la Belgique.

➤ 1961 Assassinat de Patrice Lumumba.

➤ 1965 Mobutu prend le pouvoir. Le pays réunifié devient le Zaïre.

➤ 1997 Laurent-Désiré Kabila chasse Mobutu et se proclame président de la République démocratique du Congo.

Chronologie des événements de 1997

Janvier

L'année 1997 débute par l'annonce spectaculaire, faite le 21 janvier 1997 par le général Likulia, d'une contre-offensive totale et foudroyante dans l'est du pays. Les témoignages commencent à s'accumuler sur les violences, les exactions et les pillages commis par les soldats des Forces armées zaïroises (FAZ) dans ces régions.

Février

Le 3 février, l'AFDL (Alliance des forces démocratiques pour la libération du Congo, créée le 18 octobre 1996) lance un ultimatum aux autorités gouvernementales afin d'ouvrir des négociations pour le 21.

Le 4, venant de France, le président Mobutu arrive au Maroc pour solliciter une aide militaire auprès du roi Hassan II. C'est alors que se confirment les informations selon lesquelles des mercenaires étrangers, commandés par le Belge Christian Tavernier, se battent aux côtés des FAZ des rescapés de l'armée rwandaise (FAR) et des miliciens Interhamwé.

Le 7, le Conseil de sécurité adopte une résolution demandant au Zaïre de toutes les forces extérieures, mercenaires compris. Le 17, l'aviation de l'armée zaïroise bombarde la ville de Bukavu, faisant de nombreuses victimes parmi les civils. Le 18, le Conseil de sécurité approuve à l'unanimité un plan de paix pour le Zaïre. Le 25, M.Kabila arrive en Afrique du Sud pour négocier avec les représentants du président Mobutu.

Mars

Le 15 mars, les forces de l'AFDL s'emparent de la ville de Kisangani où Kabila tient un grand meeting le 22. Le 19 s'ouvre à

Nairobi un mini-sommet sur le Zaïre sous l'égide du président kenyan Arap Moï. Le 21, le président Mobutu rentre au Zaïre, mais ne fera une apparition publique que le 23 au camp Tshatshi. Le 24, le président Mobutu prend acte de la décision du HCR/PT (Haut Conseil de la République, Parlement de Transition) de destituer le premier ministre Kengo. Le 26 s'ouvre à Lomé un sommet extraordinaire de l'OUA sur le Zaïre. Pendant ce temps, la Belgique, la France, la Grande Bretagne et les USA déploient des troupes pour procéder à l'évacuation de leurs ressortissants en cas de troubles à Kinshasa. Le 31, la ville de Kamina tombe aux mains des rebelles.

Avril

Le 2 avril, M. Tshisekedi est nommé premier ministre. Le 3, sa déclaration provoque une énorme confusion; en effet, il rejette la légitimité des institutions et des textes qui n'ont pas été élaborés à la Conférence nationale. Son gouvernement ne compte aucun représentant de la mouvance présidentielle.

Le 4, la ville de Mbuji-Maji tombe aux mains de l'AFDL où Kabila fait son entrée le 7. Le même jour, la ville de Kipushi est conquise par les rebelles. Le 8, le président Mobutu décrète l'état d'urgence sur toute l'étendue du pays et nomme cinq gouverneurs militaires à la tête des régions qui sont encore contrôlées par le gouvernement.

Le 9, il nomme le général Likulia premier ministre. Le 11, celui-ci rend publique la composition de son gouvernement qualifié de gouvernement de salut national ayant pour mission de "pacifier le pays, de poursuivre les négociations qui se tiennent en Afrique du Sud et d'assainir les finances publiques". Deux autres officiers font partie du gouvernement: il s'agit des généraux Ilunga Shamumba, ministre de l'Intérieur et de la Sécurité du territoire et Mahele, ministre de la Défense, des Anciens Combattants et chef d'État-Major général. Les négociations entre l'AFDL et les représentants du président Mobutu se poursuivent en Afrique du Sud du 5 au 8 avril.

Les 15 et 16 avril, les villes de Kanaga et Kolwezi sont conquises par l'AFDL. Le 16, le président de l'AFDL, M. Kabila, signe un important contrat avec American Mineral Fields pour l'exploitation du cuivre, du zinc et du cobalt dans la zone de Kipushi. Le 28, une délégation américaine, conduite par Bill Richardson, arrive à Kinshasa pour exhorter les Zaïrois à négocier une issue non violente à la crise.

Le 30, le HCR/PT rejette la désignation de Bula Mandungu au poste de président du HCR/PT, et propose la réhabilitation de Mgr Monsengwo. Le 21, le Tribunal de grande instance de Nice condamne à deux ans de prison avec sursis l'ancien ambassadeur du Zaïre en France, M. Ramazani Baya. Le 23 novembre 1996, il avait tué accidentellement deux adolescents.

Mai

Le 4 mai, Mobutu rencontre Kabila à bord du navire sud-africain *Outeniqua*, en présence du président Mandela, de l'envoyé spécial de l'ONU, Mohamed Shamoun, et de l'envoyé spécial des USA, Bill Richardson. Mais Kabila ne s'est pas rendu à la 2e rencontre du 14 mai. L'opposition radicale a rejeté l'élection du 10 mai de Mgr Monsengwo à la présidence du HCR/PT.

Le 16 mai, le président Mobutu quitte Kinshasa pour Gbadolite d'où il partit pour Lomé. Le 17 mai, le général Mahelé est assassiné par les éléments de la DSP au camp Tshatshi. Le même jour, Laurent Kabila est proclamé président de la République à Lubumbashi tandis que les troupes de l'AFDL investissent la ville de Kinshasa. Le pays reprend son appellation de République démocratique du Congo. La composition du gouvernement – comprenant 13 ministres – est annoncée dans la nuit du 22 au 23 mai. Le 18 mai, il signe un décret-loi qui lui confère l'ensemble des pouvoirs exécutif, législatif et militaire. Une manifestation de l'opposition radicale réprimée. Le 29, le président Kabila prête serment devant la Cour suprême de justice au stade de Kinshasa. Il promet d'organiser des élections générales pour 1999.

Juin

Le 6 et le 12 juin, le président Kabila complète son gouvernement. Les critiques se multiplient contre l'AFDL aussi bien à l'intérieur qu'à l'extérieur du pays. Les accusations de l'ONU sur le massacre des réfugiés hutus se font de plus en plus pressantes.

Juillet

Le 3 juillet, lettre épiscopale dénonçant la justice expéditive pratiquée par l'AFDL.

Septembre

Le 7, mort de l'ex-président Mobutu.

JOSEPH DÉSIRÉ MOBUTU SESE SEKO

Le maréchal Mobutu - ancien président de l'ex-République du Zaïre - est décédé le 7 septembre 1997 à l'hôpital militaire Mohamed V de Rabat au Maroc. Il y était soigné depuis le 30 juin après avoir subi une intervention chirurgicale à l'hôpital civil Avicenne de Rabat. Il était arrivé au Maroc le 23 mai en passant par le Togo. Il a été enterré le samedi 13 septembre au cimetière européen de Rabat dans la plus grande discrétion, voire l'indifférence totale. Une attitude qui étonne car en 32 ans de pouvoir, le maréchal Mobutu a été adulé à travers le monde où il comptait de nombreux amis et admirateurs. Plusieurs offices religieux prévus en sa mémoire ont été annulés.

Né le 14 octobre 1930 à Lisala (région de l'équateur), Mobutu est incorporé dans l'armée coloniale, la force publique, le 14 février 1950, pour indiscipline scolaire. Il quitte Mbandaka le 11 décembre pour Loulabourg (Kananga) où il suivra sa formation militaire à l'École centrale. En 1952, il obtient le brevet de secrétaire comptable. Il est alors affecté à Léopoldville (Kinshasa) au quartier général à la section G 3 chargée de la mobilisation, de l'instruction et des opérations. Il s'occupe du journal de l'armée. En outre, il collabore au journal *L'Avenir* où il signe des articles sous le pseudonyme "De Banzy".

Libéré des obligations militaires en 1956, il entre au comité de rédaction du journal *Actualités africaines* qui l'envoie en 1958 couvrir le Congrès de la presse coloniale en Belgique. Il revient à Bruxelles en 1959 pour suivre un stage de journalisme à l'Association de la presse belge et à l'Infor-Congo. Il s'inscrit aussi à l'Institut supérieur d'études sociales. En 1960, il se retrouve dans l'entourage de Lumumba lors de la Conférence de la Table ronde au cours de laquelle Belges et Congolais négocient l'indépendance du pays. Il fait partie du premier gouvernement de la République du Congo, comme secrétaire d'État à la présidence du Conseil. Après la mutinerie de l'armée, il est promu colonel et chef d'État-Major de l'armée nationale congolaise, le 8 juillet 1960.

Le 14 septembre 1960, il fait son premier coup d'État et confie le pouvoir à un collège de commissaires généraux composé d'étudiants venus surtout de Belgique. Il est promu général et commandant en chef de l'armée en janvier 1961. Il suit une formation militaire en Israël où il obtient un brevet de parachutiste.

Le 24 novembre 1965, il prend le pouvoir et nomme le général Mulamba premier ministre. Celui-ci est démis de son poste le 26 octobre 1966. Le 20 mai 1967, il crée le MPR (Mouvement populaire de la Révolution), le parti unique.

Le 1er novembre 1970, candidat unique, il est élu président de la République et il prête serment le 5 décembre 1970. La révision constitutionnelle d'août 1974 lui confère la plénitude des pouvoirs. En 1977-1978, le régime n'évite la culbute que grâce aux interventions militaires franco-marocaine et française.

Le 24 avril 1990, il annonce la fin du monopartisme mais la démocratisation annoncée est sans cesse entravée par une violence politique inouïe qui vide de sa substance l'essence même de tout projet démocratique. Qu'il suffise de rappeler le massacre des étudiants à l'université de Lubumbashi les 10 et 11 mai 1990, la sanglante répression de la marche pacifique des chrétiens, le 16 février 1992, les violences commises envers les populations civiles lors des mutineries militaires de septembre 1991 et janvier 1993. L'ambassadeur de France, M. Philippe Bernard fut assassiné le 28 janvier 1993.

C'est dans ce climat socio-politique obéré par la violence, la déconfiture de l'armée, la banqueroute financière et la faillite économique de l'État que la rébellion de Kabila va prospérer et précipiter la chute du régime.

Anicet MOBE

(4) AFRIQUE, LES GRANDS LACS

	Togo	République démocratique du Congo	Rwanda	Burundi	Djibouti
Nom officiel	République togolaise	République démocratique du Congo (ex-Zaïre)	République rwandaise	République du Burundi	République de Djibouti
Capitale	Lomé	Kinshasa	Kigali	Bujumbura	Djibouti
Superficie (km²)	56 785	2 345 410	26 338	27 834	23 200
Régime politique	présidentiel	présidentiel	présidentiel	présidentiel	présidentiel
Chef d'État	Étienne Gnassingbé Éyadéma	Laurent-Désiré Kabila	Pasteur Bizimungu	Pierre Buyoya	Hassan Gouled Aptidon
Entrée en fonction	13-01-1967	17-05-97	07-1994	07-1996	12-07-1977
Prédécesseur	Nicolas Grunitzky	Sese Seko Mobutu	Juvénal Habyarimana	Sylvestre Ntibantunganya	
Chef du gouvernement	Kwassi Klutse	Laurent-Désiré Kabila	Pierre Célestin Rwigema	Pascal Firmin Ndimira	Hamadou Gourad Barkat
Entrée en fonction	7-08-96	17-05-97	28-08-1995	07-1996	21-09-1978
Prédécesseur	Edem Kodjo	Joseph Kengo Wa Dondo	Faustin Twagiramungu	Antoine Nduwayo	
Langues officielles	français	français	kinyarwanda, français, anglais	français, kirundi	arabe, français
Autres langues	éwé, kabyé,kotokol, mina, peul	lingala, swahili, tchiluba, kikongo	swahili, hima	swahili	afar, somali
Principales religions en % de la population	croyances traditionnelles (60), christianisme (25), islami (12), autres (3)	christianisme (77,4), secte africaine (17,1), animisme (3,4), islam (1,4), autres (0,7)	christianisme.(74), animisme (17), islam (9)	christianisme (78,9), sans appartenance (18,6), islam (1,6), autres (0,9)	islam (96), christianisme (4)
Population	4 400 000	43 901 000	6 000 000 [1]	6 400 000 [1]	520 000 [2]
Moins de 15 ans en %	46	47,3	46	46,4	41,8
Plus de 65 ans en %	3	3	3	5,7	5
Indice de fécondité	6,6	6,7	6,6	6,9	5,8
Espérance de vie H/F	53,2/58,8	50,4/53,7	45,8/48,9	50,0/54,0	46,7/50,0
Alphabétisation en %	62	77,3	60,5	35,3	46,2
IDH (rang/174)[3]	140	141	152	166	164
PNB (en M$US)	1 510	5 300	1 100	860	360
PNB par hab. (en $US)	410	121	183	134	692
Monnaie[4]	CFA	nouveau Zaïre	franc rwandais	franc burundais	franc djiboutien
FF	0,01	0,00083	0,01943	0,01696	0,03719
$ US	0,00174	0,000014	0,00339	0,00296	0,00649
Principales exportations	café, cacao, coton, bois, phosphates	cuivre, pétrole brut, diamant	café, thé, étain	café, thé, coton	sucre, vêtements, produits pétroliers
Principales importations	biens d'équipement, céréales	équipements de transport, produits alimentaires	équipements, produits pétroliers, produits alimentaires	biens d'équipement, biens de consommation	produits alimentaires, textiles
Principaux partenaires commerciaux	Union européenne, France	Belgique, Brésil, États-Unis, France	Allemagne, Pays-Bas, Belgique, Kenya	Allemagne, Belgique, France	France, Éthiopie, Japon

Sources: Banque mondiale; ONU, *Bulletin mensuel de la statistique*

RWANDA

QUELQUES POINTS DE REPÈRE

Géographie

➤ Petit pays équatorial au climat tempéré par l'altitude, très densément peuplé.

Histoire

➤ XIVe-XVIe siècles Royaume tutsi. Trois ethnies principales : les Tutsis (10%, éleveurs et guerriers), les Hutus (88%, cultivateurs) et les Twas (2%, chasseurs).

➤ 1894 Expédition allemande.

➤ 1923 Mandat donné à la Belgique, le Ruanda-Urundi est intégré au Congo belge.

➤ 1962 (1er juillet) Indépendance.

➤ 1964 Kayibanda premier président. Début des luttes entre Hutus et Tutsis : ces derniers quittent en partie le pays.

➤ 1973 Coup d'État du général Juvénal Habyarimana.

➤ 1990 Des rebelles tutsis envahissent le Rwanda.

➤ 1994 (6 avril) Mort de J. Habyarimana et de C. Ntaryamira (président du Burundi) dans un accident d'avion (circonstances non-élucidées). Génocide des Tutsis et massacres des Hutus de l'opposition.

➤ 1994 (19 juillet) Victoire du Front patriotique rwandais (tutsi). Le pasteur Bizimungu est désigné président.

➤ 1994-1996 Migrations de populations. Les réfugiés se regroupent au Burundi et au Zaïre d'où ils sont peu à peu renvoyés

Le 18 janvier, trois membres espagnols de l'organisation "médecins du monde" sont assassinés à Ruhengeri. Le 4 février, quatre observateurs des droits de l'homme de l'ONU meurent dans une embuscade à Cyangungu. Le 14 février, le Tribunal de 1re instance de Kigali condamne à mort un ancien dirigeant rwandais, M. Froduald Karamira, accusé de planification du génocide. Un autre dirigeant, M. Théodore Munyangabe, a été aussi condamné à mort par le tribunal de Cyangungu.

Le Tribunal pénal international – très critiqué dans un rapport de l'ONU – débute ses séances le 19 février avec le procès du colonel Théoneste Bagosora. Certains membres du TPR seront limogés par le secrétaire général de l'ONU, le 26 février.

Les efforts du gouvernement pour relancer l'économie sont soutenus par le FMI qui accorde un prêt de 12 millions de dollars, apprend-on le 22 avril. Le président ougandais a effectué une visite officielle du 10 au 12 mai. Lors d'une conférence tenue à Genève, les 28 et 29 mai, les gouvernements occidentaux décidèrent d'accroître les pressions pour obtenir l'extradition des Rwandais inculpés par le TPR. Lors d'une visite officielle à Kigali, le 28 juin, le secrétaire d'État belge à la Coopération exprima son souhait de mettre en place une coopération plus opérationnelle, plus flexible et plus cohérente au niveau européen. Dans une interview publiée par le *Washington Post* du 8 juillet, le vice-président Paul Kagamé affirme que les troupes du FPR ont participé aux opérations militaires qui ont renversé le régime Mobutu dans l'ex-Zaïre.

La visite au Kenya, le 16 juillet, du vice-président Kagame a eu des retombées significatives pour le TPR; ainsi plusieurs personnalités accusées de génocide et réfugiées au Kenya ont été arrêtées. Tel est le cas de Georges Ruggu, de nationalité belge, accusé d'incitation au génocide. Le 31 juillet, le gouvernement décide d'allouer 90% du parc naturel de la Kagera à l'agriculture et à l'élevage.

BURUNDI

L'année 1997 débute avec l'arrestation de l'ex-président Jean-Baptiste Bagaza, le 19 janvier. Tout au long de l'année, la Tanzanie va s'attacher à réconcilier les factions rivales qui se rencontrent les 11 et 12 avril à Arusha, sous l'égide de l'ancien président Julius Nyerere.

Le massacre de 40 séminaristes à Buta cause un profond émoi. Le gouvernement et la rébellion se retrouvent à Rome au mois de mai pour annoncer un dialogue politique. Le 7 juin, l'ancien président Sylvestre Ntibatunganya quitte la résidence de l'ambassadeur américain où il s'est réfugié depuis le 23 juillet, trois jours avant le coup d'État du major Buyoya.

Le 22 juillet, le président Buyoya annonce la tenue à Arusha de négociations de paix inter-burundaises pour le 25 août après les consultations organisées à Dar es-Salam entre l'ancien président Nyerere et M. Mohamed Shanoun.

QUELQUES POINTS DE REPÈRE

➤ Pays de hauts plateaux à vocation agricole, très peuplé.
➤ L'histoire du Burundi est intimement liée à celle du Rwanda, au moins jusqu'à l'indépendance (1962).
➤ 1972 Massacre entre Hutus et Tutsis.
➤ 1976 Le colonel Bagaza au pouvoir; renversé par Pierre Buyoya en 1987 (pendant qu'il participait au IIe Sommet de la Francophonie à Québec).
➤ 1988 Nouveaux affrontements.
➤ 1993 (1er juin) Élection du premier président hutu, Melchior N'Dadaye, assassiné en octobre.
➤ 1994 (13 janvier) Cyprien Ntaryamira président. Il meurt dans l'avion du président rwandais le 6 avril.
➤ 1994 (septembre) Sylvestre Ntibantunganya (hutu) est élu président. Il forme un gouvernement avec le tutsi Anatole Kanyenkiko.
➤ 1995-1996 Camps de réfugiés énormes aux frontières du Rwanda, du Burundi et du Zaïre. Nombreux transferts de population. Menaces d'affrontements inter-ethniques.
➤ 1996 Coup d'État de Pierre Buyoya.

DJIBOUTI

Opposition réprimée

À Djibouti, cinq opposants à la désignation unitatérale d'un successeur à la présidence sont condamnés à l'inéligibilité et à six mois de prison ferme pour offense au chef de l'État. Ces condamnations, considérées comme arbitraires par la défense, s'inscrivent dans le cadre de la lutte pour la succession au sein du RPP du président Ismaël Omar Guelleh. Parmi les cinq condamnés figurent Moumin Bahdon Farah, l'ancien chef de la diplomatie et ex-secrétaire général du parti au pouvoir, le RPP (Rassemblement populaire pour le progrès), Ismaël Guedi Hared, l'ex-

directeur du cabinet du président et Ahmed Boulaleh Barreh, l'ancien ministre de la Défense. Incarcérés à la prison de Gabode le 7 août, ils se voient privés pour cinq ans de droits civiques.

DJIBOUTI

QUELQUES POINTS DE REPÈRE

Géographie

➤ Sol désertique en basse altitude et végétation méditerranéenne en montagne (forêt du Day). Point culminant à 2200 m.

➤ Le port de Djibouti débouché du commerce éthiopien (aire de stockage de conteneurs, ateliers navals).

➤ Agriculture inexistante.

Histoire

➤ 2e millénaire av. J.C.: côtes fréquentées par les marchands d'aromates.

➤ Moyen Âge: voie d'échange entre Arabie et Afrique (détroit de Bab el-Manded); comptoir de commerce à Tadjoura.

➤ 1862 traités entre les commerçants français et les sultans d'Obock

➤ 1888 Lagarde s'installe à Djibouti et construit un port moderne.

➤ 1896 colonie sous l'appellation de Côte française de Somalie.

➤ 1917 Terminus d'un chemin de fer destiné à désenclaver l'Éthiopie.

➤ 1946 Territoire d'outre-mer.

➤ 1858 et 1967 Référendums pour le maintien des liens avec la France.

➤ 1977 Indépendance base militaire française.

➤ 1992 Accroissement des tensions entre Afars et Issas reflet des événements politiques affectant les pays voisins.

Les rivalités entre prétendants se sont révélées dès janvier après que le chef de l'État eut clairement désigné son dauphin en octroyant par décret l'essentiel des pouvoirs (police, justice, information...) à son neveu, Ismaël Omar Guelleh, son fidèle chef de cabinet. En mars, cette passation de pouvoir anticipée a été suivie par l'éviction du gouvernement de Moumin Bahdon Farah, le principal rival du dauphin désigné, du fait de son influence au sein du parti au pouvoir et dans les milieux politiques. Moumin Bahdon Farah a répliqué en créant, en avril, avec Ismaël Guedi Hared, le Groupe pour la démocratie et la République (RPP-GDR), un groupe d'opposition de 13 députés à l'Assemblée nationale, dont la totalité des 72 membres appartenaient au RPP, l'ex-parti unique du Président depuis les élections multipartistes de 1993.

Aussitôt exclus du parti, les "rebelles" ont accusé le Président de régner par la force en bafouant la Constitution et les institutions républicaines. Cette prise de position a servi au président Guelleh pour neutraliser ses adversaires. Il les a poursuivis en justice pour offense au chef de l'État, après avoir fait lever de manière expéditive leur immunité par le bureau de l'Assemblée, le 12 juin.

L'avocat français de Moumin Bahon Farah, Me Arnaud de Montebourg, a porté devant la Commission de juristes de l'ONU à Genève ce qu'il estime des "procédés arbitraires" et la condamnation de ce qui n'est qu'un délit d'opinion.

Le français à l'honneur

Le journal *La Nation* de Djibouti inaugure une rubrique pour faciliter à ses lecteurs l'usage de la langue française.

Cet hebdomadaire, à l'instigation de M. A. Aloued, consacre désormais une rubrique aux difficultés et aux subtilités de la langue française afin d'aider les Djiboutiens à mieux s'exprimer dans cette langue.

Cette initiative reflète bien la préoccupation des journalistes du pays pour leur langue et le désir pour le peuple d'exprimer sa pensée dans un style reflétant sa personnalité nationale et son originalité, sa manière de "sentir, de voir et de concevoir" le monde.

Vie culturelle africaine

FESPACO 22 février-1er mars

De nombreux films ont été en compétition sous le thème "Cinéma, enfance et jeunesse". De nombreuses rencontres ont également eu lieu, en présence de personnalités comme Wole Soyinka, de même un congrès de la fédération panafricaine des cinéastes (FEPACI).

La plus haute distinction du festival, l'étalon du Yennenga, a récompensé l'œuvre du Burkinabé Gaston Kabore à travers son film: *BUUD-YAM*. Il s'agit d'un voyage dans le temps, à travers l'enfance de l'adolescent Wend Kuuni: "enfant orphelin, errant, rejeté jusqu'à son adoption, à l'âge de 7 ans, par le père d'une jeune fille, à laquelle il s'attachera jusqu'à tenter un périple impossible, qu'il réussira cependant, afin de ramener auprès d'elle un guérisseur qui la sauvera d'une maladie mortelle... À travers le parcours du personnage principal, le spectateur se voit ainsi associé en permanence aux dimensions culturelles, traditionnelles et ethniques du Burkina Faso, tout en étant sensibilisé aux thèmes de la fraternité et de la générosité."

Parmi les dix-neuf longs métrages en compétition, dix ont été récompensés pour avoir été réalisés au Maghreb, tels que *Miel et Cendres* de la Tunisienne Nadia Fares Anliker.

Du côté des bailleurs de fonds, le ministère français de la Culture a été très présent, suivi par le Danemark.

Des professionnels des arts et un public nombreux venus des quatre coins de la planète étaient présents.

Deux prix spéciaux de l'UEMOA sont apparus pour la première fois au FESPACO: d'une valeur de 2 millions de FCFA (long métrage) et d'un million de FCFA (court métrage) destinés à encourager les réalisateurs ressortissants de l'Union.

Festival panafricain du cinéma de Ouagadougou (FESPACO)

Partant du constat du cinéaste et romancier Ousmane Sembene, selon qui "le cinéma, c'est l'école du soir", cette édition du Fespaco a voulu mettre le cinéma africain dans une perspective globale très ambitieuse: il faut en finir avec les Rambo et autres Kung Fu qui s'engrènent à l'envi sur les chaînes de télévision du continent, pour replacer la culture africaine dans une dynamique originale – et originelle – dont la jeunesse est le moteur. Les films en compétition ont été choisis dans cet objectif.

Le Marché international de la télévision et du cinéma africains a accompagné ce mouvement (24-28 février). Créé en 1983, le MICA 97 se veut un véritable marché de programmes pour les professionnels du monde entier. S'ajoute une exposition sur les multimédias et l'audiovisuel, qui se tient pendant tout le festival.

Dans ce continent en devenir qui ne veut plus renier son passé, les cinéastes sont considérés comme des "agents du développement"; un colloque leur donnera l'occasion de s'interroger sur ce rôle de "promoteurs de la culture africaine", selon les termes du président du comité national d'organisation, Joseph Kahoun (par ailleurs Secrétaire général du ministre burkinabé de la Communication et de la Culture).

Pour la partie filmographique elle-même, le cinéma descend dans la rue: les projections au grand public – 50 000 personnes – ont lieu sur une des plus grandes places de Ouagadougou. Les séances sont ponctuées de concerts donnés par des groupes venus de tout le continent. Enfin, en marge du Fespaco, et pendant trois jours (à partir du 23 février), se tient le congrès de la Fédération panafricaine des cinéastes – la Fepaci – qui, depuis sa création en 1970, entend être le principal interlocuteur africain des divers partenaires du cinéma.

Il reste bien des imperfections à corriger (la mise à disposition pour les professionnels d'extraits de présentation des films en compétition, par exemple), les organisateurs en sont conscients. Mais en dépit de cela, le Fespaco prétend donner à l'art cinématographique africain ses lettres de noblesse, qui ne sont finalement rien d'autre qu'un art de vivre.

Marie-Christine SIMONET

Le premier Atlas des migrations ouest-africaines vers l'Europe

Les migrations ouest-africaines constituent l'une des variables démographiques les moins étudiées et les moins connues en Europe.

Palliant cette lacune, l'ORSTOM (Institut français de recherche scientifique pour le développement en coopération) vient de publier l'*Atlas des migrations ouest-africaines vers l'Europe* avec pour objectif d'offrir une représentation de la dynamique des systèmes migratoires entre l'Afrique noire et l'Europe, de mieux connaître l'importance numérique, la répartition spatiale et les origines des populations ouest-africaines en Union européenne et de cerner leurs spécificités socio-démographiques au regard de celles des autres communautés étrangères, africaines ou non. Cet ouvrage couvre près d'une décennie d'échanges migratoires (1985-1993). La fin des années 1980 et le début de la décennie suivante apparaissent en effet comme une période privilégiée pour l'étude des migrations ouest-africaines: alors que ces courants migratoires s'y intensifient, s'y renouvellent et s'y diversifient, les États membres de l'Union européenne s'engagent dans une course législative pour contrôler et maîtriser l'entrée et le séjour des étrangers sur leur territoire.

La base de données détaillées sur les migrations africaines vers l'Union européenne, élaborée par Eurostat (Institut statistique des communautés européennes) depuis 1985 et jusqu'à présent inédite, a offert le fondement du matériel statistique de cet atlas. Les analyses qui y sont présentées se sont également enrichies d'autres sources, tels les recensements démographiques des pays africains, les estimations du Bureau international du travail (BIT) ou du Haut Commissariat des Nations Unies pour les réfugiés (HCR) et les enquêtes réalisées dans le cadre de programmes de recherche menés par le CNRS ou l'ORSTOM.

L'immigration ouest-africaine est l'une des plus récentes en Union européenne. D'abord essentiellement orienté vers les anciennes métropoles coloniales, ce mouvement migratoire s'est étendu depuis le milieu des années 1980 aux nouveaux pays d'accueil sud-européens, hier pays d'émigration. Un tiers des populations ouest-africaines (128 198) de l'Union européenne vit en France et est originaire de pays qui lui

sont historiquement et linguistiquement liés. Second pays d'accueil des Africains de l'Ouest en Union européenne, le Royaume-Uni reçoit essentiellement des migrants (82 000) venus des pays du Commonwealth (Nigeria, Ghana, Sierra Leone, Gambie). L'Allemagne et l'Italie comptent le même nombre ou presque d'immigrés originaires d'Afrique de l'Ouest (respectivement 74 112 et 62 861).

Ainsi se dessine au centre de l'Europe un bloc africain francophone constitué de populations sénégalaises, maliennes, ivoiriennes ainsi que de nouvelles nationalités (béninoises, burkinabés, guinéennes) qui, traditionnellement, émigraient dans des pays ouest-africains (les Burkinabés en Côte d'Ivoire, par exemple). En Europe du Nord s'affirme un arc africain anglophone composé de Nigérians, de Ghanéens, de Gambiens et, dans une moindre mesure, de Libériens et de Sierra-Leonais, répartis inégalement entre le Royaume-Uni, les Pays-Bas, le Danemark et l'Allemagne. Au Sud, le long de la façade méditerranéenne, les principaux pays d'accueil sont l'Italie et l'Espagne qui se caractérisent par la diversité d'origines de la communauté ouest-africaine (Sénégal, Gambie, Nigeria, Ghana, Cap-Vert) ainsi que le Portugal dont les populations ouest-africaines sont essentiellement originaires du Cap-Vert (24% des Africains de ce pays).

Globalement, trois principaux pays d'émigration – le Ghana (78 995), le Nigeria (71 997) et le Sénégal (76 766) – fournissent 55% de la population ouest-africaine en Union européenne. Viennent ensuite le Cap-Vert (43 289) et le Mali (39 131). Le Bénin, le Niger et le Burkina Faso sont les moins migrants vers l'Europe mais constituent des pays de folle émigration à l'intérieur même de l'Afrique de l'Ouest.

Les Africains de l'Ouest en Europe sont pour plus de 60% d'entre eux des jeunes adultes, âgés de 20 à 39 ans. Cependant, on observe de très folles disparités dans cette structure par âge ainsi que dans le ratio par sexe des Ouest-Africains résidant en Europe; disparités qui répondent à la diversité des pays d'origine, à l'ancienneté des migrations et aux politiques migratoires dans les pays d'accueil.

Entre 1985 et 1993, on assiste à une diversification simultanée des pays d'émigration africains et des pays d'immigration européens. Si le nombre total des migrants originaires d'Afrique du Nord demeure important en valeur absolue, il se stabilise ou croît faiblement. En revanche, les migrations ouest-africaines deviennent parmi les plus dynamiques vers l'Union européenne, en particulier celles en provenance de pays d'émigration récente (Guinée-Bissau et Burkina Faso). Cette croissance et cette diversification des migrations ouest-africaines partagent l'Europe en deux zones: d'une part, la France et le Royaume-Uni, caractérisés par une stabilisation du renouvellement des populations immigrées et, d'autre part, l'Allemagne, les pays sud-européens et scandinaves où l'immigration conserve son dynamisme.

Les possibilités d'accueil diminuent sans conteste en Afrique comme dans l'Union européenne. Les migrants cherchent alors de nouvelles alternatives en tenant compte des lacunes des politiques restrictives et en développant des stratégies de contournement de ces nouvelles contraintes. L'apparition d'espaces de transit et l'évolution des demandes d'asile en sont les expressions les plus perceptibles. Entre 1985 et 1993, le nombre des demandeurs d'asile africains a quadruplé, passant de 22 577 à 86 796. Pour les migrants économiques, la demande d'asile a ainsi pu constituer une autre stratégie pour contourner le dispositif de fermeture des frontières européennes mis en œuvre par l'accord de Schengen.

Mais aujourd'hui, quelles nouvelles alternatives laissent aux candidats à l'émigration les récentes résolutions restrictives en matière d'immigration ou d'asile? Alors que les possibilités d'accès au Nord s'ame-nuisent progressivement, le redéploiement de pôles économiques de développement au Sud, soutenus par une coopération internationale, pourrait sans doute constituer l'une des voies essentielles favorisant la fixation de nouveaux flux de populations.

Source: *Fiche d'actualité scientifique,* ORSTOM, rédigée par Marie-Josée Sabrié (extraits). Nelly Robin, *Atlas des migrations ouest-africaines vers l'Europe, 1985-1993,* Éditions de l'ORSTOM, Paris 1997.

Musique

Julien Junga, 66 ans, ancien officier supérieur de l'armée sénégalaise et directeur du **Chœur sénégalais,** a été nommé Artiste de l'Unesco pour la paix, lors d'une cérémonie qui s'est tenue le 26 juin à Paris, au siège de l'Organisation.

Au départ simple chorale d'une paroisse dakaroise, le "Chœur sénégalais" réunit actuellement une centaine de jeunes gens et de jeunes filles, en majorité d'origine diola et sérère. Ils interprètent des chants religieux catholiques et musulmans ainsi que des chants tirés du folklore.

La chorale s'est déjà produite à Vaison-la-Romaine et à l'église Saint-Eustache de Paris.

Julien Junga a écrit huit messes dans quatre langues nationales de son pays – wolof, diula, sérère, créole portugais – et introduit dans les chœurs de nombreux instruments de musique sénégalais. C'est lui qui, à la demande du président Senghor, a modifié l'hymne national du Sénégal.

Télévision par satellite

Les ministres africains de l'Information ont discuté pendant trois jours au Caire, du 17 au 19 juin, de leur intention de se doter d'un satellite de télécommunications, d'une chaîne de télévision par satellite et d'une station de radio.

Selon le ministre égyptien de l'Information, des études de faisabilité de ce projet ont été effectuées. Il a estimé toutefois que la création d'une chaîne satellitaire de télévision et d'une station de radio proprement africaines était subordonnée à l'état de l'union de radiodiffusion des pays concernés.

On a proposé Afrique Sat TV pour nommer la nouvelle chaîne de télévision qui couvrira l'Afrique subsaharienne. Elle émettra en quatre langues: arabe, français, anglais et portugais, ainsi qu'en quatre autres langues locales courantes.

Légendes et histoires
des peuples du Burkina Faso

C'est à une belle aventure que nous convie Salfo Albert Balima, dans son ouvrage *Légendes et histoires des peuples du Burkina Faso*, édité à compte d'auteur et préfacé par le président Blaise Compaoré. Il propose, en effet, un vaste survol des origines de ce pays au cœur de la zone sahélienne, jusqu'à la période récente de son histoire politique, en passant par la période coloniale. Le tout, écrit comme l'on conte une histoire, sans académisme, mais avec précision, humour et parfois ironie, et beaucoup de sincérité. Un livre qui se lit aussi facilement qu'un roman.

L'auteur connaît bien son sujet: originaire de Tenkodogo, au cœur du Mögo, le pays des Mossi. S.A. Balima, qui est membre de l'Académie des sciences d'outre-mer, a passé une bonne partie de sa vie à étudier l'histoire de son peuple et de ses Nâba (ou rois, le Mög Nâba étant l'empereur), de son empire et de ses royaumes. Une première version de son ouvrage, qui s'arrêtait à l'indépendance, en 1960, fut d'ailleurs publiée en 1970. Le peuple Mossi, conquérant et très structuré, a imprimé une marque essentielle dans l'histoire du Burkina Faso. Ses origines pourraient remonter, selon l'auteur, à quelque "quarante générations", période à laquelle se situe la légende de la guerrière Gnélenga, fille du Nâba Nedga, roi de Gambaga, et Diyaré son compagnon, tous deux connus pour être les fondateurs du Mögo. L'auteur a aussi étudié l'histoire et la culture des nombreux autres peuples du Burkina Faso (l'on n'y compte pas moins de 63 ethnies), dont celle des "autochtones", ceux qui étaient là avant tous les autres, les Bobo, Samo, Gourounsi et Bissansi. Il l'a fait tout autant en écoutant les anciens qu'en se plongeant dans les travaux et documents historiques, dont son livre propose de larges extraits.

Né le 9 juillet 1930, ancien haut fonctionnaire de son pays, (il fut, notamment, le conseiller économique du président Laminzana de 1973 à 1977), ancien diplomate international (il fut, notamment, membre du cabinet politique d'U Thant, secrétaire général de l'ONU de 1965 à 1970, et il termina sa longue carrière comme directeur de l'École internationale de Bordeaux, de 1977 à 1984). S.A. Balima connaît bien, également, l'histoire politique contemporaine de son pays, et nombre de ses acteurs, des derniers temps de la colonisation française à la période post-indépendance et sa succession de coups d'État militaires, avant l'ouverture d'une phase de démocratisation. Il la raconte avec lucidité et sans complaisance.

C'est que l'auteur, au fil de sa longue carrière, s'est forgé une conviction profonde quant à ce que doit être l'avenir de son pays, tout autant que celui de l'Afrique. "Les indépendances post-coloniales, imposées aux dominateurs coloniaux par les Africains, les armes à la main, ou sournoisement octroyées aux Africains par leurs anciens maîtres (NDLR: référence à la politique du général de Gaulle), matois et machiavéliques, auraient dû sonner le ralliement des vrais bâtisseurs de l'avenir et du progrès. Or on constate partout, au Burkina Faso et ailleurs en Afrique, des crises si graves, si durables et si diverses qu'elles font douter de l'avenir", constate-t-il. Pour lui, le salut de l'Afrique réside tout simplement dans cet impératif: "soyons nous-mêmes", ce qui veut dire édifier une "nation authentiquement africaine" mais une "nation modernisée", ouverte au monde mais sans "inféodation"...

Légendes et histoires des peuples du Burkina Faso, préface du président Blaise Compaoré, par Salfo Albert Balima, 675 pages, dont 403 de textes et 272 d'annexes. Nombreux textes et photos - inédits. Prix: 120 FF. Disponible chez l'auteur: 18, rue des As, 33600 Pessac – France. Frais de transport en sus: 30 FF.

Le partage de l'Afrique, 1880-1914, de Henri Wesserling

Problématique: "De même que le partage de l'Afrique ne commença pas vraiment en 1880, il ne s'acheva pas tout à fait en 1914. Nous pouvons néanmoins considérer les années 1880-1914 comme période du partage". En moins d'un quart de siècle, 90% du continent africain fut placé sous autorité européenne. Pourquoi? Comment?

Tel est l'objet de cet ouvrage docte, précis et traduit dans un français maîtrisé parfaitement, rendant la lecture de ses... 500 pages, tout à fait aisée.

Henri Wesserling, professeur d'histoire, directeur de l'Institut pour l'histoire de l'expansion européenne à l'université de Leyde, chercheur en France et aux États-Unis, rassemble dans un "récit global", tous les épisodes d'une histoire particulièrement dense, animée, riche en faits glorieux ou honteux, en purs héros et en franches crapules, décrits comme tels par l'auteur.

Une période encore, et des épisodes qui n'ont pas connu d'épilogue aujourd'hui, comme l'on s'en aperçoit en Afrique centrale, au Zaïre et dans la région des Grands Lacs, ou encore au Soudan, en Afrique australe... et ailleurs.

L'articulation du script historique de la période est chronologique, en sept parties intitulées: la question de l'Orient (l'occupation de la Tunisie et de l'Égypte), 1881-1882; le Congo et la création de l'État indépendant, 1882-1885; "Avec audace et pondération", l'Allemagne et l'Angleterre en Afrique centrale, 1885-1890; soldats et marchands: la France et l'Angleterre en Afrique occidentale, 1890-1898; la longue marche vers Fachoda, 1893-1898; Boers et Britanniques en Afrique du Sud, 1890-1902; le partage du Maroc, 1905-1912.

Un livre important, tant par sa richesse documentaire que par ses analyses et redisons-le, par sa facilité de lecture. Mais aussi parce qu'il rappelle aujourd'hui des faits qui expliquent et sous-tendent certaines situations présentes en Afrique.

Pour l'auteur, la colonisation qui a suivi le "partage" n'a pas apporté grand chose de neuf au plan économique et social, ne faisant "qu'accélérer un processus de modernisation socio-économique qui s'était déjà engagé avant qu'elle ne débute".

Mais au plan politique, la carte actuelle de l'Afrique est "pour l'essentiel le résultat du partage. Selon une estimation prudente, l'Afrique précoloniale comptait au moins 10 000 entités politiques. Le partage les ramena aux quelques dizaines actuelles". De ce point de vue, "il eut une importance historique énorme".

Henri Wesserling explique pourquoi le colonialisme a succédé à la période coloniale, après la Seconde Guerre mondiale, comment "l'idée que l'Afrique était importante pour l'avenir de l'Europe ou même qu'elle avait elle-même un avenir, quel que soit cet avenir, ne tarda pas à se dissiper, l'Afrique redevenant un continent auquel on s'intéressait peu en Europe".

Singulier contraste avec la situation actuelle, comme le montre le livre de l'ancien ministre français de la Coopération.

Laurent JACQUET

BIBLIOGRAPHIE

À moins d'indication contraire, la date d'édition est 1997.

ROMAN

BADIAN Seydou, [Mali], *Noces sacrées*, Paris, Présence africaine, réédition.
   Un classique du roman africain. L'histoire d'un masque N'Tomo qui révèle une identité africaine profonde.
BALIMA Salfo, *Légendes et Histoires des peuples du Burkina Faso*, 675 p.
   Préface du président Compaoré. Nombreux textes et photos – inédits.
BANGOURA Kiridi, [Guinée], *Le Baptême des chiots*, Paris, L'Harmattan, coll. Encres noires.
   Où il s'agit effectivement de chiots, mais plus encore du deuil d'un père, du temps qui passe, des gens qui changent et de retrouvailles différentes de celles souhaitées.
IKELLÉ-MATIBA Jean, [Cameroun], *Cette Afrique-là*, Paris, Présence africaine, réédition.
   À travers la colonisation de l'Allemagne d'abord, puis de la France, un homme né à la fin du XIXe siècle en pays Bassa réussit à se tailler une place d'importance.

LOPES Henri, [Congo-Brazzaville], *Le Lys et le Flamboyant*, Paris, Le Seuil.
La vie mal connue des métis au Congo et en Oubangui (l'actuelle Centrafrique) sous la colonisation française. Un ensemble de personnages inoubliables.
M'FOUILOU Dominique, [Congo-Brazzaville], *La Salve des innocents*, Paris, L'Harmattan, coll. Encres noires.
Dix hommes sont exécutés par des soldats sous la fausse accusation d'avoir tué le président. C'est en fait l'œuvre d'une junte d'officiers qui convoitaient le pouvoir.
MONENEMBO Tierno, [Guinée], *Cinéma*. Paris, Le Seuil.
Des jeunes, placés entre une famille qu'ils veulent fuir et l'école qui les mène à la trique, choisissent la rue, le marché, le cinéma et ses modèles, alors qu'autour d'eux les hommes politiques s'occupent d'autres enjeux. Qui a choisi la meilleure part?
ROSNY Éric de, *La Nuit, les yeux ouverts*, Paris, Le Seuil, 1996.
SASSINE Williams, [Guinée], *Le Jeune Homme de sable*, Paris, Présence africaine, réédition.
À la fois, cri de révolte, chant tendre et parole d'espoir. La situation du jeune dans une Afrique soumise à la trahison des aînés, à un pouvoir complaisant, à l'arbitraire et à l'égoïsme d'un petit nombre de privilégiés. Le véritable espoir se trouve dans les jeunes.
SOW Seydi, [Sénégal], *Misères d'une boniche*, Paris, L'Harmattan, coll. Encres noires.
Tout ce que peut vivre une jeune fille de vingt ans, sans soutien d'aucune sorte, dans une ville gagnée par l'individualisme.
TCHICHELLÉ Tchivela, [Congo], *Les Fleurs des lantanas*, Paris, Présence africaine.
Pour avoir refusé d'assurer la réussite de la jeune maîtresse d'un dignitaire du régime, un médecin est arrêté et condamné, à sa grande surprise, comme militant d'un parti clandestin d'opposition.

ESSAIS

BATTESTINI Simon, *Écriture et texte, contribution africaine*, Paris/Québec, Présence africaine/Les Presses de l'Université Laval, 1977.
DEVÉSA Jean-Michel, *Sony Labou Tansi, Écrivain de la honte et des rives magiques du Kongo*, Paris, L'Harmattan, 1996.
JOUANNY Robert, *Espaces littéraires d'Afrique et d'Amérique, Tracées francophones I*, Paris, L'Harmattan, 1996.
KADIMA-NZUJI Mukala, KOUVOUAMA Abel et KIBANGOU Paul (dir.), *Sony Labou Tansi ou la quête permanente du sens*, Actes du colloque international tenu à Brazzaville du 13 au 15 juin 1996, Paris, L'Harmattan.
MBANGA Anatole, *Les procédés de création dans l'œuvre de Sony Labou Tansi. Systèmes d'interactions dans l'écriture*, Paris/Montréal, L'Harmattan, 1996.
ROUSSIN Michel, *Afrique majeure*, avec la participation d'E. GOUJON, Paris, France-Empire, coll. Pouvoir et stratégie, 210 p.
SADJI Amadou B. W., [Sénégal], *Biographie d'Abdoulaye Sadji*, Paris, Présence africaine.
La vie et la pensée du romancier sénégalais par son fils.
SECK Tom Amadou, [Sénégal], *La Banque Mondiale et l'Afrique de l'Ouest, l'exemple du Sénégal*, Paris, Publisud.
Intéressant ouvrage économique.
WESSERLING Henri, *Le Partage de l'Afrique, 1880-1914*, Paris, Denoël, coll. L'aventure coloniale de la France, 500 p.
Nombreuses cartes et photos n&b., notes, bibliographie, annexes (traités en conventions, aperçu synchronique) et index.

RELIGION

LIPAWING B.-L. et MVENG Engelbert, [Cameroun], *Théologie, Libération et Cultures africaines*, Paris, Présence africaine.
Un dialogue qui constitue le testament du regretté père Mveng, sur un fond de plaidoyer pour la réhabilitation de l'homme, en Afrique et dans le monde.

HISTOIRE, POLITIQUE ET ÉCONOMIE

ADAMON Afise, [Bénin], *Le Renouveau démocratique au Bénin*, Paris, L'Harmattan, 1995.

DANIQUE T. Roger, *Afrique: unité de mesure démocratique*, Paris, L'Harmattan, 1995.

ÉBOUA Samuel, [Cameroun], *D'Ahidjo à Biya, Le Changement au Cameroun*, Paris, L'Harmattan, 1996.

GODIN Francine, *1972-1982 La Logique de l'État africain*, Paris, L'Harmattan, 1995, 236 p.

GUBRY P. et autres, *Le Retour au village, une solution à la crise économique au Cameroun*, Paris, L'Harmattan, 1996.

HARDAN PINAUD Véronique, *Les Métiers de la solidarité internationale, bénévoles, volontaires, salariés*, Paris, L'Harmattan.

HERNANDEZ Émile-Michel, *Le Management des entreprises africaines*, Paris, L'Harmattan, 1995.

KUOH MANGA, [Cameroun], *Cameroun, un nouveau départ*, Paris, L'Harmattan, 1996.

LAM Aboubacry Moussa, [Sénégal], *Les Chemins du Nil, les relations entre l'Égypte ancienne et l'Afrique Noire*, Paris, Présence africaine.

Les relations entre l'Égypte et l'Afrique Noire, à travers l'histoire. Chez les Mandé et les Peuls, les traditions orales désignent la vallée du Nil comme région d'origine de plusieurs peuples de l'Afrique de l'Ouest.

LANNA Bernard, *Répertoire de l'administration territoriale du Tchad*, Paris, L'Harmattan, 1995, 224 p.

MAMA TOUNA, [Cameroun], *Crise économique et Politique de déréglementation au Cameroun*, Paris, L'Harmattan, 1996.

MOUELLE KOMBI Narcisse, [Cameroun], *La Politique étrangère au Cameroun*, Paris, L'Harmattan, 1996.

NKAINFON PERFURA Samuel, [Cameroun], *Le Cameroun: du multipartisme au multipartisme*, Paris, L'Harmattan, 1996.

ONANA Raphaël, [Cameroun], *Un homme blindé à Bir-Hakeim, récit d'un sous-officier camerounais qui a fait la guerre 39-45*, Paris, L'Harmattan, 1996.

PASSOT Bernard, *Le Bénin*, Paris, L'Harmattan, 1996.

PASSOT Bernard, *Togo: Les hommes et leur milieu*, Paris, L'Harmattan, 1995, 210 p.

ROBIN Nelly, *Atlas des migrations ouest-africaines vers l'Europe, 1985-1993*, Éditions de l'ORSTOM, Paris.

REVUES

Éthiopiques, "Senghor 90 Salve Magister", Hommage au président Léopold Sedar Senghor à l'occasion de son 90e anniversaire, Fondation L. S. Senghor, Dakar, n° 59, 2e trimestre 1997.

Notre Librairie, 1500 nouveaux titres de littérature d'Afrique Noire 1988-1996, Paris, n° 129, janvier-mars 1997.

Présence africaine, Dossier I *Spécial Senghor*, Dossier II *Autour des littératures africaines*, Paris, n° 154, 2e semestre 1996.

Présence africaine, Williams Sassine, *Études critiques, Sociétés, minorités, migrations et histoire*, Paris, n° 155, 1er semestre 1997.

Williams Sassine, une conscience malheureuse
Jean-Michel DEVÉSA
Maître de conférences à l'université de Bordeaux III

Williams Sassine est mort soudainement en Guinée le 2 février 1997. Il était à bien des égards désabusé de tout et d'abord de la vie, cultivant dans l'alcool et l'amertume la désespérance comme une forme supérieure de la critique.

En effet, Williams Sassine, le métis libano-guinéen, qui avait préféré l'exil au régime *progressiste* et ubuesque de Sékou Touré, avait – pour paraphraser Louis Aragon – des allures d'*étranger en son pays lui-même...*

Qu'en est-il en fait de son parcours?

De *Saint Monsieur Bally* (1973) à *Le Zéhéros n'est pas n'importe qui* (1985), le ton de l'écrivain a naturellement évolué. Williams Sassine a commencé par brosser la peinture satirique d'une Afrique qui a perdu son âme avec la colonisation et qui, depuis les Indépendances, se complaît dans l'acculturation. Mais l'amertume a fini par l'emporter et l'univers romanesque de Sassine s'est orienté vers la farce grinçante. Il faut admettre que l'Afrique de Williams Sassine est une Afrique du dérisoire et du grotesque, du sordide et de la fange, des *petits matins* blêmes et des interminables soirées noyées où affleure le malaise social en gerbes de vomissures et de déjections diverses.

Cette Afrique d'un mal de vivre radical, Williams Sassine s'est attaché à la décrire dans ses ouvrages et à l'évoquer comme il la ressentait: en pleine déliquescence, en proie au marasme, sans horizon ni avenir. Cette *"pauvre Afrique mystifiée"*[1] n'avait rien, ou presque, pour séduire les salons.

Williams Sassine est donc resté, pour l'essentiel, à l'écart des manifestations dont, sous tous les cieux, est friand le monde littéraire. D'ailleurs, Sassine n'était pas un homme d'image mais de parole. Conservant vraisemblablement de son enfance cet amour des mots[2], Sassine était bien plus à l'aise dans l'univers du conte et de la fabulation que sur un plateau de télévision. Fidèle à son éditeur, Sassine n'aimait pas solliciter. Il rechignait à demander. Il refusait par ailleurs de se vendre. Nul besoin de l'avoir côtoyé pour l'affirmer, il suffit d'avoir lu ses livres. Sassine était *"un homme en Ni"* sans doute comme ce Mamadou Delco qu'il a campé dans une de ses nouvelles et dont la silhouette avait déjà traversé *Le Zéhéros n'est pas n'importe qui*. Ce Mamadou Delco qui *"n'avait plus ni femme, ni enfants, ni domicile, ni amis, ni parents, ni ciel, ni terre"*[3] empruntait probablement beaucoup à l'écrivain. Il en est de même du protagoniste principal du *Zéhéros*, ce *"pauvre camara fakoli filamoudou, sans aucun lien secret, aucune attache, aucun port, aucun amour inoubliable, aucune amitié, aucune opinion"*[4] que Sassine a sans doute nourri de ses propres désillusions.

On ne l'affirmera jamais assez: l'humour ravageur de l'écrivain ne relevait pas seulement du cynisme, il procédait aussi de la "politesse du désespoir".[5]

Bibliographie

Saint Monsieur Baly (1973); *Wirriyamu* (1976); *Le Jeune Homme de sable* (1979); *L'Analphabète* (1982); *Le Zéhéros n'est pas n'importe qui (1985)*. Édités par Présence africaine à Paris.

L'Afrique en morceaux (1994); *Légende d'une vérité* (1995). Édités par Solignac.

[1] La formule est de Williams Sassine qui l'a employée dans *le Zéhéros n'est pas n'importe qui* (p. 208) sans juger bon de mettre une majuscule à l'initiale d'*afrique*.

[2] Se reporter à Williams Sassine, *Saint Monsieur Baly*, (1973) Paris, Présence africaine, p. 37: "L'enfance, c'est la colonne magique de la vie."

[3] Williams Sassine, *L'Afrique en morceaux*, p. 56.

[4] Williams Sassine, *Le Zéhéros n'est pas n'importe qui*, p. 75.

[5] Je reprends ici une observation de Madame Denyse de Saivre.

MAGHREB

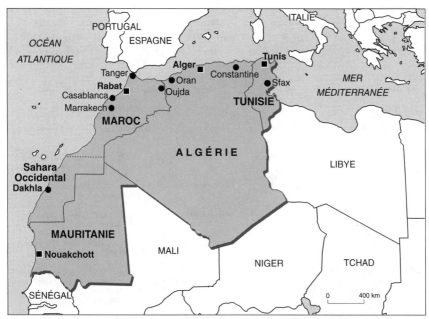

Le Maghreb (mot arabe signifiant "le couchant") regroupe quatre pays à l'extrémité nord-ouest de l'Afrique, soit l'Algérie, le Maroc, la Mauritanie et la Tunisie.

L'Algérie, française de 1830 (prise d'Alger) à 1962, n'adhère pas aux structures officielles de la Francophonie et ne participe donc pas aux Sommets. L'arabe est la seule langue officielle, le français y est d'un usage courant: 30% de francophones réels + 30% de francophones occasionnels + les émigrés francophones, soit un total de près de 18 millions.

Le Maroc, ancien protectorat français (1912-1956) où la langue officielle est l'arabe, comprend également une bonne proportion de francophones et participe aux Sommets de la Francophonie. (Le Sahara occidental, rattaché au Maroc, doit faire l'objet d'un référendum, sous l'égide de l'ONU, pour fixer définitivement son statut.)

La Tunisie, ancien protectorat français (1881-1956) où l'arabe est langue officielle, participe aux Sommets de la Francophonie; on estime que près du tiers de sa population est francophone.

La Mauritanie participe aussi aux Sommets de la Francophonie, bien que la langue officielle soit l'arabe et que le pourcentage de francophones y soit moins important que dans les autres pays du Maghreb.

Tous les quatre font une place importante au français dans l'enseignement, les médias écrits et électroniques ainsi que diverses productions culturelles (musique, théâtre, cinéma et littérature).

On peut consulter:

AMIN Samir (dir.), *Le Maghreb, enlisement ou nouveau départ?*, Paris, L'Harmattan, 1996, 233 p.

BALTA Paul, *Le Grand Maghreb. Des indépendances à l'an 2000*, Paris, La Découverte, 1990.

DÉJEUX Jean, *Maghreb. Littératures maghrébines de langue française*, Paris, Arcantère, 1993, 658 p.

LACOSTE Camille et Yves (dir.), *L'État du Maghreb*, Paris, La Découverte, coll. l'état du monde, 1991, 572 p.

LEVEAU Rémi, *Le Sabre et le Turban. L'avenir du Maghreb*, Paris, François Bourin, 1993.

Maghreb-Machrek (trimestriel), La Documentation française.

MAGHREB

	Algérie[1]	Maroc	Mauritanie	Tunisie
Nom officiel	République algérienne démocratique et populaire	Royaume du Maroc	République islamique de Mauritanie	République tunisienne
Capitale	Alger	Rabat	Nouakchott	Tunis
Superficie (km^2)	2 381 741	710 850	1 030 700	162 155
Régime politique	présidentiel	monarchie constitutionnelle	présidentiel	présidentiel
Chef d'État Entrée en fonction Prédécesseur	Liamine **Zéroual** 31-01-94 Ali **Kafi**	**Hassan II** 10-02-61 **Mohammed V**	Maaouya Ould Sid Ahmed **Taya** 12-12-84 Mohamed Khouna **Ould Haidalla**	Zine el-Abidine **Ben Ali** 07-11-87 Habib **Bourguiba**
Chef du gouvernement Entrée en fonction Prédécesseur	Ahmed **Ouyahia** 31-12-95 Mokdad **Sifi**	Abdellatif **Filali** 25-05-94 Mohamed Karim **Lamrani**	Cheik el Afia Ould Mohamed **Kouna** 17-04-92 Sidi Mohamed Ould **Boubacar**	Hamed **Karoui** 27-09-89 Zine el-Abidine **Ben Ali**
Langues officielles Autres langues	arabe français, kabyle, (berbère) shawiya	arabe français, tachellhit, espagnol, tamazight	arabe français, pulaar, ouolof, soninké, hassaniya	arabe tunisien français
Principales religions en % de la population	islam (99,9)	islam (98,7)	islam (99,4) christianisme (0,4), autres (0,2)	islam, (sunnite) (99,4), christianisme (0,3), judaïsme (0,1), autres (0,2)
Population Moins de 15 ans en % Plus de 65 ans en % Indice de fécondité Espérance de vie H/F Alphabétisation en %	27 939 000 38,7 4 3,8 67/69 57,4	26 980 000 36,1 4 3,7 67/71 49,5	2 274 000 43,1 3 5,7 45/51 37,7	8 896 000 36,6 4 3,2 66,9/68,7 66,7
IDH (rang/174)[2]	69	123	149	78
PNB (en M$US) **PNB /hab. (en $US)**	47 600 1 704	34 800 1 200	1 220 536	17 750 1 995
Monnaie[3] FF $ US	dinar 0,09947 0,01736	dirham 0,61088 0,10662	ouguiya 0,03941 0,00688	dinar 5,30335 0,92566
Principales exportations	pétrole brut, produits pétroliers, gaz naturel	phosphate, vêtements	fer, poissons	pétrole, vêtements, phosphate
Principales importations	équipements de transport, produits alimentaires, produits chimiques	pétrole brut, produits chimiques, blé	thé, sucre, riz et autres produits alimentaires	produits alimentaires, transport, biens manufacturés (textiles)
Principaux partenaires commerciaux	France, Italie, États-Unis	France, Espagne, Italie, Inde	France, Espagne, Japon	France, Italie, Allemagne

Sources: Banque mondiale; ONU, *Bulletin mensuel de la statistique*

1. Pays non membre de la Francophonie.
2. Indice de développement humain, mesure de classement des pays utilisée par l'ONU.
3. Taux au 15 septembre 1997, donné à titre indicatif.

MAGHREB

Guy DUGAS
Université Paul-Valéry, Montpellier III

avec la collaboration de
Fathi GLAMALLAH, Tunisie
Mohammed GUETARNI, Algérie
Jamel ZRAN, Algérie

MAROC

VIE POLITIQUE

L'année 1997 a été marquée par la charte du 28 juin et par des élections locales mouvementées, qui ont vu l'opposition traditionnelle se désintégrer, ce qui fait bien évidemment le jeu du pouvoir, mais sans doute aussi celui de mouvements non reconnus mais agissants.

Deux affaires soulignent l'existence et la vitalité de mouvements islamistes au Maroc. Tout d'abord, en décembre 1996, le procès à Paris des jeunes islamistes commanditaires de la vague d'attentats dans le royaume en août 1994 (on sait que les responsables sur le terrain ont été arrêtés au Maroc et donc jugés sur place – certains étant condamnés à la peine capitale). S'exprimant en véritables militants révolutionnaires, les prévenus ont confirmé l'existence d'un axe, transitant par le Maroc, destiné à fournir les maquis algériens en armes et en hommes. Ensuite, en janvier 1997, de graves troubles dans les universités, suscités et entretenus par l'association "Justice et Bienfaisance" de l'Iman Abdesalem Yassine, ont gravement perturbé les cours (voir plus loin) et ont également conduit à des actions judiciaires.

La charte du 28 juin 1997 : un tournant politique

Onze partis politiques ont signé à Rabat avec le ministre de l'Intérieur, M. Driss Basri, une charte visant "à la consolidation du régime démocratique fondé sur la monarchie". Après quatre constitutions (1962, 1970, 1972, 1992) et un référendum en 1996, le terrain semble plus paisible même s'il faut épurer les listes électorales qui permettent encore beaucoup d'abus comme on l'a vu pour les élections locales. L'opposition reconnaît les progrès sensibles. "Nous avons enfin obtenu que le gouvernement soit issu des urnes, qu'il soit responsable devant le Parlement et que la Chambre soit élue directement par les citoyens."

Le nouveau régime prévoit deux chambres: la première, la Chambre basse, élue au suffrage universel tandis que la seconde, la Chambre des conseillers, doit l'être au suffrage indirect pour représenter "les forces vives du pays".

ÉCONOMIE

Après quelques années exceptionnelles, 1997 obligera les économistes à revoir leurs prévisions à la baisse. En effet, comme il a très peu plu, les résultats de l'agriculture s'annoncent d'ores et déjà décevants. Le Centre marocain de conjoncture, qui rappelle que le taux de croissance avait été de l'ordre de 12% en 1996, pronostique une baisse du PIB de 0,7% à 0,8%. Les recettes touristiques et industrielles sont également en léger recul.

Les relations avec la France s'étant nettement améliorées depuis l'arrivée du président Chirac, les grands entrepreneurs de l'Hexagone s'intéressent à nouveau de très près au marché. Les contrats les plus importants ont été décrochés au début de 1996 par la Lyonnaise des eaux (concession de la Régie autonome de distribution des eaux de la Communauté urbaine de Casablanca) et plus récemment par Bouygues B. T. P. (construction de la première tranche du métro dans la même agglomération). En 1997, les groupes Accor (hôtellerie) et Danone (centrale laitière) ont, pour la première fois, investi sur le marché marocain. Mais les Français sont loin d'être les seuls à s'y intéresser. Les investisseurs étrangers dans le royaume ont atteint, selon des sources gouvernementales, 700 millions de dollars en 1996 contre seulement 450 l'année précédente et la Grande-Bretagne talonne désormais la France. L'accord d'association avec l'Union européenne entré en vigueur cette année devrait doper les exportations, notamment dans le domaine agricole.

Plus de 1,5 million de Marocains sont établis à l'étranger, dont 80% en France. Ils transfèrent chaque année quelques 12 milliards de dirhams de devises.

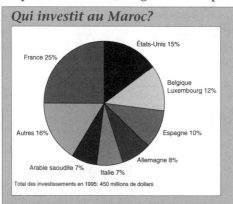

Qui investit au Maroc?

États-Unis 15%
France 25%
Belgique Luxembourg 12%
Autres 16%
Espagne 10%
Allemagne 8%
Arabie saoudite 7%
Italie 7%
Total des investissements en 1995: 450 millions de dollars

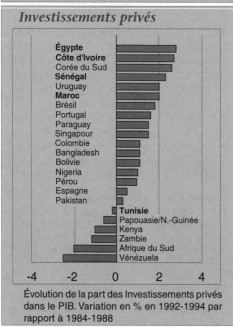

Investissements privés

Égypte
Côte d'Ivoire
Corée du Sud
Sénégal
Uruguay
Maroc
Brésil
Portugal
Paraguay
Singapour
Colombie
Bangladesh
Bolivie
Nigeria
Pérou
Espagne
Pakistan
Tunisie
Papouasie/N.-Guinée
Kenya
Zambie
Afrique du Sud
Vénézuela

-4   -2   0   2   4

Évolution de la part des Investissements privés dans le PIB. Variation en % en 1992-1994 par rapport à 1984-1988

Indicateurs financiers

Indicateurs financiers	1994	1995	Variations %
Taux de change (DH pr 1 $US)	8,99	8,5	-5,5
Avoirs extérieurs (MDH)	41 497	34 136	-17,7
Bourse de Casablanca (chiffre d'affaires en M$US)	8 647	23 200	168,3
Budget de l'État (dépenses en M$US)	83 629	91 537	9,5
Investissements bruts (MDH)	56 719	57 503	1,4
Produit intérieur brut (MDH)	279 296	276 878	-0,9
PIB par habitant (en DH)	10 712	10 493	-2,0
PIB par habitant (en $US)	1 191,6	1 234,5	3,6

Les universités

Une certaine dégradation des conditions de travail est perceptible, d'autant plus déroutante que le système universitaire marocain semblait d'un niveau exceptionnel, sans équivalent dans le monde arabe.

Certes, l'intérêt que portent les islamistes à l'université ne date pas d'hier. On pouvait déjà en prendre la mesure à l'occasion de quelques troubles ponctuels survenus naguère à Marrakech, Nador ou encore Tanger; rien de bien grave toutefois. Jamais à notre connaissance un cours n'avait été remis en cause; jamais l'autorité de l'administration et des professeurs n'avait été ouvertement contestée. L'opposition la plus sérieuse et la plus déterminée paraissait alors venir de la gauche et de l'extrême-gauche, notamment à travers le puissant syndicat des étudiants marocains (UNEM).

Époque bien révolue, comme nous le confirme ce doyen d'une université casablancaise: l'UNEM est désormais passé sous la coupe des islamistes; ce sont eux qui font la loi dans les amphis, se permettant même de dicter le calendrier et le programme des cours à suivre ou à ne pas suivre, le rythme de la vie estudiantine, sans qu'aucun corps administratif ou professoral puisse aller à leur encontre.

Le 2 janvier 1997, à Casablanca, ordre est ainsi donné de refuser de payer dans les transports en commun. La répression des pouvoirs publics, sévère, débouche sur des affrontements sur le campus même. Trois meneurs appartenant à une association islamiste connue sont arrêtés et traduits en justice, ce qui conduit leurs camarades à faire le siège du tribunal. Au terme de nouveaux affrontements, ce sont vingt-sept jeunes qui sont à leur tour incarcérés. La masse des étudiants, mobilisée par l'Association islamiste, réagit alors et une nouvelle descente de police sur le campus, le 16 janvier, conduit à de nouveaux heurts. Cependant, le tribunal a rendu son verdict: deux des trois meneurs écopent de deux ans de prison ferme; tous les autres prévenus sont aussi sévèrement sanctionnés. Une circulaire commune aux trois ministères de l'Intérieur, de la Justice et de l'Enseignement supérieur dénonce "le climat de terreur et de dictature sur la masse estudiantine" instauré par des "groupuscules extrémistes obscurantistes".

Une telle fermeté ne peut que rencontrer un écho favorable parmi un corps enseignant se lamentant depuis des années d'une impossibilité croissante à exercer sa fonction. Mais nos collègues – parmi lesquels beaucoup durent dans les années 70-80 subir les foudres du pouvoir du fait de leurs prises de position gauchistes – ne se font guère d'illusion face à un pouvoir toujours aussi énigmatique et ambigu sur le fond du problème: doit-on ou non reconnaître et légaliser l'existence de partis islamistes dans le royaume?

CULTURE

MAROC

QUELQUES POINTS DE REPÈRE

Géographie

➤ Pays diversifié (montagne, désert); double ouverture maritime: Atlantique, Méditerranée.
➤ Agriculture, ressources minières (3e pays producteur de phosphate)

Histoire

➤ 1000 av. J.-C. Implantation des Phéniciens.
➤ 600 av. J.-C. Arrivée des Carthaginois.
➤ 40 ap. J.-C. Annexion romaine.
➤ 700 Conquête par les Arabes qui imposent l'islam aux Berbères.
➤ VIIIe-XVe s. Nombreuses dynasties dont trois berbères.
➤ 1830-1912 Pénétration européenne.
➤ 1912 Le Maroc, protectorat français. Le maréchal Lyautey résident général (1912-1925).
➤ 1956 (3 mars) Indépendance, le sultan Mohammed V devient roi.
➤ 1962 Couronnement du roi Hassan II, chef d'État et commandeur des croyants.
➤ 1979 Le Maroc occupe l'ensemble de l'ancien Sahara espagnol, contesté par le Front Polisario appuyé par l'Algérie.
➤ 1992 (septembre) Révision de la constitution.
➤ 1993 (juin) Élections législatives (204 députés).
➤ 1996 Révision constitutionnelle en cours pour instituer le bicaméralisme (2 chambres).

À noter

➤ Stabilité et développement régulier du pays. Croissance économique supérieure à 8%.

La préparation de "l'Année du Maroc en France" en 1999 va bon train: le coup d'envoi a été donné au mois de janvier à Paris, lors d'une rencontre entre les deux présidents du comité d'organisation: Ahmed Snoussi, ancien ministre et actuellement ambassadeur côté marocain, et le député Jean-Bernard Raimond, également ancien ministre, côté français. Les commissaires généraux seront MM Tajeddine Baddou, ambassadeur du Maroc au Canada, et Frédéric Mitterrand, qui avait déjà assumé cette charge en 1995, lors du "Printemps tunisien". On sait que cette année du Maroc avait été annulée au dernier moment en 1990, pour des raisons diplomatiques. Nombre d'opérations programmées à cette occasion (expositions, concerts, rencontres littéraires et sportives..) seront reconduites. En outre, le Maroc devait être l'invité d'honneur de plusieurs manifestations annuelles d'importance (Salon du Livre, "Belles étrangères", Festival d'Avignon).

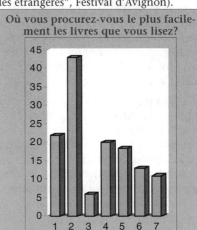

Où vous procurez-vous le plus facilement les livres que vous lisez?

1. dans la bibliothèque familiale
2. dans une bibliothèque
3. chez un bouquiniste
4. chez des amis
5. dans une librairie
6. sur votre lieu de travail
7. dans un kiosque

Le Royaume chérifien, désireux de développer, au bénéfice de ses travailleurs émigrés en France, des relations de coopération décentralisées et d'affirmer sa volonté de partenariat avec l'Europe, entend aussi mettre l'accent sur la vie des régions, ainsi que sur divers aspects économiques et technologiques.

De plus en plus populaire est le Salon international de l'édition et du livre se tient à Casablanca en novembre.

Si le livre étranger se vend très cher pour le marocain moyen, la lecture ne se porte pas mal; des sortes de marchés du livre d'occasion fleurissent dans la plupart des grandes villes et une enquête en cours démontre que la lecture est perçue comme nécessaire à la connaissance scientifique et culturelle et qu'elle se pratique essentiellement par l'intermédiaire des bibliothèques.

Cette enquête a été divulguée par l'Association marocaine des professionnels du livre (ANPL, 344, boul. Mohamed V, Rabat) dont le bulletin de liaison *Il paraît au Maroc* reparaît après plusieurs années de sommeil (N° 1, mars 1997).

Dans cette liste, quel est le mot (ou les mots) que vous associez au mot *lecture*?

1. science
2. ennui
3. effort
4. connaissance
5. solitude
6. intimité
7. travail
8. voyage
9. rêve
10. passe-temps
11. évasion

Inauguration du barrage d'Al Wahde

Le 20 mars 1997, le roi Hassan II a inauguré le barrage d'Al Wahde, dans la province de Sidi Kacem, destiné à protéger la fertile plaine du Gherb des inondations et à l'irriguer sur près de 100 000 hectares.

Sport

Le sport marocain continue de très bien se porter. L'équipe nationale de football, désormais entraînée par le Français Henri Michel, a obtenu haut la main sa qualification pour la Coupe du Monde de 1998. Le coureur Hicham El Guerrouj se met en vedette sur 1500 mètres au championnat du monde d'Athènes (août 1997), où il l'emporte sur le recordman du monde en titre, l'Algérien Morceli. Le jeune Hichem Arazzi est le premier joueur de tennis maghrébien à avoir atteint les quarts de finale des Internationaux de France à Roland Garros (mai 1997).

Mais la plus grande joie pour les Marocains fut la victoire de Nezha Bidouane au 400 mètres haies, 13 ans jour pour jour après le sacre olympique de sa compatriote Narwal El Moutawakil à Los Ángeles. Elle apportait ainsi au Maroc, après une fin de course époustouflante dans les 30 derniers mètres, une deuxième médaille d'or dédiant sa médaille au roi "pour son soutien à l'athlétisme". C'est revêtue du drapeau marocain (photo ci-contre) qu'elle célébra sa victoire.

Source: *Le Soleil*, 9 août 97

TUNISIE

Politique et économie

L'évolution économique de la Tunisie au cours de la dernière décennie est considérable: une comparaison avec les autres pays du monde arabe le montre éloquemment. En 1996-97 encore, le taux de croissance avoisine les 7%, malgré une des pires périodes de sécheresse de l'histoire. Les exportations ont augmenté de 2,4% en 1996, mais elles sont peu diversifiées (minerais, vêtements), et se font à 80% vers l'Europe, dont on connaît la récession actuelle.

C'est la raison pour laquelle le gouvernement semble disposé à des réformes visant à stimuler l'investissement privé, national aussi bien qu'étranger, dans des secteurs d'exportation plus dynamiques. La Tunisie est un des rares pays au monde où la part de ces investissements dans le PIB régresse. Or il ressort de comparaisons internationales qu'un pays peut difficilement réaliser une croissance économique de l'ordre de celle souhaitée en Tunisie (6% à 7%) dans de telles conditions.

Il importe donc que l'État – qui paie en Tunisie un salarié sur quatre – se désengage du secteur privé par une accélération de la politique de privatisation mise en place en 1989, mais progressant depuis avec timidité (moins de 80 entreprises privatisées sur un programme initial de 250). En 1997, ce sont 63 entreprises supplémentaires qui devraient être totalement ou partiellement privatisées.

Société

Les Tunisiens ont dans leur grande majorité accédé depuis quelques années à un bien-être et à une qualité de vie que leurs parents et grands-parents n'avaient jamais connus. C'est ce qui frappe de prime abord le voyageur, depuis longtemps installé à l'étranger et presque quinquagénaire que je suis.

Les routes sont plutôt en bon état et bien gardées, dans un pays où la sécurité est considérée comme une priorité. On peut donc circuler librement et sans soucis. Villes et bour-

---

TUNISIE

Quelques points de repère

Géographie
➤ Pays essentiellement plat, montagnes au nord-ouest; ressources minières (phosphates), tourisme.
➤ Activités économiques concentrées dans le nord et les zones côtières.

Histoire
➤ XIIe-IIe s. av. J.-C. Colonisation phénicienne puis carthaginoise.
➤ IIe s. av. J.-C.-Ve s. ap. J.-C. Domination romaine.
➤ VIIe s. Conquête arabo-musulmane, dynasties orientales puis berbères.
➤ XVIe s. Domination ottomane.
➤ 1881-1954 Protectorat français.
➤ 1956 (20 mai) Indépendance.
➤ 1956-1987 Habib Bourguiba président; modernisation du pays.
➤ 1987 Le premier ministre Ben Ali destitue Bourguiba (20 octobre) et prend la tête du pays. Il est réélu périodiquement.
➤ 1995 (17 juillet) Accord de partenariat entre la Tunisie et l'Union européenne.
➤ 1996 Mohammed Moadda, chef de l'opposition arrêté en 1995, est privé de ses droits civiques.

---

gades aménagent à grands frais une avenue ou un boulevard de l'Environnement, selon la volonté du président de la République dont le portrait – usage ancré dans les moeurs depuis Bourguiba – est installé partout dans les lieux publics. Toutes ces nouvelles voies, particulièrement embellies et ornées de plantes d'agrément, ne tarderont pas à déclasser celles qui portent le nom de l'ancien président.

CULTURE

Quand l'édition innove

En Tunisie comme au Maroc, et à un degré moindre en Algérie, du fait de la situation qui y prévaut (encore que l'on doive y noter de courageuses initiatives), l'édition semble vitalisée par l'apport de nouvelles maisons. Avec quelque 70 millions d'habitants (dont 15 millions de francophones) le Maghreb représente un marché potentiel fort intéressant. Il est vrai que l'analphabétisme est encore très fort au Maroc comme en Algérie, où du reste la lecture et la diffusion du livre (surtout en français) pâtissent terriblement.

En Tunisie (le taux de scolarisation y dépasse les 85% et les enseignements de Bourguiba sont encore bien vivants) et au Maroc, l'édition francophone vit toutefois correctement, au prix de belles initiatives et de quelques innovations. On connaît les éditions Le Fennec créées en 1987 à Rabat par Leïla Chaouni. Leur catalogue, qui commence à être bien fourni, comporte quelques succès tels que les essais de la sociologue Fatima Mernissi ou le dictionnaire *Plantes médicinales du Maroc* d'Abdelhahï Sijilmassi. Le titre le plus récent de la Maison *L'Islam est-il hostile à la laïcité?* vise à relancer un débat que rend souhaitable la situation des jeunes et de l'enseignement.

Mais qu'appelle-t-on au Maghreb un succès de librairie? Mohamed Ben Smaïl, directeur-fondateur de CERES productions considère 4000 exemplaires vendus

Tunis, capitale culturelle

Lors de la 28ᵉ session de la conférence générale, l'UNESCO a proclamé Tunis capitale culturelle régionale pour l'année 1997.

Cette reconnaissance internationale témoigne de l'originalité et de la variété du patrimoine culturel de la Tunisie qui a permis à la société tunisienne d'intégrer les apports civilisationnels de différentes époques, de s'ouvrir sur la diversité culturelle et de cultiver l'esprit de tolérance.

Le programme, riche et varié, mis au point à ce propos traduit la volonté de la Tunisie de l'ère nouvelle et son aptitude à prendre en charge l'organisation de manifestations internationales d'envergure dans tous les domaines du savoir, des arts et de la culture.

Il présente également un caractère novateur et incarne une dimension interdisciplinaire s'inscrivant dans les objectifs de la Décennie mondiale de développement culturel qui favorise la prise de conscience de l'importance de la dimension culturelle dans toute action de développement économique et social.

À l'intérieur de la basilique de Carthage, est exposé le "plus grand tableau du monde". Œuvre du peintre français Di Macchio qui, natif d'Algérie, habite une partie de l'année en Tunisie. Ce tableau est la propriété de Japonais qui, séduits par sa beauté, ont entrepris d'édifier un musée digne de le recevoir! En attendant, il circule de capitale en capitale: Tunis, New York, Berlin, etc.

D'un autre côté, le Festival de Carthage domine toujours l'actualité estivale, drainant un public considérable, friand de divertissements en tous genres: musique, danse, théâtre... Mais il n'existe plus en Tunisie de ville qui n'ait le sien. Citons parmi les plus prestigieux ceux de Tabarka et de Hammamet, qui a reçu Enrico Macias sous sa double casquette de chanteur populaire et d'ambassadeur frais émoulu de la Paix.

Actualité du cinéma tunisien
Jamel ZRAN

La possibilité de réaliser un film en Tunisie reste toujours une aventure très délicate et tributaire de l'initiative de l'auteur. Les films tunisiens sont réalisables grâce, d'une part, à l'apport du ministère tunisien de la Culture (de 250 000 à 350 000 dinars pour un long métrage), et à des coproductions, généralement françaises. D'autres organismes intergouvernementaux peuvent d'autre part être sollicités (Fonds-Sud, ACCT, FAS). Actuellement et malgré ces subventions, reste un autre problème: le cinéma tunisien n'a pas la possibilité d'assurer la postproduction (laboratoire, mixage, montage). Malgré cela, le cinéma gagne chaque jour un nouveau public et une place privilégiée dans le monde. C'est avant tout grâce à l'initiative personnelle de jeunes réalisateurs poussés par la volonté de se faire entendre.

En Tunisie, l'année 1996-97 a été par excellence l'année du cinéma. C'est la première fois dans l'histoire de ce pays que des réalisateurs nationaux tournent trois longs métrages. Ces films sont dus à trois réalisateurs distincts. Nouri Bouzid, déjà auteur d'une trilogie (*L'Homme de cendre*, 1986, *Le Sabot d'or*, 1989 et *Benez*, 1993), vient d'achever son quatrième long métrage intitulé *"Bent Familia-Fille d'une bonne famille"*. Ce dernier est produit comme les trois autres par Ciné Télé Films, dirigée par Ahmed Baha Eddine, un producteur tunisien indépendant; on se rappelle *Le Sultan de la Medina, Moncef Dhoubid ou les Silences du Palais* de Maufida Tlatli. Le second film *Rdeif 52* du réalisateur Ali Laabidi est l'adaptation de l'œuvre du romancier tunisien Mohamed Salah Jabri: *Yaoum min ayam Zamra*. Il avait précédemment adapté avec plus ou moins de succès *Barq Ellil-Clair de lune* du célèbre tunisien arabophone Béchir Kreif. Le troisième enfin est le premier long métrage de Khalthoum Bernaz *Al Kiswa*, qui sera le quatrième film réalisé par une femme en Tunisie.

Deux films ont d'autre part marqué la saison culturelle 1996-97. *Un été à la Goulette* de Ferid Boughedir et *Essaïda* de Mohamed Zran. Leur sortie a été couronnée par un prix d'interprétation masculine à Moustapha Oudwani, héros d'*Un été à la Goulette* et le prix de la première oeuvre décernée à Mohamed Zran pour *Essaïda* lors des dernières Journées cinématographiques de Carthage (11-21 décembre 1996). C'est en septembre 1996 qu'*Un été à la Goulette* est sorti en salles, distribué par la COTIDUC; le film a tenu l'affiche plus de six semaines et a fait 170 000 entrées. Quant au film *Essaïda*, sa sortie a été assurée par Appolo Distribution, juste une semaine après les Journées cinématographiques de Carthage. Le film a tenu l'affiche durant huit semaines, avec une deuxième sortie de deux semaines en avril 1997. *Essaïda* a réalisé durant toute cette période un record de recettes dans l'histoire du cinéma tunisien: plus de 250 000 entrées en pourcentage sans prendre en considération la location au forfait. *Un été à la Goulette* et *Essaïda* ont en outre été sélectionnés dans plusieurs festivals internationaux où ils ont remporté plusieurs prix, neuf pour *Essaïda*, cinq pour *Un été à la Goulette*.

La diversité des thèmes traités par le cinéma tunisien demeure une source de richesse incontestable. Si Selma Baccar s'intéresse aux années trente pour faire une rétrospective de la situation de la femme et de la société tunisienne à travers une chanteuse et actrice Habiba Msika, Mohamed Zran s'attache à l'actualité immédiate et aux préoccupations de la nouvelle génération. Boughedir fait le choix du juste milieu en traitant dans *Un été à la Goulette* du thème de la tolérance et des relations entre trois familles de trois communautés des années soixante: musulmane, juive et chrétienne.

comme un record. Le marché tunisien est – il est vrai – exigu et la diffusion au niveau du Maghreb reste encore bien lacunaire, malgré la multiplication des Salons. À l'autre extrémité, le Maroc annonce pourtant des ventes plus spectaculaires, assez régulièrement autour de 5000 exemplaires – le record appartenant à Soumaya Nammane-Gessous pour son essai sur la sexualité féminine: *Au delà de toute pudeur* avec un chiffre annoncé de 40 000 ventes.

Reste que tous les acteurs culturels sont désormais persuadés que le frein le plus important est la cherté du livre venant d'Europe, cependant que le livre en arabe en provenance du Moyen-Orient parvient le plus souvent à se vendre 20% à 30% moins cher que la production locale. Paradoxe que l'on s'efforce donc de contourner, en coopération avec la France, en substituant à l'habituelle manne financière (qui est cependant encore de près de 7 millions de francs en 1996) des solutions locales: nomination de conseillers culturels appartenant au monde de l'édition, motivation à la création et à l'édition francophones par des concours et des prix richement dotés (prix de l'Atlas au Maroc), création de collections au format de poche, appui aux politiques de coédition, etc.

CERES productions a ainsi décidé de créer, en partenariat avec l'éditeur français Joëlle Losfeld, une collection d'ouvrages d'auteurs maghrébins francophones fabriqués en Tunisie et largement diffusés sur le marché français, l'accord prévoyant un partage à part égale des bénéfices sur ce marché, après déduction de frais fixes.

Pour Mohamed Ben Smaïl, cette initiative est innovante car elle inverse le rapport habituel: "C'est le livre tunisien qui entend se vendre en France. Nous allons à la rencontre du marché français afin de donner à nos textes une chance d'être lus de l'autre côté de la Méditerranée."

MAURITANIE

MAURITANIE

QUELQUES POINTS DE REPÈRE

Géographie

➤ Territoire en grande partie désertique (90 %). Ressources minières (fer) et pêche.

Histoire

➤ VIIᵉ s. Conquête arabo-musulmane.
➤ 1960 (28 novembre) Indépendance.
➤ 1976 Occupation du Sud du Sahara occidental. Affrontements avec les Sahraouis du Front Polisario.
➤ 1979 Renoncement au Sahara occidental.
➤ 1989 Affrontements avec le Sénégal.
➤ 1991 (12 avril) Nouvelle constitution (multipartisme).
➤ 1992 (18 avril) Installation d'un régime démocratique.
➤ 1996 (octobre) Élections législatives.

En Mauritanie, toute la vie politique est suspendue aux prochaines élections présidentielles (12 décembre 1997). Le président sortant, candidat à un second mandat de cinq ans, se heurte à une opposition résolue a boycotter ces élections si elle continue à être tenue à l'écart de leur préparation.

Dans ce contexte, le voyage officiel du président français Jacques Chirac, avec escale très médiatisée à Atar, village natal du président mauritanien a été jugé "inopportun" par divers partis d'opposition.

Tout le monde s'accorde néanmoins à reconnaître les bénéfices économiques que le pays peut retirer d'une coopération accrue avec la France, qui est déjà son premier partenaire commercial. Le gouvernement souhaiterait un allégement de la dette et le problème de l'eau, en particulier, reste crucial après plusieurs saisons de sécheresse. Hubert Védrine, ministre des Affaires étrangères, qui accompagnait le président Chirac, a proposé un renforcement de l'aide française dans les domaines de l'agriculture, de la pêche et de l'éducation.

ALGÉRIE

En Algérie, où les années se suivent et se ressemblent dramatiquement, on veut néanmoins continuer à parler économie, politique internationale, et même (bien que de moins en moins) culture...

LE CONTEXTE SOCIAL

Rien ne paraît devoir faire cesser la violence et les attentats: ni les bonnes intentions de l'opposition dite "démocrate", ni la constitution, critiquée par certains partis de cette opposition, de brigades d'autodéfense dans les villages, encore moins une capacité d'indignation de la communauté internationale que Pierre Mauroy, dirigeant de l'Internationale socialiste, juge de plus en plus "émoussée". Faisant suite aux déclarations du président Zéroual après sa réélection, une guerre brouillonne et aveugle s'est ouverte entre le GIA et les forces armées. Selon un communiqué de la presse algérienne, immédiatement démenti de sources étrangères, Antar Zouabri – l'Émir du GIA, successeur de Djamel Zitouni, éliminé après l'assassinat des moines de Tibhirine (Juin 1996) – aurait été abattu.

À Alger et dans les grandes villes cependant, la population civile, courageuse et déterminée, s'organise. La communauté internationale commence à s'émouvoir. Mais les massacres sont terribles.

D'une élection à l'autre

Conforté par les présidentielles du 16 novembre 1995 qui lui avaient octroyé plus de 60% des suffrages, Liamine Zéroual a appelé par référendum à un certain nombre de réformes constitutionnelles, également plébiscitées par le peuple. Ce référendum du 28 novembre 1996 interdisant toute formation politique d'obédience régionaliste ou religieuse, oblige le parti Hamas à se rebaptiser "Mouvement social pour la paix".

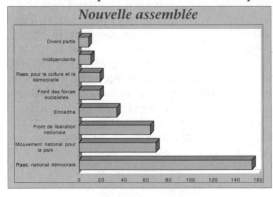

Nouvelle assemblée

Cette consultation populaire visait aussi à la création d'une Haute Assemblée législative dont les 380 membres devaient être, pour partie, élus lors d'élections législatives fixées au 5 juin 1997.

41 partis se sont retrouvés ce jour-là en lice, ce qui représentait une difficulté de choix considé-

rable pour le commun des Algériens. Le F.I.S., dissous en mars 1992, avait appelé à voter pour les représentants d'Ennadha, plutôt que pour ceux du Hamas, auxquels il reproche leur participation au gouvernement d'Ahmed Ouyahia (voir *AFI 1997*).

Les résultats de ces élections – entachées selon les partis d'opposition de nombreuses irrégularités (notamment dans les bureaux de vote itinérants du Sud algérien) – réservent bon nombre de surprises: Le MSP (ex-Hamas), avec 69 sièges, représente désormais la deuxième force politique du pays, devant le FLN (64 sièges) qui avait monopolisé la vie politique trois décennies durant. Mais la comparaison en sièges est très relative: considérés en pourcentage des voix obtenues et par rapport aux précédentes consultations, ces résultats sont beaucoup moins favorables au Hamas (14,81%) qui ne retrouve pas les 25% de son chef à la présidentielle, qu'au FLN (14,2%) qui continue à jouir d'une solide implantation et d'un "effet connaissance". On se souvient aussi de l'appel du F.I.S. en faveur des candidats d'Ennadha. Or ce parti, rognant sur l'électorat islamiste, a obtenu 8,72% des suffrages et 34 sièges.

Autre information: les urnes donnent donc à nouveau une majorité – mais bien moindre qu'à la présidentielle – au Rassemblement national démocratique, parti progouvernemental. Le taux de participation (un peu moins de 66% sur l'ensemble du territoire) est également moindre que lors des élections précédentes (près de 10 points de moins que lors des présidentielles), comme si la lassitude et la démobilisation gagnaient les électeurs, suffrage après suffrage... Or, une dernière consultation attend encore les électeurs à l'automne: les

ALGÉRIE

Quelques points de repère
Géographie
➤ Le 2e pays d'Afrique (2 381 740 km²), plus de 4 fois la France.
➤ Occupé à près de 85 % par le désert (Sahara).
➤ Seulement 3 % des terres sont cultivées.
➤ Grandes ressources pétrolifères.
Histoire
➤ Civilisation berbère.
➤ IIe mil. av. J.-C. Comptoirs phéniciens, repris par les Carthaginois. puis les Romains
➤ VIIe ap. J.-C. Conquête arabo-musulmane.
➤ XVIe s. Domination ottomane.
➤ 1830 Prise d'Alger; début de la colonisation française.
➤ 1954-1962 Guerre franco-algérienne qui prend fin avec les accords d'Évian (18 mars) et l'indépendance (1er juillet).
➤ 1963 Ben Bella président à la tête du parti unique, le FLN (Front de libération nationale).
➤ 1965 Coup d'État d'Hari Boumediene, président jusqu'à sa mort (1978).
➤ 1979 Chadli Bendjedid lui succède.
➤ 1988 Manifestations populaires. Montée du FIS (Front islamique du salut).
➤ 1990 Élections locales, victoire du FIS.
➤ 1991 (28 décembre) Élections législatives. Le FIS remporte 188 sièges sur 430 au 1er tour et s'achemine vers la majorité absolue au 2e tour; le processus électoral est interrompu.
➤ 1994 (31 janvier) Liamine Zéroual nommé chef d'État, élu en 1995 (16 décembre). Terrorisme. Les assassinats se succèdent malgré la répression.
➤ 1996 (28 novembre) Référendum constitutionnel renforçant les pouvoirs du président, contesté par l'opposition (80 % de oui sur 70 % de votants).
➤ 1997 (5 juin) Élections législatives.

élections municipales – celles-là même qui, en donnant la majorité aux islamistes, avaient il y a quelques années mis le feu aux poudres...

Par 215 voix sur 380, la présidence du Conseil est revenue à un proche du président Zeroual, Abdelkader Bensalah, ex-président du Conseil national de transition et successeur du malheureux Abelhak Benhamouda, à la tête du parti majoritaire, assassiné le 24 janvier 1997.

À la suite des élections, le président, qui a reconduit le premier ministre dans ses fonctions, continue à manier le chaud et le froid dans sa politique à l'égard des islamistes, un geste d'apaisement en direction du F.I.S. (et surtout les différents partis signataires de la plate-forme de Rome, qui appelait à leur élargissement) en libérant ses nos 1 et 3 de leur assignation à résidence, conjugué à un durcissement de la lutte contre les maquis. Opérations militaires et vengeances des terroristes auraient fait plus de cinq cents morts en moins de deux mois, parmi lesquels – probablement – l'Émir du groupe.

LA VIE ÉCONOMIQUE

Le redressement de la situaton économique du pays, en partenariat étroit avec le FMI et les Institutions financières internationales, constitue sans doute l'aspect le plus positif de la politique du président Zéroual depuis trois ans. L'inflation, quoique encore très forte (17%) a été réduite de moitié en cinq ans, la balance des paiements est redevenue excédentaire. L'agriculture, méprisée au temps du Parti unique, et bénéficiant depuis quelques saisons d'une pluviométrie satisfaisante, reprend de l'importance à la suite de l'accroissement du déficit alimentaire.

Les cours du pétrole, très fluctuants durant la dernière décennie, reviennent à leur meilleur niveau, et l'on sait que les exportations d'hydrocarbures et dérivés assurent près de 95% des recettes nationales. Dans ces conditions le PIB est en constante augmentation: 3,8% en 95, 4% en 96 et dans les 5% en 97.

Au même titre que ses voisins, le pays s'est lancé dans une politique de privatisation des grosses entreprises, et paradoxalement exportateurs et investisseurs étrangers ne semblent pas bouder un marché qui se diversifie, mais sur lequel la France continue de régner en maître avec 25% des parts.

Au plan sportif
Les résultats sont en demi-teinte. Certes, l'Algérie a obtenu une belle moisson de médailles aux Jeux méditerranéens de Bari, où elle termine sur les talons des grandes nations européennes: Italie, France et Espagne. Mais les performances de niveau mondial de Noureddine Morceli, champion du monde du 1500 mètres en 1993, ou d'Hassiba Boulmerka à Barcelone et Stuttgart n'y ont pas été rééditées. De même, l'équipe nationale de football n'est pas parvenue à se qualifier pour la prochaine Coupe du monde en France.

LA VIE CULTURELLE

La vie culturelle souffre terriblement de la situation sociale. Il faut dire que bon nombre d'écrivains, d'hommes de théâtre, de dessinateurs, de journalistes, de créateurs... vivent aujourd'hui dans l'exil. C'est donc à Paris qu'il faut chercher le principal événement culturel de l'année: la sortie, en avril 1997, du film d'Abderrahmane Bougermouh, *La Colline oubliée*, tiré du roman de Mouloud Mammeri. Événement culturel et médiatique (produit avec des moyens dérisoires et très mal distribué, le film fait néanmoins près de 100 000 entrées à Paris) mais aussi politique puisqu'il s'agit de l'adaptation en langue tamazight (le réalisateur ayant obstinément refusé tout doublage) d'un roman-culte de la cause berbère, œuvre majeure d'un des plus grands romanciers algériens de langue française, mort en 1989 après avoir inspiré le "printemps berbère" de 1984 et toute une vie de militantisme en faveur de la culture kabyle.

Signe des temps, c'est également à Paris qu'a vu le jour une "Association de la francophonie algérienne" visant à lutter contre l'intensification de la politique d'arabisation dans l'administration et l'enseignement et à promouvoir hors du pays "une francophonie algérienne active". Les fondateurs de cette association font remarquer que l'Algérie – qui devrait être considérée comme le second pays francophone au monde (30% de francophones réels + 30% d'occasionnels, sur une population de 29 millions d'habitants, sans compter les émigrés francophones) – n'adhère à aucune institution de l'espace francophone.

Maroc, Algérie... Retour à l'État de droit?
par Mohammed GUETARNI

Les élections législatives du 5 juin en Algérie, celle – communales et municipales – du 13 juin au Maroc ont révélé de graves fraudes, dénoncées par les partis d'opposition.

Ainsi, au Maroc, quarante cas de violence ont été recensés, ayant entraîné quatre morts et quinze blessés. Dans certaines localités, l'armée a dû intervenir. En Algérie, la comptabilisation des votes des tribus nomades par des bureaux itinérants mis en place plusieurs semaines avant la date des élections, et de ce fait peu suivis par les observateurs internationaux, a également été contestée.

Afin de lutter contre toutes ces formes de corruption, et bien d'autres encore, les deux États se sont enfin dotés de structures adéquates:
– Au Maroc a été constituée une "Commission nationale de suivi des élections", où siègent des représentants du ministère de l'Intérieur et des principaux partis politiques. Son rôle ne se limite pas à une observation des conditions dans lesquelles se déroule le scrutin; elle a aussi le pouvoir de saisir la justice dans certains cas d'infraction.
– En Algérie, un médiateur de la République a été nommé, sur le modèle français, afin d'intervenir dans certains contentieux entre l'administration et les citoyens.
Par ailleurs, un "Observatoire national de surveillance et de contrôle" est sensé prévenir toute tentation de népotisme et de corruption.

Quelques bénéfices se font du reste déjà sentir:
– Dans le cadre de la lutte contre la fraude fiscale, l'État prétend ainsi avoir recouvré 20 milliards de dinars qui, jusqu'ici, échappaient au Trésor public.
– En matière de lutte contre la corruption, durant la seule année 1996, 280 dossiers ont été traités, et 700 personnes citées en justice. Dans le domaine de la fraude économique, ce sont 516 dossiers qui ont été ouverts, et 1900 personnes poursuivies.

En reprenant ainsi en main des aspects de leur vie politique et sociale longtemps peu crédibles à l'étranger comme à l'intérieur des frontières, le Maroc et l'Algérie font mieux qu'instaurer la confiance entre l'État et le citoyen, l'État et ses partenaires, ils font un pas supplémentaire vers la démocratie... Mais les structures mises en place obtiendront-elles les moyens de faire entendre la voix de la sagesse?

Algérie, le huis clos et l'horreur

Lahouari ADDI, Professeur associé
Institut d'études pratiques de Lyon
(a quitté l'Algérie en novembre 1993)

Jour après jour, l'Algérie bat ses propres records d'horreur et s'enfonce dans l'innommable. Des femmes, des enfants, des vieillards, assaillis dans leur sommeil, sont sauvagement assassinés pour créer une psychose de terreur parmi la population. L'identité des auteurs de ces actes barbares, de crimes contre l'humanité, n'est pas connue avec certitude. Les rumeurs les plus folles circulent à Alger sur les commanditaires. Selon les deux hypothèses avancées par différentes sources, les villageois sont massacrés soit par des islamistes déguisés en militaires, soit par des miliciens déguisés en islamistes.

Ce qui est révoltant, c'est que ces villageois ne sont pas tués pour leur implication directe dans le conflit mais seulement pour servir d'enjeu à des fins de propagande. Des dizaines de civils innocents meurent quotidiennement parce que les protagonistes, qui se font une guerre sans merci depuis six ans, tirent profit de l'embargo sur l'information. Leur offrant couverture et impunité, la censure sur la presse leur permet de tuer et de retirer des dividendes des tueries. Livrées à leurs bourreaux dans un huis-clos total, les victimes ne peuvent même pas bénéficier de la solidarité de l'opinion tenue délibérément à l'écart.

Pourquoi un pouvoir qui se dit attaché aux valeurs démocratiques interdit-il à la presse nationale et internationale de jeter une lumière crue sur les circonstances de massacres de villages entiers?

Pourquoi la censure? À qui profite-t-elle? La liberté de l'information gênerait-elle ou aiderait-elle le rétablissement de la paix civile et la transition démocratique? Ces questions embarrassantes ne trouveront malheureusement jamais de réponses de la part d'un gouvernement dont les communiqués rassurants sont à l'opposé de la gravité de la situation sur le terrain.

Dénoncer les tueries ou exprimer son inquiétude n'est plus suffisant. Il faut désormais exiger du gouvernement qu'il permette aux journaliste algériens d'exercer leur profession en toute liberté pour informer l'opinion. Les journalistes sont harcelés, menacés, mis sous pression, surveillés, y compris dans les salles de rédaction. Que veulent cacher les autorités algériennes quand elle refusent que les journalistes parlent aux survivants et rendent compte des massacres? Dans ces conditions, toute information imprimée en provenance d'Algérie est suspecte.

La manipulation de la presse et la censure créent un climat de suspicion. Les forces de l'ordre perdent la confiance que devrait avoir en eux une population qui dit ouvertement que les égorgeurs d'enfants ont des complicités dans le gouvernement. Seule une information libre rétablira la crédibilité des forces de l'ordre et empêchera la série de massacres de civils innocents de continuer, puisque, à l'évidence, les auteurs de crimes ne veulent pas que le reste du monde sache qui ils sont [...].

Si un pouvoir est incapable d'assumer le minimum de paix civile qui protège les enfants de l'assassinat collectif, il n'est plus souverain à l'intérieur de ses frontières. Quand un enfant de trois ans se fait égorger sous les yeux horrifiés de sa mère, avant d'être algérien, il est d'abord un enfant de l'humanité toute entière. Un enfant en danger de mort n'a pas de nationalité, et sa survie est l'affaire de tout homme sur terre. Son assassinat prémédité efface les frontières et transcende les entités artificielles que sont les États.

Un enfant n'est pas citoyen d'un État particulier, il est membre de la communauté humaine qui a l'obligation morale de le protéger et de le défendre. Les enfants qui sont égorgés dans la Mitidja sont algériens, mais, symboliquement, ils sont allemands, américains, soudanais, chinois, français... Venir en aide aux enfants d'Algérie, les sauver du couteau qui les égorge, est un impératif moral qui s'impose à tous.

À quoi servent les commémorations contre les crimes nazis si des crimes aussi barbares sont commis aujourd'hui dans l'indifférence de l'opinion internationale?

Le Monde, 26 septembre 1997

BIBLIOGRAPHIE

En l'absence d'indication, l'année de parution est 1997.

ENSEMBLE DU MAGHREB

BEJI Hélé, *L'Imposture culturelle*, Paris, Stock, 167 p.
Essai virulent sur les politiques culturelles euro-maghrébines.
BENGUIGUI Yamina, *Femmes d'Islam*, Paris, Albin Michel, 1996.
Base d'une série d'émissions télévisuelles sur les femmes vivant dans l'immigration, cet essai a obtenu en 1997 le 3e Prix Rachid Mimouni.
BONN Charles (dir.), *Répertoire international des thèses sur les littératures maghrébines*, Paris, L'Harmattan, "Études littéraires maghrébines" n° 9, 1996, 360 p.
BONN Charles (dir.), *Bibliographie de la critique sur les littératures maghrébines*, Paris, L'Harmattan, "Études littéraires maghrébines", n° 10, 128 p.
BRAHIMI Denise, *Cinémas d'Afrique francophone et du Maghreb*, Paris, Nathan Université, 128 p.
Une introduction comparative aux cinémas de pays d'Afrique subsaharienne et du Maghreb.
CHIKHI Beïda, *Maghreb en textes*, Essais sur l'épreuve de modernité dans la littérature de la langue française, Paris, L'Harmattan, coll. Critiques littéraires, 1996, 244 p.
ELADAN Jacques, *Espérance poétique. Chalom-Salam* (Postface de Guy Dugas), Paris, L'Harmattan, coll. Poètes des cinq continents, 71 p.
Anthologie de poètes pacifistes juifs et arabes, de l'Antiquité à nos jours.
SEGARRA Marta, *Leur pesant de poudre. Romancières francophones du Maghreb*, Paris, L'Harmattan, 239 p.
ZAFRANI Haïm, *Juifs d'Andalousie et du Maghreb*, Paris, Maisonneuve et Larose, 1996, 448 p.
Une synthèse historique et ethnographique sur les Juifs sépharades, par un grand spécialiste originaire du Maroc.
Le Maghreb littéraire, Revue canadienne des littératures maghrébines, Toronto, Canada Éd. la Source, vol I, n° 1, 154 p.

MAROC

Littérature

***BEN JELLOUN Tahar, *La Nuit de l'erreur,* roman, Paris, Le Seuil, 313 p.
BINEBINE, Mahi, *L'Ombre du poète*, roman, Paris, Stock.
Roman poétique sur deux destinées contradictoires, du Maroc colonial au soleil des Indépendances.
***CHRAIBI Driss, *L'Inspecteur Ali et la CIA*, roman, Paris, Denoël, 186 p.
L'intuitif et anticonformiste inspecteur Ali reprend du service: il doit ici traquer à travers différents continents et jusque dans son pays d'origine, un redoutable tueur en série qui a échappé à la vigilance de la CIA.
DAURE-SERFATY Christine, *La Femme d'Ijoukak*, roman, Paris, Stock, 227 p.
**LAABI Abdellatif, *Le Spleen de Casablanca*, poésie, Paris, Éd. de la Différence, 1996, 96 p.
Après avoir été longuement emprisonné dans son pays pour raison politique, le poète Abdellatif Laabi a connu l'exil en France. Ce recueil plein d'amertume et de déception est inspiré d'une tentative malheureuse de réinstallation au pays.

Essais

BENACHIR Bouazza, *Edmond Amran El Maleh. Cheminements d'une écriture*, Paris, L'Harmattan, 239 p.
DAOUD Zakya, *Marocains des deux rives*, Paris, Éd. l'Atelier, coll. Acteurs du développement.
Après deux biographies consacrées à *Ferhat Abbas* (Denoël, 1995), et à *Ben Barka* (Michalon, 1996), la journaliste Zakya Daoud raconte ici l'existence de l'association "Migration et développement" qui par ses envois au Maroc fait revivre des régions entières de l'Anti-Atlas marocain.

FILALI-ANSARI Abdou, *L'Islam est-il hostile à la laïcité?*, Rabat, Le Fennec, coll. Islam et Humanisme, 1996.

LAABI Abdellatif, *Un Continent humain*. Entretiens avec Lionel Bourg et Monique Fischer, suivis d'un choix de textes inédits, Venissieux, Éd. Paroles d'Aube, 122 p.

Collectif, *La Traversée du Français dans les littératures du Maroc*, Actes du Colloque de Toronto, Toronto, Éd. la source, 251 p.

TUNISIE

Littérature

*ABASSI Ali, *Tirza*, roman, Paris/Tunis, Losfeld/CERES prod., 1996, 141 p.
Chronique de Tirza, petit village tunisien hors du monde, où la vie ne paraît pas obéir aux normes reconnues. Un premier roman.

**BECHEUR Ali, Jours d'adieu, roman, Paris/Tunis, Losfeld/CERES prod., 1996, 173 p.
L'amour pour une très jeune fille d'un quinquagénaire en proie au doute existentiel lui révèle une part insoupçonnée de lui-même.

BELHADJ YAHIA Emna, *L'Étage invisible,* roman, Paris/Tunis, Losfeld/CERES prod. 1996, 174 p.
Chronique frontalière, le premier roman d'Emna Belhadj Yhia (Noël Blandin, 1992) était une réussite et augurait bien de la carrière de son auteur. Celui-ci, plus confus, est en comparaison décevant.

**BEKRI Tahar, *Les Songes impatients*, poésie, Québec, Éd. l'Hexagone, 65 p.
Un des tous premiers poètes francopohones de Tunisie.

**GHACHEM Moncef, *Nouba*, poésie, Tunis, Éd. L'Or du Temps.

*MOATI Nine, *Perla de Mogador*, roman, Paris, Ramsay, 1996, 330 p.
Itinéraire romancé d'une jeune juive d'Essaouira, ex-Mogador (Maroc).

Essais

BERGAOUI Mohammed, *Tourisme et Voyage en Tunisie: Les années Régence*, Tunis, à compte d'auteur, 1996.

BOURAOUI Hèdi (dir.), *La Traversée du Français dans une Tunisie plurielle*, Actes du Colloque de Toronto, Tunis, Éd. l'Or du Temps.

GUELMANI Abdelmajid, *La Politique sociale en Tunisie de 1881 à nos jours*, Paris, L'Harmattan, coll. Histoire et perspectives méditerranéennes, 1996, 293 p.

MAURITANIE

YATERA Samba, *La Mauritanie, Immigration et développement dans la vallée du fleuve Sénégal*, L'Harmattan, 222 p.

La Mauritanie. Guide d'information, France, ministère de la Coopération, 1996, 76 p.

TOURNADRE Michel, *La Mauritanie,* Paris, Sépia, 1996.

ALGÉRIE

Littérature

Algérie en éclats, théâtre, Paris, Petit Hébertot.
Montage à partir de textes littéraires empruntés à 22 auteurs algériens.

**ABA Noureddine, *Je hais les trains depuis Auschwitz*, poèmes (Préface d'Albert Memmi), Paris, L'Harmattan, coll. Poètes des cinq continents, 1996, 47 p.
Recueil posthume de l'un des plus importants poètes en langue française d'Algérie, mort à Paris le 19 septembre 1996.

ACHERCHOUR El Mahdi, *L'Œil de l'égaré*, poésie, Paris, Éd. Marsa, 63 p.
Le Premier recueil poétique, d'un jeune resté au pays malgré la tourmente.

***AMROUCHE Taos, *Rue des tambourins*, roman, Paris, Joëlle Losfeld (rééd.).
L'éditeur Joëlle Losfeld poursuit avec ce roman, paru pour la première fois en 1960 aux éditions de la Table Ronde son travail de réédition de l'oeuvre romanesque complète de Taos Amrouche.

*BELHALFAOUI Hamou, *Contes au petit frère*, (Préface de Nina Hayat), Paris, L'Harmattan, 1996.
Vingt trois contes de la traduction maghrébine et arabe.
***BENCHEIKH Djamel Eddine, *Cantate pour le pays des îles*, poésie, Éd. Marsa, 90 p.
Le plus grand poète de l'Algérie contemporaine avec Mohamed Dib dresse une stèle à la mémoire d'une cinquantaine de ses semblables suppliciés dans l'Islam ou l'anté-Islam.
*BEN MANSOUR Latifa, *La Prière de la peur*, roman, Paris, Éd. de la Différence, 380 p.
Récit très lyrique d'un retour au pays natal qui, dans le contexte actuel en Algérie, ne peut que mal tourner.
***BOUDJEDRA Rachid, *La Vie à l'endroit*, roman, Grasset, 219 p.
Ce roman, situé pendant la fin de la coupe d'Algérie du 26 mai 1995 est une sorte d'actualisation du *Vainqueur de Coupe* (1981) dans une Algérie libérée du colonialisme mais en proie au terrorisme intérieur.
***DIB Mohamed, *L'Aube Ismaël*, poésie, Paris, Éd. Tassili, 69 p.
Magnifique poème de Mohamed Dib, qui considère l'écriture poétique comme plus importante, à ses yeux, que l'écriture romanesque.
***DJEBAR Assia, *Oran, langue morte*, nouvelles, Arles, Actes Sud, 382 p.
Assia Djebar a obtenu en 1997 le Neustadt international Prize for literature (USA).
KHADRA Yasmina, *Morituri*, roman, Paris, Éd. Baleine, coll. Instantanés de polar, 165 p.
Première des enquêtes du commissaire Llob à être publiée en France, ce roman policier, qui laisse apparaître en trame la situation actuelle en Algérie, se taille un beau succès populaire.
KHELLADI Aïssa, *Peurs et mensonges*, roman, Paris, Éd. Le Seuil.
Réédition d'un ouvrage paru l'année dernière sous pseudonyme dans la revue *Algérie Littérature/Action* (cf. AFI 97).
**MOUNSI, *Le Voyage des âmes*, roman, Paris, Stock.
Récit d'un exil et du retour à la Kabylie natale.
RYANE Malika, *Chronique de l'impure*, roman, in *Algérie/Littérature/Action* n° 7-8, Paris, Éd. Marsa, janv.-févr. 1997, 130 p.
**SEBBAR Leïla (dir.), *Une Enfance algérienne*, nouvelles, Paris, Gallimard, coll. Haute enfance.
Seize récits inédits d'auteurs d'origine algérienne de toutes les communautés sur leur enfance dans ce pays.
***TENGOUR Habib, *Gens de Mosta. Moments 1990-1994*, nouvelles, Arles/Paris, Actes Sud/Sindbad, 142 p.
En quinze tableaux, le quotidien de la population d'une petite ville algérienne confrontée à la folie intégriste.
***ZEMAICH Mohammed, *En attendant Dodo*, théâtre, Paris, Théâtre international de langue française, décembre 1996.
Cinq Algériens, acteurs les plus populaires du Théâtre national algérien, exilés en France, ont pris le parti de lutter par le rire et la dérision du mal intégriste qui ronge leur pays, autant que de la nostalgie qui les ronge eux-mêmes. Le résultat est irrésistible!
ZINAI-KOUDIL Hafsa, *Sans voix*, roman, Paris, Plon, 201 p.
Bahia, exilée à Paris, songe aux jours heureux, et aussi à tous les siens, restés au pays où elle ne peut retourner sans craindre pour sa vie...

Essais

Algérie. Un rêve de fraternité (récit et romans réunis et présentés par Guy Dugas, ill. de C. Brouty), Paris, Omnibus, 1030 p.
10 Justes, dit-on, suffiraient pour sauver le monde... Combien aujourd'hui pour sauver l'Algerie? Sur ce thème, Guy Dugas présente dix œuvres intégrales de poètes, romanciers et essayistes algériens de toute origine ayant imaginé une Algérie autre que ce qu'elle fut en période coloniale, autre que ce qu'elle est actuellement.
Visages et silences d'Algérie, Anthologie de textes de poètes et de romanciers algériens, ill. par Denis Martinez, *Algérie Littérature/Action*, n° 9, Paris, Éd. Marsa, mars 1997, 223 p.
DUGAS Guy (dir.), *Des chemins où l'on se perd ... Hommage à Emmanuel Roblès Poitiers*, Le Torii, *Les Carnets de l'exotisme*, n° 19-20/1997, 96 p. ill.

Hommage de ses amis à Emmanuel Roblès, à l'occasion de la création du "Fonds Roblès sur les littératures méditérranéennes" à l'Université de Montpellier III. Contient en annexe une partie de l'inventaire du fonds.

FERNANDES Marie-Pierre, *De l'autre côté avec Kateb Yacine*, Préface de Jean Pelegri. Villeurbanne, Éd. Golias, 1996, 110 p.
Kateb Yacine au quotidien, durant les dix dernières années de sa vie.

LABTER Lazhari, *Journalistes algériens, entre le baillon et les balles*, Paris, L'Harmattan, 1996, 236 p.
Le point sur la situation dramatique de la presse algérienne et des journalistes contraints de se censurer ou de fuir.

MARTINI Lucienne, *Racines de papier*, (Préface de Jean-Robert Henry), Paris, Publisud, 295 p.
Édition d'une thèse sur l'expression littéraire de l'identité pied-noir.

STORA Benjamin, *Imaginaires de guerre. Algérie-Vietnam, en France et aux États-Unis*, Paris, La Découverte, 254 p.
L'auteur tente une comparaison entre les films français inspirés de la guerre d'Algérie et les films américains nés de la guerre du Vietnam.

STORA Benjamin, *Dictionnaire des livres de la guerre d'Algérie*, Paris, L'Harmattan, 1996.
Tout ce que la guerre d'Algérie (1954-1962) a inspiré, dans le domaine de la fiction comme dans celui de la documentation.

YACOUBEN Melaz, *Contes berbères de Kabylie et de France*, Paris, Khartala, 140 p.
Anthologie d'historiettes et de contes puisés au fonds de la traditon kabyle.

UNE MADONE EN ENFER

Source: *Le Monde*, 26 septembre 1997

"Cette femme qui hurle vient de perdre ses huit enfants; celle qui la soutient, ses parents."

PROCHE-ORIENT

Le Machrek (le "levant" en arabe) est l'appellation fréquemment utilisée pour désigner les pays du Proche-Orient, ou du Moyen-Orient.

Le Liban, dont la langue officielle est l'arabe et qui a été sous mandat français (1920-1943, donné par la Société des Nations), participe aux Sommets de la Francophonie ; il comporte une minorité francophone très active dans le domaine culturel (particulièrement dans le secteur littéraire : Georges Schéhadé a été le premier Grand Prix de la francophonie).

L'Égypte, dont la langue officielle est l'arabe, participe aux Sommets de la Francophonie; bien que le pourcentage de francophones n'y soit plus très élevé, l'influence du français reste tout de même appréciable, notamment dans l'enseignement et les médias.

En Israël, État dont la fondation remonte à 1948, l'hébreu est langue officielle; ce pays ne fait pas partie de la Francophonie, mais l'usage du français y occupe une bonne place, surtout en milieu politique ou universitaire. Il y existe une radio française.

La Syrie, autrefois également sous mandat français (donné par la Société des Nations), ne fait pas partie de la Francophonie institutionnelle mais le français continue d'y exercer une influence certaine.

En Iran, le français fut longtemps la plus grande langue de culture avec un quotidien (*Le Journal de Téhéran*), des institutions d'enseignement de langue française et plusieurs écrivains francophones. La révolution islamique a changé la situation.

On peut consulter :
KIWAN F. (sous la dir. de), *Le Liban aujourd'hui*, Paris, CNRS-Éditions, 1994.
LEMARCHAND PHILIPPE, *Atlas géopolitique du Moyen-Orient et du monde arabe*, Bruxelles, Complexe, 1994, 284 p.
LEWIS B., *La Formation du Moyen-Orient moderne* (trad. de l'anglais par D. Meunier), Paris, Fayard, 1995.
SALAMÉ Ghassan, (sous la dir. de), *Proche-Orient, les exigences de la paix*, Bruxelles, Complexe, coll. CERI, 1994, 176 p.
SARKIS F., *Histoire de la guerre au Liban*, Paris, PUF, 1994.
Dictionnaire de la civilisation musulmane, Paris, Larousse, 1995.

PROCHE-ORIENT

	Liban	Israël[1]	Égypte	Syrie[1]
Nom officiel	République libanaise	État d'Israël	République arabe d'Égypte	République arabe syrienne
Capitale	Beyrouth	Jérusalem[2]	le Caire	Damas
Superficie (km²)	10 230	20 770	1 001 449	185 180
Régime politique	démocratie parlementaire	démocratie parlementaire	république	république
Chef d'État Entrée en fonction Prédécesseur	Elias **Hraoui** 24-10-1989 René **Mouawad**	Ezer **Weizman** 24-03-1993 Haïm **Herzog**	Hosni M. **Moubarak** 06-10-1981 Anouar **al-Sadate**	Hafez **el-Assad** 12-3-1971
Chef du gouvernement Entrée en fonction Prédécesseur	Rafic **Hariri** 30-10-1992 Rachid **Solh**	Benyamin **Netanyahou** 29-05-1996 Shimon **Peres**	Kamal **al-Ganzuri** 03-06-1996 Atef **Sidqi**	Mahmoud **Zubi** 11-1987
Langues officielles Autres langues	arabe français, anglais, kurde	hébreu arabe, français, anglais, russe	arabe français, anglais	arabe kurde, arménien, circassien, syriaque, français
Principales religions en % de la population	islam (58) christianisme (42)	judaïsme (81,3) islam (14,2) christianisme (2,8), autres (1,7)	islam (90), christianisme (10)	islam (89,6) christianisme (8,9) autre (1,5)
Population Moins de 15 ans en % Plus de 65 ans en % Indice de fécondité Espérance de vie H/F Alphabétisation en %	3 500 000 40 5 2,9 72,5 / 77,9 80,1	5 500 000 31 9 2,9 75,1 / 78,5 94,8	61 000 000 39 4 4,2 65,0 / 69,3 48,4	14 000 000 49 4 6,9 64,9 / 67,3 64,5
IDH (rang/174)[3]	97	24	106	92
PNB (en M$US) **PNB/hab. (en $US)**	10 500 3 000	89 650 16 300	44 800 734	21 000 1 500
Monnaie[4] FF $ US	livre libanaise 4,16678 0,72728	nouveau shekel 1,69765 0,29631	livre égyptienne 1,70067 0,29684	livre syrienne 0,13741 0,02398
Principales exportations	vêtements, bijouterie, produits maraîchers	produits diamantaires, machinerie, produits chimiques	pétrole brut, coton, produits pétroliers	pétrole brut, produits pétroliers, coton
Principales importations	biens de consommation, équipements de transport, produits pétroliers	diamants bruts, machinerie, produits chimiques	produits agricoles, produits chimiques, machinerie	produits alimentaires, produits manufacturés
Principaux partenaires commerciaux	Arabie Saoudite, Italie, France, Syrie, États-Unis	États-Unis, Belgique, Allemagne, Royaume-Uni,	États-Unis, Allemagne, Italie, Israël, France	Italie, France, Liban, Allemagne, Japon

Sources: Banque mondiale; ONU, *Bulletin mensuel de la statistique*

[1]. Pays non membre de la Francophonie.
[2]. Non reconnue par plusieurs pays.
[3]. Mesure de classement des pays utilisée par l'ONU.
[4]. Taux au 12 septembre 1997, donné à titre indicatif.

PROCHE-ORIENT

Sélim ABOU
Recteur, Université Saint-Joseph, Beyrouth

Dominique COMBE
Université de Fribourg

Politique: Joseph BAHOUT, U. S.-J., Beyrouth
Économie: Alexandre CHAIBAN, doyen, U. S.-J., Beyrouth
Culture: Katia HADDAD, U. S.-J., Beyrouth
Christine ISKANDAR, Égypte, Université du Caire
Collaboration de Christiane HAROUN

LIBAN

Alors que se poursuit la guerre avec Israël, le redressement du pays s'avère difficile en raison d'une politique intérieure faite de clivages politiques et économiques que le gouvernement ne peut réduire. La balance des paiements reste excédentaire, mais la croissance ralentit et la dette est considérable. La vie culturelle francophone reprend néanmoins avec plusieurs réussites spectaculaires.

POLITIQUE

Entre inertie et blocages régionaux – L'espoir difficile

L'année politique libanaise pourrait se situer dans la foulée de ce "déficit démocratique" aggravé que nous évoquions l'an passé: institutions bafouées, libertés menacées, échéances citoyennes méprisées, situation sociale dégradée, autant de tendances qui se confirment, alors qu'en parallèle, le pourrissement de la situation au Proche-Orient fournit autant de contraintes et d'alibis renvoyant sans cesse à plus tard toute possibilité de redressement.

Les suites des élections législatives

Les élections législatives de l'été 1996 se sont déroulées dans le cadre d'une loi aussi partisane que celle des législatives précédentes (1992), tant décriées et à l'origine d'un clivage politico-économique lourd de conséquences. Le dernier scrutin devait toutefois réussir à diminuer le taux d'abstention, la participation générale oscillant autour de 44%, avec des variations d'une région à l'autre. La configuration globale de l'assemblée qui en est issue ne change que marginalement (plusieurs opposants institutionnels sont battus). Ces élections avaient cependant d'inédit le fait de se dérouler sous la supervision d'un Conseil constitutionnel, prévu par les aménagements contenus dans l'accord de Taëf mais à la formation très longtemps différée.

Un test de crédibilité

Le premier test de crédibilité auquel ce Conseil fut soumis était son avis sur la constitutionnalité de la loi électorale: il montre une souplesse et une "compréhension" certaines à l'égard des équilibres politiques. Puis son attitude face à une quinzaine de recours en invalidation devait sérieusement entamer, sinon miner, son image et son prestige: incapables de s'entendre sur une ligne commune, les membres du Conseil se mirent à exposer progressivement leurs divergences, voire à régler leurs différends, par médias interposés et face à l'opinion, le tout couronné par la démission subite du président de l'institution.

La crise vécue par ce "conseil des sages", supposé incarner l'optimum de ce que pourrait être "l'État de droit et des institutions" – tant prôné par les thuriféraires du régime de la "deuxième République" et tant attendu par la société – n'était en fait que le reflet de la donne politique dans son ensemble: une multitude de problèmes et de questions conflictuelles, ne trouvant solutions auprès du pouvoir que par dénégations, minimisations, fuites en avant ou coercition. Avec, chaque fois, l'inattaqua-ble raison des "circonstances régionales exceptionnellement dangereuses".

Politique sociale et économique

En bonne place parmi ces innombrables problèmes, le socio-économique, qui passe progressivement du statut de question endémique mais somme toute "normale" pour un pays en situation d'après-guerre, à celui de crise grave, tant dans la dimension "macro" que dans ses conséquences lourdes et coûteuses et dont paye le prix une frange de plus en plus large de ce qui constituait, à la veille de la guerre, un semblant de classe moyenne. Douloureuse en soi, creusant les écarts de classes, frappant les plus démunis (un rapport de l'agence des Nations Unies pour l'Asie occidentale cite le chiffre d'un tiers des Libanais vivant proches du seuil de pauvreté), la crise l'est d'autant plus qu'elle se double d'un rétrécissement des canaux d'expression politique et de revendications sociales. C'est dans le cadre de toute une panoplie de politiques et de mesures visant à restreindre la portée des voix opposantes au pouvoir – comme la loi très contestée réglementant l'espace audiovisuel privé – que le compte de la centrale syndicale sera réglé par la force.

Amis du Liban

D'autres événements, non moins agités, devaient aussi illustrer le lien problématique qui s'établit de façon croissante entre économique et politique. Dès la fin de l'été électoral, et comme pour redonner souffle à son équipe ministérielle reconduite mais partiellement remaniée, le premier ministre Rafic Hariri marquait un point économique important en obtenant la tenue, à Washington, d'une réunion baptisée *"Friends of Lebanon"*, et destinée à exposer aux principales puissances industrielles et commerçantes les besoins en reconstruction et en développement du Liban, pour

LIBAN

obtenir d'elles participation et assistance à cet égard. Ce "sommet économique" avait été décidé dans la foulée de l'opération israélienne meurtrière du printemps dernier ("raisins de la colère") comme pendant économique à l'intervention diplomatique de la France et des États-Unis ayant mis une limite au dérapage militaire, et comme une mesure de compensation au gouvernement libanais, à même de l'aider à se reconstruire comme acteur – politique? – autonome pour des négociations futures.

Hormis le côté symbolique des aides financières accordées au Liban à la suite de cette rencontre, les résultats réels de l'opération "amis du Liban" furent décevants, voire, par certains aspects, désastreux. Soupçonné par ses "parrains" syriens de vouloir prendre du champ en resserrant ses liens avec des parties occidentales, Hariri fut très vite rappelé à l'ordre par des incidents internes, à caractère sécuritaire, et augmentant encore plus la brouille entre le pouvoir et la frange chrétienne de la société. Durant la période des fêtes de fin d'année, un minibus civil syrien est mystérieusement mitraillé dans la région à majorité chrétienne de Tabarja. Dans la semaine qui suit, une dizaine de personnalités politiques et associatives de l'opposition chrétienne – dont le président d'une association connue de défense des droits de l'homme, ainsi qu'un membre du bureau politique du Parti national libéral fondé par Camille Chamoun – sont arrêtées dans des conditions légales contestables. Le président du PNL sera lui-même menacé de poursuite, sous prétexte qu'il aurait rencontré secrètement des personnalités israéliennes lors d'un déplacement à l'étranger.

LIBAN

QUELQUES POINTS DE REPÈRE
Géographie
➤ Petit pays méditerranéen constitué d'une étroite plaine côtière et d'une autre plaine à l'est (la Bekaa) insérée entre deux chaînes de montagnes (le mont Liban et l'Anti-Liban) sur le flanc desquels poussent des arbres fruitiers et le fameux cèdre, emblème national.

Histoire
➤ 3000 av. J.-C. Arrivée des Cananéens puis des Phéniciens. Fondation de Tyr, Sidon, Byblos, Berytos (Beyrouth).
➤ 1000 av. J.-C. Les Phéniciens dominent le commerce méditerranéen. Occupations successives du pays par l'Assyrie, l'Égypte, Babylone, la Perse, puis l'Empire romain (64 av. J.-C.).
➤ 635-637 ap. J.-C. Conquête arabe.
➤ XIe-XIIIe s. Période des croisades. Les Occidentaux au Liban.
➤ XVIe-XIXe s. Domination ottomane.
➤ 1920 La Syrie et le Liban sous mandat français (traité de Sèvres).
➤ 1926 Constitution libanaise (le président est toujours un chrétien maronite; le chef de gouvernement, un musulman sunnite; le président de la Chambre, un musulman chiite).
➤ 1943 Indépendance du pays.
➤ 1975 Début de la guerre après l'arrivée massive des Palestiniens (1970). La Syrie intervient et occupe le Liban (1976), Israël occupe le Sud-Liban (1978).
➤ 1975-1990 Période trouble. Destruction du pays.
➤ 1989 (24 octobre) Révision de l'équilibre institutionnel (en faveur des musulmans et de la Syrie : accords de Taef).
➤ 1992 (22 octobre) Rafic Hariri nommé premier ministre.
➤ 1996 (18 août et 1er septembre) Élections législatives.

À noter
➤ Le Liban se reconstruit et connaît une forte croissance. 10 % de la population vit à l'extérieur du pays.

Quoi qu'il en soit, s'il est difficile d'établir un rapport direct entre les deux faits, il n'en demeure pas moins qu'après ces événements, le climat d'optimisme et la crédibilité de l'équipe au pouvoir devaient être largement dissipés. Plus encore, c'est la notion d'État de droit qui prenait un sérieux coup: deux semaines après la rafle, les suspects étaient relâchés aussi inexplicablement qu'ils avaient été arrêtés et l'enquête ouverte pour établir les responsabilités tombait dans l'oubli.

C'est par ailleurs l'endémique malaise résultant des rapports du pouvoir à l'opposition – et une large frange de l'opinion – dite chrétienne qui continue à poser l'un des problèmes politiques les plus saillants du pays. Ironiquement, tandis que les racines du problème sont, au mieux, ignorées ou déniées par le pouvoir et, au pire, nourries par ses agissements perçus par les intéressés comme revanchards, ce même malaise en vient à être invoqué par lui, au nom d'arguments de bonne foi, pour justifier reports, annulations ou entorses à des échéances démocratiques attendues et parfois même voulues par un courant jusque là marginalisé.

Annulation des élections municipales

Des élections municipales, annoncées très vite après la consultation législative, et prévues pour le début de l'été, avaient été tout de suite accueillies avec enthousiasme par les forces politiques constituant l'ossature de l'opposition chrétienne. Selon les calculs de cette dernière, un scrutin de ce type tant en raison de la taille des unités concernées que de la nature des enjeux, prêtait difficilement le flanc à des manipulations par l'appareil politique et sécuritaire du pouvoir, et offrait donc à l'opposition jusque-là tenante de la ligne du boycott une occasion idéale de se remettre en selle et de faire la preuve de sa capacité mobilisatrice.

Est-ce pour éviter cela que la réponse du gouvernement fut de se dédire en annulant subitement, et sans autre forme de procès, ce rendez-vous citoyen manqué depuis 34 ans, date des dernières élections municipales? Comme pour couvrir son retrait, l'équipe en place ne trouvait mieux que de faire part de sa crainte qu'un tel scrutin, organisé dans des circonstances politiques et démographiques encore turbulentes – sept ans après la fin de la guerre, et alors que la même équipe avait entre-temps organisé deux élections législatives contestées – pouvait conduire à la marginalisation des édiles chrétiens dans plusieurs villages et localités, et donc à l'aggravation du malaise. Curieuse soudaine bienveillance.

Une bienveillance qui mettait toutefois un terme bien subit et bien mal venu à un but de revivification politique à l'œuvre dans la partie chrétienne du corps politique, en proie à un "désenchantement" multiforme mais difficile à dépasser depuis le début des années 90. Ce timide retour vers la participation à la vie publique trouvait de surcroît franc encouragement et pressant appel dans la teneur du texte de l'Exhortation apostolique laissée par le Pape Jean-Paul II aux Libanais, au terme d'une visite que l'on pourrait proprement et, sans exagération, qualifier de "moment de grâce" dans la vie politique libanaise des dernières années.

L'Exhortation de Jean-Paul II

Trois jours durant, près d'un million de Libanais ont pu communier dans un événement où le spirituel laissait une vaste place au politique, tant le message du souverain pontife était attendu par tout le pays, pour un bref moment retrouvé. Si, au niveau des calculs immédiats, l'éclatant succès populaire de la visite papale permettait à une partie du pays de réaffirmer sa vigueur, si le bénéficiaire direct de l'événement était la personne du patriarche maronite Nasrallah Sfeir – reconnu comme porte-parole "naturel" des chrétiens marginalisés – c'est sans doute au niveau plus "structurel" que se situent les dividendes de la visite, dans la mesure où l'ensemble des paroles qui y furent prononcées redéfinissaient de façon ambitieuse et constructive la place et le rôle des communautés chrétiennes du pays, non seulement au Liban, mais aussi dans leur environnement oriental.

Le texte de l'Exhortation, peut-être ainsi abusivement instrumentalisé, devenait dès lors le porte-drapeau et le programme politique de toute personnalité chrétienne en quête de stratégie remobilisatrice. Pour un temps, dans la foulée de la visite, des perspectives prometteuses et riches semblaient s'ouvrir devant les chrétiens lassés par leur doute d'eux-mêmes et de leur société. Aussi, pour beaucoup d'analystes, l'après-visite ne pourrait ressembler en rien à la période qui l'avait précédée. Ce fut, une fois encore, aller vite en optimisme et compter sans l'extraordinaire capacité conjuguée des parties potentiellement lésées par un tel sursaut, d'une part, et de l'inertie locale du politique, de l'autre, à vider largement de son sens les effets immédiats de la "thérapie" papale. Mis à part la gestion cavalière du dossier municipal déjà évoqué, une preuve supplémentaire de cela fut apportée lorsque les plus hautes personnalités de la République mirent un terme à la première tentative sérieuse de dialogue syro-chrétien depuis la fin de la guerre.

Bénéficiant de l'aval du patriarche lui-même, entamé avant la visite du Pape, ce dialogue devait s'avérer largement – du moins du côté syrien – commandé et requis par des nécessités régionales que rendait graves et pressantes une fragilisation croissante de la Syrie sur le théâtre proche-oriental. C'est donc ce genre de considérations qui avaient conduit à une ébauche de dialogue. Ce sont elles qui y mettraient fin aussi.

Dégradation du Sud

Comme pour illustrer avec éclat cette convergence entre la constante primauté du régional sur les dynamiques politiques internes et entre le "malaise chrétien", c'est encore une fois du Sud occupé, mais cette fois de sa partie chrétienne, que viendra le dernier en date des dossiers problématiques – explosif, celui-ci? – alourdissant le contentieux entre la population et son pouvoir. L'agression israélienne du printemps passé avait laissé la place à un modus vivendi sécuritaire qui, connu sous le nom des "arrangements d'avril", aménageait les règles et délimitait les zones d'une miniguerre d'usure qui se déroule dans la partie méridionale du pays depuis près de quinze ans.

Cet arrangement devait être toutefois progressivement miné par une multitude de facteurs: les dérapages militaires répétés de part et d'autre, la dégradation endémique de la situation au sein même des territoires palestiniens occupés, l'impasse persistante des tractations sur le volet syro-israélien.

Tout cela étant densifié et rendu plus volatile par les positions maximalistes et intransigeantes de l'équipe Netanyahu. Dès son arrivée, le premier ministre israélien cherche la voie d'une sortie de l'impasse sudiste, qui leur permettrait en même temps de mettre son adversaire syrien au pied du mur. Ce sera la réactivation – au moins théorique – d'une vieille option, celle du "Liban d'abord". En se retirant brusquement du Sud, Israël laisserait l'État libanais devant un choix obligatoire. Mais la guerre devait vite reprendre avec attentats, bombardements et ripostes.

LA SITUATION ÉCONOMIQUE ET SOCIALE AU LIBAN

Deux contraintes majeures ont pesé sur l'évolution économique du Liban. Sur le plan régional, le processus de paix s'est grippé, impliquant pour le Liban-Sud occupé, des flambées de violence meurtrière. Sur le plan social interne, la tension qui n'a pas cessé de monter depuis deux ans, a finalement dégénéré en conflit ouvert entre la Confédération générale des travailleurs du Liban (CGTL) et le gouvernement, provoquant une scission de la centrale syndicale. Le troisième gouvernement Hariri, constitué en octobre à la suite des élections de l'été 1996, se trouve ainsi aux prises avec une situation difficile à gérer. Il est parvenu à mobiliser l'attention des "Amis du Liban" lors de la conférence tenue à Washington en décembre 1996, groupant les principaux pays occidentaux, les pays arabes pétroliers et les institutions internationales. Mais cette conférence qui visait à contribuer au financement de la reconstruction du Liban, n'a pas eu les résultats rapides escomptés. La politique économique a été difficile à élaborer, entre autres par défaut d'informations fiables et à jour.

Tassement de la croissance mais balance des paiements excédentaire

D'après des estimations de la Banque centrale du Liban et de celles d'experts étrangers, comme le groupe d'études britannique *The Economist Intelligence Unit* (EIU), la croissance économique a connu un ralentissement en 1996 (4,5% selon la BDL et 4% selon EIU) par rapport à 1996 (7% selon EIU). En revanche, l'inflation semble être stabilisée légèrement en dessous de 10%, du fait de la politique monétaire restrictive adoptée par la Banque centrale, laquelle politique a permis également à la monnaie nationale (la livre libanaise) de s'apprécier légèrement par rapport au dollar américain.

Les taux d'intérêt sur la livre libanaise ont tendu à la baisse, même s'ils demeurent positifs en termes réels, y compris les taux créditeurs. Leur niveau encore élevé constitue néanmoins un obstacle à l'octroi de crédits bancaires en monnaie nationale au secteur privé, d'autant plus difficile que la liquidité des banques est principalement orientée vers le financement du déficit budgétaire. Ainsi, l'investissement privé se trouve freiné, avec les conséquences que cela implique sur le niveau de l'activité économique et de l'emploi.

Concernant l'emploi en particulier, les chiffres disponibles sont rares et souvent contradictoires. Toutefois, à se référer à certaines études sur la situation sociale du pays et à mesurer le phénomène de l'émigration des jeunes, le chômage ne doit pas être négligeable, touchant également la main-d'œuvre non qualifiée fortement concurrencée par celle immigrée.

La balance des paiements continue toutefois à être excédentaire, avec une balance commerciale chroniquement déficitaire, les exportations ne dépassant pas le sixième des importations. Les réserves nettes en devises de la Banque centrale se sont maintenues en hausse, dépassant les 5 milliards de dollars, sans compter les avoirs en or.

Le défi libanais: réduire la dette

Le principal défi de l'économie libanaise est la résorption de la dette publique en constante augmentation. Son montant, qui dépasse les 13 milliards de dollars, est estimé à plus de 85% du PIB, avec environ 2 milliards de dollars pour la dette externe. Cette croissance rapide de la dette résulte de l'important déficit du budget de l'État, qui risque d'atteindre 60% des dépenses publiques en 1997. Ainsi, un "cercle vicieux" s'est instauré entre le déficit budgétaire et la dette publique: le premier appelle l'accroissement de la deuxième laquelle, à travers ses intérêts, creuse davantage le déficit à tel point que les services de la dette constituent, et de loin, le poste le plus important des dépenses de l'État.

Afin de remédier à cette situation, le gouvernement tente de trouver de nouvelles ressources pour combler son déficit budgétaire, mais celles-ci demeurent limitées. En effet, et à moins de recourir à nouveau à la "planche à billets" qui relancerait l'inflation et déprécierait la monnaie nationale anéantissant toute sa politique de

---

stabilisation monétaire, le gouvernement n'aura d'autres ressources que d'augmenter les impôts et les taxes. Or, de telles mesures risquent de freiner davantage l'activité économique ou d'alourdir le climat social déjà largement tendu, alors que la collecte des impôts en vigueur se révèle largement défaillante.

C'est ce qui explique sans doute les mesures et contre-mesures souvent hésitantes qu'a prises le gouvernement, diminuant en hiver les taxes douanières sur les produits textiles avant de se rétracter, puis relevant au printemps ces mêmes taxes sur les voitures et certains produits alimentaires. Il reste à savoir si ces dernières mesures vont durer longtemps, étant donné que le Liban souhaite adhérer à l'Organisation mondiale du commerce et prépare un accord de partenariat avec l'Union européenne. L'instauration d'une taxe sur la valeur ajoutée (TVA) semble constituer la solution vers laquelle s'oriente la réflexion officielle.

Si l'augmentation des recettes publiques semble aléatoire dans le contexte actuel, la réduction des dépenses s'imposerait. Et là réside un autre problème, car une diminution des dépenses publiques nécessite une redéfinition de la politique économique de l'État adoptée, depuis bientôt cinq ans, avec l'avènement du premier gouvernement Hariri en automne 1992. Le gouvernement semble toujours tabler sur l'afflux des capitaux étrangers, encouragé peut-être par la levée (conditionnelle) toute récente de l'interdit sur le voyage des ressortissants américains vers le Liban.

VIE CULTURELLE

Floraison de périodiques francophones

L'année 1997 a vu au Liban une invraisemblable floraison de périodiques francophones: il paraît aujourd'hui au Liban 13 mensuels et 5 hebdomadaires en langue française, dont deux suppléments de quotidien, celui de *L'Orient-Le Jour,* et celui de son confrère de langue arabe, *An Nahar* (le supplément, lui, est francophone, malgré son titre on ne peut plus britannique, puisqu'il s'appelle *Hyde Park*). Chacun de ces périodiques tire à 8 000 exemplaires, sauf *La Revue de l'étudiant,* qui tire à 15 000.

Ce foisonnement est certes un indice de la bonne santé de la francophonie au Liban, d'autant plus que le lectorat des périodiques est constitué de jeunes (*L'Orient-Le Jour,* qui édite depuis une dizaine d'années déjà un supplément "jeunes" le samedi, voit son chiffre de ventes augmenter de 30% ce jour-là). On peut cependant se demander s'il n'y a pas là quelque chose d'une prolifération anarchique qui ressemblerait à des métastases, tant la qualité de certains de ces périodiques laisse à désirer. Ce n'est pas leur présentation qui est en cause, bien au contraire (papier glacé, mise

en page élégante, abondantes illustrations en couleurs...), mais leur contenu. Le principe du "clip musical" semble y avoir été adopté: ils contiennent une information par page, si tant est qu'on puisse parler d'information, puisqu'il s'y agit essentiellement, et même parfois exclusivement, de "mondanités". L'un de ces magazines porte d'ailleurs ce titre (au singulier!), et son argument de vente est "Êtes-vous dans *Mondanité* cette semaine?".

Le risque est évidemment de perpétuer une image obsolète de la francophonie libanaise, "apanage des salons et d'une classe sociale privilégiée", au détriment de la réalité de la langue française comme instrument de travail et de communication, et surtout comme partie intégrante de la culture libanaise.

Un discours retentissant

Fort heureusement, un événement est venu rappeler à tous les Libanais la signification profonde et le rôle essentiel de cet élément constitutif de l'identité libanaise qu'est la langue française dans sa dimension culturelle: traditionnellement, le 19 mars, fête patronale de l'Université Saint-

Joseph, est l'occasion d'un discours prononcé par le recteur de cette université – francophone s'il en est – discours qui dépasse le cadre purement académique et qui trace annuellement les grandes lignes de ce que peuvent légitimement être les ambitions d'un peuple pour son pays. Le discours du 19 mars 1997, prononcé par le professeur Sélim Abou, a connu un retentissement exceptionnel, intitulé *Les Défis de l'Université*, il a rappelé que le rôle de celle-ci est d'abord et avant tout de former ses étudiants à l'exercice de l'esprit critique appliqué à tout, même au discours idéologique, d'où qu'il vienne; mettant lui-même ses idées en pratique, Sélim Abou a démonté le langage qui aujourd'hui domine la vie politique libanaise, dénonçant les falsifications historiques et les approximations sémantiques sur lesquelles il repose.

Traduit en arabe, le discours a été intégralement publié par les quotidiens libanais. Il a suscité, en toute logique, l'ire des zélateurs des idéologies dépassées qu'on tente d'instaurer aujourd'hui. S'il a eu, entre autres, le mérite de mettre en évidence la persistance de questions non résolues, le discours a conforté la nécessité de recourir à une langue et à un type de réflexion qui permettent de prendre du champ par rapport à ceux biaisés par les intérêts politiques locaux et si chargés affectivement qu'ils en deviennent incompatibles avec l'exercice de la raison. Bref, le discours de Sélim Abou ne pouvait être conçu et prononcé qu'en français.

Les publications de l'administration centrale de la statistique

L'Administration centrale de la statistique, organisme d'État qui avait été mis en veilleuse par la force des choses pendant la guerre, a recommencé à fonctionner, et a surtout repris la publication de son *Bulletin statistique*, bulletin mensuel bilingue qui constitue, pour les chercheurs, une véritable mine de données, fournies il est vrai à l'état brut. De plus, cette publication permet de percevoir l'évolution de la situation économique du pays, les chiffres étant ici plus éloquents que les discours politiques.

Panem et circenses

Qui ne se souvient de la réponse donnée par Jules César aux sénateurs qui se faisaient l'écho auprès de lui de la colère populaire? "Donnez-leur du pain et des jeux". Le Liban a accueilli, au mois de juillet 1997, les huitièmes jeux panarabes (les premiers s'étaient déjà tenus au Liban), dans une cité sportive détruite en 1982 lors de l'invasion israélienne et restaurée aujourd'hui afin de constituer la vitrine du chantier de reconstruction du pays tout entier. Si le Liban n'a pas raflé, tant s'en faut, toutes les médailles à ces jeux, il y a tout de même gagné l'évidence de la solidarité du public, de tout le public libanais avec ses athlètes, tous ses athlètes, et de son animosité à l'égard de certaines équipes "fraternelles", qui se comportaient comme si elles se trouvaient en territoire conquis. En somme, le sport n'est pas qu'un divertissement, quoiqu'en eussent pensé les organisateurs de ces jeux.

Résurrection du festival de Baalbeck

Les marches des temples de Bacchus et de Jupiter Héliopolitain ont de nouveau retenti des échos de la danse et de la musique classique: après vingt-deux ans d'interruption, le festival de Baalbeck a renoué avec les fastes d'antan. Le programme était réduit, certes, mais prestigieux: la troupe de danse d'Abdelhalim Caracalla, et Mstislav Rostropovitch et son violoncelle. Sans doute était-ce là un avant-goût de ce que sera le festival en 1998.

ÉGYPTE

Libéralisation économique, modernisation du pays et continuité politique, c'est ainsi que veut être définie la stratégie adoptée par le gouvernement il y a quelques années et confirmée par le remaniement ministériel du premier ministre Ganzouri en juillet 1997.

VIE POLITIQUE

À l'intérieur du pays, c'est la continuité. Le remaniement ministériel sans rupture en témoigne. À l'extérieur, l'Égypte se tourne enfin vers l'Afrique et surtout vers l'Afrique du Sud qui offre des potientialités de marché très appréciables. De nombreux accords ont déjà été signés sur le plan économique. C'est aussi un partenaire qui jouit d'une puissance régionale à ne pas sous-estimer. Le périple de Amr Moussa, ministre des Affaires étrangères, va resserrer les liens avec un pays qui a la clé du continent.

Le président Moubarak a aussi lancé l'idée d'un marché commun arabe. Ouverture vers d'autres horizons que le partenaire tout puissant des dernières années, les États-Unis.

C'est donc la continuité dans le progrès: 10% d'augmentation de l'alphabétisation en moins de dix ans; diminution de l'exode rural grâce à l'installation de nouvelles zones industrielles offrant des emplois aux jeunes; réduction inespérée du taux de croissance démographique qui est passé de 2,8% à 2,1%. Sur les plans économique et politique, l'Égypte passe du socialisme planifié au libéralisme qui octroie au citoyen la liberté dans les divers domaines mais... sous contrôle de l'État.

ÉCONOMIE

La priorité est encore donnée à l'économie: procéder à la privatisation, favoriser l'investissement, relancer les exportations. Telles sont les tâches assignées au nouveau ministre de l'Économie, Youssef Boutros Ghali dont la nomination a été favorablement accueillie par tous les milieux, y compris l'opposition.

Qu'est-ce en fait que la privatisation? C'est la vente au secteur privé d'industries ou d'entreprises publiques qui se portent mal. Cette opération de transfert de la propriété vise à améliorer les conditions d'administration et de productivité et à élargir la base de la propriété; elle est inscrite dans le programme de réforme proposé par le FMI à l'Égypte. Bon nombre d'industries se portent mal. L'entreprise du fer et de l'acier par exemple est criblée de dettes. On estime à 260 millions de livres égyptiennes les investissements nécessaires à sa restructuration. Vu le déficit considérable

ÉGYPTE

Quelques points de repère

Géographie

➤ Immense désert (environ deux fois la France) coupé au milieu par la plaine et le delta du Nil, surpeuplés.

➤ 3 % des terres sont cultivées. Hydroélectricité (barrage d'Assouan), pétrole et gaz naturel. Tourisme.

Histoire

➤ Dès le Xᵉ mil. av. J.-C. La préhistoire attestée par de nombreux vestiges.

L'Égypte ancienne:

➤ 3000-31 av. J.-C. Unification de l'Égypte. Apparition des hiéroglyphes. L'Ancien Empire (2778-2160): le temps des pyramides. Le Moyen Empire (2160-1785). Le Nouvel Empire (1785-1085). La Basse Époque (1085-332). Alexandre le Grand (331-323).

➤ 31 av. J.-C. Mort de Cléopâtre. Domination romaine.

➤ 395 ap. J.-C. L'Égypte, province de l'Empire byzantin.

➤ 639 Conquête arabe.

L'Égypte moderne:

➤ 1798-1801 Expédition de Napoléon Bonaparte.

➤ 1824 Champollion déchiffre les hiéroglyphes.

➤ 1859-1869 Construction du canal de Suez par F. de Lesseps.

➤ 1936 Indépendance de l'Égypte, longtemps sous influence britannique.

➤ 1952 (23 juillet) Le roi Farouk détrôné. Nasser chef de l'État.

➤ 1953 Proclamation de la République.

➤ 1956 Nationalisation du canal de Suez; réaction militaire tripartite (Grande-Bretagne, France, Israël).

➤ 1967 (juin) Guerre des Six-Jours.

➤ 1970 Anouar el-Sadate succède à Nasser; il est assassiné en 1981.

➤ 1973 (2-22 oct.) Guerre contre Israël.

➤ 1979 Traité de paix avec Israël. L'Égypte au ban des pays arabes.

➤ 1981 (6 octobre) Hosni Moubarak, vice-président, devient président.

➤ 1982 L'Égypte récupère le Sinaï.

➤ 1989 Retour dans la Ligue arabe.

➤ 1995 (26 juin) Attentat manqué (intégristes?) contre Moubarak.

de cette entreprise, on ne parle pas de privatisation mais plutôt de nouveaux financements favorables. 20% des actions sont mises en bourse. Il en est de même pour l'industrie textile qui emploie près d'un million d'ouvriers et qui est en difficulté. Le taux d'exportation a chuté de 3 milliards de livres égyptiennes en 1995 à 2,5 milliards en 1996, alors que 30% à 50% de la production égyptienne devrait être orientée vers l'extérieur.

En confiant aux ouvriers du secteur public la propriété et l'administration de leurs entreprises, c'est-à-dire en vendant une entreprise publique à l'Union des employés actionnaires, on pense accroître leur motivation au travail et leur productivité. Mais en réalité la privatisation s'effectue en Égypte surtout par la vente à des investisseurs et par l'introduction en bourse. Le résultat obtenu par la vente de la société *Al Ahram* pour les boissons à des investisseurs américains a été encourageant (Le quotidien américain *Syracuse Post* a consacré près d'une demi-page élogieuse à la bière égyptienne Stella.). 52 autres privatisations vont avoir lieu en 1997. Déjà l'évaluation de 37 hôtels les fera passer au secteur privé de même que l'une des quatre grandes banques publiques. Les experts en débattent les modalités.

Cette politique de privatisation, d'exemptions fiscales en faveur des investisseurs, assortie du programme de réforme signé avec le FMI et critiquée par l'opposition, est le cheval de bataille du gouvernement dans sa stratégie de libéralisation économique.

ÉGYPTE

SOCIÉTÉ

Les mesures prises par le gouvernement ne se limitent pas uniquement à l'économie. La loi sur le fermage qui prévoit la libéralisation des contrats de bail entrera en vigueur en octobre. Les propriétaires terriens auront le droit d'expulser 1,6 million de paysans. Il faudra alors contenir la colère paysanne. Cette loi a déjà fait des morts et des dizaines de blessés. Un nouveau projet de loi sur l'habitat prévoit également la libéralisation progressive des loyers des anciens logements, gelés depuis les années 60, sous Nasser. L'application de cette loi, bien que très attendue par les propriétaires immobiliers aura de lourdes conséquences sociales.

Pour contrebalancer ces coups de force, le gouvernement prend des mesures concrètes favorisant les masses: diminution des impôts, diminution du taux d'inflation de 10% à 7%, augmentation du salaire des employés – classe défavorisée – de 10% à 15%. Il y a d'autre part un effort de restructuration de la capitale qui compte 12 millions d'habitants. Pour mettre fin à l'anarchie qui sévit au Caire, la construction de stationnements en étages est prévue pour les 750 000 véhicules en circulation (la pollution due à l'encombrement est 17 fois plus élevée que les normes mondiales) ainsi que la création de sociétés privées pour le transport en commun. Le climat favorable à l'investissement facilitera sûrement cette démarche.

De tout temps, les villes du Nord ont été plus favorisées que celles du Sud. Ces dernières ont été un terrain privilégié pour les intégristes qui, au cours de ces dernières années, ont eu recours à la violence. Le gouvernement a pris conscience de la gravité de la situation. Il faut surtout diminuer le taux de chômage dans ces régions et améliorer l'infrastructure pour aider l'essor industriel et touristique. Un effort sérieux a été accompli dans ce sens bien que les services éducatifs et routiers restent défectueux.

Cependant le bras de fer entre gouvernement et intégristes se poursuit. Ceux-ci ont obtenu du tribunal administratif l'autorisation de pratiquer l'excision dans les hôpitaux*. Le ministre de la Santé a fait appel devant le Conseil d'État contre ce jugement et jusqu'à son verdict il n'autorise aucune excision dans les hôpitaux. Cette interdiction a donné lieu à tout un marché noir: cette pratique qui ne coûtait que 10 £EG dans les quartiers pauvres, vaut 50 £EG à présent. En fait, l'excision est plus une affaire de mœurs et de coutume que de religion puisqu'elle est pratiquée également par des coptes, notamment ceux originaires de la Haute-Égypte. Les défenseurs de cette pratique pensent que c'est une façon de brider les désirs sexuels de leur fille et ainsi de les protéger. C'est toujours dans cette même optique que des voix s'élèvent pour interdire la mixité dans les piscines. Il faut donc changer les mentalités.

---

* Cela remet sur le tapis le problème de la *Hisba*, c'est-à-dire ce principe religieux autorisant tout musulman à porter plainte contre un autre musulman s'il considère que ce dernier a nui à la religion par ses actes, ses paroles, ses écrits ...(Cf. le fameux procès de Nasr Abdu Zeid, professeur au département d'arabe de l'Université du Caire dont il a été question dans nos précédents articles).

Le chômage ne favorise pas ce changement. Nombreux sont les chômeurs qui, par désoeuvrement, se joignent aux rangs des intégristes. Nombreux aussi sont ceux qui partent pour les pays du Golfe – sans leur famille. Ils se fixent au départ un séjour de deux à trois ans, le temps de faire un peu d'argent. Mais ils sont forcés de prolonger leur séjour pour réaliser leur rêve, souvent modeste: acheter l'électro-ménager, la télévision et, pour les plus ambitieux, une voiture. Ils finissent par adopter la même mentalité que celles des pays où ils vivent.

De retour en Égypte après une dizaine d'années, les ex-chômeurs se voient confrontés avec la réalité. Leurs épouses, leurs soeurs ou leurs mères tiennent les rênes au foyer, phénomène qui n'existait pas à la campagne avant l'exode des hommes vers les pays arabes. Libéralisation ou conservatisme souvent rétrograde et teinté d'intégrisme, le conflit est près d'éclater, d'autant plus que le Caire, en pleine modernisation, a accueilli près de 450 000 touristes des pays arabes. Les femmes de ces pays portent toutes le tchador et s'assoient dans les cafés et restaurants à une table à part avec les enfants.

VIE CULTURELLE

Décès de Soheir El Qalamawi

Élève de Taha Hussein, écrivain, professeur d'université, Soheir El Qalamawi a toujours défendu, comme son maître, l'idée que le changement des mentalités ne peut s'effectuer que par le savoir et la science. Sa voix s'est éteinte. Celle de certains prédicateurs mettant le savoir des sciences en doute se fait entendre. Aux intellectuels de poursuivre le combat.

Georges Guétary, prince de l'opérette

Lambros Wozloon, mieux connu sous le nom de Georges Guétary, s'est éteint à l'âge de 82 ans (17 septembre 1997). Il était né à Alexandrie le 8 février 1915 et avait fait une carrière exceptionnelle de chanteur de charme pendant plus de 50 ans. Partenaire de Gene Kelly dans *Un américain à Paris* (1950), il avait été aussi celui de Mistinguett au Casino de Paris et s'était illustré dans l'opérette tant sur la scène qu'au cinéma.

Youssef Chahine à Cannes

Youssef Chahine a reçu le prix du 50e anniversaire du Festival de Cannes pour la totalité de son œuvre. Il pensait être primé pour son dernier film: *Le Destin* (voir *AFI 1996*). Ce film consacré à Ibn Rochd (Averroès) s'inscrit dans la lutte menée par Chahine contre les fanatiques. C'est un film allégorique. Ibn Roch tout autant qu'un Taha Hussein ou qu'un Nasr Abou Zeid sont condamnés pour apostasie.

La télévision d'État égyptienne, après l'intervention d'un avocat islamiste, a annulé au dernier moment la diffusion le 25 mai dernier du dernier film de Youssef Chahine, *L'Émigré*, qui devait passer au cours d'une soirée d'hommage à ce réalisateur. Interdit en décembre 1994, autorisé en mars 1995, un jugement rendu en mai 1996 a donné lieu à des interprétations contradictoires de *L'Émigré*, de la part de ses adversaires ou de ses partisans. Personnifiant le personnage de Joseph, le film est considéré comme blasphématoire par les islamistes et les coptes intégristes.

BIBLIOGRAPHIE

En l'absence d'indication, l'année de parution est 1997.

ESSAIS

ABDULKARIM Amir, *La Diaspora libanaise en France*, Tunis, L'Harmattan.

ABOU S., HADDAD K. (dir), *La Diversité linguistique et culturelle et les enjeux du développement*, AUPELF-UREF, Beyrouth, Université Saint-Joseph.

AUZEPY Marie-France, KAPLAN Michel, MARTIN-HISARD Bernadette, *La Chrétienté orientale du début du VIIe au milieu du XIe, Textes et documents*, Paris, Sedes, 1996.

AWAD Gloria, *Du sensationnel*, Paris, L'Harmattan.

AYOUB, Antoine, *Le Pétrole*, Économica.

AZAR Samir, *Astrologie indienne*, Mortague.

BERQUE Jacques, *Les Arabes*, suivi de *Andalousies*, Arles, Actes sud.

BOCCO R., DESTREMAN B., HANNOVER J., *Palestine, Palestinien: territoire national, espaces communautaires*, Beyrouth, CERMOC.

BOLTANSKI Christophe, EL-TAHRI Jihan, *Les Sept Vies de Yasser Arafat*, Paris, Grasset.

BOUTROS GHALI Wassef, *La Tradition chevaleresque des Arabes*, Éd. Bibliothèque arabo-berbère, publié en Égypte en 1919 et réédité au Maroc, introduction de Boutros Boutros Ghali.

BOZARSLAN Hamit, *La Question kurde. États et minorités au Moyen-Orient*, Paris, Presses de Sciences po.

BITTERLIN Lucien, *Guerres et Paix au Moyen-Orient: les 3 défis d'Hafez El-Assad, Liban, Palestine, Golfe*, Paris, J. Picollec, 1996.

CHABBI Jacqueline, *Le Seigneur des tribus: l'islam de Mahomet*, Préf. André Caquot, Paris, Noêsis.

Chypre hier et aujourd'hui, entre Orient et Occident: échanges et relations en Méditerrannée orientale, Actes du colloque tenu à Nicosie (1994), Université de Chypre et Université Lumière-Lyon 2, dir. Françoise Métral, Marguerite Yon, Yannis Ioannou, Lyon, Maison de l'Orient méditerranéen, 1996.

CONTENSON Henri de (dir.) avec la collaboration de Pierre AMIET, Jacques BRIEND, Liliane COURTOIS, Jean-Bernard DUMORTIER; *Tell el Far'ah: histoire, glyptique et céramologie*, Fribourg (Suisse): Éd. Universitaires de Fribourg; Göttingen, Vandenhoeck et Ruprecht, 1996.

CORM G., *Le Proche-Orient éclaté II, mirages de paix et blocages identitaires, 1990-1996*, Paris, La Découverte, Essais.

Le Corps: données et débats, actes du XXXVe colloque (1996) des intellectuels juifs de langue française, éd. Jean Halpérin, Nicolas Weil, Paris, Albin Michel.

CROZAT Pierre, *Système constructif des pyramides*, Frasne (Jura), Canevas.

DAGHER Nadia, *Un pays pauvre*, Paris, L'Harmattan.

DARWICHE-JABBOUR Z., *Études sur la poésie libanaise francophone* (Abi Zeyd, Naffah, Schehadé, Stétié, Hatem), Beyrouth, Dar An Nahar.

DAVIE May, *Beyrouth et ses faubourgs (1840-1940), une intégration inachevée*, Beyrouth, CERMOC, 1996.

DAVIE M. (dir.), *Beyrouth, regards croisés*, Tours, Urbama, Villes du Moyen-Orient.

DELORME Olivier, *Les Ombres du Levant*, Critérium.

FAIVRE Daniel, *L'Idée de Dieu chez les Hébreux nomades: une monolâtrie sur fond de polydémonisme*, préf. Martin Rose, Paris, L'Harmattan.

GRABAR Oleg, *Le Dôme du Rocher: joyau de Jérusalem*, photogr. Saïd Nuseibeh, Paris, Albin Michel.

HADDAD Richard, *Liban: deux peuples ne font pas une nation*, préf. Alain Sanders, Paris, Godefroy de Bouillon.

HADAS-LEBEL Mireille, *Entre la Bible et l'histoire: le peuple hébreu*, Paris, Gallimard, coll. Jeunesse.

HOBALLAH Adnan, *Le Virus et la Violence*, Paris, Albin Michel.

HOKAYEM Antoine, *La Genèse de la Constitution*, Beyrouth.

IIUNKES Sigrid, *Le Soleil d'Allah brille sur l'Occident: notre héritage arabe*, Paris, Albin Michel.

JACQ Christian, *Pouvoir et Sagesse selon l'Égypte ancienne*, Paris, Pocket.
KHALIFÉ A., *Le Problème de la finalité chez Raymond Ruyer*, Beyrouth, Université Libanaise, 1996.
KERYELL Jacques (dir.), *Louis Massignon et ses contemporains*, préf. Maurice de Gandillac, Paris, Karthala.
KEYROUZ Marie, *Je chante Dieu*, chants religieux, Monaco, Éd. du Rocher.
KLEIN Claude, *La Démocratie d'Israël*, Paris, Seuil.
KODMANI-DARWISH Bassma, *La Diaspora palestinienne*, Paris, PUF.
KUTSCHERA Chris, *Le Défi kurde ou le Rêve fou de l'indépendance*, préf. Danièle Mitterand, Paris, Bayard.
LACARRIÈRE Jacques, *L'Égypte au pays d'Hérodote*, Paris, Ramsay.
LEWIS Bernard, *Histoire du Moyen-Orient: deux mille ans d'histoire de la naissance du christianisme à nos jours*, [Trad. de l'anglais par Jacqueline Carnaud et Jacqueline Lahana] Paris, Albin Michel.
LOMBARDO, S., *Liban Libre*, Autre temps.
MAHIOU Ahmed (dir.), *L'État de droit dans le monde arabe*, Paris, CNRS-Éditions.
MARTINEZ Gilles, SCOTTO DI COVELLA Thierry, *Le Conflit israélo-arabe: des origines à nos jours*, Paris, Seuil.
MESSARA Antoine (dir.), *Partis et Forces politiques au Liban*, Beyrouth, Librairie Antoine, 1996.
MOBARAK Émile, *Le Rire, carrefour des hommes*, Beyrouth.
NASSAR Nassif, *La Pensée réaliste d'Ibn Khaldun*, 2e édition, Paris, PUF.
PRENANT André, SEMMOUD Bouziane, *Maghreb et Moyen-Orient: espaces et sociétés*, Paris, Ellipses, coll. Marketing.
PRINGUEY Roland, *40 ans de vie au Liban*, Beyrouth.
RAHAL A., *Signe, Symbole, spiritualité, Nouveau Théâtre*, Université Libanaise, Beyrouth, 1996.
RIFAI Nabil, *Le Chômage et le Chômeur de longue durée*, Paris, L'Harmattan.
SFEIER Antoine, *Les Réseaux d'Allah: les filières islamistes en France et en Europe*, Paris, Plon.
SFEIR Georges, *L'Être humain et sa vocation*, Beyrouth.
STÉTIÉ Salah, *La Parole et la Preuve*, Saint-Nazaire.
TER MINASSIAN Anahide, *Histoires croisées: diaspora, Arménie, Transcausasie, 1890-1990*, préf. Pierre Vidal-Naquet, Marseille, Parenthèses.
THORAVAL Yves, *Regards sur le cinéma égyptien, 1895-1975*, préf. Jean Lacouture, Paris, L'Harmattan.
TOUMA Habib Hassan, *La Musique arabe*, Paris, Buchet Chastel.
THIBAUX Jean-Michel, *Pour comprendre l'Égypte antique*, Paris, Pocket.
TYLDESLEY Joyce Ann, *Hatshepsout, la femme pharaon* [Trad. de l'anglais: Martine de Bonnaud], Monaco, Éd. du Rocher.

LITTÉRATURE

LIBAN

Poésie
EL-ETR Fouad, *Le Nuage infini*, La Délirante.
KHOURY-GHATA, Vénus, *Anthologie personnelle*, poésie, Arles, Actes sud.
SALEH Christiane, *Chants d'automne*, Paris, L'Harmattan.

Roman
ANHOURY Sami, *Une femme d'ombre*, Beyrouth.
FAWAZ Ghassan, *Les Moi volatils des guerres*, Paris, Le Seuil.
GHANEM Charbel, *La Manipulation*, Michel Lafon.
HAMAD Nazir, *Si ne meure la parole*, Naufal.
KHOURY-GHATA, Vénus, *Les Fiancées du Cap Ténès*, Paris, LGF.

MOGHAIZEL Amal, *Passage du musée,* Paris, Nil.
NAJJAR Alexandre, *L'Astronome,* Paris, Grasset.
SABBAG Elie-Pierre, *Nous reviendrons à Beyrouth,* Paris, Arléa.
TARAZI Gebran, *Le Pressoir à olives,* Paris, L'Harmattan.

ÉGYPTE

JACQUES Paula, *La Descente au paradis,* Paris, Gallimard.
LALOUETTE Claire, *Mémoires de Thoutmosis III,* Paris, Calmann-Lévy.
L'Égypte, Édit. Jean-Philippe de Tonnac, Florence Quentin, Catherine David, Paris, Maisonneuve et Larose.
MACÉ Gérard, *Le Dernier des Égyptiens,* Paris, Gallimard.
MAHFOUZ Naguib, *Le Mendiant,* Trad. de l'arabe: Mohamed Chaïret, Paris, Sindbad.

AUTRES

GASPAR Lorand, *Arabie heureuse,* Montolieu (Aude), Deyrolle.
JACQ Christian, *Sous l'acacia d'Occident,* Paris, Laffont.
JACQ Christian, *Le Fils de la lumière,* Paris, Pocket.
RACHET Guy, *Sémiramis: reine de Babylone,* Paris, Critérion.
SOUSS Ibrahim, *Le Retour des hirondelles,* Paris, Belfond, <Palestine>.

LITTÉRATURE TRADUITE EN FRANÇAIS

ANSÂRÎ, *Chemin de Dieu: trois traités spirituels,* édit. et trad. du persan et de l'arabe: Serge de Laugier de Beaurecueil (nouv. éd.), Paris, Sindbad.
DARWICH Mahmoud, *Rien qu'une autre année: anthologie poétique, 1966-1982,* Trad. de l'arabe: Abdellatif Laâbi, (réimpr.), Paris, Minuit, <Palestine>.
DJALÂL AL-DÎN RÛMÎ, *Le Livre du dedans, fihi-mâ-fihi,* Trad. du persan: Eva de Vitray-Meyerovitch, Paris, Albin Michel.
Échec au roi de Rome, Trad. de l'arabe: Jean-Patrick Guillaume et Georges Bohas, Paris, Sindbad.
GAHIZ Amr Ibn Bahr AL, *Le Livre des avares,* Préf. Kilito, Paris, Maisonneuve et Larose.
GHITANY Gamal, *La Mystérieuse Affaire de l'impasse Zaafarani,* Trad. de l'arabe: Khaled Osman, Paris, Sindbad, <Égypte>.
KHARRAT Edouard Al, *La Danse des passions, et autres nouvelles,* Trad. de l'arabe: Marie Francis-Saad, Arles, Actes sud, <Égypte>.
KHAWAM René R., *Contes d'Islam,* Paris, Esprit des pénisules, <Syrie>.
JABRA Jabra Ibrahim, *Le Navire,* Trad. de l'arabe: Michel Burizi et James Chehayed, Paris, Arcantères / Unesco.
KASIM Samih al, *Poignées de lumière,* Trad. de l'arabe: M. El Yamani, Belfort, Circé, <Palestine>.
MANACIRAH Ezzidine al, *Le Crachin de la langue,* Trad. de l'arabe: Mohammed Maouhoud, Bordeaux, Escampette.
MAS'UDI Ali ibn al, Hysayn al, *Les Prairies d'or 5,* Trad. de l'arabe: Barbier de Maynard et Pavet de Courteille, rev. et corr. par Charles Pellat, P. Geuthner, Société asiatique.
MOGADEIMA Al, *Discours sur l'Histoire Universelle,* Trad. de l'arabe: Vincent Monteil, Paris, Sindbad, Thesaurus, <Égypte>.

IRAN

Mohsen SABÉRIAN
Université de Mashad

La francophonie en Iran aujourd'hui passe en bien des cas inaperçue. Pourtant, la présence de la langue et de la civilisation françaises remonte à un passé lointain ; elle redonne des signes d'espoir.

Avec la victoire de la révolution et l'affirmation de la république islamique, il y eut de grandes turbulences dans les relations extérieures, touchant la présence de la langue française et son usage. Néanmoins, de meilleures voies semblent se dessiner. Derrière l'anglais, le français a relativement pu se frayer son chemin. En Iran, l'image de la francophonie est associée aux notions de culture, de lettres, d'arts et de création artistique et aussi à des traits symboliques comme le goût, la distinction, le savoir-vivre, l'élégance: ce qui amène certains Iraniens à choisir et à employer des termes français dans le domaine de la publicité, de la mode et de la gastronomie.

La période qui a vu tous les lettrés du pays parler le français appartient au passé, mais ce riche passé assure aujourd'hui le prestige et la permanence de la langue française. Il est difficile de prévoir ce que réserve l'avenir.

Au niveau primaire, l'enseignement d'une langue étrangère ne fait pas partie du programme scolaire. Cependant avec l'apparition, d'écoles privées iraniennes depuis 1991 (les écoles étrangères ont disparu), l'enseignement élémentaire d'une langue étrangère reprend peu à peu et le français a une toute petite place.

Au niveau secondaire, les élèves ont le choix entre l'anglais, le français et l'allemand, l'arabe restant toujours une matière obligatoire du programme. Autrefois enseigné au premier rang, le français se situe maintenant au deuxième rang derrière l'anglais, assez loin devant l'allemand. La généralisation d'une deuxième langue étrangère (le français par exemple) à côté de l'anglais exigerait un financement colossal.

Le ministère iranien de l'Éducation nationale a pris des mesures afin de contrebalancer l'hégémonie de l'anglais en développant l'enseignement des autres langues étrangères, en particulier le français. L'effort fait depuis quelques années en direction des lycées commence à porter ses fruits. Au niveau supérieur, le français n'a pas le statut de langue universitaire quasi exclusive comme il l'a eu pendant un temps. Toutefois, il est largement utilisé comme source de référence dans les études juridiques, dans la mesure où aucune langue véhiculaire ne peut remplir ce rôle. Il existe aussi une demande assez prometteuse pour le français dans les filières littéraires, linguistiques, artistiques et même parfois techniques et médicales, bien que dans ces deux dernières le français ait un usage plus réduit.

Dans les facultés des langues étrangères, les départements de français possèdent un effectif moins élevé que les départements d'anglais, mais plus élevé que les départements d'allemand, d'italien et de russe. Le handicap principal réside dans le fait qu'il n'existe pas de méthodes pratiques d'enseignement, capables de répondre aux besoins des apprenants iraniens et en harmonie avec le contexte linguistique et culturel. Les décideurs n'admettent pas les méthodes étrangères ou en font supprimer des parties non conformes au statut socioculturel de la société. L'élaboration de méthodes adaptées dans une nouvelle collaboration de spécialistes français et iraniens serait donc souhaitable.

Quant aux émissions télévisées en langue française (TV5), elles peuvent être captées par des antennes paraboliques, mais pour utiliser ces dernières, il faut une autorisation spéciale du ministère de l'Intérieur. TV5 est donc réservée de fait à une certaine classe privilégiée.

OCÉAN INDIEN

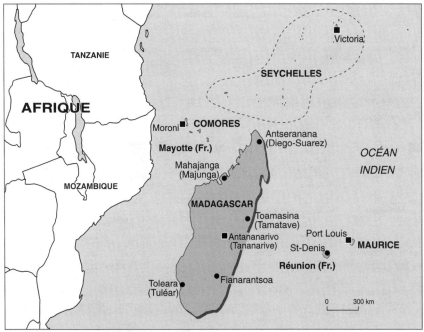

Plusieurs îles ou archipels du Sud-Ouest de l'océan Indien font partie de la Francophonie. Les Comores, indépendantes depuis 1975, constituent une république fédérale islamique. Elles furent protectorat (1886) et territoire français d'outre-mer (1946). L'arabe et le français sont langues officielles. On y parle surtout le comorien (d'origine arabe et bantoue) et le swahili. Certains parlent le kibushi (d'origine malgache).

Mayotte, île séparée des Comores après le référendum de 1974, est une collectivité territoriale française. Le français est langue officielle et on retrouve les composantes linguistiques de l'archipel comorien.

Madagascar a proclamé son indépendance en 1960. Ancien protectorat français (1885), elle fut annexée par la France comme colonie en 1896. Les langues officielles sont le malgache et le français. D'origine malayo-polynésienne, le malgache, langue maternelle de la population, présente une grande unité linguistique à travers le pays malgré ses variantes dialectales.

Maurice, hôte du Vᵉ Sommet de la Francophonie en 1993, est un pays indépendant depuis 1968, après avoir été possession française (1715) et anglaise (1810). L'anglais est langue officielle de l'Assemblée législative et de l'enseignement. Le français, très présent, a un rôle semi-officiel. Le créole est largement employé par la population. On y parle également les langues indiennes (hindi, bohjpouri, tamoul, ourdou, etc.) et chinoises.

La Réunion, possession française depuis 1649, est un département français d'outre-mer depuis 1946. Le français y est donc langue officielle. Le créole est le moyen de communication naturel de la population. Des langues indiennes ou chinoises (cantonais) sont parlées par un certain nombre de familles.

Les Seychelles forment un État indépendant depuis 1976. Elles furent tour à tour possession française (1756) et anglaise (1811). Le créole, l'anglais et le français constituent le trilinguisme officiel mais le créole demeure la langue naturelle, tandis que l'anglais y est plus parlé que le français.

OCÉAN INDIEN

	Comores	Madagascar	Maurice	Seychelles	Mayotte[1]	Réunion[2]
Nom officiel	Rép. fédérale islamique des Comores	République de Madagascar	République de Maurice	République des Seychelles	Collectivité territoriale de Mayotte	Réunion
Capitale	Moroni	Antananarivo	Port-Louis	Victoria	Mamoudzou	Saint-Denis[3]
Superficie (km²)	1 862	587 041	2 040	454	373,2	2 512
Régime politique	présidentiel	présidentiel	république parlementaire	présidentiel	présidentiel	présidentiel
Chef d'État	Mohamed Taki **Abdulkarim**	Didier **Ratsiraka**	Cassam**Uteem**	France-Albert **René**	Jaques **Chirac**	Jacques **Chirac**
Entrée en fonction	16-03-1996	31-01-1997	30-06-1992	05-06-1977	17-05-1995	17-05-1995
Prédécesseur	Saïd Mohamed **Djohar**	Norbert Lala **Ratsiraho-nana**	Veerasamy **Ringadoo**	James **Mancham**	François **Mitterrand**	François **Mitterrand**
Chef du gouvernement	Amhed **Abdou**	Pascal **Rakotomavo**	Navinchandra **Ramgoolam**	France-Albert **René**	Lionel **Jospin**	Lionel **Jospin**
Entrée en fonction	1997	1997	31-12-1995	05-06-1977	06-1997	06-1997
Prédécesseur	Tadjidine Ben Saïd **Massounde**	Emmanuel **Rakotovahini**	Aneerood **Jugnauth**	France-Albert **René**	Alain **Juppé**	Alain **Juppé**
Langues officielles	arabe, français	malgache	anglais	créole, anglais, français	fançais	français
Autres langues	comorien, swahili	français	français, créole, hindi, urdu, telegu, chinois		arabe comorien	créole
Principales religions en % de la population	islam (99,4), christianisme (0,6)	christianisme (51), animisme (47), islam (1,7), autres (0,3)	hindouisme(50,6) christianisme (32,4), islam (16,3), autres (0,7)	christianisme (97,1), autres (2,9)	islam (97,1), christianisme (2,9)	christianisme (88,3) autres (principalement islam) (11,7)
Population	630 000	14 800 000	1 120 000	74 000	110 000	660 000
Moins de 15 ans en %	48,3	46	28	35,1	47	29
Plus de 65 ans en %	n.d.	3	6	2,7[4]	3[4]	8,8[4]
Indice de fécondité	6,9	5,88	2,31	2,3	6,8	2,4
Espérance de vie H/F	57,5/58,5	57,5/60,5	68,3/75,0	66,0/73,0	56/60	71/77
Alphabétisation en %	55,6	80,2	79,9	89,0	91,9	78,2
IDH (rang/174)[5]	139	150	54	60	voir France	voir France
PNB (en M$US)	250	3 400	3 940	450	360[6]	5 300 [6]
PNB/hab. (en $US)	397	230	3 518	6 081	3 273 [7]	8 030 [7]
Monnaie[8]	franc comorien	franc malgache	roupie mauricienne	roupie seychelloise	franc français	franc français
FF	0,01337	0,00112	0,28237	1,15757	1	1
$ US	0,00319	0,00021	0,04928	0,20204	0,17454	0,17454
Principales exportations	girofle, vanille, ylang ylang	girofle, vanille, café, crevette, minéraux	sucre, horlogerie, optique, textile	cannelle, poissons, copra	ylang-ylang, cannelle, girofle	ylang-ylang, cannelle, girofle
Principales importations	viande, riz, véhicules automobiles, vêtements	produits chimiques, pétrole brut, machineries	équipement, produits alimentaires et chimiques, hydrocarbures	produits alimentaires, hydrocarbures, machineries	produits alimentaires et chimiques, combustibles, minéraux	produits alimentaires, agricoles, chimiques, combustibles
Principaux partenaires commerciaux	France, Madagascar, États-Unis, Pakistan	France, Allemagne, États-Unis, Japon	France, Royaume Uni, États-Unis, Afrique du Sud	Bahrain, Singapour, Royaume-Uni, France	France, Union européenne	France, Union européenne

Sources: Banque mondiale; ONU, *Bulletin mensuel de la statistique*

1. Collectivité territoriale.française.
2. Département français d'outre-mer (DOM).
3. Chef-lieu.
4. 60 ans et plus.
5. Indice de développement hunmain, mesure de classement des pays utilisé par l'ONU.
6. Produit intérieur brut (PIB), comme pour tous les autres pays de l'OCDE.
7. Produit intérieur brut par habitant (PIB/hab.) , comme pour tous les autres pays de l'OCDE.
8. Taux au 15 septembre 1997, donné à titre indicatif.

OCÉAN INDIEN

Jean-Louis JOUBERT
Université Paris XIII
Jean-Claude CASTELAIN
rédacteur en chef de la revue *Universités*

avec la collaboration de
Liliane RAMAROSOA
Lala RAHARINJANAHARY
Hervé RAKOTO-RAMIARANTSOA
Célestin RAZAFIMBELO
(École normale supérieure, Université d'Antananarivo)
Stéphane JACOB
(*Midi-Madagascar*, Correspondant de RFI)
Bernard IDELSON, Réunion

COMORES

L'archipel des Comores a traversé en 1997 une grave crise politique. Deux îles, Anjouan et Mohéli, ont affirmé leur volonté de séparer leur sort de celui de la Grande Comore.

Des événements précurseurs s'étaient déroulés le 18 février 1997 quand Mutsamudu, principale ville de l'île d'Anjouan, avait été le théâtre d'affrontements entre syndicalistes et forces de l'ordre: plusieurs manifestants avaient été arrêtés. Du 14 au 16 mars, des émeutes avaient fait (selon les chiffres avancés par l'opposition) 4 morts et 20 blessés.

Le 14 juillet, des heurts opposent militants séparatistes anjouanais et gendarmes (2 morts). Le gouvernement comorien envoie des renforts militaires à Anjouan et fait arrêter l'animateur du mouvement séparatiste, Abdallah Ibrahim (très vite remis en liberté). Le mouvement séparatiste prend vite de l'ampleur: il réclame la rupture de l'île avec la Grande Comore et son rattachement à la mouvance française. L'île de Mohéli entre à son tour dans le jeu: des drapeaux français y sont brandis à la fin de juillet.

Le 3 août, les Anjouanais proclament unilatéralement l'indépendance de leur île. Le 5 août, Abdallah Ibrahim, professeur d'école coranique, est désigné comme président de l'"État d'Anjouan". De son côté, dans un communiqué, le gouvernement français rappelle qu'il reste attaché à "l'intégrité territoriale des Comores". Mohéli à son tour proclame son indépendance le 11 août.

L'Organisation de l'Unité Africaine délègue un médiateur, l'Ivoirien Pierre Yéyé, qui se rend aux Comores. Il estime que la sécession est "inacceptable" et propose la tenue d'une conférence intercomorienne, prévue pour le 10 septembre, à Addis-Abeba. De son côté, le gouvernement comorien se déclare prêt à envisager une "réorganisation des institutions pour élargir le pouvoir des îles".

La situation semble aller vers un apaisement: le gouvernement fait retirer les renforts militaires qui avaient été envoyés à Anjouan. Mais les partisans de la fermeté semblent à nouveau l'emporter. Le chef d'état-major, opposé à une intervention militaire dans les îles sécessionnistes, est remplacé par le chef de la sécurité présidentielle. Le 28 août, l'armée comorienne intervient à Mohéli contre les séparatistes. Des bateaux sont réquisitionnés pour débarquer des troupes à Anjouan. Le 3 septembre, l'armée comorienne entreprend la reprise de l'île. Mais la résistance est acharnée et l'opération tourne au désastre, causant de nombreuses victimes.

COMORES

QUELQUES POINTS DE REPÈRE

Géographie

➤ Archipel de 4 îles dont la 4e, Mayotte, a choisi de rester française en 1976.

Histoire

➤ 1886 Protectorat français.

➤ 1946 L'archipel est détaché administrativement de Madagascar et représenté au Parlement français.

➤ 1975 (juillet) Proclamation d'indépendance, suivie du coup d'État d'Ahmed Abdallah, qui sera chassé par le prince Jaffar.

➤ 1976 Ali Soilih décrète la "révolution culturelle". Il est assassiné en 1978. Les mercenaires dirigés par le français Bob Denard réinstallent Abdallah qui sera aussi assassiné en 1989 (26 novembre).

➤ 1990 Saïd M. Djohar élu président.

➤ 1995 Renversé par les mercenaires de Bob Denard. La France intervient et emprisonne ce dernier.

➤ 1996 Saïd Djohar rentre aux Comores (26 janvier). Mohamed Taki est élu président le 16 mars.

➤ 1997 (3 août) Anjouan proclame unilatéralement son indépendance

À noter

➤ Les Comores constituent une république fédérale islamique. Mayotte bénéficie vis-à-vis de la France d'un statut spécial (unique en son genre): "collectivité territoriale à caractère départemental".

Cette crise résulte certainement de dysfonctionnements propres à la République des Comores, la Grande Comore ayant peut-être négligé les autres îles. Mais le statut de Mayotte, qui avait refusé de se joindre aux trois autres îles au moment de la proclamation de l'indépendance et qui est restée sous statut français, introduit un élément de déséquilibre dans la région. Les Mahorais bénéficient de salaires plus élevés, d'une protection sociale plus importante. Quand les habitants d'Anjouan et de Mohéli réclament leur "rattachement à la France", ils demandent surtout à pouvoir bénéficier d'avantages comparables à ceux des Mahorais. Leur revendication est sans doute autant économique que politique. Il existe d'ailleurs un fort courant d'immigration clandestine d'Anjouanais qui se rendent à Mayotte par bateau.

La crise actuelle ne pourra probablement se résoudre durablement que par un règlement d'ensemble concernant l'ensemble des îles comoriennes.

MADAGASCAR

Vie politique

À l'école de la démocratie...

En accueillant les 3ᵉ Jeux de la Francophonie du 27 août au 6 septembre 1997, Madagascar s'est offert le redoutable privilège de se placer en même temps non seulement sous les feux de la rampe, mais aussi sous les projecteurs de l'actualité. Une actualité qui l'habille d'une part d'une toilette pimpante seyant à cette "francofête" mâtinée de sport et de culture, mais qui ne se prive pas non plus de découvrir des dessous politico-économiques pas toujours séduisants!

Marge très étroite

Lors des élections présidentielles anticipées de décembre 1996, l'ancien président Didier Ratsiraka retrouve le chemin du pouvoir en battant sur le fil, au second tour, son prédécesseur, définitivement empêché par l'Assemblée le 26 juillet de l'année dernière. Une décision que la Haute Cour constitutionnelle officialisa le 5 septembre. Mais tout empêché qu'il fût, Albert Zafy a failli revenir au pouvoir par le chemin des urnes, moins de cinq mois après. Il ne fut distancé que d'à peine 30 000 voix par Didier Ratsiraka qui, par cette marge très étroite, retrouvait, lui, ses marques.

Incertitude permanente

Cette expérience de l'alternance, frappée au coin de la démocratie, devrait faire honneur à Madagascar et à la vie politique des Malgaches. Mais le nouveau régime ne semble guère à l'aise dans cette victoire étriquée et voudrait remettre en cause

MADAGASCAR

Quelques points de repère

Géographie
➤ La plus grande île de l'océan Indien (un peu plus étendue que la France) au sud-est de l'Afrique.
➤ Climat varié, tempéré par l'altitude au centre, tropical et humide à l'est, semi-désertique au sud.
➤ Diversité des richesses naturelles.

Histoire
➤ Au début de notre ère, vagues de migration d'Indonésie et d'Afrique orientale.
➤ XVᵉ-XVIIIᵉ s. Divers royaumes.
➤ XIXᵉ (début) Formation du royaume de Madagascar autour des souverains d'Antananarivo.
➤ 1896 Annexion de l'île par la France.
➤ 1947 Insurrection. Lutte pour l'indépendance.
➤ 1956 Accord cadre. Référendum.
➤ 1958 Création de la République malgache, indépendante le 26 juin 1960. Philibert Tsiranana, président.
➤ 1972 Mouvement populaire. Chute de Tsiranana. Le général Ramanatsoa nommé chef du gouvernement; parmi ses ministres, Didier Ratsiraka (Affaires étrangères) Albert Zafy (Santé), Richard Ratsimandrava (Intérieur).
➤ 1975 (février) Ratsimandrava nommé chef de l'État, aussitôt assassiné. Ratsiraka élu président (décembre) annonce une révolution nationale démocratique.
➤ 1991-1992 Affrontements et répression à Antananarivo.
➤ 1992 Référendum: Nouvelle constitution, IIIᵉ République.
➤ 1993 Albert Zafy, élu président (66,9% des voix) contre Ratsiraka.
➤ 1996 "Empêchement" d'A. Zafy. Ratsiraka réélu (déc.) contre A. Zafy.

une constitution qui a pourtant permis à l'amiral Didier Ratsiraka de revenir aux affaires. Une constitution dont il n'a eu de cesse de dénoncer les lacunes et les incohérences, allant jusqu'à qualifier la Loi fondamentale de "constitution bâtarde". L'instabilité du pouvoir et l'incertitude permanente à l'Assemblée où aucune majorité véritable n'existe, ne lui donnent pas tort. " Ce sera une chambre introuvable" devait-il commenter, aussitôt l'Assemblée mise en place selon un code électoral qui ne peut permettre la formation d'une majorité mathématiquement reconnue.

Tout changer

C'est dans cette logique que le nouveau régime veut tout changer, de la cave au grenier. Il reporte les législatives au 28 mars 1998 et prolonge le mandat des députés. Un référendum constitutionnel pourrait signifier la fin de la Troisième République et l'avènement d'une Quatrième République, "humaniste et écologiste", comme l'avait promis l'amiral Didier Ratsiraka durant sa campagne électorale. Seulement, si ce référendum consacrait l'avènement d'une nouvelle République, les législatives risqueraient de ne pas avoir lieu le 28 mars comme prévu, puisqu'il faudrait procéder d'abord à l'élection du président de cette nouvelle République. On peut évidemment contourner cette éventualité en se contentant d'amender l'actuelle Constitution. Mais quoi qu'il en soit, ce ne sera plus véritablement celle de la Troisième République!

VIE ÉCONOMIQUE

Personnes non autorisées

Dans une telle incertitude politique, il est bien difficile de se lancer dans la seule bataille qui mérite que l'on se batte pour elle : celle du redressement économique, remis sur les rails après la conclusion de nouveaux accords avec le Fonds monétaire international, pour un programme d'ajustement structurel de l'économie. Les laborieuses négociations sont chaque fois compromises au moment où le gouvernement est sur le point de mener à terme les travaux, en raison d'obstacles dénoncés à la dernière minute, allant des *promissory notes* – ces émissions obligatoires revêtues de la double signature de personnes non autorisées – à de sombres dossiers de financements dits "parallèles", rejetés par les bailleurs de fonds "traditionnels et orthodoxes". À ces causes s'ajoute le non-respect du calendrier de réalisation des conditions, aussi bien dans le domaine fiscal que dans le programme de privatisation et de désengagement de l'État des sociétés nationalisées.

Feu vert

Toutefois, l'ancien premier ministre Norbert Ratsirahonana a pu rentrer de Washington, les accords enfin signés avec le FMI et la Banque mondiale. Les premiers fonds et autres crédits d'ajustement furent aussitôt débloqués. Un total de 120 millions de dollars seront ainsi alloués à Madagascar par différentes tranches jusqu'en 1999. La conclusion de ces accords était aussi le feu vert attendu par le partenaires bilatéraux de Madagascar pour remettre en chantier divers projets suspendus jusque-là. Les pays ayant un accord de coopération avec Madagascar avaient en effet gelé leurs aides et leur assistance en attendant la conclusion d'un programme d'ajustement structurel de l'économie malgache avec le FMI.

Un nuage sombre

Si la France, l'Allemagne, le Japon et les États-Unis ont aussitôt réactivé tous les dossiers en instance, faisant du coup bénéficier Madagascar d'un total de crédit de plus de 600 millions de francs français, et si le Club de Paris a consenti un effacement partiel de la dette publique, cette embellie vient toutefois d'être obscurcie par un nuage bien sombre. À la suite d'une mission technique dépêchée par Bruxelles, l'Union européenne a décidé de suspendre l'importation des viandes et des produits halieutiques en provenance de Madagascar, les abattoirs et autres chaînes de traitement de ces denrées ne répondant pas aux normes sanitaires et d'hygiène exigées par le marché européen. Du coup, c'est un minimum de manque à gagner de 300 milliards de francs malgaches qui affectera l'économie de l'île durant les quatre mois de cette sanction. Autant dire que c'est un coup sévère pour Madagascar, mais aussi un rappel strict du respect des conditions imposées pour les marchés internationaux. La démocratie et l'économie de marché, décidément, sont une école dont il vaut mieux suivre les... cours!

VIE CULTURELLE

L'année 1997 a été marquée par la commémoration de deux événements qui ont constitué un tournant dans l'histoire de Madagascar.

Le cinquantenaire de l'insurrection du 29 mars 1947 – "rébellion manquée" mais aussi et surtout tremplin des luttes de libération nationale ultérieures – a été célébré en mars par plusieurs manifestations. Une exposition coordonnée par le ministère de l'Information et de la Communication et le ministère de l'Art et de la Culture, s'est tenue à la Bibliothèque nationale. Une série de tables rondes, animées par des universitaires et des témoins, a été organisée par la Radio-Télévision Malgache à Moramanga (un des points chauds de l'insurrection) et dans quelques villes (Antananarivo, Fianarantsoa, Antsiranana, Majunga). Un colloque, organisé par tous les départements d'Histoire des universités de Madagascar, clôturera en septembre cette année commémorative.

La Fédération des Églises de Jésus-Christ à Madagascar (FJKM) a quant à elle célébré en mai et juin la double commémoration du 130e anniversaire de l'arrivée de la Friend's Foreign Mission Association

(FFMA) et le 100e anniversaire de l'année de la Mission Protestante Française (MPF). Cet événement a d'abord été marqué par la réhabilitation de la Maison des archives et bibliothèque de la FJKM (réhabilitation subventionnée entre autres par l'ambassade d'Allemagne et l'ambassade de la Grande-Bretagne). La London Missionary Society de Londres a "rapatrié" pour l'occasion un lot conséquent de documents d'archives. Un colloque – tenu du 7 au 11 mai 1997 à l'Académie nationale des arts, des lettres et des sciences – sur le thème Missions et Société a par ailleurs mis en lumière – outre les circonstances socio-politiques de l'arrivée des deux Missions à Madagascar – le rôle prépondérant qu'elles ont joué dans de la société malgache d'alors dans les domaines évangélique, littéraire, culturel (architecture notamment), politique et social (celui de la santé publique en particulier), ainsi que la contribution des missionnaires aux travaux de l'Académie malgache. Les communications ont en outre souligné la portée et les perspectives actuelles de ces multiples activités missionnaires.

MAURICE

POLITIQUE

L'an cinq de la République mauricienne a débuté comme s'était achevée l'année 1996, le premier ministre Navin Ramgoolam à la tête d'une alliance bicéphale et tumultueuse regroupant sa formation politique, le Parti travailliste, et le Mouvement militant mauricien (MMM) de Paul Bérenger, vice-premier ministre. Détenant la totalité des sièges depuis les législatives de décembre 1995, la coalition a été confrontée à deux styles de leadership, celui de Ramgoolam qualifié de "passif et minutieux" opposé à celui "actif et pragmatique" de Bérenger. L'opposition officielle était constituée de *best loosers*, système de cooptation de "meilleurs perdants" aux élections qui permet de respecter la représentation socio-ethnique du pays au Parlement, et de quelques députés récalcitrants "d'arrière-banc" (*back benchers*). Elle était relayée dans la rue par la presse, aussi bien les principaux quotidiens indépendants, connus pour leurs critiques acerbes, que les journaux partisans.

À l'encontre de l'an passé, le budget 1997-98 a été favorablement reçu par les secteurs sucrier, touristique et manufacturier, qui y ont trouvé des mesures incitatives favorisant leur dynamisme. Mais le climat serein qui présida au dépôt du budget tourna à la tempête avec la décision du premier ministre de révoquer le vice-premier ministre, à la fin de juin, fustigeant au passage le "manque de solidarité gouvernementale" et les "ambitions personnelles" de ce dernier. Cette rupture attendue provoqua le départ de huit ministres après dix-huit mois de cohabitation. Le gouvernement Ramgoolam continue de bénéficier d'une majorité avec ses 35 députés contre 25 au MMM sur les 60 sièges du Parlement. Dès le remaniement ministériel, Bérenger a vite fait de réclamer la tenue d'élections générales anticipées "dans un délai raisonnable" en niant au gouvernement "le droit moral de gouverner seul et isolé".

Depuis, les partis de l'opposition ont constitué une nouvelle alliance face aux Travaillistes: le Mouvement militant mauricien, le Mouvement socialiste militant mauricien (MSMM), le Rassemblement pour la réforme ainsi que le Parti mauricien social démocrate (PMSD) de feu Gaétan Duval, ancien ennemi juré du MMM. Mais, en raison de nombreuses divergences au sein du PMSD et du MSMM, les formations en présence n'arrivent pas à se mobiliser comme elles le souhaiteraient. Pour le premier ministre Ramgoolam, le gouvernement peut désormais "aller de l'avant avec ses propres projets appuyé de son nouveau budget favorable aux yeux de la population".

> Après la cassure, l'opposition s'est tout de même jointe au gouvernement pour reconduire le mandat du président de la République, Cassam Uteem (56 ans), personnalité respectée de tous et reconnue pour son sens inné du devoir. Veeriah Chettiar (69 ans), travailliste étroitement lié à la lutte pour l'indépendance, a été élu vice-président.

ÉCONOMIE

Sur le plan international, Maurice a accueilli en mars, la réunion constitutive du Groupement des pays riverains de l'océan Indien (Indian Ocean Rim). Les quatorze pays membres (Afrique du Sud, Australie, Inde, Indonésie, Kenya, Madagascar, Malaisie, Maurice, Mozambique, Oman, Singapour, Sri Lanka, Tanzanie et Yémen) ont confié à Maurice la présidence de ce regroupement qui "donnera priorité dans des activités économiques au secteur privé, alors que les gouvernements assoupliront pour leur part les lois sur les échanges commerciaux, les investissements et le transfert de technologie". La France a manifesté son souhait de faire partie de ce nouvel ensemble, étant riveraine de la région par la présence de son département d'outre-mer, La Réunion.

Dans les secteurs socio-économiques du pays on ressent certaines inquiétudes, car on constate une baisse du pouvoir d'achat, une certaine surchauffe sur le front social et une frilosité de la part des investisseurs étrangers. Ainsi le rapport 1997 de la CNUCED indique que les investissements étrangers à Maurice ont atteint 18 millions de dollars américains entre 1991 et 1996 contre 22 millions entre 1985 et 1990. Maurice se classe au 23e rang des pays africains qui cumulent 5 milliards de dollars d'investissements étrangers des 399 milliards investis au niveau mondial. On assiste également à une certaine dégradation de la balance des paiements pour la période 1994-1995, notamment du fait d'un accroissement des investissements mauriciens à l'étranger, notamment au Mozambique.

MAURICE

QUELQUES POINTS DE REPÈRE

Géographie
➤ Île volcanique des Mascareignes (100 km à l'est de la Réunion) au sud-ouest de l'océan Indien, avec une barrière corallienne formant de nombreux lagons.

Histoire
➤ 1502 L'île apparaît sur les cartes portugaises.
➤ 1598 Les Hollandais en prennent possession et la baptisent Mauritius.
➤ 1715 Maurice tombe sous domination française et devient île de France.
➤ 1810 Occupation britannique confirmée par le traité de Paris (1814).
➤ 1833 Affranchissement des esclaves et immigration massive de travailleurs indiens.
➤ Après la 2e Guerre mondiale, succession de constitutions libérales conduisant à la semi-autonomie de l'île en 1961.
➤ 1968 (12 mars) Maurice devient un État indépendant dans le Commonwealth (Élisabeth II chef de l'État). Elle participe aussi à la Francophonie dès le Sommet de Paris (1986).
➤ 1992 (12 mars) Maurice devient une république.
➤ 1993 (octobre) Ve Sommet de la Francophonie.
➤ 1995 L'île adhère à la Coordination pour le développement de l'Afrique australe (SADC).

À noter
➤ Maurice surprend depuis 1970 par son dynamisme. Zone franche. Économie diversifiée: sucre, textile, tourisme, etc.
➤ L'anglais est langue officielle; le créole et l'hindi sont couramment parlés; le français obligatoire au primaire et au secondaire est aussi la langue des médias. .

Productivité

Confirmant la vocation manufacturière de l'île, le rapport 1997 du Fraser Institute (Canada) a classé Maurice au 5ᵉ rang de 115 pays sur la liberté économique d'entreprendre, derrière Hong-Kong, Singapour, la Nouvelle-Zélande et les États-Unis. Le pays bénéficie également d'une productivité positive depuis 1985, en dépit de quelques nuages à l'horizon. Selon le ministère du Plan, avec une hausse démographique de 1% entre 1982 et 1996, le PIB a augmenté de 5,7% et affiche une moyenne d'augmentation de 4,7% par habitant. La production par employé est aussi à la hausse, se situant à 3,8% entre 1993 et 1996 et maintenant une moyenne ascendante de 2,1% depuis 1992.

Les autres piliers de l'économie mauricienne, le sucre et le tourisme, affichent des résultats satisfaisants. Le Syndicat des sucres se dit en mesure d'honorer ses engagements d'exportation pour l'année 1997-98; il prévoit une production de 610 00 tonnes de sucre pour la présente campagne.

Jusqu'au mois d'août dernier, 340 000 touristes avaient profité des plaisirs de l'île (contre 304 000 en août 1996). Les arrivées européennes ont augmenté de 18% et la France demeure le plus gros marché, suivie de l'Italie et de l'Allemagne. L'Afrique du Sud et l'Australie sont les autres clients d'importance.

Société

Éducation

Le gouvernement a déposé plusieurs Livres blancs qui font l'objet de discussions, dont celui de l'Éducation pré-scolaire, primaire et secondaire. Le nouveau ministre de l'Éducation, Kadress Pillay, y propose une scolarité de neuf ans, quatre matières obligatoires au primaire (anglais, français, mathématiques et sciences élémentaires) et deux matières optionnelles sur un éventail de quatre incluant les langues orientales. Les syndicats d'enseignants ont manifesté leur appréhension quant à l'avenir de ces langues. Par ailleurs, le ministre Pillay a déclaré: "l'utilisation du créole est un impératif (du) système d'éducation" mauricien comme médium d'enseignement.

Au niveau du supérieur et du tertiaire, l'Université de Maurice a ouvert de nouvelles filières menant au B. Sc en sciences médicales et au M. Sc en mathématiques appliquées (formation assurée en anglais et en français), en génie de direction de projet, en génie environnemental, en communication et en gestion. Quelque 1200 nouveaux étudiants ont rallié le campus du Réduit, 20% de plus qu'en 1996.

Télécommunications

Dans le domaine des communications, la Mauritius Telecom a retenu l'offre de Motorola (Etats-Unis) pour le contrat de 50 000 nouvelles lignes de téléphone par communication radio. Le gouvernement a donné le feu vert à la libéralisation du paysage audio-visuel et plusieurs chaînes de télévision privée (London Satellite System, Multichoice, Canal+) ont sollicité leur permis d'opérateur de télévision à péage.

Branché au réseau Internet depuis août 1995, Maurice comptait quelque 6000 abonnés en début 1997 et les chiffres continuent de grimper, le coût de la connexion étant peu élevé. Le gouvernement mauricien en a fait une des ses priorités car Maurice prétend devenir un prestataire de service important dans la région et vers l'Afrique.

Hôteliers, voyagistes, organisateurs d'activités sportives, principaux journaux, banques et le port franc ont vite compris l'intérêt de cette vitrine internationale qu'est le web et y ont développé des services. Depuis septembre, les pages jaunes mauriciennes ont également fait leur entrée sur Internet et 5000 entreprises mauriciennes de toutes tailles y sont inscrites pour promouvoir leurs produits et leur savoir-faire.

Finances

Maurice poursuit le renforcement de sa position de centre financier régional avec ses structures bancaires *offshore* et demeure un bon risque pour l'investisseur étranger, avec la France en tête (16% du stock), suivie de la Malaisie (12,7%) et de l'Inde (12,1%). Selon Richard Morin, président québécois de la jeune Bourse de Maurice, le rendement annuel moyen des valeurs est environ de 20% et le nombre de sociétaires est passé de 5 en 1989 à 45 en début 1997 pour une capitalisation de 1,5 milliard de dollars.

MAURICE

Chagos, Malouines ou Acadie de l'océan Indien?

"Permettez aux Chagossiens de retourner dans leur archipel natal" a déclaré solennellement le président de la République mauricienne, Cassam Uteem, à la tribune de la 43e conférence des parlementaires du Commonwealth réunie à Maurice à la mi-septembre. Sortant de la réserve que commande l'usage diplomatique, le président mauricien a fait un vibrant plaidoyer au nom des habitants des îles Chagos déracinés de leur archipel par les Britanniques dans les années 1966-1973 et exilés à Maurice et aux Seychelles depuis.

Le cas des Chagossiens, ou Ilois, a occupé une partie de l'opinion publique à Maurice cette année, l'hebdomadaire dominical *Week-End* ayant consacré une douzaine de reportages sur la question à partir d'informations extraites de documents officiels du Foreign Office britannique.

Lors de la conférence constitutionnelle de 1965 où Maurice négociait son indépendance de la tutelle de Londres, le sort de la population de l'archipel des Chagos – une soixantaine d'îlots et de récifs au milieu de l'océan à quelque 2000 km au nord-est de Maurice – aurait fait l'objet d'un "chantage" entre Londres et les négociateurs politiques mauriciens de l'époque, selon les documents cités par *Week-End*. Les Britanniques excisèrent l'archipel du territoire mauricien et firent déporter les 2000 Chagossiens vers Maurice et les Seychelles avec quelques compensations financières à l'appui. Ainsi que le rappela le président Uteem dans son intervention: "le British Indian Ocean Territory fut ensuite constitué et loué aux Américains qui l'ont transformé en une des plus importantes bases militaires et nucléaires au monde". Lors de l'opération Desert Storm, les bombardiers B-52 américains décollaient de cette base, située sur l'atoll de Diégo-Garcia, pour mener leurs missions contre l'Iraq.

Dans la recherche d'une solution à ce drame humain, *Week-End* soutient que les parties en présence compteraient beaucoup sur les relations cordiales entre Maurice, Londres et Washington de même que sur Robin Cook, l'actuel ministre britannique des Affaires étrangères qui a la réputation d'être "un ardent défenseur de la démilitarisation de Diégo-Garcia" et un "solide défenseur des droits de l'homme". Pour l'instant, Londres a réaffirmé que Maurice n'a aucune juridiction sur les territoires du BIOT.

VIE CULTURELLE

Présentant une exposition sur son œuvre à l'occasion du colloque tenu à l'Université de Maurice, le poète **Édouard Maunick** a déclaré devant les nombreuses personnalités présentes: "Je quitte mon pays définitivement, pour aller vivre en Afrique du Sud, en France, n'importe où *parski mo l'île pas bizin moi*. Je ne reviendrai que pour ma crémation". Avec l'emphase qu'on lui connaît, il a indiqué : "Je vais écrire, quand je partirai, une lettre à mon pays, pour dire toute la vérité, car je dois une explication. Je donnerai les raisons pour lesquelles, je ne peux plus, je ne veux plus, même si je voulais, même si je pouvais, vivre dans ce pays où j'ai des êtres chers, des amis. Je suis surtout malheureux pour cette jeunesse. J'aurais voulu avoir vingt ans, mais j'en ai cent. Il est trop tard" a conclu le poète qui a fait de l'exil son œuvre et son destin.

Cette année, il a publié un nouveau recueil de poésie, *De sable et de cendre*, ainsi qu'une anthologie d'auteurs contemporains d'Afrique, du Maghreb, des Antilles et de l'océan Indien.

La romancière mauricienne **Marie-Thérèse Humbert** (*À l'autre bout de moi, Volkameria, La montagne des Signaux*) fait partie de la première sélection du jury du Prix Renaudot pour son roman *Le Chant du seringat la nuit* publié aux éditions Stock en août 1997.

Médiamania est un court métrage de 34 minutes réalisé par le cinéaste mauricien **Soobeeraj Locknauth** (29 ans) en collaboration avec des stagiaires mauriciens en cinéma. Tourné en digital, le film présente une réflexion sur les méfaits de l'audiovisuel sur l'homme.

L'université de Maurice a organisé, du 7 au 11 juillet 1997, un colloque international sur le thème "L'océan Indien et les littératures de langue française: pays réels, pays rêvés, pays révélés". Plus d'une cinquantaine de participants s'y sont retrouvés, venant d'Europe, d'Inde, d'Australie, d'Amérique, ainsi que des îles voisines et de l'île Maurice elle-même. C'était le premier colloque d'envergure vraiment internationale témoignant de l'émergence des littératures francophones de l'océan Indien. Une des conclusions essentielles du colloque a été la création d'une "Association internationale d'études francophones et comparées sur l'océan Indien", dont le siège a été fixé à l'université de Maurice.

SEYCHELLES

COMMISSION DE L'OCÉAN INDIEN

L e quatorzième Conseil des ministres de la Commission de l'océan Indien s'est tenu aux Seychelles en avril. Le seychellois Jérémie Bonnelame a terminé son mandat comme Secrétaire général de la Commission et la présidence tournante est revenue aux Comores qui abritera le prochain Sommet.

Organisme de coopération et d'intégration régionales des cinq îles francophones de l'océan Indien (Comores, Madagascar, Maurice, Réunion, Seychelles), la COI a choisi de faire le point sur ses capacités institutionnelles. Le Programme intégré de développement des échanges, le projet de relance du commerce régional, la lutte contre le déversement des hydrocarbures, la protection des écosystèmes marins et côtiers, le projet de pêche au palangrier, la valorisation des ressources humaines, le respect des libertés fondamentales ainsi que la création de l'Université de l'océan Indien font partie des ses différentes priorités. Quant au domaine du tourisme, il n'y a pas encore de politique commune affichée bien que le concept du produit "les Cinq îles" fait l'objet d'un consensus entre les États membres.

L'Union européenne est le principal bailleurs de fonds de ce dispositif régional et elle a accordée une enveloppe de 30 millions d'écus dans le cadre de son programme indicatif régional. 50,5% des ressources de ce programme sont consacrées à la protection et à la gestion des ressources naturelles et marines. 35% sont affectées au développement des échanges et des biens et services dans le but de faciliter l'intégration économique régionale.

SEYCHELLES

QUELQUES POINTS DE REPÈRE

Géographie

➤ Le "Royaume de Neptune" est un archipel tropical situé en dehors de la zone des grands cyclones; 115 îles et de nombreux îlots (454 km² répartis sur un espace maritime de 800 000 km²).

Histoire

➤ 1742 Occupation française.
➤ 1814 Les Anglais s'emparent de l'île.
➤ 1976 (29 juin) Proclamation de l'indépendance.
➤ 1977 Coup d'État. Politique socialiste jusqu'en 1993.
➤ 1993 (18 juin) Adoption par référendum d'une nouvelle Constitution; France-Albert René président.
➤ 1996 Choix d'un nouveau drapeau.

À noter

➤ Les Seychelles sont à la fois membres du Commonwealth et de la Francophonie.

Danielle Jorre de Saint-Jorre

Les Seychelles ont été endeuillées au début de l'année par la mort subite de Danielle Jorre de Saint-Jorre, universitaire, diplomate et militante, emportée par un cancer le 25 février à Paris. Cette grande dame des Seychelles avait débuté sa carrière dans l'enseignement et avait rejoint, voici vingt ans, l'administration publique seychelloise. Nommée ambassadrice des Seychelles à Paris et dans plusieurs pays européens par le président Albert René qui ne tarda pas à lui confier le poste de ministre des Affaires étrangères, elle participa à de nombreuses tribunes internationales au nom de son pays et fut notamment très active lors des Sommets francophones de même que dans les instances de la Commission de l'océan Indien.

Au parler franc, faisant preuve d'une grande pugnacité, Danielle Jorre de Saint-Jorre avait son pays-archipel à cœur. Militante des cultures créoles, elle participa à la création du Comité international des études créoles, à l'Université de Nice en 1976, et en assuma la vice-présidence jusqu'à sa mort. Elle accueillit le deuxième Colloque international des études créoles, aux Seychelles en 1979, et devint également la présidente du mouvement culturel *Bannzil Kreol*. Elle fut l'instigatrice du Festival international Kreol des Seychelles, manifestation annuelle qui se tient au mois d'octobre dans la mouvance de la Journée internationale créole (28 octobre) et qui attire des créateurs et artistes des îles et des diasporas créoles.

Linguiste de formation, Danielle Jorre de Saint-Jorre a également participé à la rédaction d'un dictionnaire du créole seychellois, avec Annegret Bollée, de l'Université de Cologne, et venait d'achever un ouvrage sur les particularités lexicales du français des Seychelles.

LA RÉUNION

POLITIQUE

Le premier semestre de l'année a été marqué par des turbulences sociales et politiques qui ont bouleversé quelques données de la scène électorale.

Après la remise en cause de la majorité du gouvernement d'Alain Juppé, les élections législatives anticipées des 25 mai et 1er juin 1997 ont provoqué un raz-de-marée en faveur de la gauche qui occupe à présent quatre – dont trois pour le PCR (Parti Communiste Réunionnais) – des cinq circonscriptions de l'île.

Dès le premier tour, la défaite d'André-Maurice Pihouée (40% des voix), député sortant et président du RPR local, a porté un premier coup à son parti. Le Saint-Pierrois a dû s'incliner devant Élie Hoarau (PCR) qui emporte le siège avec 54,76 % des voix.

Dans la première circonscription de Saint-Denis, fief symbolique de Michel Debré, Jean-Jacques Morel a subi également une cuisante défaite (14,49% des voix), alors qu'il était pourtant candidat officiellement investi de l'ancienne majorité gouvernementale UDF-RPR.

Seul "rescapé" de la droite réunionnaise, André Thien-Ah-Koon a été réélu, au premier tour également, avec 51,75% des voix, devant le premier secrétaire du PS, Jean-Claude Fruteau (35,34%).

Au deuxième tour, dans la cinquième circonscription, Claude Hoarau (PCR) a été élu avec 53,42%, raflant la députation, sur son propre terrain, au sortant UDF Jean-Paul Virapoullé (46,58%). Michel Tamaya (PS), maire de

Saint-Denis, l'a emporté quant à lui dans la première circonscription avec 55,64% des suffrages, devant René Paul Victoria (44,36%).

Mais l'élection la plus remarquée , bien que sans surprise compte tenu des votes traditionnellement à gauche de la 2e circonscription (celle du Port), a été celle d'Huguette Bello (PCR), présidente de l'Union des femmes de la Réunion, première femme dans l'histoire de la Réunion à accéder au Palais-Bourbon.

Côté assemblées territoriales, si la majorité PS/PCR du Conseil général est restée stable, il n'en a pas été de même à la Région, dont la présidente, Margie Sudre, s'est trouvée plus que jamais en difficulté. L'alliance qui a permis au PS/PCR de remporter les législatives s'était en fait déjà construite en 1996 à l'Assemblée régionale, contre sa présidente, l'ex-secrétaire d'État à la Francophonie du gouvernement Juppé. Celle-ci ne dispose donc plus de majorité, d'autant plus qu'à l'intérieur de son propre groupe (FreeDom), la dissidence du mouvement "Nouvelle Génération" du vice-président de la Région, Jasmin Moutoussamy, risque, pour les prochaines échéances électorales régionales de mars 1998, d'affaiblir encore considérablement ses chances de se maintenir au premier siège de cette assemblée.

Audiovisuel: une zone hors satellites

Les Réunionnais éprouvent depuis longtemps une grande soif d'images, malgré un paysage audiovisuel moins fourni qu'en Europe. Conséquence: le taux d'équipement en magnétoscopes est le plus élevé des départements français. Née il y a 32 ans, la télévision réunionnaise a pourtant connu plusieurs mutations. La chaîne publique, autrefois contrôlée par l'État (au temps de l'ORTF, puis à un moindre degré à l'époque de FR3 Réunion), s'est véritablement libéralisée et modernisée depuis la création de RFO en 1981. TéléFreeDom, en partie à l'origine des émeutes de 1991, a disparu, faute de ressources. Mais les téléspectateurs de la Réunion peuvent capter une autre chaîne privée, Antenne Réunion, principale concurrente de RFO, ainsi que deux petites chaînes locales, TV4 (sur Saint-Denis) et TV Sud (au Tampon). Canal+ Réunion enregistre pour sa part de beaux résultats (43 000 abonnés).

Le véritable problème s'avère avant tout géographique, puisque la Réunion est située dans une zone qui n'est pas arrosée par des satellites suffisamment puissants pour atteindre les antennes individuelles. L'année 1998 devrait pourtant être celle des "bouquets de télévisions", puisque le CSA (Comité de Surveillance de l'Audiovisuel) va accorder une autorisation à l'un deux groupes de redistribution: soit le groupe Havas/TDF, qui propose une diffusion hertzienne numérique, soit le groupe canadien Câble Évasion, qui utiliserait le câble et MMDS (décodeur antenne). Dans les deux cas, il s'agit de récupérer les émissions des satellites avec des antennes de grande puissance et de les redistribuer "à l'horizontale", moyennant bien entendu des frais d'installation et d'abonnement.

Une vingtaine de chaînes nouvelles pourraient être captées dès l'année 1998. Une éclaircie dans le "paysage audiovisuel réunionnais", qui ne réglera peut-être pas la question du contenu, soulevée par un rapport sur l'audiovisuel 1997 du Comité de la Culture et de l'Environnement de la région Réunion. Ce rapport déplore la trop grande nord américanisation des programmes et l'indigence de la part faite à la culture locale et au créole.

ÉCONOMIE ET SOCIÉTÉ

La Réunion a traversé une période assez mouvementée qui a paralysé la fonction publique, notamment par des grèves pendant plusieurs semaines, avec des conséquences inévitables sur la vie économique de l'île.

Tout a commencé lors des Assises régionales du développement tenues les 27 et 28 février à Saint-Denis. Cette initiative gouvernementale visait à réunir élus et acteurs socio-économiques de l'île, pour trouver, pour la énième fois, les solutions à la question du chômage dans l'île, qui touche 40% de la population active, dont de nombreux jeunes issus d'une période de démographie galopante.

La pierre d'achoppement fut la préannonce par Margie Sudre, alors membre du gouvernement, d'une mesure d'alignement sur ceux de la métropole des traitements de la fonction publique (qui bénéficient dans l'île d'une indexation de + 53%). La mesure a été presque confirmée par Jean-Jacques de Peretti, ministre des DOM-TOM, qui assistait à ces assises. Le débat n'est certes pas nouveau et la nécessité d'une réforme était déjà préconisée par le P.A.D. (Plan de développement actif) du PCR. Mais la précipitation de la démarche a surpris.

Malgré le consensus des élus locaux (droite et gauche confondues), à l'exception du sénateur centriste Pierre Lagourgue (nommé par la suite conciliateur dans le conflit), les "propositions" gouvernementales se sont heurtées à l'opposition d'un collectif syndical, plus uni que jamais pour l'occasion.

S'en est suivi un vaste mouvement des fonctionnaires (entre 10 000 et 20 000 selon les estimations) descendus dans la rue pour manifester leur colère. Le mécontentement a gagné les jeunes de l'IUFM (Institut de Formation des Maîtres), qui s'en sont pris avec véhémence au président du Conseil général, Christophe Payet (PS), tandis que les étudiants de l'Université de la Réunion se mobilisaient aussi massivement.

Des manifestations ont donné lieu à quelques dérapages: casse de magasins, détérioration du mobilier urbain, dans le quartier du Chaudron, dans le centre de Saint-Denis ainsi qu'au Port - ce qui rappelait les scènes de violence de l'année 1991, lors des événements de FreeDom.

RÉUNION

QUELQUES POINTS DE REPÈRE

Géographie
➤ Petite île de l'archipel volcanique des Mascareignes.
➤ Relief vigoureux. Volcan en activité.
➤ Cultures variées: canne, vanille, etc.

Histoire
➤ 1516 Le Portugais Pedros Mascarenhas découvre l'île.
➤ 1638 La France en prend possession et la baptise île Bourbon.
➤ 1665 Début de son exploitation; arrivée d'esclaves noirs.
➤ 1815 Après 5 ans d'occupation anglaise, la France récupère l'île.
➤ 1848 L'île Bourbon devient la Réunion. Abolition de l'esclavage.
➤ 1946 L'île devient un département français (conseil général).
➤ 1982 L'île devient aussi une région (conseil régional).
➤ 1995-1997 Margie Sudre, présidente du conseil régional, secrétaire d'État à la Francophonie dans le gouvernement d'Alain Juppé.

Certains ont attribué cette nouvelle poussée de fièvre à une minorité s'accrochant à des privilèges "coloniaux", d'autres ont salué la nouveauté d'un mouvement collectif et unitaire, qui, pour la première fois, a osé chahuter des élus, en voulant "mettre à plat" l'ensemble des problèmes sociaux, économiques et culturels de l'île.

Avec la dissolution de l'Assemblée et les législatives, les esprits se sont un peu apaisés, mais le dossier qui doit être traité à présent par le nouveau ministre des DOM-TOM, Jean-Jacques Queyranne, en concertation avec les syndicats, reste sensible. C'est la raison pour laquelle le ministre a exprimé le souhait de l'aborder sans aucune précipitation.

Par ailleurs, malgré les difficultés de l'emploi et les inégalités de plus en plus marquées entre ceux qui bénéficient d'un travail et ceux qui ne vivent que de l'aide sociale, certains secteurs, tels que le tourisme (1,5 milliard de francs de recettes en 1996) ou l'import, connaissent une croissance soutenue et procurent des créations d'emploi malgré tout insuffisantes pour absorber les jeunes de plus en plus qualifiés et diplômés qui se présentent sur le marché de l'emploi: le chiffre de 10 000 étudiants a été atteint par l'Université de la Réunion à la rentrée de septembre.

BIBLIOGRAPHIE

MADAGASCAR

FANONY Fulgence et GUEUNIER Noël Jacques, *Témoins de l'insurrection. Documents sur l'insurrection malgache de 1947*, Antananarivo, Éditions Foi et Justice, Série "Recherches historiques", 1997, 163 p.
    Cet ouvrage comprend quatre récits qui présentent des points de vue différents sur l'insurrection de 1947.
NOIRET François, *Chants de lutte, chants de vie à Madagascar. Les Zafindraony du Pays Betsileo* (2 volumes), Paris, L'Harmattan, Collection Repères pour Madagascar et l'océan Indien, 1995, 700 p.
    Les chants Zafindraony de la province du Betsileo sont des chants chrétiens de création populaire qui reflètent l'histoire culturelle et sociale du pays depuis un siècle. La démarche, à la fois ethnologique et littéraire saisit tout le jeu de l'oralité.
RABEARIMANANA Gabriel, RAKOTO-RAMIARANTSOA Hervé et RAMAMONJISOA Josette, *Paysanneries malgaches dans la crise*, sous la direction de J.P. Raison, préface de P. Pelissier et de G. Sautter, Paris, Karthala, 1995.
    À travers trois analyses régionales (Le Boina, l'Imerina et le Vakinankaratra), l'ouvrage met en valeur de la diversité des réactions de paysanneries malgaches, face à la crise des années 1980.
RAHARINJANAHARY Lala, *Tapatono. Joutes poétiques et devinettes des Masikoro du Sud-Ouest de Madagascar*, Paris, L'Harmattan, Collection Repères pour Madagascar et l'océan Indien, 1996, 143 p.
    Les tapatono (littéralement "à demi-prononcé") sont à la fois de simples devinettes et des joutes poétiques récitées généralement par les enfants. C'est un jeu qui vient s'intercaler dans les soirées consacrées aux contes.
RAHARINJANAHARY Lala et VELONANDRO, *Proverbes malgaches en dialecte masikoro*, Paris, L'Harmattan, Collection Repères pour Madagascar et l'océan Indien, 1996, 323 p.
    En français "proverbes", mais en malgache "exemples de parole" ou "modèles de parole" dotés d'autorité parce qu'ils viennent des Anciens et des Ancêtres. Ils sont utilisés dans la vie quotidienne, comme dans les occasions les plus formelles, qu'elles

soient traditionnelles ou modernes. Plus de mille sentences des Masikoro du Sud-Ouest de Madagascar sont annotées et traduites dans l'ouvrage, qui précise également les occasions où le proverbe peut être évoqué.

RAKOTO-RAMIARANTSOA, Hervé, C*hair de la terre, oeil de l'eau... Paysannerie et recompositions de campagnes en Imerina (Ma*dagascar), Paris, ORSTOM éd., 1995, 370 p.
L'ouvrage analyse les paysanneries de campagnes de l'Imerina, vieux "pays" des hautes terres centrales malgaches. Prix "Tropiques" 1996.

MAURICE

Dossier l'Ile Maurice, série d'articles par plusieurs plumes mauriciennes, dans *Alliances*, revue de l'Alliance française de Paris, n° 28, mars 1997, 57 p.

BERTHELOT Liliane, L'*Outre-Mère ou Les Eaux de Mériba*, île Maurice, Éditions de l'Océan Indien, 1996, 150 p. (Roman)

CHINIAH Anil Dev, Poésie et interrogations identitaires à l'*île Maurice*, île Maurice, Éditions Griffe australe, 1996, 270 p. (Critique littéraire)

DEVI Ananda, *Solstices*, Port-Louis, Le Printemps, 1997, 130 p. Réédition (Nouvelles)

DEVI Ananda, L'*Arbre fouet*, Paris, L'Harmattan, 1997, 172 p. (Roman)

HART Robert-Edward, *Sur l'art d'écrire*, Port-Louis, Cathay Printing, 1997, 148 p. [articles parus dans la presse mauricienne] (Critique littéraire)

HUMBERT Marie-Thérèse, *Le Chant du seringat la nuit*, Paris, Stock, 1997. (Roman)

LE CLÉZIO Jean-Marie Gustave, *Poisson d'or*, Paris, Gallimard, 1997, 257 p. (Roman)
Conte relatant les aventures d'un poisson d'or d'Afrique du Nord, la jeune Laïla, volée, battue et travaillant pour une vieille dame.

KOO SIN LIN Eric, *Port-Louis, Île Maurice*, Port-Louis, Éditions Vizavi, 1997, 66 p. (album de dessins)

MAUNICK Édouard-J., *De sable et de cendre*, Luxembourg, éditions Phi, 1997 (Poésie)

MAUNICK Édouard-J., *Poèmes et récits d'Afrique noire, du Maghreb, de l'océan Indien et des Antilles*, Paris, Le Cherche-Midi, 1997, 192 p. (Anthologie)
Poèmes, proses, contes et récits traditionnels d'une soixantaine d'auteurs contemporains sous le thème l'Etre et le lieu.

RUGHOONUNDUN Vinod, *Mémoire d'étoile de mer*, Port-Louis, La Maison des Mécènes, 31 p. (Poésie)

RUGHOONUNDUN Vinod, *La Saison des mots*, Port-Louis, La Maison des Mécènes, 31 p. (Poésie)

RÉUNION

Conditions de vie: formation, analphabétisme, illettrisme, enquête 1996 INSEE (La Réunion), CARIF/OREF/INSEE, 1997, 141 p. (Sociologie)

DHAVID, *Temps du fénoir*, La Réunion, Éditions Azalées, 1997, 253 p. (Nouvelles)

FORAT Gérard, BRETAGNOLLE Pierre, *Histoire de la Réunion par la bande dessinée*, Saint-Denis, Éditions Jacaranda, 1997, 320 p. Réédition (B.D. historique)

HONORÉ Daniel, *Légendes créoles*, La Réunion, UDIR, 1997, 180 p. (Légendes)

JAUZE Jean-Michel, *Dynamiques urbaines au sein d'une économie sucrière: la région Est - Nord-Est de la Réunion*, Paris, L'Harmattan/Saint-Denis, Université de la Réunion, 1997, 398 p. (Sociologie)

MAYOCA Paul, L'*Image du cafre: de l'Afrique réunionnaise*, Saint-Denis, Publications Hibiscus, 1997, 55 p. (Essai)

RIVIÈRE, *Émeutes*, Théâtre Vollard, Saint-Denis, Éditions Grand Océan, 1997, 118 p. (Théâtre)

ASIE DU SUD EST

	Cambodge	Laos	Vietnam
Nom officiel	Royaume du Cambodge	République démocratique populaire Lao	République socialiste du Vietnam (ou Viêt-Nam)
Capitale	Phnom-Penh	Vientiane	Hanoi
Superficie (km²)	181 035	236 800	331 689
Régime politique	monarchie	république	république
Chef d'État	Norodom **Sihanouk**	Nouhak **Phoumsavanh**	Le Duc **Anh**
Entrée en fonction	24-09-93	26-11-92	23-09-92
Prédécesseur	Chea **Sim**	Kaysone **Phomvihane**	Vo Chi **Cong**
Chef de gouvernement	Hun **Sen**	Khamtay **Siphandone**	Vo Van **Kiet**
Entrée en fonction	08-97	15-08-91	09-08-91
Prédécesseur	Norodom **Ranariddh**	Kaysone **Phomvihane**	Do **Muoi**
Langues officielles	khmer	laotien	vietnamien
Autres langues	français	français, anglais	français, khmer, cham, thaï, anglais
Principales religions en % de la population	bouddhisme (95), islam (2), autres (3)	bouddhisme (57,8), religions tribales (33,6), christianisme (1,8), islam (1), autres (5,8)	bouddhisme (67), christianisme (8) autres (25)
Population	10 610 000	4 882 000	75 545 000
Moins de 15 ans en %	44,9	43,7	37,5
Plus de 65 ans en %	3	3	5
Indice de fécondité	5,1	6,4	3,2
Espérance de vie H/F	51/54	51/54	63,7 / 67,9
Alphabétisation en %	74,3	83,9	88
IDH (rang/174[1]	156	138	121
PNB (en M$US)	2 950	1 920	19 650
PNB/hab. (en $US)	270	418	260
Monnaie[2]	riel	kip	dong
FF	0,00240	0,00599	0,00049
$ US	0,00041	0,00104	0,00008
Principales exportations	caoutchouc, légumes	bois-d'œuvre, fer, acier, café	charbon, riz, poissons
Principales importations	machineries, équipements de transport, produits alimentaires	produits pétroliers, biens d'équipements	fertilisant, hydrocarbures
Principaux partenaires commerciaux	Ex-URSS, Japon, France	Ex-URSS, Japon, Chine, Thaïlande	Singapour, Japon, Hong-Kong

Sources: Banque mondiale; ONU, *Bulletin mensuel de la statistique*
[1]. Indice de développement hunmain, mesure de classement des pays utilisé par l'ONU.
[2]. Taux au 15 septembre 1997, donné à titre indicatif.

ASIE DU SUD-EST

On trouve en Asie du Sud-Est trois pays qui, en raison de l'influence exercée historiquement par la France, font partie de la Francophonie.

Cette particularité explique que le Cambodge, le Laos et le Vietnam (ayant respectivement le cambodgien, le laotien et le vietnamien comme seule langue officielle) participent aux Sommets de la Francophonie.

Le français continue en effet d'y occuper une large place dans le domaine de l'enseignement ainsi que dans le secteur culturel (en particulier la littérature et le cinéma) et ce, même si le nombre de personnes dont c'est la langue d'usage n'est pas très élevé.

La décision de tenir à Hanoi, capitale du Vietnam, le VIIe Sommet de la Francophonie en novembre 1997 est symbolique. L'Europe, l'Afrique et l'Amérique du Nord tournent leurs regards vers l'Asie du Sud-Est dont le pôle économique marque le passage du XXe au XXIe siècle. La Francophonie entend participer au renouveau de l'Indochine et au développement de ces trois pays qui compteront bientôt une centaine de millions d'habitants.

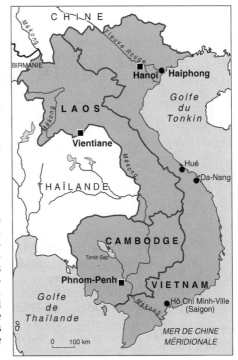

La présence française en Asie a également laissé des traces à **Pondichéry**, un territoire de 480 km² comptant 640 000 habitants; situé sur la côte de Coromandel en Inde, il fut cédé à ce pays en 1956. (Les comptoirs français de l'Inde sont connus aujourd'hui davantage par une chanson de Guy Béart que par leur poids réel. Ce sont Pondichéry, Mahé, Chandernagor, Karikal et Yanaon.)

On peut consulter:
AUNG SAN SUU KYI, *Se libérer de la peur*, textes rassemblés par Michel Aris, Paris, Éd. des Femmes, 1991.
BRUNEAU Michel, TAILLARD Christian et al., *Asie du Sud-Est, Océanie*, Paris, Belin/Montpellier, Reclus, Coll. Géographie universelle, 1995, 479 p.
FÉRIER Gilles, *Les Trois guerres d'Indochine*, Lyon, PUL, 1994, 148 p.
KONINCK Rodolphe de, *L'Asie du Sud-Est*, Paris, Masson, 1994, 317 p.
LECHERNY Christian et RÉGAUD Nicolas, *Les Guerres d'Indochine (Xe-XXe siècles)*, Paris, PUF, Coll. Que sais-je?, 1996, 127 p.
McNAMARA Robert S., *Avec le recul, la tragédie du Vietnam et ses leçons*, Paris, Seuil, 1996.
NÉPOTE J. et VIENNE Marie-Sybille de, *Cambodge, laboratoire d'une crise. Bilan économique et prospectives*, Paris, CHEAM, 1993.
ROUSSEAU M., *Le Viêt-Nam*, Paris, Éd. du chêne, Coll. les grands voyageurs, 1996, 160 p.
SLIWINSKI M., *Le Génocide khmer rouge*, Paris, L'Harmattan, Coll. Recherches asiatiques, 1995, 176 p.
SOLA Richard, *Le Cambodge de Sihanouk. Espoir, désillusion et ouverture*, Paris, Sudestasie, 1994.
VIENNE Marie-Sybille de, *L'Économie du Vietnam*, 1955-1995, Paris, CHEAM,1995, 220 p.
TAILLARD Christian, *Le Laos. Stratégie d'un État-tampon*, Montpellier, Reclus, 1989.
*WANG Nora, *L'Asie orientale du milieu du XIXe siècle à nos jours*, Paris, A. Colin, 1993, 408 p. Le livre de base pour connaître l'histoire de toute la région.

ASIE DU SUD EST

A. MURUGAIYAN
EPHE et Université de Paris VIII

Bernard MÉLY
Centre national de la recherche scientifique, Paris

Deux événements politiques et économiques ont marqué la vie des pays d'Asie du Sud-Est en 1997: la tenue du septième Sommet de la Francophonie à Hanoi du 14 au 16 novembre et l'entrée du Laos dans l'Association des nations du Sud-Est asiatique (ANSEA [appellation française] ASEAN [appellation anglaise]) lors de la réunion de l'organisme au mois de juillet en Malaisie alors que le Cambodge, objet du coup de force de Hun Sen, était provisoirement écarté.

INTÉRÊTS ÉCONOMIQUES ET SOLIDARITÉ ASIATIQUE

Ces deux événements confirment une double réalité régionale et internationale sur les plans économique, politique et diplomatique. Les pays francophones de l'Asie du Sud-Est entrent pleinement dans la course vers une double identité – d'une part une identité francophone qui se veut universaliste et d'autre part une identité régionale asiatique. L'avenir démontrera comment ces trois pays gèrent cette double identité.

L'ANSEA, depuis sa création en 1967, a su établir un lien solide entre les pays membres et affirmer son identité politique et économique face à la Chine et à l'Occident. Ceci notamment avec la création de zones dont le but est de promouvoir l'intégration des pays concernés. L'émergence d'une nouvelle dimension économique au Vietnam, au Laos et au Cambodge concerne tous les pays d'Asie conscients de l'enjeu politique régional. Face à cette prise de conscience de la nécessité d'une coopération régionale l'apport de la francophonie dans cette région pourra-t-il être consolidé? Quelles seront les retombées du Sommet de Hanoi? Telles sont les grandes questions de l'heure.

VIETNAM

*Élection de réformateurs aux postes-clés de l'État.
Croissance et développement de l'économie; investissements étrangers. Ouverture aux autres pays de l'Asie
du Sud-Est et à la Francophonie: le VIIe Sommet de
Hanoi.*

POLITIQUE

L e renouveau ou *doi moi* dont on fête le 10e anniversaire est la doctrine
officielle qui a ouvert le pays aux investissements étrangers et permis
sa réintégration dans les organisations internationales. Mais la stabilité est
"prioritaire" a affirmé l'ancien premier ministre Vo Van Kiet. La
communauté internationale lui a clairement laissé entendre qu'elle
souhaitait une accélération de la démarche gouvernementale pour permettre
une meilleure utilisation des nouveaux capitaux disponibles.

À la fin de l'année 1996, les donateurs de la communauté internationale
réunis autour de la Banque mondiale ont décidé d'une enveloppe de 2,4
milliards de dollars pour 1997. Toutefois, les participants ont demandé au
gouvernement vietnamien d'accélérer les réformes de l'économie en réservant une part plus grande aux entreprises privées qui sont encore marginal-
les aujourd'hui.

Des réformateurs au pouvoir

L'Assemblée nationale vietnamienne a élu le 24 septembre 1997 Trân Duc Luong
à la présidence de la République pour un mandat de cinq ans. À 60 ans, vice-
premier ministre depuis 10 ans, cet homme, qui incarne une relève plus jeune et
favorable aux réformes économiques, est considéré comme un homme de dossiers
proche du Secrétaire général du Parti communiste vietnamien (PCV) Dô Muoi.

Alors que la corruption était devenue passablement endémique et a donné prétexte à une agitation assez sérieuse en province, cet homme très respectable et
respecté, "monsieur Propre" a-t-on dit, est jugé très favorablement à l'intérieur
comme à l'extérieur du pays. C'est "un homme expérimenté, respecté, efficace et
qui a une assez bonne compréhension du monde extérieur" disait un diplomate
occidental de haut rang qui commentait son accession au pouvoir.

Le jour même de sa nomination à la succession du président Le Duc Anh, Trân
Duc Luong proposait aux parlementaires Phan Van Khai au poste de premier ministre. La nomination du premier vice-premier ministre Phan Van Khai, âgé de 63
ans était attendue; elle fut votée à la quasi-unanimité des 450 parlementaires (98%
des suffrages). Il succède à Vo Van Kiet, 74 ans, qui avait été depuis cinq ans,
l'architecte des réformes économiques.

Ces deux nominations devraient influer passablement sur le cours des réformes au
Vietnam.

ÉCONOMIE

VIETNAM

QUELQUES POINTS DE REPÈRE

Géographie

➤ Façade maritime orientale de la péninsule indochinoise, étirée sur 1 400 km.

➤ Le Vietnam se compose d'une chaîne de montagnes reliant deux deltas fertiles, au nord celui du fleuve Rouge, au sud celui du Mékong.

➤ Ressources minières nombreuses.

Histoire

➤ Domination chinoise séculaire.

➤ L'empereur Gia-Long (1802-1820) créateur du Vietnam par l'unification des trois Ky (régions): Tonkin (Hanoi), Annam (Hué), Cochinchine (Saigon).

➤ 1859-1945 Domination française, de la prise de Saigon (1859) à la 2e Guerre mondiale; 1941 création du mouvement Viet-Minh par Hô Chi Minh.

➤ 1946-1954 Guerre d'Indochine.

➤ 1954 Défaite de l'armée française à Dien Bien Phu par le général Giap. Accords de Genève: partition du pays, au nord et au sud du 17e parallèle.

➤ 1965-1975 Guerre du Vietnam entre le Nord (communiste) et le Sud (soutenu par les Américains).

➤ 1975 (avril) Prise de Saigon qui devient Ho Chi Minh-Ville.

➤ 1976 Le Vietnam réunifié devient une république socialiste.

➤ 1986 Le doi moi ou renouveau économique.

➤ 1991 Le Parti communiste rejette le pluralisme mais s'ouvre à l'économie de marché.

➤ 1994 (3 février) Levée de l'embargo américain (1964-1994).

➤ 1995 (juillet) Entrée à l'ASEAN-ANSEA (Association des nations du Sud-Est asiatique). Forte croissance.

➤ 1997 (septembre) Trân Duc Luong élu président. Phan Van Khai premier ministre.

➤ 1997 (novembre) VIIe Sommet de la Francophonie à Hanoi.

Au cours des dix dernières années, l'ouverture économique du pays a surtout profité aux provinces du Sud et à l'ex-Saigon (Hô Chi Minh-Ville). Depuis 1988, 50% des investissements étrangers se sont réalisés dans le Sud, 15% dans le Centre et 35% dans le Nord. Mais le gouvernement souhaite un rééquilibrage vers le Nord pour qu'il atteigne au moins 40%, en particulier dans le "Triangle de croissance": Hanoi, Haiphong et Quang-Ninh (frontière chinoise).

Depuis 1990, la région de Hanoi s'est développée au rythme de 11% à 14% par an et le revenu par habitant à plus que doublé. On voudrait voir encore doubler le niveau de vie d'ici l'an 2000 par une croissance de 12 % à 15% que l'on juge réaliste.

Les investissements français augmentent mais ils restent très modestes au Vietnam par rapport à ceux qui sont réalisés à Singapour, à Hong-Kong, en Corée du Sud et dans les autres pays de la région. L'impact du Sommet de Hanoi devrait permettre l'arrivée de nouveaux capitaux francophones.

FRANCOPHONIE

La tenue du 7e Sommet de la francophonie à Hanoi en novembre 1997 est un indicateur de son intégration dans la communauté francophone. Ce sommet marquera un tournant dans l'évolution de la Francophonie, et les chefs d'États et de gouvernements éliront le premier Secrétaire général de la Francophonie. Le Vietnam bénéficie pour cette réunion de l'aide financière des gouvernements canadien, français, suisse, monégasque ainsi que de la Communauté française de Belgique.

L'ACCT, dans le cadre d'un accord de coopération signé avec le gouvernement vietnamien, prévoit l'instauration d'un fond d'appui à la création de
petites et moyennes entreprises et le Forum francophone des affaires organise un mois avant le Sommet sa 6ᵉ rencontre internationale. En ce qui
concerne l'éducation, l'enseignement à distance occupera une place prioritaire tant sur le plan de la francophonie que de la didactique du français.
Dans le cadre du Sommet, l'AUPELF-UREF organise également à Hanoi les
Assises de l'enseignement "du et en français".

QU'ATTEND LE VIETNAM DE LA FRANCOPHONIE?

Nguyen Mauh Cam
Ministre des Affaires étrangères du Vietnam

Le Vietnam poursuit une politique étrangère de large ouverture et de diversification de ses relations internationales pour préserver la paix, la stabilité et créer des
conditions favorables à la cause de sa construction. Son association avec l'ANSEA,
avec la Francophonie et avec les autres organisations régionales et internationales
en offre une illustration claire.

Son appartenance à la Francophonie possède une dimension culturelle qu'il entend préserver et enrichir, lui donne un point d'appui et d'ancrage pour resserrer
les liens de solidarité et de coopération avec les pays membres, surtout africains.

Le renouveau du pays (*doi moi*) exige de nous que nous réalisions un partenariat
économique efficace, solidaire et mutuellement bénéfique, nord-sud et sud-sud
avec le reste du monde francophone. Le Vietnam apprécie à juste titre l'apport de
la coopération francophone au développement des compétences qualifiées dans
les secteurs technologiques de pointe pour répondre aux exigences d'un développement accéléré et soutenu.

En un mot, l'apport francophone souhaité est multiforme, multidimensionnel et
va dans le sens de la coopération et du partenariat.

Développement de l'énergie électrique

Tran VAN BINH
Institut national polytechnique de Hanoi

En matière de production d'électricité, la situation se caractérise par: un excédent
provisoire de capacité dans le Nord; une faible production au Centre; une pénurie
qui s'atténue au Sud.

Avec un rythme de croissance économique de l'ordre de 10% par an, la demande
en énergie électrique atteindra 30 000 GWh en l'an 2000, soit un taux de croissance supérieur à 27% par an. D'ici l'an 2010, le taux moyen d'augmentation
envisagé est de l'ordre de 11% en hypothèse haute.

Compte tenu des améliorations à apporter pour diminuer la perte, la capacité de
production devrait croître d'environ 600 MW par an. Les 11 000 MW d'accroissement de puissance installée d'ici l'an 2010 (voir encadré) devraient se répartir
également entre l'hydraulique et le thermique (charbon ou gaz).

Les filières thermiques adoptées pour les futures centrales dépendront essentiellement de l'importance des réserves de gaz naturel qui seront mises à jour au cours
des prochaines années.

Pour le réseau de transport, les besoins sont également importants et les ouvrages
doivent être réalisés d'urgence, en particulier dans le Sud et le Centre du pays,
pour acheminer l'énergie transitant par la ligne de 500kV. D'ici l'an 2010, ces
besoins sont estimés à 2 300 km de ligne de 500 kV; 6 100 km de ligne de 220 kV;

5 300 km de ligne de 110 kV; 4 050 MVA de poste de 500kV; 14 700 MVA de poste de 220 kV et 13 400 MVA de poste de 110 kV.

La rénovation et le renforcement, ainsi que la construction neuve des réseaux de distribution, entraînent aussi des besoins importants de financement, mais difficiles à quantifier.

En général, les investissements à réaliser dans le secteur électrique du Vietnam sont évalués à 6 milliards de dollars US d'ici l'an 2000. Les ressources nationales ne permettront d'en couvrir qu'une faible partie. Électricité du Vietnam devra faire appel aux sources habituelles de financement des infrastructures comme: les crédits bilatéraux d'aide au développement; les crédits des institutions internationales telles que la Banque mondiale et la Banque asiatique de développement ou les investissements étrangers directs.

Calendrier des mises en service des centrales électriques du Vietnam		
Année	**Centrale**	**Puissance (MW)**
1995	Hydraulique Thac Mo	150
1996	Turbine à gaz Ba ria (F6)	37,5
1997	Turbine à gaz Ba ria (partie vapeur)	2 X 56
	Turbine à gaz Ba ria (cycle combiné)	4 X 100
1998	Hydraulique Song Hinh	70
	Turbine à gaz (partie vapeur)	2 X 100
1999	Thermique Pha Lai II – 1er groupe (charbon)	300
	Thermique Phy My (gaz)	200
	Hydraulique YALI – groupes 1 + 2	2 X 180
2000	Thermique Pha Lai II – groupe	300
	Thermique Phy My (gaz)	2 X 200
	Hydraulique YALI – groupes 3 + 4	2 X 180
	Hydraulique Ham Thuan	300
	Hydraulique Da Mi	172
	Hydraulique Se San	220
	Hydraulique Buon Kuop	85
	Thermique Quang Ninh (1) – charbon	300
	Hydraulique Dai Ninh	300
	Turbine à gaz (cycle combiné)	300
	Hydraulique Kon Tum	260
	Turbine à gaz (cycle combiné)	300
2005	Hydraulique Ban Mai	350
	Hydraulique Kleikrong	120
	Turbine à gaz (cycle combiné)	300
2006	Thermique Quang Ninh (2) – charbon	300
	Thermique à l'Ouest 1	300
2007	Hydraulique Son La – groupes 1 + 2	2 X 300
	Thermique à l'Ouest 2	300
	Turbine à gaz	2 X 100
2008	Hydraulique Son La – groupes 3 + 4	2 X 300
	Thermique à l'Ouest 3	300
	Turbine à gaz	100
2009	Hydraulique Son La – groupes 5 + 6	2 X 300
	Thermique au Sud 1	300
	Turbine à gaz	100
2010	Hydraulique Son La – groupe 7 + 8	2 X 300
	Thermique au Sud 2 + 3	2 X 300
	Turbine à gaz	2 X 100
	Total	**10 996**

Source: *Liaison énergie francophone*, 1er trimestre 1997

L'expertise du Mouvement Desjardins au Vietnam

La Banque centrale du Vietnam est en train de mettre sur pied, en collaboration avec Développement international Desjardins (DID) et l'Agence canadienne de développement international (ACDI), un important réseau de coopératives d'épargne et de crédit inspiré du mode de fonctionnement des caisses Desjardins. L'objectif de ce réseau est de rendre les services financiers accessibles aux clientèles plus défavorisées, boudées par les banques traditionnelles. L'expertise apportée par DID depuis trois ans touche le renforcement des mécanismes de gestion démocratique, l'actualisation du cadre légal et réglementaire, la formation ainsi que le transfert de technologie du Mouvement Desjardins.

Jusqu'à maintenant, le rythme de progression du réseau vietnamien est impressionnant. En trois années, plus de 900 caisses ont été mises sur pied et plus de 1 000 autres sont prévues d'ici l'an 2000. Ces caisses, qui regroupent 450 000 membres, gèrent des crédits de plus de 130 millions de dollars dont près de 100 millions proviennent de l'épargne locale.

DID sera également responsable, en association avec Hickling Corporation, de l'établissement d'un marché pour la fourniture de services liés à la formation dans les secteurs du financement rural et du développement communautaire au Vietnam. Cette intervention, qui s'étendra jusqu'en 2001, permettra d'offrir un meilleur accès des populations des régions rurales du Vietnam à des services financiers, afin d'améliorer leurs capacités de production et de permettre la mise en place d'activités génératrices de revenus.

Mobiliser l'épargne pour la Francophonie

Le Programme d'appui à la mobilisation de l'épargne dans la Francophonie (PAMEF) rejoint, depuis 1994, 20 pays pour lesquels la mobilisation de l'épargne, dans un cadre assurant le renforcement institutionnel des structures coopératives et mutualistes d'intermédiation financière, constitue la toute première priorité.

C'est en vue de sensibiliser les États membres de la Francophonie aux problématiques économiques affectant le développement des mutuelles ou coopératives d'épargne et de crédit et d'identifier des solutions que le PAMEF a tenu à ce jour quatre séminaires regroupant des représentants d'une soixantaine d'institutions et d'organismes. Ceux-ci ont déterminé des champs d'action sur la mobilisation de l'épargne, la consolidation de réseaux, les produits et services financiers et le microfinancement.

En partenariat avec l'Institut supérieur panafricain d'économie coopérative (ISPEC) de Cotonou (Bénin), le PAMEF a développé un programme de formation à distance qui porte sur la gestion des coopératives d'épargne et de crédit. À ce jour, ce programme est disponible dans une dizaine de pays.

Le PAMEF bénéficie du financement conjoint du ministère des Relations internationales du Québec (Canada), par la voie de l'Agence de la Francophonie et de Développement international Desjardins.

Le PAMEF a une vitrine au : <www.pamef.org>.

CAMBODGE

Coup de théâtre au moment où le Cambodge s'apprêtait à entrer dans l'organisation des pays du Sud-Est asiatique. Hun Sen fait un coup d'État. Il se dissocie de son ancien co-premier ministre, le prince Ranariddh alors à l'étranger, prend le pouvoir et durcit le ton.

Les tentatives de l'ONU pour instaurer la paix et un régime démocratique au Cambodge ont été vouées à l'échec. La fin de Pol Pot ne signifie pas pour le Cambodge le retour de la paix. Au contraire, le climat est explosif au sein du gouvernement de coalition, le PPC (Parti du peuple cambodgien) et les royalistes du Funcinpec. Le 4 juillet, le deuxième premier ministre Hun Sen a fait un coup d'État en expulsant le Prince Norodom Ranariddh, qui était le premier premier ministre, actuellement exilé en France. Cette instabilité politique a conduit l'ANSEA à repousser – au moins à reporter – l'entrée du Cambodge au sein de l'organisation. Rappelons que le pays bénéficie depuis 1993 d'aides internationales de plus d'un milliard de dollars et que ce coup d'État pourrait avoir des conséquences graves sur ces aides financières qui représentent presque la moitié du budget de l'État. L'histoire semble malheureusement se répéter au Cambodge, laissant le pays dans le désarroi alors qu'Hun Sen durcit le ton vis-à-vis de l'ANSEA et de l'ONU, dont il refuse la médiation.

Souhaitant obtenir l'aval du roi Norodom Sihanouk, il est allé le rencontrer en Chine où il se soigne, mais le roi est resté prudent.

ENSEIGNEMENT ET FRANCOPHONIE

Le français, qui a retrouvé une place relative en 1993, jouait un rôle prépondérant dans l'enseignement dès 1947. Conduits par les besoins de l'État cambodgien en matière

---

CAMBODGE

QUELQUES POINTS DE REPÈRE

Géographie
➤ Le plus petit pays de la péninsule indochinoise, disposant d'une courte façade maritime, mais fertilisé par les crues du Mékong (d'avril à octobre).

Histoire
➤ Vers 550 Arrivée des Khmers.
➤ 802-1431 Empire d'Angkor.
➤ 1863-1953 Protectorat français.
➤ Norodom Sihanouk, au pouvoir depuis 1941, est renversé par le régime pro-américain de Lon Nol (1970), à son tour chassé par l'arrivée des Khmers rouges (1975).
➤ 1975-1979 Dictature meurtrière de Pol Pot et Khieu Samphan.
➤ 1979-1989 Présence vietnamienne. République proclamée de Kampuchea.
➤ 1991 Intervention de l'ONU (APRONUC).
➤ 1993 (24 septembre) Norodom Sihanouk proclamé de nouveau roi par l'Assemblée nationale. Monarchie constitutionnelle.
➤ 1997 Luttes de pouvoir entre les deux premiers ministres: Hun Sen chasse le prince Ranariddh.

juridique et administrative et afin d'assurer la formation des cadres, de nombreux instituts et écoles avaient été ouverts, par exemple, en 1948, l'Institut national des études juridiques et économiques, la Faculté de droit, etc. Ensuite, d'autres écoles supérieures spécialisées comme l'École de médecine, l'École d'agriculture, suivirent. L'enseignement était dispensé en français dans ces établissements comme à tous les niveaux de l'enseignement depuis les écoles primaires. L'arrivée des Khmers rouges en 1975 ruina tout le système d'éducation. À nouveau, depuis 1990, le français reprend petit à petit sa place dans l'enseignement supérieur. On peut citer plusieurs exemples tels que l'ITC (Institut de technologie du Cambodge) qui a pour vocation de former en langue française et en langue khmère des cadres nécessaires au développement du pays, l'École royale d'administration, la Faculté des sciences économiques et la Faculté de droit.

Le Cambodge de Hun Sen sur la voie indonésienne

Jean-Claude POMONTI

Le Cambodge est, certes, encore hanté par son passé et demeure très pauvre. Le niveau de vie moyen y est le quart de celui de l'Indonésie, le quinzième de celui de la Malaisie et pas loin du centième de celui de Singapour. En fait, il correspond à peu près à celui de l'Indonésie quand ce pays à la suite d'une crise de régime qui devait faire un demi-million de victimes, a entrepris son développement à la fin des années 70 et a alors choisi un régime de "démocratie surveillée", donc strictement réglementée.

Compte tenu du triste état des lieux, tout gouvernement cambodgien, pour assurer la paix civile et ébaucher une reconstruction, doit s'accommoder de trois compromis. Le premier avec le roi Norodom Sihanouk, garant des institutions et de la reconnaissance internationale. Le deuxième avec l'Association des nations de l'Asie du Sud-Est (Asean), détenteur de la clé de l'intégration internationale. Le troisième avec les pays et organismes donateurs qui financent la moitié du budget et qui sont, pour l'essentiel, les Occidentaux, le Japon, la Banque mondiale et le FMI.

S'étant assuré du soutien de Pékin, notamment en allant jusqu'à expulser la représentation taïwanaise à Phnom-Penh, Hun Sen a d'abord commencé par infliger une rebuffade à l'Asean en refusant sa médiation dans la crise, l'Association ayant reporté *sine die* l'admission du Cambodge en son sein. Il a changé de ton depuis. Il pourrait en outre aller rendre compte des événements au roi, à Pékin, et s'est engagé à tenir, en mai 1998, des élections libres. Son objectif est d'obtenir, avant la fin de l'année, l'absolution du roi, l'admission du Cambodge au sein de l'Asean et la reprise sans exception des aides et des investissements étrangers.

Pour y parvenir, l'homme fort de Phnom Penh recherche un double contrat électoral et gouvernemental: il aimerait pouvoir reconduire la coalition gouvernementale actuelle après les élections de mai 1998. Affaibli, le Funcinpec sans Ranariddh a besoin d'une garantie sur son avenir au sein du gouvernement, aux côtés du Parti du peuple cambodgien (PPC) de Hun Sen. Moyennant quoi, selon une pratique fréquente dans la région, la campagne électorale et le scrutin prévus pour 1998, dominés par des alliés et non des concurrents, n'offriront aux électeurs guère de choix réel mais se dérouleront dans un calme au moins relatif.

Le Monde, 10 et 11 août 1997

LAOS

Croissance régulière et "communisme de marché".
Régionalisation asiatique: entrée à l'ANSEA.

L'entrée du Laos, le pays du million d'éléphants, au sein de l'ANSEA en juillet 1997, est la suite logique de son ouverture au monde extérieur et à l'économie de marché depuis 1986. On observe également une croissance de 6,5% par an de son produit national brut, mais le taux d'inflation a augmenté de 15,2% entre 1990 et 1995. Le gouvernement actuel veille à maintenir un équilibre entre son implication régionale et ses réformes économiques d'une part et le système socialiste du pays. Le Parti communiste révolutionnaire du peuple lao est au pouvoir depuis plus de 20 ans (1975). Pour cela le Laos a le souci d'aligner son développement économique et industriel en droite ligne avec celui de ses voisins: il projette d'entrer dans les organismes internationaux comme l'APEC (Coopération économique Asie-Pacifique), l'OMC (Organisation mondiale du commerce), l'AFTA (Asian Free Trade Area). Comme ses voisins francophones, le Laos renforce ses liens commerciaux et diplomatiques pour bénéficier de la dynamique régionale de développement.

ÉCONOMIE

Son ouverture à l'économie de marché depuis 11 ans, lui permet de s'approcher de l'indépendance économique. Son entrée au sein de l'ANSEA devrait faciliter cette démarche. Depuis 1988, et jusqu'à 1996, les investissements étrangers ont atteint environ 7,13 milliards de dollars, mais le développement économique et commercial du Laos dépend pour une large part de celui de la Thaïlande. En effet, plus de 40% des investissements étrangers proviennent de ce pays qui est son premier partenaire commercial: 50% des importations sont d'origine thaï, et 20% des exportations laotiennes sont achetées par la Thaïlande. La production de l'électricité demeure la source principale de devises étrangères et actuellement 25% de l'énergie produite est vendue à la Thaïlande. C'est pourquoi on pense que son entrée à l'ANSEA lui permettra d'être moins dépendant de ce dernier pays.

LAOS

QUELQUES POINTS DE REPÈRE

Géographie
➤ Pays montagneux arrosé par le Mékong, comme le Cambodge. Le riz y est également culture essentielle.

Histoire
➤ 1353 Fondation du royaume.
➤ 1893-1953 Protectorat français.
➤ 1964-1973 Guerre civile entre les princes Souvana Phouma (neutraliste) et Souphanouvong (communiste).
➤ 1975 Abolition de la monarchie. Proclamation de la République populaire démocratique.
➤ 1994 (avril) Ouverture du Pont de l'amitié entre le Laos et la Thaïlande.

La Francophonie en Asie: un tournant?

La XIIIe session du Haut Conseil de la Francophonie (HCF) (Paris les 24 et 25 avril) portait sur le thème: "Asie et Francophonie", dans le but d'esquisser des stratégies d'approche adaptées à ce pôle de développement du XXIe siècle.

Avec la tenue du VIIe Sommet francophone à Hanoi, en novembre 1997, marquant l'entrée symbolique de l'Asie du Sud-Est dans la francophonie, le moment est peut-être venu d'envisager l'élargissement de cette grande famille aux autres pays de la région où existent des foyers de francophonie – et même de francophilie! – non négligeables (et, partant, trop longtemps négligés). Ainsi, sait-on par exemple qu'en Thaïlande le français est aussi largement diffusé qu'au Vietnam (pour des investissements sans commune mesure!), qu'en Inde, jusqu'en 1989, le français avait le statut de première langue étrangère universitaire ou encore qu'il existe en Corée – où près de 300 000 lycéens apprennent le français – un centre de recherche sur la francophonie?

Dans un tableau sans complaisance ont été décrites les forces et les faiblesses de la francophonie en Asie et en particulier ce que l'on pourrait appeler son "déficit d'image". Dans une région où la diversité culturelle, linguistique, religieuse, géographique, politique ou économique n'exclut pas le partage de valeurs communes au premier rang desquelles figure la reconnaissance d'une hiérarchie de la compétence et la réussite sociale (avec des nuances pour des sociétés moins marquées de confucianisme comme le Laos ou le Cambodge) les francophones se doivent de montrer qu'ils peuvent être aussi performants et modernes que d'autres tout en attachant du prix à la culture et à la créativité. En d'autres termes, la francophonie ne se développera sur le terreau asiatique qu'à condition qu'elle sache se démarquer de sa dimension originelle "d'aide au développement" et montrer à ces sociétés fières de leur histoire et de leur culture qu'elle sait tirer parti de son passé pour entrer dans la modernité sans perdre son identité. Avec la prise en compte d'une composante économique, comme cela a été demandé par le pays hôte du VIIe Sommet à la conférence préparatoire de Marrakech en décembre 1996, l'apport du continent asiatique à la francophonie pourrait bien être celui d'un pragmatisme mêlant habilement dynamisme et efficacité.

Aussi faut-il saluer comme il se doit l'extension de la couverture de TV5 en Asie et l'ouverture de son bureau régional à Bangkok comme un des moyens permettant à ces deux ensembles, la francophonie et l'Asie, qui ont tant à gagner de leur dialogue, de se mieux connaître.

TV5 en Asie

Lancé fin 1995 par une fusée chinoise "Longue Marche" le satellite *Asiasat 2* possède l'une des plus importantes empreintes au monde permettant à la chaîne francophone d'honorer son nom: la télévision des cinq continents! Lancée officiellement le 30 juin 1996, TV5 touchait, neuf mois après son lancement, près de 700 000 mille foyers câblés, essentiellement à Taiwan, à Hong Kong, en Thaïlande et au Japon. La chaîne qui a mis en place depuis mars 97 une programmation spécifique pour l'Asie tenant compte du décalage horaire, vise les cinq millions d'abonnés dans les cinq ans à venir grâce notamment à des accords régionaux avec les "cablo-opérateurs", les hôtels et les universités.

Au Vietnam les 3000 abonnés au câble de Hanoi et les 4000 de Hô Chi Minh-Ville attendaient une décision du bureau des idéologies pour pouvoir recevoir TV5. Tandis qu'au Cambodge le centre culturel français (fréquenté par 6000 étudiants) reçoit TV5 et que l'accord avec la municipalité de Phnom Penh (1000 prises) a été signé au Laos, l'université de Pédagogie de Vientiane, les Alliances françaises de Louang Phrabang et de Pakse reçoivent TV5.

Canal France International en Asie

L'autre fenêtre télévisuelle de la francophonie est représentée par Canal France International, présent depuis 1993 sur deux satellites (*Intelsat* puis *Palapa*) et qui coopère avec les chaînes de télévision publiques de la région pour couvrir 28 pays d'Asie, servant à ces dernières de banques de programmes mais aussi, depuis le 1er février 1997, en "diffusion directe" sur cinq canaux numériques. On notera une particularité de CFI qui est la montée en puissance dans ses programmes des langues autres que l'anglais: hindi, malais, mandarin..., ce qui lui permet bien entendu de toucher un public bien plus considérable que celui des seuls francophones d'Asie (audience potentielle: 8,8 millions de téléspectateurs) mais encore de mettre en pratique ce respect du multilinguisme que prône la francophonie.

Dans la péninsule indochinoise CFI coproduit en français avec TVK, la télévision Khmer, un journal quotidien, avec la télévision vietnamienne, VTV, un journal biquotidien et avec la télévision nationale lao, TVL, un canal en français qui devrait reprendre les programmes de CFI (sur les deux chaînes nationales).

À terme, les dirigeants de TV5 et de CFI ont prévu l'harmonisation de leur politique sur l'Asie la première alimentant les réseaux câblés, les centres institutionnels et les hôtels, la seconde fournissant les télévisions étrangères en programmes français.

La chance de la francophonie en Asie, pour peu qu'elle sache répondre aux exigences de cette dernière, se situe dans ce contexte de regain du multilatéralisme que l'on constate un peu partout dans le monde où chaque pays cherche à diversifier ses appartenances aux différentes entités régionales et inter-régionales pour se donner le plus possible d'options sur l'avenir tout en lui permettant d'affirmer son identité propre.

BIBLIOGRAPHIE

Un important livre de référence

HÛU GNOC, *Esquisses pour un portrait de la culture vietnamienne*, Hanoi, Éditions THE GIOI, 1996-1997, 588 p.

PARENTEAU René et CHAMPAGNE Luc, *La Conservation des quartiers historiques en Indochine*, préface du professeur Dang To Tuan, Paris, Karthala-ACCT, 1997. Ill. Diverses contributions à un séminaire régional.

LÊ HUU THO, *Itinéraire d'un petit mandarin*, Paris, L'Harmattan, coll. Mémoires asiatiques, 1997, 110 p.
Récit autobiographique: un jeune Vietnamien cultivé de 19 ans part pour la France, mais la Seconde Guerre mondiale éclate. Il va servir d'interprète à ses compatriotes désemparés (20 000 Vietnamiens ainsi déracinés) dans une France occupée.

NAHAVANDI Firouzeh, *Culture du déplacement en Asie*, Paris, L'Harmattan, coll. Points sur l'Asie, 1997, 236 p.
Une réflexion sur l'échec des efforts de déplacements non basés sur des éléments culturels spécifiques.

HOURS Bernard et SELIM Monique, *Essai d'anthropologie politique sur le Laos contemporain. Marché, socialisme et génies*, Paris, L'Harmattan, coll. Rech. asiatiques, 1997, 400 p.
L'analyse d'une forme particulière de communisme confrontée au monde global ou le "socialisme de marché" au Laos.

Une maison de la Francophonie à Hô Chi Minh-Ville

Dans la perspective du Sommet, une Maison de la Francophonie a ouvert ses portes à Hô Chi Minh-Ville au mois de janvier, avec le soutien de l'Agence de la Francophonie et du Consulat général de France. Cet "espace de dialogue, de coopération et de partenariat entre les Vietnamiens francophones et les amis francophones dans le monde entier", regroupe douze clubs francophones de la ville. La maison prête ses locaux au Consulat général pour organiser, à distance, des cours de gestion d'entreprise débouchant sur un diplôme d'études supérieures spécialisées (DESS), et accueille les sélections d'ingénieurs vietnamiens francophones souhaitant travailler dans des co-entreprises franco-vietnamiennes. Parmi d'autres projets, elle envisage d'ouvrir une bibliothèque générale et d'organiser des cours de conversation.

PACIFIQUE SUD

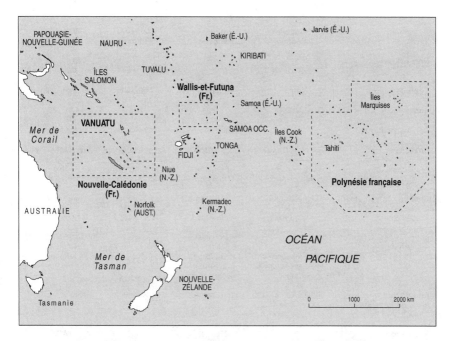

Parmi tous les groupements insulaires qui composent l'Océanie, quatre sont partielle-ment francophones : ce sont la **Nouvelle-Calédonie**, la **Polynésie française**, **Wallis-et-Futuna** ainsi que **Vanuatu**.

Les trois premiers archipels sont des territoires d'outre-mer de la France, et le français y est la langue officielle. On y parle également les langues mélanésiennes ou polynésiennes.

Vanuatu (autrefois condominium franco-britannique des Nouvelles-Hébrides) est in-dépendant depuis 1980; le français, l'anglais et le bichelamar sont les langues officiel-les de cet État, qui participe aux Sommets de la Francophonie.

L'**Australie** et la **Nouvelle-Zélande** sont deux États indépendants où le français a été pendant longtemps langue seconde. Aujourd'hui, en concurrence, entre autres, avec des langues asiatiques, le français est largement enseigné dans le secondaire et à l'université.

On peut consulter :

ANTHEAUME B. et BONNE MAISON J., *Atlas des îles et États du Pacifique Sud*, Paris, Reclus/Publisud, 1988.

BENSA A., *Nouvelle-Calédonie, un paradis dans la tourmente*, Paris, Gallimard, 1990.

CHESNEAUX J. et MACLELLAN N., *La France dans le Pacifique. De Bougainville à Mururoa*, Paris, La Découverte, 1992.

CORDONNIER I., *La France dans le Pacifique Sud, Approche géostratégique*, Paris, Publisud, 1995.

JOST C., LE BOURDIEC P. et ANGLEVIEL F., *Géo-Pacifique. Des espaces français*, Nouméa, *GÉOPACIFIQUE*/UFP/CTRDP, 1994, 295 p., cartes, fig.

VIGNERON Emmanuel, *La Polynésie française*, Paris, PUF, coll. Que sais-je?, 1995, 127 p.

La politique mélanésienne Steal Blong Vanuatu, édité par Howard Van Trease, traduit par Michelle Craw, McMillan Brown Centre for Pacific Studies, University of Canterbury, and Institute of Pacific Studies, University of the South Pacific, 1995.

PACIFIQUE SUD

	Nouvelle-Calédonie[1]	Polynésie française[1]	Wallis-et-Futuna[1]	Vanuatu
Nom officiel				République du Vanuatu
Capitale	Nouméa	Papeete	Mata-Utu	Port-Vila
Superficie (km^2)	19 058	3 521	142	14 763
Régime politique	voir France	voir France	voir France	république
Chef d'État Entrée en fonction Prédécesseur	Jacques **Chirac** 17-05-1995 François **Mitterrand**	Jacques **Chirac** 17-05-1995 François **Mitterrand**	Jacques **Chirac** 17-05-1995 François **Mitterrand**	Jean-Marie**Leye** 02-03-1994 Fred **Timakata**
Chef du gouvernement Entrée en fonction Prédécesseur	Lionel **Jospin** 06-1997 Alain **Juppé**	Lionel **Jospin** 06-1997 Alain **Juppé**	Lionel **Jospin** 06-1997 Alain **Juppé**	Serge **Vohor** 30-09-1996 Maxime**Carlot**
Langues officielles Autres langues	français langues mélanésiennes, wallisien, javanais, tahitien	français tahitien, marquisien, tuamotuan, dialectes chinois	français wallisien, futunien	français, anglais bichelamar, langues mélanésiennes
Principales religions en % de la population	christianisme (90) animisme (5) islam (4)	christianisme	christianisme	christianisme, animisme
Population Moins de 15 ans en % Plus de 60 ans en % Indice de fécondité Espérance de vie H/F Alphabétisation en %	197 000 31 7 2,8 68/76 57,9	220 000 36 5 2,9 68/73 95	14 000 42 7 4,6 (1990) 68/68 (1990)[2] 48,9	174 000 44 5 5,3 (1989) 62/64 52,9
IDH (rang/174)[3]	voir France	voir France	voir France	119
PNB (en M$US) **PNB/hab. (en $US)**	2 100[4] 11 413[5]	2 200[4] 10 476[5]	50[4] 3 333[5]	200 1 190
Monnaie[6] FF $ US	franc CFP 0,05 0,00872	franc CFP 0,05 0,00872	franc CFP 0,05 0,00872	le vatu 0,05088 0,00888
Principales exportations	nickel, fonte brute, métaux non ferreux	produits issus de la noix de coco, perles	copra, artisanat	copra, poisson, viande
Principales importations	produits pétroliers, produits alimentaires, voitures	produits pétroliers, produits alimentaires, voitures	produits alimentaires, produits manufacturés, produits pétroliers	produits alimentaires, machineries, équipements de transport
Principaux partenaires commerciaux	France, Japon, États-Unis, Australie	Australie, France, États-Unis, Japon, Nouvelle-Zélande	France, Australie, Nouvelle-Zélande	Australie, Japon, France, Nouvelle-Zélande

Sources: Banque mondiale; ONU, *Bulletin mensuel de la statistique*

1. Territoire français d'outre-mer (TOM).
2. On ne dispose que de la valeur combinée d'espérance de vie à la naissance.
3. Indice de développement humain, mesure de classement des pays utilisée par l'ONU.
4. Il s'agit ici du produit intérieur brut (PIB) comme pour tous les autres pays membres de l'OCDE.
5. Produit intérieur brut par habitant (PIB/hab.).
6. Taux au 15 septembre 1997, donné à titre indicatif.

ZONE PACIFIQUE

Dominique JOUVE
Université française du Pacifique
Centre universitaire de Nouvelle-Calédonie
François SODTER
ORSTOM, Centre de recherche d'Île-de-France

Wallis-et-Futuna
Christian JOST
Université française du Pacifique
Centre universitaire de Nouvelle-Calédonie

NOUVELLE-CALÉDONIE

Point de cyclone en 1997, mais un tremblement de terre (magnitude 6,6) qui a été surtout sensible aux îles Loyauté mais n'a pas fait de dégâts. En revanche, la météo est fort capricieuse: le nord du territoire subit de nouveau la sécheresse alors que la région de Nouméa est particulièrement arrosée. Avec l'augmentation du prix de la viande et les questions que cette mesure a suscitées, on voit combien le monde rural reste important en Nouvelle-Calédonie.

POLITIQUE

En politique, l'année 1997 est une année déconcertante pour les questions internes à la Nouvelle-Calédonie. Fin 1996, on annonçait la possible reprise des négociations politiques sur le contenu du texte consensuel. En fait, c'est la question de la rétrocession de terrains propices à l'exploitation du nickel qui a occupé le devant de la scène. En effet, les indépendantistes estiment que l'indépendance économique passe avant toute autre considération; le rééquilibrage en faveur de la province Nord est lié à la construction dans cette province d'une usine de retraitement du minerai de nickel qui fera pendant à l'usine de la Société Le Nickel (SLN), installée à Doniambo, aux portes de Nouméa.

Le dossier minier

Le géant canadien Falconbridge s'est déclaré intéressé par l'implantation de cette usine en partenariat avec la Société minière du Sud-Pacifique (SMSP, société contrôlée par la province Nord) mais il veut des garanties foncières. L'usine du Nord est devenue un symbole de l'espoir de voir le monde kanak s'inscrire dans une dynamique économique moderne positive. C'est la raison pour laquelle le Front de libération national kanak socialiste (FLNKS) pose le règlement du dossier minier comme préalable aux discussions politiques, malgré l'opposition déclarée du

Rassemblement pour la Calédonie dans la République (RPCR) à cette attitude.

Il faut reconnaître que cette position n'a pas fait toujours non plus l'unanimité au sein même des indépendantistes. D'autre part, se pose le problème de savoir quel domaine va être rétrocédé à la SMSP: Tiébaghi? Poum? Koniambo? Jusque-là le patrimoine minier est géré presque entièrement par Eramet pour la SLN avec la garantie de l'État.

Législatives anticipées

En effet, le devenir de la Nouvelle-Calédonie se décide toujours à Paris et il est tributaire des aléas de la vie politique française. Après la dissolution de l'Assemblée nationale, l'organisation des élections et la campagne ont mobilisé toutes les énergies. Le FLNKS a refusé de participer à ce scrutin national au nom de la "cohérence": "On ne peut pas réclamer la souveraineté dès 1998 et s'engager un an avant dans un scrutin national." Par conséquent, les candidats qui briguaient les suffrages représentaient uniquement les groupes et les partis attachés au maintien de la Nouvelle-Calédonie dans la France. Les explications et critiques ont surtout visé la gestion de sa majorité par le RPCR. Les élections ont ainsi souvent tourné au "pour" ou "contre" Jacques Lafleur.

La loi Pasqua a découpé la Nouvelle-Calédonie en deux circonscriptions. La première comporte Nouméa et les îles Loyauté, la deuxième regroupe toute la Grande Terre et les îles Belep, moins Nouméa. Les électeurs de la première circonscription ont offert à Jacques Lafleur un nouveau mandat dès le premier tour, avec un score qui a progressé de 10%. Cependant, Didier Leroux, son principal adversaire, candidat d'Une Nouvelle-Calédonie pour tous (UNCT), s'installe dans l'opposition au RPCR en confirmant son score des provinciales de 1995. Le Front National est resté aux environs de 7% dans les deux circonscriptions. La surprise est venue de la deuxième circons-

cription, où le candidat du RPCR, Pierre Frogier, président du Congrès, devait affronter un candidat sans étiquette, l'homme d'affaires Philippe Pentecost soutenu par le maire de Koumac, Robert Frouin (dissident du RPCR), ainsi qu'un représentant de l'UNCT. Si Pierre Frogier obtenait bien la majorité absolue des suffrages exprimés au premier tour, le fort taux d'abstention a fait qu'il n'avait pas le nombre requis de voix pour être élu dès le premier tour. Il a fallu donc recourir à un deuxième tour qui a vu la victoire de Pierre Frogier.

Il faut noter que dans les deux circonscriptions, le pourcentage d'abstention est un peu différent: 55,5% de votants dans la première circonscription, 45,42% dans la deuxième. Cela montre l'influence politique du FLNKS et de son mot d'ordre d'abstention, en particulier en province Nord. Les électeurs calédoniens ont confirmé nettement leur confiance en Jacques Lafleur, mais on peut penser que de nouveaux rapports de force sont en gestation, quoique encore un peu confus.

Le référendum de 1998

Le FLNKS s'en est tenu pour le moment à sa décision de ne plus discuter qu'avec l'État jusqu'au règlement du dossier minier. Après la victoire électorale des partis de gauche, le nouveau gouvernement rattache au ministre de l'Intérieur un secrétaire d'État à l'Outre-mer en la personne de Jean-Jack Queyranne, un proche du premier ministre. S'il est peu connu encore en Nouvelle-Calédonie, il n'en est pas de même pour Thierry Lataste, ancien secrétaire général du Haut-Commissariat, qu'il a appelé auprès de lui, et surtout de l'ancien haut-commissaire (de 1991 à 1994) Alain Christnacht, nommé par Lionel Jospin comme conseiller de son cabinet, et qui est sans doute un des hauts fonctionnaires les plus au fait du dossier calédonien, même s'il a eu des relations parfois tendues avec les anti-indépendantistes.

ÉCONOMIE

La vie économique en 1997 est sans grande surprise: toujours dépendante du cours mondial du nickel et plus spécialement du règlement du problème politique que constitue le dossier de l'usine du Nord. Comme l'a dit le "patron des patrons" Jean Gandois, en visite à la fin du mois de juin, la reprise économique viendra quand les Calédoniens auront choisi les modalités de leur avenir en commun. Il se propose d'ailleurs de revenir en Nouvelle-Calédonie avec des investisseurs... en 1999.

Soulignons cependant que si le marasme a gagné les entreprises du BTP, certains secteurs essaient d'innover. Socalait s'implante à Fidji. L'hôtel *Le Stanley*, touché par la crise du tourisme (qui n'en finit pas de démarrer timidement), s'est converti au "temps partagé" et espère de son association avec Interval International un meilleur coefficient de remplissage. La construction de l'hôtel de la chaîne Méridien à l'île des Pins, dans la baie d'Oro, un des plus beaux paysages du Pacifique, a alimenté la chronique. Le tribunal administratif a annulé le permis de construire, mais les travaux ont continué car la zone de l'implantation étant dans une réserve autochtone, "il n'y a pas besoin de permis de construire!" Les opposants au projet, qui semble diviser les Mélanésiens de l'île, et l'entreprise de construction se sont donné rendez-vous devant la Cour d'appel de Paris.

Le catamaran *Marie-Hélène* effectue la desserte des îles depuis fin septembre, et la province des îles a enfin vendu le *Yé-Yé*, qui coulera des jours heureux à Odessa. Des pourparlers sont en cours pour l'achat d'un second bateau afin de désenclaver les îles Loyauté.

NOUVELLE-CALÉDONIE

QUELQUES POINTS DE REPÈRE

Géographie

➤ Île mélanésienne (10 fois la Guadeloupe, 2 fois la Corse). Relief escarpé. Riches gisements de nickel.

➤ Le territoire regroupe les îles Loyauté et l'île des Pins.

Histoire

➤ 1774 Arrivée de J. Cook dans l'île peuplée par les Canaques (ou Kanaks).

➤ 1853 Rattachement à la France.

➤ 1864-1896 L'île est transformée en pénitencier. Travaux forcés dans les plantations et les mines de nickel.

➤ 1879 Insurrection canaque.

➤ 1884 Gouvernement civil.

➤ 1946 Statut de territoire d'outre-mer.

➤ 1984-1985 Troubles indépendantistes.

➤ 1988 Les accords de Matignon, approuvés par référendum, prévoient l'autonomie pour 1998.

➤ 1989 Assassinats de deux chefs du Front de libération nationale kanak socialiste (FLNKS), Jean-Marie Tjibaou et Yeiwéné Yeiwéné.

➤ 1995 Élections provinciales. Les deux partis traditionnels, le FLNKS et le RPCR (Rassemblement pour la Calédonie dans la République), perdent des sièges au profit de nouvelles formations.

Dans l'ensemble, la vie économique de la Nouvelle-Calédonie est en position d'attente et tout semble suspendu au référendum de 1998.

VIE SOCIALE

Pas de grande grève cette année, pas de conflit long et dur entre syndicats et patrons. Le programme de logements sociaux se poursuit en province Sud.

Les Calédoniens se sont émus de la mort du député Maurice Nénou, inhumé le 29 novembre dans sa tribu de Napoémien. Les principales personnalités politiques du Territoire (tous partis confondus) lui ont rendu hommage et souligné ses qualités de coeur, son attachement à la Nouvelle-Calédonie et aux valeurs humanistes, à travers son travail comme conseiller territorial sous le gouvernement de J.-M. Tjibaou, puis ses mandats électifs dont deux comme député de la deuxième circonscription sous l'étiquette RPCR.

Qui sont les Calédoniens?

Selon les résultats du recensement de l'ITSEE publiés en mars, la population est très jeune : 40% de moins de vingt ans. Ceci fait du Territoire un des DOM-TOM les plus jeunes : Martinique (31%), Guadeloupe (36%), Guyane (42%), Tahiti (44%).

Il y a peu de mariages et 50% des hommes sont célibataires, contre 40% de femmes.

Le nombre d'étrangers est très faible, puisque 98,4% de la population est française.

La taille moyenne des ménages est de 3,8 personnes mais on constate de fortes disparités puisqu'aux Belep, ce chiffre est de 6,2.

Le solde migratoire apparent est positif et s'est même accru depuis 1989. Les personnes nées hors du territoire représentent 23,3% de la population totale.

En chiffres bruts, la Nouvelle-Calédonie comptait, en 1996, 196 836 habitants dont 68% en province Sud, 21% en province Nord et 11% en province Îles.

Les pourcentages des principales communautés s'établissent à 44% pour les Mélanésiens, 34% pour les Européens, 9% pour les Wallisiens et Futuniens.

VIE CULTURELLE ET ARTISTIQUE

Le monde des culturistes de Nouvelle-Calédonie a été secoué par un scandale, les trois meilleurs athlètes ayant, semble-t-il, reconnu s'être procuré des anabolisants interdits.

En 1997, organisée comme tous les ans par l'Agence de développement de la culture kanak (ADCK), la semaine musicale *Pacific Tempo* a permis à des groupes musicaux de Nouvelle-Zélande, du Vanuatu et d'Australie de se produire dans des concerts auxquels étaient associés des groupes de Kaneka et un groupe de musiciens wallisiens.

La saison théâtrale a été marquée par un temps fort, la présentation du spectacle *La Légende de Kaïdara* par l'Ymato Teatri, sur un texte d'Amadou Hampaté Bâ. On attend avec impatience la nouvelle pièce de théâtre de Pierre Gope. Tandis que la Commission des îles du Pacifique soutient le projet Danse Océanie 2000, destiné à promouvoir les danses océaniennes dans le respect de la tradition, le groupe de danses tahitiennes Maeva Tahiti va se produire pendant un an dans un grand complexe touristique à Guam. La troupe du Wetr, de

Lifou fait, elle, une tournée en Europe avec l'aide de l'ADCK. Ceci rentre dans le grand dessein de l'Agence: faire mieux connaître la richesse de la culture kanak.

C'est cette orientation qui explique la persévérance de l'ADCK dans la programmation de chants et danses AE AE (cette année, de la région de Hienghène) et des joueurs de flûte de Pan venant des îles Salomon. La musique et la danse kanakes sont également au centre du beau livre de R. Ammann *Danses et musiques kanak*, paru en avril, qui met l'accent sur la diversité du patrimoine musical et chorégraphique kanak. Il utilise le système de notation appelé Labanotation qui, pour la première fois, a été programmé entièrement sur ordinateur. L'ouvrage est accompagné d'un disque compact.

Sous l'égide de l'ADCK, l'exposition de peintures et de bambous d'Yvette Bouquet exprime la vision qu'a l'artiste de l'histoire de sa région avec, comme supports, des matériaux variés qu'habitent les rêves, les mythes et les émotions du monde kanak. La revue *Mwa Vée* s'est intéressée cette année aux différents statuts des Kanaks depuis le XIXᵉ siècle: code de l'indigénat, accession à la citoyenneté en 1946. Les éditions du Niaouli, qui avaient publié en décembre 1995 un recueil de nouvelles attachantes de Claudine Jacques, *Nos silences sont si fragiles*, ont de nouveau donné la parole à cette auteure pour un ensemble de nouvelles intitulé *Ce ne sont que des histoires d'amour*. Quatre de ces textes ont été primés au festival de Palaiseau à l'occasion du onzième Concours de la nouvelle francophone.

Les éditions Grain de Sable, toujours très dynamiques, ont édité à la fin de l'année 1996 les deux premiers textes de la réédition intégrale de Jean Mariotti ainsi qu'un des rares écrits de bagnards, dont François Bogliolo s'est attaché à reconstituer le texte à partir de l'histoire troublée du ou des manuscrits.

Soulignons la disparition au début du mois de juillet du *Quotidien calédonien*. Ce quotidien créé en décembre 1995 par Didier Leroux à la suite des élections provinciales et de l'entrée de l'UNCT au Congrès avait été racheté par Philippe Pentecost et a accompagné la campagne législative. Mais il perdait beaucoup d'argent: tiré à 5500 exemplaires, il n'en vendait que 2700, principalement à Nouméa et dans sa région. Il a entraîné dans sa chute *Télé 7 Jours*; une quarantaine d'employés sont au chômage. La Nouvelle-Calédonie va de nouveau connaître l'empire des seules *Nouvelles Calédoniennes*.

À la mi-mars s'est déroulé à Montpellier un colloque sur l'avenir statutaire de la Nouvelle-Calédonie. Les intervenants (juristes, hauts fonctionnaires, hommes politiques) ont évoqué toutes les solutions juridiques: départementalisation, évolution dans le cadre du Territoire d'outre-mer, indépendance, Communauté française pour le Pacifique qui associerait à la France différents États, anciens TOM, etc. En dehors de ces projections intellectuelles – dont certaines deviendront peut-être réalité –, l'image du yoyo due à Guy Agniel semble pour le moment la plus pertinente: le yoyo s'éloigne du doigt dans une illusion d'autonomie, ce sont les moments de décentralisation. Mais l'État le reprend ensuite en main, dans un mouvement centralisateur. Le nouveau gouvernement écoutera-t-il les sirènes girondines ou jacobines?

Le Centre culturel Jean-Marie Tjibaou

Parti d'une réflexion politique née en 1975 lors de Mélanésia 2000 et prévu par les Accords de Matignon en 1988, il a fait l'objet d'un appel d'offre international remporté par l'architecte italien Renzo Piano; celui-ci est entouré d'une équipe comprenant entre autres l'ethnologue Alban Bensa et la direction de l'ADCK. Son inauguration est prévue en mai 1998. Le Centre culturel J.-M. Tjibaou est conçu comme un lieu d'échanges y compris dans son architecture.

Renzo Piano dit: "le bâtiment est transparent [...]. Le dehors et le dedans se confondent". Il parle "d'ambiguïté entre le végétal et le construit [...]. La partie végétale et la partie construite parlent le même langage".

POLYNÉSIE FRANÇAISE

La vie politique du territoire a été dominée par les élections législatives dont le premier tour s'est déroulé une semaine avant celui de la métropole. L'enjeu de ces élections où aucun des deux députés sortants ne se représentait a été beaucoup plus territorial que national.

VIE POLITIQUE

L es électeurs avaient à choisir parmi 6 candidats dans la circonscription Ouest et 5 dans la circonscription Est. Les deux candidats soutenus par le chef de la majorité territoriale et député sortant, Gaston Flosse, l'ont emporté dès le premier tour. Dans la circonscription Ouest, Michel Buillard, *Tahoera'a Huiraatira* et représentant du Ras-semblement pour la République (RPR), obtient 51,6% des suffrages et dans la circonscription Est, Emile Vernaudon, président du *Ai'a Api* mais surtout ancien député socialiste et ancien président du comité de réélection de François Mitterrand, aujourd'hui allié au *Tahoera'a Huiraatira* et soutenu par le RPR, recueille 58,9% des voix. Les indépendantistes se placent en seconde position avec 41,6% des voix pour

Oscar Temaru, le président du *Tavini Huiraatira*, dans la circonscription Ouest et 23,6% pour Jacques Salmon dans la circonscription Est.

Si les indépendantistes font un score sensiblement équivalent à celui du second tour des législatives de 1993, ils progressent nettement par rapport aux élections territoriales de 1996, gagnant 12 points dans la circonscription Ouest et près de 9 points dans celle de l'Est. Dans cette dernière, Boris Léontieff, se présentant comme l'homme d'une troisième voie, obtient 16,3% des suffrages sous l'étiquette des Verts. Les autres candidats ne font que des scores très faibles, inférieurs à 4%, une candidate régionaliste réussissant à n'obtenir aucune voix.

> ### Disparition
> Le décès, le 21 décembre 1996, à l'âge de quatre-vingt-quatre ans de Francis Ariioehau Sanford a suscité une vive émotion en Polynésie. Un des pères fondateurs de l'autonomie interne et un des principaux opposants aux essais nucléaires, il avait commencé sa carrière comme instituteur avant d'entrer au Cabinet du gouverneur de Polynésie française.
> Élu maire de Faa'a en 1965, il le restera jusqu'en 1977. En 1967, il est élu député en tant que chef du *Ea Api* (la Voie nouvelle) et s'inscrit au groupe des Républicains indépendants. Réélu en 1968 et en 1973, il siège alors parmi les centristes. Son combat pour l'autonomie de la Polynésie française aboutit en 1977 avec l'adoption d'un nouveau statut pour le territoire. Il dirige alors le premier Conseil de gouvernement de Polynésie et ce jusqu'en 1983. Il était considéré par les Tahitiens comme le dernier des *Metua* (père du peuple).

VIE ÉCONOMIQUE

Après une très mauvaise année 1995 marquée par de très fortes tensions sociales qui ont culminé lors des émeutes de septembre, l'économie polynésienne n'a pas repris en 1996. La situation semble pourtant plus favorable en 1997; l'annonce de nombreux projets, en particulier dans l'hôtellerie, montre le retour des investisseurs à un certain optimisme, même si les effets ne se se sont pas encore bien fait sentir.

Les exportations traditionnelles – copra, monoï et vanille – sont en baisse, mais les perles noires, la principale ressource du territoire, connaissent une forte hausse de leurs ventes à destination de l'étranger. Entre 1995 et 1996 les exportations de perles ont augmenté de 50% pour atteindre la valeur de 775 millions de francs français.

Petite révolution dans un pays hostile plus que les autres à la fiscalité. Une taxe à la valeur ajoutée, votée par l'Assemblée territoriale en février 1997, a été fort mal reçue. Sa mise en place, prévue en octobre, a finalement été reportée en janvier 1998.

VIE SOCIALE ET CULTURELLE

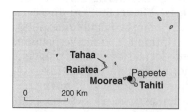

Le grand événement social et religieux de ce début d'année a été la célébration du **deux centième anniversaire de l'arrivée de l'Évangile à Tahiti**. C'est le 5 mars 1797 que débarquèrent dans la baie de Matavai dix-huit envoyés de la London Missionary

Society (LMS). Les débuts de la mission furent très difficiles et la plupart des premiers évangélistes quittèrent la Polynésie avant que les conversions, et notamment celle du chef tahitien Pomaré II, ne se multiplient au milieu des années 1810. De Tahiti, le protestantisme se répandit alors aux îles Sous-le-Vent, aux Australes et dans une partie des Tuamotu.

La célébration connut son point culminant avec la reconstitution de l'arrivée du navire de la LMS, *Le Duff*, devant quelque 10 000 fidèles de l'Église évangélique et 1 500 à 2 000 invités venus pour la plupart du Pacifique, mais aussi d'Afrique et d'Europe.

Parallèlement à la commémoration, s'est tenue à Papeete la septième assemblée du **Conseil des Églises du Pacifique** qui a réuni pendant une dizaine de jours plusieurs centaines de participants. La Conférence des Églises du Pacifique a en particulier reconnu la lutte des habitants de la Nouvelle-Calédonie, de la Polynésie ainsi que de l'Irian Jaya et du Timor oriental pour leur indépendance et leurs droits fonciers.

POLYNÉSIE FRANÇAISE

QUELQUES POINTS DE REPÈRE

Géographie
➤ Cinq archipels de 150 îles volcaniques ou coralliennes (îles de la Société, îles Australes, îles Marquises, îles Tuamotu et îles Gambier).
➤ Zone maritime la plus grande au monde (9 fois la France).

Histoire
➤ 1767 Arrivée de l'explorateur anglais S. Wallis.
➤ 1843 Protectorat français, devenant colonie en 1880, après l'abdication du roi Pomaré V.
➤ 1946 Territoire français d'outre-mer (TOM) qui devient le site d'essais nucléaires français.
➤ 1984 Élaboration d'un nouveau statut d'autonomie.
➤ 1996 Jacques Chirac, après une dernière série d'essais nucléaires en 1995, proclame la dénucléarisation du Pacifique sud (accords de Rarotonga, 1er fév. 1996).

Les concours de **danses traditionnelles** du Heiva ont connu un renouveau cette année avec la victoire du groupe *O Tahiti E*, qui a su apporter beaucoup de création tout en respectant les règles du concours. Depuis leur renaissance dans les années 1950, les danses tahitiennes ont en effet été codifiées, et les spectacles doivent, au nom de la tradition, présenter un certain nombre de figures imposées tout en respectant certains interdits comme l'usage de la couleur bleue, ou l'utilisation de matériaux non naturels pour les costumes.

La population de la Polynésie française en 1996
De 188 814 personnes en 1988, la population du territoire est passée à 219 521 en 1996, soit un taux d'accroissement annuel de près de 2%. Cette croissance montre de grandes disparités géographiques. Aux fortes croissances des îles Tuamotu-Gambier et des îles Sous-le-Vent, respectivement 2,4% et 2,7% par an, s'opposent la croisance modérée des îles Marquises, 1% environ, et la stagnation des îles Australes. Le poids démographique des îles du Vent, qui regroupent près des trois quart de la population de la Polynésie française, leur donne évidemment un taux proche du taux général du territoire. Cette croissance, un peu inférieure à 2%, est essentiellement due à Moorea, l'île soeur de Tahiti, 3,5% environ, et aux communes de Tahiti qui ne font pas partie de l'agglomération de Papeete, 3% environ. Cette dernière connaît une croissance voisine de 1,4% par an.

WALLIS-ET-FUTUNA

L'île d'Uvéa et les îlots qui constituent Wallis, les îles Futuna et Alofi développent un peu plus chaque année leur liens avec le reste du monde même si l'isolement reste grand. Les actions gouvernementales et territoriales se multiplient en faveur d'une intégration plus complète au système occidental de développement et d'un meilleur avenir tout en préservant le droit à l'identité culturelle par une adaptation des législations républicaines et une reconnaissance des droits coutumiers.

POLITIQUE

L'année 1997 est une année de basculements politiques non seulement liés aux élections législatives après la dissolution de l'Assemblée nationale, mais aussi à la suite des élections pour le renouvellement de l'Assemblée territoriale de Wallis et Futuna. Les élections territoriales de mars ont connu une participation élevée de la population (86%) et une victoire importante de la droite (si tant est que ce mot a un sens au niveau local) qui a emporté 14 des 20 sièges à pourvoir, gagnant 5 sièges par rapport au précédent scrutin de 1992. Le RPR Victor Brial (31 ans) remplace Keleto Lakalaka à la présidence de l'Assemblée. Aux élections législatives, contrairement à la tendance métropolitaine mais conformément aux votes majoritaires des autres TOM, c'est également la droite, avec Victor Brial qui remporte le siège de député au second tour face au député sortant Kamilo Gata (divers gauche).

Si, au niveau coutumier, le royaume de Wallis n'a connu qu'un changement de ministre, à Futuna l'un des deux rois, le *Tuiagaïfo* du royaume d'Alo (Takasi Esipio) a été, comme la coutume l'autorise, destitué en février. Mais l'intronisation du nouveau *Tuiagaïfo*, Alofi Sagato, n'est intervenu que quatre mois plus tard après de longues palabres, tandis que les ministres coutumiers sont restés en poste.

L'avenir du territoire est en train de se bâtir sur de nouvelles bases structurelles que sont la Convention de développement, le Contrat de plan et le nouveau projet de loi-programmes, un ensemble de mesures comparables au Pacte de progrès et aux Accords de Matignon en vigueur respectivement en Polynésie française et en Nouvelle-Calédonie. Les dissensions existantes avant leur mise en place pourraient s'atténuer si les quatre instances locales, l'Assemblée territoriale, l'Administration d'État, les chefferies et les partenaires économiques, ainsi que les parlementaires, parvenaient à travailler en commun.

ÉCONOMIE

La tendance au ralentissement sentie en 1996 se confirme en 1997. La dépendance totale des liaisons aériennes, internationales de Wallis et interîles de Futuna, et des approvisionnements en fret maritime par le *Moana III* et son concurrent depuis 1991, le *Thor Rikke*, oblige à donner priorité au développement et au maintien de ses relations vitales. Mais les solutions aux problèmes sont parfois fort différentes.

L'année a été marquée par l'inauguration du **nouvel aérogare** de Hihifo à Wallis, d'une surface de 1 700 m² répondant aux normes internationales, réalisé grâce au cofinancement État-Territoire. Sur Futuna, la piste en herbe, construite en 1970, est en cours d'équipement d'un balisage de nuit et une liaison supplémentaire avec la seule destinaton actuelle, Wallis (250 km), a été mise en place, ce qui porte à cinq les rotations hebdomadaires.

Sur le plan des **liaisons maritimes**, l'inquiétude règne par contre quant au maintien des rotations entre Futuna, Wallis et Nouméa du cargo mixte *Moana III* à la suite du bilan déficitaire de son exploitation (330 000 FF en 1996 et près de 400 000 FF après les deux premiers mois de 1997 du fait de la faiblesse du fret et du nombre de passagers: seulement 450 par an sur Nouméa). La convention de dix ans liant le Territoire à la Compagnie wallisienne de navigation ayant expirée en 1996, l'Assemblée territoriale a choisi de signer une nouvelle convention au risque de grever les finances publiques qui devront combler le déficit plutôt que de choisir la libre concurrence avec ses risques de dérapages. Se pose bien ici problème de la rentabilité des dessertes des Territoires et États micro-insulaires.

En matière d'**énergie**, le problème des coûts trop élevés en investissement s'est également posé. Une solution radicalement opposée à celle choisie pour la desserte maritime a été retenue en février: confier à une entreprise privée, Eau et Électricité de Wallis et Futuna, filiale de la Lyonnaise des eaux, la production d'électricité.

Des **catastrophes naturelles** ont, une fois de plus, secoué les populations. "Mars 93 - Mars 97, ou quand la mythologie rejoint la réalité", écrivait P. Lefèvre dans le numéro du 14 mars de l'hebdomadaire *Te Fenua Foou*: "Ce mois de l'année, dédié au

WALLIS-ET-FUTUNA

Quelques points de repère

Géographie

➤ Archipel de deux îles au nord-est des Fidji.

Histoire

➤ 1767 Arrivée de l'explorateur anglais Samuel Wallis.

➤ 1886 Protectorat français.

➤ 1959 Territoire français d'outre-mer (TOM).

dieu de la guerre, a une nouvelle fois lâché ses foudres sur Futuna", non pas sous forme d'un séisme destructeur comme en 1993, mais sous forme d'une énorme houle provoquée par le cyclone Gavin qui a ravagé la côte nord-est de l'île le 7 mars, touchant plus sévèrement le royaume d'Alo. Le village de Laloua a été totalement détruit, celui de Poï gravement touché, 11 km de route ont été endommagés voire entièrement emportés comme à la pointe des Pyramides, les réseaux ont été coupés et de nombreuses plantations brûlées par les embruns salés. Wallis, épargné par Gavin, a failli être touché par le cyclone Keli qui a frôlé ses côtes après avoir ravagé deux atolls des Tuvalu et ce en plein mois de juin, bien après la fin de la saison cyclonique qui se situe généralement fin avril.

Face à ces menaces naturelles, la poursuite du bétonnage de la route territoriale (11 km sur 30 km), et l'ouverture de nouveaux accès routiers constituent les espoirs locaux et le prélude à la reconquête des plateaux que souhaite la population de Futuna, lasse de subir les agressions climatiques et sismiques sur l'étroite bande littorale où elle est cantonnée.

SOCIÉTÉ ET CULTURE

Hormis les manifestations religieuses annuelles pour la commémoration de la Saint-Pierre Chanel, martyr de Futuna, celle de la Saint-Joseph, ou la bénédiction de l'église d'Alo à Futuna, qui rappellent la forte présence de l'Église et la dévotion des populations, ce sont celles, plus modernes, de concerts, comme celui du musicien Loselio Keletaona et de son groupe *Nukualofa*, ou de la star tahitienne Laurent Degache, en concert à Wallis le 6 juin, qui ont été les événements les plus marquants de l'année. Sur les plans littéraire et scientifique, quelques publications ont jalonné cette année, parmi lesquelles on retiendra l'ouvrage sur la préhistoire de Wallis, de l'ethno-archéologue Daniel Frimigacci et de l'orstomien Michel Lardy intitulé *Des archéologues, des conquérants et des forts*, la traduction du Nouveau Testament en langue wallisienne ou la sortie du premier film documentaire anthropo-géographique portant sur le territoire, intitulé *Futuna: l'enfant perdu*.

Les sociétés wallisiennes et futuniennes, de même origine polynésienne, sont encore bien différentes par leur degré de "modernité". Au bout de toutes les routes, le finisterre insulaire qu'est Futuna se trouve en phase de mutation accélérée depuis l'apparition de la télévision en 1995 qui fait se côtoyer quotidiennement coutume et monde moderne au cœur même des *tauasu* (réunions) auxquelles le *kava* traditionnel et les échanges ne suffisent plus à attirer les jeunes. Futuna semble évoluer irrémédiablement vers le système social wallisien déjà transformé et davantage modernisé.

VANUATU

Le Vanuatu continue de connaître une grande instabilité. Outre les remaniements ministériels intermédiaires, le mois de mai 1997 a vu la formation d'un nouveau gouvernement, le quatrième depuis les élections législatives de novembre 1995 et la formation en décembre 1995 d'un premier gouvernement Vohor (Union des partis modérés-UPM) basé sur une coalition UPM-NUP (National United Party).

VIE POLITIQUE

Le 20 mai 1997, à la suite d'une tentative de motion de censure, initiée par Maxime Carlot – leader d'une faction de l'UPM, chef de l'opposition et premier ministre de 1991 à novembre 1995, puis en février 1996 – qui y renonce finalement, les deux factions rivales de l'UPM se réunissent et forment un gouvernement en association avec le Parti progressiste mélanésien et le Parti national unifié, excluant ainsi le Vanua'aku Pati qui faisait partie de la coalition gouvernementale constituée fin septembre 1996 autour de Serge Vohor. Serge Vohor reste premier ministre, alors que Barak Sope (Parti progressiste mélanésien), mis en cause à plusieurs reprises par la médiatrice pour ses ingérences dans les affaires de l'État et qui avait dû à deux reprises quitter le gouvernement – celui de Maxime Carlot en août 1996 et celui de Serge Vohor en octobre 1996 alors qu'il était vice-premier ministre – retrouve le poste de vice-premier ministre. L'ancien vice-premier ministre Donald Kalpokas (Vanua'aku Pati) devient chef de file de l'opposition. Fin août 1997, Serge Vohor est réélu président de l'UPM lors du 18e congrès national du Parti au détriment de Maxime Carlot, également candidat. Quelques jours après, le ministre des Finances, Willie Jimmy, est renvoyé par le premier ministre, après que les deux hommes

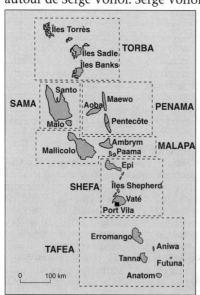

se soient mutuellement accusés de participation à un trafic de passeports vendus à des non-nationaux. Ce limogeage suit également la récente contestation par Willie Jimmy de la direction de l'UPM.

L'année a, par ailleurs, été marquée par une série de conflits entre les instances judiciaires et les responsables politiques. En décembre 1996, le premier ministre a limogé le président de la Cour suprême. En mars 1997, c'est le procureur général qui est suspendu alors que l'avocat australien qui représentait le gouvernement dans l'affaire contre l'ancien président de la Cour suprême est arrêté et condamné à deux mois de prison. Il sera relaxé en mai après avoir purgé la moitié de sa peine en raison du manque de juges disponibles pour entendre son recours en appel.

Par ailleurs, le gouvernement a l'intention de demander, par voie de pétition, la révocation du médiateur public au président de la République

VANUATU

QUELQUES POINTS DE REPÈRE
Géographie
➤ Archipel de 80 îles au nord-est de la Nouvelle-Calédonie.
➤ Trois volcans toujours en activité.
➤ Zone maritime étendue sur 900 000 km².

Histoire
➤ 1606 Arrivée des Portugais.
➤ 1887 Occupation des Nouvelles-Hébrides par les Français et les Anglais.
➤ 1906 Condominium franco-britannique; deux hauts-commissaires succèdent à l'administration militaire.
➤ 1980 Indépendance des Nouvelles-Hébrides qui prennent le nom de Vanuatu.
➤ 1987 Walter Lini premier ministre. Lui succèdent Donald Kalpokas (1991), Maxime Carlot (1991) et Serge Vohor (30 sept. 1996).

À noter
➤ Vanuatu est à la fois membre du Commonwealth et de la Francophonie.

qui l'avait nommé il y a trois ans. Depuis sa désignation à ce poste qui, institué dans la Constitution depuis l'indépendance de Vanuatu en 1980 n'avait pas encore eu de titulaire, Mme Ferrieux-Patterson a publié une série de rapports mettant en cause nombre d'hommes politiques et de dirigeants pour des affaires de détournement de fonds, de mauvaise conduite ou d'enfreinte au code de conduite des dirigeants. À l'indépendance nécessaire à sa fonction qu'invoque le médiateur, certains de ses détracteurs opposent son incompréhension de la culture et des traditions mélanésiennes.

VIE ÉCONOMIQUE

En présentant en décembre 1996 le budget 1997, le ministre des Finances de Vanuatu attirait l'attention sur la mauvaise santé de l'économie du pays, prévoyant un déficit de l'ordre de 10% du budget de l'état pour le prochain exercice. Situation dont il rendait en grande partie responsable le nombre excessif d'employés du service public, approuvé en cela par le chef de file de l'opposition à l'époque, l'ancien premier ministre Maxime Carlot.

En février 1996, le gouvernement annonce un programme national de réformes visant à responsabiliser la population pour la rendre moins dépendante du gouvernement, en particulier en encourageant les investissements du secteur privé. Un accord a été signé peu de temps après avec la

Banque asiatique de développement pour qu'elle coopère à la mise en place de ce programme qui a reçu par ailleurs le soutien des principaux bailleurs de fonds, l'Australie, la France et la Nouvelle-Zélande.

En mars, l'Union européenne accorde près de 11 millions de dollars à Vanuatu dans le cadre d'un programme d'aide échelonné sur 5 ans et consacré pour les trois quarts à l'éducation primaire et secondaire. En mai, c'est la Chine qui s'engage à financer pour plus d'un demi-million de dollars une centrale hydro-électrique, alors qu'en même temps une délégation de Taiwan étudie les possibilités de coopération économique, et ceci en dépit du soutien officiel de Vanuatu à la politique d'une "Chine unique". Le sommet national, annoncé en février par le premier ministre Serge Vohor pour décider du contenu du programme de réforme, a débuté fin juin. Son rapport préliminaire concluait à la nécessité de réduire le nombre de cabinets ministériels et à leur restructuration, à la restauration de la légalité dans les affaires publiques et à la fin des interventions politiques sur le service public.

VIE SOCIALE ET CULTURELLE

Le 12 avril a eu lieu la consécration du premier évêque catholique *ni-vanuatu* de l'histoire du pays. Âgé de 42 ans, Michel Visi a été nommé en décembre dernier par le Pape Jean Paul II en remplacement de Monseigneur Francis Lambert, un Américain qui avait atteint l'âge de 75 ans. Responsable des 22 000 catholiques de l'archipel et de 14 prêtres, Michel Visi arrive à la tête d'une Église qui, contrairement à ce qui a pu se passer ailleurs, a su faire preuve de tolérance et de respect de la culture locale.

Le respect du bilinguisme dans ce pays où le français et l'anglais sont au même titre langues officielles continue de faire l'objet de l'attention des responsables. En mars 1997, une enquête, financée conjointement par la France et la Grande-Bretagne, a été lancée pour évaluer l'équilibre entre l'utilisation des langues anglaise et française dans le système éducatif de Vanuatu.

De son côté, l'ancien premier ministre Maxime Carlot a demandé un rééquilibrage entre avocats anglophones et francophones au sein du bureau du procureur général qui, à l'heure actuelle, n'a plus d'avocat francophone. Ici, au-delà de la question linguistique, se pose le problème de l'équilibre entre deux conceptions fort différentes du droit.

Fête de la musique

Vanuatu a participé en juin 1997 à la Fête de la musique, et ceci pour la quatrième fois depuis la mise en place par l'Alliance française de cette manifestation. La fête, célébrée dans 85 pays et à laquelle Vanuatu est le seul état du Pacifique Sud à s'associer, a réuni à Port-Vila quelques 5 000 spectateurs sur les 35 000 habitants de la capitale. Ils ont pu écouter une vingtaine de groupes jouant du rock, du reggae, mais surtout des *string-bands* qui s'accompagnent de yukulélés et d'un instrument constitué d'une boîte en bois reliée par un fil à un manche à balai.

BIBLIOGRAPHIE

AGUILLON Florian, *Chroniques marquisiennes. La philosophie du rivage*, Paris, l'Harmattan, 1997, 226 p.

ALDRICH Robert et Isabelle MERLE (édit.), *France abroad. Indochina, New Caledonia, Wallis and Futuna, Mayotte*, Sydney, Department of Economic History, University of Sydney, 1996, VIII-168 p.

AMMANN Raymond, *Danses et musiques kanak. Une présentation des danses et des musiques mélanésiennes de Nouvelle-Calédonie, dans les cérémonies et dans la vie quotidienne, du XVIIIᵉ siècle à nos jours*, préf. de Marie-Claude Tjibaou, Nouméa, ADCK, 1997, XIV-289 p.

ANGLEVIEL Frédéric (édit.), *Du caillou au nickel. Contribution à l'archéologie industrielle de la province Sud*, ouvrage collectif, Nouméa, C.D.P./ U.F.P., 1996, 279 p.

BOULLAIRE-DESCHAMPS Aïu, *Une vie d'exception aux Tuamotu.*, Papeete, Éd. Le Motu, 1997, 206 p. Biographie d'un administrateur colonial durant le premier tiers de ce siècle.

BOURDAIS Jean-Claude, *L'Arbre à bière*, postface de Nicolas Kurtovitch, annexe de Jany Bourdais, Nouméa, Grain de Sable, 1997, 49 p.

COLOMBANI Hélène (sous le pseudonyme d'Hélène SAVOIE), *Chants de Boat Pass. Poèmes 1989-1996*, préface de Gérard Luciani, Nouméa, Éd. du Lagon, 74 p.

DALHEM Jacqueline, *Nouvelle-Calédonie, Pays kanak. Un récit, deux histoires*, préf. d'Alban Bensa, Paris, L'Harmattan, coll. Sémantiques, 1997, 190 p.

DELFAUT-DAUFELT, *Nos criminels ...le bagne en Nouvelle-Calédonie. Île Nou 1ᵉʳ janvier 1896*, édité, préfacé et commenté par François Bogliolo, Nouméa, Grain de Sable, 239 p.

DUNIS Serge (édit.), *Le Pacifique ou l'Odyssée de l'espèce. Bilan civilisationniste du grand Océan*, Paris, Klincksieck, coll. Littératures des voyages, XIV-432 p.

FRIMIGACCI Daniel et LARDY Michel, *Des archéologues, des conquérants et des forts*, Paris, Association socio-culturelle de Wallis et Futuna, 1997, 120 p.

JACQUES Claudine, *Ce ne sont que des histoires d'amour*, Nouméa, Éd. du Cagou, 118p.

JOST Christian et SOULE M., *Futuna: l'enfant perdu*, vidéogramme VHS, 42', Nouméa, coédition Association Géopacifique/CDPNC, 1997.

KOCE Léon, *En cheminant de Hnaenedr à Pakada*, ou *Comment écouter les lieux des ancêtres*, texte bilingue français/nengone, Nouméa/Maré, Grain de Sable/Centre culturel Yeiwene Yeiwene, 56 p.

MARIOTTI Jean, *À bord de l'incertaine*, préface et notes d'Éric Fougère, Nouméa, Grain de sable/Association pour l'édition des oeuvres de Jean Mariotti, 1996, 293 p.

MARIOTTI, Jean, *Contes de Poindi*, préface et notes de Bernard Gasser, Nouméa, Grain de sable/Association pour l'édition des oeuvres de Jean Mariotti, 1996, 322 p.

Mémoire de pierre, mémoire d'homme. Tradition et archéologie en Océanie, Paris, Publications de la Sorbonne, 468 p.

Notre pays demain, réflexion philosophique et politique sur l'avenir de la Nouvelle-Calédonie, ouvrage collectif, Nouméa, Éd. du Niaouli, 1996, 223 p.

OHLEN Frédéric, *La voie solaire. Poésies*, réédition, Paris, Galerie Racine, 1996, 130 p.

PELTZER Louise, *Grammaire descriptive du Tahitien*, Papeete, éd. Polycop, 1996, 396 p.

POIRINE Bernard, *Tahiti, stratégie pour l'Après-nucléaire*, seconde édition mise à jour, Paris, L'Harmattan, 1996, 260 p.

RAAPOTO Jean-Marius, *Dimension orale du Reo Maohi aux îles de la Société*, Institut de phonétique de Strasbourg/Centre universitaire de Papeete, 1996, 76 p.

SAUSSOL Alain et ZITOMERSKY Joseph (édit.), *Colonies, territoires, sociétés - L'enjeu français*, Paris-Montréal, L'Harmattan, 1996, 284 p.

SEM Guy, *Introduction au statut juridique de la Polynésie française*, Papeete, DDOM, 1996, 338 p.

Tauhi Foou, Faka, Uvéa, Le Nouveau Testament en langue de Wallis, Suva, Diocèse de Wallis et Futuna, 1997, 534 p.

TJIBAOU Jean-Marie, *La présence Kanak*, recueil de textes établi et présenté par Alban Bensa et Eric Wittersheim, Éd. Odile Jacob, 1996, 326 p.

VILLIERME Marie-Hélène, *Visages de Polynésie*, livre de photographies, Mahina, 1996, 144 p.

FÊTES NATIONALES

1er janvier	Haïti
22 février	Sainte-Lucie
27 février	la Dominique
3 mars	Bulgarie, Maroc
12 mars	Maurice
20 mars	Tunisie et JOURNÉE DE LA FRANCOPHONIE
4 avril	Sénégal
17 avril	Syrie
27 avril	Togo
14 mai	Israël
20 mai	Cameroun
5 juin	Seychelles
23 juin	Luxembourg
24 juin	Québec
25 juin	Cambodge
26 juin	Madagascar
27 juin	Djibouti
30 juin	Zaïre
1er juillet	Burundi, Canada, Rwanda
4 juillet	Louisiane
5 juillet	Cap-Vert
6 juillet	Comores
12 juillet	Sâo Tomé e Príncipe
14 juillet	France
21 juillet	Belgique
23 juillet	Égypte
30 juillet	Vanuatu
1er août	Bénin, Suisse
4 août	Burkina-Faso
11 août	Tchad
15 août	Congo, Nouveau-Brunswick
17 août	Gabon
27 août	Moldavie
2 septembre	Vietnam
22 septembre	Mali
24 septembre	Guinée-Bissau
27 septembre	Communauté française de Belgique
2 octobre	Guinée
12 octobre	Guinée équatoriale
1er novembre	Algérie
19 novembre	Monaco
22 novembre	Liban
28 novembre	Mauritanie
1er décembre	Centrafrique, Roumanie
2 décembre	Laos
7 décembre	Côte d'Ivoire
18 décembre	Niger

FRANCOPHONIE SANS FRONTIÈRES

Naïm KATTAN
écrivain montréalais né à Bagdad

Après le tour d'horizon *des pays membres de la Francophonie, il faudrait consacrer de très longues pages aux publications, aux manifestations culturelles francophones et à l'enseignement du français dans les autres pays du monde. Ne pouvant chaque année parler de tous les pays, nous présentons une sélection qui nous paraît représentative.*

L a mondialisation a eu des effets négatifs sur la culture mais, paradoxalement, elle a aussi fait ressortir la place essentielle que celle-ci occupe dans la vie des peuples. C'est ainsi qu'aujourd'hui on découvre la présence du français dans des pays, tels la Roumanie et le Vietnam qui en étaient tenus éloignés, mais aussi dans presque tous les pays du monde.

La mondialisation débute, certes, par la technologie qui est le plus souvent et d'une manière prépondérante, de langue anglaise. Cependant, la technologie n'est qu'un instrument, un véhicule, une étape pour ouvrir les voies de l'universalité. Et celle-ci est, de prime abord, culturelle. C'est alors que la francophonie se présente dans les champs de la technologie: rien n'empêche que celle-ci soit de langue française. La francophonie se présente aussi comme l'universalité. Les frontières sont là, mais grâce à la langue commune, à cet instrument d'échanges privilégié, elles deviennent souvent des portes d'entrée plutôt que des cloisons et des obstacles.

Pour la francophonie littéraire et culturelle, cette année fut faste. Les écrivains, les intellectuels, de langues maternelles diverses, furent de plus en plus nombreux à choisir le français comme langue d'expression. En France, au Québec et ailleurs, leur nombre s'accroît. En Europe mais aussi en Asie, en Suisse, en Afrique et en Amérique, ils disent le monde, un monde divers, parfois déchiré, et cherchent, tacitement, dans une même langue, par le dialogue, à trouver et à vivre une paix tant rêvée.

ALLEMAGNE

Hans-Jürgen LÜSEBRINK
Université de Sarrebrück

Face au recul du français dans l'enseignement secondaire et universitaire dans la partie ouest de l'Allemagne, depuis une quinzaine d'années, à cause d'une politique éducative privilégiant très largement l'anglais et entraînant de fait le choix d'une seule langue au baccalauréat, il se dessine en 1996-97 plusieurs évolutions susceptibles de renforcer la place de la francophonie en Allemagne.

Dans le domaine universitaire furent ouverts, en juillet 1996 à la Technische Universität de Berlin et en novembre 1996 à l'université de la Sarre, des Centres d'études interdisciplinaires sur la France ("Frankreichzentrum"). L'université de la Sarre reçut également, de la part de la Deutsche Forschungsgemeinschaft (DFG), d'importants moyens pour la mise en place d'une École doctorale ("Graduiertenkolleg") interdisciplinaire sur la Communication interculturelle où les études sur le monde francophone occupent une large place et qui fut ouverte en décembre 1996. L'université de Leipzig organisa en août et septembre 1997 un cycle de conférences, intitulées "Francophonie et globalisation", destiné en particulier aux professeurs du secondaire en Allemagne de l'Est.

> **Colloque international à l'université de Bayreuth sur "Centre et périphérie dans les littératures francophones" (17-19 juillet 1997)**
>
> Organisé par le Professeur János Riesz, ce colloque réunit une vingtaine d'universitaires européens et africains, autour de la problématique des rapports entre la France et les cultures francophones en Europe et en dehors du continent européen. Embrassant un vaste éventail de sujets et englobant également le rôle central des institutions de production et de légitimation culturelles (éditeurs, presse, critique littéraire, prix littéraires), les contributions au colloque ont analysé à la fois les liens de dépendance culturelle persistants entre la métropole française et ses anciennes colonies, et les formes d'autonomisation et de prises de distance, notamment depuis les années quarante, dans les différentes aires de l'espace francophone. Les actes du colloque paraîtront au début de 1998 à Bayreuth. Renseignements: Prof. Riesz, Universität Bayreuth, Lehrstuhl für Romanische Literaturwissenschaft und Komparatistik, Postfach 101251, D-95440 Bayreuth (Allemagne).

Un autre colloque consacré aux questions littéraires et linguistiques du Québec contemporain a été organisé en juin par le professeur Niederehe à l'occasion du 20ᵉ anniversaire du Centre d'études québécoises de l'université de Trier. Au sommet franco-allemand à Weimar en septembre 1997 fut décidée la création d'une *université franco-allemande*. Cette "université sans murs", fondée sur une infrastructure binationale, e.a. un secrétariat, aura pour but de développer et de coordonner des cursus d'études intégrés franco-allemands dans toutes les disciplines, englobant notamment aussi les sciences naturelles et techniques, les sciences économiques et les sciences juridiques. Prolongeant, tout en leur donnant une nouvelle dimension, les activités du Collège Universitaire Franco-Allemand/Deutsch-Französisches Hochschulkolleg instauré en 1988 qui subventionne actuellement une cinquantaine de filières franco-allemandes avec environ 1000 étudiants au total, les cursus intégrés de la nouvelle Université franco-allemande qui recevra des subventions des deux pays pour la mise en place des filières (bourses, infrastructures), sont censés aboutir non pas à des diplômes nationaux (cumulés), mais à de nouveaux diplômes binationaux proprement franco-allemands.

> **Accords de Karlsruhe sur la coopération transfrontalière (23 janvier 1996)**
> Art. 11 - Groupement local de coopération transfrontalière:
> (1) "Un groupement local de coopération transfrontalière peut être créé par les collectivités territoriales et les organismes publics locaux en vue de réaliser des missions et des services qui présentent un intérêt pour chacun d'eux. Ce groupement local de coopération transfrontalière est soumis au droit interne applicable aux établissements publics de coopération intercommunale de la Partie où il a son siège.
> (2) Le groupement local de coopération transfrontalière est une personne morale de droit public. La personnalité juridique lui est reconnue à partir de la date de l'entrée en vigueur de la décision de création. Il est doté de la capacité juridique et de l'autonomie budgétaire."

Dans le domaine de la *coopération transfrontalière franco-allemande*, les accords de Karlsruhe du 23 janvier 1996 entre la France, l'Allemagne, la Suisse et le Luxembourg permettent, pour la première fois sur le plan juridique, la création de groupements locaux de coopération transfrontalière au niveau régional et local, "court-circuitant" ainsi l'instance nationale jusque-là incontournable sous l'angle institutionnel et juridique. Aboutissement d'une évolution qui débuta avec l'accord de Madrid des Communautés européennes du 21 mai 1980, mais qui fut rendue possible, du côté français, par la décentralisation depuis 1982, précédée de nombreuses institutions transfrontalières à titre consultatif (comme la Charte de coopération entre les universités de la région Sar-Lor-Lux, existant depuis octobre 1984), les accords de Karlsruhe donnent ainsi une nouvelle dimension à la coopération interrégionale et intercommunale, inscrite aussi dans les récents plans de développement régionaux, tel le IIIe Plan lorrain pour les années 1994-98. Sous l'impulsion de ces accords, plusieurs projets ont été mis en place depuis 1996, impliquant les régions de Bade et d'Alsace, mais notamment l'espace Sar-Lor-Lux qui joue à cet égard un rôle de pionnier. Ces projets concernent en particulier la création, probablement à partir de 1998, d'une "Eurozone" industrielle le long de la frontière entre la Sarre et la Lorraine, avec une législation sociale et un droit du travail unifié (anticipant ainsi sur la nécessaire uniformisation du droit européen dans ces domaines), d'un Conseil économique et social transfrontalier (créé en novembre 1996), des institutions relatives à la gestion des problèmes écologiques (pollution de l'air, égouts) ainsi que le développement d'écoles maternelles et primaires binationales et bilingues, le long de la frontière franco-allemande. Celles-ci prolongent et amplifient l'expérience des "Écoles primaires mosellanes à vocation interculturelle" instaurées en 1993 dans la région Forbach-Sarreguemines et basées sur une étroite coopération intercommunale franco-allemande. L'impact de ces projets, qui ont reçu une nouvelle base juridique depuis les accords de Karlsruhe, s'est déjà fait sentir par une demande accrue de l'apprentissage de la langue du voisin (français ou allemand) dans les régions concernées, notamment par des couches sociales et professionnelles moins touchées et intéressées jusque-là par la langue et la culture françaises.

> **Conseil Régional de Lorraine: IIIe Plan lorrain. Quatrième Objectif 1994-98:**
> "En ce qui concerne l'approche transfrontalière, la stratégie de développement de la grande région [Sar-Lor-Lux] sur les frontières franco-belgo-germano-luxembourgeoise passe par le renforcement d'une politique de coopération concernant tout à la fois les structures d'aide et de partenariat pour les entreprises PMI-PME et artisanales, l'aménagement de l'espace, la mise en valeur des patrimoines culturel et touristique. L'édification et le raccordement d'infrastructures modernes constituent également un champ privilégié de coopération transfrontalière à partir des grands projets tels le TGV Est, l'autoroute A 31bis ou encore la création d'une grande zone industrielle commune. De même, le partenariat et la mise en réseau d'organismes de formation, d'éducation et d'enseignement supérieur ou de recherche constituent des domaines de concertation propres à affirmer l'identité transfrontalière de la Lorraine."

HONGRIE

A. SZABÓ Magda, secrétaire général
Fondation franco-hongroise pour la jeunesse,
Budapest

L a Fondation franco-hongroise pour la jeunesse fut créée en 1992 par le ministre hongrois de la Culture et de l'Éducation nationale. Avec sa naissance c'est l'idée d'envergure de son président-fondateur, M. Àrpád Fasang, qui prit forme.

Dès sa création elle a pour objectif une meilleure diffusion de la langue et de la civilisation françaises en Hongrie, l'amélioration du niveau d'enseignement du français langue étrangère et, indirectement, l'acquisition d'une connaissance plus profonde des pays francophones par les jeunes.

En septembre 1992, 12 enseignants retraités d'AGIR (Association générale des intervenants retraités/Paris) arrivent ainsi en Hongrie et commencent le travail dans différentes écoles de Pédagogie et dans les lycées bilingues de Hongrie.

L'été 1993, le ministère français des Affaires étrangères lance l'opération "Jeunes diplômés en Hongrie". Le Service culturel de l'ambassade de France en Hongrie s'adresse alors aux départements d'études françaises et aux SCUIO des universités françaises pour les informer des modalités du projet et en leur demandant de transmettre l'information aux étudiants titulaires d'une maîtrise de F.L.É. ou de lettres désireux de participer à cette aventure. Malgré le recrutement un peu tardif, 17 jeunes diplômés (ci-après JD) se joignent aux 24 retraités (ci-après AGIR) à la rentrée de 93.

Depuis 1993, la Fondation, en étroite collaboration avec le Service culturel de l'ambassade de France, invite des enseignants français (JD et AGIR) à enseigner leur langue maternelle ou une spécialité en français dans des établissements hongrois. (voir tableau ci-dessous)

	AGIR	JD	TOTAL
1992/93	12		12
1993/94	25	17	42
1994/95	24	53	77
1995/96	19	66	85
1996/97	12	65	77
TOTAL	92	201	293

En 1997, ils sont 77, travaillant dans 95 établissements à tous les niveaux de l'Éducation nationale: primaire, secondaire, enseignement supérieur.

Affectés souvent dans de petites localités à travers tout le pays, ces deux générations de jeunes diplômés et de jeunes retraités font preuve de grandes qualités d'adaptation et vivifient les contacts professionnels et humains avec leurs partenaires hongrois. Grâce aux meilleurs des enseignants, beaucoup de liens se créent entre les deux

Contribution hongroise		Contribution française	
Ministère de la Culture et de l'Éducation nationale		Ministère des Affaires étrangères	
Fts		Total FF	Équivalent en FTS
11 750 000	1993	785 600	12 967 521
28 194 000	1994	1 209 400	24 936 082
44 880 000	1995	1 783 120	44 027 654
59 000 000	1996	1 668 430	47 550 255

pays, les deux civilisations: échanges de jeunes; création d'associations, clubs, ateliers franco-hongrois; festivals de théâtre francophone; journaux français; ils serait long d'énumérer toutes leurs activités.

En même temps, plusieurs d'entre eux acquièrent de bonnes connaissances en hongrois et considèrent qu'aussi bien sur le plan professionnel qu'humain, cette année passée en Hongrie (ou les années parce qu'ils renouvellent le contrat) est riche en expériences.

Depuis 1993, le travail est cofinancé par le ministère hongrois de la Culture et de l'Éducation nationale, le ministère français des Affaires étrangères et en partie par les collectivités locales. En 1996-97, le salaire mensuel correspond à 12 000 F net environ, somme avec laquelle il est possible de vivre correctement en Hongrie, le logement étant payé.

Pour leur part, les autorités françaises versent aux intéressés, à leur arrivée en poste, une indemnité forfaitaire de voyage de 3 000 F. Elles prennent également en charge les éventuelles cotisations pour l'assurance-maladie en France. Au terme de la période salariée de 10 mois (1er septembre-30 juin) elles allouent à chaque JD une prime de départ de 5 000 F.

Le bureau de coopération linguistique et éducative de l'ambassade de France assure une préparation et un suivi pédagogique, non seulement par le financement de cours et de méthodes d'apprentissage de hongrois, mais également par la mise en disposition d'un matériel pédagogique de base, l'organisation de stages de formation continue, l'aide à la préparation à distance d'examens et de concours de la fonction publique (CAPES).

Depuis 1995, l'activité de la Fondation est reconnue textuellement dans le programme de Coopération culturelle, scientifique, technologique et institutionnelle de Hongrie et le gouvernement de la République française, ceci facilite l'arrivée et le séjour de nos enseignants et montre l'importance et la reconnaissance de cette forme de travail en commun qui depuis un an sert de modèle dans la coopération linguistique et éducative de France avec d'autres pays.

ITALIE

Anna SONCINI

avec la collaboration de
Paola PUCCINI et Nadia VALGIMIGLI

Les littératures francophones sont de plus en plus à l'honneur en Italie. Le français maintient son rôle éminemment culturel. L'enseignement de cette langue, toutefois, se heurte au succès des langues plus "technologiques". Les revues comme *Studi Francesi* (université de Milan) et *Francofonia* (université de Bologne), ont ouvert depuis longtemps leurs pages aux littératures francophones. D'autres, telles que *Palaver* (université de Lecce) aux littératures d'Afrique et de la diaspora, alors que *Africa America Asia Australia*, (C.N.R., Gruppo di Studio delle culture letterarie dei Paesi Anglofoni, francofoni e iberofoni) et *Tolomeo* (université de Venise), se consacrent entièrement à la littérature postcoloniale. Toutes témoignent de l'intérêt existant en Italie, pour le dialogue mondial des langues et des cultures. Les Institutions travaillent avec enthousiasme. C'est dans ce cadre qu'à Rome a eu lieu une journée consacrée à la Francophonie, à Venise un congrès *Le statut du Je et le récit de mémoire*, à Turin des journées sur *Regards francophones*, et à Sassari, dans le cadre des *Journées sardes de la francophonie*, le colloque *Rêve et identité dans les romans modernes*.

Belgique

Si la Belgique sort de son enclave mystérieuse et devient, pour le public italien, un pays plus vaste que sa capitale, Bruxelles, et surtout un pays francophone, cela est dû en partie au travail qui s'opère, grâce à l'appui de la Communauté française de Belgique, dans les Universités. Les activités sont nombreuses; parfois, aux conférences, aux expositions s'ajoutent aussi des événements prestigieux comme la représentation de la pièce de Ghelderode, *Cave canem,* qui s'est faite en mai à Milan. Les écoles aussi ont été prises "au piège" de la passion pour la Belgique avec un concours, *La fureur d'écrire,* organisé par le "Centre d'études sur la littérature belge de langue française" de l'université de Bologne. Le gagnant remportait une fin de semaine à Bruxelles et les autres, de nombreux livres d'auteurs francophones de Belgique.

La ville de Pescara a consacré une semaine au théâtre belge alors que, pendant toute l'année, les universités ont vu des dramaturges (F. Lalande), des poètes (M. Quaghebeur, P. Verheggen), des critiques (R. Trousson, J.-P. Bertrand, D. Bajomée) parler aux étudiants de Bologne, de Ferrare et de Turin, alors qu'André Delvaux a été à l'honneur de Forlì dans un cours de spécialisation de traduction multimédiale.

Parmi les publications, les actes du Centre belge de Bologne continuent de faire état des recherches italiennes sur la littérature belge de langue française: après *Les Avatars d'un regard, Thyl Ulenspiegel, Le Mouvement symboliste belge, Henri Bauchau, Tintin et la belgité, Jeux de Langue, jeux d'écriture* a paru le volume consacré à *Paul Nougé: pourquoi pas un centenaire?*

Québec

L'Agente culturelle du Québec en Italie, Mme Daniela Renosto, a organisé de nombreuses rencontres entre l'Italie et le Québec, notamment une commémoration du poète québécois Gaston Miron avec la projection du film *Les Outils du poète* et une présentation de l'écrivain québécois Jean-Louis Gaudet et de son livre *Le Violon du Diable* qui a reçu le prix Jacques Poirier Outaouais 1997.

En octobre, au Palazzo delle Esposizioni de Rome, est prévue une exposition *"Orrizzonte Québec"* qui se propose de faire connaître plusieurs artistes québécois. Des conférences de littérature québécoise ont eu lieu à Milan, à Sassari, à Udine où a été organisé le colloque *"Culture a confronto. Anglofoni e francofoni del Canada"*. Elisabeth Nardout-Lafarge (université de Montréal), Dominique Garand (université du Québec à Montréal), Aurélien Boivin (université Laval de Québec) sont venus dans les universités italiennes, invités entre autres pour des conférences. Le Centre d'études québécoises de l'université de Bologna a accueilli aussi Antonine Maillet et Maurice Lemire.

À signaler, en conclusion, le lancement officiel de l'*Association internationale des études québécoises* qui permettra, entre autres, aux universitaires italiens qui sont intéressés par la culture et par la littérature québécoise de profiter de nombreux services: réseau sur Internet, site de discussion, soutien à la recherche, à l'enseignement, à l'organisation d'événements publics et à la rédaction de publications.

Afrique

L'attention que l'Italie porte à l'Afrique francophone s'exprime à travers les publications, les séminaires ou les visites des spécialistes reconnus, tels Robert Jouanny, qui a été invité à Venise et à Bologne, et Bernard Mouralis, qui a tenu des cours auprès des université de Milan et de Turin.

Le n° 13/14 du Bulletin de liaison de la CICLIM, "Études littéraires maghrébines", qui a été réalisé par les universités de Lecce et de Bari, présente le premier panorama complet des études littéraires maghrébines en Italie, avec l'indication des cours, thèses, traductions et même les premières oeuvres écrites en italien par des auteurs maghrébins immigrés.

Dans le cadre du salon international du livre de Turin s'est tenu le traditionnel rendez-vous avec l'Afrique. Cette année, les participants à la table ronde organisée par le "Centro Piemontese di studi africani" se sont confrontés au problème du *Futur des ancêtres, l'immortalité entre l'Afrique et l'Amérique*. Parmi les auteurs invités, les francophonistes ont pu rencontrer Maryse Condé et Valentin Mudimbé, avec qui l'université de Turin a réalisé des rencontres parallèles.

Les 27, 28 et 29 mai l'université de Rome a célébré dans la "Casa delle culture" la première édition du Festival *Scritti d'Africa* où des laboratoires, des performances et des rencontres avec les écoles se sont alternés dans le but d'offrir au public un voyage en Afrique à travers la littérature. Parmi les oeuvres célébrées, celles de Sony Labou Tansi et de Fatima Mernissi.

ESPAGNE

Rosa de DIEGO MARTINEZ

L'Année 1997 aura été marquée par une activité hétérogène de thématique francophone: plusieurs publications et colloques, plusieurs accords culturels.

Le français ne constitue plus au collège la première langue étrangère des jeunes espagnols. Les perspectives sont pourtant prometteuses dans la mesure où l'actuelle réforme du premier et du deuxième cycles des lycées prévoit un cours de français facultatif, un système de deuxième langue étrangère. C'est sans doute le meilleur espoir pour la francophonie dans notre pays: le nombre d'étudiants de français va progresser à tous les niveaux.

Pourtant le sort du français n'est pas et n'a pas toujours été aussi compliqué à l'université. Les 25 départements de philologie française de l'université espagnole ont, depuis leurs débuts, travaillé pour assurer l'enseignement du F.L.É. La situation des études francophones semble pourtant beaucoup plus stable qu'il y a quelques années: on forme des traducteurs, des interprètes, des professeurs. Parallèlement à cet enseignement, beaucoup d'étudiants en économie, en génie, en droit et en sciences ont choisi le français comme L.É. dans plusieurs universités et écoles supérieures. Il faut travailler aussi à leur intention pour leur permettre d'apprendre un type de français fondamental pour eux, celui du tourisme, des affaires, du commerce, de l'entreprise...

Il faut aussi signaler la grande importance dont jouit l'A.P.F.F., une association de Professeurs de philologie française de l'université espagnole, qui existe depuis 1992 et qui organise des rencontres annuelles pour sauvegarder l'enseignement du français, avec des débats en rapport avec la francophonie (langue, littérature, traductions, analyses discursives...). Les universités commencent à bouger et les romanistes s'interrogent régulièrement sur l'avenir de leur discipline, sur la validité de leurs recherches, sur le sort et le développement de leur association. Une publication inclut les différents travaux et permet aux collègues de présenter les domaines de recherche de chaque membre, preuve non seulement du succès de l'association elle-même, mais aussi de la valeur pluridisciplinaire croissante des études françaises en Espagne.

Un grand nombre de départements espagnols universitaires, par des conventions interuniversitaires (Erasmus, Socrates...) permettent, dans le cadre de l'Union européenne, l'échange des étudiants avec validation des cours suivis, en France, en Belgique ou en Espagne, licence, maîtrise et doctorat.

Il faut signaler également la grande importance que joue le service télévisuel TV5, une chaîne francophone qui intéresse le public en formation F.L.É. à cause, par exemple, du sous-titrage des films français, excellente façon pour que quelqu'un puisse suivre un film quand les connaissances en matière de langue sont insuffisantes. Une documentation complémentaire est publiée de façon à offrir une organisation thématique et une meilleure exploitation des émissions. Toutes ces activités permettent de penser et de croire que la Francophonie commence à récupérer sa place, à développer son travail, à exprimer son espoir pour l'évolution de la francophonie dans notre pays.

Le ministère des Affaires étrangères du Canada, à travers le Conseil international d'études canadiennes offre des bourses de spécialisation en études canadiennes à des professeurs universitaires de sciences humaines et sociales pour développer l'enseignement et la recherche sur le Canada dans les universités espagnoles.

La Communauté française de Belgique développe une coopération linguistique avec les universités espagnoles, à travers plusieurs axes stratégiques de présence culturelle:

– envoi de 12 lecteurs et de quatre assistants de langue française dans les universités et instituts de traduction;

– promotion linguistique et littéraire: envoi de conférenciers, d'expositions (peintures, gravures, photos, bandes dessinées), d'écrivains, de livres; organisation de colloques; semaines du cinéma organisées dans les villes d'accueil des lecteurs et des assistants (Valladolid, Vitoria, Malaga).

Cette stratégie a d'ores et déjà permis d'ouvrir des centres d'études de lettres belges de langue française à Caceres (CEBF) depuis 1990 et à Cadix. D'autre part, une coopération scientifique importante est soutenue en Espagne avec l'instauration d'une large collaboration entre le ministère de l'Enseignement belge et le ministère espagnol de l'Éducation, qui contribue à travers ses professeurs au développement de la langue espagnole en Communauté française de Belgique.

Publications

– *Revue Hispano Belge* – Université de Extremadura – "Correspondances"– "Érotismes" – 1997.

– *Estudios de Lengua y de Literatura Francesas* – Universidad de Cadiz.

– *Francofonia* – U. Cadiz.

– Queste – *Études de Langue et de Littérature Françaises* – Un. Pau, Pays Basque, Valence et Saragosse.
– *Revista de Filologia* – Université Complutense de Madrid.
– *Historia de las literaturas francofonas (Belgica, Suiza, Quebec), 1997.*
Universidad Nacional de Educacion a Distancia (E. Juan Oliva y A. Marino).

Congrès

– "Couloirs du fantastique" – Centre d'études Belgique francophone (C.E.B.F.), septembre 1997. Caceres (Directrice, Ana Gonzalez).
– *I Simposio Internacional de Estudios Canadienses*, Universidad Autonoma de Madrid, novembre 1997.
– *I Congreso Internacional de Literatura Francofona* (Belgique, Canada, Maghreb), Universidad Central de Barcelona, novembre 1997.

TURQUIE

Hilmi ALACAKLI
Université de Marmara, Istanbul

Le fondateur de la République turque, Atatürk, savait bien parler le français. Il l'avait appris dans les écoles turques. Il l'a perfectionné en vivant à l'étranger. Il connaissait bien les développements de la structure sociale française et la Révolution française. Cet homme de génie a pu voir le monde moderne à la lumière des lois de la Révolution française. Il a lu beaucoup de livres écrits par des auteurs français célèbres. Il est l'homme qui a donné à la nation turque une nouvelle conception du monde. Le peuple turc, sous l'impulsion d'Atatürk, a rendu un grand service au monde musulman en essayant de résoudre la question de l'Occident qui se posait à tous, en adoptant sans réserve les idées occidentales modernes, du nationalisme occidental et du reste. Mais les autres pays islamiques n'ont pas besoin de suivre exactement le chemin que les pionniers turcs ont tracé.

Aujourd'hui, le destin de la francophonie relève des écoles privées et de quelques lycées contrôlés par l'État qui enseignent les langues étrangères. Deux lycées (Pierre-Loti à Istanbul et Charles-de-Gaulle à Ankara) permettent à des élèves de toutes nationalités de suivre les programmes français et d'obtenir des diplômes français comme le baccalauréat.

L'enveloppe budgétaire de la coopération culturelle, scientifique et technique, linguistique et éducative de la France en Turquie se monte environ à 176 milliards de livres turques pour l'année 1997. En Europe, la Turquie représente, pour la France, le 3ᵉ pays de coopération après l'Allemagne et l'Espagne. Les investissements des entreprises françaises se multiplient Carrefour, le Printemps, l'Oréal, Pierre-Cardin et d'autres sociétés chimiques, médicales, agroalimentaires et automobiles.

L'ambition pour les années à venir est de renforcer la francophonie en déployant les activités sur un plus grand nombre de villes universitaires et économiquement dynamiques, de promouvoir les secteurs les plus innovants de la culture, de la pensée et de la recherche des entreprises françaises.

CHINE

Xueying DING
Université des Langues étrangères de Beijing

À l'occasion de la visite du président français Jacques Chirac en Chine, l'ambassade de France en Chine et l'association des Étudiants revenus d'Europe et d'Amérique ont organisé en mai 1997 à Beijing une manifestation "Saint-John Perse et la Chine": une table ronde et un colloque autour de ce poète diplomate et une exposition avec le concours de la fondation Saint-John Perse. Pierre Morel, l'ambassadeur de France est un passionné de ce poète.

Un autre événement très significatif est le discours prononcé par Jacques Chirac devant l'École nationale d'administration chinoise. Il s'adressait à ceux qui poursuivront le changement et conduiront les réformes de Chine. Le président français n'est pas venu seul en Chine mais avec une grande délégation d'hommes d'affaires. Le résultat de sa visite est fructueux. Un rappel du passé et un appel au présent font un concert très harmonieux pour les jeunes Chinois francophones.

Nos étudiants sont très encouragés dans leurs études de français. De nos jours, la francophonie n'est plus uniquement dans le domaine culturel. Il faut compter sur le développement des échanges commerciaux et techniques pour promouvoir la francophonie en Chine. C'est à la fois spirituel et actuel. Dans cette circonstance, plus de jeunes ont l'intention d'apprendre le français. Le département d'études françaises a ouvert plusieurs classes de français à l'école du soir pour répondre à cette demande. Il y a aussi une classe spéciale pour la formation en français du personnel qui travaillera pour le secrétariat du futur Congrès international de l'Union de poste universelle qui se tiendra en 1999 à Beijing. La francophonie en Chine progresse sans cesse.

AUSTRALIE

Peter Brown
Australian National University (Canberra)

Sans projet social clair et dans un contexte de réductions croissantes des dépenses publiques qui continuent à toucher notamment le secteur de l'éducation, la situation des langues étrangères, européennes ou asiatiques d'ailleurs, s'enlise. Les universités doivent faire face à des réductions réelles de plus de 10% par an jusqu'à la fin du siècle. Le gouvernement a décidé que ce secteur, subventionné jusqu'ici à 90% par l'État, doit désormais chercher 40% de son budget dans le privé. Il s'agit donc d'une profonde mutation de société et, étant donnée la guerre fratricide menée au nom de la concurrence commerciale entre les 37 universités de ce pays desservant une population de 18 millions d'habitants, c'est-à-dire que faute de grand projet de coordination nationale, ce sont les petites structures surtout qui seront de plus en plus menacées. Des exercices de comptabilité pure, dont l'Australie n'a certes pas le monopole à l'heure actuelle, semblent mettre en cause la mémoire institutionnalisée, évolution plutôt périlleuse dans un pays comme celui-ci, à la fois "jeune" et très ancien.

Dans le domaine des études françaises, la disparition imminente du département de français à l'université Latrobe (Melbourne) que nous avons annoncée ici l'an passé se voit hélas confirmée. Mais elle n'est pas dorénavant la seule. Le département de français de l'université Flinders (Adélaïde, Australie méridionale) serait également condamné avant la fin de l'année 1997, et celui de l'université James Cook (Townsville, Queensland) en aurait pour un an avant d'être fermé. À l'université d'Adélaïde la section de français fait désormais partie du Centre d'études européennes, tandis qu'à Canberra, l'université nationale a récemment publié un rapport préconisant la réduction de près de 50% de la section de français, parmi des mesures qui visent à réduire la Faculté des lettres d'un quart en un an (abolition imminente des lettres classiques comme de l'Institut d'archéologie mondialement connu pour ses recherches). En Tasmanie, le français, réduit à une équipe de deux enseignants, dont l'un contractuel, doit sa survie au fait qu'il fait partie dorénavant... du département d'anglais et des langues et littératures européennes. Partout ailleurs c'est la rigueur qui s'impose, très peu de départs à la retraite, anticipés ou pas, étant remplacés, et dans le pays il ne reste que quatre chaires de français.

Dans ces conditions de crise, on a une tendance croissante à adopter la langue anglaise comme langue d'enseignement pour attirer plus d'étudiants et pour dispenser des cours intereuropéens, car il faut bien dire que les autres langues européennes connaissent tout d'un coup des difficultés encore pires. Les conséquences à long terme pour les compétences linguistiques en sont trop prévisibles, mais la marge de manœuvre actuelle est petite. Il est ironique que cette situation, due largement à des facteurs de conjoncture, s'accuse en même temps que Language Australia organise en juin à Melbourne un "Forum sur la politique linguistique" pour fêter le dixième anniversaire de la création de la "Politique linguistique nationale" en 1987 et pour préparer l'avenir. Mais il est vrai aussi que nous avons déjà signalé, l'année passée dans ces colonnes, l'enjeu social qui accompagnait à nos yeux la transformation du National Languages and Literacy Institute of Australia en la seule entité, globale mais réduite et au singulier, Language Australia. Ces difficultés du moment ne sont évidemment pas seulement intérieures, d'ailleurs, car malgré la qualité des candidats, il n'y a dès lors que deux bourses du gouvernement français destinées aux étudiants australiens de troisième cycle, toutes universités confondues, pour poursuivre des études de lettres en France pendant une année universitaire. La situation se porte cependant un peu mieux en sciences où les possibilités de recherche en collaboration avec la France ont plutôt augmenté ces dernières années.

Dans ce climat, il convient pourtant de noter une hausse relative des inscriptions à l'Alliance française après la baisse sensible des deux années précédentes, due sans doute aux retombées des essais nucléaires de 1995, affaire largement rentrée dans l'histoire. Alors qu'en 1996 l'Alliance comptait 5400 étudiants à travers le pays, en 1997 il y a 6000 individus qui s'inscrivent parfois à plus d'un cours. S'agit-il d'un seul rééquilibre des chiffres après l'année "difficile" de 1995, d'une fuite des études universitaires ou d'un vrai redémarrage vers la hausse? Il sera intéressant de suivre le cours des choses pour pouvoir y répondre.

Il faut également mentionner les activités de plus en plus nombreuses de l'Alliance française dans des domaines autres que linguistiques: organisation d'expositions (parfois avec des musées privés ou publics) et de concerts avec des artistes locaux ou de France, création d'un site internet sur la francophonie, en plus de l'extension du réseau des diplômes DELF (Diplôme d'études en langue française) et DALF (Diplôme approfondi en langue française) destinés désormais aux étudiants des villes de Adélaïde, Canberra, Hobart, Melbourne, Sydney. Le dynamisme du directeur national de l'Alliance, monsieur Philippe Lane, est sans doute pour beaucoup dans cet éventail d'engagements, mais ne s'agit-il pas aussi, à l'heure où l'intérêt porté à la langue française est peut-être en retrait relatif, d'une mutation du rôle traditionnel de l'Alliance en un centre culturel, et que par ce biais la France mise sur son image de marque de véhicule de "civilisation" audelà de l'importance de la langue française?

D'autres secteurs semblent s'engager dans le même processus et se porter bien ainsi. Par exemple, dans le domaine de l'art, la Fondation artistique de la Société Moët et Chandon (Australie), établie en 1986, a investi plus de trois millions de dollars pour soutenir le développement des musées comme celui des jeunes artistes australiens. Chaque année un(e) jeune artiste entre 20 et 35 ans est couronné(e) par cette société qui met à sa disposition un studio dans le domaine de l'abbé Dom Pérignon à Epernay, en plus d'une allocation de 25 000 $, l'année passée ainsi en France aboutissant à une exposition à Paris en fin de séjour – en 1997 il s'agissait de la galerie Boudoin Lebon pour la lauréate Judith Ann Kentish. De plus, Moët et Chandon verse chaque année 50 000 $ à une galerie de l'un des six États d'Australie ou au Musée national, chacun à tour de rôle. Toujours dans le domaine de l'art, il faut signaler le grand succès de l'exposition "Paris fin-de-siècle", ouverte en décembre 1996, qui s'est poursuivie jusqu'à la fin de février au Musée national d'Australie à Canberra. Et dans le domaine du cinéma, il convient de signaler un festival de films sur la résistance française, organisé en juin à Canberra au cinéma du Musée des anciens combattants (Australian War Memorial) et, d'autre part, la présence d'Emmanuelle Béart au début de l'année, au festival de cinéma qui avait lieu en son honneur à Perth.

Dans le domaine technologique, les études françaises en Australie multiplient les initiatives en dépit des difficultés mentionnées ci-dessus. Le réseau "OzFrench" fonctionne depuis 1993 par voie de courrier électronique comme moyen de communication quotidienne pour ceux qui s'intéressent au français et à la francophonie. Barbara Hanna et Béatrice Atherton, qui enseignent le français au Queensland University of Technology, ont créé un "Guide de l'Internet" (francophone) destiné aux étudiants de français comme aux chercheurs. David Elder, de l'Edith Cowan University (Australie occidentale), a également créé un site de "Ressources pour l'enseignement du français" sur Internet. Ce genre d'outil peut être très pratique dans un pays de la taille de l'Australie et où les universités se constituent de plus en plus de multicampus – sans parler du fait qu'on parle beaucoup en ce moment, ici comme ailleurs, de "flexible online learning", la formation sans professeurs par le biais de l'autoroute de l'information. L'Alliance française a lancé cette année son site "La Francophonie en Australie", et la plupart des Sections de français ont leur propre site ou "home page". D'ailleurs, grâce à ces développements technologiques, on peut lire en Australie par exemple la une du *Monde* avant ceux qui l'achètent aux kiosques de Paris. Les universitaires en Australie profitent de ces nouvelles formes électroniques de publication. Ainsi, à l'université de Western Australia (Perth), Jean-Marie Volet a-t-il créé un périodique, au comité international de lecture, *Mots pluriels et grands thèmes de notre temps*, qui s'occupe, à partir de l'écriture de l'Afrique francophone, de grands problèmes actuels à l'échelle planétaire, tels le sida, le développement, le rapport au temps (voir http://www.arts.uwa.edu.au/ MotsPluriels/MP197index.html). Jean-Marie Volet a, d'autre part, établi une page de ressources au sujet des femmes écrivains et des littératures d'Afrique, et Mark Pogrum, de la même université, a créé un site intitulé WebFrench.

Dans le domaine des publications "traditionnelles" en études françaises au cours de l'année, il faut signaler: un livre sur Michel Foucault, réunissant les actes du colloque Foucault organisé à Brisbane en 1995 (édité par Clare O'Farrell, Brisbane, Queensland University of Technology, 802 pages); une biographie de Descartes, marquant le tricentenaire de la naissance du philosophe, par Stephen Gaukroger (Université de Sydney), intitulée *Descartes, An Intellectual Biography*, publiée par Oxford University Press; les actes du Xe Séminaire George Rudé sur l'histoire et la civilisation françaises, *Revolution, Society and the Politics of Memory*, Melbourne (édités par Michael Adcock, Emily Chester, Jeremy Whiteman); un livre, sans doute le premier, sur l'œuvre cinématographique de Marguerite Duras, signé Michelle Royer (Université de N.S.W.), *L'Écran de la passion. Une étude du cinéma de Marguerite Duras*; et un compte rendu historique des départements d'études françaises, *Traditions and Mutations in French Studies: The Australian Scene* (édité par Philippe Lane et John West-Sooby), ces deux derniers ouvrages étant publiés à Brisbane

par Boombana Press, maison d'édition dont nous avons parlé dans *L'AFI 1997*.

Côté colloques en 1997, il faut surtout noter celui de l'Australian Society for French Studies, son cinquième colloque annuel, qui s'est déroulé en juillet à l'Université de New South Wales, et qui avait pour thème "la francophonie". Une présence forte de Nouvelle-Calédonie a donné lieu à une table ronde sur la littérature calédonienne (invités d'honneur: écrivains Déwé Gorodé et Nicolas Kurtovitch; universitaires de l'université française du Pacifique, dont la correspondante de *L'AFI*, Dominique Jouve; et d'autres chercheurs de Nouméa). Un autre invité d'honneur au colloque était le professeur Jacques-Philippe de Saint-Gérand (université de Clermont-Ferrand) qui était également émissaire du ministère de l'Éducation nationale et qui, à ce titre, animait une table ronde sur les échanges interuniversitaires France-Australie. Monsieur Michel Tétu, directeur de *L'Année francophone internationale*, fut également invité d'honneur, mais la publication anticipée de *L'AFI* le retenant à Québec, votre correspondant a eu l'honneur de lire devant l'assemblée le texte que Monsieur Tétu avait bien voulu nous envoyer. Toujours sur le plan international, il faut signaler que l'assemblée générale de l'Association a exprimé la volonté, faisant ainsi écho à son président Colin Nettelbeck, de resserrer les liens avec la FIPF et de se mettre en rapport avec les associations de Professeurs de français de la région Asie-Pacifique.

Enfin, se tournant vers l'avenir, on peut se féliciter de l'annonce du colloque François Mauriac, prévue par Keith Goersch pour mars 1998 à Macquarie University, Sydney, et du report à l'an 2000, "l'année du Pacifique", du colloque organisé conjointement par l'Australian National University et l'université française du Pacifique que nous avons déjà évoqué dans ces colonnes. Et, toujours au sujet de l'année millénaire, il faut noter que le français sera naturellement présent comme langue officielle au même titre que l'anglais lors des Jeux Olympiques de Sydney, événement en vue duquel la publication récente du *Lexique anglais-français des sports olympiques* (INSEP, Paris) peut nous donner, en Australie, une perspective historique au-delà des vicissitudes de l'heure.

NOUVELLE-ZÉLANDE

Myreille PAWLIEZ
Université Victoria à Wellington

Après le froid diplomatique et les années tempétueuses qui avaient suivi le sabotage du navire de Greenpeace à Auckland en 1985 par les services secrets français, la presse néo-zélandaise annonce un dégel dans les relations entre les deux nations. Le ministre des Affaires étrangères, Don McKinnon, confirme, en déclarant lors de sa visite à Paris en avril 1997, que "les beaux jours sont revenus". Mais le sont-ils pour tout le monde?

En cette année où l'on célèbre les vingt ans de l'accord de coopération scientifique et culturelle signé en 1977, sans doute a-t-on lieu de se réjouir sur le plan de la recherche scientifique. En effet, selon la publication du ministère de la Recherche, de la Science et de la Technologie, le financement bilatéral de quatorze projets scientifiques dans des domaines aussi variés que la chimie moléculaire, la génétique, l'écologie, l'agronomie, l'optique, la géophysique, la météorologie et même la sylviculture, atteint 970 000 $NZ; ce qui représente une augmentation de la moitié de l'investissement de l'année précédente. On peut également citer l'accord signé le 5 juin 1997 entre la Faculté des sciences de l'université Victoria à Wellington et l'université Montpellier II. Ces échanges, bénéficiant autant à un pays qu'à l'autre, témoignent des bonnes relations qui existent dans le monde scientifique.

Sur le plan commercial, l'optimisme est de mise. On estime que le nombre des compagnies françaises qui opèrent en Nouvelle-Zélande a triplé en dix ans et se chiffre actuellement à quarante-huit. Cette hausse serait le signe de relations commerciales fructueuses, assure-t-on dans la presse nationale.

Dans le monde littéraire, la biographie de Jessie Munro sur Suzanne Aubert (dont la publication avait été mentionnée dans le numéro précédent) a été couronnée non seulement du premier prix Montana décerné au meilleur livre néo-zélandais de l'année, toutes catégories confondues, mais aussi du premier prix dans les catégories "non-fiction" et "héritage culturel". Tous les critiques s'accordent à dire que l'auteure, qui est également enseignante de français au secondaire, a réalisé une œuvre à la fois historique et littéraire incomparable. L'impact de *The Story of Mother Aubert* est tel que les journaux éventent déjà la possibilité d'une canonisation de Suzanne Aubert qui avait voué sa vie aux orphelins, aux pauvres et aux malades incurables sans distinction de race ou de croyance. Il est indubitable que tant d'honneurs octroyés à cet ouvrage aura contribué aux beaux jours du fait français en Nouvelle-Zélande.

Par ailleurs, une porte sur la France et le monde francophone s'est ouverte en Nouvelle-Zélande par l'intermédiaire des télécommunications. Canal France International, une télévision française qui émet par satellite dans le monde entier des émissions provenant de la France et de divers pays francophones, peut être captée avec une antenne parabolique et un décodeur depuis le début de l'année. À la fin de mars, après avoir fait installer une antenne de 2,4 m, l'université Victoria mettait à la disposition du corps enseignant et des étudiantes et étudiants plusieurs postes de télévision qui permettent de regarder en direct les émissions à toute heure de la journée et de les enregistrer selon la demande. Les autres universités, en particulier l'université Massey à Palmerston North et l'université du Canterbury à Christchurch en étudient la faisabilité. Le gouvernement français, par le biais de son ambassade à Wellington, a contribué en partie à cet élargissement des horizons. L'université d'Auckland, pour sa part, avait déjà la capacité d'enregistrer les émissions de TV5 que les enseignants utilisent en différé à des fins pédagogiques. Avoir ainsi accès en direct aux émissions en langue française permet de briser l'isolement et de rendre plus vivant le fait français aux antipodes.

Alors que la participation croissante des étudiants et étudiantes à la conférence annuelle des départements de français des universités de Nouvelle-Zélande montre un intérêt réel pour la culture française et francophone, alors que la publication d'*Antipodes*, du *New Zealand Journal of French Studies*, de *European Connection* et des *Canterbury Monographs* indique un enthousiasme indiscutable dans le monde universitaire des langues européennes, on est en droit de se demander pourquoi les universitaires perçoivent des nuages menaçants se profiler à l'horizon.

Les signes avant-coureurs ne manquent pas en ce qui concerne le français: les cassettes vidéo *TV France Magazine* d'Antenne 2 diffusées par l'Australie, qui ont été longtemps l'unique ressource audiovisuelle pour l'enseignement, ne sont plus disponibles pour des raisons financières; le gouvernement français décide de couper certains fonds.

Mais la raison profonde de ces craintes quant à l'avenir des langues dans les universités néo-zélandaises provient du climat d'incertitude et d'insécurité qui règne. Avec l'hégémonie des économistes et des bureaucrates qui restructurent toutes les strates de la société néo-zélandaise en termes de productivité et de gains financiers, le monde de l'éducation se trouve sous pression et les universités ne font pas exception. Avec de moins en moins de ressources humaines et financières (pour employer le jargon du jour) et de plus en plus de responsabilités, les facultés de lettres, les départements de langues modernes et d'études européennes en particulier, sont pris dans un tourbillon qui risque d'être dévastateur. On y dépense actuellement beaucoup de temps et d'énergie pour envisager ensemble de nouvelles stratégies afin de se maintenir à flot tout en s'efforçant de conserver intact son engouement pour l'enseignement et la recherche.

Dans un tel climat, les universitaires essaient de se convaincre mutuellement que "après la pluie vient le beau temps" tout en prenant les mesures nécessaires pour se protéger de la tornade.

Indice du développement humain (IDH) dans la francophonie

Rang mondial selon l'IDH	Pays	Espérance de vie (années)	% Alphabétisation des adultes (1993)	% brut de scolarisation (tous niveaux)	PIB réel/h. (1993)	PIB réel corrigé/h. (1993)	Indicateur d'espérance de vie	Indicateur de niveau d'éducation	Indicateur de PIB	Indicateur du développement humain	Rang PIB/habitant moins rang IDH *
Développement humain élevé		**73,8**	**97,2**	**79**	**14 922**	**5 908**	..	..	..	**0,901**	..
1	Canada	77,5	99,0	100	20 950	5947	0,88	0,99	0,98	0,951	6
7	France	77,0	99,0	88	19 140	5 943	0,87	0,95	0,98	0,935	7
12	Belgique	76,5	99,0	85	19 540	5 944	0,86	0,94	0,98	0,929	0
15	Suisse	78,1	99,0	75	22 720	5 950	0,88	0,91	0,98	0,926	-11
24	Israël	76,6	95,0	76	15 130	5 909	0,86	0,89	0,98	0,908	4
27	Luxembourg	75,8	99,0	57	25 390	5 975	0,85	0,85	0,99	0,895	-26
54	Maurice	70,4	81,7	60	12 510	5 893	0,76	0,74	0,98	0,825	-21
Développement humain moyen		**67,0**	**80,7**	**62**	**3 044**	**3 044**	..	..	..	**0,647**	..
60	Seychelles	71,0	88,0	61	4 960	4 960	0,77	0,79	0,82	0,792	3
62	Bulgarie	71,2	93,0	65	4 320	4 320	0,77	0,84	0,71	0,773	8
65	Dominique	72,0	94,0	77	3 810	3 810	0,78	0,88	0,62	0,764	10
69	Algérie	67,3	58,8	66	5 570	5 570	0,71	0,61	0,92	0,746	-13
74	Roumanie	69,9	96,9	62	3 727	3 727	0,75	0,85	0,61	0,738	4
76	Sainte-Lucie	72,0	82,0	74	3 795	3 795	0,78	0,79	0,62	0,733	1
78	Tunisie	68,0	64,1	66	4 950	4 950	0,72	0,65	0,82	0,727	-14
92	Syrie	67,3	68,7	65	4 196	4 196	0,71	0,68	0,69	0,690	-19
97	Liban	68,7	91,7	74	2 500	2 500	0,73	0,86	0,40	0,664	10
98	Moldavie	67,6	96,4	76	2 370	2 370	0,71	0,90	0,38	0,663	11
106	Egypte	63,9	49,8	69	3 800	3 800	0,65	0,56	0,62	0,611	-30
119	Vanuatu	65,4	65,0	52	2 500	2 500	0,67	0,61	0,40	0,562	-12
120	Gabon	53,7	60,3	47	3 861	3 861	0,48	0,56	0,63	0,557	-46
121	Vietnam	65,5	92,5	51	1 040	739	0,68	0,79	0,11	0,523	27
122	Cap-Vert	64,9	68,1	62	1 820	1 820	0,67	0,66	0,29	0,539	4
123	Maroc	63,6	41,7	44	3 270	3 270	0,64	0,43	0,53	0,534	-34
125	Congo	51,2	72,1	56	2 750	2 750	0,44	0,67	0,45	0,517	-23
Faible développement humain		**56,0**	**48,9**	**46**	**1 241**	**1 241**	..	..	..	**0,396**	..
127	Cameroun	56,3	60,8	48	2 220	2 220	0,52	0,57	0,36	0,481	-12
131	Guinée-Équatoriale	48,2	76,4	60	1 800	1 800	0,39	0,71	0,29	0,461	-4
132	São Tomé e Príncipe	67,0	60,0	57	600	600	0,70	0,59	0,08	0,458	39
138	Laos	51,3	54,6	50	1 458	1 458	0,44	0,53	0,23	0,400	-2
139	Comores	56,2	56,2	38	1 130	1 130	0,52	0,50	0,17	0,399	5
140	Togo	55,2	49,2	51	1 020	1 020	0,50	0,50	0,15	0,385	9
141	Zaïre	52,0	75,2	39	300	300	0,45	0,63	0,03	0,371	33
145	Haïti	56,8	43,4	30	1 050	1 050	0,53	0,39	0,16	0,359	1
147	Côte-d'Ivoire	50,9	37,8	39	1 620	1 620	0,43	0,38	0,26	0,357	-15
148	République centrafricaine	49,5	56,0	37	1 050	1 050	0,41	0,50	0,16	0,355	-2
149	Mauritanie	51,7	36,7	35	1 610	1 610	0,45	0,36	0,25	0,353	-16
150	Madagascar	56,8	45,8	34	700	700	0,53	0,42	0,10	0,349	14
152	Rwanda	47,2	58,0	39	740	740	0,37	0,52	0,11	0,332	9
153	Sénégal	49,5	31,4	31	1 710	1 710	0,41	0,31	0,27	0,331	-23
154	Bénin	47,8	34,3	34	1 650	1 650	0,38	0,34	0,26	0,327	-23
156	Cambodge	51,9	35,0	30	1 250	1 250	0,45	0,33	0,19	0,325	-15
160	Guinée	44,7	33,9	24	1 800	1 800	0,33	0,31	0,29	0,306	-33
161	Guinée-Bissau	43,7	52,8	30	860	860	0,31	0,45	0,13	0,297	-8
163	Tchad	47,7	46,0	27	690	690	0,38	0,40	0,10	0,291	2
164	Djibouti	48,4	44,2	19	775	775	0,39	0,36	0,11	0,287	-4
166	Burundi	50,3	33,7	31	670	670	0,42	0,33	0,10	0,282	1
170	Burkina-Faso	47,5	18,0	19	780	780	0,38	0,18	0,11	0,225	-11
171	Mali	46,2	28,4	16	530	530	0,35	0,24	0,07	0,223	1
174	Niger	46,7	12,8	15	790	790	0,36	0,13	0,12	0,204	-17

Source : Rapport mondial sur le développement humain, (PNUD), Paris, 1996.

* Les résultats positifs indiquent que le classement selon l'IDH est supérieur au classement selon le PIB réel par habitant, les résultats négatifs signifient le contraire.

Éducation et Formation

Au coeur du développement de la francophonie

Nouveau Brunswick

Éducation
Enseignement supérieur et Travail
Affaires intergouvernementales et autochtones

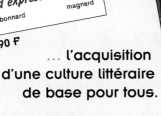

Dans l'espace francophone, il y a effervescence, et
présent numéro de *L'Année francophone internationale*
rend parfaitement compte. Au Québec, nous no
appliquons à créer les conditions et à encourager l
partenariats nécessaires à la mise en œuvre intégrale
plan d'action découlant de la Conférence des minist
francophones chargés des inforoutes et de la Déclaration
Montréal de mai dernier. Dans l'actuelle explosion de créativité à laquelle no
assistons en matière de contenus de langue française et de produits multiméd
se précise et s'exprime un nouveau savoir-faire dont nous sommes très fiers
que nous tenons à partager.

Bonne lecture !

Louise Beaudoin

Louise Beaudoin
Ministre de la Culture et des Communications
et ministre responsable de la Charte
de la langue française et de l'autoroute de l'information

Québec

**Pour connaître
la politique linguistique
québécoise**

**Brochure disponible
au Secrétariat à la politique linguistique
225, Grande Allée Est
Québec (Québec) G1R 5G5**

**ou dans Internet :
www.mcc.gouv.qc.ca**

Vivre en français
au Québec

L'année francophone
internationale:
200 correspondants
à travers le monde.

Vous pouvez les
rejoindre.

http://www.francophone.net/afi/

Un savoir-faire au service de l'Afrique

ACCC

ASSOCIATION DES COLLÈGES
COMMUNAUTAIRES DU CANADA

*DEPUIS 1979, LES COLLÈGES DE L'ACCC ONT GÉRÉ PLUS DE
300 PROJETS DANS 70 PAYS DONT 34 EN AFRIQUE.*

*Une association représentant les 175 collèges
communautaires et instituts de technologie canadiens.*

Très impliquée en développement international, l'ACCC est une agence
d'exécution qui bénéficie de financement provenant de bailleurs de
fonds canadiens et internationaux, ainsi que des pays partenaires.

**Association des collèges
communautaires du Canada (ACCC)**

1223, rue Michael Nord
Bureau 200
Ottawa (Ontario)
Canada K1J 7T2

téléphone : (613) 746-2222
télécopieur : (613) 746-6721
courriel : jrvaillancourt@accc.ca

EXPERTISE DE L'ACCC :

Enseignement technique
et formation professionelle

Santé

Entrepreneuriat

Femme et développement

Haute technologie

Environnement et
ressources naturelles

FORCE DE L'ACCC :

Élaboration de
politiques

Développement
institutionnel

Développement
de petites entreprises

Adéquation formation
- emploi

Corporation de Développement international

Lieux de coopération de la CDI

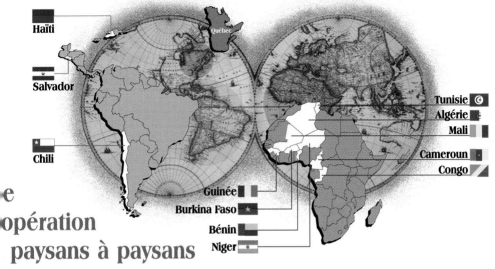

Haïti
Salvador
Chili
Québec

Tunisie
Algérie
Mali
Cameroun
Congo

Guinée
Burkina Faso
Bénin
Niger

coopération paysans à paysans

de l'Union des producteurs agricoles du Québec

UN PARTENARIAT COOPÉRATIF AU-DELÀ DES FRONTIÈRES

SOCODEVI

Société de coopération
pour le développement
international

NOTRE CONVICTION
La formule coopérative est
un outil performant de
développement
socio-économique pour
les populations.

NOTRE PARTICULARITÉ
Nos membres
institutionnels
participent
activement
à nos projets de
coopération
internationale
pour un
développement
durable. Leur
expertise et leur
savoir-faire sont
mis à profit auprès
de nos partenaires
de pays d'Afrique
francophone, de
l'Amérique latine
et des Caraïbes !

1245,
chemin Sainte-Foy
Bureau 2300
Québec (Québec)
Canada G1S 4P2

Téléphone : (418) 683-7225
Télécopieur : (418) 683-5229
Courriel : administration@socodevi.org

De grandes Québécoises...

...et fières de l'être

Les chemins de la mémoire...

 Le conseil de la vie française en Amérique

Un ouvrage complet et varié qui répond à toutes les questions que l'on peut se poser sur la francophonie

Michel TÉTU

QU'EST-CE QUE LA FRANCO-PHONIE ?

HACHETTE
Edicef

320 pages
80FF

L'OUVRAGE DE RÉFÉRENCE POUR COMPRENDRE LA FRANCOPHONIE

DIFFUSION
HACHETTE DIFFUSION INTERNATIONALE
58, rue Jean-Bleuzen – F 92178 VANVES Cedex

Tél. + 33 1 46 62 10 10 / Télécopie + 33 1 40 95 10 39 / E-mail : hdi@hachette-livre.fr

Pour leurs efforts à promouvoir la vitalité de la langue française, je tiens à souligner l'ardeur et le travail déployés par les citoyens et les citoyennes des communautés francophones du Canada qui contribuent à favoriser l'épanouissement de notre langue commune.

Par sa politique à l'égard des communautés francophones et acadiennes, le gouvernement du Québec s'associe à tous ceux et celles qui oeuvrent dans les secteurs de l'éducation, de l'économie, de la culture et des communications.

Les partenariats entre Québécois et membres de ces communautés démontrent notre volonté de léguer à nos enfants l'amour de cette langue afin de s'assurer de sa pérennité pour les générations à venir.

Le ministre délégué
aux Affaires intergouvernementales canadiennes,

Jacques Brassard

Gouvernement du Québec
**Ministère du
Conseil exécutif**

Québec ▪▪

**Centre international
pour le développement
de l'inforoute en français**

Établi au Nouveau-Brunswick (Canada), le CIDIF est un organisme à but non lucratif chargé de consolider la présence francophone sur les inforoutes.

Le CIDIF concentre son action sur les enjeux du développement de la société de l'information en Francophonie. Il offre un centre de ressources aux individus et aux organismes qui veulent contribuer à l'essor de l'Internet et des technologies connexes dans l'espace francophone.

http://w3.cidif.org/

165, boulevard Hébert, Edmundston (Nouveau-Brunswick) Canada E3V 2S8
Tél.: (1 506) 737-5280 • Fax: (1 506) 737-5281 • info@cidif.org

 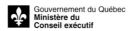   

Canada   New Nouveau Brunswick   Université de Moncton   NB Tel

Apprendre avec plaisir !

Divertir avec intelligence !

Informer avec flair !

La télévision éducative et culturelle de l'Ontario

la télé bien pensée !

(416) 484-2636 • www.tfo.org

Éducation et francophonie

L'éducation est l'un des trois axes de la politique du Québec à l'égard des communautés francophones et acadienne du Canada. Les préoccupations de ces communautés, en matière d'éducation, portent notamment sur la disponibilité et la diffusion d'un matériel pédagogique de qualité. C'est donc dans ce domaine que la coopération devra se montrer la plus active.

Rôle et présence du ministère de l'Éducation du Québec en francophonie, canadienne et internationale

Les autres activités en éducation menées entre le Québec et les provinces canadiennes concernent principalement les échanges d'élèves de longue durée, le perfectionnement du personnel et la collaboration entre des équipes de recherche universitaire.

Il y aura bientôt trente ans (1968-1998), le Québec adhérait à la Conférence des ministres de l'Éducation des pays ayant le français en partage (CONFEMEN). Le ministère de l'Éducation du Québec est très actif au sein de cette Conférence, qui, depuis 1995, voit sa réflexion et ses recommandations, quant aux priorités de la coopération multilatérale francophone en éducation-formation, portés jusqu'aux sommets des chefs de l'État et de gouvernement de la francophonie. Par ailleurs, le Ministère soutient les activités en Amérique du Nord de l'Agence francophone pour l'enseignement supérieur et la recherche (AUPELF-UREF), l'Association francophone internationale des directeurs d'établissements scolaires (AFIDES) ainsi que la Fédération internationale des professeurs de français (FIPF).

Plusieurs établissements et organismes du réseau québécois d'éducation, maintes fois avec la collaboration de partenaires du secteur privé, sont de plus en plus présents en coopération internationale francophone, tant sur le plan bilatéral que multilatéral, notamment dans les secteurs de l'alphabétisation, de l'éducation de base, de la formation professionnelle et technique, de la formation des personnels de l'éducation, de l'utilisation des nouvelles technologies et de l'enseignement et de la recherche universitaires.

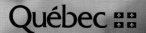

Gouvernement du Québec
Ministère
de l'Éducation

Si depuis 40 ans, nous allons chaque jour plus loin, c'est pour être plus proche de vous.

Née de la fusion d'Air Atlas et d'Air Maroc, Royal Air Maroc prenait son envol le 28 juin 1957. Aujourd'hui, Royal Air Maroc est une compagnie d'envergure internationale dont l'objectif premier est d'aller toujours plus loin au service de ses clients. Cette volonté d' innovation s'est renforcée ces dernières années, notamment par la modernisation de la flotte, la création de nouveaux produits et services, ainsi qu'une politique tarifaire dont la finalité est de rendre l'avion toujours plus accessible. Le 28 juin 1997, Royal Air Maroc fête sa quarantième année et profite de cette occasion pour rendre hommage à tout son personnel et remercier de leur confiance tous ceux qui ont voyagé et voyageront en sa compagnie.

الخطوط الملكية المغربية
royal air maroc

IDÉES
ET
ÉVÉNEMENTS

   Politique, économie

  Langue française, littérature

   Arts, spectacles, sports

   *Science, technologie, éducation*

  *Institutions et associations*

POLITIQUE ET ÉCONOMIE

LA RÉFORME ÉCONOMIQUE AU VIETNAM

Dao The Tuan
Directeur de recherche, chef du département des
systèmes agraires
Institut national des sciences agricoles

D ans les années 80 et au début des années 90, le Vietnam a entrepris une réforme économique que nous appelons *doi moi* (rénovation). Le résultat de cette réforme est encourageant; plusieurs économistes essaient d'analyser ce processus afin d'en tirer des leçons. Voici quelques aspects essentiels de ce revirement complexe qui montreront pourquoi et comment il a été réalisé.

Le système avant la réforme

Depuis les années 50, nous croyions que, pour tous les pays socialistes, le modèle de développement devait se baser sur les principes suivants:

1. La propriété publique (la propriété privée mène au développement du capitalisme).

2. Un système de planification centralisée (le système de marché est un attribut du capitalisme).

3. Un accent sur l'industrialisation, et surtout sur l'industrie lourde, au détriment du développement de l'agriculture.

4. Un système de distribution égalitaire basé surtout sur l'intérêt moral combiné avec une certaine dose d'intérêt matériel.

5. Un système collectiviste dans l'agriculture pour éviter le développement du capitalisme dans ce secteur.

Dans ce système, les catégories du système de marché comme la monnaie, les marchandises, le profit, le salaire... sont utilisées essentiellement pour mesurer l'efficacité des activités économiques.

Ce système économique a créé une certaine croissance dans les premiers temps mais, de plus en plus, a montré son inefficacité dans l'utilisation des ressources humaines, naturelles et financières. La situation de guerre dans les années 60 a masqué des effets négatifs qui, après la guerre, sont devenus de plus en plus clairs. Surtout après 1975, quand le pays commençait une période de développement après-guerre, et quand, après la réunification du pays, on avait l'intention d'étendre le système du Vietnam du Nord au Sud, une période de crise s'est produite dans les derrières années de la décennie 70.

LE PROCESSUS DE LA RÉFORME

Les tentatives de réforme, vers la fin des années 60, avaient pour but d'améliorer l'efficacité de la production comme cela s'était passé dans tous les pays socialistes. Mais on voyait seulement la faiblesse du système dans le manque de connaissances en gestion économique des cadres dirigeants et des fonctionnaires; c'est pourquoi on organisera des cours de recyclage. Mais tous ces efforts ne pouvaient sauver le système sans des changements touchant les principes mêmes du système. Vers la fin des années 70, on a tenté de remédier à ce système "bureaucratique et subventionné" par l'augmentation de l'initiative d'en bas, par l'amélioration du système de planification dans l'industrie et par l'application du système de contrat avec les paysans. Une période de libéralisation commence vers le début des années 80 qui entraîne une série de réformes dans tous les fondements du système. En réalité, si nous revoyons l'ensemble du processus de réformes, c'est une série de changements des institutions qui permet de réformer le système.

Plusieurs opinions diffèrent sur le processus de réforme au Vietnam. Nous pensons qu'il peut être subdivisé en trois périodes: une période de préparation appelée préstage (avant 1979), une période de transition de 1979 à 1988, et une période de perfectionnement du nouveau système, après 1989. Les deux années 1979 et 1988 sont deux années charnières où le système a subi des changements radicaux. Si on compare la réforme économique du Vietnam avec le scénario de transition d'une économie dirigiste en une économie de marché de la Banque mondiale (1991), nous voyons que la réforme ne commence pas par une stabilisation macroéconomique mais par la rénovation de l'économie rurale et des entreprises d'État. Le réajustement économique s'est effectué seulement à la fin du processus.

Dans l'agriculture, où la réforme à commencé plus tôt car la part du secteur public était très faible, c'est le retour du système collectif à l'agriculture familiale. Pendant la période des entreprises collectives (appelées coopératives agricoles), on n'avait pas pu collectiviser toutes les activités. En réalité, on n'a collectivisé que la production du riz qui est la production principale de l'économie agricole vietnamienne. Les tentatives de collectiviser l'élevage et les cultures vivrières autre que le riz n'ont pas eu de succès. On a décidé de permettre aux paysans d'augmenter leurs activités hors-coopérative en leur donnant des terres supplémentaires pour pratiquer ces cultures, et de nourrir les animaux dans le cadre de l'agriculture familiale en plus du lopin familial qui couvre 5% de la superficie totale et des jardins familiaux. Dans ces conditions, la part de l'agriculture paysanne dans le revenu des paysans dépassait celle des coopératives. Se basant sur cette expérience, quelques coopératives ont pratiqué un type de contrat, dit "contrat clandestin", louant aux paysans une certaine superficie de rizière contre une contribution fixe, sorte de système de métayage. On a constaté alors que ce système améliorait l'intéressement des paysans: la production s'en est ressentie. La directive n° 100 de 1981 fut la légalisation de ce système inventé par les paysans mêmes.

Le succès de l'application du contrat 100 incitait les paysans à faire pression pour libéraliser encore plus le système. Dans plusieurs coopératives, à cause

292

de la faiblesse de la gestion, le comité de gestion n'a pas pu assurer certains services comme il devait le faire selon le contrat. Ainsi, pour simplifier la gestion on a passé un "contrat complet", c'est à dire une location de la terre aux paysans, en les laissant investir eux-mêmes avec une contribution plus faible. Cette institution fut d'abord critiquée par les dirigeants mais la réalité a montré son efficacité. Dans ces coopératives, la production était meilleure car les paysans étaient plus intéressés. Ceci a amené à la résolution n° 10 de 1988 où l'exploitation familiale était reconnue comme unité de production autonome, ce qui a déclenché un nouvel essor dans le développement de l'agriculture. Tout d'un coup, non seulement le Vietnam était devenu autosuffisant en riz mais encore il disposait d'un surplus pour l'exportation. Jamais on n'avait vu dans l'agriculture de politique si efficace.

Mais dans le nouveau système la terre appartenait encore aux coopératives. De part et d'autre, on qualifiait les coopératives de "nouveau type de propriétaire terrien". Des disputes foncières étaient apparues partout, surtout dans le sud. Les paysans réclamaient leurs anciennes terres. La loi foncière de 1987 n'autorisait pas la vente de la terre, propriété de l'État, mais un marché foncier clandestin s'est formé. La nouvelle loi foncière de 1993 a légalisé la situation. On a décidé de donner aux paysans le droit d'usage à long terme de la terre avec droit de céder, de louer et de laisser en héritage, c'est-à-dire une propriété privée limitée.

Après trois changements consécutifs du système collectif, on est passé totalement à l'agriculture familiale. Ce processus a été utile parce que, pendant ces 12 années, l'exploitation familiale s'est renforcée et est devenue assez forte pour assurer complètement la responsabilité de toute la production agricole. Mais c'est aussi un processus de retrait de l'ancien système.

Dans les secteurs de l'industrie et des services, dans les années 60 et 70, le marché était paralysé par un secteur d'État, en situation de monopole, et par un système de distribution des subventions. Mais parallèlement, il existait un petit secteur privé informel. Avec la libération du Sud, le système de marché a grandi considérablement et a poussé aussi l'élargissement de ce secteur au Nord. Le développement du marché a été renforcé par l'apparition d'un secteur informel remplaçant les activités non contrôlées par l'État et les coopératives. En 1979, le 6e plénum du Comité central du PCV devait reconnaître le rôle du marché et du secteur privé comme composant principal du système économique. En 1980, avec le décret n° 25, la réforme du système de planification admettait les activités hors-plan des entreprises d'État et les activités complémentaires des fonctionnaires et ouvriers dont le salaire n'était pas suffisant pour leur subsistance. On a libéralisé le petit commerce et amélioré la libre circulation des marchandises entre les provinces. Une décentralisation de l'administration économique transférait une part importante du pouvoir aux provinces, ce qui permet au provinces du Sud de devenir le laboratoire des réformes économiques. Un régime socio-économique pluraliste, se composant de cinq secteurs: étatique, coopératif, individuel, capitaliste et mixte, était admis. La corruption du système bureaucratique et la débâcle causée par les erreurs dans la réforme du système de prix en 1985 avaient enfin mené à l'abolition du système des deux prix (prix d'État et prix du marché libre) et du système de subventions planifiées. La réforme de ce système était supérieure à l'ancienne. L'année 1989 marque une nouvelle période où l'économie vietnamienne commence à se redresser pour sortir de la crise en reconnaissant le système de l'économie de marché et l'agriculture.

<h3 style="text-align:center">LES PROBLÈMES APRÈS LA RÉFORME.</h3>

Nous avons vu que le processus de réforme qui s'est produit dans notre pays est une série de réformes institutionnelles consécutives, remplaçant les anciennes institutions démodées par des nouvelles, plus efficaces. Ce processus n'est nullement issu d'une politique définie à l'avance, mais c'est un processus complexe aux aspects parfois contradictoires, combinant l'autodynamisme de la société, la créativité du peuple et l'impact des politiques gouvernementales. Théorie mais par la pratique issue des initiatives d'en bas. Les initiatives pleines de sagesse populaire venant de la base ont été des percées donnant naissance à des nouvelles politiques de rénovation de portée nationale.

Au point de vue théorique, nous voulons appliquer un système d'économie de marché avec une orientation socialiste. Le socialisme, c'est une aspiration des classes et des peuples opprimés qui existe depuis longtemps. L'objectif principal du socialisme, c'est l'équité, la liberté et le bien-être de tout le monde. On a confondu les objectifs et les moyens pour les atteindre. Nous pensons que pour atteindre le socialisme, il faut d'abord avoir une croissance économique assez rapide. Ensuite, il faut répartir le fruit de la croissance d'une manière relativement équitable. Certains économistes pensent que la croissance elle-même va entraîner l'équité (*trickle down effect*). Mais il y a dans le monde beaucoup d'exemples récents qui montrent qu'une certaine équité est nécessaire pour assurer un développement durable. Plusieurs mesures pour améliorer l'équité, comme la création du travail, l'éducation, les assurances sociales, la réduction de la pauvreté... sont positives pour la croissance économique.

Le dilemme entre la croissance et l'équité n'est pas nouveau pour notre pays. Dans le passé, dans la société paysanne, l'attitude envers la privatisation de la propriété foncière et la conservation des terres communales était en réalité l'expression de ce dilemme. Pour assurer un développement durable, tous les gouvernements dans le passé devaient résoudre cette contradiction par un compromis entre ces deux objectifs. Cette attitude devrait être suivie aussi dans le présent.

Le problème que notre pays doit résoudre en ce moment, c'est l'amélioration des institutions qui ne sont pas encore perfectionnées pour assurer un développement durable. D'abord, il faut redéfinir le rôle de l'État et améliorer l'administration. Il faut perfectionner les mécanismes du marché qui, d'ailleurs, est encore très jeune chez nous. Ensuite, il faut développer une société civile pour amener le peuple à participer aux activités économiques et sociales du pays.

150ᵉ ANNIVERSAIRE DE L'ABOLITION DE L'ESCLAVAGE (1848)

Lyse SIMARD
Présidente de l'Association universitaire Québec-Antilles

> *"Je dis hurrah! La vieille négritude*
> *progressivement se cadavérise*
> *l'horizon se défait, recule et s'élargit*
> *et voici parmi des déchirements de nuages la*
> *fulgurance d'un signe*
> *Le négrier craque de toute part ... Son ventre se*
> *convulse et résonne ...*
> *L'affreux ténia de sa cargaison ronge les boyaux*
> *fétides de l'étrange nourrisson des mers."*

(Aimé Césaire, Le Cahier d'un retour au pays natal)

Le 31 octobre 1636, Louis XIII autorise l'introduction d'esclaves noirs des côtes d'Afrique jusqu'aux Amériques; c'est l'acte de naissance de l'esclavage en terre française. La "saignée" se poursuit pendant deux siècles. Le Code Noir, établi en 1685 par Colbert, régit officiellement, jusqu'en 1848, la vie des esclaves sur les plantations.

À la veille de la Révolution française, au moment où se développe une idéologie attachée aux droits de l'homme, le système colonial apparaît comme une forme de despotisme. Réclamé dès 1789 par Brissot, fondateur de la Société des Amis des Noirs, le décret du 4 février 1794 déclare que l'esclavage des nègres est aboli dans toutes les colonies. Ce décret n'est jamais appliqué en Martinique, passée alors aux mains des Anglais, mais il est appliqué en Guadeloupe, reconquise sur les Anglais, dans la partie française de Saint-Domingue et en Guyane française. D'une durée éphémère, ce décret est annulé en 1802 par Napoléon Bonaparte qui rétablit l'esclavage.

Après l'abolition de la traite, en 1815, de nombreux philanthropes prennent position pour l'abolition de l'esclavage; des brochures et des pétitions réussissent à intéresser l'opinion publique à la cause des Noirs. Après les espoirs déçus qu'ils avaient placés dans la Révolution française, les gens de couleur comprennent que la question sociale ne pourra être résolue que par la force. Des mouvements sociaux se forment et reçoivent le soutien de nombreux militants, notamment au sein de la Société française pour l'abolition et les Amis des Noirs, réclamant les mêmes droits que les Blancs. Si l'on considère le marronage[1] comme la première manifestation de rébellion chez les esclaves, l'histoire des Antilles est, pendant plus de deux siècles, jalonnée de révoltes d'esclaves et de gens de couleur libres. La propagande anti-esclavagiste se fait de plus en plus insistante et l'action efficace de Victor Schœlcher, sous-secrétaire d'État à la Marine, chargé des colonies, aboutit à la publication du décret du 27 avril 1848.

L'esclavage prend fin avec le décret Schœlcher; de bêtes de somme, les Noirs accèdent tous à la qualité de citoyen.

Victor Schœlcher (1804-1894)

Celui que les écrits ont souvent désigné comme "l'apôtre de la liberté" est né en 1804 à Fessenheim, Haut-Rhin. Fils de fabricant de porcelaine, il est envoyé par son père, en 1829, au Mexique et en Louisiane, où il entre en contact avec la dure réalité de l'esclavage. C'est là que se dessine toute sa carrière anti-esclavagiste.

Dès 1830, Victor Schœlcher affirme sa première prise de position en publiant dans la *Revue de Paris*, "Des Noirs". En 1832, il adhère à la Société des Amis des Noirs et publie, l'année suivante, *De l'esclavage des Noirs et de la législation coloniale*. En 1839, il séjourne aux Antilles et, en 1842, il écrit son oeuvre clé, *Des colonies françaises, abolition immédiate de l'esclavage*: il décrit la situation des colons, des esclaves et des libres, fait une analyse de leurs rapports mais démontre surtout la nécessité de l'émancipation. Schœlcher poursuit son action jusqu'à la promulgation du décret de 1848.

Élu député la même année à la Martinique, en 1849 à la Guadeloupe, il mène une action en faveur des nouveaux affranchis dont le sort demeure précaire. Dès 1849, il se déclare partisan de la transformation des colonies en départements. Le Second Empire (1852-1870) le contraint à un exil en Angleterre. Lors du rétablissement de la République, il est élu député de la Guyane, de la Martinique et du département de la Seine; il choisit de représenter la Martinique. Le nouveau député travaille avec acharnement pour le développement de l'enseignement laïque, gratuit et ouvert à tous. En 1875, sénateur inamovible, il est nommé président de la commission de l'Instruction publique.

Jusqu'à sa mort, en 1893, l'humaniste continue à publier ouvrages et articles sur les problèmes coloniaux. En 1949, ses cendres sont transférées au Panthéon.

Amoureux des lettres, des arts et de la musique, Victor Schœlcher a rassemblé des collections d'une très grande importance. La Martinique a recueilli 10 000 volumes qui ont servi à l'ouverture de la bibliothèque Schœlcher et la Guadeloupe, une collection d'objets d'arts pour la création d'un musée.

Malgré le débat entourant la date historique de l'abolition de l'esclavage (le 22 mai rappelant la révolte des esclaves en Martinique et le 27 avril la date du décret Schœlcher), 1998 rappellera à la fois les efforts de tout un peuple et ceux d'un combattant pour la liberté.

---

[1] Le marronnage désigne la fuite des esclaves.
Un marron est un esclave qui s'enfuit de la plantation.

HOMMAGE À PHILIPPE ROSSILLON

DISPARU LE 6 SEPTEMBRE 1997, IL A ÉTÉ UN GRAND AMI DE LA FRANCOPHONIE

Jean-Marc LÉGER
Ancien secrétaire général de l'AUPELF
et de l'Agence de la Francophonie

Générosité, lucidité, inventivité, sens exigent de l'amitié et humour coloré ce sont-là me semble-t-il, les mots qui résument le mieux l'attachante et singulière personnalité de Philippe Rossillon dont le décès soudain, à Paris, aura constitué une douloureuse surprise par ses multiples amis dans tout le monde francophone, notamment au Québec en Acadie et en Louisiane, est une très lourde perte pour toute la Francophonie.

Vieil et fidèle ami du Québec, il avait en effet participé aux manifestations soulignant le 30ᵉ anniversaire de la visite du général de Gaulle, du 21 au 25 juillet, et était revenu à la mi-août, cette fois à Jonquière pour la session biennale de la Conférence des peuples de langue française. Il avait même assisté, le dimanche 24, à la cérémonie marquant le 20ᵉ anniversaire de la loi 101, au Monument-National, et avait fait une brève intervention.

Le Service de la langue française, la construction de la Communauté francophone, le Québec et l'Acadie, la relance de l'Union latine, auront été les principales causes qu'il a servies avec conviction, passion, imagination et une rare fidélité pendant près de 40 ans. La langue française, il l'a servie en France même et sur le plan international de multiples façons: il a été le premier rapporteur général du Haut comité de la langue française, aujourd'hui Délégation générale à la langue française. Il était encore président du groupe Avenir de la langue française.

La Francophonie: il n'est pas excessif de dire qu'il en a été l'un des prophètes et l'un des principaux artisans. Avec le parlementaire Xavier Deniau et le diplomate Bernard Dorin, il a oeuvré avec persévérance pour que l'idée se traduise dans une grande organisation internationale. C'est ce trio qui a suscité la naissance de l'Agence de coopération culturelle et technique et qui a permis que le Québec puisse y adhérer distinctement, avec la qualité de "gouvernement participant".

La cause de la francophonie et celle du Québec lui apparaissaient indissociables. Ce faisant, il n'a pas hésité à risquer son avancement, sa carrière même (il fut longtemps haut fonctionnaire puis démissionna pour préserver sa liberté). Disposant d'un vaste réseau de relations dans les milieux politiques, économiques, médiatiques, il en fit profiter le Québec et la Francophonie en général.

Il devait manifester une pareille amitié agissante envers le peuple acadien dont l'histoire et le courage l'avaient émus. Il fit recevoir une délégation acadienne par de Gaulle, en 1968, obtint l'octroi de crédits de coopération pour l'Acadie et créa l'association Les Amitiés acadiennes.

Discrètement et activement soutenu par sa femme qui, outre d'épouser ses causes, avait les siennes propres qui traduisaient une égale générosité (enfants démunis, immigrés, orphelins), notre ami Rossillon venait de quitter voici peu de mois le poste de secrétaire général de l'Union latine. Pendant près de dix ans, il s'était employé à relancer, développer, moderniser cette organisation internationale. Ce départ brutal constitue pour ses nombreux amis, une douloureuse surprise. Ils se disent qu'un vide immense s'est produit, qui ne sera pas aisément rempli. Nous sommes partagés entre le chagrin et la reconnaissance.

L'EURO, UNE CHANCE POUR L'EUROPE?

Françoise de BRY, économiste
Directeur de l'UFR de sciences sociales et humaines
de l'université de Versailles/Saint-Quentin-en-
Yvelines

La mondialisation de l'économie comme sa régionalisation avec trois grands pôles (Amérique, Asie, Europe) plaident en faveur d'une monnaie européenne unique. Son absence freine la compétitivité des entreprises, d'une part en réduisant les effets positifs de la libre circulation des capitaux, des produits; d'autre part en obligeant à libeller en dollar une partie des échanges commerciaux européens.

À l'origine, cette monnaie européenne devait prendre le nom d'écu. Référence historique française (ancienne monnaie du Moyen Âge), il correspondait aux initiales de l'unité de compte européenne: "European Currency Unit" (ECU), panier constitué des différentes monnaies européennes.

Malgré l'accord des quatorze États-membres sur cette dénomination, l'Allemagne a obtenu que la monnaie unique s'appelle "EURO". En effet, phonétiquement, "ECU" signifie "vache" en allemand...

Pourquoi l'euro ?

- L'euro régularise les finances publiques des États-membres.

En interdisant l'inflation, en encadrant le déficit budgétaire, en contenant la dette publique et en maîtrisant les taux d'intérêt, l'euro constitue une garantie de bonne gestion des finances publiques des États-membres.

- L'euro consolide le marché unique

La monnaie unique demeure le complément indispensable au fonctionnement du marché unique. Elle peut éviter des dysfonctionnements dus au désordre monétaire.

- L'euro renforce la position de l'Europe dans le monde

L'Union européenne, première puissance commerciale du monde, pourra libeller ses échanges en euro et affirmer ainsi son indépendance face au dollar américain.

L'euro deviendra une monnaie d'échange, voire de réserve. Il sera ainsi au premier rang des instruments de règlement international. Il contribuera à une plus grande stabilité vis-à-vis du yen et du dollar et en même temps restaurera la stabilité du Système monétaire international (SMI), perdue depuis 1971. L'Europe deviendra attractive pour l'épargne internationale.

- L'euro économise les coûts des entreprises

L'euro fera fortement diminuer les coûts de transaction (coûts bancaires des opérations de change) et les frais de couverture de change. Le gain pourra être supérieur à 0,5% du PIB de l'Union européenne. Deux tiers des exportations de l'ensemble des exportations européennes ayant pour destination un pays de l'Union européenne, le risque de change n'existe plus.

L'entreprise devrait également bénéficier de la baisse des taux d'intérêt, conséquence d'un euro fort.

- L'euro favorise le consommateur

La diminution des coûts de transaction des entreprises bénéficiera au consommateur sous forme de baisse des prix. L'euro va simplifier les voyages professionnels ou d'agrément du citoyen européen à travers l'Union. Aujourd'hui, un citoyen français qui quitte son pays avec 1 000 F en poche se retrouvera avec 500 F à son retour s'il parcourt l'Europe en changeant à chaque fois sa monnaie sans jamais rien acheter.

L'euro sera une monnaie plus forte que les monnaies nationales actuelles. Ainsi, les salariés, les épargnants, les retraités bénéficieront d'une sécurité plus importante de leurs salaires, de leurs épargnes, de leurs retraites.

La difficulté, pour le citoyen européen, sera de passer pratiquement, "dans sa tête" à l'euro. Avant de penser en euro, il traduira pendant longtemps chaque prix de francs en euros (cf. l'expérience du passage des anciens aux nouveaux francs).

L'euro, trois dates clés?

Printemps 1998
Création de la Banque centrale européenne (BCE). Le Conseil européen, réunissant les chefs d'État et de gouvernement, décide des États-membres qui participeront à la monnaie unique. Il s'agit de ceux qui répondent en 1997 aux "critères de convergence" fixés par le traité de Maastricht (cf. infra).

1er janvier 1999
C'est le début de la troisième phase de l'Union économique et monétaire (UEM). Les taux de conversion des monnaies des États-membres avec l'euro sont définitivement fixés. L'Écu, unité de compte, disparaît pour faire place à une monnaie européenne: l'euro, mais il ne circule pas encore.

1er janvier 2002 au plus tard
À cette date, les euros sont mis en circulation. Les États-membres retirent progressivement leurs pièces et billets en monnaie nationale. Au 1er juillet 2002, l'euro est la seule monnaie en circulation.

Les conditions d'entrée dans l'euro

Le traité de Maastricht a défini des critères à respecter pour les États-membres qui souhaitent utiliser l'euro. Il s'agit de "critères de convergence" qui permettent de mesurer la situation des différents pays, c'est-à-dire leurs efforts de convergence vers un objectif économique commun. Ces critères sont au nombre de cinq :

- Le rapport entre le **déficit budgétaire** et le PIB de chaque pays ne doit pas dépasser 3% sauf circonstances exceptionnelles (Ex. l'Allemagne lors de la réunification).

- Le rapport entre la **dette publique** et le PIB ne doit pas dépasser 60% sauf si la tendance montre une diminution régulière vers l'objectif de 60%

- Le taux d'**inflation** de chaque État-membre ne doit pas dépasser de plus de 1,5% la moyenne des taux des trois pays présentant les meilleurs résultats en matière de stabilité des prix. En 1997, le taux d'inflation acceptable est de 3,1%.

- Le taux d'**intérêt à long terme** des États-membres ne doit pas dépasser de plus de 2% celui des trois pays présentant les meilleurs résultats en matière de stabilité des prix.

- Les États-membres doivent respecter depuis 2 ans au moins les **marges de fluctuation** du Système monétaire européen (SME).

	Déficit budgétaire en % du PIB	Dette publique brute en % du PIB	Inflation en % de variation	Taux d'intérêt à long terme en %	Participation au mécanisme de change
Allemagne	- 3,2	63,2	**1,6**	**6,0**	**oui**
France	- 3,1	**58,0**	**1,6**	**6,0**	**oui**
Belgique	**- 2,9**	127,2	**2,0**	**6,1**	**oui**
Luxembourg	**0,0**	**7,8**	**1,8**	**6,1**	non
Pays-Bas	**- 2,5**	76,0	**2,0**	**6,0**	**oui**
Italie	- 4,5	123,0	**2,6**	**7,1**	**oui**
Gde. Bret.	- 3,1	**56,5**	3,0	7,7	non
Irlande	**- 1,1**	76,0	**2,0**	**6,6**	**oui**
Danemark	**- 0,5**	70,5	**2,4**	**6,5**	**oui**
Grèce	- 5,7	105,0	7,2	–	non
Espagne	- 3,2	68,9	**2,7**	**7,1**	**oui**
Portugal	- 3,4	67,6	**2,8**	**7,0**	**oui**
Suède	**- 2,9**	78,5	**1,8**	**7,0**	non
Finlande	**- 1,7**	60,2	**1,7**	**5,3**	**oui**
Autriche	**- 3,0**	73,3	**1,8**	**5,1**	**oui**
Valeur de référence	*- 3,0*	*60,0*	*3,1*	*7,3*	*oui*

**La situation des quinze en 1997 (prévisions)
par rapport aux critères de Maastricht**
(Les chiffres en gras et soulignés sont ceux qui respectent les critères de convergence)

(Tableau établi à partir des données du journal *Le Monde*, *Économie*, 29 avril 1997, p. 11)

D'après le tableau ci-dessus, seul le Luxembourg remplirait pleinement ces critères. Faut-il s'en tenir à un strict respect de ces critères? Certains experts ont critiqué leur bien-fondé économique, faisant notamment remarquer qu'ils ont été établis à l'époque d'une conjoncture beaucoup plus favorable. D'autres regrettent que le taux de chômage ou le niveau de richesse par habitant ne soient pas pris en compte.

Parmi ces cinq critères, on remarque que deux d'entre eux sont respectés par l'ensemble des États-membres à l'exception de la Grèce: critères d'inflation, de taux d'intérêt à long terme. La participation au mécanisme de change est acquise pour 12 pays sur 15 (sauf pour le Royaume-Uni, la Suède et la Grèce).

La plupart des pays de l'Union éprouvent des difficultés à remplir les deux derniers critères concernant les finances publiques. Le traité de Maastricht a prévu des marges d'interprétation, notamment si la valeur de ces critères a *diminué de manière substantielle et constante* au cours des années précédentes.

En conclusion, le passage à la monnaie unique ne devrait donc, dans un premier temps, concerner qu'un petit groupe de pays.

Les opposants à l'euro

- L'euro contre l'emploi

Les réformes structurelles et l'assainissement des finances publiques obligatoires pour rentrer dans l'euro seraient responsables du ralentissement de l'activité économique et de l'augmentation du chômage. Il faut simplement souligner que le recours aux déficits publics n'est pas toujours la meilleure manière de relancer l'économie; ils doivent, de toute façon, être limités en volume et en temps. D'autres difficultés expliquent le chômage, notamment en France: mondialisation, démographie, évolution technologique, rigidités du marché du travail... Ainsi, les États-membres, sous l'impulsion de la France, proposent la signature d'un "pacte de stabilité et de croissance", incluant une clause emploi (cf. infra).

- L'euro contre la souveraineté nationale

"Le droit de frapper", droit ancestral, symbole de l'indépendance d'un pays, disparaît avec la monnaie unique puisque seule la Banque centrale européenne (BCE) pourra émettre la monnaie européenne. Faut-il y voir un abandon de notre souveraineté nationale, voire de notre identité nationale, comme l'affirment certains politiciens? Le passage à la monnaie unique confirme effectivement cet abandon, mais dans un contexte d'économies interdépendantes, nous avons tout intérêt à participer à la gestion commune des politiques monétaires européennes, voire internationales. La mise en œuvre de politiques nationales est sans issue.

- L'euro contre les britanniques

L'opposition des britanniques à la monnaie unique possède des origines historiques. La livre sterling date de 928. Ainsi, l'Angleterre a eu une monnaie nationale 600 ans avant la France et 900 ans avant l'Allemagne. La monnaie britannique a connu une grande stabilité jusqu'à la fin du 19e siècle et a été pendant deux siècles la monnaie des échanges internationaux. Ainsi, l'abandon de leur monnaie nationale est considéré par les britanniques comme une "véritable trahison".

Le Royaume-Uni bénéficie d'une clause d'exemption qui lui permet de choisir, le moment venu, de participer ou non à la monnaie unique.

En pratique, l'euro apparaîtra dans notre porte-monnaie à partir du 1er janvier 2002, sous forme de monnaie (pièces de 1 et 2 euro, de 1, 2, 5, 10, 20, et 50 cents), de billets (5, 10, 20, 50, 100, 200 et 500 euros) de couleurs différentes et de taille croissante avec la valeur faciale.

Les deux monnaies (nationale et européenne) circuleront parallèlement pendant six mois. Toutes les références à la monnaie nationale dans la comptabilité des entreprises, dans les contrats... seront converties en euro aux taux de conversion fixés. Les comptes bancaires, les salaires, les pensions... seront libellés en euro.

Le processus sera achevé le 30 juin 2002. Dans la zone euro, la monnaie unique aura alors seule cours légal et obligatoire.

LES FEMMES ET LA POLITIQUE EN FRANCE

Françoise PICQ
Université de Paris-Dauphine

"La France est, avec la Grèce, le pays d'Europe où la place des femmes dans les assemblées élues et, plus largement aux postes de pouvoir politique, est la plus réduite"

L e constat est bien connu, mais ne cesse d'intriguer de la part d'un pays pionnier dans la proclamation des Droits de l'homme et du citoyen, dans l'établissement de la démocratie et de la République. C'est l'énigme sur laquelle se sont interrogées les participantes à un colloque qui s'est tenu à l'université de Versailles/Saint-Quentin-en-Yvelines en novembre 1996 et dont les actes ont été réunis en un livre sous la direction de Armelle Le Bras-Chopard et Jamine Mossuz-Lavau[1]. Les auteures ont convoqué l'Histoire, analysé l'acte de voter et l'éligibilité, cité certaines expériences étrangères, le tout dans une perspective pluridisciplinaire.

L'histoire que rappelle Michelle Perrot, c'est d'abord la Révolution, "scène primitive, exemplaire". Reprenant la loi salique, la Révolution exclut les femmes du droit de cité, tandis que le pouvoir politique sacralisé substitue le Citoyen au Roi décapité et construit une citoyenneté universaliste et individualiste. Les femmes deviennent enjeux de pouvoir entre Église et laïcité mais c'est aussi la "civilisation des mœurs", la traditionnelle galanterie, qui les écarte des joutes politiques, leur réservant le pouvoir occulte des courtisanes et des égéries. L'entrée des femmes en politique se trouve ainsi verrouillée par le système de valeurs qui cimente la société. La politique est le "nœud gordien du pouvoir, apanage viril si contraire à la douceur d'une féminité érigée en mythe".

Si le pouvoir politique reste obstinément masculin, on peut y voir avec Christine Bard, "l'ambivalence de la République, sa double face", force émancipatrice d'un côté, ce pourquoi les féministes lui restent fidèlement attachées, mais de l'autre côté un conservatisme, de plus en plus net entre les deux guerres. Les Républicains restent sourds à la revendication du droit naturel des femmes à exercer des droits politiques. Et le féminisme apparaît comme une "incongruité dans la délicieuse culture des apparences à la française", un attentat contre la féminité, transgression difficile à assumer pour les femmes.

Le vote est accordé aux femmes par l'ordonnance du 21 avril 1944: elles seront appelées neuf fois aux urnes en deux ans. Virginie Martin étudie leur entrée dans le rituel. L'idéologie républicaine de l'universel fond le corps électoral féminin dans "l'individu absolu dont la détermination sexuelle est parfaitement secondaire". L'autonomie des femmes reste illusoire entre les pôles socialisateurs du père, du mari ou du prêtre. Suspectes d'incompétence, les électrices ont pourtant en charge la rédemption du système politique. Dans le climat de régénérescence de la Libération, on attend d'elles le rejet des "savantes et stériles combinaisons politiques".

Le comportement électoral des femmes a changé en un demi-siècle. Janine Mossuz-Lavau distingue trois phases: l'apprentissage jusqu'à la fin des années 1960; le décollage des années 1970; l'autonomie des années 1980. Le vote des femmes se distingue par la réticence à soutenir l'extrême droite et par un survote socialiste et écologiste, particulièrement marqué chez les jeunes femmes. On peut observer des résultats parallèles dans presque tous les pays européens: ainsi les Britanniques ont-elles largement contribué au triomphe du Labour Party.

Mais une spécificité française demeure: la rareté des femmes élues. Françoise Gaspard s'interroge sur les résistances particulières qu'oppose aux femmes la société politique française. Une culture politique particulièrement masculine, caractérisée par son aspect guerrier, la faiblesse de la démocratie au sein des organisations partisanes et le fonctionnement de celles-ci en réseaux masculins, tandis que la rhétorique universaliste interdit le regroupement des femmes entre elles. Le système politique et institutionnel français joue aussi contre les femmes, par

Dominique Voynet

le jeu du mode de scrutin, du cumul des mandats, mais aussi de la désignation des ministres et hauts fonctionnaires à la discrétion du gouvernement. Nommées par le fait du prince, les femmes ministres, et surtout premiers ministres, restent en situation de fragilité. Devant ce blocage évident, s'est développé le mouvement pour la parité.

Mariette Sineau montre le cheminement de cette revendication de "parité à la française" et les débats qu'elle suscite. La parité, entorse à l'indifférenciation en droit, apparaît comme un contre-modèle face à "l'universalisme indifférent aux différences". Constitutionnalistes, juristes, hommes politiques y voient une menace intolérable pour la démocratie, un risque de communautarisation. Certaines féministes craignent l'essentialisation des différences de genre mais pour d'autres, c'est une alternative à l'égalité républicaine. Quoi qu'il en soit, le mouvement pour la parité a obligé les hommes politiques à réagir: listes paritaires pour les élections européennes de 1994, engagement des différents candidats à l'élection présidentielle de 1995, propositions de lois constitutionnelles, débat à l'Assemblée nationale... La place des femmes dans la vie politique est devenue un argument électoral.

Si l'on examine quelques expériences en dehors de la France, on constate que la Suède occupe la première place pour la représentation politique des femmes: 40,4%. Mais cela n'empêche pas le mécontentement des femmes à l'égard d'un système politique qui, comme le montre Maud Eduards, continue à prendre les hommes comme norme. La suppression des quotas de femmes en Russie en 1989 a fait presque disparaître les femmes des instances politiques. Mais, note Svetlana Aïvazova, en s'organisant entre elles, elles résistent à la dégradation de leur condition. Raymonda Hawa-

Tawil apporte enfin le témoignage d'une journaliste palestinienne sur le rôle des femmes dans le soulèvement populaire et les maigres acquis arrachés par leur lutte.

La situation a quelque peu progressé en France depuis la tenue de ce colloque. Avec 63 élues à l'Assemblée nationale depuis les dernières élections en juin 1997 (35 dans l'Assemblée précédente), la France a franchi le cap des 10%. Le progrès est tout entier dû au volontarisme du Parti socialiste et des autres partis de gauche, qui ont présenté près de 30% de femmes aux élections. Le groupe

Martine Aubry

socialiste de l'Assemblée nationale comptait 4,5% de femmes: elles sont désormais 17,1%. Une petite révolution dans l'exception française, qu'il faut cependant relativiser. La France est passée du quinzième rang européen au quatorzième en matière de représentation des femmes, doublant à nouveau la Grèce, mais non la Grande Bretagne qui a fait un bond encore plus spectaculaire: 18% des femmes à Westminster, 23% du groupe travailliste. Françoise Gaspard voit dans ce recul de la masculinité du pouvoir dans les deux plus vieilles démocraties parlementaires européennes, un processus comparable à celui qui s'est produit dans d'autres démocraties d'Europe (pression du mouvement féministe et concurrence d'un Parti vert paritaire, adoption par les partis sociaux-démocrates d'objectifs en nombre d'élues, que les autres partis sont contraints de suivre pour des raisons électorales). Mais il n'y a nulle part de progression constante et définitive et la mobilisation des femmes reste nécessaire[2].

Comprendre la faible place des femmes dans la vie politique française amène donc à prendre en compte les spécificités du système politique et de la société française. Et la revendication paritaire, si choquante pour le modèle républicain universaliste, a le mérite de forcer celui-ci à

Ségolène Royal

dévoiler ses ambiguïtés. Nous nous trouvons à un de ces moments charnières où le changement prend tout son sens. Comme à la Libération, les femmes apparaissent comme symboles de ce renouveau politique dont la démocratie a tant besoin.

[1] *Les Femmes et la politique*, sous la direction d'Armelle LE BRAS-CHOPARD et Janine MOSSUZ-LAVAU, Paris, Éditions L'Harmattan, 1997 avec Michelle PERROT, Christine BARD, Virginie MARTIN, Françoise GASPARD, Mariette SINEAU, Maud EDUARDS, Svetlana AÏVAZOVA, Raymonda HAWA-TAWIL.

[2] Françoise GASPARD, "L'électorat de France et de Grande-Bretagne fait reculer la masculinité du pouvoir", *Parité-info*, n°18, juin 1997.

L'EXPORTATION DU MODÈLE BIOÉTHIQUE FRANÇAIS

Jean-Christophe GALLOUX
Professeur de droit à l'université de Versailles/Saint-
Quentin-en-Yvelines

La bioéthique est à la mode et son nom accompagne désormais toutes les évolutions techniques dans le domaine biomédical et des biotechnologies. Née aux États-Unis au milieu des années soixante, la bioéthique est le signe d'une reconquête par les sciences normatives, la morale en particulier, du champ technique et scientifique. Elle constitue l'une des réponses apportées par les sociétés occidentales à la crise des valeurs, dont la profondeur a été révélée par le développement des sciences dans le domaine du vivant.

La bioéthique est une notion difficile à définir. Morale spécialisée pour les uns, approche nouvelle des enjeux éthiques pour la prise de décision dans les activités technologiques touchant à la vie humaine pour les autres, elle se trouve dans tous les cas à la convergence de plusieurs disciplines: sciences, morale, théologie et droit, avec une propension à être tournée vers l'action.

Ces caractéristiques ont conduit à ce que la bioéthique soit le produit d'une réflexion commune élaborée dans des lieux spécifiques: les instances éthiques. C'est à ce point que le modèle original anglo-saxon a été amendé en France. Certes, les instances bioéthiques ont toujours eu, de facto, un rôle régulateur des pratiques, notamment dans le domaine de la recherche, mais leur place, leur composition et leur importance diffèrent profondément. Au modèle instrumental professionnalisé et souple de régulation des pratiques professionnelles, pragmatique et tourné vers le traitement des cas individuels, l'expérience française a substitué un instrument institutionnalisé et formel tourné vers l'affirmation de règles générales. En effet, les comités d'éthique hospitaliers, communs aux États-Unis dans les années 1980, n'avaient d'autre but que de résoudre des questions conflictuelles en milieu hospitalier en l'absence d'une législation précise, les décisions rendues n'ayant pas vocation à être généralisées. La mise en place de comités d'éthique nationaux, voire internationaux, selon le modèle français, procède d'une logique différente qui correspond sans doute plus à certains traits bien ancrés dans la culture hexagonale: centralisation, implication de l'État, mandarinat, normalisation et prétention à l'universalité.

C'est sur une initiative du président Mitterrand qu'a été créé par décret du 21 février 1983 le Comité consultatif national d'éthique pour les sciences de la vie et de la santé (CCNE). L'implication de la plus haute autorité de l'État et son existence nationale ont immédiatement conféré à cette instance une légitimité qu'elle n'a cessé de cultiver en revendiquant un leadership dans les discussions sur la bioéthique. Le nombre élevé de ses membres (41 aujourd'hui contre 33 à l'origine) montre combien les arbitrages demeurent difficiles entre les "grands corps" ou les "grandes institutions" de la République qui tous réclament à y être représentés. Leur désignation, outre la règle sociologique précitée et certains équilibres subtils entre scientifiques et non-scientifiques, courants de pensée, etc., est laissée à la discrétion des autorités politiques. Bien qu'il n'ait qu'un rôle consultatif, le CCNE a mis en place, au fil de ses avis, une véritable "doctrine" qui n'est pas restée sans influence sur la rédaction des lois dites "bioéthiques" du 29 juillet 1994. Le comportement du CCNE, comme sa place éminente en France parmi les instances éthiques qui demeurent sur un plan local ou institutionnel, peuvent apparaître contradictoires avec la nature même de l'éthique, pluraliste, qui renvoie à des décisions personnelles et répugne à une quelconque codification. En réalité, les avis sont le résultat d'un consensus fondé sur un plus petit dénominateur commun de valeurs. Dans cette perspective, le rôle du CCNE peut être rapproché de celui – plus ponctuel celui-là, mais aussi plus démocratique – des conférences de consensus, que connaissent notamment les pays scandinaves.

Ce modèle de régulation sociale des pratiques dans le champ de la biomédecine et des biotechnologies par un organe institutionnalisé au niveau national, permanent, doté d'un champ d'investigation élargi à l'ensemble des questions bioéthiques mais doté d'une simple compétence consultative, a traversé les frontières. D'une façon générale – et ceci illustre le caractère culturellement marqué du modèle français – les pays anglo-saxons se sont montrés réticents à adopter le schéma institutionnel d'un organe administratif permanent énonçant des règles générales, installé en lisière des compétences du législateur. Les pays scandinaves comme le Danemark en 1987, se sont dotés de comités nationaux mais sur un modèle quelque peu différent (nombre limité de membres, en majorité non scientifiques). Le modèle français a eu plus de succès au Luxembourg, en Italie, en Espagne, en Belgique, au Portugal, ce qui correspond à la zone traditionnelle d'influence culturelle française. Un développement de telles instances éthiques est enfin attendu en Afrique.

Au niveau international, il revient à la France d'avoir suscité la création en 1993 du Comité international de bioéthique (CIB) auprès du directeur général de l'UNESCO. Présidé par Noëlle Lenoir, auteur de l'une des études préalables aux lois "bioéthiques" françaises, cette instance interdisciplinaire comprenant une quarantaine de membres appartenant à toutes les disciplines concernées, a reçu pour mission de formuler des recommandations destinées à renforcer le programme intersectoriel de l'UNESCO. Il a par ailleurs reçu mandat de préparer un texte international sur la protection du génome humain. Comme le CCNE, le CIB compte beaucoup sur la médiatisation de ses travaux et sa place stratégique dans l'organigramme administratif international pour asseoir sa légitimité. En revanche, l'idée d'un Comité d'éthique européen a été repoussée à plusieurs reprises. Seul existe au sein de l'Union européenne un Groupe de conseillers pour la bioéthique (GCB), indépendant des services de la Commission mais rattaché à son président. Dirigé également par Noëlle Lenoir (si le modèle bioéthique français s'est relativement bien exporté, c'est aussi le cas de ses bioéthiciens), cet organe permanent rend des avis sur les problèmes éthiques généraux suscités par les biotechnologies. Mais parfois opposés aux textes issus du parlement européen sur les mêmes questions, ses avis n'ont pas la force de ceux émanés des instances nationales. En effet, le parlement de Strasbourg s'est toujours montré circonspect vis-à-vis du développement des biotechnologies de sorte que le GCB se retrouve dans une position délicate face à un organe doté de la légitimité démocratique sans qu'il puisse, en raison des modalités de désignation (administrative) de ses membres, prétendre à une légitimité propre, tirée de son expérience ou d'une expertise indiscutable. La pluralité des cultures bioéthiques des divers pays européens s'accommode mal de ce que certains seraient tentés de désigner comme une sorte de "centralisme éthique".

Cet activisme éthique de la France ne doit pas, cependant, se résumer à une querelle de modèle administratif. À l'instar des industries culturelles, la France joue en matière de biomédecine et de biotechnologies, un rôle singulier plus profond. Refusant de livrer les produits issus du vivant ou de la culture aux seules forces du marché, elle a pris le parti d'intégrer aux mécanismes économiques des préoccupations humanistes. Il reste à prouver que cet objectif peut être bien servi par le type d'instances que sa tradition administrative lui a fait établir et une "doctrine" qui, en la matière, tend parfois au dogmatisme. Ne serait-il pas souhaitable qu'une bioéthique francophone émerge et se fasse entendre?

L'ÉTAT DE DROIT

Jacques CHEVALLIER
Professeur à l'université Panthéon-Assas (Paris II)

Le concept d'État de droit est né à la fin du XIXe siècle dans la pensée juridique allemande (*Rechtstaat*) puis française. Il répond alors au besoin de fondation du droit public, par l'affirmation du principe d'*assujettissement de l'État au droit*. L'objectif est d'encadrer et de limiter la puissance de l'État par le droit au moyen de la *hiérarchie des normes*, dont le respect doit être garanti par l'intervention d'un *juge indépendant*.

L'État de droit implique ainsi le contrôle juridictionnel, non seulement de la conformité de l'action administrative à la loi, mais encore de la subordination de la loi à la Constitution. Au-delà de considérations propres au champ juridique, la théorie comporte d'évidentes implications politiques: la logique représentative aurait en effet été, aux yeux de la doctrine juridique de l'époque, dénaturée et pervertie par la démocratisation du suffrage, qui aboutit à la tyrannie des majorités. Aussi, le droit se trouve-t-il investi d'une fonction essentielle d'encadrement et de régulation du fonctionnement politique. Néanmoins, la théorie ne sera qu'imparfaitement traduite en droit positif, notamment en France, du fait de l'absence d'introduction du contrôle de constitutionnalité des lois.

Au cours du XXe siècle, la théorie de l'État de droit a connu deux types d'évolutions. D'une part, une rigueur plus grande sera observée dans la construction de l'ordre juridique: tandis que les contraintes de la coopération internationale et de l'intégration européenne amenaient à intégrer des sources de droit externes dans la hiérarchie des normes, la suprématie constitutionnelle s'est trouvée garantie par l'institution, sous des formes diverses, d'un contrôle de constitutionnalité des lois. D'autre part, et surtout, la conception formelle originaire sera intégrée, après la Seconde Guerre mondiale, dans une vision plus large: il est apparu en effet, à la suite de l'effondrement du fascisme et du national-socialisme, que l'État de droit ne saurait être réduit à un simple agencement hiérarchisé de normes, sans prise en compte du contenu même de ces normes. Par-delà la hiérarchie des normes, l'État de droit allait être désormais entendu comme impliquant l'adhésion à un ensemble de principes et de valeurs bénéficiant d'une consécration juridique explicite et assortis de mécanismes de protection appropriés: dans tous les pays libéraux, le socle de l'État de droit est constitué par un ensemble de *droits fondamentaux*, inscrits dans des textes de valeur juridique supérieure; la hiérarchie des normes devient ainsi un moyen de protection de ces droits.

L'État de droit s'est cependant trouvé, au cours des années quatre-vingt, investi d'une portée toute nouvelle, en devenant une des références majeures du discours politique et un des attributs substantiels de l'organisation politique: tous les acteurs politiques sont tenus de sacrifier au culte de l'État de droit, en s'efforçant de capter à leur profit ce qui est devenu une ressource idéologique de première importance et un argument d'autorité dans le débat politique; et tout État qui se respecte doit se parer des couleurs avenantes de l'État de droit, qui apparaît comme un label nécessaire sur le plan international, mieux encore comme un élément constitutif de l'État, une composante de sa définition. Le thème de l'État de droit s'est ainsi mondialisé en gagnant progressivement l'ensemble des systèmes politiques: si la référence de l'État de droit sera à l'Ouest indissolublement liée à la crise de l'État providence, elle marquera symboliquement à l'Est la sortie du système totalitaire et au Sud la fin de l'autoritarisme. L'État de droit se présente ainsi dans les sociétés contemporaines comme une véritable *contrainte axiologique* dont dépend la légitimité politique.

Cette promotion n'est pas dénuée d'*effets politiques*. Elle montre qu'une *conception nouvelle de la démocratie* tend à prévaloir dans les sociétés contemporaines: la démocratie n'est plus synonyme de pouvoir sans partage des élus mais elle est censée supposer encore le respect du pluralisme, la participation plus directe des citoyens avec choix collectifs et la garantie des droits et libertés. L'État de droit devient ainsi le vecteur d'une "démocratie juridique", qui est aussi une "démocratie de substance" fondée sur des droits, et une "démocratie de procédure" impliquant le respect de certaines règles par les autorités publiques. Cette conception favorise la *montée en puissance du pouvoir juridictionnel.* Le juge apparaît en effet comme la clef de voûte et la condition de réalisation de l'État de droit: la hiérarchie des normes ne devient effective que si elle est juridictionnellement sanctionnée et les droits fondamentaux ne sont réellement assurés que si un juge est là pour en assurer la protection; le culte du droit aboutit ainsi à la sacralisation du juge. Cette montée en puissance du pouvoir juridictionnel est particulièrement nette en ce qui concerne le juge constitutionnel, qui est devenu un acteur à part entière du jeu politique. Le pouvoir des juges a pris cependant des formes nouvelles au début des années quatre-vingt dix, à partir du moment où des magistrats se sont mis, dans plusieurs pays occidentaux, à traquer les pratiques de corruption politique. On voit ainsi émerger les figures nouvelles du juge "inquisiteur", mieux encore "purificateur", qui se donne la mission d'assainir et de moraliser la vie politique, au risque de raviver le spectre du "gouvernement des juges".

Ainsi propulsé sur le marché des produits idéologiques, le concept d'État de droit risque fort d'être victime d'un *effet de mode*: omniprésent dans le discours politique, c'est devenu l'une de ces formules "passe partout", "omnibus", qui recouvre les significations les plus variées; servant de caution et d'habillage aux projets les plus contradictoires. Son usage tend à se banaliser et à se ritualiser. Néanmoins, au-delà de ces vicissitudes, l'État de droit apparaît indissociable de la conception libérale de l'organisation politique: donnant à voir un pouvoir limité, parce qu'assujetti à des règles, il implique que les gouvernants ne sont pas au-dessus des lois, mais exercent une fonction encadrée et régie par le droit; et la diffusion actuelle du thème semble montrer que cette vision tend à se mondialiser en devenant la caution de la légitimité de tout pouvoir.

FRANCOPHONIE ET MONDIALISATION: UNE OCCASION À SAISIR

Jean-François de RAYMOND
Universitaire et diplomate

La "mondialisation" touche l'organisation des hommes et des sociétés sur la planète où tout vient en interaction, suivant une nécessité irrévocable. Elle concerne directement la francophonie dont elle menace la langue et la culture. Pourtant, notre communauté, qui a atteint sa majorité, a aujourd'hui les moyens de saisir l'occasion offerte par ce décloisonnement général pour faire valoir sa spécificité.

Le fait est universel; on ne reviendra pas aux états antérieurs des relations internationales et interpersonnelles. Certes, on peut lui retrouver des prémisses avec l'expansion des empires et les impérialismes culturels, linguistiques, économiques, de l'Empire romain aux superpuissances du XXe siècle.

Des économies régionales, voire "mondiales", ont dominé le monde qui se limitait alors aux régions occidentales.

La marchandisation du monde est présente chez Adam Smith. Plus tard, ses modalités et ses conséquences commanderont les analyses de "l'homme unidimensionnel". Toutefois, l'interdépendance entre les régions du monde a vu s'étendre après la Deuxième Guerre mondiale une interconnexion qui s'est intensifiée, en même temps que se répandait un même modèle de pensée, tandis que la dématérialisation des capitaux permettait leur transfert instantané. Ce phénomène, en donnant naissance à une nouvelle configuration du monde, atteint de plein fouet la Francophonie en même temps qu'il lui offre une chance inédite de s'affirmer dans sa spécificité et d'enrichir le monde de sa marque.

Environnement, technologie, économie

Toutes les sociétés qui ont interprété à court terme l'objectif cartésien de la maîtrise et de la possession de la nature subissent les conséquences de l'industrialisation sur l'environnement. Les pollutions, pas davantage que les microbes au temps des épidémies, ne sont arrêtées par les frontières. La sensibilité à l'environnement et l'exigence de l'écologie sont devenues mondiales, là où peut se former et se formuler la conscience des conditions de la survie de l'espèce. Mais l'environnement concerne également les relations internationales où un flux de 15 à 17 millions de demandeurs d'asile – politique et économique – fuient des zones d'instabilité ou de dangers politiques et sociaux vers des pays et des ensembles régionaux démocratiques et aux économies développées où se dessinent des zones d'accueil espéré. La Francophonie a un rôle dans ce mouvement.

La manifestation la plus visible de la mondialisation provient des transformations dues à la technologie des télécommunications et de l'information. En moins d'un siècle, nous sommes passés de communications traditionnelles, voire archaïques, à des systèmes qui permettent de dominer l'espace et presque le temps. Pour la première fois se réalisent l'ubiquité et la simultanéité qui annulent la distance et le délai. Nous sommes contemporains de ce qui se passe aux antipodes, où nous pouvons intervenir en *temps réel*, en *direct*. Cette situation exige une capacité d'analyser et de décider sans la protection des délais et de savoir vérifier la validité de ce que répandent les circuits électroniques où chacun peut intervenir. Cela exige du bon sens, présupposé par une éducation à l'esprit critique.

L'autre conséquence visible de la mondialisation – qu'elle concerne la localisation des entreprises, le commerce, les transferts de capitaux – porte sur l'économie. Le marché mondial, ramifié suivant le critère de moindre coût, contribue à déstructurer et à restructurer les flux et les biens: il universalise une vision mercantile des ressources humaines, techniques et naturelles. La mondialisation opère une coupure avec territoires et nations: une *dénationalisation*. Elle déstructure des économies et les restructure par des investissements étrangers, des *joint venture*, des contrats indifférents au développement local, comme on le voit dans les délocalisations d'entreprises qui prennent fin lorsque les conditions d'exploitation y apparaissent moins profitables qu'ailleurs, la production selon les zones de moindre coût, suivant une rationalité réglée par un calcul d'optimisation soutenu par des spéculations financières auxquelles la dérégulation laisse libre cours. Les firmes multinationales ont des budgets et des pouvoirs comparables à ceux des États, des centres de décision non limités par des frontières nationales, des dirigeants proches des appareils d'État. Ces nouvelles relations relèguent dans un âge mythique, le rêve d'une harmonie naturelle des intérêts et la volonté de construire un *Noël* auquel avait cru la communauté internationale il y a un quart de siècle.

> **Économie et politique**
>
> À la crise de l'économie nationale correspond celle de l'État: une décomposition du politique, secondarisé par l'internationalisation et la mercantilisation, l'éclatement des ensembles historiques constitués et centralisés. La mondialisation atteint directement les États-nations. Non seulement elle limite leur pouvoir mais elle précipite la fin de l'État-providence qui prévoit des assurances générales et des protections sociales et y pourvoit. Le pouvoir de l'État est aussi limité par le multilatéral où de grandes institutions régionales ou mondiales – l'UE, l'ALÉNA, l'OUA, celles de l'ONU – reçoivent une part de sa souveraineté, tandis que la décentralisation des pouvoirs et des compétences vers les collectivités territoriales concurrence son rôle d'autant que ces collectivités cherchent souvent à se doter d'institutions et de politiques internationales.
>
> La mondialisation provoque en même temps des réactions de sens inverse, d'affirmation ou de revendication de particularismes communautaires voulant se poser au-dessus des lois – le particulier prétend à l'universel – ce qui intensifie le processus de décomposition du tissu politique par repli sur la petite entité: le clan, la tribu, l'ethnie, et suscite rivalités et conflits (pour 185 États reconnus par l'ONU, on dénombre plus de 5000 particularismes culturels dans le monde). L'hétérogénéité et la parcellisation varient avec l'extension de l'homogénéisation.

Culture globale/culture de la francophonie

Ces transformations touchent au plus profond la culture, la formation des idées, l'usage de la langue où les effets encore incalculables de la mondialisation atteignent particulièrement la Francophonie.

D'un côté, la mondialisation favorise les mouvements par lesquels l'humanité transcende ses divisions pour se reconnaître dans l'image qu'elle se donne d'elle-même à travers les valeurs communes à toutes les civilisations – dans les institutions humanitaires, la recherche de la paix, l'indignation devant l'intolérable. En réduisant les distances entre les êtres, les idées et les lieux, elle génère un sentiment d'appartenance globale, notamment chez les jeunes générations qui forment un universalisme et la volonté de préserver l'avenir. En même temps, la libre circulation des personnes, des idées et des capitaux, la reconnaissance mutuelle des diplômes, permettent l'émergence du non-officiel, celle d'associations et de moyens différenciés de mise en valeur de ressources et de projets partagés qui promeuvent de l'inédit. La mondialisation contribuerait enfin à renforcer la Francophonie et son rayonnement en démultipliant le savoir et en assurant sa diffusion immédiate, en induisant une attitude de tolérance, en reconnaissant la pertinence de normes et de valeurs multiples, de langues et de modèles, c'est-à-dire de manières d'être au monde.

Pourtant, la mondialisation menace la culture de la Francophonie. D'une part, elle entraîne un éclatement de cette culture dont les débris ne permettent pas de reconstruire le puzzle qui lui donne sens – chacun voit alors à partir du fragment qu'il prend pour le tout. D'autre part, l'uniformisation et la réduction de la culture accompagnée par les mêmes produits et suscitant les mêmes modèles de réactions. Cette pseudo-culture n'a plus de lien avec une histoire, une nation ou une autre, même si elle adopte le ton et la couleur d'un lieu, c'est le produit d'une déculturation. L'illusion ou le mirage d'une "culture globale" universelle réduite au plus petit dénominateur commun, nécessaire pour survivre où que ce soit, ne correspond qu'à une nouvelle ignorance.

La seule culture mondialisée serait la culture technologique, qui suppose le jugement, c'est-à-dire une culture préalable qui permettrait de reconnaître la pluralité de ses origines et le pluralisme linguistique. Or, l'extension d'une langue unique, portée par la technologie et la puissance économique, s'impose au détriment des langues nationales qu'elle secondarise. La *culture* perd ainsi en contenu ce qu'elle semble gagner en extension, car à force de simplification pour permettre à tous de s'y reconnaître dans des attitudes, des opinions, des objets communs, on réduit sa signification à l'équivalence de tout et à la consonance avec tous: un *culturellement correct* dépourvu d'enracinement, de repères et de sens. La culture se réduit alors au spectacle, voire au spectaculaire, à la *performance* coupée de son origine, et à *l'information* qui transmet sur l'écran de télévision des images banalisées du monde.

Les chances de la Francophonie

Refuser la mondialisation serait nier le réel. Un repli conduirait à l'isolement, celui qui userait ses énergies à s'y cantonner. Toutefois, constater le fait de la mondialisation n'oblige ni à accepter toutes ses conséquences comme une fatalité en renonçant à l'action ni à négliger l'occasion unique qu'elle offre.

La voix politique dont la Francophonie se dote dorénavant, témoigne d'une vision d'avenir de 49 États et gouvernements qui la composent. Sa préoccupation sociale n'est pas renvoyée aux seules conséquences de l'économique mais se traduit dans la solidarité qui peut être reconnue comme l'une de ses spécificités, tandis que la culture, forte de chacune de celles qui la constituent, exprimée dans une langue partagée, donne sens à l'ensemble.

C'est aujourd'hui la plus belle entreprise du changement de siècle qui est aussi celui du millénaire. Cette entreprise de paix, de développement mutuel et de promotion culturelle est capable d'enthousiasmer, de susciter la générosité et d'attirer les compétences. L'ensemble dépasse les 300 millions d'habitants des pays membres, si l'on prend en compte les milliers de francophones dans les autres pays, avec leurs références culturelles et leurs passions francophones. La place et le message de la Francophonie sont essentiels à la mondialisation.

XXVIIᵉ Congrès de l'Association des sociétés de philosophie de langue française (Québec, Université Laval, 18-22 août 1998)

L'Association des sociétés de philosophie de langue française réunit des membres de près d'une soixantaine de pays de la francophonie disséminés sur les cinq continents. Les derniers congrès se sont tous tenus dans des pays francophones: Tunis (1992) *La différence*; Lausanne (1994) *La nature*; Paris (1996) *L'esprit cartésien*.

Le Congrès de Québec est centré sur *La métaphysique: son histoire, sa critique, ses enjeux*. Il s'agit de questionner les grands thèmes de la philosophie depuis les origines de la culture grecque, berceau de la démocratie, en insistant notamment sur les questions éthiques et politiques. Le congrès sera l'occasion de discussions pour la perpétuation de la réflexion critique et de la libre pensée dans ce qu'on pourrait appeler les sociétés "ouvertes" contemporaines.

Par cette orientation, le Congrès de Québec renoue avec le premier grand Congrès de l'ASPLF, en 1938 à Marseille, qui avait connu un très grand retentissement.

Le dynamisme remarquable de l'ASPLF est un élément important sur la scène de la francophonie internationale, peu de sociétés savantes ayant un écho aussi large.

Information et inscription: XXVIIᵉ Congrès de l'ASPLF, Faculté de philosophie, Université Laval, Québec (Québec), G1K 7P4, Téléphone: (418) 656-2244, Fax: (418) 656-7267, Courriel: asplf@fp.ulaval.ca, Site Internet: http://www.ulaval.ca/fp/asplf.html

LA FRANCOPHONIE... DEMAIN

Jean SAGUI
Docteur d'État de science économique

"En annonçant, dès 1958, six milliards d'hommes pour l'an 2000, les Nations Unies[1] ont largement contribué à la prise de conscience politique de l'enjeu de la croissance démographique et à la diffusion du thème de l'explosion démographique du Tiers Monde"

L'échéance est proche, et il y aura bel et bien six milliards d'hommes sur notre planète à la fin du XXᵉ siècle. Mais déjà en 1974, de nouvelles études des Nations Unies laissaient prévoir dans leurs projections à long terme un ralentissement de la croissance de la population mondiale jusqu'à son arrêt complet, avec un plafonnement de l'espérance de vie à la naissance et du taux de fécondité. "Les différentes régions du monde étaient évidemment censées atteindre ces normes en ordre dispersé, l'Afrique y accédant la dernière en 2070 pour la fécondité et en 2075 pour l'espérance de vie à la naissance", rapporte J. Vallin.

La stabilisation de la population mondiale prévue à ce terme devrait se faire au niveau de 12,2 milliards.

Des études plus récentes permettent d'affiner ces projections. Le tableau ci-dessous, dressé pour la première moitié de XXIᵉ siècle avec les données publiées dans *World population projections* 1994-95, publication de la Banque mondiale, fait apparaître le ralentissement sensible de la croissance de la population mondiale dès la fin de ce siècle, ralentissement qui prend plus d'ampleur tout au long du siècle suivant:

Évolution de la population mondiale				
En milliers d'habitants	1990	2000	2025	2050
Hommes	2 652 994	3 081 455	4 077 043	4 778 436
Femmes	2 613 0113	3 032 225	4 044 192	4 799 870
TOTAL	5 626 007	6 113 680	8 121 236	9 578 306
Taux de croissance annuels				
En %	1990-2000	2000-2025		2025-2050
	1,49	1,14		0,66

L'évolution de la population mondiale ne se fera pas d'une façon homogène, et au terme du XXIe siècle, et sans aucun doute à l'issue des cinquante premières années, les rapports que nous connaissons actuellement entre les différentes régions du monde seront plus ou moins profondément modifiés.

Dès lors se pose une importante question pour l'avenir de la Francophonie: son poids démographique qui constitue un élément non négligeable de son influence politique, et un élément non moins négligeable de sa prise en compte éventuelle comme marché économique, sera-t-il encore suffisant pour lui permettre de poursuivre et de défendre les objectifs culturels et politiques qu'elle s'est assignés ou qu'elle se propose de se fixer.

Évolution démographique des pays francophones

Toujours basé sur les données de la publication de la Banque mondiale précitée, ce second tableau qui regroupe tous les pays participent aux Sommets de la Francophonie, les classe par zones géographiques, présentation qui fait

Évolution de la population des pays francophones

par zones géographiques						
	Population en milliers d'habitants				Taux de croissance annuel en %		
A- EUROPE	1990	2000	2025	2050	1990-2000	2000-2025	2025-2050
Belgique	9 967	10 126	9 887	9 295	0,16	-0,10	-0,25
Bulgarie	8 636	8 231	7 687	7 270	-0,48	-0,27	-0,22
France	56 735	59 425	62 555	61 645	0,46	0,21	0,06
Luxembourg	382	420	420	396	0,95	0,00	-0,24
Moldavie	4 368	4 428	5 063	5 457	0,14	0,54	0,30
Roumanie	23 200	22 714	22 791	22 470	-0,21	0,01	-0,06
Suisse	6 712	7 268	7 336	6 849	0,80	0,04	-0,27
TOTAUX	110 000	112 612	115 739	113 382	0,14	0,11	-0,08
B - ASIE ET PACIFIQUE							
Cambodge	8 610	10 879	15 567	19 003	2,34	1,43	0,80
Laos	4 140	5 500	10 009	14 102	2,84	2,39	1,37
Nouvelle Calédonie	168	194	253	290	1,44	1,06	0,55
Polynésie française	198	252	357	427	2,42	1,39	0,72
Vanuatu	148	192	312	406	2,60	1,94	1,06
Vietnam	66 233	82 014	116 830	142 409	2,14	1,42	0,79
TOTAUX	79 497	99 031	143 328	176 637	2,20	1,48	0,84

314

C - AFRIQUE DU NORD ET MÉDITÉRRANÉE

Égypte	52 426	62 694	85 940	102 621	1,79	1,26	-0,06
Liban	3 635	4 345	5 770	6 786	1,79	1,13	0,65
Maroc	25 091	30 355	43 036	52 100	1,90	1,40	0,76
Tunisie	8 074	10 006	14 224	17 225	2,15	1,41	0,77
TOTAUX	89 226	107 400	148 970	178 732	1,85	1,31	0,73

D - AFRIQUE SUBSAHARIENNE

Bénin	4 740	6 295	10 743	14 558	2,84	2,14	1,22
Burkina Faso	9 016	12 156	24 035	36 204	2,98	2,73	1,64
Burundi	5 492	7 232	13 672	20 170	2,75	2,55	1,56
Cameroun	11 524	15 549	27 963	38 779	3,00	2,35	1,31
Cap-Vert	371	470	726	944	2,36	1,74	1,05
Centrafrique	3 008	3 687	7 330	11 011	2,51	2,56	1,63
Rép. dém. du Congo	37 391	50 613	96 568	139 508	3,03	2,58	1,47
Rép. pop. du Congo	2 276	3 138	6 365	9 704	3,21	2,83	1,69
Côte d'Ivoire	11 980	17 230	34 286	50 306	3,70	2,79	1,55
Djibouti	497	758	1 307	1 768	4,23	2,18	1,21
Gabon	1 136	1 515	2 980	4 519	2,88	2,71	1,67
Guinée	5 755	7 628	14 566	21 363	2,82	2,59	1,53
Guinée-Bissau	980	1 197	1 945	2 639	2,00	1,94	1,22
Guinée équatoriale	417	524	835	1 103	2,29	1,86	1,40
Mali	8 460	11 542	24 154	36853	3,11	2,95	1,69
Mauritanie	1 969	2 609	5 044	7 468	2,81	2,64	1,57
Niger	7 666	10 662	23 556	40 370	3,30	3,17	2,15
Rwanda	6 950	8 652	12 816	16 239	2,19	1,57	0,95
São Tomé e Princípe	115	151	240	313	2,73	1,85	1,06
Sénégal	7 404	9 686	16 317	21 817	2,69	2,09	1,16
Tchad	5 680	7 353	13 622	19 456	2,58	2,47	1,43
Togo	3 638	5 001	9 548	13 713	3,18	2,59	1,45
TOTAUX	136 465	183 648	348 618	508 805	2,96	2,53	1,49

E - AMÉRIQUE

Canada	26 522	29 512	34 208	34 394	1,07	0,59	0,02
Dominique	72	77	106	126	0,65	1,27	0,72
Guadeloupe	390	440	544	597	1,20	0,85	0,37
Guyane	115	172	210	230	4,03	0,80	0,36
Haïti	6 472	7 682	10492	13 083	1,71	1,25	0,88
Martinique	360	393	458	488	0,87	0,62	0,25
Sainte-Lucie	150	176	249	310	1,59	1,39	0,88
TOTAUX	34 081	38 452	46 267	49 228	1,21	0,74	0,25

F - OCÉAN INDIEN

Comores	475	673	1 359	1 995	3,49	2,81	1,54
Madagascar	11 672	15 500	26 238	35 284	2,84	2,11	1,18
Maurice	1 075	1 192	1 452	1 573	1,03	0,76	0,32
Mayotte	73	106	207	300	3,68	2,70	1,48
Réunion	593	681	872	978	1,39	0,99	0,46
Seychelles	68	74	97	113	0,91	1,04	0,62
TOTAUX	13 956	18 226	30 225	40 243	2,72	2,20	1,15

ENSEMBLE FRANCOPHONE

TOTAUX	463 225	559 369	833 147	1 067 027	1,90	1,61	0,99

apparaître, au plan démographique, une certaine homogénéité sur l'ensemble de la période considérée.

Au cours de la première moitié du XXIᵉ siècle, la population des pays francophones doublera, passant d'un demi-milliard à un peu plus d'un milliard. Ce sont les pays européens qui parviendront les premiers à la phase de stabilisation, le plafond étant, pour eux, atteint autour de 2025. Par contre, les pays francophones de l'Afrique sub-saharienne n'atteindront pas leur plafond en fin de période. À ce terme, leur population globale constituera à peu près la moitié de la population de l'ensemble des pays francophones; entre 1990 et 2050, son effectif sera multiplié par plus de 3,5.

Les pays francophones de l'océan Indien connaîtront un accroissement global légèrement moins élevé; cependant, au cours de cette même période, leur population triplera.

La région Asie-Pacifique, qui représente un peu moins de 6% de la population des pays francophones atteindra environ 7,5% de celle-ci (la croissance de ce rapport est beaucoup plus rapide pour les seuls pays du Sud-Est asiatique) sous l'effet du doublement de cette population au cours de la période considérée. Le même phénomène sera observé pour les pays de la zone "Afrique du nord et Méditerranée".

Enfin, on constate un accroissement moins rapide de la population de l'ensemble des pays francophones de la zone américaine dont l'effectif en fin de période ne devrait pas dépasser une fois et demie celui de 1990.

En ce qui concerne les taux de croisance annuels, l'évolution ne sera pas la même pour la population mondiale et la population des pays francophones. À quelques exceptions près, on observe pour la plupart des pays une baisse de ces taux, baisse qui commence à se généraliser à partir de l'an 2 000. Cependant, si l'on considère les seuls pays francophones de l'Afrique sub-saharienne, dont les taux de croissance annuels resteront élevés pendant le premier quart du XXIᵉ siècle, et dont l'influence sur l'évolution démographique de l'ensemble francophone est importante, on constate que le fléchissement du taux de croissance moyen annuel pour l'ensemble n'interviendra qu'à partir de 2025. Par contre, l'évolution du taux de croissance annuel de la population mondiale connaîtra une baisse régulière tout au long de la période prise en considération, c'est-à-dire de 1990 à 2050.

En résumé, il est clair que le rapport de la population des pays participant aux Sommets de la Francophonie à la population mondiale, ne restera pas stable; établi à 8,4% en 1990, il accusera un léger fléchissement au début du XXIᵉ siècle en passant à 8,17%, puis connaîtra un net redressement à partir de 2025 pour atteindre 10,25% en 2050.

Il y a là, semble-t-il, de quoi faire réfléchir le prochain Sommet de Hanoi si l'évolution à long terme de la langue française intéresse ses participants.

[1] *Réflexions sur l'avenir de la population mondiale* - Jacques Vallin - les dossiers du CEPED, nᵒ 25, Paris mai 1994.

LITTÉRATURE ET LANGUE FRANÇAISE

CULTURE VIETNAMIENNE

I – LE POÈTE CÙ HUY CÂN

Cù Huy Cân, membre du Haut Conseil de la Francophonie, ingénieur agronome de formation, ancien ministre et vice-président du Conseil national des arts et des lettres, raconte son parcours poétique.

Nous avons une belle littérature écrite qui a débuté dès le Xe siècle en langue chinoise classique. On peut comparer cette langue au latin en France. À la fin du XIIe siècle, nous avons créé notre écriture idéographique: le *Nôm*, en empruntant les idéogrammes à la langue chinoise. Notre langue est très nuancée puisqu'elle comprend six tons au lieu de cinq en chinois. Un idéogramme pourra donc signifier six choses différentes suivant la tonalité: rêve, flou, tante, graisse, etc.

À partir du XIVe siècle, on distingue deux volets dans la littérature: celle en langue chinoise puis celle en langue traditionnelle. À cette époque, le Vietnam était appelé le Dai-Viêt. À la charnière du XIVe et du XVe siècle, nous avons eu un grand poète, Nguyên Trai (1380-1442) qui a écrit 204 poèmes en chinois classique. Parfois, ses poèmes se trouvent à l'intersection de la poésie et de l'action: "Un autre jour d'autres occupations m'appelleront peut-être ailleurs". Il fut le libérateur de notre pays et fut décapité avec sa famille. L'écrivain Yveline Féray a relaté cette époque dans un livre intitulé *Dix mille printemps* édité chez Julliard en 1989.

En 1490 fut fondée l'Académie royale de littérature composée de 28 membres nommés *Étoiles*. Le XVIIIe siècle est le grand siècle de la littérature et de la culture, à l'instar de votre siècle des lumières. C'est la période du préromantisme chez nous. Nous avons trois grands poètes dont deux femmes (Hô Xûông et Doàn Thi Diêm).

On peut lire moult contes, récits et romans en vers. Nguyen Du (1765-1820) constitue à elle seule le sommet de la littérature classique. À titre d'exemple, on peut citer ce long poème sublime intitulé *Appel aux âmes errantes* qui s'adresse à ceux qui meurent sans laisser d'enfants pour entretenir leur culte:

Peut-on encore parler de sagesse et de sottise!
En ce début d'automne, sur l'Autel de la Rémission.
La branche de saule est aspergée d'eau lustrale.
Puisse Bouddha miséricordieux leur accorder l'absolution
Les délivrer de la souffrance, les conduire vers l 'Ouest promis.

Dans les années 1930, on voit fleurir la littérature en prose. C'est la littérature d'aujourd'hui dans laquelle je m'insère.

En raison de mon parcours politique avec Hô Chi Min et Fidel Castro, mon œuvre est imprégnée de mon action politique, notamment mon premier recueil de poèmes *Lua thiêng* (Le feu sacré) sorti en 1940. En 1941, je m'engage dans la Résistance. Par la suite, parallèlement à mon action politique et culturelle, j'écrirai une vingtaine de recueils de poèmes.

Je fus nommé à 25 ans, en 1945, à la fois inspecteur général de la République et ministre de l'Agriculture. J'avais fait des études d'ingénieur en agronomie. Puis je fus vice-ministre de l'Intérieur fin 1946. Ensuite, il y a eu la guerre avec les Français puis avec les Américains. De 1984 à 1987, je fus nommé ministre des Affaires culturelles. Mais la poésie fait partie de mon être, elle a toujours été imprégnée de la nature, de la beauté, de l'humanisme. Quant à moi, je suis pénétré de culture occidentale.

Quand on est vietnamien, on est né poète ou non. On devient ingénieur, à force d'études, ministre, par mandat du peuple ou par chance personnelle. Mais, lorsqu'on est né poète, on le reste jusqu'à la mort.

Chemin de village, fleurs sauvages et odeur de paille fraîche...
Elle et moi nous allions sur la route parfumée.
Terre brodée de lumière
Ombrages des bambous succédant aux ombrages des flamboyants.[1]

Le peuple vietnamien est très courageux. Il est agressé par la nature (inondations, typhons, tempêtes...). Nous sommes un peuple humaniste. Nous épousons les méandres de la vie. Nous devons vivre avec la nature, les éléments. Nous vivons de l'eau pour plusieurs raisons: la culture du riz, la pêche; l'eau est nécessaire à la vie quotidienne, mais elle est très mal répartie dans notre pays. Le peuple vietnamien connaît bien la forêt. Elle fut notre alliée pendant la guerre. L'eau est omniprésente au Vietnam. L'eau, c'est aussi la Vie, la Joie, la Tristesse...

Le fleuve au gré des flots déroule la tristesse.
La barque suit rapide, les courants parallèles.
La barque fuit, l'eau vient: chagrin de tous côtés
Une branche de bois mort dérive en détresse. (...)
De grands cumulus glissent, dessinent des cimes d'argent.
Penchant l'aile l'oiseau fait choir le crépuscule
La nostalgie au fil de la marée ondule.
Sans fumée vespérale naît bien le souvenir.[2]

---

[1] Extrait du poème "La route parfumée", tiré de l'ouvrage *Marées de la mer Orientale* de Cù Huy Cân (traduit du vietnamien par Paul Schneider), Ed. Orphée La Différence.
[2] Extrait du poème "Fleuve immense", tiré du même recueil.

II – HÙU NGOC SOCIOLOGUE DE LA CULTURE

Hùu Ngoc, ancien ministre des Affaires culturelles,
écrivain et chercheur célèbre en culture et en sociologie
vietnamiennes, voit la culture vietnamienne comme
une mosaïque de cultures.

Tout d'abord, la culture d'un pays commence par sa dénomination. Étymologiquement, Vietnam s'écrit en vietnamien en deux mots puisque la langue est monosyllabique: *Viêt*, désigne le groupe ethnique des Viêts; et *Nam*, veut dire sud. Cela signifie donc pays des Viêts du Sud. On pourrait établir un rapprochement avec le mot Yougoslavie (Yougo: Sud, et Slavie: pays des Slaves). Seul le groupe ethnique du Sud parvient à conserver son identité, résistant à l'assimilation chinoise au nord malgré une domination de mille ans.

En fait, la culture vietnamienne tient en la formule suivante: 1000 + 1000 + 900 + 80 + 30. Mille ans avant J.-C., période de formation de l'identité nationale vietnamienne; puis 1 000 ans d'occupation et de domination chinoise; 900 ans d'indépendance nationale (938-1862), les dynasties nationales se succèdent (les rapports avec la Chine sont placés sous le signe de la résistance); 80 ans de colonisation française (1862-1945) avec l'occupation japonaise entre 1940 et 1945; 30 ans de guerre d'indépendance (révolution de 1945 à 1975): guerre de résistance contre les Français terminée par Dien Bien Phu (1945-54); guerre de résistance contre les Américains (1965-1975), avec l'aide de l'URSS.

Le Vietnam s'est réunifié en 1976. Il fut admis à l'ONU en 1977. Depuis 1975, tous les efforts sont faits pour surmonter la crise économique et sociale avec une politique de rénovation en 1986. Un État de droit s'est instauré en 1989. Un code a été élaboré et des lois promulguées.

La culture vietnamienne est issue de l'amalgame des langues française et vietnamienne, auquel se sont ajoutées des influences diverses comme les cultes marxiste et américain, etc. Cet apport occidental dans la culture vietnamienne est une évidence par la langue française, par sa pensée et par ses coutumes. Le pain, le café, les carottes sont les *restes* des Français. Il y a une multitude d'éléments qui sont ancrés dans nos habitudes, qui font partie de notre culture d'aujourd'hui.

La rencontre de deux cultures si différentes, à savoir, la culture occidentale basée sur l'individualisme judéo-chrétien avec la culture asiatique (Chine, Corée, Indochine) basée sur le sens communautaire, doit être apprivoisée, afin d'éviter un choc. C'est le problème de l'équilibre de la balance. Établir l'équilibre ce n'est pas vouloir calquer une culture sur une autre, ou un système économique sur un autre. Dans les années 1980, il était inconcevable qu'un Vietnamien puisse avoir un tête-à-tête avec un étranger. La libération de l'économie, née avec l'ouverture aux pays étrangers, fut suivie tout de suite d'une volonté de libéralisation dans les domaines culturels.

Les mots *culture et économie* sont intimement liés au Sommet de Hanoi. Pour préserver sa culture, on ne peut échapper à l'économie. Dans les années 1950, nous pensions que le modèle socialiste pouvait nous aider à nous développer, mais l'application de ce modèle a montré ses insuffisances. Dans les années 1960, nous avons fait des tentatives de réformes. Les efforts n'ont pas suffi pour sauver ce système. Un grand programme de privatisation s'est mis en place, une économie de marché s'est installée peu à peu. Le Vietnam s'est relevé en 1989 grâce aux exportations de riz et de pétrole. Nous devons rattraper notre retard économique; il faut faire des profits en préservant notre identité culturelle.

Le Vietnam est un pays pragmatique sachant évoluer selon les événements.

La langue a son importance mais la culture est plus importante encore. Un peuple riche, c'est un peuple fort et cultivé qui crée en principe une société équitable et civilisée. Un pays riche peut mettre en œuvre des opérations coûteuses pour préserver ou découvrir son patrimoine et le faire connaître au monde entier. D'où la nécessité des vases communicants entre la culture et l'économie.

Le ministère des Affaires étrangères du Québec a donné une aide pour la réédition de mon livre, *Esquisses pour un portrait de la culture vietnamienne*, dans le but de l'offrir aux 49 chefs d'État et de gouvernement ainsi qu'aux ministres présents. C'est une véritable bible, dans le sens où le portrait de la culture qui en est fait va chercher sa source dans la genèse de ce pays, c'est-à-dire mille ans avant J.-C. jusqu'à nos jours. Toutes les facettes de la culture y sont présentées sous formes de nouvelles (pérégrinations, théâtre, poésie, coutumes et chants populaires, festivités, arts, nourriture, mythes et histoires, famille et société, spiritualité); ou sous forme d'extraits lorsqu'il s'agit de la littérature classique et populaire vietnamiennes, de la poésie, de fables, de contes, de romans populaires en vers *Nôm*, de la chanson populaire... Il est même fait état des traditions culturelles françaises au Vietnam.

Disons tout simplement que je suis devenu l'importateur et l'exportateur de la culture. J'ai fait connaître à l'étranger la culture et surtout la littérature vietnamienne par le véhicule de la langue française. J'ai contribué également à diffuser au Vietnam des connaissances sur les cultures étrangères, notamment allemande, japonaise, suédoise, américaine, française.... J'avoue que dans mon *commerce d'articles culturels*, j'ai un faible pour les articles de Paris...

Propos recueillis par Marie-Aimée RANDOT-SCHELL

Le Vietnamien sans peine

Pour mieux s'imprégner de la culture vietnamienne, il faut apprendre la langue. Dô Thê Dung et Lê Thanh Thy, journalistes à RFI, ont préparé la méthode "Le vietnamien sans peine" (ASSIMIL) comprenant un livre assorti de quatre cassettes. Vous apprendrez que les carottes, alors inconnues avant que les Français n'arrivent, sont appelées *navets rouges* car il n'y a pas de mot d'origine. La francophonie passe aussi par des produits courants qui furent cultivés ou fabriqués à cause de – ou grâce à – la colonisation. Il en est de même pour le pain devenu, pour la même raison, un produit de base en plus du riz. Les produits français résistent!

HOMMAGES

ANDRÉ FRANQUIN: DE L'HUMOUR BON ENFANT AUX IDÉES NOIRES 1924 - 1997

Dans l'œuvre du père (très) spirituel du Marsupilami et de Gaston Lagaffe, alternent les gags purs et une dénonciation des maux de la société.

Parce que, pendant quelque trente ans, c'est prioritairement pour de jeunes lecteurs qu'il dessina, André Franquin fut contraint de tempérer son humour, à défaut de lui limer les dents. Dans un premier temps – dans le sillage de l'optimiste Jijé qui fut son mentor – il composa donc des aventures de Spirou dans un esprit plutôt *bon enfant*. Très vite, pourtant, s'autorisa-t-il à y dénoncer la bêtise et la méchanceté. Ainsi, dans l'un de ses chefs-d'œuvre, *Il y a un sorcier à Champignac*, réalisé en 1950/1951 –, pointa-t-il un index accusateur sur le racisme "ordinaire", montrant des villageois qui prêtent tous les péchés d'Israël à des gitans qui n'ont contre eux que d'être démunis de racines visibles: normal, puisqu'il sont *fils du Vent...*

Pagaille

Dans le même *Sorcier*, Franquin mit en scène, pour la première fois, le maire de Champignac. À travers ce caricatural mandataire public, qui s'enlise dans ses ronflants discours (l'*Achille Talon* de Greg s'en est-il souvenu?), Franquin tourne en dérision tout ce qui ressemble à une autorité constituée: l'Administration, par exemple. Plus tard, dans ses *Gaston,* il se moquera également des hommes d'affaires, c'est-à-dire du pouvoir de l'argent: qu'on songe aux incessants et explosifs reports de signatures de contrats de monsieur De Mesmaeker qui entraînent la pagaille dans la comptabilité. Pagaille dont le paresseux Gaston est l'infatigable (involontaire) organisateur.

D'autre part, dans ses albums de Spirou (dont il parlait généralement volontiers – pour les condamner implicitement – les lieux de privation de liberté: le zoo où l'on enferme le Marsupilami, ou la geôle du *Prisonnier du bouddha*, et décrira aussi le drame qui vit un *faux coupable*, en l'occurrence le Fantasio de la *Mauvaise tête*, manipulé par son machiavélique sosie.

Mais l'humour de Franquin qui se définissait comme étant "un potache attardé" s'attaquerait bientôt aux détenteurs du pouvoir absolu: c'est pourquoi il créa le tyran Zantafio, pour *Le Dictateur et le Champignon*, évoluant dans une Amérique "d'opérette" qui rappelait celle de *L'Oreille cassée* de Hergé. Bien évidemment aussi, dans sa galerie de caractères, Franquin introduira – pour faire contrepoids à l'honnête et farfelu scientifique qu'est ce cousin du professeur Tournesol, le comte de Champignac (jailli en 1950 de l'imagination de Henri Gillain, alias Jean Darc, le frère de Jijé) – un savant redoutablement fêlé mais pas criminel, de tendance mégalomane et revancharde: Zorglub dont les "méfaits" déchaîneront des gags en cascade.

L'humour de Franquin se traduisant moins par le verbe que par le graphisme, d'une étourdissante efficacité: un graphisme acéré, fulgurant. On ne voit guère que Maurice Tillieux (Gil Jourdan) qui ait réussi à mélanger à ce point un rythme narratif vertigineux et des gags générateurs d'hilarité instantanée; mais chez Tillieux, les dialogues comptaient davantage.

Anxieux

À l'instar de Hergé, Franquin fut un grand anxieux. Dépressif même. Aussi, exprimat-il ses tourments intérieurs au travers de dessins très étrangers à ses "gentils" Spirou.

Proliférèrent donc, sous sa plume, des petits monstres qui nourriraient un singulier bestiaire. De ses angoisses, Franquin tira surtout le matériau de ses *Idées noires* qui sont, peut-être, les dessins auxquels l'artiste tenait le plus car, véritables miroirs de ses épreuves intérieures, dont il tentait de se libérer par l'humour. Des instantanés, porteurs d'un douloureux vécu: tels apparaissent ces dessins grinçants, dont certains (la montée du Christ au Golgotha, par exemple) ont pu légitimement heurter des lecteurs.

Exigeantissime Franquin! Pas pour un empire il n'eût livré au public un dessin sur lequel il n'aurait d'abord peiné comme un damné pour qu'il exprimât un effet comique maximal. Un bourreau de travail qui savait que rien n'est plus difficile que de faire rire; rien de plus noble, non plus.

Gaston le sans-emploi

Reste Gaston! Probablement le *non-personnage*, le *sans-emploi* le plus savoureux de la B.D., dont la statue polychrome s'érige sur un boulevard de Bruxelles, à proximité immédiate du dynamique Centre belge de la Bande dessinée, rue des Sables. Gaston, dont Franquin illustrera plus de neuf cents gags pour le bonheur d'innombrables lecteurs. Une sorte de rêveur qui se double d'un inventeur qui, par ses bricolages farfelus, renvoie dos à dos les trouvailles du comte de Champignac et celles de Zorglub. Comme quoi Franquin se sera moqué aussi de la science, de la technique.

Il y a une quinzaine d'années, à des journaliste de *La Libre Belgique*, André Franquin confiait: "Je suis si peu sûr de mes gags que je dois semer dans les images des petites surprises pour favoriser une seconde lecture." Et lorsqu'on l'interrogeait sur ses *Idées noires*, il confiait:

"C'est un peu Gaston trempé dans la suie... j'ai toujours eu aussi beaucoup de plaisir à raconter des histoires horribles. Un jour, Greg m'a écrit un scénario où il y avait une séance de torture pour rire. Fantasio était torturé par le docteur Kilikil et le supplice consistait à faire grincer une craie sur un tableau. J'y ai rajouté du mien, parce que le gars se casse un ongle! Ça a paru, et une foule de gens ont spontanément réagi."

Comment as-tu pu dessiner ça, toi qui ne fais jamais que des choses gentilles? "Ça m'a prodigieusement amusé."

Franquin – qui prétendait être plus féroce critique (cf. ses passionnants entretiens avec Numa Sadoul – *Et Franquin créa la Gaffe*, édité en 1986 par Distri BD/Schlirf Book et diffusés par Dargaud) se définissait comme un pessimiste vibrant à certaines injustices, mais – corrigeait-il – *ce n'est pas parce qu'on est pessimiste qu'on n'aime pas la tendresse*.

Au-delà des commentaires, des tentatives d'analyse – et Dieu sait si son œuvre en suscita parfois de très intelligents –, il nous reste la quarantaine d'albums de Franquin – à relire durant des heures et des heures, avec un plaisir qui ne s'émousse pas. Œuvre-miroir d'une imagination en perpétuel mouvement et reflet d'une colossale énergie créatrice, d'un travail de titan.

Insistons-y enfin: l'auteur du *Gorille a bonne mine* fut prioritairement un graphiste exceptionnel. Pour s'en convaincre, s'il le fallait encore, que l'on consulte donc l'un de ses plus humoristiques mais de ses moins connus ouvrages, *Signé Franquin*, paru chez Dupuis en 1992, qui montre tout ce que cet artiste exceptionnel put tirer – comme matériau comique – de sa simple signature... Livre où l'on lit, sous sa plume, ce mot qui sera le meilleur des mots de conclusion: "Pour faire un gag, on peut dire qu'il suffit d'une rencontre entre trois éléments: un personnage, un accessoire et une situation ou une ambiance. Mais le reste est difficile à exprimer." Difficile? Vous avez dit impossible?

Francis MATTHYS (*W+B*)

JACQUES PRÉVERT
1900 – 1977

Il y a vingt ans, le 11 avril 1977, Jacques Prévert nous quittait. Il fut le poète le plus populaire de son temps avec son recueil Paroles *(1946) vendu à plus d'un million d'exemplaires.*

Il fut, à la fois et tour à tour, poète, parolier, scénariste, dialoguiste, homme de théâtre, jongleur de mots, dessinateur et créateur de collages... Mais auparavant, ses poésies, marquées par l'irrespect de toutes les valeurs usuelles – de la patrie à la religion en passant par l'honneur ou la famille –, furent publiées dans des revues d'avant-garde. Toute sa vie, il mena une existence en marge de la littérature officielle.

Ce fut d'abord le poète qui enchanta les enfants. Ils ont appris et apprennent toujours ses poésies; certains murmurent encore, bien que devenus adultes *Une souris verte...*, *Une fourmi de 18 mètres...*; ou fredonnent *Un petit oiseau, un petit poisson s'aimaient d'amour tendre...* Ces textes ont traversé les mers et les cieux par le biais, notamment, de la voix suave et envoûtante de Juliette Gréco. Il a aussi immortalisé Paris avec ses chansons; *Les feuilles mortes* ont volé autour du monde. Le poète s'est révélé au détour de l'aventure du surréalisme aux côtés de Breton, Queneau, Tanguy, Man Ray... "J'écris pour faire plaisir à beaucoup et en emmerder quelques-uns", dira-t-il un jour.

Il devint célèbre ensuite comme scénariste et comme dialoguiste. En 1928, Marcel Duhamel finance le film *Souvenirs de Paris* auquel collaborent Jacques Prévert et son frère Pierre. En 1938, Jacques Prévert adapte *Le Quai des brumes* pour Carné et *Les Disparus de Saint-Agil* pour Christian Jaque. Il écrit en 1942 *Les Visiteurs du soir* et *Les Enfants du paradis* que Carné porta à l'écran, etc.

Enfin, rendons hommage à l'homme aux mille et un talents, à celui homme qui jonglait avec les mots pour mieux les adoucir ou les acérer, selon la cible. Cet homme qui a surpris, intrigué, inquiété, enchanté, ensorcelé chacun de nous par ses mots à la résonance si particulière. Cet amoureux des vers, militant avec le groupe Octobre, écrivant et jouant pour lui ses pièces, déclarait: "Quand je ne serai plus là, ils n'en finiront pas de dire des conneries et me connaîtront mieux que moi-même".

Afin de ne pas trop dire de *conneries*, je me suis contentée de résumer sa vie en relatant certains faits connus de tous. Car son œuvre comprend des dizaines d'ouvrages et de recueils, des dizaines de pièces, des dizaines de dialogues pour le cinéma, des dizaines de collages, etc. Ce qui est, du reste, un bien pâle reflet de la réalité de ce génial poète disparu.

Marie-Aimée RANDOT-SCHELL

GEORGES HENEIN, LE SURRÉALISME EN ÉGYPTE 1914 – 1977

> *Égyptien qui donna à son pays sa part de Belles Lettres et qui lui permit de participer au festival mondial de l'imaginaire, il est aussi l'interprète fidèle d'un mouvement qui voulait émanciper l'art du roman et du poème.*

Georges Henein est la production du tremblement de terre qui bouleversa la littérature au XXᵉ siècle; ce tremblement de terre qui a fait surgir du fond de l'être des textes, infernaux ou paradisiaques, qui s'attaquent à des cibles sensées ou insensées, lisibles ou dicibles en un formidable effort de l'être parlant vers les ressources du Verbe, de l'irréel et du silence.

En voulant supprimer les tabous, goûter l'inutile, entendre le silence, palper l'essence de l'idée encore non exprimée, il s'est su condamné d'avance; mais il a voulu mener jusqu'à la fin sa quête difficile pour ne pas dire impossible.

Un défi à l'idéologie orientale

De son vivant, il voulait se faire rare et il fuyait toute célébrité momentanée et fugitive. Rien ne l'attirait autant qu'un lecteur attentif capable de s'attarder des heures entières devant un mot, une phrase. Il ne voulait pas que ses textes fussent l'objet d'un passe-temps ordinaire du grand public. Il cherchait l'élite capable de goûter son art et de l'apprécier à sa juste valeur. Ainsi, à sa mort, ceux qui le connaissaient étaient relativement peu nombreux mais ils savaient que celui qui venait de les quitter était un grand poète et un grand nom qui supporterait l'épreuve du temps et ils ne s'étaient pas trompés.

Toutefois, il faut signaler que bien que la plus grande partie de son œuvre fût publiée après sa mort par l'intermédiaire de sa femme, une partie non négligeable parut en Égypte et en France de son vivant. En 1938, il publia à Paris quelques-uns de ses poèmes sous le titre de *Déraison d'être*. Ce livre causa un grand scandale en Égypte. Son titre, à lui seul, fut considéré comme un défi à toute l'idéologie orientale. En 1947, il publia, toujours à Paris, aux Éditions de Minuit, *Un temps de petite fille*. En 1956, parut à Paris *Le Seuil interdit*.

Il participa à des œuvres collectives: *La Poésie surréaliste*, où il écrivit trois textes: *Beau fixe, Wally, Lucrezia; La Petite Encyclopédie politique,* où il signa 24 articles.

Sa place était réservée dans des revues littéraires d'une grande importance: ainsi fit-il paraître *Un luxe de combat* dans l'Arc. Il préfaça l'*Anthologie de la littérature arabe contemporaine* et fit quelques conférences qui furent publiées par la suite dans la *Revue des conférences françaises en Orient*.

Ses œuvres posthumes se succéderont à partir de 1977. Des textes inédits y figurent à côté des anciens. À la veuve du poète revient le mérite de cette publication qui a été reçue très chaleureusement par les critiques.

Le véritable et seul problème de Georges Henein est: comment déconditionner l'homme. Pour y arriver, il faut supprimer le temps qui l'emprisonne dans une époque déterminée, le libérer de l'angoisse qu'il ressent face à la mort et le mener au "non-temps". Nous ne sommes pas devant un poète qui demande au temps de suspendre son vol et aux heures propices de suspendre leurs cours; mais devant un écrivain qui, comme les chansons, a rêvé de supprimer totalement le temps pour revenir à l'*Illud tempus*, de s'unir à l'espace, de faire partie de ce grand univers où tous les éléments s'accordent et s'unissent afin de former un tout harmonieux et inséparable.

L'œuvre de Georges Henein, à l'image de l'auteur, est fuyante, insaisissable. Elle échappe et se dérobe à toute prise. Il faut encore ajouter à ceci la nature de la matière sur laquelle il travaillait. Atteindre l'essence humaine, surprendre le mystère de la vie dans toute sa plénitude fut et reste le rêve jamais atteint de l'humanité. Chaque fois qu'il appareillait, il se heurtait à une impasse. Ce silence dont d'écho se répétait à l'infini, cette opacité aveuglante, le tourmentaient et ses écrits, à l'image de son cœur, saignent abondamment.

Henein et le surréalisme

Georges Henein occupe une place d'honneur dans l'histoire de l'art et de la littérature égyptienne aussi bien que française. En Égypte, il était à la tête de l'avant-garde intellectuelle qui milita courageusement pour libérer de toute contrainte la pensée, le rêve et l'imagination. Il fut parmi les premiers à faire connaître le surréalisme en Égypte, mouvement qui se fait sentir jusqu'à présent dans toutes les manifestations de l'art.

Ce sont ses écrits qui ont nourri l'imagination des artistes égyptiens. Sa plume incitait leurs pinceaux et son angoisse jetait son ombre sur leurs toiles. Georges Henein participa à l'activité culturelle égyptienne alors qu'il n'avait pas vingt ans. Dès l'âge de seize ans, ses écrits étaient les lumières annonciatrices de la grande aventure où s'engageait définitivement ce poète si précoce et si étonnant. Ses premiers écrits parurent en 1934 dans la revue *Un effort* que publiait le groupe des Essayistes, comme il fit paraître la même année *Suite et fin* et le *Rappel à l'ordre*.

Fort de sa jeunesse et de son enthousiasme, Georges Henein fonda avec un groupe d'amis en 1939 une société littéraire, *Art et liberté*, et une maison d'édition, *Masses*. La Société littéraire prêchait le retour à un art totalement indépendant de toute orientation politique et notamment de toutes tendances nazie et fasciste, lesquelles gagnaient chaque jour du terrain. À partir de 1940, Georges Henein écrivit dans la revue *El Tatawar* quelques articles très audacieux pour l'époque. Il fut l'un des rédacteurs les plus assidus d'un grand nombre de revues et de journaux de l'époque notamment *Don Quichotte*, *La Semaine égyptienne*, *Le Progrès égyptien*, *La Femme nouvelle*, *La Bourse égyptienne*, la *Revue du Caire*, *Al Magallah Al Gadida*, *Watani*, *Savoir*, *Images* et *La Patrie*.

Georges Henein n'a pas été seulement un artiste créateur mais aussi un intellectuel qui fit connaître à ses compatriotes la pensée et la culture françaises. Il était parmi ceux qui ont apprécié à sa juste valeur toute la beauté de l'œuvre d'un Lautréamont, d'un Rimbaud, d'un Mallarmé, d'un Gide ou d'un Calet, ce qui eut une influence décisive sur la pensée et la littérature égyptiennes des années quarante et cinquante. Cet écrivain avait entretenu une correspondance régulière avec un grand nombre de ses contemporains les plus célèbres. Parmi eux, André Gide, André Breton, Henri Michaux, Henri Calet, Yves Bonnefoy.

Georges Henein peut être pour l'Égypte actuelle ce que Lautréamont fut pour la France surréaliste.

> ### Vers une attitude politique
>
> Nous ne devons pas oublier son rôle social et politique qui constitue une partie inséparable de l'idéologie surréaliste, puisque le but principal était d'aider l'homme à mieux vivre grâce à une connaissance parfaite de sa propre nature et de la nature environnante. Breton n'hésita pas à dire dans ses *Entretiens:* "Il n'en restait pas moins que cette condition sociale, totalement arbitraire et unique, en France, par exemple au XXᵉ siècle, constituait un écran interposé entre l'homme et ses vrais problèmes, écran qu'il s'agissait avant tout de crever".
>
> Ainsi Georges Henein, comme tout écrivain authentique, se trouve amené à prendre position même si sa vision de la vie et de l'univers semble, au premier abord, éloignée de tout ce qui est temporel et social en raison de l'impossibilité d'arracher l'homme du cadre en dehors duquel il ne peut vivre. Voulant jeter un coup d'œil scrutateur sur la condition de l'homme, Georges Henein n'a pas pu séparer celui-ci de la société dans laquelle il évolue et qui, quoi qu'on le veuille, exerce une influence décisive et déterminante sur sa façon de vivre et de penser.
>
> L'homme, à quelques exceptions près, est un être social. Aussi a-t-il instauré des régimes qu'il a parfois choisis et auxquels, d'autres fois, il fut contraint de se soumettre, mais qui ont toujours déterminé sa vie et ses actes. Personne ne peut nier que les régimes politiques dans leurs diverses formes constituent l'un des moyens d'accéder au bonheur, dans une certaine mesure, ou du moins de procurer à l'homme le sentiment de sa sécurité.
>
> Toute théorie politique prétend atteindre ces buts. Georges Henein s'interroge sur l'efficacité des divers régimes. Il voit que toute société policée empêche l'homme d'approcher de la vérité. Les textes politiques de l'écrivain, réunis dans *La Petite Encyclopédie politique* regroupent la somme de ses réflexions qui appartiennent à un éventail extrêmement riche. L'écrivain aboutit à cette constatation terrible: l'homme en tant qu'être social est irrémédiablement condamné. Aucune échappatoire ne s'offre à lui. Tous les régimes lui sont néfastes car tous font table rase de sa liberté individuelle, de ses capacités, de ses penchants intimes et le considèrent comme un simple chaînon d'une gigantesque machine.

L'essence du Verbe

Exsangue, il surmontait sa faiblesse pour essayer l'impossible. Ne pouvant atteindre l'essence humaine, il se tourna vers l'essence du verbe et ses recherches dans ce domaine furent multiples. Mais a-t-il réussi? Il ne faut pas chercher très loin la réponse. Georges Henein était assez courageux pour regarder en face ses échecs répétés:

> La parole est une plaie dont on ne peut se défendre que par un grand silence noir ou par la falsification forcenée de tout ce qui est contenu verbal, prétention à la signification. L'action est décourageante dans la mesure où elle est aussi, un langage. Je songe à l'épouvantable alphabet des sourds-muets[15].

La contestation de la puissance du verbe a peut-être poussé l'écrivain à ne pas publier la plus grande partie de son œuvre; tout comme Kafka l'a déjà fait avant lui. Probablement aussi, il s'est rendu compte que le silence est de beaucoup le plus éloquent: "L'important n'est pas de s'engager dans l'écriture; mais de s'en retirer avant d'être pris dans l'engrenage de la désignification. Je demande à voir de plus près l'interlocuteur de mon silence".

Georges Henein n'a donc réussi qu'à écarter partiellement les épais rideaux qui cachent l'insolite. En se jetant au milieu des ténèbres, ce grand aventurier est arrivé à bouleverser l'ordre immuable qui y régnait. Il est parvenu à y semer un désordre qui aurait permis de deviner certaines vérités. Mais ce

fut une clarté éphémère qui ne tarda pas à s'éclipser par l'effet de la profonde obscurité environnante. Cet homme ne maudissait pas l'inquiétude
qui le rongeait, au contraire, il la cultivait, car pour lui la grandeur de
l'homme, et forcément de l'écrivain, réside dans cette lutte continuelle et
sans merci qu'il livre aux puissances inconnues qui se jouent de lui. Sa
force réside dans un défi désespéré qui se connaît d'avance vaincu et broyé,
mais qui ne se déclare pas pour autant désarmé. C'est dans cette lutte iné-
gale et incessante que l'homme acquiert la certitude de sa valeur.

Le rêve cassé

Mais cette conscience aiguë de la réalité n'empêche pas l'écrivain de cares-
ser inlassablement le rêve le plus cher entre tous: la liberté. La liberté est le
pain quotidien dont ne peut se passer tout véritable artiste, mais dont ne
peuvent disposer que les enfants, seuls capables de changer le monde, car
ils sont innocents. Leurs mains ne sont pas encore salies, leurs âmes ne
sont pas encore souillées. Tout est possible. Le retour à l'enfance, à l'innocence, à la candeur ne fut-il pas le rêve qu'a toujours caressé Georges Henein?

Adel Sobhi TAKLA
Université de Zagazig - Égypte

Écrivain égyptien d'expression française, Georges Henein est né au Caire, Égypte,
en 1914 d'une mère italienne et d'un père égyptien. À l'âge de six ans, le petit
garçon alla à l'école, mais après son premier jour de classe, il refusa d'y retourner
et ses parents se plièrent à sa volonté. On fit appel à un précepteur jusqu'au jour
où son père fut nommé ambassadeur d'Égypte en Espagne, puis en Italie. À Rome,
il alla au lycée français Chateaubriand. Avant de terminer ses années d'études, son
père fut transféré au Caire et le jeune homme fut envoyé au lycée Pasteur à Paris
où il a obtenu son baccalauréat. Puis il a préparé une licence de droit à la Sorbonne, comme il a obtenu une licence d'histoire de la même université. Il est
mort en 1977.

L'HÉRITAGE DE GASTON MIRON
1928 – 1996

Le grand poète québécois est parti il y a quelques mois.
Il représentait le verbe, le geste et surtout la volonté du
peuple québécois d'occuper tout l'espace nord-américain
à sa disposition pour le rendre plus humain.

Gaston Miron me confiait un jour de 1967: "La poésie, c'est le brûlé des
choses". Durant les trente années de notre amitié, de nos
fréquentations et de nos discussions jusqu'à sa mort, survenue le 14
décembre 1996, il n'aura cessé de répondre à la question de la poésie par sa
conduite, par sa réflexion et, bien sûr, par ses poèmes, qui sont aujourd'hui
notre héritage.

L'art poétique de Gaston Miron, simple et cohérent, mais riche et complexe à la fois, se déploie dans ses discours privés et publics, dans ses lettres à des amis, dans nos conversations à tous deux aussi, dont j'ai parfois noté le propos ou la substance, à Montréal et durant nos voyages en France.

Surtout, j'ai connu le poète en état d'écriture, mâchonnant ses mots puis les notant sur une nappe de papier. La poésie lui apparaissait comme une figure de l'amour, comme un élan de la fraternité, comme la richesse de la vie entière enfin. Alors, les yeux de Miron s'illuminaient. Il était sûr d'être lui-même, vivant et aimé. Il était certain d'être capable d'aimer et de partager ses mots dans une langue universelle. Chaque poème était pour lui un projet d'existence. C'est pourquoi il cherchait sans cesse "un plus profond poème dans la langue".

La poésie était sa vie, malgré toutes ses dénégations. La poésie était aussi sa manière d'être et d'agir. "Toute poésie est une histoire d'amour avec la langue et chaque fois, dans son avancée, un nouveau rapport du *sujet-individuel* et du *sujet-collectif* avec elle", lançait-il en octobre 1983, en recevant le prix Athanase-David du Québec.

Le cheminement de Miron

Son cheminement, Miron l'a bien décrit dans une interview qu'il a accordée à Pierre Dalle Nogare à Paris en mars 1984: "Je ne peux pas me déprendre de ma naissance. Je me considère comme un pauvre en poésie, comme on dit: c'est un pauvre d'esprit. Parce que je n'avais aucune antériorité poétique. Je n'avais pas de langue non plus. Et chaque fois que j'écris, d'ailleurs, je n'ai pas de langue. J'admirais les Français d'avoir tant de facilité à s'exprimer, tant d'élocution, tant de vocabulaire. J'avais un rapport incertain avec la langue, douloureux, et je devais aller d'un mot à l'autre. Mais plus tard je me suis dit que c'était peut-être bien, parce que ça me force à créer mon propre langage et à inventer ma propre écriture."

"En fin de compte, pour moi, continue Miron, l'imaginaire, ce sont les figures du réel. Il y a un va-et-vient entre l'imaginaire et le réel. Et c'est le réel en devenir, l'imaginaire. L'homme ne peut avancer que s'il s'imagine autrement."

"Quant à la poésie, elle a une petite place dans notre culture, mais une place importante. Parce que la poésie, c'est un secteur de pointe dans la littérature. Ainsi bat le cœur de la poésie, ainsi bat le cœur de toute une littérature."

"Enfin, ajoute Miron, ce n'est pas une poésie combattante que j'ai écrite, c'est une poésie qui est toujours en lutte avec elle-même. Je suis sans cesse à me réécrire. Et je peux dire que ma vie est une écriture. Je suis toujours en état d'écriture, c'est-à-dire que je cours toujours après le mot juste."

Si le jeune Gaston Miron des années 1950 distinguait parfois son action d'animateur de sa présence de poète et d'écrivain, le Miron de la maturité réaffirmera sa passion absolue de la poésie et de la littérature. Au cours d'un entretien en 1985, il avait insisté: "Je n'ai jamais cessé d'écrire. C'est-à-dire que j'écris tout le temps. Même quand je n'écris pas, j'écris. Je pense qu'un écrivain écrit tout le temps dans sa tête. Tout ce qu'il voit, perçoit, ressent, tout de suite il en fait en lui-même une écriture. Moi, par exemple, je suis toujours à faire des phrases, même si je ne les écris pas. Je suis toujours à mâchonner des mots dans ma bouche, même si personne ne s'en aperçoit."

Recevant la médaille de l'Académie des lettres du Québec des mains de son "indéfectible ami" Jean-Guy Pilon, en 1990, Miron avouera: "J'ai aimé, même si je l'ai reniée cent et cent fois, la littérature, toute la littérature du monde, autant sinon plus que moi-même, certainement plus que mes propres compositions". Il ajoutera: "La littérature est l'invention vraie de soi (je précise qu'il s'agit du vrai littéraire), à la fois sur les plans individuel et collectif. (...) Né entre deux langues, entre deux *diglossies*, j'ai essayé de recommencer la langue dans ma langue, au sein de l'immensité de la langue passée, présente et future, à mes risques et périls."

Quand nous lui avons rendu hommage, en janvier 1994, en fêtant les quarante ans d'existence des éditions de l'Hexagone, maison qu'il a cofondée puis animée de 1953 à 1983 et où enfin il acceptait de faire paraître son œuvre, *L'Homme rapaillé*, Gaston Miron a répété: "Si peu que j'aie écrit, la littérature a été, est toujours toute ma vie. Et j'ai l'impression que c'est la même chose pour la plupart d'entre vous. La littérature est aussi une autre vie dans la même vie. C'est-à-dire dans le dire de soi à l'autre, avec notre manière à nous, qui est la littérature québécoise. Tous et toutes ensemble nous contribuons à l'inscrire dans la conscience des autres littératures, comme celles-ci s'inscrivent dans leur dire-de-soi respectif dans la nôtre."

Pour Gaston Miron, qui l'écrivait dans une lettre de 1954 à Claude Haeffely, poésie égale vie: "La condition poétique s'identifie avec la condition tout simplement vitale, je dirais humaine. C'est peut-être bien ainsi. Nous serons, à cause de cela, des hommes debout sans doute." Pour le poète, l'être est à la fois individuel et collectif. Miron se définit comme un "anthropoète". Dans une interview au journal *Le Monde* en 1981, il confiera au journaliste et poète André Laude: "Je vois la poésie comme une anthropologie, comme une défense et illustration d'un être collectif. La poésie est ce qui nous fait être et nous pose dans la durée alors que l'existence se dissout dans le temps."

On comprend alors le poète qui disait, recevant le prix Duvernay de la Société Saint-Jean-Baptiste, en mars 1978: "Ce prix signifie pour une bonne part la démarche et l'esprit qui furent les miens, dans l'occurrence, pour avoir bâti une œuvre avec les mots de mes héritages et pour que nous ayons un nom et un visage dans le monde."

Gaston Miron était un écrivain de la littérature parlée, ce qui le distingue des écrivains de l'oralité. Il aimait me rappeler un lapidaire qu'il attribuait à Gilbert Langevin: "Parler, c'est écrire dans l'espace". En fait, il se rebellait quand on disait qu'il faisait de la poésie orale. Dans une interview à Claude Filteau, Miron a bien précisé sa position là-dessus:

> J'ai cru moi-même faire une poésie orale. Quand je fais des lectures de mes poèmes, souvent je modifie des vers, je coupe des poèmes ou je relis deux poèmes dans un seul souffle, selon les circonstances et le public. Quand je suis dans la dimension corporelle des poèmes, la poésie devient une sorte de canevas. Néanmoins, je pense que c'est un mirage parce qu'il s'agit d'une poésie très écrite; je travaille extrêmement mes poèmes. Ceux-ci, comme on le disait, changent aussi en fonction de

nouveaux apports. Par ailleurs, je ne publierai pas un poème si je ne suis pas satisfait d'un vers. J'y reviendrai peut-être quinze ans après pour le mettre au point. J'ai pourtant publié d'autres poèmes en me disant qu'il y avait là deux ou trois vers qui ne me satisfaisaient pas, mais que globalement ces poèmes devaient être publiés. Dans une édition subséquente, je les corrigerai.

Ces remords, le poète les qualifiera de "vers en souffrance" et il les désignera comme tels dans l'édition 1993 de *L'Homme rapaillé*. Parce qu'il a entretenu une relation passionnée avec la poésie, parce qu'il la considérait comme un absolu, Gaston Miron n'a pas cessé d'avoir des démêlés avec elle. Mais il n'a jamais cessé non plus d'y risquer sa vie. Car la poésie est et doit être un risque. Un risque de langage. Il l'a écrit à Jacques Brault en 1954: "La poésie se fait en dehors de la poésie. Quand on ne sait pas si c'est ou non de la poésie. Quand le poète ne sait pas qu'il fait de la poésie. (...)"

En fait, le poète se tient devant l'infini des mots. "Les mots nous regardent, ils nous demandent de partir avec eux jusqu'à perte de vue", écrit encore Miron. Mais il y a "la fêlure", il y a "le manque" dont il a si souvent parlé. L'agonique se signale au centre de cette poésie, a bien noté Jacques Brault, en précisant: "La poésie de Miron commence et finit par l'amour."

> "Il y a comme une fêlure fondamentale en moi. C'est pourquoi je dis que la poésie, pour moi, dans le rapport à la langue, c'est le rapport à l'être. Mais c'est aussi le rapport à l'amour. Je ne sais pas, cette fêlure... C'est peut-être plus le manque-à-être que le mal-être (le mal-être, c'est le mal - ça ne veut rien dire, dans le fond). Mais le manque-à-être, c'est quelque chose de terrible. Alors, l'amour aussi est une façon de créer de l'être. Dans ce rapport à la langue, il y a aussi le rapport à l'amour. Donc le rapport à l'être est le rapport à l'amour, en tant que l'amour crée de l'être - que cet amour soit fusion, adhésion, indignation, révolte, mémoire. Enfin, tout pour moi est un rapport à l'être. Et c'est dans ce sens-là que je ne suis pas achevé et que je ne serai jamais achevé."
>
> **Gaston Miron**, *L'Homme rapaillé*, Montréal, Typo (poche), 1993; l'Hexagone (édition de luxe), 1994.

Jean ROYER
de l'Académie des lettres du Québec

UN ANNIVERSAIRE: 20 ANS DÉJÀ
LA BIBLIOTHÈQUE PUBLIQUE D'INFORMATION

> *Le président Pompidou affirmait en 1969 "Je voudrais passionnément que Paris possède un centre culturel qui soit à la fois un musée et un centre de création, où les arts plastiques voisineraient avec le cinéma, les livres, la recherche audiovisuelle."*

Il y a 20 ans, en 1977, le premier visiteur franchissait le seuil de la Bibliothèque publique d'information (BPI), devenue, au cœur du Centre Pompidou, la plus grande bibliothèque de lecture publique à Paris.

Cette bibliothèque ne ressemblait alors à aucune autre en France: ne prêtant pas, n'ayant aucun fonds destiné à la conservation, libre d'accès, permettant à ses visiteurs de s'initier tour à tour à des langues étrangères, de feuilleter le journal du jour, de regarder des diapositives, d'apprendre les meilleures tactiques au service du jeu d'échecs, de préparer un examen ou de tout savoir sur la création d'une entreprise; voisinant avec le plus grand musée français d'art moderne et contemporain, un centre de création industrielle en prise sur l'actualité du design et de l'architecture, la production de spectacles vivants et l'Institut de recherche acoustique musique...

D'abord surnommé panier à langouste, pompidolium, moulinette à culture, raffinerie ou usine à gaz, le Centre Pompidou a pu mesurer la valeur de l'utopie d'origine portée par l'ampleur nationale et internationale de son succès public. La bibliothèque accueille une moyenne quotidienne de 10 000 visiteurs, attirés par la pluralité de l'offre documentaire encyclopédique et multimédia comme par les multiples activités proposées (Festival international de films documentaires, expositions, débats, projections, colloques, promenades littéraires, etc). En chiffres, cela donne: 1800 places pour le public, 11 000 m², 15,5 km de rayonnages pour 350 000 titres de livres, 2500 abonnements de périodiques, 310 abonnements de microdocuments, 140 000 images fixes, 775 méthodes d'apprentissage pour 125 langues, 2500 films documentaires, 15 000 dossiers de presse, 150 logiciels, des vidéodisques, des documents sonores, des postes d'accès à Internet, le tout mis à la disposition de tous gratuitement et renouvelé en permanence.

C'est ainsi, et par d'autres voies comme des services à distance (via Internet ou le Minitel), une politique d'animation, de production éditoriale et de collaboration avec nombre d'institutions françaises et étrangères, que la BPI – établissement public – répond à la mission que l'État lui a confiée dans le décret de création: *"offrir à tous et, dans la mesure du possible, en libre accès, un choix constamment tenu à jour de collections françaises et étrangères de documents d'information générale et d'actualité, constituer un centre de recherche documentaire en liaison avec les autres centres, bibliothèques et établissements culturels, participer aux activités de l'ensemble culturel Georges Pompidou"*. Vingt années de l'existence de la BPI, tête de pont de la lecture publique en France, ont aussi étayé le développement considérable des médiathèques sur l'ensemble du territoire.

1998 ne sera cependant pas, pour la BPI, une année comme les autres: prévu pour accueillir 7 000 personnes par jour, le Centre reçoit en fait près de 25 000 visiteurs quotidiens, et l'usure de ce bâtiment dont Georges Pompidou pressentait qu'il allait "faire crier", même si elle n'est que la rançon du succès, nécessite, tout comme les modifications profondes de la société française, de revoir le projet d'origine: de 1998 à l'an 2000, la BPI se déploiera donc dans des locaux provisoires à proximité directe du bâtiment actuel. En l'an 2000, elle retrouvera toute sa place et garantira un bien meilleur confort à ses visiteurs dans un Centre rénové et repensé pour tenir compte des enjeux du siècle prochain, un Centre qui, selon les mots de Catherine Francklin*, "est un cœur qui, désormais, coûte que coûte, doit continuer à battre".

Colette TIMSIT

* in "Reconstruire Beaubourg", *Art-Press*, juillet-août 1990

LES CHAMPS LITTÉRAIRES AFRICAINS
COLLOQUE DE L'APELA

Du 24 au 27 septembre 1997, s'est tenu à Bruxelles le Colloque international de l'APELA (Association pour l'étude des littératures africaines) consacré cette année aux "champs littéraires africains". Les communications de P. Durant et de P. Aron, spécialistes des champs littéraires, ont permis de faire le point sur cette notion qui doit être utilisée dans toute sa rigueur scientifique afin d'éviter les risques d'une vulgarisation abusive. Mais si le champ littéraire français tel que l'appréhende P. Bourdieu fait preuve de suffisamment d'autonomie pour donner lieu à une étude cohérente, les champs littéraires africains, toujours en voie d'élaboration, multiplient les réseaux d'appartenances. Dès lors, les modalités d'application du concept doivent être adaptées à un contexte plurilingue et multipolaire et rendre compte de la dimension orale de ces littératures pour ne pas calquer la périodisation de "l'oraliture" sur celle de la production écrite. Les différentes communications ont reflété une problématique foncièrement plurielle, attentive aux circuits de production, à la diffusion internationale des textes africains, à la situation des écrivains exilés et aux liens que les auteurs entretiennent avec l'institution parisienne. Une place non négligeable a également été faite aux champs littéraires antillais et mauricien et aux questions de traduction. La nécessité de jeter des ponts entre les diverses aires de production, de diffusion et de réception a été unanimement signalée. Ce colloque, par les stimulantes questions qui y furent posées, par la qualité de son organisation que l'on doit à R. Fonkoua, K. Städtler et P. Halen, s'inscrit dans une volonté patiente de dialogue et d'ouverture. Deux qualités qui ont guidé la vie et l'œuvre du comparatiste belge Albert Gérard, récemment disparu, auquel fut consacré un bel hommage.

Véronique BONNET

CHERCHER NOS VÉRITÉS

"Pas un bout de ce monde qui ne porte mon empreinte digitale et mon calcaneum sur le dos des gratte-ciel et ma crasse dans le scintillement des gemmes."

Aimé Césaire, *Cahier d'un retour au pays natal*

Il y a une centaine d'années, il était assez simple de définir les Guadeloupéens, les Martiniquais ou les Haïtiens. D'abord, c'étaient des gens qui naissaient dans leurs îles. Cela semble une lapalissade. Pourtant la notion est d'importance. Ensuite, nous disent les démographes, 85% d'entre eux ne quittaient jamais la terre natale. À leur naissance, l'accoucheuse enfouissait leur placenta sous un arbre du jardin et par la suite, celui-ci devenait leur double pour la vie. À leur mort, on les enterrait sous les filaos dans le cimetière de leur commune au fond d'une fosse que délimitaient des conques de lambis blanchies à la chaux. Pour la plupart, ils ne s'exprimaient qu'en créole, le pidgin né dans le système de plantation et devenu langue maternelle. Ils ne pratiquaient guère le français puisque la durée moyenne de leur scolarité était de cinq ou six ans. Leur littérature était largement orale et en créole.

Aujourd'hui, tout est beaucoup plus complexe. D'abord, la Guadeloupe et la Martinique sont devenues des terres d'immigration. Des milliers d'Haïtiens, de Dominicains et d'originaires de la République dominicaine y sont installés en y apportant chacun un peu de leur culture. Ensuite, les démographes nous apprennent que seulement 30% des insulaires n'ont jamais quitté leur pays. Pour les autres, l'existence est une succession de va-et-vient entre leur île d'origine et non seulement la France, mais aussi les pays d'Europe susceptibles de leur offrir du travail. Quand ils s'établissent au pays, ils ne sont plus tels qu'ils en étaient partis et subtilement disséminent le changement. Enfin, plus d'un demi-million de Guadeloupéens et Martiniquais résident en France de façon permanente. Leurs enfants baptisés Deuxième Génération par les professionnels de l'immigration ne leur ressemblent plus guère. Ils s'expriment de la même manière que les petits Hexagonaux, leurs camarades de classe. Pour eux, cet accent antillais, avaleur de *r*, dont parle Frantz Fanon, n'est plus, Dieu merci, qu'un souvenir. Ils lisent rarement, mais regardent énormément de dessins animés japonais ou américains à la télévision. Ils ne connaissent le pays réel antillais qu'au travers de parenthèses de grandes vacances avec ou sans leurs parents chez des grands-mères et des tantes restées au pays.

Ou devenus adultes, au travers des cours de littérature antillaise de quelques professeurs spécialisés. Mes classes à Nanterre et Paris IV attiraient un grand nombre de ces jeunes nostalgiques. Le schéma de transplantation et de déracinement que je viens de décrire est commun à toutes les îles des Antilles, qu'elles soient de langue anglaise, de langue espagnole ou de langue néerlandaise. Londres, Liverpool, Amsterdam, New York, Miami possèdent chacune leurs quartiers ou les Caribéens se retrouvent pratiquement entre eux. Dans le cas des Haïtiens, ce schéma se complique. Un million d'Haïtiens vivent en Amérique (Canada et États-Unis compris). Un nombre égal a émigré en Europe; ce qui donne lieu à des combinaisons linguistiques surprenantes: jeunes Haïtiens de New York ou de Toronto conservant la pratique du créole, mais ayant perdu celle du français et s'exprimant en anglais. Ainsi, Edwige Danticat, transplantée à Brooklyn à huit ans, écrit son premier roman en anglais. Jeunes Haïtiens ne s'exprimant plus ni en français ni en créole, mais en allemand. J'en ai vu, de mes yeux vu, à Cologne. Ou en néerlandais. Il s'en trouve à Amsterdam.

De manière générale, ces communautés immigrées sont perçues de façon très négative par les Antillais restés plus ou moins à demeure au pays. Leur accent est raillé ainsi que leur incapacité à manier parfaitement le créole. Leur culture, manifestée dans de nombreuses associations, est rejetée, marginalisée parce qu'elle ne correspond pas à une norme définie comme authentique. Eux-mêmes sont affublés de sobriquets moqueurs. Les Guadeloupéens et les Martiniquais résidant en métropole sont appelés "négropolitains" ou "neg'zagonaux". Le seul domaine où la culture immigrée soit parvenue à s'imposer est le domaine musical. Car chacun oublie commodément que ce "zouk", un peu trop célébré, a d'abord poussé racines dans la région parisienne.

Parallèlement, ce n'est pas seulement l'identité antillaise qui dessine d'autres contours. Mais aussi l'identité européenne. Il y a quelques mois, *Blancs Gachés*, un reportage télévisé réalisé en Guadeloupe par E. René-Corail, a fait scandale. Au-delà de ses imperfections, il avait l'extraordinaire mérite de faire le portrait de ces Européens de plus en plus nombreux qui viennent couler leur vie au soleil des îles. Il serait facile de les évacuer comme autant de marginaux. Même si, pour un grand nombre d'entre eux, la drogue contribue largement à donner accès au paradis, ces Européens d'un genre nouveau témoignent d'un effondrement de la pyramide sociale d'antan. Le Blanc – et le titre le soulignait ironiquement – n'est plus seulement le planteur méprisant, le maître possesseur d'esclaves et d'habitations à la tête du morne. Il n'est même plus seulement le fonctionnaire comptant sur ses "40% de vie chère" pour acheter un appartement de retraite dans sa ville d'origine. Il peut être un ex-citadin lassé des contraintes de la société industrialisée. Il peut être un chômeur. Il peut même être un SDF. Et la colère des békés et des "métros", blessés jusqu'au plus profond de leur orgueil de classe et de race, a rejoint la grande peur des Antillais de couleur qui ne veulent pas que les conventions coloniales se modifient. Qui veulent continuer à haïr le Blanc et à le rendre responsable de tous les maux de leur société. Qui ne veulent pas admettre que l'esclavage, c'est fini.

La littérature de notre fin de XXe siècle ne tient aucun compte de ces bouleversements, de ces mutations et de ces redéfinitions d'*identité*. Il est vrai que l'on n'entend guère que la voix d'écrivains en résidence au pays. Il est savoureux de constater que tous ont été des "négropolitains" ou des "neg'zagonaux" pendant une période plus ou moins longue de leur vie. Néanmoins, ils l'oublient commodément et défendent une définition de l'Antillais, de l'être créole digne du temps où Lady Nugent visitait la Jamaïque (autour de 1839). Paradoxalement, pour se convaincre de "l'authenticité" de l'image de leur pays natal contenue dans leurs écrits, ils s'enorgueillissent de faire recette dans les milieux littéraires de l'Hexagone, toujours à la recherche de nouveaux exotismes. "L'agrégat interactionnel ou transactionnel" qui, chacun le reconnaît, est à la base du phénomène culturel antillais n'est pas solidifié comme une lave au flanc d'un volcan. C'est un constant magma. Sur le plan linguistique, les Antillais ne peuvent plus demeurer prisonniers de l'opposition binaire: créole/français. Celle-ci n'est qu'un héritage de l'obsession coloniale entre vainqueur et victime. Faussement révolutionnaire, cette dichotomie linguistique est en réalité passéiste et nie les découvertes fondamentales sur l'ordre et le pouvoir sociétal impliqué dans toute langue. Raphaël Confiant reprochant à Césaire de n'avoir pas écrit en créole nous étonne. Ne sait-il pas qu'il suffit pour l'écrivain de trouver son langage au-delà des langues, maternelles ou non? Césaire a forgé la parole césairienne, c'est tout ce qui nous importe. Comme le dit Wilson Harris, pour l'écrivain, "Language is the ground for an interior and active expedition through and beyond what is already known".

Que sont les Antilles d'aujourd'hui? Un lieu sans contours définis, poreux à tous les bruits lointains, traversé par toutes les influences, même les plus contradictoires. Le rap y voisine avec le gwoka. Le théâtre de boulevard avec la veillée à l'ancienne. La "root-poetry" de Max Rippon avec celle de Césaire ou de Derek Walcott. En dépit de leur insularité, on peut décrire leur culture comme une de ces "border cultures" dont parle l'écrivaine chicana Gloria Anzaldua. Les éléments culturels venus de partout se heurtent, saignent les uns contre les autres et donnent naissance à des formes nouvelles. Il faut valoriser les nouveaux métissages culturels qui remettent en question les métissages traditionnels déjà stratifiés par l'usage. Le métissage a toujours été la terreur des sociétés constituées qui veulent protéger le ventre de leurs femmes contre le sperme des mâles étrangers et par conséquent contre le changement.

Tout changement terrifie

Par sa littérature, l'Antillais exorcise sa peur de l'avenir et se persuade de la pérennité du présent. Pourtant, la littérature antillaise s'est toujours voulue l'expression d'une communauté. Écrire se veut un acte collectif. Même quand il dit "Je", l'écrivain antillais est censé penser "Nous". Dans leur récent ouvrage *Éloge de la créolité*, Bernabé, Chamoiseau et Confiant édictent des règles à l'intention des littérateurs. Il faut, leur ordonnent-ils, "chercher nos vérités. Affirmer que l'une des *missions* de cette écriture est de donner à voir les héros insignifiants, les héros anonymes, les oubliés de la chronique coloniale, ceux qui ont mené une résistance tout en détours et patience et qui ne correspondraient en rien à l'imagerie du héros occidentalo-français".

On pourrait faire longuement l'analyse de ce texte afin de démontrer qu'il traduit bien cette obsession coloniale que nous avons déjà dénoncée. Retenons simplement la première phrase: "Il faut chercher nos *vérités*". Quelles sont-elles en cette fin du XXᵉ siècle ? Et qui sommes-nous devenus? Déjà, une partie de la littérature haïtienne s'écrit en anglais en Amérique; une autre en français, mais au Québec. Une partie de la littérature des îles anglophones prend naissance à Londres et dans ses banlieues. Axel Rœhmer, écrivaine du Surinam, vit à La Haye et publie à Amsterdam. L'écrivain antillais n'est plus natif-natal et donc n'est plus créole au sens où on l'entendait au XVIIIᵉ siècle... et dans l'*Éloge de la créolité*. N'y a-t-il pas des versions multiples de l'antillanité? Des acceptions nouvelles de la créolité?

Ou peut-être devons-nous tout simplement méditer les phrases de Wilson Harris dans *The Banks of the River of Space* (1990): "*When one dreams, one dreams alone. When one writes a book, one is alone*".

Maryse CONDÉ

Voir: Maryse Condé et Madeleine Cottenet-Hage, *Penser la créolité*, Paris, Karthala.

REGARDS SUR L'ÉDITION AU LIBAN

En 1990, on estimait le nombre des maisons d'édition libanaises actives à environ 150, totalisant quelque 7 500 titres par an. Cependant, seuls 2 700 titres étaient réellement nouveaux, le reste étant constitué de réimpressions. La production se répartissant comme suit:

Sciences humaines	45%
Religion	20%
Jeunesse	15%
Histoire	11%
Sciences exactes	4%
Arts	2%
Divers	3%

Le paysage éditorial libanais reste aujourd'hui très morcelé. En 1988, dix éditeurs produisaient plus de trente nouveautés par an, et seules vingt maisons d'édition avaient une structure employant plus de vingt personnes. L'entreprise familiale est toujours la plus fréquente. Par ailleurs, l'Union des distributeurs arabes (UDA) vient de publier les résultats d'une étude réalisée au début de 1995. Il ressort que sur 2 714 publications de différentes périodicités (quotidiens, hebdomadaires, mensuels, trimestriels et annuels), le Liban vient en tête des pays arabes puisqu'il publie 1 358 titres, soit exactement 50% de l'ensemble contre 281 pour le Maroc et 145 pour l'Égypte. Viennent ensuite le Koweit (64 publications), l'Arabie Saoudite (50), Bahreïn (50), la Jordanie (46), le Yémen (37), la Tunisie (36), la Libye (34), la Syrie (31), le Soudan (25), les Émirats arabes unis (23), le Sultanat d'Oman et le Qatar se retrouvant en queue de peloton avec 11 publications pour chacun. Le Liban n'en a que plus de mérite car publier la moitié de toute la production du Monde arabe, malgré les dix-sept années de guerre et en dépit des difficultés dont il pâtit encore, est la preuve évidente que le pluralisme de la presse et la liberté d'opinion continuent d'être, au pays du Cèdre, une exigence et une priorité.

Deux tendances durables sont à noter dans l'évolution générale de la production éditoriale:

1) les traductions ne représentent aujourd'hui que 13% des titres nouveaux, alors qu'elles constituaient jusqu'à 75% dans les années cinquante;

2) les livres anciens et les livres classiques présentant peu de risques, constituent également 13% des titres paraissant annuellement.

Ils représentent plus de la moitié des titres atteignant des tirages de plus de 30 000 exemplaires, et leur proportion va croissant. Le livre au Liban atteint un public assez restreint. Il est parfois un objet de prestige, ce qui explique la faible proportion d'éditions de poche, et le nombre assez réduit des points de vente spécialisés ne facilite pas son développement. La lecture reste souvent associée à enseignement partiellement ou entièrement en français. À côté d'importations françaises très importantes, une production locale essaie de répondre aux besoins des écoles, avec des réussites variables. Beaucoup d'éditions se sont lancées sur le marché, avec un nombre d'ouvrages souvent réduit, en misant sur un prix de vente très inférieur aux productions importées. Plusieurs éditeurs ont ainsi mis sur pied des collections complètes de livres scolaires grâce au travail d'équipes pédagogiques locales. Une dizaine d'éditeurs, qui maintiennent simultanément une production arabophone et couvrent en langue française des secteurs aussi divers que les livres pour enfants, les sciences humaines, ou encore les dictionnaires. Les secteurs du livre pour la jeunesse et du parascolaire sont largement dominants. La littérature est également présente. Les œuvres de nombreux auteurs libanais d'expression française ont pu être publiées localement. Il convient de nommer en particulier: Dar al-Machriq, Dar An-Nahar, Fiches du Monde Arabe, Dar Na'man lil Thaqafa, Dar Nawfal, Dar An-Nahar, éditions Saint-Paul et Librairie Samir Éditeur. Et cependant, aucun de ces éditeurs courageux ne publie plus de cinq titres en langue française par an.

Des expériences de coédition avec des partenaires français se sont développées. Dans le domaine littéraire, des éditeurs passent des accords avec leurs homologues français, qui leur permettent de publier à l'identique, pour le marché libanais et levantin, des romans ou des essais à succès, en baissant le prix de vente au public de deux tiers environ.

À l'avenir, l'accent devrait être mis sur la recherche de solutions de partenariat originales, qui ne se développent pas au détriment de la vente des ouvrages français sur place, dans un climat de confiance retrouvée. Lors de la tenue de la dernière Foire internationale du livre, l'organisation par l'Agence de coopération culturelle et technique d'une table ronde sur la coopération entre éditeurs francophones du Sud, a montré les attentes des éditeurs libanais sur ce plan et a permis de mesurer le travail fait, dans ce même domaine, en Tunisie et au Maroc, où certains problèmes similaires se posent avec la même acuité.

Il fut un temps où le Liban était le quatrième importateur de livres français, ce qui représentait, en comparaison avec sa faible population, un phénomène exceptionnel qui étonna de nombreux éditeurs français prestigieux. De nos jours, le livre français reste très présent au Liban. La place de la langue française à l'école et à l'université contribue largement à maintenir la pratique du français. La demande pour le livre français est forte et n'est que très partiellement satisfaite par l'édition francophone locale. Le Liban reste donc un marché non négligeable pour les éditeurs français. En valeur absolue, les chiffres de l'importation sont en croissance rapide depuis 1990, date de la fin de la guerre.

	1991	1992	1993
		(en millions de Francs)	
Chiffre d'affaires	18,4	25,6	33,2
Variation annuelle	+82%	+39%	+29%

Ces chiffres reflètent avant tout la reprise des importations des livres scolaires. Les principaux acteurs français du secteur ont continué un travail de fond tout au long des années de guerre, et leur présence est aujourd'hui confortée. La distribution des importations françaises par secteur est la suivante:

Scolaire	30%
Pratique	22%
Littéraire	19%
Dictionnaires	13%
Sciences exactes et humaines	5%
Divers	11%

Les secteurs scolaire et parascolaire (dictionnaires, classiques littéraires) avoisinent donc les 70%. Il ne faut pas négliger pour autant la littérature générale, dont les chiffres d'importation ont augmenté sensiblement ces dernières années. Dans ce dernier domaine, les succès de librairie semblent correspondre d'assez près aux succès français. Le livre français bénéficie sur place de structures bien établies. Des professionnels compétents, libraires, distributeurs, principalement implantés à Beyrouth, ont une connaissance certaine du livre français ainsi qu'une implantation locale ancienne. Une quinzaine de grandes librairies importent directement de France, et cinq distributeurs permettent de diffuser le livre français au niveau local, dans des librairies de quartier.

Dans ce contexte, le problème principal auquel le livre français est confronté est celui du prix. Les livres importés sont devenus inaccessibles pour toute une partie de la population depuis la chute de la monnaie libanaise, au début des années quatre-vingt-dix. Le livre arabe est en effet généralement trois à quatre fois moins cher que le livre français. Il faut noter que les livres importés de France sont vendus au prix qui réduit les marges des professionnels libanais, qui doivent en outre supporter des coûts de transport importants.

Le problème du prix joue également en faveur du livre anglophone. À livre comparable, son prix est en effet en moyenne de 30% à 40% inférieur à celui du livre français, et la différence peut être plus importante, comme dans le secteur des sciences exactes. Cet écart significatif, qui s'accompagne de taux de remise aux libraires atteignant fréquemment les 50%, contribue au succès du livre anglophone. Cependant, malgré son prix attractif, le livre anglophone n'a pas, à ce jour, supplanté le livre français. En 1993, celui-ci représentait encore 56% des importations totales de livres, en amélioration par rapport aux deux années précédentes, ce qui indique l'attachement persistant à la langue française des lecteurs libanais.

De multiples actions de promotion ou d'exposition sont menées tout au long de l'année par les libraires francophones locaux. Ces manifestations montrent le dynamisme des libraires et contribuent au maintien de la présence francophone. Mais c'est avant tout le Salon *Livre en français* organisé tous les ans depuis 1992, et qui rassemble les quinze libraires francophones, sans doute les plus importants, qui constitue la vitrine la plus significative. Ce Salon auquel le grand public est maintenant habitué, a enregistré 80 000 visiteurs en dix jours en 1994, contre seulement 20 000 en 1992. Organisé sur un espace de 2 000 mètres carrés, il est relayé par tous les médias libanais, francophones, arabophones et anglophones. De nombreux écrivains français ont participé aux précédents Salons. Depuis 1994, les importateurs de musique d'expression française ont été associés au Salon, ce qui a contribué incontes-tablement à la réussite de l'édition 1994. Ce Salon constitue en effet le mo-ment idéal pour entrer en contact avec l'ensemble des partenaires libanais du livre français au Liban et mesurer la place réelle de celui-ci dans ce pays.

En 1995, le Salon s'est tenu du 3 au 12 novembre à Beyrouth, accueillant à nouveau les stands des libraires locaux, les animations pédagogiques, les studios de plusieurs radios et chaînes de télévision, des stands de musique française ainsi que de prestigieux invités.

La situation du livre français au Liban est globalement encourageante, même si tous les secteurs n'en profitent pas de la même façon. Après plusieurs années de croissance des importations, les professionnels français de l'édi-tion ont tout intérêt à se pencher sur les particularités du marché libanais afin de mettre sur pied, en consultation avec les libraires locaux, une poli-tique qui prenne en compte les problèmes du pays et des libraires, tant dans le domaine de la distribution et des conditions financières que dans la perspective de nouveaux processus de coédition. La visite, au mois de mai 1994, d'une délégation du Syndicat national français de l'édition a été perçue comme un signe du nouvel intérêt porté par la profession pour le Liban. Aujourd'hui, cette orientation ne doit pas être démentie, dans l'in-térêt de tous, et on ne peut que souhaiter que le Salon *Lire en français*, au-delà de son succès auprès du grand public, joue un rôle moteur dans l'éta-blissement de contacts fructueux entre partenaires français et libanais.

Encore ceci: le Liban dont partit la renaissance (*nahda*) au XIXe siècle, grâce surtout à ses hommes qui en transportèrent la flamme jusqu'au Caire, New York et Buenos Aires, fut aussi, dans les années 50-70, la maison d'édition par excellence de l'ensemble du Proche-Orient et l'on ne saurait faire l'his-toire de la littérature arabe de ce siècle finissant sans souligner le rôle égale-ment fondamental que fut celui des Libanais disséminés dans les pays de l'émigration (al-Mahjar). Comment dès lors occulter le rôle considérable de Beyrouth en tant que centre de reconnaissance des écrivains, artistes et pen-seurs arabes (et de leurs œuvres). Et c'est bien dans le foisonnement de la capitale libanaise que tous sauront trouver un lieu pour leurs pérégrina-tions et découvrir un espace de liberté pour *abriter* leurs singularités. En un mot, un rayonnement régional et pour les plus brillants, universel.

Reste un mot: la mise en place de ce que l'on pourrait appeler un *nouvel ordre méditerranéen*, constitue une chance historique pour l'ensemble du Proche-Orient. Des événements fondamentaux ont en effet eu lieu ces der-nières années, à commencer par l'instauration d'une paix au Liban et celle d'un dialogue israélo-palestinien que les deux parties entendent poursui-vre, contre vents et marées. Ces deux processus contribueront dans l'ave-nir à la stabilité de la région ainsi qu'à l'essor des échanges économiques et culturels. Et l'on est en droit d'imaginer le pays du Cèdre prêt à un nou-veau départ, à la recherche du temps perdu et de sa gloire passée, celui de meneur intellectuel de l'ensemble du Moyen-Orient.

Abdallah NAAMAN
Conseiller culturel du Liban

LA PATRIE LITTÉRAIRE DU COLONISÉ

Se résigner à écrire dans une autre langue que celle de la majorité de la nation, c'est perpétuer le fossé entre l'écrivain et la rue, entre le menu peuple et les privilégiés de l'argent ou de la culture. Les conséquences n'en sont pas seulement d'ordre moral: la mise à l'écart culturelle de la majorité d'un peuple a, très probablement, des résultats socialement et économiquement néfastes. À la longue, la scolarité pourrait également aider à combler ce fossé, mais constatons le dilemme actuel: on choisit une langue européenne pour éviter des dommages immédiats et pour aller vite; mais ce choix entraîne de nouveaux dommages, qui ne peuvent être réparés que par le temps.

Et puis, comment une nation qui vient à peine de se reconstruire, qui s'édifie encore péniblement, peut-elle se résigner à cette fragmentation d'elle-même? Avec le temps peut-être, si l'unification linguistique ne s'est pas faite, on pourrait concevoir une dualité ou même une multiplicité de langues. Mais au début des existences nationales, achever une libération sans la restauration d'une culture collective semblerait une insupportable carence; restaurer une culture sans sa langue de base, une absurdité. Nous voici devant ce troublant problème de l'identité collective (trop important pour l'évoquer longuement) et qui obsède tant de jeunes nations: pour réussir l'unification d'un peuple, sa constitution en nation moderne, ne faut-il pas postuler quelque profonde identité commune? Peut-être aussi, sommes-nous au seuil d'un domaine où le réel est lié, inextricablement, à des mythes collectifs, mythe d'une origine, d'un passé homogène, d'une langue mère, d'ancêtres communs; mythe d'un avenir nécessairement commun, homogène et indivisible. Artiste et citoyen COMMENT ne pas comprendre alors le désarroi des écrivains, soucieux de trouver leur meilleur chemin de citoyen et d'artiste dans une nation trop jeune pour n'être pas à la fois exigeante et incertaine? Artisans du langage, familiers du mythe, plus que d'autres, ils doivent se décider rapidement, en un domaine où toute décision est bouleversante, pour eux et pour l'ensemble de leur peuple. Où aucune solution n'est immédiatement et complètement satisfaisante. Où le public, fuyant, morcelé, méfiant, est à créer, à rassembler et à persuader. Où aucune langue ne peut encore réaliser l'unanimité de leur peuple, parce que ce peuple a cessé d'être unanime, s'il l'a jamais été. Conséquences persistantes de la colonisation, énormes inégalités de développement culturel des différentes classes, ou des groupes sociaux, différences d'imprégnation par la civilisation de l'ex-colonisateur, persistance de perspectives ethniques et tribales, l'explication, quelle qu'elle soit, peut-elle économiser un choix douloureux?

De toute manière, la décision sera difficile parce qu'elle exige au préalable une certaine conception de la nation. Lorsque, par chance, existe une langue nationale prépondérante, doit-on opter pour sa forme savante, superbe et prestigieuse, mais quasi opaque à la majorité de la population? Doit-on se décider pour la langue de la rue, comme en avaient décidé, à l'orée de leur histoire, plusieurs nations d'Europe? Ne risque-t-on pas de priver la nation, encore fragile, des ressources de sa tradition, d'un trésor culturel dont elle a le plus grand besoin? Il n'y a pas de solution dont l'évidence s'impose à ce point qu'elle puisse épargner à l'écrivain trouble et culpabilité; il n'y a pas de solution qui ne soit lourde de conséquences sur son œuvre et sur l'avenir de la nation.

Après les difficultés de la période coloniale, puis celles de l'effervescence décolonisatrice, voici celles de l'affirmation collective de la nation à construire. Elles ne sont pas les moins troublantes. À cause même de ses dangers, la rébellion est plus exaltante que la contestation des siens. Or, présumé libre citoyen d'un pays présumé libre, l'écrivain se trouve devant des devoirs nouveaux: il doit rendre compte des carences de son propre peuple, de l'injustice de ses privilégiés, des errements de ses dirigeants. Il doit secouer ses propres appartenances, ce qui est aussi une lutte contre soi-même. Comment n'apparaîtrait-il pas comme un facteur de désordres supplémentaires ? Il était un révolté, solidaire des siens, le voici soupçonné de traîtrise, ce qui est moins aisé à vivre. Il est moins douloureux d'être un révolté qu'un traître.

Albert MEMMI
Écrivain, sociologue

Voir article dans *Le Monde diplomatique*, septembre 1996.

LE MOT D'OR 1997
LE FRANÇAIS DES AFFAIRES

La dixième journée du français des affaires s'est déroulée le 18 mars dernier, dans le cadre de la journée mondiale de la francophonie. Le Mot d'or est né en 1988 à l'Académie d'Orléans-Tours, en France, à l'initiative de Jean-Marcel Lauginie, président de l'APFA (Actions pour promouvoir le français des affaires). Dans le monde des affaires, réputé pour être le plus hermétique à la francophonie et le plus ouvert à la langue anglo-saxonne, il a lancé un défi "impossible à tenir" disaient certains. Et pourtant, ce "Mot d'or", qui regroupe la "coupe francophone des affaires" pour les francophones, et la "coupe du français des affaires" pour les francisants, voit son succès grandir d'année en année. Le défi est non seulement relevé, mais c'est un franc succès.

Les Mots d'or saluent la volonté d'entreprendre fondée sur la maîtrise des concepts, des techniques et du vocabulaire des affaires en français et dans chaque langue maternelle.

La Chine, la Finlande, la Russie... entrent en lice

Le 18 mars dernier, ils étaient 37037 candidats (dont 29 789 en Métropole) élèves et étudiants en économie, en gestion et en français des affaires issus de 36 pays, à plancher sur la redoutable épreuve du Mot d'or. Ils sont 5 000 de plus qu'en 96 avec 10 nouveaux pays. Pour les candidats de formation tertiaire en économie et gestion, l'épreuve comprend trois niveaux (initiation, approfondissement, spécialisation) subdivisée en 4 parties: donner un mot ou une expression de la langue des affaires dont la définition est fournie; remplacer dans un texte des mots étrangers ou relevant du franglais par des équivalents français; chercher des mots nouveaux pour des concepts nouveaux; quant à la dernière épreuve, elle est la plus originale et la plus spectaculaire car elle met en fusion l'imagination des candidats: savoir entreprendre en français en présentant, en une dizaine de lignes, un projet réaliste de création d'entreprise.

Les 4 400 lauréats seront tous récompensés, mais seuls les meilleurs seront invités à Paris pour la cérémonie officielle de la remise des "Mots d'or". L'Empire du Milieu, pour sa première, a présenté 47 candidats, le Canada 50 et le Québec 70. Le lauréat Zhang Xiang Rong, qui représentera la Chine à Paris, est étudiant de l'Université d'études internationales de Shanghai. La Finlande a présenté pour la première fois 270 candidats; la lauréate, Mia Pelkonen, est étudiante à l'École supérieure de commerce d'Helsinki. La Russie et le Danemark sont aussi entrés en lice pour la première fois. En Afrique, c'est la Côte d'Ivoire qui arrive en tête avec 1430 candidats contre 850 au Gabon, 200 au Maroc, 150 au Sénégal ou 40 en Égypte.

Des Mots d'or aux professionnels

Il faut savoir que le Mot d'or est attribué non seulement au monde estudiantin, mais aussi au monde professionnel. Les professionnels sont évalués au travers de leurs actions. C'est ainsi que l'on a vu, en 1996, le Mot d'or spécialisé attribué à Mme Dimitrova, de l'université de Varna, pour son dictionnaire français-bulgare *700 termes d'aujourd'hui pour les affaires*; à J.-C. Gilardi pour un dictionnaire de mercatique (Ed. Foucher); à J.P. Péroncel-Hugoz pour le meilleur article sur la langue française "Le français à mots ouverts" (Le Monde – 30/07/96); aux Automobiles Citroën pour la meilleure dénomination "MULTISPACE", etc. Le premier "Mercaticien d'or" fut remis, en 1996, au directeur général des Laboratoires Beaufour-Ipsen international. Ce Mercaticien d'or fut créé pour honorer un responsable d'entreprise qui a fait le choix de "vivre l'aventure du français dans une stratégie de plurilinguisme." Quel est le chef d'entreprise qui mériterait de l'obtenir? Pourquoi pas Monsieur Gérard Pélisson, président du groupe ACCOR, qui récompense ses employés qui parlent en français dans les hôtels implantés dans les pays étrangers, sans négliger la langue du pays. En l'occurrence, l'exemple fut donné pour le Vietnam.

L'état et l'avenir du français des affaires dans le monde

Lors de la 10e journée des affaires, il sera établi un bilan et des perspectives d'avenir quant à la pratique du français des affaires, faisant suite à une enquête organisée par l'APFA, en collaboration avec le ministère de la coopération, sur un audit de 200 personnes.

La première partie porte sur les entreprises, la deuxième repère l'édition sur les entreprises et la troisième partie traite de l'enseignement du français des affaires.

Ainsi, vous pourrez connaître le pourcentage d'entreprises françaises qui emploient la langue française lors d'un achat ou d'une vente; idem pour celles qui emploient la langue du pays d'accueil ou qui utilisent les services d'un interprète, ou encore qui rédigent les contrats commerciaux en français et dans la langue du pays d'accueil. Une autre question intéressante concerne l'emploi de la langue française et de la langue du pays d'accueil dans les documentations techniques, promotionnelles et publicitaires lors des salons professionnels. Le dernier point évoqué va dans le sens du respect de la loi du 4 août 1994. Ce questionnaire est globalement très précis et très complet.

Les mots nouveaux sont arrivés!

Les mots nouveaux des affaires sont arrivés, ils sont plus de 700, parmi lesquels on peut citer: listage pour listing, bouteur pour *bulldozer,* jardinerie pour *garden-center,* affacturage pour *factoring,* crédit-bail pour *leasing,* portage pour *piggy back,* etc. D'autres mots récents tels Mercatique (extrait du mot mercatus, le marché) pour *marketing,* voyagiste pour *tour-operator,* stylique pour design...

"70 mots-clefs des affaires en 20 langues"

Grâce à l'engagement et à la ténacité des membres de l'APFA et au soutien de la Délégation générale à la langue française, les "70 mots-clefs des affaires en 20 langues" ont vu le jour. Le chinois et le vietnamien ont accroché leur wagon au train prévu en 18 langues (allemand, anglais, arabe, bulgare, danois, espagnol, français, grec, hongrois, italien, japonais, néerlandais, polonais, portugais, roumain, russe, suédois, tchèque), qui constitua l'édition précédente. Cette première édition en 20 langues est éditée chez Foucher.

Si l'allemand n'a pas de correspondant à chevalier noir (*black knight* en anglais), en revanche, le mot client se dit de la même façon dans 10 des langues retenues, avec une graphie qui varie quelque peu. Entre autres, en bulgare, en polonais et en russe, Client s'écrit "klient"; en espagnol, en portugais et en italien, "cliente"; en néerlandais "cliënt"; en roumain il s'écrit comme en français. La particularité en anglais est que les mots *client* et *contrat* sont exceptionnellement à rallonge "customer client" et "agreement contract". Le mot contrat se dit également à l'identique ou assimilé dans neuf langues.

En cette année du Sommet de Hanoi, placé sous le signe de l'économie, il est tout indiqué de les traduire en vietnamien: *khach hàng* et *hop dong*. Si le Sommet pouvait influer, entre autres, sur le monde des affaires en français, la Francophonie aurait accompli sa mission.

"Le Mot d'or honore les personnes engagées dans la promotion de notre langue et des cultures du monde. Pour l'amour des mots, la passion de l'action efficace, c'est la raison d'être de l'association "Actions pour promouvoir le français des affaires".

Marie-Aimée RANDOT-SCHELL

Quelques renseignements complémentaires:

J.M. LAUGINIE, président de l'APFA – Le MOT D'OR
278, rue de Sandillon – 45590 Saint-Cyr-en-Val
Téléphone-fax: 02 38 76 24 05
Inscriptions pour les épreuves du MOT D'OR:
(avant le 1er mars 1998)
Délégation générale à la langue française: 1, rue de la Manutention 75116–Paris. Contacts: Josseline Bruchet –
Téléphone: (33 1) 40 69 12 00 / Fax: (33 1) 40 69 12 80

Prix des hémisphères – Léopold Senghor

Ce prix, qui se veut l'expression en français de toutes les cultures du monde, est destiné à soutenir le rayonnement de la langue française dans les deux hémisphères. Il couronne un ouvrage – roman, recueil de nouvelles ou de poèmes, essai, biographie – écrit soit par un auteur francophone, soit par un écrivain étranger écrivant en français ou par un auteur originaire des départements et territoires d'outre-mer. Doté d'un montant de 100 000 francs, le prix des Hémisphères – Léopold Senghor sera proclamé pour la première fois à Paris à la fin de 1997 et remis à Dakar au courant de 1998.

Présidents d'honneur: Aimé Césaire, Léopold Senghor
Président: Cheikh Hamidou Kane
Secrétariat, relation avec les éditeurs et la presse: Chantal Lapicque.
Tél.: (33 1) 44 41 86 74 ou (33 1) 44 41 86 75; fax: (33 1) 43 54 62 18; domicile: (33 1) 43 35 22 29 (répondeur)

Au service
de l'éducation
et de
la francophonie
depuis 1826

Hachette Éducation	Hatier
Edicef	Didier
Le français dans le monde	Foucher

ARTS, SPECTACLES ET SPORTS

RÉTROSPECTIVE FERNAND LÉGER (1881-1995)*

Dominique BIHOREAU

On aurait dit, le 20 août 1955, dans le cimetière de Gif-sur-Yvette, que le parti communiste français enterrait sous les glaïeuls rouges son peintre officiel. Or Fernand Léger avait su de son vivant frayer étroitement avec les plus importants mouvements artistiques de son temps, sans jamais tomber dans le conformisme d'école, s'en démarquant au contraire toujours, tant sa personnalité était forte, et claire, chez lui, la conscience de son art. Dès ses débuts, il avait rompu avec l'impressionnisme et, d'une manière générale, avec toute recherche de l'expression d'une émotion ou du rendu de la lumière. "Dans l'évolution de mon œuvre, écrira-t-il lui-même, de 1905 à maintenant la figure humaine reste volontairement inexpressive. Je sais que cette conception très radicale de la figure-objet révolte pas mal de gens, mais je n'y puis rien".

On se rappelle que lorsque son marchand Léonce Rosenberg lui demanda de mettre une chevelure à la femme debout dans le tableau *La Lecture*, il s'y refusa, prétendant toujours, non sans un certain goût de la provocation, que la figure humaine n'avait "pas plus d'importance que des clefs ou des vélos". Il semble, en effet, avoir pris au pied de la lettre la fameuse formule de Cézanne: "Traitez la nature par le cylindre, la sphère, le cône, le tout mis en

perspective" et, plein d'enthousiasme pour le cubisme, il se vanta à l'époque d'être "allé le plus loin dans la réaction de construction contre la fin impressionniste". En témoignent les *Nus dans la forêt*, exposés au Salon des Indépendants de 1911, toile à propos de laquelle Guillaume Appolinaire écrivit : "Léger a encore l'accent le moins

humain de cette salle" [...] Il n'a point évité de donner à sa composition une sauvage apparence de pneumatiques entassés".

Il prenait ainsi ses distances par rapport à Braque et Picasso; on parla à son sujet de "tubisme". Mais c'est la cruelle expérience de la guerre moderne sur le front d'Argonne qui lui fit prendre conscience du caractère radicalement nouveau de notre monde, dominé par l'omniprésence de la machine. Cela n'avait rien d'original et déjà, en 1909, le mouvement futuriste avait proclamé la valeur esthétique des réalisations techniques telles que l'avion ou "l'automobile de course plus belle que la Victoire de Samothrace". Sous les bombardements, cet enthousiasme devenait puéril, mais curieusement Fernand Léger voyait là ce que le cubisme avait pu avoir de prémonitoire.

"Il n'y a pas plus cubiste qu'une guerre comme celle-là qui te divise plus ou moins proprement un bonhomme en plusieurs morceaux et qui l'envoie aux quatre points cardinaux". La formule peut paraître brutale et sarcastique. Il faut comprendre cependant que cette destruction de la forme humaine n'est en art que la phase préliminaire, préalable à sa reconstruction en harmonie et correspondance avec la réalité visuelle de la société industrielle, et que cette démarche la restitue dans l'unité du monde. "Je soutiens qu'une mitrailleuse ou la culasse d'un canon de 75 sont plus sujets à peinture que quatre pommes sur une table ou un paysage de Saint-Cloud". Il aura la même attitude, délibérément intégratrice, à l'égard des cheminées d'usine et de leur panache de fumée, des poteaux et fils électriques, des panneaux-réclame, des sémaphores, de la signalisation routière, objets si généralement dénoncés comme défigurant nos villes et nos campagnes. "Cette affiche jaune ou rouge hurlant dans ce timide paysage est la plus belle des raisons picturales qui soient; elle flanque par terre tout le concept sentimental et littéraire, et elle annonce l'avènement du contraste plastique!

De même explique-t-il que c'est dans les rues de New York balayées par les projecteurs publicitaires que lui est venue l'idée de libérer la couleur par rapport au dessin et d'utiliser de grands aplats colorés, droits ou circulaires, qui, se superposant aux figures, donnent à la composition son dynamisme (*Les Belles Cyclistes*, 1944 ou *la Grande Parade, 1954*). "Je parlais à quelqu'un, raconte-t-il, il avait la figure bleue, puis vingt secondes après, il devient jaune. La couleur passe, une autre arrive et il devient rouge, puis vert. Je levais la tête et regardais les maisons. Elles étaient striées par des bandes de couleur. [...] Cette cou-

leur-là, cette couleur de projecteur, elle était libre, elle était dans l'espace".

Son adhésion au Parti communiste français, qu'il télégraphia en 1945 de New York où il s'était réfugié pendant toute la durée de la guerre, semble traduire une certaine mauvaise conscience. "Je suis tellement honteux d'avoir fui cette vie si dramatique, mais si belle, écrivait-il à sa future femme Nadia Khodassiévitch qui, elle, s'était engagée dans la Résistance. Je tâcherai de rattraper le temps perdu". En réalité, Fernand Léger s'était toujours situé politiquement à gauche, mais, faisant preuve là encore d'une grande indépendance d'esprit, il combattait résolument le dogme du "réalisme socialiste" tel qu'il avait été défini en particulier par le théoricien soviétique Jdanov. Cela lui avait valu en 1936 dans la *Querelle du réalisme* les foudres de son ami, Louis Aragon, chantre de l'alignement inconditionnel sur les thèses officielles du Parti en la matière.

Toutefois, quand il expose presque quinze ans plus tard à la Maison de la Pensée française, son œuvre sans doute la plus aboutie, en tout cas la plus célèbre, *Les Constructeurs*, les éloges qu'il recueillit alors de la part des milieux intellectuels de gauche consacrèrent son image de peintre de la classe ouvrière, en même temps qu'ils saluaient un "nouveau classicisme". Fernand Léger s'est en effet constamment réclamé de maîtres tels que Nicolas Poussin, Ingres et surtout Louis David, à qui il rend un *Hommage* explicite au bas de sa composition intitulée *Les Loisirs* (1948-1948). "J'ai aimé David, disait-il, parce qu'il est anti-impressionniste". En somme, Fernand Léger faisait écho au programme que Baudelaire avait assigné au "peintre de la vie moderne", en affirmant que "toute œuvre picturale doit comporter cette valeur momentanée et éternelle qui fait sa durée en dehors de l'époque de création".

À consulter :

LÉGER Fernand, *Fonctions de la peinture*, 1965, réédition Gallimard, Folio Essais.
ARNAUD Pierre, *Fernand Léger peintre de la vie moderne*, Découvertes Gallimard.
Publication collective, *L'ABC de Léger*, Flammarion.

---

* *Hommage à Louis David, Rétrospective Fernand Léger (1881-1955)* au musée national d'Art moderne, Centre Georges Pompidou, Paris.

CHÉRI SAMBA EXPOSE

Marie-Aimée RANDOT-SCHELL

L'œuvre du zaïrois Chéri Samba, composée d'une quarantaine de tableaux, fut exposée sur les cimaises du musée national des Arts d'Afrique et d'Océanie de mai à août 1997, permettant au public d'être le témoin du dynamisme de la création contemporaine africaine.

Samba wa Mbimba, dit Chéri Samba, a commencé à peindre des enseignes dans son village natal de Cannet M'vuila (Bas-Zaïre). Il s'est installé en 1975 à Kinshasa, où il vit actuellement. Sa peinture propose des thèmes de réflexion universels par le biais de son environnement familial et social dans un style à la fois réaliste et insolent, comme en témoignent les titres de ses œuvres, entre autres, *L'Amour du travail*, *Chéri Samba implore le cosmique*, *La Femme zaïroise n'a pas le droit au pantalon?*, *Grand tort de la colonisation*, *Le Malade du Sida*, *Deuxième bureau*, *Pourquoi ai-je signé un contrat?*, *L'Agriculteur sans cerveau*, *L'Espoir fait vivre*, *La Sagesse du savoir*... Sur cette dernière toile, il délivrera le message suivant: La sagesse du savoir n'est pas forcément le fruit de la science, elle est plutôt le produit de l'imaginaire.

Dans les années 80, des étrangers vivant à Kinshasa, notamment des Français, se sont intéressés à son travail, ont acheté ses œuvres et les ont fait connaître en Europe et aux États-Unis. C'est alors que Chéri Samba est venu à Paris; il a séjourné à Bruxelles, Berlin, Liverpool, New York et Montréal. Il est le premier peintre africain reconnu et apprécié dans son pays et à l'échelle internationale par les professionnels du marché de l'art.

Le succès de Chéri Samba réside également dans la portée du message universel qu'il veut livrer au travers de sa peinture originale. Son autoportrait figure souvent dans ses tableaux rehaussés d'objets-symboles et de messages écrits en français comme dans sa langue natale, notamment dans *L'Espoir fait vivre*.

Libération spectaculaire présente Mandela revêtu d'une cape sur laquelle s'entrechoquent chaînes, mains et cadenas ouverts, appareils photographiques, avec un faisceau de lumière surmonté d'une colombe dans un des coins de la toile. C'est une œuvre de symboles. Les objets parlent d'eux mêmes. Comme il le dit:

> Lorsque je pense au caractère universel de mon œuvre, j'estime que j'ai accompli la mission pour laquelle je suis dans ce monde parce que ce monde m'a accepté. Grâce à mes tableaux, bien des gens ont interpellé leur conscience.

L'AFRIQUE DONNE LE RYTHME

Marie-Aimée RANDOT-SCHELL

Plus de 90 pays se donnent rendez-vous à Abidjan en Côte d'Ivoire, du 2 au 12 décembre 1998, afin de participer au 1er Festival mondial des afromusiques. La remise des trophées clôturera cet événement exceptionnel.

C'est à l'initiative du président de la République, Henri Konan D Bédié, que le *la* est donné à toutes les musiques influencées par les rythmes africains: zouk, biguine, reggae, rock, raï, samba, rap, jazz, blues, gospel...

Il a remis la baguette entre les mains de son ministre de la Culture pour orchestrer cet ensemble, avec ses différences, à l'unisson du continent africain.

Toutes ces musiques, traditionnelles ou non, vont se côtoyer, se croiser et s'entrecroiser, s'écouter, s'apprivoiser, s'apprécier, se comprendre, s'adopter, s'aimer entre elles...

En effet, de nombreux artistes internationaux, tels Ray Charles, Johnny Clegg, B.B. King, Khaled, mais aussi de jeunes professionnels amateurs, s'ignorent et pourtant ont un point commun, l'Afrique. Tous ces musiciens vont se réunir pour s'accorder avec un bémol, un dièse ou un bécarre à la clef.

Cette manifestation musicale, unique au monde, est ponctuée d'une cinquantaine de concerts qui seront donnés dans toute la Côte d'Ivoire, notamment dans les différentes communes d'Abidjan et à Grand-Bassam pour le jazz et le blues.

On peut noter, entre autres, que le point d'orgue se trouve placé en la basilique Notre-Dame-de-la-Paix à Yamoussoukro, où sera donné un concert de gospel en hommage au président Houphouët Boigny.

Du soupir de l'esclavage au soupir musical

En guise de prélude au festival, un concert est prévu au Ghana, ponctuant ainsi un pèlerinage historique et symbolique du Nouveau Monde vers le golfe de Guinée en passant par les forts aux esclaves de la côte du Ghana. Ce festival est le carrefour de tout ce qui a trait à la musique. Un *soupir* sous forme d'un colloque scientifique pour mieux réfléchir au fait que la musique africaine ne s'est pas développée uniquement par l'exportation des hommes et des musiques qu'ils portaient dans leur mémoire, mais qu'elle a fortement influencé des musiques perçues aujourd'hui comme étrangères à l'Afrique. Ethnologues, historiens, musicologues, musiciens, anthropologues et économistes soupireront ensemble pour débattre de l'influence des musiques africaines à travers le monde.

Souhaitons à ce festival que sa renommée aille crescendo.

FRANCOPHONIE ET FESTIVALS CINÉMATOGRAPHIQUES DANS LES CARAÏBES

Raymond RELOUZAT
Coordonnateur pour les Caraïbes
Membre du comité de rédaction.

Q ue le cinéma de langue française puisse être un atout majeur de la francophonie dans le monde, nul ne le contestera, que ce soit sous l'angle le plus important, celui de la culture, ou encore celui de la production et de l'exploitation, dont les retombées économiques sont loin d'être négligeables, les deux aspects étant d'ailleurs indissolublement liés. Et ceci à l'heure même où l'on se souvient encore de la tentative de domination absolue du marché international du produit global cinématographique et télévisuel par les États-Unis. Seule *l'exception culturelle* avait permis qu'il n'en fût pas ainsi, en tout cas pas encore, au moins pour l'Europe et singulièrement la France[1].

La possibilité qu'a cette forme de création culturelle de toucher un très large public, de constituer un outil pédagogique linguistique terriblement efficace, et enfin de propager des valeurs et de proposer des modèles qui relèvent des pays totalement ou partiellement francophones, en font le véhicule incontournable des images et des idées qui nous tiennent à cœur, à nous autres francophones, tout en nous permettant de faire fond sur les spécificités de notre situation politique et historique au sein de la Francophonie, et nous y invitant même.

Dès lors, les fonctions que remplissent de par le monde les festivals et les semaines de cinéma francophone sont essentielles. Elles complètent heureusement l'action quotidienne menée par les missions françaises et les services culturels des ambassades à l'étranger dont les vidéothèques et les cinémathèques constituent l'un des attraits majeurs, au moins autant que les bibliothèques et les cours.

En ce sens, le circuit cinématographique de M. Max Élizé, très important homme d'affaires martiniquais, qui exerce le quasi-monopole de la distribution des films et de l'exploitation des salles dans toute la Caraïbe française et francophone, la république d'Haïti comprise, sans compter le contrôle de la seule chaîne de télévision privée de l'île, joue un rôle déterminant dans la promotion du film francophone dans cet espace géographique et politique, dont on ne mesure peut-être toujours pas suffisamment l'importance actuelle, et surtout à venir.

Le premier témoignage de la reconnaissance de la position stratégique de la Caraïbe a été le choix de la Martinique comme lieu fixe d'un festival annuel (c'était ambitieux) du cinéma francophone, et l'obligation de ne présenter que des films inédits. Le fondateur de ce festival, Frédéric-Alexandre Morard, mérite particulièrement d'être cité pour l'efficacité de son action. Il lui fallut en effet moins d'un an pour monter son projet, l'entourer des garanties nécessaires et obtenir les cautions morales et financières dont il avait besoin. Une lettre de mission du ministre de la Culture et de la

Communication, à laquelle s'associa le secrétariat d'État à la Francophonie, permit de déposer le projet sur la table du Conseil des ministres le 6 mai 1987. Il faut souligner la parfaite coopération du Conseil général de la Martinique, qui subventionna à hauteur de ses possibilités ce premier festival, qui se tint du 31 octobre au 7 novembre dans la salle la plus prestigieuse du circuit ÉLIZÉ, l'Olympia, et M. Max Élizé lui-même, sans le soutien actif duquel une telle manifestation n'eût pas été possible.

> Le budget de ce premier festival se montait à 7,5 millions de francs, (deuxième budget français pour un festival cinématographique, après Cannes, dont un tiers fourni par l'État, le reste se constituant des apports du ministère de la Culture et de la Communication, de celui des DOM-TOM, des Affaires étrangères, et du Conseil général de la Martinique (de même niveau que celui du ministère de la Culture!)

Le premier festival 1987

Dans une entrevue avec les journalistes du quotidien *France-Antilles*, parue quelques jours avant l'ouverture de la manifestation, le délégué général du festival, F. A. Morard, et le trésorier, J. P. Lapointe, justifièrent ainsi la décision d'organiser un tel festival qui fût destiné à devenir le second de France, après celui de Cannes, ainsi que le choix de Fort-de-France:

> Fort-de-France a été choisie pour le déroulement du Festival, tout d'abord parce qu'elle a des charmes, mais surtout parce qu'on peut s'y rendre facilement de Paris. De plus, les structures d'accueil sont performantes et très vastes; ce choix s'imposait aussi par rapport à la proximité du continent nord-américain. Cela permettra, dans les deux ou trois ans à venir, de créer un véritable marché du film francophone.... D'un autre côté, la Martinique pourra tirer tous les avantages d'un tel festival. Plusieurs télévisions françaises et francophones viendront sur place pour promouvoir l'événement.

> **Quelques chiffres**
> Plus de trois cents invités; 3 projections par jour; 23 longs-métrages présentés, dont douze en compétition et onze hors compétition; 2 soirées de gala (ouverture et clôture).

Il était prévu deux types de récompenses: celles qui honoraient les films, et le prix du meilleur scénario, auquel participaient plus de deux cents postulants et dont le montant était de 100 000 francs. Ajoutons que les auteurs des trois meilleurs scénarios, désignés après une présélection, se voyaient de toute façon offrir le voyage et le séjour à Fort-de-France, où l'on consacrait le vainqueur.

Ce festival, malgré les risques attachés au lancement d'un événement nouveau, permit la rencontre, dans la Caraïbe, d'acteurs, de producteurs, de réalisateurs et de scénaristes du cinéma francophone, et fut un réel succès. Le public, qui se sentait doublement concerné (deux des réalisateurs étaient antillais, et l'un deux fut couronné deux fois) obligea, par sa pression morale, les organisateurs (qui avaient peut-être, d'après le modèle cannois, abordé ces journées d'un point de vue trop élitiste), à reconsidérer leur position et à distribuer plus généreusement leurs invitations. Aux derniè-

res projections, la salle fut comble, ce qui ravit les professionnels du cinéma, heureux de mesurer l'impact tout à fait extraordinaire de cette première manifestation.

Les prix

Portant le nom de leur concepteur et réalisateur, le sculpteur Le Cloarec, les tro-
phées de la Francophonie, au nombre de cinq, furent décernés comme suit:
Meilleure réalisation: *La Vieille Quimboiseuse et le Majordome*, de Julius-Amédée
Laou, présenté par la France (Martinique);
Meilleure musique de film: *La Vieille Quimboiseuse et le Majordome*;
Meilleure interprétation féminine: Laura Morante, dans *La Vallée fantôme* de Alain
Tanner (Suisse);
Meilleure interprétation masculine: Thierry Frémont, dans *Les Noces barbares*, de
Marion Hansel (Belgique);
Prix spécial du Jury: *Bach et Bottines*, d'André Melançon (Canada).

Les films en compétition

La Belgique présentait trois films, soit *Les Noces barbares*, de Marion Hansel; *Car-
naval*, de Rony Coutteure, et *La Vie est belle*, de Benoît Lamy.
Le Canada, *Un Zoo dans la nuit*, de Jean-Claude Lauzon, et *Bach et Bottines*, d'André
Melançon.
La Suisse, *La Vallée fantôme*, d'Alain Tanner, et *Poison*, de Pierre Maillard.
La Côte d'Ivoire présentait *La Vie platinée*, de Claude Cadiou; La Tunisie, associée
à la France, *Black*, de Christian Lara (originaire de la Guadeloupe).
Enfin la France présentait trois films: *La Vieille Quimboiseuse et le Majordome*, de
Julius-Amédée Laou (originaire de la Martinique); *Les Mendiants*, de Benoît Jac-
ques, et *Jaune revolver*, d'Olivier Langlois.
Les films présentés hors-compétition:
Belgique: *Falsh*, de Jean-Pierre et Luc Dardenne;
Cameroun: *L'Appât du gain*, de Jules Takam;
Canada: *Le Sourd dans la ville*, de Mireille Dansereau; *Le frère André*, de Jean-Claude
Labrèque;
Côte d'Ivoire: *Ablakon*, de Roger Mbala;
Suisse: *Si le soleil ne revenait pas*, de Claude Goretta, et *Happy end*, de Marcel
Chupbach.
Enfin, la France présentait deux films: *Un amour à Paris*, de Merzak Allouache, et
Cayenne Palace, de Alain Malines.

Un second festival avorte

Forts de ce premier succès, les organisateurs du second festival lui apportè-
rent dans leurs prévisions quelques heureuses modifications. Il était prévu,
en 1988 (le programme détaillé et la liste des participants furent même
annoncés par le journal *France-Antilles* du 22 octobre 1988) de le scinder
en quatre sections. La première eût été réservée à la compétition et la seconde, aux films hors compétition, comme pour le premier festival (ce qui
aurait pu constituer une avant-première pour un ou deux longs-métrages).
Mais s'y seraient ajoutées deux autres sections, l'une réservée à l'expression francophone et l'autre consacrée aux films publicitaires. Malheureusement, une actualité tyrannique, et des retards pris dans les différentes
programmations amenèrent les organisateurs à annuler une rencontre extrêmement prometteuse. Mais l'idée avait été lancée, il ne fallait que remettre le train en marche sur la voie toute tracée.

Ce premier festival permit également de mettre en lumière, à travers le cas de Christian Lara, cinéaste d'origine antillaise, les relations complexes qui, du point de vue financier, régissent la production au sein du cinéma français. Ainsi, le public antillais apprit avec stupéfaction que pour consentir à un producteur une avance sur recettes, le CNC (Centre national de la cinématographie), exigeait que la société de production fût basée en France *métropolitaine*(!).

Le festival du film francophone en Haïti
(15 au 31 mars 1996, Port-au-Prince)

Malgré les difficultés politiques et économiques que connaît le pays, le Festival, organisé par le responsable du circuit cinématographique Élizé, a connu un grand succès.

Programmation du Festival

Les spectateurs ont pu voir, à l'occasion du Festival, les films suivants: *Les Trois frères, Farinelli, L'Année Juliette, L'Exil de Behanzin, Le Hussard sur le toit, Le Bonheur est dans le pré, Les Misérables.*
L'acteur Pascal Légitimus était présent à cette occasion en Haïti.

Bilan

Il n'est donc pas étonnant, en définitive, que dès les premières manifestations cinématographiques francophones dans les Caraïbes, l'on ait été assuré du succès. En effet, on a misé sur deux formules:

    - la formule *Cannes* avec films inédits, trophées, participations, de nombreux professionnels, jury souverain;

    - la formule "Semaine du film francophone" avec promotion commerciale près du public, mettant en train la synergie de l'ambassade de France et de ses services culturels, et d'un circuit de distribution cinématographique privé;

Et d'autre part, dans toute la Caraïbe francophone, le festival repose un seul circuit, ce qui assure continuité et cohérence, le circuit Élizé. De plus, depuis dix ans, la vocation touristique de la Martinique s'est encore plus nettement affirmée et les équipements, déjà satisfaisants, ont suivi. C'est pourquoi nous pensons que si l'Asie, trop longtemps négligée, et vers laquelle la francophonie se tourne à nouveau, doit retrouver son rôle de pôle d'influence francophone dans le monde, il importe également, avec la modeste mais réelle participation des Caraïbes, de consolider et renforcer les positions déjà acquises en Amérique, et de conforter le Canada dans celles qu'il tient magnifiquement, grâce à nos amis québécois.

---

[1] Voir article de Carlos Pardo, dans *Le Monde Diplomatique* (mai 1996, p. 32). Il rappelle, entre autres que, de 1985 à 1995, le déficit de l'audiovisuel français par rapport à l'américain est passé de 2 à 12 milliards de francs, et que l'on voit maintenant des réalisateurs français produire des films *français* en langue anglaise aux États-Unis, qui seront doublés par la suite en français pour être exploités en France! (ex.: *Léon; Le 5e élément*)

LES 3ᴱ JEUX DE LA FRANCOPHONIE

Jean SAGUI
Inspecteur général honoraire de la Jeunesse
et des Sports

L es derniers feux se sont éteints sur les 3ᵉ Jeux de la Francophonie. Tout ce qui les concerne n'est plus, désormais, que souvenir, serti dans la mémoire comme une pierre précieuse ou bien voilé d'un halo de nostalgie...

Accueillis dans la Grande Île au cri de "Tonga soa", pour se mesurer les uns aux autres, athlètes et artistes ont participé pendant une décade à une grande fête de la jeunesse, mieux, à une généreuse fête de famille.

Cette troisième édition d'une compétition originale, qui met à égalité les arts et le sport, a été suivie par un public enjoué, enthousiaste et assidu, et particulièrement dense autour des pelouses où rebondissait le ballon rond!

Rappelons, pour les néophytes, que c'est lors du Sommet des chefs d'État et de gouvernement tenu à Québec en 1987 que ces rencontres ont été créées, pour donner une suite au succès qu'avaient connu les Jeux des jeunes, organisés à Yamoussoukro deux ans auparavant.

Ces jeux de Madagascar s'annonçaient-ils comme la simple et fidèle réédition des précédents?

Le secrétaire exécutif du Comité exécutif international des Jeux de la Francophonie, M. Gauthier, que nous avons rencontré à Paris quelques jours avant l'ouverture de la compétition, s'était attaché à souligner les nouvelles initiatives qui devaient, conformément à la volonté de la plus haute instance de la Francophonie, donner à ces rencontres périodiques une portée plus large, une signification plus profonde et une valeur éducative plus affirmée. "Pour la première fois, nous avait-il dit, l'ensemble des participants, aussi bien sportifs que culturels, seront hébergés dans un seul et même village où ils pourront se retrouver et vivre ensemble". Celui-ci a été construit dans la périphérie nord de Tananarive, sur un plateau de 14 hectares situé dans la zone industrielle d'Ankorondrano.

> Par ailleurs, avait-il ajouté, la capitale de la Grande Île bénéficie d'un bon nombre de lieux traditionnels d'animation qui seront utilisés pour faire fonctionner des ateliers auxquels la population sera conviée afin qu'elle se sente mieux impliquée dans cette grande compétition dont, en fin de compte, elle est maître d'œuvre.

En effet, le palais d'Andafiavaratra, beau bâtiment de pierre et de briques rouges, restauré à la suite d'un incendie en 1976, a reçu peintures et sculptures; le théâtre de Verdure d'Antsahamanitra, d'une capacité de 5 000 places, a servi de cadre aux épreuves de chants et de danse traditionnelle; le Parc botanique et zoologique de Tsimbazaza fut le lieu privilégié de rencontres avec le public; l'Alliance française de Tananarive, l'une des 28 qui fonctionnent dans l'île, a prêté ses cimaises aux travaux photographiques, tandis que le centre culturel Albert-Camus avec son auditorium de 350 places a accueilli les joutes oratoires des conteurs traditionnels.

M. Gauthier s'est réjoui que le Comité international olympique ait décidé de suivre avec plus d'attention ces 3ᵉ Jeux francophones et que les fédérations internationales concernées par les épreuves inscrites aux programmes des compétitions (athlétisme hommes et femmes, basket-ball féminin, boxe, judo masculin et féminin, tennis féminin) se soient impliquées plus largement que par le passé tant dans la préparation que dans le déroulement de ces Jeux.

Autre précision, et non des moindres, du secrétaire exécutif du CIJF, concernant les concours artistiques: l'engagement financier de l'Agence de la Francophonie "d'assurer le suivi de la plupart des lauréats, qui auront, ainsi, grâce aux Jeux, une occasion de promotion à l'intérieur de l'Espace francophone, riche de manifestations culturelles".

Voilà de quoi rendre plus attractives les participations culturelles!

Ainsi, les délégations des 49 pays et gouvernements participant aux Sommets de la Francophonie étaient conviées au grand banquet de l'Amitié que constituaient ces compétitions. Toutes ne sont pas venues: la Bulgarie, en proie à des difficultés intérieures, s'est abstenue et le Maroc s'est fait attendre.

Néanmoins, la qualité était au rendez-vous comme au cours des deux précédentes éditions. En effet, tout le monde se souvient de la prestigieuse participation de l'élégante Marie Jo Pérec, de celle de Donovan Bailey qui ne monta que sur la 3ᵉ marche du podium du sprint, de celle de David Douillet, des contributions plus modestes de Vincent Guérin et David Ginola qui ont depuis pris leur revanche et gravi bien des échelons de la hiérarchie sportive.

Mais nous n'achèverons pas ce commentaire sans évoquer le charme de la cérémonie d'ouverture qui s'est déroulée en fin d'après-midi, le 27 août, devant un stade comble et une foule aussi nombreuse installée sur les hauteurs qui le dominent: vraisemblablement 80 000 à 100 000 spectateurs!

Conformément au protocole, tout a commencé par le défilé des participants. Décontractés, joyeux même, sportifs et artistes ont fait de concert un tour de stade, fortement acclamés par un public enthousiaste et fier de recevoir tant d'hôtes venus de tous les horizons du monde francophone.

Commencé alors que les derniers rayons de soleil couchant rasaient le toit des tribunes officielles, jetant sur le stade une lumière dorée, le défilé s'acheva alors que l'ombre de la nuit envahissait lentement la pelouse.

Suivirent les discours officiels à l'issue desquels le président de la République malgache, après avoir évoqué avec humour ses propres performances, déclara l'ouverture des 3ᵉ Jeux de la Francophonie.

Déjà, çà et là, quelques projecteurs compensaient l'obscurité de la nuit tombante... Puis ce fut un festival de lumières, très ingénieusement agencées pour servir de cadre à un merveilleux spectacle de danses traditionnelles savamment mises en scènes, qui se prolongea dans une nuit tropicale... De quoi remplir les mémoires de tous les participants de flamboyants souvenirs.

Mais le lendemain, pour tous, les choses sérieuses devaient commencer.

Pour ce qui concerne les sportifs, dans les résultats qui suivent ces commentaires, certaines étoiles paraissent encore un peu pâles... mais que de promesses!

Souhaitons aux vainqueurs des concours culturels promotion pareille, et félicitons-nous que, grâce à ces Jeux, il nous soit donné de constater que "la Francophonie, c'est cet humanisme intégral qui se tisse autour de la terre: cette symbiose des énergies dormantes de tous les continents, de toutes les races, qui se réveille à leur chaleur complémentaire" (Léopold Sedar Senghor - *Esprit*, n° 5, 1962, p.844)

Palmarès des médailles

PAYS	OR	ARGENT	BRONZE	TOTAL	PAYS	OR	ARGENT	BRONZE	TOTAL
France	23	23	14	60	Niger		1		1
Madagascar	12	5	13	30	Canada N.-Bruns.			4	4
Canada	9	13	12	34	Cap Vert			1	1
Sénégal	5	1	6	12	Centrafrique			1	1
Belgique	4	2	3	9	Maroc			1	1
Roumanie	4	2	2	8	Bénin				
Cameroun	3	4	8	15	Comores				
Tunisie	3	3	6	12	Congo				
Côte d'Ivoire	2	2	4	8	Guinée Bissau				
Burundi	2	1	1	4	Haïti				
Maurice	1	7	6	14	Mali				
Québec Canada	1	2	4	7	Monaco				
Gabon	1	1	6	8	Mauritanie				
Guinée Conakry	1			1	Moldavie				
Burkina Faso		1	2	3	Dominique				
Seychelles		1	2	3	Tchad				
Liban		1	1	2	Togo				
Luxembourg		1		1	Vietnam				

Francophonies en Limousin

La spécificité de ce Festival (du 25 septembre au 5 octobre 1997) est que l'on n'assiste qu'à de nouvelles pièces de théâtre. Il n'est question que de nouveaux auteurs, de nouveaux metteurs en scène. Limoges devient, au fil des festivals, un lieu de réflexion et d'échanges, un laboratoire d'idées et d'expérimentations avec le premier *Chantier dramaturgique* qui a rassemblé une quinzaine d'écrivains et de metteurs en scène. C'est dans tout le Limousin que les pièces se jouent, en Creuse, en Corrèze, en Haute-Vienne, dans une trentaine de villes. Les artistes sont venus du Canada (Ontario, Québec, Nouveau-Brunswick) à l'Afrique (Algérie, Cameroun, Mali, Burkina Faso) en passant par la Communauté française de Belgique, la Suisse, la Roumanie, mais aussi l'Iran, le Népal, etc.

L'enfant M'Bene

Cette pièce très particulière de par son sujet, écrite par Werewere Liking, fut présentée par la Côte d'Ivoire. Il s'agit d'un conte initiatique bassa, dans la pure tradition, avec des épreuves suscitant de grandes émotions: aller chercher des bananes au-delà de la rivière aux crocodiles, des oeufs mythiques dans le ventre d'un crocodile sacré, sans le tuer... et ramener du Pays des fantômes le Tambour de l'Union perdu autrefois par ses aïeux!!!

Les Arts au pluriel

Du théâtre à l'art pictural, il n'y a qu'un pas: il s'agit toujours de moyens d'expression, de création, d'imagination, de faire passer un message, que ce soit par les mots, par la couleur ou la matière. Des oeuvres rattachées à trois périodes différentes du grand Riopelle côtoyaient les oeuvres photographiques du Laotien Legay sur la période allant des années 1930 à 1960, et les peintures *naïves* du Roumain Ciobanu.

EXPOS MÉMOIRES VAUDOU

Marie-Aimée RANDOT-SCHELL

C'est sous un chapiteau, planté devant le musée national des Arts d'Afrique et d'Océanie, que s'est tenue l'exposition *Mémoires vaudou* durant les mois de septembre-octobre 1997, présentée par l'Association euro-africaine pour la promotion des cultures traditionnelles. Cette exposition itinérante a eu lieu à Copenhague (Danemark) avant Paris, pour se rendre en fin d'année à Berlin.

En Afrique, entre le XIIe et le XVIIIe siècles, des millions d'hommes, de femmes et d'enfants, ne possédant pour tout viatique que leur religion, le vaudou, ont été victimes de la traite des esclaves.

Au cours des siècles, avec l'apport d'autres religions, le vaudou sous sa forme synchrétique, a conservé la force de sa spiritualité africaine. Une culture spécifique, brillante et multiforme, s'est ainsi forgée dans les Caraïbes, au Brésil , aux États-Unis, en Haïti, à Cuba, au Togo, au Nigéria, au Sénégal, au Ghana...

Le Bénin est néanmoins le berceau du vaudou. Parmi la dizaine de sculptures exposées, Simonet Biokou, présente une sculpture intitulée *Gou*, dieu du fer et du tonnerre, qui est le dieu majeur du vaudou. Ce sculpteur est l'héritier d'une famille traditionnellement liée au pouvoir royal. Il existe encore toute une tradition et une hiérarchie royale dans la religion vaudou. "Gou" est réalisée à partir de matériaux de récupération.

Un autre Béninois, Cyprien Tokoudagba, a présenté *La Malle temple* dont les dessins sont tous des symboles de la religion vaudou d'Abomey, entre autres, le pélican avalant un poisson.

Les Togolais ont pour spécificité de fabriquer des statuettes pour le culte vaudou. Ainsi, le Togolais Beaugard Agbagli a présenté *Douzou Mamita*, une des divinités protectrices du panthéon vaudou, encadrée d'un arc en forme de serpent, puis un serpent à deux têtes en guise de flèche.

Manuel Mendive, de La Havane, offre une sculpture remarquable sous la forme d'un totem sur lequel tous les organes des sens (yeux , nez, oreilles) sont gravés dans le bois.

Patrick Vilaire, d'Haïti, a présenté une scène initiatique du vaudou : le gisant, sous un drap blanc ficelé, avec la tête appuyée sur une chaise, entouré d'éléments évocateurs comme l'œuf pour la naissance, la mappemonde pour le renouvellement, le pilier qui est censé relier l'homme aux divinités. En réalité, cette scène initiatique dure trois jours et trois nuits. La personne qui veut communiquer est placée sous un drap; elle ne doit ni manger, ni boire, ni dormir. Les membres de la famille se relaient pour danser, lui parler, dans l'unique but de le garder éveillé.

Cette exposition *Mémoires vaudou* a été réalisée grâce au concours de: Images of Africa, Danemark, Ministère français de la Coopération, Direction du Développement et de la Coopération et Département des Affaires étrangères suisse, Union européenne, direction du développement.

Mémoires vaudou se poursuivra jusqu'en fin d'année 1997 à Berlin, en la maison des Cultures du monde, pour revenir en France, en 1998, à Bordeaux, Toulouse, Caen... pour commémorer le cent cinquantième anniversaire de l'abolition de l'esclavage.

VIᴱ FESTIVAL FRANCOPHONIE MÉTISSÉE DU FLEUVE ROUGE AU MÉKONG

LES NOUVEAUX COURANTS DU VIETNAM

Marie-Aimée RANDOT-SCHELL

L e centre Wallonie-Bruxelles à Paris et l'Agence de la Francophonie - ACCT présentent 24 artistes du Vietnam , du 1ᵉʳ octobre au 23 novembre 1997, avec le concours du commissariat général aux Relations internationales de la Communauté française de Belgique, du ministère de la Culture et de l'Information et de l'ambassade de la République socialiste du Vietnam.

Ce festival a toujours eu pour objet de découvrir des créateurs contemporains de l'espace culturel francophone. À l'occasion des autres sommets, nous avons ainsi pu découvrir l'originalité de la démarche culturelle des Sénégalais, des Mauritiens, des Bulgares, des Béninois, des Zaïrois...

La richesse et la variété de la culture vietnamienne sont si denses que toute la palette des arts est représentée: peinture, sculpture, cinéma, musique, théâtre, littérature...

C'est dans le contexte de l'ouverture économique du Doï Moï que le centre Wallonie-Bruxelles présente la culture contemporaine du Vietnam.

Arts plastiques

Sept artistes de la génération du doï moï nous font découvrir les œuvres issues de l'héritage de l'école d'Indochine et celles de l'abstraction, celles de la tradition de la laque et celles d'une double culture orientale et occidentale. Vous pourrez apprécier les croquis humoristiques mais aussi les peintures inspirées de la civilisation Cham.

Musique

L'ensemble musical Daklak et le groupe E Nuoi Y Moan explorent le patrimoine culturel des ethnies locales. Ce groupe, qui a atteint une popularité internationale, a été formé au conservatoire de Hanoi.

Cinéma d'Asie

La Quinzaine du cinéma francophone présentera cette année le 7ᵉ art vietnamien avec neuf longs métrages inédits, (*Nostalgie de la campagne* et *Hanoi 44* de Dang Nhat Miinh, *La Promesse d'au revoir* de Tran Vu...) et cinq courts métrages (*Madame Dung* de dao Ba Son...), en version originale sous-titrée en français. Cette Quinzaine du cinéma est organisée en collaboration avec la Délégation générale du Québec et les Archives du film du CNC.

LECTURES ET RENCONTRES

Lecture franco-vietnamienne au théâtre

Les trois coups sont frappés par Tran Minh Ngoc, directeur de l'École supérieure de théâtre et de cinéma de Hô Chi Minh-Ville: les comédiens vietnamiens conviés à une première. Il s'agit d'une répétition publique de la pièce *Monsieur oncle ou le Temps d'Emma*. Cette pièce de théâtre, qui sera lue et *mise en espace* par ces derniers, est l'histoire de Vietnamiens vivant en France et dont certains retournent au Vietnam. Le contenu traite de l'approche des deux cultures, vietnamienne et française. *Monsieur oncle ou le Temps d'Emma*, écrite par Philippe Crubezy, sera programmée lors du Festival des Francophonies – les rendez-vous du Théâtre en Limousin 1998.

Lecture à la veillée

Voici une idée originale que la lecture publique, au centre Wallonie-Bruxelles, du livre *En dehors de la vérité* écrit en vietnamien par Nguyen Thi Minh Ngoc et traduit par Phan Huy Duong, vivant en France.

Rencontre autour de la langue française

M. Dang Tien, professeur de littérature vietnamienne contemporaine à l'université Paris VII, a invité poètes, écrivains, nouvellistes et auteurs à débattre sur le thème: *Le français aujourd'hui au Vietnam, fiction ou réalité?*

Si le français est enseigné dès l'école primaire, si la génération des anciens parle le français, il est vrai que l'anglais est omniprésent dans le monde de l'économie. Néanmoins, la culture vietnamienne reste imprégnée de la culture française et de sa langue.

Rencontre autour de la littérature vietnamienne

Alain Guillemin, chargé de littérature vietnamienne à l'université d'Aix-en-Provence et chercheur au CNRS, convie les éditeurs pour discuter sur un sujet épineux: *Quelle place pour la littérature vietnamienne dans l'édition française?*

Espérons qu'à l'issue de cette table ronde, l'édition française avancera un fauteuil afin de remplacer l'actuel strapontin!...

Contes et nouvelles sur Seine

Dans le cadre de la manifestation *Temps des Livres*, vingt-huit écrivains francophones se relaient pour déclamer un de leurs propres contes ou nouvelles, au gré des flots. Entre autres, on peut citer Phan Huy Duong, Dô Khiêm...

La traversée est également ponctuée de paroles en musique chantées par la talentueuse comorienne Nawal.

Toutes ces manifestations culturelles, déclinées sous toutes les formes de l'art, sont un enchantement.

SCIENCE, ÉDUCATION ET TECHNOLOGIE

CENTENAIRE DE LA DÉCOUVERTE DE LA RADIOACTIVITÉ
(1896-1898 / 1996-1998)

Le Haut Comité national pour la célébration du Centenaire de la découverte de la radioactivité est coprésidé par George CHARPAK, Prix Nobel de physique en 1992, membre de l'Académie des sciences. La découverte de la radioactivité marque un tournant capital dans l'évolution, non seulement de la pensée scientifique, mais de la civilisation.

- AFI - Vous présidez, avec le Pr Tubiana de l'Académie des sciences et de médecine, le Comité du centenaire de la découverte de la radioactivité. Cette célébration du Centenaire dure trois ans. Quelle en est la raison?

George Charpak - La raison est simple: à la découverte de la radioactivité demeurent étroitement associées les noms d'Henri Becquerel et de Pierre et Marie Curie. Henri Becquerel découvrit, en mars 1896, un rayonnement invisible, pénétrant, émis spontanément par l'uranium. Il montra que ces *rayons uraniques* impressionnaient les plaques photographiques et rendaient l'air conducteur de l'électricité. En 1898, Pierre Curie et Marie Curie-Sklodowska découvrirent deux autres éléments – le polonium et le radium – qui émettaient de semblables rayonnements. Ce phénomène fut appelé *radioactivité*. Ces trois éminents chercheurs ont reçu, en 1903, le prix Nobel de physique pour cette découverte.

G. C. - Il faut savoir que la radioactivité n'a pas été inventée par l'homme. C'est un phénomène naturel qui existe dans l'Univers depuis son origine. Elle est présente sur la Terre, au sein de la matière et même des êtres vivants. La plupart des atomes radioactifs ont disparu en donnant des atomes stables, et d'autres sont toujours radioactifs.

De nos jours, les applications de la radioactivité sont de plus en plus nombreuses, principalement en chimie, en biologie, en médecine, en

La radioactivité, positive ou négative?

- G. C. - Il est certain que les rayonnements de radioactivité à haute dose peuvent constituer un danger pour l'homme. Il est important de s'en protéger. C'est l'objet de la radioprotection.

En 1958, le CEA (Centre d'énergie atomique) en France, qui a mis au point les centrales, produit de l'électricité nucléaire. Des précautions méticuleuses sont prises.

Les centrales nucléaires en fonctionnement normal ne polluent pas, contrairement à ce qui est dit ici ou là. Les rejets radioactifs sont insignifiants et de plus, les centrales ne rejettent ni poussière, ni gaz carbonique, ni oxydes de soufre et d'azote en partie responsables des pluies acides. Les risques proviennent de la haute activité présente dans le cœur des réacteurs: risques pour le personnel, mais les précautions prises sont draconiennes; risques de fuite vers l'extérieur (accident du type de Tchernobyl).

Il faut savoir que la substitution des centrales nucléaires aux centrales au charbon et au fuel a permis à la France de réduire d'environ 75% les émissions d'oxydes de soufre et d'azote pour l'ensemble des centrales électriques, alors que dans le même temps la production électrique augmentait de 40%. Sur 120 000 personnes que compte EDF, 17 000 travaillent dans les centrales nucléaires.

Le développement de l'énergie nucléaire civile constitue l'une des grandes aventures scientifiques et industrielles du XXe siècle. Aujourd'hui, l'exploitation des centrales nucléaires est sûre et respecte l'environnement.

La situation que je viens d'évoquer est positive. De plus, les apports bénéfiques de la radioactivité sont nombreux. Grâce à la découverte de la radioactivité, la médecine a fait des progrès révolutionnaires. La médecine nucléaire a un demi-siècle d'existence.

Les techniques de diagnostic utilisant la radioactivité sont: la scintigraphie, encore appelée gammagraphie, où l'on injecte un produit radioactif pour visualiser un organe et vérifier son fonctionnement, par exemple, de l'iode radioactif pour soigner la thyroïde; la caméra à positions, méthode très performante qui permet de suivre notamment le fonctionnement du cerveau.

En complément des thérapies utilisant de la radioactivité, il y a la radiographie médicale, qui utilise les rayons X, c'est la méthode d'imagerie médicale la plus répandue dans la recherche de fractures osseuses, par exemple, ou en mammographie pour le dépistage du cancer du sein.

Des imageries plus précises sont obtenues à l'aide du scanner à rayons X qui permet d'obtenir des coupes des organes de certaines parties du corps comme le crâne par exemple. Radiographie et scanner X fournissent des informations précieuses sur la forme des organes et sur la présence d'anomalies.

Il est utile de préciser que les rayons X ne sont pas de la radioactivité: ils sont produits par un appareil électrique et lorsque l'appareil s'arrête, les rayons s'arrêtent aussi. La radioactivité, elle, ne s'arrête jamais.

Pour la radiothérapie, on utilise soit les rayons X, soit les faisceaux d'électrons, soit des sources radioactives comme le cobalt 60. Son principe est d'appliquer des doses élevées et concentrées sur un organe présentant une tumeur, afin de détruire les cellules cancéreuses. L'irradiation ne doit pas endommager les tissus voisins, d'où une attention méticuleuse. On peut citer aussi les bienfaits de la téléradiothérapie, de la curiethérapie...

Dans un autre domaine, comme en physiologie et en médecine, la méthode des indicateurs nucléaires a considérablement fait progresser les connaissances en biologie végétale. Les rayonnements ionisants sont au service de la biologie, de l'art (principe de datation au carbone 14) et de l'industrie...

archéologie, en agroalimentaire, etc. L'énergie contenue dans le noyau est exploitée pour la production d'électricité.

- AFI - Quelles sont les manifestations qui ont jalonné ce Centenaire en France et à l'étranger?

- G. C. - En 1996, la séance commémorative eut lieu à l'Académie nationale de médecine pour célébrer *le centenaire de la découverte des rayons X et de la radioactivité, Roentgen et Becquerel*, entre autres; un colloque s'est tenu au palais du Luxembourg sur *Atome et Société, Science, politique et opinion publique;* un autre colloque s'est déroulé à l'institut Curie, en juillet dernier, sur la "Radioactivité: histoire et culture (de 1896 aux années 30). Certains colloques furent l'occasion de se pencher sur la problématique posée aux chercheurs afin de faire en sorte que les résultats des recherches soient moins nuisibles à la santé de l'homme et à son environnement. Ce Centenaire est célébré dans le monde entier, principalement en Pologne, le pays d'origine de Marie Sklodowska-Curie; mais aussi en Chine, en Hongrie, en Inde, au Japon, au Maroc, aux États-Unis, en Suisse, en Espagne, au Portugal, en Italie, en Argentine, en Norvège, au Vietnam...

- AFI - Dans le cadre de ce Centenaire, qu'est-il prévu en faveur de la jeunesse?

- G. C. - Les jeunes d'aujourd'hui sont les citoyens de demain. Les actions, en direction des lycées, des collèges, des universités sont nombreuses. Des conférences, une exposition itinérante sur *La radioactivité, de Becquerel, Pierre et Marie Curie jusqu'à nos jours* durant les trois années de 1996 à 1998 et une autre exposition de 20 posters, à la fois esthétiques et informatifs, tirés à 700 exemplaires diffusés en France et à l'étranger.

Ces opérations ont pour objectif premier de familiariser la jeunesse avec toutes les notions liées à la radioactivité. Et, par une information scientifique objective, elles doivent permettre d'ouvrir la voie à une gestion lucide de ses multiples applications. Toutes ces actions sont menées de front avec élèves et étudiants, professeurs, recteurs... Par ailleurs, les enseignants peuvent participer à des stages où un matériel pédagogique leur est donné. Une brochure sur la radioactivité a été diffusée auprès des professeurs de sciences de tous les collèges et lycées français.

- AFI - Dans l'ouvrage, Feux Follets et champignons nucléaires, *le style adopté est clair, concis, une information scientifique sérieuse n'excluant pas l'humour. Par exemple: "Réaction en chaîne dans un réacteur nucléaire. Tragicomédie en cinq actes avec, par ordre d'entrée en scène: le noyau d'uranium-235, le maître de jeu, interprété par le grand chapeau; les neutrons, interprétés par les grenouilles; (...) les noyaux d'uranium-238, interprétés par les serpents, etc." Le tout étayé d'illustrations. Le commun des mortels a vraiment envie de vous lire. Comment avez-vous pensé à établir cette relation théâtrale presque ludique avec votre lecteur? Est-ce pour démystifier la mauvaise image de marque du nucléaire dans le monde?*

- G. C. - Nous avons voulu apporter des réponses aux curieux de la science sans être hermétique. Et nous avons voulu également remettre les pendules à l'heure, sur le ton de l'humour, auprès de ceux qui colportent des informations non fondées.

- AFI - Après avoir été directeur de recherche au CNRS au CERN à Genève, pouvez-vous nous préciser où en est l'état d'avancement de vos travaux, à savoir, cet appareil qui permettrait de diminuer la nocivité de l'utilisation des rayons X?

- G. C. - Nous savons déjà qu'il est possible de réduire, d'un facteur 10, la dose de radiation infligée au patient. Nous travaillons à réaliser un appareil industriel bon marché.

Georges Charpak, met "la main à la pâte", pour redorer le blason des sciences dans les écoles.

- AFI - L'opération La main à la pâte, *adoptée par l'Éducation nationale en septembre 1996, n'est-elle pas une façon de remettre à l'ordre du jour la leçon de choses, retirée des programmes officiels français dans le primaire?*

- G. C. - En effet, cette initiative permet de combler les lacunes existantes dans l'enseignement. Le programme *mains à la pâte* contribue à éveiller l'intérêt des jeunes pour la science et au développement de l'enseignement des sciences.

La science est omniprésente autour de nous. Il faut donc rendre cette matière, réputée hermétique, agréable et ludique, mais ne pas en faire un gadget. Il faut apprendre en s'amusant. C'est le système américain. Ce système, introduit récemment dans 1% ou 2% des écoles publiques, est appelé à se développer rapidement aux États-Unis.

- AFI - Pourquoi avoir choisi comme école pilote Vaulx-en-Velin près de Lyon?

- G. C. - Le choix de Vaulx-en-Velin n'est pas innocent. Là où les enfants ont le plus de difficultés à intégrer l'école, la science peut être le trait d'union pour les réconcilier avec l'école. Je pense qu'il est juste de commencer par les zones d'éducation prioritaire.

L'expérimentation fut menée, en premier lieu, dans cinq départements: le Rhône, les Yvelines, la Loire Atlantique, le Loir et Cher puis la Meurthe et Moselle. Cette action pédagogique, dite *la main à la pâte*, a concerné plus de 8000 élèves répartis entre 344 classes durant l'année scolaire 1996-97. Forts de cette expérience dans les départements pilotes, et le bouche à oreille fonctionne bien, une quinzaine de départements ont porté acte de candidature pour intégrer ce programme *mains à la pâte* dans certaines écoles (primaires et maternelles).

- AFI - Le livre La Main à la pâte, *se présente comme un manuel de classe plus élaboré. En quoi consiste ce programme scientifique?*

- G. C. - Cet ouvrage est né de la réflexion d'aider à former les enfants à une démarche autonome, un peu comparable à celle des chercheurs. Je voulais contribuer ainsi à l'alphabétisation scientifique.

Ce recueil n'est ni une charte, ni un programme, mais un recueil d'idées fortes et simples. Il contient des pistes à explorer. À ce propos, l'Inspection générale de l'Éducation nationale a rédigé des fiches de connaissances qui expriment en termes accessibles les principales connaissances scientifiques sous-jacentes aux différents chapitres du programme contenus dans le recueil.

Ces fiches ont été distribuées lors de cette rentrée scolaire 1997-98. Et c'est à partir de celles-ci que les maîtres vont pouvoir poser les bonnes questions suivant un fil conducteur préparé par une équipe de scientifiques. L'esprit de *la main à la pâte* dépasse le traditionnel clivage entre la démarche et le programme. C'est l'esprit d'investigation qui prime. Cela découle de l'expérience menée à Chicago. Les enfants agissent, expérimentent, recherchent, trouvent et repartent avec des connaissances fondamentales pour la compréhension du monde naturel ou technique.

Leur salle de classe est transformée en laboratoire; ils ont un cahier sur lequel ils inscrivent les expériences réalisées. Ce programme est appliqué à raison de trois heures par semaine. J'ai rencontré de nombreux instituteurs qui croient à ce système.

L'objectif n'est pas d'en faire à tout prix des scientifiques. Mais la science peut leur permettre de s'épanouir tout en découvrant ce qu'est la nature. Car au travers de la science, on apprend non seulement à lire et à écrire mais aussi à raisonner, ce qui est une bonne protection dans la vie. Cet enseignement, j'en suis sûr, est à même de tirer le meilleur des enfants.

- AFI - L'Académie des sciences ouvre ses portes à la jeunesse à l'occasion de l'opération La science en fête. *Que pensez-vous de cette initiative? Votre programme n'est-il pas la science en fête au quotidien?*

- G. C. - L'opération *Science en fête* est une excellente initiative. L'Académie des sciences a raison d'associer les jeunes à son savoir-faire. La science est au service de la vie quotidienne. *La main à la pâte* permet à la science d'être en fête toute l'année.

Propos recueillis par Marie-Aimée RANDOT-SCHELL

- Contact du secrétariat général du Centenaire de la découverte de la radioactivité:
René Bimbo, Institut de physique nucléaire, 91406 Orsay cédex France,
tél.: (33 1) 69 15 57 98, fax: (33 1) 69 15 45 07,
Internet: http://www.Centenaire.jussieu.fr.radioactivité.
- *Feux follets et champignons nucléaires*, Georges Charpak et Richard L. Garwin, Éd. Odile Jacob.
- *La Main à la pâte, Les Sciences à l'école primaire*, Georges Charpak, Éd. Flammarion.

ALEXANDRE YERSIN À L'HEURE D'INTERNET LE FRANCOPHONE "ONG NAM" 1863-1943 COMMENT LE PASSÉ REJOINT LE PRÉSENT ET PRÉPARE L'AVENIR

Anna OWHADI-RICHARDSON
Présidente fondatrice d'ADalY *Les amis de Dalat... sur les traces de Yersin*
Médecin conseiller de l'Académie de Montpellier

Le Sommet de Hanoi[1] rappellera ces valeurs universelles: nous sommes égaux , bien que différents, mais restons unis. Le Franco-Suisse Alexandre Yersin, connu pour sa découverte du bacille de la peste, l'a compris dès l'époque coloniale, pendant un demi-siècle de sa vie consacré à l'Indochine[2]. Il a illustré d'une façon éloquente ces valeurs, devenues encore plus actuelles devant les incertitudes d'une mondialisation inéluctable sur la toile d'Internet.

D ans ce *village global qu'est devenue notre planète[3]* (Claude Allègre), l'impérieuse nécessité d'un nouvel équilibre mondial à inventer est de la responsabilité de chaque nation. Elle aura pour mission de préparer les enfants d'aujourd'hui à être les citoyens de demain en appliquant les résolutions de la déclaration du VIe Sommet de Cotonou en 1995, afin "de rendre la francophonie plus dynamique et plus porteuse d'avenir, en donnant une nouvelle impulsion à l'éducation et en renforçant notre action en faveur de la jeunesse" et les recommandations de la Commission de l'Unesco pour l'Éducation du XXIe siècle (Jacques Delors)[4]

L'approche éducative à la veille du 3e millénaire doit se fonder sur quatre piliers: apprendre à connaître, apprendre à faire, apprendre à être, apprendre à comprendre l'autre.

Il s'agit d'apprendre à vivre ensemble en développant la connaissance des autres, de leur histoire, de leurs conditions et de leur spiritualité et, à partir de là, créer un esprit nouveau qui, grâce précisément à cette perception de nos interdépendances croissantes à une analyse partagée des risques et des défis de l'avenir, pousse à la réalisation de projets communs ou bien à une gestion intelligente des inévitables conflits. Utopie, pensera-t-on, mais utopie vitale.

La vie de Yersin illustre parfaitement ces recommandations.

Yersin a appris à connaître

Ce médecin, disciple de Pasteur, possédait un esprit curieux et ouvert mais méthodique et scientifique, ce qui explique son succès dans tous les domaines abordés en autodidacte.

Il convient d'être en garde contre le désir de réalisations immédiates fondées sur des résultats fragmentaires qui seraient le point de départ de déceptions ultérieures et nuiraient à l'œuvre entreprise au lieu de la servir(...) convaincu du danger des conclusions hâtives aussi bien dans le sens du découragement prématuré que de trompeuses illusions .

Il a su associer l'enthousiasme et la ténacité impatiente dans le travail, l'imagination créatrice et la soumission de l'hypothèse par l'expérimentation, à l'enchaînement des phénomènes, l'amour passionné de "la recherche désintéressée et le sens de l'utilité pratique avec la volonté de regarder haut, d'apprendre au delà, de chercher à s'élever toujours".

Il a touché ainsi à l'agriculture, l'élevage, l'astronomie, la météorologie, a possédé l'un des premiers postes émetteurs-récepteurs privés, la première

Yersin a appris à faire

Il a découvert le bacille de la peste à Hong-Kong le 20 juin 1894. *Yersinia pestis* a été trouvé dans les bubons prélevés clandestinement sur les cadavres. L'humble paillote qui abrita cette découverte historique est restée célèbre. Elle illustre le timbre du centenaire émis à Nhatrang le 15 juin 1994. Des doutes sur la paternité de la découverte l'opposent à un médecin japonais. La polémique Yersin-Kitasato sur la peste rappelle celle de Gallo-Montagnier sur le sida. La différence fondamentale est le détachement, voire l'indifférence méprisante de Yersin devant l'agitation médiatique qui entoura l'affaire.

Il a introduit l'hévéa *(hevea brasiliensis)*, l'arbre à caoutchouc, devenue une source de richesse pour le pays. L'année 1997 commémore le centenaire de son introduction au Vietnam. Pour libérer les Vietnamiens de la dépendance extérieure, il acclimate le quinquina *(cinchona ledgeriana)* pour soigner les paludéens.

Yersin a fondé les instituts Pasteur de Nhatrang et de Dalat, a créé et dirigé l'École de médecine de Hanoi.

Le 21 juin 1893, explorateur téméraire, bravant les tigres et les tribus sauvages, Yersin découvrit à 1500 m d'altitude le site de la ville de Dalat .

Mon impression a été profonde lorsque, débouchant de la forêt de pins, je me suis trouvé en face de ce vaste plateau dénudé et désert dont l'apparence

rappelait celle d'une mer bouleversée par une houle énorme d'ondulations vertes. Le massif du Langbian se dressant à l'horizon nord-ouest du plateau, accentuait la beauté du site en lui donnant du relief(...) Les quelques villages des M'lates sont groupés au pied de la montagne(...) Les femmes ont le lobule de l'oreille percé d'un trou énorme...
Dalat vient du nom de cette tribu. Une deuxième explication a été donnée par l'explorateur: *Dat Aliis Laetitiam, Aliis Temperiem*, il donne aux uns la joie, aux autres la santé. En 1897, Paul Doumer signa le décret de la création de la ville. Le centenaire de la découverte de son site a été célébré par des festivités en novembre 1993. L'air y était si pur, la température si clémente que les Européens ne tardèrent pas à venir s'y reposer... Les colons y bâtirent des résidences rappelant l'architecture des villas de leurs provinces natales. Le lycée Yersin, devenu aujourd'hui École normale, fut inauguré en 1935 et forma l'élite de la diaspora vietnamienne. Dalat a été ainsi surnommée *La petite France*[5].
La ville, épargnée par la guerre, devenue l'Évian du Vietnam, est aujourd'hui un lieu de villégiature privilégié de l'Asie du Sud-Est.

lunette astronomique, en 1900, la première automobile. Il se serait aujourd'hui passionné pour Internet.

Yersin a appris à être

Il a vécu parmi les Vietnamiens et les tribus des minorités ethniques, adoptant et respectant leurs coutumes et leurs habitudes, apprenant à parler leur langue. De tempérament discret et modeste, il a fui les honneurs, a accepté les médailles parce qu'elles ont permis de débloquer des subventions pour ses recherches. Il se meut avec une souveraine aisance dans la conception et l'exécution des projets en apparence les plus risqués. Sa vie est d'une simplicité monacale mais il accumule dans sa maison l'appareillage le plus coûteux d'astronomie, de météorologie, d'électricité, de physique qu'il adapte, qu'il perfectionne en correspondance permanente avec les constructeurs de France et de l'étranger. Ceux qui l'ont assez bien connu pour gagner son estime et son affection conservent le souvenir de son exquise sensibilité, de la générosité de son cœur, de la fidélité de son attachement. Cet homme a fui le monde futile, vivait de peu, ne se passionnait que pour l'authentique. Il parlait couramment la langue des autochtones.

Cet ami de Calmette et de Roux, contemporain de Koch, de Klebs, de Lœffler, fut un médecin de santé publique visionnaire dans son approche globale et communautaire que nous venons aujourd'hui à peine de redécouvrir. Humaniste généreux, il considérait que "la médecine est un sacerdoce au même titre que le pastorat, car demander de l'argent pour soigner un malade c'est un peu lui dire: la bourse ou la vie".

Pour Raymond Aubrac[6], grand témoin de l'histoire et ami du Vietnam, l'œuvre de Yersin a laissé, "un grand et fort souvenir dans ce pays des antipodes où il est le symbole du savoir, de l'imagination et de la générosité".

Le pasteur Valéry Radot parlera de lui comme "l'un des plus sublimes exemples de l'individualisme triomphant, dans un monde qui s'acharne à faire disparaître l'individu dans la foule anonyme".

Pour le lieutenant Lyautey, "ce jeune médecin, comme tous ceux qui surgissent, a trouvé d'abord des montagnes d'obstacles, de doute, de forma-
lisme, comme tous ceux qui croient et qui veulent; il les a vaincues, les
vainc et les vaincra".

Yersin a appris à comprendre l'Autre

Les Vietnamiens ne se sont pas trompés: toutes les rues françaises ont été
débaptisées à la décolonisation sauf celles qui portent son nom. Le savant
français est honoré aujourd'hui comme "le saint Yersin de Nhatrang (Christian Colombani)"[7].

L'amitié franco-vietnamienne qui repose sur "une histoire mouvementée
et complexe après un siècle de mariage forcé et les longues années de bou-
derie réciproque" (Nguyen Khac Vien)"[8] va donc retrouver un second souf-

---

Yersin, le francophone

Alexandre Yersin est né en Suisse le 22 octobre 1863, quelques semaines après le
décès de son père, éminent entomologiste. Lorsqu'en 1888 il sollicita la nationalité française pour pouvoir exercer la médecine en France, on découvre ses origines languedociennes. Sa famille protestante a dû quitter la région "à la suite de
dragonnades organisées en Languedoc pour cause de religion".

À Montpellier[9], où est née sa grand-mère maternelle Catherine-Émilie Demole,
une rue et un rond-point portent son nom. Après des études médicales à Lausanne
puis à Marburg en Allemagne où il fut l'élève de Virchow, Yersin vint à Paris.
Étudiant à l'Hôtel-Dieu chez Cornil, il fut remarqué par Pasteur en 1886 alors qu'il
venait se faire soigner une blessure à la main, survenue au cours de l'autopsie d'un
malade mort de la rage. Émile Roux le prit comme anatomo-pathologiste. Il sou-
tint sa thèse sur le développement du tubercule expérimental et définit ainsi la
tuberculose septicémique type Yersin.

Il s'inscrit à Berlin au cours de bactériologie de Koch pour mieux connaître les
méthodes de travail de celui qui isola le bacille de la tuberculose et le vibrion
cholérique. Il avait auparavant, avec Roux, isolé la toxine diphtérique. De cette
découverte devait naître la notion des antitoxines, la sérothérapie et plus tard, de
la vaccination.

Après cinquante années passées à Nhatrang parmi les pêcheurs, le savant les quitta
à une heure du matin le 1er mars 1943. Le modeste cercueil fut déposé à Suoi Dau,
au sein de cette terre qu'il a tant aimée. Depuis, le nom d'Alexandre Yersin, Ong
Nam*, perdure au Vietnam et son image est vénérée: cierges et bâtons d'encens
brûlent dans les pagodes pour honorer sa mémoire.

À l'heure où notre société traverse une crise de mutation difficile, où nos jeunes
recherchent d'autres repères, où la médecine affronte, encore impuissante devant
de nouveaux fléaux, il est réconfortant de rappeler la vie et l'œuvre de précurseur
de Yersin.

Les élèves du collège Georges Brassens découvrent la vie du savant et créent un
club Yersin[10]. Ils correspondent avec leurs camarades du collège Phan Chu Trinh
de Dalat et découvrent l'éducation civique si importante au pays de Confucius:
Tien Hoc Le, Hau Hoc Van, "apprends d'abord la politesse, tu apprendras à lire après".

Le recteur Pierre Ferrari a inscrit dans le plan académique de développement de
Montpellier la sensibilisation à la francophonie et les échanges éducatifs avec le
Vietnam.

Un projet de film ne verra hélas pas le jour à la suite du décès du réalisateur[11]. Son
scénario romancé par Élisabeth Du Closel vient de recevoir le prix santé 1997.[12]

* ONG NAM: en vietnamien: M. Cinq, nombre de galons de médecin militaire.

La France, qui a reproché à Yersin de renoncer à la carrière brillante que lui offrait l'institut Pasteur, doit reconnaître aujourd'hui qu'il a fait le bon choix en s'embarquant à la découverte de cette terre lointaine. Il a ainsi mieux servi la France d'hier et la francophonie d'aujourd'hui pour le monde de demain. "On ne peut changer l'histoire, mais au moins peut-on essayer de faire de notre mieux dans le présent et le futur pour promouvoir la paix" à l'instar de Kim Phuc, "l'enfant symbole du Vietnam"[13] brûlée par le napalm en 1972, dont la photo symbolise les souffrances de ce peuple. L'utopie du rêve de Martin Luther King, "que les hommes, un jour, se lèveront et comprendront enfin qu'ils sont faits pour vivre ensemble, comme des frères", se réalisera enfin pour le troisième millénaire.

fle grâce à "une figure symbolique qui apparaît comme un signe de ralliement unanime (Noël Bernard)", pour illustrer et consolider cette amitié.

Au moment de terminer cet hommage, un article de Jean-Yves Nau[14] dans *Le Monde* du 5 septembre, signale l'apparition à Madagascar d'une souche de *Yersinia pestis* résistantes aux antibiotiques. Le spectre de la peste menace de nouveau, *comment le passé rejoint le présent...* mais espérons qu'Internet permettra aux savants de communiquer vite pour trouver la parade et *préparer l'avenir...*

Cet avenir, ADalY, l'Association des amis de Dalat sur les traces de Yersin apportera sa modeste contribution en travaillant à faire mieux connaître l'exemple du savant à notre jeunesse. Après le lycée Yersin de Dalat, le lycée de Hanoi, qui enseigne le français, vient de recevoir son nom aujourd'hui en 1997, année du premier Sommet de la Francophonie en Asie.

NOTE: L'importance des références bibliographiques ne permet pas leur insertion dans le cadre de cette publication; nous vous prions de nous en excuser. Elle est consultable sur le site Internet de l'académie de Montpellier: http:\\ www.ac-montpellier.fr

Association des Amis de Dalat... sur les traces de Yersin (ADalY)
(214, rue Christian Dior-Aqueduc II -34090 Montpellier, France
Tél. /fax: 04 67 54 34 31

Éléments bibliographiques

1- Haut Conseil de la Francophonie: XIIIe session, avril 1997 à Paris: Asie et Francophonie
- *Lettre de la Francophonie*, "L'année du Vietnam" supplément au n° 99 de mars 1997
- "La France et le Vietnam dans l'espace francophone", colloque au Sénat le 18 janvier 1997
- État de la francophonie au Vietnam - Rapport de mission 1996 Marie-Ange Laumonier
- Ce médecin qui veut réanimer la francophonie au Vietnam, en marge des journées d'Agropolis-museum du 5 au 12 oct: "Saveurs et traditions du Vietnam sur les traces de Yersin", *Midi Libre* de 4 octobre 1996.
- BROCHEUX Pierre, "Le Legs français à l'Indochine", *La jaune et la rouge*, mai 1997 n° 525, Vietnam, Revue mensuelle de la société amicale des anciens élèves de l'école polytechnique
- HOURCADE Jean, *Le Français, les français...et les autres*, SIDES
2- MOLLARET Henri-H., BROSSOLLET Jacqueline, *Yersin, un pasteurien en Indochine, un savant, une époque*, Belin, 1993.
- "Alexandre Yersin et la peste", numéro spécial de la *Revue médicale de la Suisse romande*, tome 11, n° 5, mai 1994.

- Une exposition réalisée par l'Institut universitaire d'histoire de la médecine et de la santé publique de Lausanne "Dr Yersin, l'aventure et la science" était visible à Morges, en Suisse, en 1994. Cette exposition est actuellement à Nhatrang au musée Yersin.
3- ALLÈGRE Claude, JEAMBAR Denis, *Questions de France*, Fayard, août 1996, p.8.
4- DELORS Jacques, "Unesco: Commission de l'éducation pour le XXIᵉ siècle", *Le Monde de l'éducation, de la culture et de la formation*, n° 251, septembre 1997.
5- Le Dr Alexandre Yersin et la fondation de la ville de Dalat "Dalat, ville d'altitude" *Centenaire de Dalat 1893-1993* , p. 54 à 99, Comité populaire de Dalat, Édition Hô chi minh-ville,
6- AUBRAC Raymond, *Où la mémoire s'attarde*, Odile Jacob, août 1996.
Le dernier séjour d'Hô chi minh à Paris, souvenir d'il y a cinquante ans, bulletin de l'AAFV.
7- Christian Colombani: "Saint Yersin de Nhatrang", *Le Monde*, 28 déc. 91.
8- NGUYEN Khac Vien, allocution prononcée à la réception du Grand prix de l'Académie française en nov. 92 à l'ambassade de France à Hanoi.
9- ADalY organise depuis trois ans en septembre à Antigone Des Associations un stand pour faire connaître le savant. Le maire Georges Frèche a décidé de baptiser un rond-point de Montpellier, Alexandre Yersin. Adaly s'est émue de la minuscule impasse non carrossable près de la Colombière qui porte jusqu'à présent son nom.
- OWHADI-RICHARDSON Anna, présidente fondatrice ADalY
- Les origines languedociennes d'Alexandre Yersin "nunc Hippocrates Monspelliensis".
- Alexandre Yersin, hommage au vainqueur de la peste, le centenaire de Yersinia pestis, p.71-73, *Bulletin de l'Ordre des médecins de l'Hérault*, automne 95, n° 62.
- Vietnam sur les traces du Montpelliérain Yersin, *Midi Libre*, 3 juillet 1996, Pignon sur rue.
10- Les élèves du collège Georges Brassens de Lattes ont réalisé un PAE à l'initiative de leurs professeurs de biologie Mmes Labau et Carrère sur le centenaire de la découverte du bacille de la peste. La Science en fête, en 1995, a exposé leurs travaux. Un club Yersin a été créé: organisation de tombolas, produit envoyé au collège Phan Chu Trinh et au Club francophone de Dalat.
11- *Le Figaro* "Yersin, savant et aventurier, Jean Leduc va tourner son histoire au Vietnam" 27-28 février 1993 (Cet article a été à l'origine du travail du Collège de Lattes sur Yersin).
12- DU CLOSEL Élizabeth, *Monsieur Nam, la fabuleuse histoire de l'homme qui découvrit le bacille de la peste*, Albin Michel. Prix santé 1997.
13- COJEAN Annick, "L'enfant symbole du Vietnam", *Le Monde*, mardi 19 août 1997, p. 9.
14- NAU Jean-Yves, *Le Monde*, 5 sept. 1997: "Une bactérie responsable de la peste apparaît résistante à des antibiotiques".

*****

THÉRÈSE DE LISIEUX, DOCTEUR DE L'ÉGLISE

En 1897, Thérèse Martin mourait après avoir passé neuf années d'une courte vie – 24 ans – au Carmel, où elle écrivit à la demande de ses supérieures, en mots de feu, comment lui était venue cette "intuition foudroyante de l'amour de Dieu". Jamais sortie de son couvent où elle était entrée à l'âge de 15 ans, sainte Thérèse de l'Enfant-Jésus, patronne des missions, fut aussi proclamée patronne de la France. Le centenaire de sa mort a été marqué par des cérémonies religieuses, des biographies, des études, des éditions et des rééditions de ses récits dans plusieurs pays francophones.

Le dimanche 19 octobre, le pape Jean-Paul II l'a proclamée docteur de l'Église, première Française et troisième femme à bénéficier de ce titre (après sainte Thérèse d'Avila et sainte Catherine de Sienne).

F.T. de L.

AUTOROUTES DE L'INFORMATION

Déclaration de Montréal

Deux grandes réunions concernant les inforoutes se sont tenues à Montréal. La déclaration des ministres concernés en fait ressortir toute l'importance.

En application de la *Résolution sur la société de l'information,* adoptée par les chefs d'État et de gouvernement à Cotonou en décembre 1995, les ministres francophones chargés des inforoutes, réunis à Montréal du 19 au 21 mai 1997.

Rappelant les propositions des conférences ministérielles du G7 sur la Société de l'information de Bruxelles et sur la Société de l'information et le développement de Midrand, qui préconisent une Société de l'information au service des citoyens et soulignent le besoin de servir l'enrichissement culturel par la diversité des contenus;

Tenant compte d'une part, de la conclusion, le 15 février 1997, dans le cadre de l'Organisation mondiale du commerce, de l'accord multilatéral sur les services de télécommunications et, d'autre part, des accords conclus dans le cadre de l'OMPI concernant la propriété intellectuelle;

Se réjouissant des efforts et des progrès accomplis depuis le Sommet de Cotonou dans un très grand nombre de pays ayant le français en partage pour favoriser la mise en place et le développement des inforoutes et y renforcer la place des cultures et des langues présentes dans l'espace francophone;

Saluant la qualité des travaux préparatoires de la Conférence coordonnés par l'Agence de la Francophonie et, notamment, la tenue des ateliers régionaux ainsi que le rôle du Comité scientifique;

Convaincus que la Francophonie doit faire en priorité ce que personne ne fera à sa place et qu'elle doit agir, dans la mesure du possible, en complémentarité avec les autres instances bilatérales et multilatérales;

Conscients que même si les enjeux liés au développement des infrastructures, à la réglementation, à l'accès aux réseaux et à la tarification des services, sont de la compétence des politiques nationales, ceux-ci n'en restent pas moins importants pour l'épanouissement de la Société de l'information dans l'espace francophone;

Soucieux de contribuer au développement solidaire de l'espace francophone, et résolus à favoriser l'intégration dans la société de l'information de tous les pays ayant le français en partage, pour réduire le fossé qui existe encore aujourd'hui entre les pays du Nord et du Sud et pour améliorer le sort de tous et, en particulier, des moins favorisés;

Soulignant l'importance de l'accès aux inforoutes pour tous à un prix abordable afin de favoriser la croissance et la variété des usages dans tous les secteurs de la société;

Rappelant le rôle essentiel de chaque État dans la mise en place d'un environnement propice au développement par les secteurs publics et privés d'application et de contenus novateurs;

Résolus à favoriser l'appropriation nationale des compétences et des techniques dans le domaine des inforoutes, notamment à travers le développement de partenariats en matière d'applications et de contenus;

Reconnaissant la priorité à accorder à l'éducation, à la formation et à la recherche par et pour les inforoutes;

Mettent l'accent sur le caractère stratégique d'une production en français et dans les langues partenaires, interactive, attrayante, pluriculturelle et largement diffusée;

Invitent les pays francophones à agir solidairement et efficacement au sein des instances internationales, afin que soit respectée une éthique, et à développer une déontologie commune des usages sur les inforoutes permettant d'éviter toutes les dérives potentielles;

S'engagent à appuyer auprès des instances internationales les pays membres dans leurs démarches destinées à obtenir des financements pour la mise en place et la consolidation de leurs infrastructures.

À la suite de la mobilisation des pays et gouvernements francophones interpellés par la Résolution de Cotonou, les Ministres déclarent que le développement des inforoutes en Francophonie reste d'une urgente nécessité. Ce développement doit désormais s'exprimer au travers de l'ensemble suivant d'actions cohérentes, précises, concrètes et complémentaires, notamment par la création d'un fonds francophone pour le développement des inforoutes, dans le cadre du fonds multilatéral unique et géré par les mêmes instances, tout en faisant l'objet d'un chapitre budgétaire individualisé.

En conséquence, les Ministres décident de concentrer leur action dans les domaines suivants:

– favoriser l'accès aux autoroutes de l'information;

– développer une aire francophone d'éducation, de formation et de recherche;

– soutenir la création et la circulation de contenus francophones et contribuer à la sauvegarde et à la valorisation des patrimoines;

– encourager la promotion de l'aire francophone de développement économique;

– mettre en place une vigie francophone (veille active);

– sensibiliser prioritairement la jeunesse ainsi que les utilisateurs, les producteurs et les décideurs;

– assurer la présence et la concertation des francophones dans les instances spécialisées.

Les ministres francophones chargés des inforoutes adoptent le plan d'action et en recommandent la mise en œuvre.

ÉLÈVES ET ÉTUDIANTS EUROPÉENS SE METTENT AU DIAPASON DU NET

Marie-Aimée RANDOT-SCHELL

Des milliers d'écoles primaires, secondaires et supérieures des 15 pays membres de l'Union européenne, sont invitées à participer aux *Netd@ys européens* du 18 au 25 octobre 1997. Cette opération est conduite par la Commission européenne chargée de l'éducation et de la recherche dont Mme Édith Cresson, ancien premier ministre, a la charge. Cette initiative a pour but d'aider les établissements scolaires à prendre le train *WEB* de l'information, afin de combler les lacunes dans le multimédia.

En France on ne compte que 500 000 internautes contre un million et demi en Allemagne et 45 millions aux États-Unis. En revanche, l'augmentation, en un an, est de plus de 70% en France, plus de 64% dans l'Union européenne et elle n'est que de 37% aux États-Unis. En outre, on considère qu'il y a moins de 5% des établissements scolaires européens qui disposeraient d'un accès à Internet ou à un réseau électronique interécoles. Si ce retard est démesuré face aux écoliers et étudiants canadiens, ce retard est variable selon le pays européen. Il est clair que, parmi l'Union des 15, la Suède arrive en tête dans ce domaine.

La difficulté des écoles à franchir le pas vient de ce que la formation des professeurs aux nouvelles technologies est inexistante, notamment en France. On prétexte souvent que les contenus des produits multimédia sont inadaptés aux besoins pédagogiques. Or, il y a de plus en plus de produits remarquables, au point de vue pédagogique.

Informer et créer

Le but des Netd@ys est d'abord de faire connaître les réseaux électroniques existant déjà dans les établissements scolaires en faisant profiter de leurs expériences; ensuite, de démontrer les avantages de la mise en réseau des écoles et d'insister sur la valeur pédagogique et opérationnelle offerte par Internet; et enfin, de susciter, dans chaque État membre de l'Union, la création de nouveaux réseaux ou projets basés sur des synergies entre écoles, pouvoirs public et entreprises.

@ votre Net, partez...

Pour la deuxième édition, l'opération Netd@ys est doublée d'un concours européen du logiciel éducatif. Près de 500 projets avaient été déposés en 1996. Élèves et étudiants sont donc invités à développer, sur Internet ou sur disque (CD-Rom ou disquette), la présentation multimédia d'un thème d'intérêt européen ayant trait à la culture, à l'environnement, à la citoyenneté, à la lutte contre le racisme ou le sida... Cette compétition comprendra deux catégories: écoles primaires et secondaires, d'une part; les lycées, les établissements techniques et d'études supérieures ainsi que les instituts de formation au multimédia, d'autre part.

Certes, l'idée vient des États-Unis, mais puisqu'elle est bonne, l'Union européenne a raison de l'exploiter. Si ce moyen ludique et créatif permet au monde de l'éducation de rattraper son retard en matière de multimédia, alors espérons que cette opération sera renouvelée.

LES AVENTURES ÉDUCATIVES AVEC *GALSWIN*

PRIX MÖBIUS FRANCE 97 ÉDUCATION

Marie-Aimée RANDOT-SCHELL

Dans le cadre de l'opération "Netd@ys", la jeune société française *Integral Media*, spécialisée dans les applications multimédia depuis 1993, propose son partenariat aux écoles en fournissant le matériel adéquat pour les connecter à Internet ou à d'autres réseaux afin de communiquer avec d'autres écoles. En outre, *Integral Media* propose également aux élèves, de 6 à 14 ans, de partir à l'aventure avec les 15 versions de *Galswin* en cinq langues (français, allemand, espagnol, anglais et américain).

Galswin se promène dans un univers moyenâgeux entre fées, lutins et pirates, où le savoir devient un jeu et un enjeu. Il propose d'effectuer des exercices de mathématique, de grammaire, d'histoire, de culture générale.. tout en s'amusant. Galswin est un petit bonhomme très sympathique, qui mémorise le prénom de l'enfant et il l'invite à poursuivre ses exercices sans jamais le mettre en situation d'échec.

Ce qui est original dans la conception de ces logiciels, c'est que Galswin propose deux modules de création d'aventures qui permet aux professeurs ou parents d'imaginer de nouvelles aventures, grâce à la mise à disposition de plus de 800 éléments de décors et d'une très grande bibliothèque d'ambiances sonores.

Par ailleurs, Integral Media a également édité une collection de 12 CD-Roms français-anglais intitulé *Le Rein* par le professeur Debré de l'hôpital Cochin; un CD-Rom d'éducation civique co-édité avec le Conseil général du Territoire de Belfort *Partez à la découverte du Conseil général*, etc.

Après avoir été adulée par le monde de l'économie en 1996 avec le prix national des Banques populaires pour la création d'entreprises et lauréate du trophée *Les espoirs de l'Économie* attribué par le ministre de l'Industrie, la jeune entreprise Integral Media a vu, cette année, sa collection de CD-Roms ludo-éducatifs, GALSWIN, couronnée de succès avec le prix Möbius France 97 - Éducation et le Trophée France-Télécom obtenu pour MEDIABUS (système multimédia embarqué dans les bus de tourisme ou de voyages scolaires) récompensant le meilleur système de communication pour micro-ordinateurs. Le concept de MEDIABUS fait aujourd'hui l'objet d'un brevet mondial.

Saluons ce jeune pédagogue, chercheur-ingénieur informaticien, M. Francis Piot, devenu président d'Intégral Media, qui ne cesse de créer de nouveaux univers: avec *Galswin, dans l'univers de la différence*, il a réussi là où d'autres ont échoué. Il s'agit du premier CD-Rom éducatif destiné aux handicapés mentaux (enfants et adultes), avec deux versions: apprentis et moniteurs. Celui-ci fut bien évidemment primé.

Élèves et professeurs auront bien de la chance de naviguer, au gré de leur fantaisie, en compagnie de *Galswin* durant l'opération européenne "Netd@ys".

Renseignements: Integral Media
2, rue des Entrepreneurs
Parc Technologique
90 000 - Belfort, France
Fax: 03 84 28 15 59
courriel: 101322.126@compuserve.com

Morceaux d'histoire

Le 9 avril 1682, en atteignant le delta du Mississipi, Robert Cavelier de La Salle achevait l'expédition qui le rendit célèbre et lui offrit la gloire. Des Grands Lacs canadiens au golfe du Mexique, il avait descendu le fleuve dans sa totalité et pris possession des contrées traversées, baptisées *Louisiane* en l'honneur du Roi-Soleil. Deux ans plus tard, fort de l'appui royal et de son brevet de commandant de la Louisiane, La Salle quitte La Rochelle dans le but d'atteindre le delta pour la mer. Mais il n'avait relevé des embouchures du *Père des eaux* que le degré de latitude et il échoua dans cette seconde entreprise. Son navire, *la Belle*, sombra lors d'un orage (1686) et Robert Cavelier de La Salle fut assassiné en 1687, avant d'avoir pu découvrir, par la mer, la fatale rivière du Mississippi.

Retrouvée il y a quelques années dans l'actuelle Mabagorda Bay, au Texas, *la Belle* a été remontée des eaux du golfe du Mexique en 1995. L'ensablement de la baie a exigé une méthode particulière (et assez rare) de dégagement; la Commission historique du Texas (chargée de ce travail) a construit un *cocon* autour du navire puis pompé l'eau qui s'y trouvait.

Les travaux archéologiques en cours ont permis des découvertes intéressantes, notamment des canons de bronze richement décorés et autres fleurs de lis qui prouveraient l'origine du navire. Ils sont actuellement au laboratoire de restauration de l'université A&M du Texas.

Mais à qui appartient *la Belle*? La polémique est vive!

La France comme l'État du Texas qui a investi plus de cinq millions de dollars pour ce *retour au sources* en revendiquent la propriété. Certains prétendent que le navire appartenait au Royaume, les autres qu'il avait été donné au découvreur et que, abandonné dans leurs eaux, il leur revient de droit...

Le différend sur ce *morceau* d'histoire en commun est loin d'être résolu, mais les archéologues américains et français ont travaillé en étroite collaboration sur le site sous-marin de l'épave et une exposition itinérante des *trouvailles* pourrait être organisée en France.

Laurence HÉRY

Découverte de la Francophonie par cédéroms

Le magazine télévisé *Espace francophone* va sortir une collection de cédéroms *À la découverte de la Francophonie*. Disque Optique Compact (CD-ROM) pour le Sommet de Hanoi intitulé *L'Aventure francophone* qui présente l'histoire de la langue française, l'émergence de la communauté francophone, les grandes institutions, les chantiers et perspectives de la coopération multilatérale...

Cette collection produira six autres cédéroms qui sortiront d'ici l'an 2000: *Cinquante écrivains francophones* fin 97; *Afrique noire et Océan Indien*, en 98; *Monde arabe* et *Asie-Pacifique* en 99; et *Europe* en l'an 2000.

"Cinquante écrivains francophones" vous introduira dans le monde de la littérature comprenant une cinquantaine d'écrivains de langue française, dont les incontournables, Senghor, Césaire... À titre d'exemple, l'œuvre d'Âmin Maalouf (né au Liban en 1949 et vivant à Paris depuis 1976) allant de *Les croisades... par les Arabes* édité chez J.C. Lattès en 1983 à *Samarcande, le rocher de Tanière* (prix Goncourt en 1993) en passant par *Léon l'Africain* en 1986, etc.

Ce cédérom a un but culturel et éducatif, car il constitue un véritable outil pédagogique pour les enseignants, notamment pour étayer un cours de littérature francophone ou pour enrichir la journée de la Francophonie à l'école le 20 mars prochain.

Les données historiques et économiques sont présentes; l'aspect touristique n'est pas négligeable si l'on considère la présentation très soignée de l'espace géographique francophone. *À la découverte de la francophonie* est à conseiller à tous ceux qui s'intéressent de près ou de loin à la cause francophone.

Institut pour la coopération audiovisuelle francophone: 43, rue François Gérard 75016 - Paris - Fax: 01 45 20 98 44 / Tél.: 01 45 20 98 45
Site Internet: <http://www.francophonie.org./espacetv/> Courriel: espacetv@francophonie.org

AUTOROUTES DE L'INFORMATION ET ENJEUX GÉOLINGUISTIQUES EN MÉDITÉRRANÉE

Ahmed MOATASSIME
CNRS/CECOD-IEDES (Université de Paris I)
Professeur honoraire des universités du Maroc

On peut se demander de quel défi il s'agit pour le Monde arabe tout d'abord et pour la Francophonie ensuite avant de voir s'il peut y avoir un défi commun aux deux espaces.

Un défi pour le Monde arabe?

P as plus que les autres parties du monde ayant un niveau de développement comparable, le Monde arabe ne peut objectivement croire, même lié à la Francophonie, qu'il est le seul concerné par les nouveaux défis technologiques, et en particulier les *Autoroutes de l'Information*. Il ne peut pas non plus penser qu'il pourrait les relever en sa faveur uniquement, sans une solidarité planétaire de tous ceux qui, comme lui, sont laissés pour compte. Mais il n'en reste pas moins vrai qu'il est toujours possible, et même salvateur, pour une entité régionale de grande civilisation comme le Monde arabe, d'apporter une contribution substantielle à cette nouvelle aventure du XXᵉ siècle. D'autant que, par son exigeante dynamique, une telle perspective ne pardonnera pas à tous ceux qui marquent le pas sans volonté manifeste de l'accélérer. Encore faut-il un support structurel solidement ancré, sinon dans une intégration politique et économique, du moins dans une intégration culturelle et scientifique.

D'aucuns pensent sans doute que l'intégration politique du Monde arabe, voire son unité politique, est un préalable à la réalisation de projets technologiques communs. Il n'en est rien, cependant, car il est toujours possible de jeter les bases essentielles de ces projets par l'intermédiaire de la Ligue arabe et le renouvellement de ses institutions. D'autant que l'unité politique de cette région du monde n'est pas encore à l'ordre du jour, malgré les déclarations de fraternité, si sincères soient-elles.

Deux raisons s'y opposent toujours, l'une endogène et l'autre exogène. La raison endogène paraît relever d'une subjectivité historique que les Arabes se renvoient mutuellement comme une dérision incontournable, à savoir que *les Arabes se sont mis d'accord sur le principe de ne jamais être d'accord entre eux* (Ittafaka al Arabe ala al yatafiko). La seconde raison, plus objective, est exogène: la conjoncture internationale et le partage du Monde par les puissances dominantes, chacune si jalouse de ses *chasses gardées* sont tels qu'il ne semble pas facile, en l'état actuel des rapports de force, d'espérer réussir une intégration politique totale du Monde arabe, avant qu'il ne reste plus une goutte de pétrole sous son sol. Il en est de même des difficultés pour l'intégration économique qui en découlent nécessairement. Ce n'est pas un hasard si les échanges verticaux avec le Nord avoisinent parfois 40% à 50% du volume global tandis qu'ils stagnent autour de 1% à 2% au plan horizontal entre pays arabes, ce qui est passablement insignifiant.

Reste au Monde arabe à faire sienne peut-être la phrase célèbre du grand économiste français, Jean Monnet, promoteur de l'idée européenne, lorsque, à propos de l'Europe il disait: "Si j'avais à recommencer, je commencerais par la culture". Laquelle s'est d'abord édifiée sur l'intégration économique se préservant ainsi de sa complexité culturelle et linguistique (supra, II.a). Or, pour le Monde arabe, commencer par la culture et plus particulièrement par *l'intégration scientifique* serait certainement plus accessible que les détours politiques et économiques, compte tenu de son unité linguistique aussi bien académique que pédagogique (supra II.b). D'autant que les ressources matérielles et humaines, deux piliers essentiels de l'entreprise, ne sont pas si rares. Matériellement, il est étonnant que le Monde arabe ne réserve que 0,1% en moyenne de son PNB pour la recherche. Mais il suffirait de 10% des budgets militaires et d'un prélèvement régulier sur les pétrodollars pour construire et entretenir l'un des plus grands laboratoires scientifiques du monde, avec ses ordinateurs, ses installations technologiques, ses autoroutes de l'information et même ses logements pour les chercheurs et une prise en charge plus décente de leur salaire.

Cette nouvelle "maison de la Science" (Beït al-Hikma) pourrait être bâtie dans l'espace neutre d'une ville-symbole, la plus proche possible de l'Europe pour les impératifs des échanges, comme Carthage ou Tanger. D'autant que, sur le *plan humain,* les cadres scientifiques originaires des vingt-deux États arabes n'ont plus rien à envier aux savants des pays industrialisés, aussi bien quantitativement que qualitativement. Il suffit de les attirer par une triple garantie: matérielle (pour qu'ils ne sombrent pas inutilement dans la misère), intellectuelle (par l'environnement scientifique national et international) et morale (par la liberté de créer et de se déplacer à l'étranger autant qu'il le faut).

À cet égard, il serait déterminant de remettre en cause la théorie fallacieuse de la *fuite des cerveaux.* Car, quel est le chercheur digne de ce nom qui resterait enfermé dans un pays sans échanges internationaux ni accès à l'information scientifique mondiale et à la fécondité de la confrontation des idées, des inventions et des découvertes? Pour faire face à cette nécessité de tous les temps et encore plus des temps actuels, il faudrait une fois pour toutes accepter la double ou triple appartenance à différents laboratoires des chercheurs performants: ceux qui les auraient auparavant accueillis à l'étranger, ceux de leur pays d'origine et ceux, enfin, de la *maison des Sciences* propre à une région donnée, en l'occurrence celle du Monde arabe. Auquel cas, la coopération scientifique et technologique en Méditerranée n'en serait que plus aisée et les échanges avec la francophonie n'en seraient que plus féconds.

LE FUTUROSCOPE FÊTE SES 10 ANS

C'est en 1987, à l'initiative de M. René Monory, alors sénateur, président du Conseil général de la Vienne, que le Futuroscope est né. Ce parc a accueilli près de trois millions de visiteurs en 1996, dont 11% de l'étranger.

Lors du dixième anniversaire du Futuroscope, René Monory, président du Sénat, a déclaré: "À son ouverture, le Futuroscope répondait à un souci de développement économique du département, fondé sur l'excellence dans les domaines de la communication, de la formation et de la recherche. Le département de la Vienne se trouve valorisé par la présence de ce site unique au monde. Le Futuroscope est devenu le premier employeur privé du département. Son succès toujours croissant est le plus beau cadeau d'anniversaire".

Information, formation, recherche...

Il faut rappeler que le Futuroscope comprend le parc européen de l'Image et le pôle technologique les plus sophistiqués d'Europe. Ce dernier regroupe sur une aire de 200 ha des établissements de formation, des laboratoires de recherche sophistiqués, plus de 70 entreprises. Sans oublier un centre de Congrès, où des visio-conférences sont réalisées entre Poitiers et toutes les villes du monde, tant pour les responsables de l'entreprise que pour les responsables de l'éducation, y compris entre élèves et étudiants. Un serveur Internet est à la disposition de tous.

Les nouveautés ludiques du Futuroscope

À l'occasion de ce dixième anniversaire, l'année 1997 fut jalonnée de manifestations avec des opérations nouvelles toujours sous l'égide du multimédia: "Le Lac aux images", inauguré le 3 avril dernier, fut un merveilleux spectacle nocturne présentant des effets pyrotechniques, des projections laser, des jeux d'eau et de lumière spectaculaires. "Cyber Avenue" est une aire de 800 m² divisée en deux plateaux pour découvrir l'univers du multimédia grâce à des jeux vidéo très particuliers et cinq postes Internet pour apprendre à naviguer sur la toile. "Ciné Jeu" est un procédé interactif unique permettant de jouer avec des images projetées sur le plus grand écran vidéo du parc (18 m²). "Le Spectacle multi-écrans", mosaïque d'images projetées sur un écran d'ordinateur de près de 200 m². La "Futurobanque" permet de découvrir de manière ludique la banque du futur. "Imagique", placé sous le signe de la magie, vient d'ouvrir ses portes.

Images réelles et images virtuelles se mêlent

Le Futuroscope demeure un lieu magique, malgré sa fonction bien réelle qui est, avant tout, la formation à l'information à l'aide des nouvelles technologies. Décidément, le Futuroscope a toujours une longueur d'avance sur le futur.

M.-A. R.-S.

Le magazine *Espace francophone* a 15 ans

Dominique Gallet et Mona Makki, les fondateurs du magazine *Espace francophone* ont soufflé leurs 15 bougies. Ce magazine, diffusé sur France3 chaque semaine, est également rediffusé dans le monde entier par satellite (CFI, TV5 et RFO).

Espace francophone en ligne

Espace francophone a présenté à l'occasion de la Conférence des ministre francophones à Hanoi, une préfiguration de la Banque audiovisuelle francophone (BAF), réalisée en collaboration avec le CNET de Rennes en partenariat avec France Télécom. La BAF est la mise en ligne sur Internet de ce gisement d'images collectées depuis 15 ans, soit plus de 300 émissions de 26 min.

VIE INSTITUTIONNELLE
ET ASSOCIATIVE

Pierre ALEXANDRE

I – ORGANISATIONS OFFICIELLES
DE LA FRANCOPHONIE
(GOUVERNEMENTALES ET PARAGOUVERNEMENTALES)

AGENCE DE LA FRANCOPHONIE

Au cours de l'année 1997, l'Agence de la Francophonie (ACCT) a été guidée dans son action par trois préoccupations: contribuer à préparer le Sommet de Hanoi; préparer la transition institutionnelle qui marquera la communauté francophone et l'Agence elle-même dès le début de 1998; déployer pleinement la concertation et la coopération francophones en suivi des décisions arrêtées au Sommet de Cotonou et à la Conférence ministérielle de Marrakech.

Le Sommet de Hanoi

Afin de préparer le Sommet dans les meilleures conditions, l'Agence a construit avec le Vietnam un plan d'interventions consacré par un accord-cadre signé en septembre 1996. L'accord a prévu et chiffré avec précision les interventions de l'Agence, à son double titre de secrétariat de toutes les instances de la Francophonie et d'opérateur intergouvernemental.

Dans le premier cas, l'Agence a prévu les dispositions qui visent à préparer le secrétariat du Sommet, à former des personnels aux plans linguistique et professionnel, à assurer la signalisation trilingue de certains lieux publics, notamment touristiques, et à apporter son appui à la structure de gestion du palais des Congrès édifié pour le Sommet par les autorités vietnamiennes, avec le concours de la France. À quelques semaines du Sommet, une dernière mise au point des préparatifs vient d'être effectuée par l'Agence, sous l'autorité de la partie vietnamienne, en lien étroit avec les missions techniques d'appui de la France et du Canada.

En tant qu'opérateur intergouvernemental, l'Agence a mené tout au long de l'année des actions visant la sensibilisation de la communauté francophone à la spécificité du Vietnam et à la sensibilisation des Vietnamiens à la réalité de la Francophonie.

Citons, sans entrer dans une revue de détail, quelques-unes des initiatives les plus marquantes qui, en plus de la programmation régulière de l'Agence, sont venues enrichir la relation entre le Vietnam et les autres pays de la Francophonie: tenue à Paris, en collaboration avec le Centre Wallonie-Bruxelles d'un forum sur les réalités économiques, sociales et politiques vietnamiennes (mars 97); production d'un film sur le Vietnam; organisation en septembre à Paris d'une exposition consacrée aux arts plastiques du Vietnam; financement de tournées européennes et nord-américaines de troupes culturelles vietnamiennes; financement en octobre de la tenue du Forum francophone des affaires à Hô Chi Minh-Ville. De grandes manifestations culturelles et cinématographiques sont venues présenter à des publics vietnamiens enthousiastes l'image de ce qui se fait dans les autres pays francophones en matière de cinéma, d'arts plastiques et de spectacle vivant.

L'accent mis sur le Vietnam, pays hôte du Sommet, n'a pas conduit l'Agence à négliger les autres pays de la région: elle a développé son fonds de soutien à la création de petites et moyennes entreprises au Laos, avec la contribution attendue du PNUD, à hauteur de 7 millions de dollars US. Un accord-cadre de coopération a été signé le 22 avril avec les autorités du Cambodge prévoyant des interventions en matière de nouvelles technologies, d'éducation, de droit, d'édition, de culture, d'économie et d'énergie.

La transition institutionnelle

Sous l'impulsion de son secrétaire général, M. Jean-Louis ROY, l'Agence de la Francophonie a mené un ensemble de travaux visant à aider les futures autorités de la Francophonie dans la compréhension de l'institution intergouvernementale dont ils auront la charge. C'est ainsi qu'elle a édité l'ensemble des textes fondamentaux de la Francophonie, tous les textes administratifs qui réglementent son activité, compilé toutes les ententes, les conventions et les accords qu'elle a conclus avec des organisations internationales ou régionales avec ses États et gouvernements membres, ainsi qu'avec ses partenaires de la Francophonie. Elle a également actualisé tous les inventaires des biens matériels et immatériels de l'institution, ainsi que celui de ses ressources humaines. La prise de décisions des nouvelles autorités investies par les instances à Hanoi devrait s'en trouver facilitée.

Concertation et coopération intergouvernementales francophones

Un survol des initiatives les plus significatives devrait suffire à montrer la richesse des activités de l'année.

Le 25 juin dernier, le secrétaire général de l'Agence a signé avec le secrétaire général des Nations Unies, M. Koffi Annan, un accord de coopération entre l'Agence et l'ONU qui couvre un large champ des activités des deux organisations, notamment en matière de concertation.

À cet égard, il convient de signaler que depuis le Sommet de Rio, l'Agence a assuré à partir de son bureau de New York et avec le concours technique de l'Institut de l'énergie des pays francophones (IEPF) la coordination de la présence francophone dans la négociation des trois conventions découlant de Rio.

Un important accord a été signé le 23 septembre entre le secrétaire général de l'Agence et le secrétaire général du groupe des États ACP, M. Ng'Andu Peter MAGANDE, qui fixe les objectifs et domaines de coopération entre les deux organisations, notamment dans le domaine culturel.

Parmi les autres concertations majeures qui ont marqué cette année, une place spéciale revient à la première réunion à Paris de l'Association des Cours constitutionnelles ayant en partage l'usage du français.

Un des grands moments de la concertation francophone aura été la **réunion des ministres francophones chargés des inforoutes**, à Montréal, en mai, au terme d'une longue série de réunions préparatoires dans toutes les régions de la Francophonie et autour du comité scientifique présidé par le recteur Moreau. La déclaration de Montréal et le plan d'action qui en est résulté devraient déterminer l'avenir de la Francophonie dans le secteur clé de l'information.

Enfin, l'année aura permis de développer la réflexion, commanditée par les chefs d'État et de gouvernement, sur le projet de **convention intergouvernementale sur la culture**. L'enjeu est de taille puisqu'il s'agit par une telle convention de réaffirmer la place centrale de la création culturelle dans la communauté francophone, de faciliter la circulation des créateurs en son sein, ainsi que celle des biens et des services culturels. Il appartiendra aux chefs d'État et de gouvernement de dire à Hanoi quelle suite ils entendent réserver aux travaux menés sous la responsabilité de l'Agence par le comité de spécialistes présidé par M. Bernard DORIN, ambassadeur de France.

Au titre de la **programmation régulière de l'Agence**, telle qu'elle a été adoptée à Cotonou et financée par les ministres réunis à Bordeaux en février 1996, quelques-uns des faits saillants seront mentionnés pour chacun des programmes mobilisateurs de la Francophonie:

- *au titre de l'espace de savoir et de progrès*, l'ouverture par le premier ministre de France de la nouvelle École internationale de la Francophonie à Bordeaux (24 janvier) a permis de relancer fortement l'activité de formation à distance du Consortium francophone de formation à distance (CIFFAD), notamment au profit de l'enseignement du français;

- *au titre de l'espace de culture et de communication*, l'opération la plus marquante aura été la tenue, et le succès, du 3ᵉ MASA à Abidjan: 47 troupes y ont été présentées à 438 programmeurs internationaux venus de leur propre initiative pour ce qui est une opération désormais bien établie de mise en marché des artistes africains. L'année aura également été marquée par la relance très forte du programme des Centres de lecture et d'animation culturelle en milieu rural (CLAC). Ces derniers connaissent aujourd'hui un succès qui les conduit à devenir de véritables centres d'animation sociale auxquels de nombreux organismes internationaux (UNICEF, CRDI) ou certains pays membres (la France au Rwanda, Monaco, la Suisse) apportent leur concours.

En matière de production audiovisuelle du Sud (cinéma et télévision), le succès du Fonds de soutien que l'Agence finance est clairement apparu dans le nombre de films soutenus par lui qui ont été retenus dans les sélections du Festival de Cannes.

Un des éléments importants de ce programme mobilisateur aura été celui du développement des nouvelles technologies de l'information à travers ses deux programmes majeurs RELAIS et PROSUD. Le premier s'attache à démocratiser les accès aux inforoutes, tandis que le second vise à enrichir l'offre de contenus francophones sur les réseaux mondiaux d'information. L'Agence a mis sa signature sur ce dossier en développant son serveur qui ambitionne de se constituer en un véritable outil d'information et de documentation pour l'ensemble des pays membres, ainsi qu'un outil de liaison au quotidien entre les différentes entités de l'Agence et entre ces dernières et ses mandants.

– *au titre du programme mobilisateur Francophonie, économie et développement,* l'IEPF a poursuivi avec brio ses tâches de formation, d'information et de mobilisation de l'expertise francophone en énergie et environnement. De nombreuses actions de terrain au Vietnam, au Cambodge, au Vanuatu, en Mauritanie et en Guinée ont permis de piloter des expérimentations qui pourront être généralisées à d'autres pays.

En matière d'économie, l'année 1997 a vu le développement des deux fonds créés par l'Agence: le Fonds francophone de développement, qui appuie les structures communautaires de production et le Fonds francophone de soutien, destiné par priorité à la micro et à la petite entreprise à vocation semi-industrielle. L'Agence a poursuivi sa collaboration avec le Forum francophone des affaires.

– *au titre du programme Liberté, démocratie et développement,* la donnée centrale aura été la création d'un fonds de soutien à la modernisation de la Justice dont la première réunion s'est tenue le 7 mai dernier. Le programme COGEDI de collecte, gestion et diffusion du droit s'est développé en lien avec la politique générale d'utilisation des nouvelles technologies.

L'action importante et appréciée des États membres en matière d'appui aux processus électoraux a permis à l'Agence de faire précéder ou d'accompagner les missions d'observation conduites en collaboration avec l'AIPLF, d'actions d'assistance technique aux partenaires et aux institutions concernées par les processus électoraux.

Enfin, les 3ᵉ Jeux de la Francophonie, qui se sont tenus à Madagascar en août dernier, ont donné à l'Agence l'occasion de passer un accord avec le Comité international des Jeux pour le financement du volet culturel de la manifestation. Le succès de ce grand rendez-vous francophone des sportifs et des artistes a été considérable.

En **conclusion**, on peut affirmer que l'année a été particulièrement riche pour l'Agence et la Francophonie.

AGENCE FRANCOPHONE POUR L'ENSEIGNEMENT SUPÉRIEUR ET LA RECHERCHE (AUPELF-UREF)

L'AUPELF-UREF, qui se considère comme un "Bureau d'études de la Francophonie" a naturellement suivi de très près la préparation de la réforme institutionnelle décidée par le Sommet de Cotonou.

À la veille de la Conférence ministérielle de Marrakech, elle a demandé qu'un "signal clair" confirme la place de la communauté francophone des universités et de la recherche dans la Francophonie, c'est-à-dire par rapport au secrétaire général. Dans le numéro de mars de son bulletin, elle semble rassurée: la CMF a consacré "la pluralité des opérateurs" et la coopération multilatérale sera conduite par le secrétaire général.

Cette coopération multilatérale s'organise d'autre part autour de trois thèmes majeurs "qui font du projet francophone un projet mondial" dans lequel le réseau de l'AUPELF-UREF pourra continuer à être le "fer de lance" de la Francophonie.

– *L'enseignement du/en français,* domaine dans lequel l'AUPELF-UREF a, depuis 5 ans, développé l'expérience des classes bilingues (fréquentées par 15 000 élèves du primaire et du secondaire), des filières universitaires francophones (7 500 étudiants) et des instituts francophones internationaux (1 000 étudiants). L'AUPELF-UREF, approuvée en septembre 1996 par le Bureau de la conférence des ministres francophones de l'enseignement supérieur et de la recherche, entend promouvoir l'idée d'une approche intégrée de l'enseignement du/en français du primaire au supérieur, valorisant la science en français, en organisant à Hué, du 20 au 22 octobre 1997, des Assises de l'enseignement du et en français.

> Les séminaires régionaux qui ont eu lieu en vue de ces assises ont mis l'accent sur un certain nombre de thèmes:
> - cohabitation du français langue héritée avec d'autres langues;
> - lien nécessaire avec la réussite scolaire, le développement économique, le marché;
> - besoin de nouveaux outils, pour les enseignants de français comme langue seconde (FLS "nouvel objet conceptuel"), à élaborer en relation avec les chefs d'entreprises, les journalistes, les responsables des systèmes éducatifs;
> - nécessité de valoriser la diversité de l'espace francophone: la vison géopolitique et géoculturelle du projet francophone doit prendre en compte des espaces régionaux;

– *l'économie*, dimension indispensable à la Francophonie dans le contexte d'une mondialisation qui est essentiellement économique. L'AUPELF-UREF, qui a déjà développé des formations supérieures tournées vers les entreprises, a signé le 7 janvier 1997, un accord de partenariat avec le Forum francophone des affaires en vue de renforcer les liens avec le tissu économique de l'Institut francophone d'administration et de gestion de Sofia, des filières de gestion en Asie du Sud-Est, du réseau des écoles supérieures et départements de gestion et du réseau thématique "Entrepreneuriat".

– *les inforoutes*, domaine dans lequel l'AUPELF-UREF a montré l'exemple avec son réseau SYFED-REFER, doté progressivement de nœuds de connexions avec l'Internet, en vue de créer un espace de communication en langue française identifié au sein des autoroutes de l'information. L'AUPELF-UREF contribue en outre à la francisation des outils de navigation sur Internet (fureteurs en français facilitant la navigation sur les serveurs web multilingues, moteur de recherche francophone).

L'AUPELF-UREF développe d'autre part des serveurs constitués par pays ou par thème, qui donnent à des producteurs francophones la possibilité de diffuser leurs données sur REFER et d'accéder à tous les serveurs disponibles en français qui intéressent le pays ou le thème concerné. Elle met en outre elle-même sur REFER des contenus francophones (ses revues *Sécheresse, Santé, Agricultures*; les actes de ses colloques sur les droits fondamentaux, la francophonie et les affaires). Elle procède à des actions de référencement, en vue de leur versement sur REFER, de grands fonds documentaires francophones (thèses détenues au Conseil africain et malgache pour l'enseignement supérieur – CAMES, fonds ancien de l'Institut fondamental de l'Afrique noire – IFAN de Dakar, et de l'École française d'Extrême-Orient – EFEO de Hanoi).

Pour toute information sur les programmes et projets de l'AUPELF-UREF, on peut consulter le site www.refer.org ou www.aupelf.org

Le Fonds francophone de la recherche

Réseaux thématiques de recherche: RTR

- **RTR SIDA**: le conseil scientifique, constatant que la part de ce RTR dans l'action mondiale est faible, a proposé en octobre 1996 de suspendre ses activités.

- **RTR Droits fondamentaux**: 1res journées scientifiques à Tunis en octobre 1996: "droits fondamentaux et universalité des droits de l'homme". Projet éditorial: les constitutions francophones.

- **RTR Droit de l'environnement**: journées scientifiques à Dakar en octobre 1996: "le droit de l'environnement urbain" (en relation avec la Conférence des Nations Unies" Habitat 2). Publication: *Droit, forêt et développement durable*.

- **RTR Démographie**: journées scientifiques à Ouagadougou en novembre 1996: "Crises, pauvreté et changements démographiques dans les pays du Sud".

- **RTR Analyse économique et développement**: journées scientifiques à Hanoi en décembre 1996: "Développement et transition vers l'économie de marché".

- **RTR Entrepreneuriat**: à Hô Chi Minh-Ville en mars 1997: "Partenariats d'entreprises et mondialisation".

- **RTR FRANCIL** (réseau francophone de l'ingénierie de la langue): 1res journées scientifiques à Avignon en avril 1997: "l'ingénierie de la langue: de la recherche au produit, du prototype au logiciel commercial". Publication: *Fondements et perspectives en traitement automatique de la parole*.

- **RTR Biotechnologies, génie génétique des plantes**: réunion en juillet 1997: "Biotechnologie, amélioration des plantes et sécurité alimentaire (en relation avec le congrès de la FAO à Rome en novembre 1996). Publication: un numéro spécial du *Cahier d'études et de recherches francophones, Agricultures* consacré à la sécurité alimentaire; un autre numéro spécial sur les agricultures au Vietnam, en collaboration avec le CIRAD.

- **RTR Lexicologie, terminologie, traduction**: journées scientifiques à Tunis en septembre 1997: "La mémoire des mots".
- **RTR télédétection**: journées scientifiques à Québec en octobre 1997: "Techniques et méthodes de vérité, terrain en télédétection".
- **RTR Sociolinguistique et dynamique des langues**: journées scientifiques à Rabat en avril 1998: "La coexistence des langues en Francophonie".

- **RTR Langues et français en Francophonie**: journées scientifiques à Québec en mai 1998: "Lexicographie francophone différentielle et contact des langues". Publication en cours d'achèvement: *Dictionnaire universel francophone, Atlas de la francophonie*.
- **RTR Génie des procédés**: en cours de constitution.

École doctorales régionales: EDR

- l'EDR des sciences sociales de Bucarest a accueilli sa 3ᵉ promotion (20 étudiants) en septembre 1996. Les 20 étudiants de la 1ʳᵉ promotion ont soutenu leur mémoire de DEA.
- L'EDR en génie linguistique de Chamarande a accueilli sa 2ᵉ promotion (8 étudiants) en septembre 1996. Soutenance de la 1ʳᵉ promotion en juin 1997.
- Un DEA "Agriculture durable en milieu méditerranéen" est préparé à Beyrouth depuis octobre 1996: 1ʳᵉ promotion: 12 étudiants.
- Une EDR des maladies tropicales infectieuses a été implantée à Franceville. Elle a accueilli sa première promotion en mars 1997.

Le prix Mohammed El Fasi 1995 a été décerné au professeur François Bourguignon dans le domaine: "Analyse économique et développement". Le prix 1996 a été remis aux professeurs Katerji et Roose dans le domaine de l'agronomie. Le prix 1997 portera sur la médecine tropicale. Il sera attribué lors de la XIIᵉ assemblée générale de l'AUPELF.

Le Fonds francophone universitaire de la formation

Réseaux institutionnels

- Conférence internationale des doyens de facultés de médecine d'expression française, CIDMEF: journées médicales à Dakar en février 1997;
- Association des facultés et des établissements de lettres et sciences humaines d'expression française - AFELSH: université d'été à Libreville en septembre 1996, sur les littératures francophones;
- Le guide des potentialités du réseau *Théophraste* des centres francophones de formation au journalisme est paru. Il contient notamment une fiche signalétique des 14 établissements qui composent ce réseau.

Classes bilingues

Effectifs de l'année 1996-1997:

- Vietnam: 369 classes, 10 300 élèves dans 38 écoles, 29 collèges et 2 lycées;
- Cambodge: 52 classes, 1 600 élèves;
- Haïti: 27 classes, 830 élèves, dans 10 établissements;
- Liban: 30 classes, 750 élèves dans des établissements pilotes des quartiers sunnites de Tripoli, des régions chi'ites du Sud-Liban et de la Bekaa en milieu multiconfessionnel;
- Laos: une convention signée en septembre 1996 prévoit la création de 16 classes bilingues (500 élèves) pour la rentrée de 1997.
- Après la réalisation de manuels de physique, de biologie, de géométrie et d'algèbre par des équipes franco-vietnamiennes, l'AUPELF-UREF a élaboré une méthode universelle d'enseignement du français, utilisable dans n'importe quel pays, mais conçue pour être complétée par des livrets nationaux. Le premier volume de la méthode est destiné à la 4ᵉ année d'apprentissage; son manuel d'accompagnement pour le Vietnam est prévu pour la rentrée de 1997.

- Une formation spécifique de deux ans a été mise en place pour 37 professeurs vietnamiens qui enseignent les disciplines scientifiques dans des classes bilingues. Cette formation comprend un stage de 6 mois en France pour leur perfectionnement linguistique et didactique.

Filières universitaires francophones

Effectifs de l'année 1996-1997:

- Vietnam: 4 800 étudiants de 46 filières implantées dans 23 établissements d'enseignement supérieur. Les étudiants des premières promotions (1994) ont commencé à recevoir leur enseignement en français;
- Cambodge: 450 étudiants dans 5 filières à finalité pédagogique;
- Roumanie: 300 étudiants en sciences de l'ingénieur, 298 en études économiques, 233 en sciences politiques, 152 en génie civil;
- Bulgarie: 129 étudiants en génie électrique, 75 en chimie industrielle;
- Hongrie: 105 étudiants en gestion des entreprises, 56 en technologie.
- Laos: deux filières ont été mises en place, l'une en droit à l'École supérieure de droit de Vientiane, l'autre en génie civil à la faculté d'ingénierie et d'architecture;
- Liban: la première filière francophone, implantée à la faculté de droit de l'Université libanaise a accueilli 60 étudiants. Une opération plus générale de mise à niveau linguistique des étudiants de cette université touchera 2 500 étudiants d'ici à 1999. D'autre part, 800 enseignants de français, de mathématiques ou de sciences de l'enseignement moyen ont bénéficié d'une mise à niveau linguistique et didactique;
- Haïti: des consortiums de soutien ont été constitués pour la Faculté d'agronomie et de médecine vétérinaire et la Faculté de médecine et pharmacie de l'Université d'État, ainsi que pour l'Université Quisqueya. D'autre part, 1 500 étudiants ont bénéficié d'une mise à niveau linguistique.

Des études de faisabilité ont été entreprises pour la création de filières universitaires francophones en droit à l'Université du Pacifique Sud et à l'Université de l'État de Louisiane.

Instituts internationaux d'enseignement et de recherche

Effectifs de l'année 1996-1997:

Institut de technologie du Cambodge: 711 étudiants dans le cycle de formation (en 5 ans) d'ingénieurs dans 5 filières (génies civil, rural, chimique et alimentaire, électrique et énergétique, industriel et minier), 194 dans le cycle de formation (en 3 ans) de techniciens supérieurs.

Institut francophone d'informatique de Hanoi: la 2e promotion de 30 étudiants a été accueillie en 1re année (28 en 2e année) grâce à la création de classes préparatoires, la promotion 1997 devrait atteindre 40 étudiants.

Institut francophone d'administration et de gestion de Sofia: la première promotion (34 étudiants) a été accueillie en septembre 1996, après un concours organisé en Bulgarie, en Roumanie et en Macédoine.

Institut des hautes études francophones de Chamarande: le cycle d'études supérieures francophones (6 semaines) a accueilli 20 décideurs en juin-juillet 1996; 20 autres décideurs ont suivi des sessions intensives de formation de 2 à 4 semaines; 5 sessions spéciales ont été organisées pour des cadres vietnamiens; une école d'été d'une semaine a été assurée en septembre 1996 par l'Association internationale des écoles de sciences de l'information sur les nouvelles technologies.

Le Fonds francophone universitaire de l'information

- *Édition*: lancement le 20 mars 1997 dans la collection "Universités francophones", d'une nouvelle série: "Savoir plus - universités": ces ouvrages de synthèse de 150 pages environ seront vendus 10 FF dans les pays du Sud. Les 5 premiers titres portent sur: les démographies africaines, les maladies parasitaires, l'économétrie appliquée, le droit de l'urbanisme, le droit de l'environnement.

Outre ces 5 titres, la collection "Universités francophones" s'est enrichie, depuis le début de 1996, de 12 ouvrages de référence (formation à la recherche), 7 monographies de recherche (actes de journées scientifiques), 7 études et références, 3 usuels (enseignement pour étudiants) et 2 dictionnaires.

Concernant les revues thématiques (*Sécheresse*, 4 numéros par an; *Santé*, 6 numéros par an; *Agricultures*, 6 numéros par an), on note que le *Cahier d'études et de recherches francophones Agricultures* a célébré le 5 février 1997 son 5ᵉ anniversaire (29 numéros parus - 171 articles primaires ou de synthèse assurant la notoriété internationale des chercheurs, notamment du Sud, qui utilisent le français).

Nouveaux supports

- production de docmefs pilotés par des logiciels adaptés à l'utilisation par des usagers "peu familiers avec les nouvelles technologies":
- référentiels bibliographiques: médecine francophone, littératures francophones, thèses et mémoires des pays francophones du Sud, histoire et civilisation de l'Amérique française;
- banques de données juridiques et judiciaires sur l'Afrique, le monde de l'eau et les déchets;
- livres électroniques: biotechnologies végétales, élevage ovin en Afrique tropicale, protection des plantes en milieu tempéré;
- textes intégraux: traités internationaux en droit de l'environnement, thèses du CAMES, revue de l'EFEO, revue *Agricultures*.

> **La première soutenance à distance sur le réseau REFER** a concerné un diplôme d'études supérieures spécialisées sur les sciences de la documentation. Le jury était composé de 3 enseignants de Paris VIII au centre SYFED-REFER du bureau Europe et de 2 enseignants de l'UQAM au centre REFER de Montréal.

Génie documentaire: réunis à Dakar en décembre 1996, les responsables des centres SYFED-REFER ont réfléchi aux stratégies pour mettre en place l'université virtuelle.

REFER interconnectera les filières francophones entre elles et avec les classes bilingues, chaque établissement recevant un quota d'utilisation. Chaque filière francophone a en outre la possibilité d'accéder à 150 banques de données scientifiques et de commander des documents primaires.

Trois banques de données ont été publiées sur support papier, docmef et REFER:
- le Répertoire des 340 établissements d'enseignement supérieur et de recherche membres de l'AUPELF-UREF pour l'année 1996-1997;
- le Répertoire des 8 816 enseignants et chercheurs membres de l'AUPELF-UREF en Afrique, Caraïbe, océan Indien, monde arabe, Asie du Sud-Est 1996-1997;
- le Répertoire des 1 630 départements et centres d'études françaises - 1996-1997.

Dans le cadre du programme "Bibliothèque minimale", 232 bibliothèques universitaires ont reçu plus de 4 000 ouvrages et près de 3 000 abonnements à des revues.

En mars, des bibliothécaires de 8 pays de l'Ouest africain ont participé à une formation à l'apprentissage de l'Internet au centre SYFED-REFER de Dakar.

> ### Soutien à la presse francophone
> Deux quotidiens sont soutenus par l'AUPELF-UREF:
> - au Vietnam: *Le courrier du Vietnam* bénéficie notamment de sessions de formation pour les journalistes en poste et d'une liaison avec le réseau international *Théophraste*. Des accords sont conclus pour mieux diffuser le quotidien dans les aéroports, les hôtels, les universités...
> - au Cambodge: *Cambodge soir*, d'abord hebdomadaire puis quotidien depuis 1997, bénéficie d'une aide de l'AUPELF-UREF en vue d'améliorer sa qualité éditoriale et sa diffusion dans les milieux francophones.

AIMF

L'Association internationale des maires et responsables des capitales et métropoles partiellement ou entièrement francophones (AIMF) a tenu sa dernière Assemblée générale à Bruxelles les 17 et 18 juillet 1997, autour du thème "Francophonie et Développement".

L'AIMF, dont le rôle fut conforté lors des deux derniers Sommets (Maurice et Cotonou), trouvera tout naturellement sa place dans la future organisation institutionnelle de la Francophonie dès lors que les chefs d'État et de gouvernement auront adopté la charte de la Francophonie que les ministres ont approuvée lors de leur 8ᵉ Conférence à Marrakech en décembre 1996. Ce texte fait figurer l'AIMF, en bonne place, parmi les opérateurs directs et reconnus du Sommet, pour concourir dans les domaines de leurs compétences aux objectifs de la Francophonie.

Le colloque organisé à Québec, en 1996, sur "La ville: une réponse aux défis de l'an 2000" ainsi que celui de Marrakech, en mars dernier, sur "L'habitat et le logement social" viennent étayer le nouveau thème de réflexion "Francophonie et Développement".

Le développement urbain apparaît incontournable, à l'instar de l'éducation, de la santé, de l'environnement, ou encore de la démocratie, pour favoriser le développement d'un pays. Face au flux de la mondialisation, l'AIMF va devoir maîtriser tous les grands enjeux du développement afin d'assurer un meilleur accès à la modernité.

L'AIMF tisse depuis sa création des liens de coopération et d'échanges entre le développement des villes et cités urbaines et le monde rural, afin d'y trouver un équilibre et de trouver des stratégies réalistes pour un développement durable.

En l'an 2025, on prévoit que 80 % de la population du monde sera concentrée en milieu urbain. C'est précisément sous cet angle là que résident les problématiques des questions urbaines.

En raison du rôle moteur et du rôle capital de la ville dans le développement, en écho à la déclaration des chefs de délégations francophones à New York, le président du CPF, M. Trinh Duc Du, souhaite que le Sommet de Hanoi retienne l'idée d'une réunion, en 1998, des ministres chargés des problèmes de la ville dans les pays membres de l'AIMF. "Ainsi, dit-il, pourrait s'établir un véritable dialogue, une concertation authentique dans le cadre de la Francophonie associant tous les responsables tant au niveau national qu'au niveau local. Tant il est vrai que l'avenir de l'humanité est dans les villes, ou encore que c'est dans les villes que se joue, en partie, l'avenir du monde."

MARS

Fiche d'identité:

L'AIMF est fondée en 1979 à l'initiative de Jacques Chirac, qui la présidera jusqu'en 1995, et de Jean Pelletier, alors maire de Québec.

Président d'honneur: Jacques Chirac, président de la République française; Président: Jean Tiberi, député-maire de Paris

Objectif: mener des actions concrètes en faveur du développement urbain en fait un acteur-clé d'une francophonie active, en associant des partenaires responsables afin de mobiliser les ressources au service des populations.

L'AIMF regroupe 88 villes représentant plus de 50 millions d'habitants issus de 42 pays francophones le dernier étant l'Egypte (Le Caire en 1997).

ASSEMBLÉE INTERNATIONALE DES PARLEMENTAIRES DE LANGUE FRANÇAISE (AIPLF)

La région Amérique de l'AIPLF annonce dans son bulletin de février 1997 qu'elle s'associe à la tenue de la Conférence parlementaire des Amériques, qui aura lieu à Québec en septembre 1997, sous la présidence du président de l'Assemblée nationale du Québec, vice-président de l'AIPLF, à la veille du 2ᵉ Sommet des chefs d'État et de gouvernement des Amériques. "Depuis plus d'un siècle et demi, la volonté de rapprocher les Amériques marque l'histoire de l'hémisphère occidental". Réunis pour la première fois en Sommet à Miami en décembre 1994, les 34 chefs d'État et de gouvernement ont créé une zone de libre échange des Amériques qui entrera en vigueur en 2005. Dans ce contexte, la Francophonie se doit de protéger et de promouvoir sa langue et sa culture dans les accords de libéralisation du commerce, tout en respectant les banques nationales.

On trouve dans le même Bulletin une analyse de la politique suivie au Nouveau-Brunswick pour faire reculer l'analphabétisme (dont le taux atteignait 24% en 1986). On y voit comment une petite province dont la population est dispersée et les ressources financières sont limitées a su créer une "culture de l'éducation" qui lui permettra d'avoir une population active compétitive. Cette politique a valu au Nouveau-Brunswick le prix UNESCO de l'alphabétisation en 1995.

Les nᵒˢ 6 et 7 de la *Lettre de l'AIPLF* estiment que la Conférence ministérielle de Marrakech propose de faire de l'Agence de la Francophonie " le point de convergence et d'harmonisation de l'action multilatérale francophone, tandis que le secrétaire général serait "le porte-parole politique et le représentant officiel de la francophonie".

Concernant la situation dans la région des Grands Lacs, le secrétaire général parlementaire a dénoncé le 26 février 1997 "le lâche renoncement de la communauté internationale".

On trouve également dans ces numéros de la *Lettre de l'AIPLF*:

- une analyse de la situation du français en Roumanie, Bulgarie, Moldavie, Hongrie et Albanie;
- des "chiffres et dates" concernant le Canada et la Moldavie;
- les résultats des élections législatives au Niger (novembre 1996), aux Comores et au Gabon (décembre).

FORUM FRANCOPHONE DES AFFAIRES

La nouvelle solidarité économique dans la francophonie

Florian ROMPRÉ
Secrétaire général international
du Forum Francophone des Affaires

L'économie fait son entrée par la grande porte à Hanoi, pour la première fois, à la 7ᵉ Conférence des chefs d'État et de gouvernement des pays ayant le français en partage, consacrant ainsi, à l'instigation des autorités vietnamiennes, la montée en puissance d'une des activités essentielles dans toute collectivité humaine.

La réforme institutionnelle scellée au Sommet d'Hanoi apportera à la communauté francophone une présence active et une force organisationnelle croissantes conjuguant le politique, le culturel et l'économique au moyen de notre langue, mode d'expression commun, et des médias francophones, vecteurs de communication par excellence.

Le soutien apporté par les pays membres de l'espace francophone au choix d'un thème à forte connotation économique souligne les impératifs de la situation internationale, par induction, la mondialisation en cours et son cortège d'effets néfastes, et d'une manière générale, les défis grandissants auxquels pays industrialisés et en voie de développement sont confrontés. Ces impératifs du moment appellent la Francophonie à se concerter avec détermination et sans délai sur la pérennité d'un ensemble de 49 pays, nombre à ce jour, que plusieurs facteurs volontaristes, objectifs et intuitifs rapprochent.

Le Haut Conseil de la Francophonie, composé d'une trentaine de membres, en majorité non-Français, présidé par le président de la République française, Jacques Chirac, a bien saisi l'acuité du problème ainsi posé et qui ne trouve de solution que dans l'accueil confiant et imaginatif du changement. "La francophonie doit se remettre en question et se montrer plus ouverte, plus moderne, plus pratique, plus partageuse" estiment les haut-conseillers.

Cette vision, nous la partageons bien sûr au Forum francophone des affaires, organisme officiel de la Francophonie, car nous savons par expérience du monde des affaires que c'est l'économie qui "fait" la langue, et non l'inverse dans l'état actuel des choses.

L'économie mondiale impose de plus en plus sa loi. L'innovation technologique, la diffusion rapide de l'information, la déréglementation, les restructurations imposées, la formation d'un marché financier pratiquement unique, l'emploi fréquent d'un unilinguisme réducteur, obligent les gouvernements par ailleurs souvent endettés à laisser s'opérer la force de la contrainte extérieure, au nom des positions concurrentielles d'un pays. Cette situation n'est pas sans incidences et culturelles notamment dans les relations entre pays industrialisés et en voie de développement qui peinent, s'essoufflent, à vouloir participer à ce "processus adaptatif mondialisé", et semble-t-il irréversible.

Transformation rapide de l'économie

Comment dès lors, une organisation internationale non gouvernementale comme le FFA peut-elle être une force de propositions et d'actions dans une situation en profonde mutation et où le secteur privé est devenu moteur de la croissance économique. Les autorités vietnamiennes en faisant à Hanoi opportunément "ressortir la spécificité francophone et le rôle catalyseur des acteurs économiques francophones pour une coopération efficace, dynamique et à effet multiplicateur" pavent le chemin pratiqué par le Forum francophone des affaires. D'une idée hardie prenant en compte l'économie, secteur hautement concurrentiel, la jeune francophonie économique ouvre de nouvelles voies en matière de coopération, d'investissement, de commerce, et, finalement, d'emplois.

L'économie contemporaine ne peut plus se comprendre, en effet, comme un simple ensemble d'économies nationales. Elle est devenue un système complexe, national et mondial, avec de profonds déséquilibres: insuffisance de l'épargne, carence dans l'éducation et la formation, déficits publics, paupérisation des ménages, endettement des entreprises, disparités structurelles entre le Nord et le Sud.

Cette transformation rapide de l'économie se greffe et s'auto-alimente l'omnipotence d'une mondialisation des marchés qui perd souvent de vue la finalité de toute action économique, à savoir d'être d'abord humaine, respectueuse des identités, au service des besoins véritables.

Ces besoins matériels véritables sont d'abord liés à l'urgente nécessité de créer les conditions d'un développement économique durable plutôt qu'à la satisfaction immédiate d'un désir, légitime, de consommation et qui viendra en son temps, de surcroît! C'est l'esprit dans lequel se sont tenues, en juin 1997, à l'invitation de la présidence du gouvernement de la Région autonome de la Vallée d'Aoste et du Co-

mité national valdôtain du FFA, les premières Assises de la Francophonie économique. Elles ont réunies, sous la présidence de l'ancien secrétaire général des Nations unies, Boutros Boutros-Ghali, des chefs d'entreprise, des directeurs de coopération bilatérale, des représentants d'organismes internationaux, des présidents de banque et autres institutions financières.

Les participants à ces Assises, attentifs à la promotion du secteur privé dans les relations Nord-Sud, ont plus particulièrement évoqué la nécessité de renforcer les instruments de coopération permettant la mise en œuvre de programmes de partenariats d'entreprises et de soutien à l'initiative productive, créatrice d'emplois. Les résolutions adoptées se rapportent à la nécessaire constitution d'un réseau d'appui à l'entreprise, à l'appel à une reconnaissance par les chefs d'État et de gouvernement d'un Observatoire économique francophone, outil d'information et d'analyse indispensable des marchés et des opportunités pour les entreprises. Elles balisent la trajectoire à suivre, avec la participation active des 43 Comités nationaux du FFA regroupant des opérateurs économiques en autant de pays, pour développer cette Francophonie "plus pratique et plus partageuse" évoquée précédemment.

Oui, il importe désormais, et Boutros Boutros-Ghali l'a souligné au terme des Assises du Val d'Aoste, "de donner à la Francophonie une dimension nouvelle, la dimension globale qui doit être la sienne et qui est plus qu'un ensemble culturel mais aussi une communauté politique et économique capable de tenir sa place dans le concert des nations".

L'espace francophone est une réalité vivante qui doit être encore davantage mise en valeur et faire l'objet d'une action concertée, d'un programme ambitieux et cohérent. C'est l'objectif poursuivi et la mission à laquelle s'emploie le Forum francophone des affaires.

FFA, Secrétariat international
380, rue Saint-Antoine ouest, B. 5200, Montréal (Québec) Canada H2Y 3X7
Tél.: (514) 987-1807; Télécopie: (514) 987-1257; Courriel: siffa@op-plus.net

II – ASSOCIATIONS NON GOUVERNEMENTALES

FÉDÉRATION INTERNATIONALE DES PROFESSEURS DE FRANÇAIS (FIPF)

La FIPF a publié, depuis décembre 1996, trois numéros de sa lettre trimestrielle, *L'univers du français*. On y apprend que le congrès mondial de Tokyo (août 1996) a permis d'importantes rencontres régionales. On retiendra:

- le Forum de l'Amérique: des représentants des Commissions de la FIPF pour l'Amérique du Nord, pour le français langue maternelle et pour l'Amérique latine et la Caraïbe, se sont mis d'accord pour qu'une deuxième ou une troisième langue latine soit enseignée en Amérique (le français au Sud, l'espagnol et le brésilien au Nord). Ce développement du "plurilinguisme des langues latines" sera favorisé par la mise en place de l'ALENA;

- la Commission de la FIPF pour l'Europe centrale et orientale (CECO) s'est prononcée en faveur d'une réorganisation des programmes de français à la mesure des ambitions qu'affichent les États de la région admis dans le Conseil de l'Europe et candidats à l'entrée dans l'Union européenne. L'accès au marché international implique un accroissement des spécialisations et, par conséquent, une fonctionnalisation des objectifs assignés à l'apprentissage du français. Un colloque permettra en 1999 de faire le point sur la mise en œuvre de ce projet. La première étape consistera en une étude comparative sur les programmes et les instruments pédagogiques en usage dans les pays de la CECO, mettant notamment en évidence les pratiques innovantes et les résistances au renouveau;

- la Commission de la FIPF pour l'Afrique propose 16 thèmes d'action à ses 52 associations membres. Deux de ces thèmes retiennent l'attention:

. didactique du français et des langues nationales (interférences et complémentarités). L'association ivoirienne des enseignants de français et des langues nationales a travaillé en décembre 1996 sur la question: "les langues nationales, base de la maîtrise de la langue française: quelle réalité aujourd'hui?";

. le français langue de promotion sociale: comment, dans les pays francophones du Sud, le français, langue officielle et langue d'enseignement, est-il utilisé dans les affaires et dans l'administration pour contribuer à la promotion sociale de ses locuteurs?

À noter le projet de créer une Fédération centroaméricaine des professeurs de français regroupant Costa Rica, El Salvador, Guatemala, Panama, Honduras et Nicaragua.

Le 10e congrès mondial des professeurs de français sera organisé en juillet de l'an 2000. Il s'efforcera de répondre à la question: "de quelle langue française le monde a-t-il besoin à l'aube du nouveau millénaire, pour quels usages et quelles valeurs?"

La FIPF a assuré une large diffusion à une étude d'un professeur de linguistique à l'Université du Québec à Montréal, concernant la qualité de la langue des Québécois. Le concept de langue commune, qui prend la relève du concept de langue officielle dans la nouvelle idéologie linguistique du Québec, accentuera, d'après cet universitaire, la tendance à la dialectisation du français parlé au Québec et à sa "dissidence" par rapport à la francophonie internationale. Alors que le français parlé au Québec s'était considérablement rapproché de la variété européenne, s'était "dédialectisée" depuis les années 1960 (notamment grâce à la généralisation de l'enseignement et aux médias), la norme québécoise fera inévitablement une large place à l'oralité de tous les citoyens francophones de la province. Or, la majorité des néo-Québécois et des anglophones plus ou moins francisés (qui représentent 43% des francophones) parlent un français "approximatif", "médiocre", une interlangue.

Le travail "insidieux" de ce français "polyphonique" sur le français du Québec mènera ce dernier au destin qui est le sien: celui d'un nouveau dialecte".

Ce pronostic sévère est un élément très nouveau pour ceux qui, dans la FIPF, s'élèvent (comme le fait par exemple le président de l'Association américaine des enseignants de français) contre "la culpabilisation des locuteurs extrahexagonaux envers leur propre parler par rapport à la norme du prétendu français central"

Un autre élément nouveau de réflexion par rapport à la norme a été introduit par le Colloque international que la FIPF a organisé à Paris le 25 juin 1997. Sur le thème du "français en mouvement", des linguistes et des pédagogues français ont valorisé les processus créatifs qui sont à l'"œuvre dans les productions linguistiques non légitimées par l'École: langages des médias, de la publicité et surtout des jeunes (céfran et autres tchatches qui sont "sous les oreilles" des enseignants français).

La question est ainsi posée de savoir comment les professeurs de français, notamment dans les pays où il n'est pas la langue maternelle des élèves, peuvent intégrer dans leur enseignement ces registres de langue (dont nul ne conteste la créativité ironique et poétique)

L'Univers du français de décembre 1996 donne des informations sur le réseau des festivals de théâtre de jeunes en français langue étrangère. Au cours du premier semestre de 1997, des festivals de théâtre scolaire étaient prévus dans dix pays d'Europe (Irlande, Italie, Hongrie, Grèce, Roumanie, Belgique, France, Autriche, Turquie, Pays-Bas)

Les éditions "L'Harmattan" avaient créé en 1986 une collection intitulée "Parlons..." **à l'intention des hommes d'affaires francophones** qui avaient besoin d'un minimum de connaissances sur la langue et la culture des peuples dont ils étaient les hôtes. Une collection complémentaire intitulée "Parlons français" est lancée à l'intention des étrangers qui souhaitent connaître la France. Ces ouvrages partiront d'une version de base rédigée notamment par la secrétaire générale de la FIPF, traduits et adaptés par les associations de professeurs de français dans chaque pays concerné.

IDEF

Le numéro 57 du Bulletin de l'Institut international de droit d'expression et d'inspiration françaises (IDEF), 1er semestre 1997, rend compte du 1er Congrès de l'*Association égyptienne de juristes "en lien avec la francophonie"* (AEJF). Cette association, créée en 1993, a tenu son congrès en juin 1995 à l'occasion du 24e Congrès de l'IDEF et quelques mois avant la Conférence des ministres francophones de la Justice, qui ont eu lieu également au Caire.

Sur le thème: "le rôle de l'État dans le développement de l'économie", le président de l'AEJF (qui préside aussi l'Assemblée égyptienne du peuple) a évoqué les questions "délicates" que posent dans son pays les dispositions législatives à prendre pour garantir la justice sociale contre les risques inhérents à l'économie de marché.

Une communication a porté sur le règlement des litiges par l'arbitrage: à un moment où le commerce international tend à échapper aux droits nationaux sans qu'une norme internationale ait été élaborée, l'arbitrage constitue une espèce de police internationale du commerce et des échanges. Il se développe comme une instance judiciaire, mais en fonction de la volonté des parties, tentant de concilier l'autonomie de la volonté exprimée dans les contrats, fondement de l'économie de concurrence, et l'exercice de la juridiction, fonction traditionnelle de la souveraineté des États.

Une autre communication esquisse une histoire du rôle de l'État: commençant par s'imposer par la force, l'État devient le pouvoir de l'administration, puis l'instrument de la caste des marchands, puis l'État-nation (avec sa dérive totalitaire, où la protection s'échange contre la soumission). Il est aujourd'hui fragilisé par la demande prioritaire de liberté individuelle, la dérégulation de l'économie et la multiplication des conventions internationales. Il a, plus fondamentalement, à se "transfigurer" pour concilier la revendication de protection (de la personne, du travailleur, du consommateur) et le rejet de la soumission: il n'y a plus de sujets, mais des associés et le gouvernement doit n'être que le "conseil d'administration de l'association nationale".

On retiendra enfin une étude rédigée par le secrétaire général du Groupe d'études et de recherches sur la démocratie et le développement économique et social (GERDDES) concernant la *protection des droits de l'homme et de la démocratie dans la tradition africaine.*

> Des journées d'étude organisées à Damas en octobre 1996 par l'Association des amis de la culture juridique française ont été consacrées aux modes alternatifs de règlement des conflits en matière pénale, fiscale et administrative: arbitrage, médiation, conciliation, abdication, pardon, grâce, remise de dette.

Les règles juridiques traditionnelles qui ont régi les sociétés africaines constituent un droit coutumier sous l'égide duquel vivent encore 80% des populations d'Afrique noire - Quatre principes structurent cet ensemble de préceptes relevant de la religion, de la morale et des convenances: l'omniprésence du sacré et du sens mystique, l'initiation orale, l'esprit communautaire de participation et de responsabilité, la fraternité ethnique.

L'auteur analyse, par rapport à ce droit africain, différents types de pouvoirs politiques que l'Afrique a connus au cours de son histoire (royaumes, empires, communautés à classes d'âge). Il en conclut que les droits civils et politiques restent étroits: certes, les corporations et les classes d'âge disposent du droit d'association, et toutes les couches sociales sont associées aux décisions du Conseil royal engageant le pays; mais le droit à la parole publique est refusé aux femmes. En revanche, ces sociétés africaines ont le devoir de réaliser les droits sociaux (droit à la vie, à l'éducation, au travail) qui restent à l'état d'intentions formelles dans les démocraties libérales. La question est de savoir si l'avance de la tradition africaine en matière de droits sociaux est compatible avec le régime démocratique, forme d'organisation politique la plus favorable aux droits civils et politiques.

Institut roumain pour les droits de l'homme

Le Bulletin de l'IDEF contient aussi un bilan substantiel des activités de l'Institut roumain pour les droits de l'homme (IRDO). Ce centre de documentation, d'information, de recherche et d'éducation a été créé en 1991, en relation avec la nouvelle constitution roumaine qui consacre la primauté des réglementations internationales concernant les droits de l'homme par rapport à la législation interne. (La Roumanie a adhéré à la Convention européenne des droits de l'homme et à la Charte sociale européenne y compris la convention-cadre pour la protection des minorités nationales).

L'IRDO a notamment apporté une assistance technique aux commissions du Sénat et de la Chambre des députés; organisé des cours à l'intention des juges, procureurs, avocats, cadres de la police et des pénitenciers, cadres de l'administration et de l'enseignement, journalistes, etc; participé à la préparation de la Conférence mondiale des Droits de l'homme (Vienne 1992), en contribuant en particulier au débats sur l'adoption internationale et l'avocat du peuple - Ombudsman.

L'IRDO publie une revue trimestrielle (24 numéros parus) avec traduction en anglais et en français.

Divers

Le Bulletin de l'IDEF tient une chronique des principaux textes législatifs des pays membres. Le numéro 57 porte sur l'année 1995 au Maroc et en Roumanie.

La Louisiane est le seul État des États-Unis qui soit régi par un code civil inspiré du code Napoléon. Le code louisianais est rédigé en anglais, langue officielle de la Louisiane. L'université d'État vient de créer un Institut de droit français en langue française.

La section luxembourgeoise de l'IDEF a publié les actes du Colloque qu'elle a organisé en octobre 1995 sur la protection juridique des biens de la culture (patrimoine historique, droits d'auteurs). À côté des contributions belge, française et luxembourgeoise, on remarque celles d'un juge de Pondichéry et d'un universitaire de Téhéran.

Le terme FIDUCIE, utilisé au Québec a été introduit au Luxembourg en 1983. Un projet de loi tendant à l'introduire en France s'est heurté en 1992 à l'opposition du ministère des Finances (par crainte de la fraude fiscale) et des spécialistes du droit des créanciers - Mais la loi de modernisation des activités financières du 2 juillet 1996 a, dans son article 49, introduit en France une forme de fiducie bancaire.

L'Académie française a adopté CÉDÉROM, nom masculin adapté du sigle américain CD-ROM, qui s'est installé dans l'usage (comme RADAR ou LASER). L'Académie française cautionne ainsi un américanisme, dont la transcription heurtait la graphie française, en l'alignant sur sa prononciation (le m final doit être entendu). La définition suivante a été adoptée: disque optique de grande capacité dont la mémoire non altérable est programmée exclusivement pour la conservation, la lecture et la consultation des informations ou données (textes, images, sons) qui y sont enregistrées.

UIJPLF

L 'Union internationale des journalistes et de la presse de langue française (UIJPLF) a tenu ses 28ᵉ Assises internationales à Kinshasa du 22 au 30 octobre 1996.

Au cours des travaux, l'UIJPLF a pris connaissance des conditions de fonctionnement des médias africains et des difficultés rencontrées par les journalistes. La grande vitalité de la presse africaine francophone a été mise en lumière, ce qui est encourageant, sur l'avenir de la démocratie; reste à faire respecter l'exigence d'une information libre et indépendante.

La délégation "chaîne graphique" a été mandatée pour aider techniquement la presse africaine francophone dans les domaines de l'informatique, du papier et de l'imprimerie.

Dans une période difficile au Zaïre, l'UIJPLF a rappelé aux autorités leur responsabilité pour veiller au libre fonctionnement des médias.

Lors des premières journées de la presse arabe francophone organisées à Marrakech, du 13 au 17 décembre 1996, les journalistes ont été invités à définir leur rôle et leur responsabilité en temps de guerre. L'image discrète du reporter en pleine tourmente a été mise en cause. Le journaliste se doit d'être un relais entre l'événement et le public.

On a insisté sur la nécessité de respecter la réalité et les faits et de "travailler au déminage de l'imaginaire".

L'UIJPLF a organisé dans cette période des déjeuners de presse avec des personnalités diverses: M. Federico Mayor, directeur général de l'UNESCO, M. Boutros Boutros-Ghali, ancien secrétaire général de l'ONU, M. Pierre Brochant, directeur général de la direction générale des Relations culturelles scientifiques et techniques au ministère des Affaires étrangères, M. Jean-Paul Cluzel, président directeur général de Radio France Internationale, M. Jean-David Lévitte, conseiller diplomatique à la présidence de la République, M. Marcel Masse, délégué général du Québec.

Sous l'égide de la délégation à la chaîne graphique et sous la responsabilité de Jean Valion, l'UIJPLF a réalisé "le guide de la chaîne graphique", un ouvrage techniquement destiné aux imprimeurs de presse, aux professionnels de la communication, bien réalisé et susceptible de venir en aide aux professionnels de tous niveaux et de tous pays.

La Pressothèque a continué son travail de classement de la presse francophone à travers le Monde. Les publications disponibles sont l'objet de consultations de plus en plus nombreuses.

La Gazette de la presse francophone (15 000 exemplaires) a poursuivi sa diffusion en étant présente maintenant dans 222 pays.

Le prix de libre expression décerné chaque année par l'UIJPLF et l'Agence de la Francophonie a été attribué au journaliste Bah Ould Saleck, directeur du magazine *Mauritanie Nouvelles* à Nouakchott.

CONSEIL FRANCOPHONE DE LA CHANSON

1997: UNE EXCEPTIONNELLE ANNÉE DE RENDEZ-VOUS

Serge PROVENÇAL
Directeur général du Conseil francophone de la chanson

L'idéal francophone révélant la diversité culturelle, sociale et linguistique des nations le partageant par l'usage d'une langue de communication commune, a fréquemment trouvé à s'exprimer par la chanson, en cette année de Sommet des chefs d'État ayant le français en partage. 1997 fut une année exceptionnelle de rendez-vous multilatéraux francophones – artistiques et d'affaires – tant sur scène que sur disque.

Tout d'abord au Marché des arts du spectacle africain (MASA) qui se tenait à Abidjan du 2 au 8 mars dernier et réunissaient quelque 600 acheteurs et journalistes du monde entier venus découvrir des artistes de l'espace francophone et lusophone représentant le Mali, le Congo (Brazzaville), la Guinée-Bissau, la Côte d'Ivoire, la Guinée, le Sénégal, la Mauritanie, le Maroc, la Tunisie, Madagascar et Centrafrique. Cette édition du MASA fut aussi l'occasion de découvrir pour la première fois dans ce contexte l'expression musicale de l'Afrique australe dont notamment l'Afrique du Sud et le Zimbabwe. C'est la musique et la chanson africaines métissées à souhait et exprimées dans toute ses déclinaisons qui avaient rendez-vous à ce MASA 97.

Autre rendez-vous marquant en avril lors du premier Festival des arts vivants de la Francophonie à Hanoi où des artistes de la chanson de la Communauté française de Belgique, du Canada, de France, du Québec, du Laos, du Campuchia, du Congo, du Sénégal, du Vanuatu et du Vietnam illustraient, sous les feux de la rampe et de façon magistrale, devant un public ravi et étonné, l'ampleur du spectre des nuances de l'expression-chantée sous le label "francophone". Encore ici on pourra constater que la culture en général et la chanson en particulier sont des moyens privilégiés d'incarner la francophonie dans ses convergences et ses différences.

Mentionnons au passage le palmarès d'un des concours culturels des IIIe Jeux de la Francophonie qui, de la grande île de l'océan Indien, nous a révélé parmi les artistes d'une quinzaine de pays participants, les "médaillés" suivants dans le domaine de la chanson: Jany Létourdi des Seychelles, Marie-Jo Thério du Nouveau- Brunswick (Canada), Largo de la Communauté française de Belgique et Kambana de Madagascar.

Ensuite sur disque, par la parution d'une compilation et d'un cahier pédagogique réunissant des chansons d'artistes de France, d'Acadie (Nouveau-Brunswick, Canada), du Mali, de la Communauté française de Belgique, du Sénégal, de la République démocratique du Congo (ex-Zaïre), de la Louisiane, de Madagascar, du Québec, de la Guinée, du Cameroun, de Haïti et de Suisse. Intitulée "La chanson de l'espace francophone", cette trousse pédagogique a été distribuée, à l'occasion du Sommet de Hanoi, dans les écoles des 49 pays de la francophonie afin de "favoriser chez les jeunes une prise de conscience des liens qui les unissent entre eux grâce au moyen privilégié qu'est la chanson". Cette opération menée par l'Association francophone internationale des directeurs d'établissements scolaires (AFIDES) et le Conseil francophone de la chanson (CFC) – pour le compte de l'Agence de la Francophonie (ACCT) – illustre de façon éloquente l'utilité et la pertinence de soutenir l'action des organisations internationales non gouvernementales (OING) afin de rendre tangible et concret cet idéal francophone.

Finalement, 1997 aura permis que l'on s'active à se donner d'autres rendez-vous pour les trois années à venir sur le terrain économique de la musique et de la chanson d'abord et sur le terrain artistique en marge du prochain sommet. En effet, à compter de 1998 et jusqu'à l'an 2000, les entreprises africaines de production et d'édition musicale auront l'opportunité de se prévaloir d'un programme ACCT-SODEC géré par le CFC pour participer à l'incontournable Marché international du disque et de l'édition musicale (MIDEM) qui se tient à chaque année à Cannes. Par ailleurs, l'idée de recréer pour une deuxième édition le Festival des arts vivants de la francophonie en marge du prochain sommet semble acquise tout comme la réédition du MASA en 1999.

L'année 1997, une année faste vous disais-je!

ASSOCIATION INTERNATIONALE FRANCOPHONE DES AINÉS

Louis-Philippe Blanchard

Gilles Boulet,
président de l'AIFA,
recteur fondateur de
l'UQTR, président de
l'Université du
Québec, président
fondateur de
l'Organisation
universitaire
interaméricaine
(OUI), directeur du
Musée des arts et
traditions populaires,
est décédé
subitement
le 9 octobre 1997.

L'Association internationale francophone des aînés fut créée en 1981 dans le but de permettre aux aînés de participer à l'essor de la francophonie internationale. Sous la bannière "Des aînés engagés dans la société", l'AIFA poursuit les objectifs suivants:

Être un carrefour d'information, de ressources et d'échanges pour les aînés francophones dans le domaine de la gérontologie et les applications, et l'interculturel, de l'intergénérationnel.

Susciter, chez les aînés, une participation maximale à la vie de la société et développer chez eux le souci de demeurer autonomes, en étant présents et actifs, particulièrement à tous les échelons où se prennent les décisions qui les concernent. Favoriser le rapprochement entre divers groupes d'âges et sensibiliser l'ensemble de la population au phénomène du vieillissement et de la retraite. Promouvoir l'usage de la langue française et la compréhension des cultures francohones. Encourager une meilleure connaissance mutuelle des aînés des pays et des communautés francohones, notamment par les échanges de personnes et d'informations. Susciter et appuyer toute mesure ou tout mouvement tendant au mieux-être des personnes âgées tant au niveau national qu'au niveau international.

L'AIFA en action

Au seuil de l'an 2000, les aînés sont de plus en plus reconnus sous l'étiquette du "pouvoir gris" avec ses droits et ses obligations. Cette force retrouvée doit se mettre au service de la société en général.

Pour aménager une fenêtre sur l'univers francophone au profit des aînés, l'AIFA propose à ses membres de s'engager dans une programmation qui s'exerce aux plans régional, national et international.

Ses grandes lignes d'action se résument ainsi :
– des instruments de communications (INFO-AIFA et Maturité) permettant aux aînés de communiquer entre eux;
– des études décrivant les grands défis de notre société qui concernent les aînés (intergénération – engagement social – interculturalisme, etc.);
– une action de concertation sur une base régionale où les aînés se donnent quelques projets à réaliser ensemble;
– des carrefours régionaux échangeant sur les réflexions faites lors des rendez-vous internationaux;
– une action de formation de leaders aînés dans la foulée des études menées sur le terrain;
– des séjours socioculturels permettant aux aînés de partager la culture de l'autre tout en voyageant agréablement;
– des actions exploratoires visant à permettre aux membres de partager avec les aînés de l'espace francophone, à se fréquenter sur les mêmes terrains en regard de leurs loisirs culturels et sportifs.

AFAL

L'Association francophone d'amitié et de liaison (AFAL) publie chaque trimestre un intéressant bulletin, *Liaison*, qui relate les activités des associations membres et les propres activités de l'AFAL.

L'AFAL a tenu son forum les 2 et 3 octobre derniers à Paris, au centre de Conférences internationales du ministère des Affaires étrangères. Le président Xavier Deniau a ouvert la séance en remerciant les représentants des 130 ONG et OING pour leur ténacité dans le travail au quotidien en faveur de la francophonie et de l'intérêt qu'ils portent à cette réunion.

Le sénateur Jacques Habert, la revue de *L'Année francophone internationale* à la main, a lu plusieurs passages, ici ou là, et a donné le coup d'envoi en demandant à son auditoire de réfléchir, notamment, sur ce passage rempli de bon sens et d'espoir, écrit par l'économiste Aymeric Chauprade dans la conduite de nos travaux de cette journée:

Pour échapper au nivellement culturel tout en augmentant leurs échanges économiques, l'espace francophone est aussi la chance des peuples qui veulent construire leur avenir sur leur identité. Les 49 pays membres du Sommet de la Francophonie rassemblent 10% de la population mondiale, et réalisent 12% de la production mondiale. L'espace francophone affiche un profil très exportateur. (AFI 1997, p. 297-298)

M. Steve Gentili, président du FFA (Forum francophone des affaires) a mis l'accent sur le fait que l'économie tenait une place prépondérante sur notre planète et que la Francophonie ne peut ignorer cette réalité économique. D'ailleurs, les Vietnamiens l'ont bien compris, puisque ce Sommet est placé sous le signe de l'espace économique. Il ajouta: "La Francophonie doit impérativement épouser les mouvements économiques."

Maurice Zinovieff, nouveau secrétaire général de l'AFAL, a dirigé les débats relatifs aux diverses recommandations. Le secteur scientifique produit toujours de vives réactions de dépit et de désolation devant un état de fait connu et qui s'aggrave: congrès qui se déroulent toujours en anglais alors que la traduction simultanée est prévue; des allocations-recherche allouées, par la Commission européenne, seulement si le dossier est rédigé en anglais, etc.

À l'issue de ce congrès, quatorze résolutions ont été prises et seront portées à la connaissance des chefs d'État et de gouvernement au Sommet de Hanoi. Parmi ces recommandations, trois qui ont trait à la formation de la jeunesse à la francophonie, soit par un enseignement inscrit dans les programmes scolaires; soit en créant des organismes spécifiques pour la jeunesse francophone, à l'instar des Offices franco-québécois et franco-roumain; soit encore en renforçant la coopération multilatérale dans les secteurs des médias, de l'ingénierie linguistique, l'édition, néologie et terminologie, sites et contenus sur Internet; sans oublier le français langue de recherche et de communication scientifique et technique utilisée dans toutes les disciplines.

Ne perdons pas de vue que les jeunes seront ce que nous en ferons: des acteurs – actifs ou passifs – de la francophonie de demain. Une nouvelle association regroupant des étudiants de tous les pays du monde vient de rejoindre l'AFAL, il s'agit de *Jeune francophonie*. L'avenir de la francophonie est donc, en partie, assuré.

Espérons que l'on ne lui coupera pas les ailes avant son envol; tel fut le cas de l'Association des jeunes scientifiques.

M. Connan, représentant le ministre de la Coopération, a écouté attentivement les doléances formulées par le président Xavier Deniau, à savoir, que l'AFAL ait une place officielle en tant qu'invité observateur au Sommet de Hanoi, étant donné sa représentativité internationale et exceptionnelle, afin que la voix de la base francophone soit entendue officiellement; l'inquiétude devant l'absence du mot Francophonie dans les instances de l'État, ce qui a pour conséquence qu'il y a ambiguïté sur la dépendance du service francophone; la place des associations dans la Francophonie de demain.

M. Connan, a rassuré le président de l'AFAL en insistant sur la restructuration, par le nouveau gouvernement, du secteur francophone au sein de la Coopération. Il a souligné l'importante mission assignée à M. Josselin, secrétaire d'État à la Coopération, pour mener à bien les affaires francophones dans un souci de cohérence et de suivi. M. Connan a mis en valeur l'action des associations qui a précédé l'action des gouvernements. "Il faudrait créer une articulation entre le l'État et les ONG, ce qui n'est pas aisé" dit-il. M. Connan poursuit en réaffirmant l'intérêt de la Francophonie avec l'économie au centre des débats à Hanoi: "Nous vivons tous, ou presque, pour une économie de marché".

Marie-Aimée RANDOT-SCHELL

BIENNALE DE LA LANGUE FRANÇAISE

La XVIIᵉ Biennale de la langue française a réuni du 25 au 28 août 1997, à Neuchâtel, près de cent cinquante personnes venues de quinze pays. Placée sous le haut patronage du conseiller fédéral, Flavio Cotti, chef du département fédéral des Affaires étrangères, les patronages de Jean Guinand, président du conseil d'État de la République et canton de Neuchâtel et de Blaise Duport, président du conseil communal de la Ville de Neuchâtel, la Biennale a aussi reçu le patronage de l'Unesco, l'aide de l'Agence de la Communauté française de Belgique et du Conseil général des Yvelines. Des personnalités représentant la République et canton de Neuchâtel, le ministère du Patrimoine canadien, le Haut Conseil de la Francophonie, l'AIPLF, l'AFAL, la délégation de la Langue française de Suisse romande, l'AMOPA, le cercle Richelieu Senghor, la chambre de commerce et d'industrie de Paris ont présidé les séances de travail.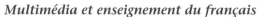

Multimédia et enseignement du français

Le thème "Multimédia et enseignement du français" a été abordé dans ses données techniques, ses usages pédagogiques et sa dimension francophone par des conférenciers venus des universités, laboratoires ou centres de formation de Annaba, Arras, Bruxelles, Burnaby, Bucarest, Cotonou, Deva, Fez, Genève, Hull (RESCOL), Lagos, Limoges (Pôle francophone de la Bibliothèque nationale de France), Manchester, Moncton (CIDIF)S, Montréal, Neuchâtel, Ougadougou, Paris, Poitiers (CNED), Strasbourg. France Télécom, Larousse, Hachette, Liris interactive, Intégral média ont exposé leur point de vue d'opérateur de télécommunication d'éditeurs de livres et de logiciels, notamment la Biblirom-Larousse et "Gaglwin", les aventures éducatives (a obtenu le prix Mobirs France-Education 1977). Grâce au partenariat de TV5, plusieurs producteurs canadiens, suisses et français ont illustré *Le rôle de TV5 dans la diffusion et l'enseignement du français* et une table ronde a permis à l'écrivain de langue allemande Hugo Loetscher, au traducteur Gilbert Musy, aux professeurs Roger Francillon (Zurich) et Charles Méla (Genève) d'aborder les obstacles et les richesses que recèle une "autre langue".

Lors de la séance *La Suisse dans la francophonie*, M. Jean-Jacques de Dardel, représentant du président de la Confédération auprès du Conseil permanent de la Francophonie a souligné l'importance du récent engagement de la Suisse et appelé à la renforcer, tandis que M. Jean-Marie Vodoz, ancien rédacteur en chef du grand

quotidien suisse 24 Heures et membre du Haut Conseil de la Francophonie, dénonçait l'usage abusif de l'anglo-américain, en passe de devenir la "première langue nationale" de la Suisse et que M. Urs Tschopp, président de l'Association suisse des professeurs de français, affirmait engager son association en faveur d'un "plurilinguisme respectant les différentes cultures". Une table ronde réunissant Jacques Scherrer (Editions Payot Lausanne), Freddy Buache (Cinémathèque de Lausanne), Charles Joris (Théâtre populaire romand) et Jacques Chevrier (Sorbonne) fit écho à ces questions et manifesta aussi le potentiel culturel suisse.

Les résolutions adoptées par la Biennale appellent à défendre le plurilinguisme, à former les enseignants de français aux usages du Multimédia et des réseaux de communication en insistant sur les devoirs de solidarité Nord-Sud et de respect des cultures entre les pays de la Francophonie. Les *Actes* paraîtront en 1998.

Les Biennales de 1999 et de 2001 traiteront de la "mondialisation" conçue comme un espace à la mesure du français. Elles déclineront le thème selon plusieurs aspects: langue des affaires, langue du droit, langue des sciences et des techniques, langue de la société de l'information, langue des humanités critiques, etc. tous aspects destinés à éclairer et affirmer la place du français, à la fois comme langue de "partage" des francophones et comme langue internationale.

ASDIFLE

Créée en 1986 par Louis Porcher, l'Association de didactique du français langue étrangère (ASDIFLE) vise à rassembler tous les acteurs, quel que soit leur métier, qui opèrent dans le champ du français langue étrangère. Elle constitue donc un lieu de définition des intérêts communs à l'ensemble des professions concernées. Son objectif est notamment de renforcer l'identité de cette discipline universitaire nouvelle.

Chaque mois, l'ASDIFLE organise, en France ou hors de France, un séminaire appelé *Lundi de l'ASDIFLE*. *La Lettre de l'ASDIFLE* rend compte de ces débats et diffuse en outre des informations habituellement inaccessibles aux professeurs de français langue étrangère ou seconde hors de France.

Chaque année, l'ASDIFLE organise une *Rencontre* à thème (à Paris en janvier et, sur le même thème, hors de Paris en septem-

bre). Chacune de ces *Rencontres* donne lieu à la publication d'un volume d'actes, *Les Cahiers de l'ASDIFLE.*

Le n° 8 des ces *Cahiers* contient les actes du colloque que l'ASDIFLE a organisé pour son 10ᵉ anniversaire en septembre 1996 sur le thème: "Didactique des langues maternelles / didactique des langues étrangères, ruptures et / ou continuités?"

Ce colloque, qui a rassemblé des participants venus de 24 pays, portait sur l'aspiration à un décloisonnement des didactiques, à une harmonisation méthodologique, à une "éducation linguistique s'appliquant aux différentes langues apprises". Il a essentiellement découvert que tout enseignement d'une langue vivante se pratique sur un marché plus ou moins fermé, où existent des concurrences, mais aussi des hégémonies et sur lequel pèse de plus en plus l'imaginaire des représentations linguistiques.

CSFEF

Le Comité syndical francophone de l'éducation et de la formation (CSFEF) publie le numéro 1 de son bulletin de liaison "Francophonie syndicale". On y trouve l'annonce d'un colloque sur les actions d'éducation au développement (en juin 1997), d'une réunion mondiale sur l'éducation et la formation relatives à l'environnement pour un développement durable (Planèt'ère, à Montréal en novembre 1997), de la prochaine réunion générale du réseau (Montréal, novembre 1997 - les actes de la rencontre de Tunis en mars 1996 sont sous presse), d'un

projet de création d'un centre francophone de la recherche en pédagogie appliquée.

Après le séminaire de Dakar, en mai 1996, sur l'éducation aux droits de la personne, des documents de didactique des droits de la personne humaine ont été mis à l'épreuve dans des classes africaines. Après l'évaluation de cette expérience en juin 1997, un colloque aura lieu au Vietnam. Il s'agit d'aider les syndicats et les ONG à combler le fossé qui existe entre la pléthore des textes officiels et le déficit en matière de respect de ces droits.

DICTÉE DES AMÉRIQUES

La grande finale internationale 1998 de la Dictée des Amériques marquera le cinquième anniversaire de ce concours qui aura permis, durant toutes ces années, à plus d'un quart de million de personnes à travers quatre continents, de prendre part à l'une ou l'autre étape de qualification de cette compétition internationale d'orthographe de langue française.

Produite par Avanti Ciné-Vidéo en collaboration avec Télé-Québec et TV5, la Dictée des Amériques poursuit comme objectif de promouvoir le bon usage de la langue française tout en contribuant au rayonnement international du fait français.

Au cours des ans, le championnat a réuni des francophones et des francophiles de la

Belgique, du Bénin, du Brésil, du Canada (10 provinces et deux territoires), du Chili, de la Colombie, du Costa Rica, de l'Équateur, des États-Unis, de la France (incluant le territoire de Saint-Pierre et Miquelon), du Luxembourg, du Mexique, du Pérou, du Sénégal, de la Suisse ainsi que du Vietnam.

Chaque année, la Dictée des Amériques invite une personnalité bien connue de la francophonie internationale a rédiger un texte original et à le lire à la centaine de concurrents sélectionnés pour prendre part à la grande finale internationale. Ainsi, Antonine Maillet, Hubert Reeves, Luc Plamondon et Arlette Cousture se sont tour à tour prêtés à l'exercice. Malgré son "jeune âge", la Dictée des Amériques ne cesse de croître en notoriété et de susciter de la part des amoureux de la langue française des commentaires enthousiastes. Son organisation ne serait toutefois pas possible sans le soutien de ses partenaires financiers, bien sur, mais aussi du millier de bénévoles qui s'investissent dans cette merveilleuse aventure internationale.

Sylvio MORIN, coordonnateur
Tél.: (514) 288-0657; Téléc: (514) 288-1675

CEFRIO

Fort de ses 10 années d'existence, le Centre francophone de recherche en informatisation des organisations (CEFRIO) a pour mission de contribuer à l'augmentation de la performance des organisations en stimulant le transfert d'expertise et de connaissances universitaires en informatisation. Il initie et réalise des projets de recherche appliquée, dans le domaine de la transformation des organisations dans le contexte de l'utilisation des technologies de l'information.

Regroupant près de 100 membres industriels, gouvernementaux et universitaires, le CEFRIO se définit comme un leader stratégique en matière de transformation organisationnelle que permettent les technologies de l'information et des communications. Il accompagne les décideurs dans la réflexion et l'analyse du change-ment, de même que dans la réalisation de projets innovateurs dans l'implantation des technologies. Le CEFRIO fait appel au réseau universitaire francophone pour la réalisation de ces projets.

De plus, le Centre mène des travaux de veille stratégique dans le domaine de l'appropriation des technologies. Il réalise en outre des études sur l'état de l'informatisation des entreprises, des gouvernements et des ménages. Son expertise a d'ailleurs été mise à contribution en Côte d'Ivoire, pour la réalisation du portrait de l'informatisation de ce pays. Des développements sont en cours avec la Francophonie pour la constitution d'un réseau de veille sur les inforoutes. Le CEFRIO entend mettre à contribution son expertise et son réseau de partenaires québécois et internationaux dans ce domaine.

CEVEIL

Fondé en 1995 par le CEFRIO, le Centre de promotion du logiciel québécois et l'Office de la langue française du Québec (via l'Observatoire québécois des industries de la langue), le Centre de veille et d'expertise inforoutes et langues (CEVEIL) fait partie du réseau des centres de veille supportés par le ministère de l'Industrie, du Commerce, de la Science et de la Technologie du Québec. Il travaille également en collaboration avec le ministère de la Culture et des Communications du Québec.

À titre de centre de veille sur les industries de la langue, le CEVEIL fournit aux intervenants privés et publics des contenus stratégiques d'information sur l'état du développement de cette nouvelle industrie. Les domaines d'intérêt du CEVEIL sont les outils de traitement automatique du français, tels les correcteurs orthographiques, les aides informatiques à la rédaction et à la traduction, la gestion électronique de documents, les moteurs de recherche, etc. Le CEVEIL suit de près l'évolution du français et des autres langues sur les inforoutes, entre autres les activités internationales de normalisation.

En tant que Centre-réseau, le CEVEIL agit comme rassembleur dans certains dossiers et collabore aux travaux du Réseau international des Observatoires francophones sur le traitement automatique du français (RIOFIL), du Conseil de la langue française du Québec et du Groupe franco-québécois NoTial.

RICHELIEU INTERNATIONAL

En 1997, le Richelieu International a créé des clubs à Saint-Jean (Nouveau Brunswick), Canada, à Clermont Ferrand et à Cannes, France, au Burkina à Ouagadougou et Burkina Faso et finalement à Ostende en Belgique.

Le Congrès du Richelieu International a lieu en 1997 à Niagara Falls (Canada) et à cette occasion, les fins du Richelieu International ont été réexprimées. Le mouvement s'oriente maintenant en poursuivant les fins suivantes:
– promouvoir au sein de ses clubs l'épanouissement des personnes qui y adhèrent; utiliser la langue française comme seul moyen de communication;

– favoriser la connaissance de cette langue comme outil de réflexion et de voie d'accès au mode d'expression des cultures;

– aider les francophones à mieux percevoir dans leur histoire, leurs communes racines;

– fidèle à l'esprit de paix et de fraternité, proposer aux membres de ces clubs un réseau d'entraide francophone et un programme d'activités visant à améliorer chez les plus jeunes surtout, les conditions de développement sur les plans physique, moral et intellectuel.

D'autre part, le Richelieu International a été présent au Congrès de l'Association canadienne des éducateurs de langues française (ACELF) qui se tenait à Québec en août 1997 et il y a soutenu que la promotion de la langue et des cultures françaises doit être poursuivie en créant des liens entre la langue, la culture, l'histoire, les valeurs, les générations, le patrimoine, l'environnement, le travail et l'économie.

Lors de ce congrès, le Richelieu Mathias Landry, président international en 1995 a été reçu membre de la Compagnie des 100 Associés, au même moment que l'honorable Claude Ryan, Mme Diane Drouin et M. Yvan Forest.

Le Richelieu Mathias Landry est un homme d'affaires du Nouveau-Brunswick, membre du Club Richelieu de Campbelton. La Compagnie des 100 Associés francophones rend hommage à ceux et celles qui témoignent des plus hautes vertus civiques et qui ont contribué d'une manière exceptionnelle au développement de la culture et de la langue françaises, à la promotion et l'enrichissement de la vie en français au Canada et à l'étranger.

Après la Belgique, ce sont les États-Unis qui seront le lieu de provenance du prochain président international, en l'occurrence le Richelieu Raymond Morin de Yarmouth, Maine. M. Raymond Morin a oeuvré dans le domaine de la vente de véhicules lourds et est membre du Club Richelieu de Fall River. Il a décidé de coiffer son année de président du slogan "Richelieu, vous faites la différence".

ISEF

UNE FRANCOPHONIE EN SITUATION D'ARCHIPELS

Ouvert à la rentrée universitaire de 1996 sur le campus de Schoelcher en Martinique, à l'initiative de Jean Bernabé, doyen de la Faculté des lettres et sciences humaines, l'Institut supérieur d'études francophones (ISEF) a pour ambition de contribuer à la valorisation de la communication et des cultures francophones et à l'affirmation des identités régionales de la Caraïbe et des Amériques.

Dans cette perspective l'ISEF situe ses interventions sur trois plan:

– *la formation initiale et continue des enseignants de langues*, et de français comme langue seconde et/ou étrangère spécifiquement mais non restrictivement, en vue de renforcer la qualité de l'enseignement des langues en général et du français en particulier dans les différents systèmes éducatifs.

– *l'initiation et le perfectionnement linguistique et culturel francophone*, dans la diversité de ses usages et fonctions communications, de tous publics intéressés; et en premier lieu des étudiants et chercheurs de toutes disciplines des universités étrangères de son environnement, afin de développer le dialogue entre les personnes et les échanges entre les communautés nationales de la région.

– *la coopération* à la valorisation du réseau universitaire francophone et des connaissances scientifiques et techniques produites dans cet environnement pour participer à la mise en place d'un espace francophone commun de réflexion scientifique et d'action éducative fondamentale.

Outre les cursus annuels de préparation aux diplômes nationaux de qualification à l'enseignement du français comme langue étrangère (mention FLE de licence, maîtrise et DEA en didactique des langues), l'ISEP propose ainsi d'une part des formations à ces diplômes spécialement aménagées à l'intention des étudiants et enseignants étrangers (sessions intensives de 15 jours sur place en alternance avec des enseignements à distance), d'autre part des stages de durée variée, programmés ou sur mesure, de français général ou de spécialité, et enfin des séminaires de documentation et de réflexion sur les composantes, les interrogations et les valeurs de l'espace francophone.

Au cours de sa première année de fonctionnement, ce sont près de 150 étudiants, enseignants et universitaires étrangers, en provenance de tous les pays de la Caraïbe mais aussi du Vénézuéla, du Brésil et le la Communauté Européenne que l'ISEF aura déjà accueillis à l'occasion de cinq stages résidentiels de une ou deux semaines chacun.

L'ensemble de ces actions tire son unité d'un même objectif: celui de développer une

Patrick DAHLET, directeur

francophonie de contacts, attentive à la richesse et à la complexité des situations de multilinguisme de son environnement et préoccupée de participer à la détermination de stratégies et de partenariats éducatifs adaptés, en même temps qu'à la construction, voire à l'invention, en dialogue avec la créolité, d'identité communautaires ou personnelles dans un partage d'altérités qui permette à chacun de se retrouver.

Adresse: Institut Supérieur d'Études Francophones - Université des Antilles et de la Guyane - Faculté des lettres et sciences humaines - B.P. 7207 - 97275 Schoelcher Cédex - Tél.: 0596.72.74.95 - Fax: 0596.72.74.97 - Courriel: ISEF@Martinique.Univ-ag.fr

LA FRANCOPHILIE

La Francophilie, Fédération d'associations Francophones présidée par Jean-Baptiste de Sereq dit Serco, regroupe en son sein divers présidents et représentants d'associations francophones.

Elle a comme objectifs de porter aide et assistance à toutes les communautés francophone et oeuvre pour leur rapprochement.

Une exposition de peintures et sculptures regroupant 52 artistes du Nouveau-Brunswick et de la Nouvelle-Angleterre a eu lieu à la Mairie du 16e arrondissement.

La partie franco-africaine de l'association s'occupe de divers orphelinats, d'envois de médicaments d'urgence, de possibilité d'immigration. Cette branche de nos activités s'est ralentie ne bénéficiant plus de tarif préférentiels aussi bien auprès de la

Poste qu'auprès de divers transitaires de groupage. N'ayant reçu à jour aucune aide malgré les diverses promesses des autorités, nous sommes dans l'obligation de limiter nos activités.

La Francophilie projette dans son programme de rapprochement des peuples francophones d'Amérique du Nord (que j'ai baptisé Franco-Nord-Américains) d'organiser plusieurs manifestations:

Flux migratoires de France vers l'Amérique du Nord, exposition itinérante dans neuf villes américaines et canadiennes. Le projet, bien qu'agréé par les autorités, attend le déblocage de fonds promis. Exposition francophone à Moncton, dans la mesure où Moncton accueillera le prochain Sommet de la Francophonie.

Jean-Baptiste de SEREQ

AEFECO

L'Association des études francophones d'Europe centre-orientale (AEFECO) organise son IVe Colloque international à Leipzig du 31 mars au 4 avril 1998, sur le thème: Unité et diversité des écritures francophones - Quels défis pour cette fin de siècle?

Après des colloques sur l'identité, l'enseignement et l'interculturalité des francophonies, ce IVe Colloque s'intéresse à la matière même des œuvres littéraires et prend en compte la forme et la langue des textes francophones. L'AEFECO espère ainsi contribuer à la compréhension des accents multiples d'un champ littéraire issu d'enracinements historiques différents.

Pour toute information sur ce colloque, s'adresser à: Prof. Klaus Bochmann - Universität Leipzig, Frankreichzentrum - Augustusplatz 9 -, D - 04109 Leipzig; Tél.: 49/341/9730236, Fax: 49/341/9605261

XIVᴱ CONFÉRENCE DES PEUPLES DE LANGUE FRANÇAISE: CAP SUR LA JEUNESSE

Jocelyn TREMBLAY
Cofondateur FIJEF

La XIVᵉ Conférence des peuples de langue française s'est tenue à Jonquière du 19 au 21 août 1997. Elle réunissait 325 délégués de l'Acadie, de Bruxelles, de France, du Jura, de Romandie, du Val d'Aoste, de la Wallonie et du Québec. Placée sous le thème de *Francophonie d'aujourd'hui, francophonie des jeunes?*, la Conférence ne s'en est pas tenue aux beaux discours: près de la moitié des délégués présents avaient moins de 30 ans.

Les conférenciers et les délégués ont abordé successivement différents enjeux auxquels fait face la Francophonie dans les domaines de la culture et des communications, de l'éducation, de l'économie et de la politique. De nombreuses personnalités étaient présentes à Jonquière, dont le premier ministre du Québec, Lucien Bouchard, le ministre québécois des Relations internationales et responsable de la Francophonie, Sylvain Simard, et le ministre des Relations avec les citoyens et de l'Immigration, André Boisclair. C'est avec l'appui de ce dernier qu'un réseau international de jeunes francophones a officiellement vu le jour sous le nom de *Forum international des jeunes pour la Francophonie*.

"Notre objectif étant d'impliquer davantage de jeunes au plan institutionnel ; il nous a semblé essentiel d'atterrir, à l'issue de la XIVe Conférence, sur un projet bien concret", expliquait Mme Monique Vézina, présidente du Mouvement national des Québécoises et Québécois et présidente de la Conférence des peuples de langue française. Notons que des représentants du Forum international des jeunes pour la Francophonie devraient être présents au Sommet de Hanoi.

"En choisissant le thème "Francophonie d'aujourd'hui, francophonie des jeunes?", l'événement vise à interpeller prioritairement la jeunesse. En présentant ce thème sous la forme interrogative, la XIVe Conférence prend acte que les jeunes sont actuellement peu représentés au sein des instances de la Francophonie, qu'elle soit institutionnelle, associative ou militante. Pourtant, l'avenir de la francophonie est entre leurs mains... La XIVᵉ Conférence vise donc à mobiliser un maximum de jeunes sur le thème de la francophonie, à créer une dynamique de renouvellement au sein des associations membres et de la Francophonie en général et enfin, à permettre aux jeunes de trouver, au sein des organismes préoccupés par l'avenir de la francophonie, un espace d'épanouissement culturel, de promotion sociale et d'engagement éthique.»

Monique VÉZINA, présidente du Mouvement national des Québécoises et Québécois et présidente de la Conférence des peuples de langue française

Forum internatinal des jeunes pour la Francophonie - FIJEF

5, rue de la Boule Rouge	2207, rue Fullum
75009, Paris, France	Montréal (Québec) H2K 3P1
Tél.: (33 1) 47 70 29 59	Tél.: (1-514) 527-9891
Fax: (33 1)47 70 07 69	Fax: (1-514) 527-9460

Richard CHARRON
Secrétaire général

La vaste majorité des directeurs d'établissements ne reçoit aucune formation initiale ou reçoit une formation largement inadéquate. Typiquement, le chef d'établissement est un enseignant que l'on nomme du jour au lendemain à un poste de gestion, en espérant qu'il acquerra "sur le tas" les habiletés nécessaires au fonctionnement efficace de son établissement. Si une telle pratique pouvait à la limite se tolérer dans le passé, la décentralisation, l'autonomie de l'établissement, la gestion participative et les responsabilités pédagogiques accrues nécessitent dès aujourd'hui un investissement dans la formation des gestionnaires de l'éducation.

Convaincue de l'urgence de la situation, l'Association francophone internationale des directeurs d'établissements scolaires (AFIDES) se voue à la formation des chefs d'établissement partout en francophonie, par divers moyens:

- *La revue des Échanges*, publiée à 4000 exemplaires et diffusée dans plus de 45 pays, constitue un outil de réflexion et un lien entre les chefs d'établissements membres de l'Association.

- Les colloques régionaux, nationaux et internationaux explorent des thèmes pertinents à la gestion scolaire. Par exemple, la Biennale de Lausanne (26-30 octobre 1997) traite du thème suivant: *Le chef d'établissement, metteur en scène du partenariat éducatif.*

- En collaboration avec le Consortium international francophone de formation à distance (CIFFAD), parrainé par l'Agence de la Francophonie, l'AFIDES développe un matériel de **formation à distance** qui sera bientôt expérimenté dans plusieurs pays, et qui servira ensuite de base aux interventions de formation de notre Association.

- L'une des premières Organisations internationales non gouvernementales (OING) présentes sur les inforoutes, l'AFIDES rend accessible sur son **site Internet** (www.grics.qc.ca/afides) une **bibliothèque professionnelle** qui deviendra peu à peu un précieux outil de référence pour quiconque veut s'informer sur la gestion de l'éducation.

- L'AFIDES anime également sur l'inforoute un **Forum sur la gestion de l'éducation**, où des chefs d'établissements et des responsables de systèmes éducatifs échangent sur leurs intérêts communs.

Nous espérons que la Francophonie consacrera, pendant le prochain biennum, une petite partie de ses énergies à la formation des directeurs d'établissements, qui constituent, selon les sources citées plus haut, "le principal facteur de l'efficacité scolaire".

Publireportage

INSTITUT POUR LE DÉVELOPPEMENT DE LA DÉMOCRATIE ET DES MÉDIAS (IDDM)

HISTORIQUE

Après avoir enseigné au CESTI (Dakar) [et y avoir fait de nombreux émules parmi leurs étudiants], deux journalistes canadiens chevronnés, Jean Larin et André Bédard, fondent l'**IDDM** en 1990. Poursuivant ainsi leur idéal commun, l'IDDM soutient, par des actions concrètes, le développement de **la liberté de presse** dans les pays où **la démocratie** est en émergence.

Là où la liberté de presse s'éveillait, ils avaient individuellement, et avec succès, proposé des projets soutenant les premiers efforts dans l'apprentissage de la démocratie et de la liberté de presse en Afrique de l'Ouest. C'est alors que l'IDDM est fondé.

Des gouvernements, des organismes de régularisations et des journalistes sollicitent rapidement l'IDDM pour sa formation ou son soutien professionnel (Bénin, Mali).

Parallèlement, les dirigeants de l'IDDM comprennent la nécessité de former des regroupements afin d'accroître les expertises et la synergie dans ses missions: consortium avec le Centre de recherche en droit public de l'Université de Montréal; partenariat avec l'Agence canadienne de développement international; partenariat sytématique avec les organismes des pays hôtes, collaboration avec organismes internationaux, bailleurs de fonds, ONG, agences gouvernementales et gouvernements.

Les réalisations de l'IDDM en Afrique francophone lui permettent désormais de s'ouvrir à d'autres parties du monde.

Mission

En accord avec le développement de la démocratie et de la liberté de la presse, qui sont intimement liés dans ses objectifs et ses convictions, l'IDDM conçoit et soutient des activités qui:

1 renforcent la liberté de presse dans des démocraties en émergence;

2 développent la presse pour lui permettre de jouer de façon responsable le rôle qui lui est dévolu en démocratie;

3 contribuent à la bonne gouvernance, à l'édification de la société civile et au respect des droits de la personne par le développement et le respect de la liberté de presse;

4 visent à combattre la corruption par la liberté de presse;

5 responsabilisent les citoyens en regard de la liberté de presse.

440 rue Sainte-Hélène, bureau 400
Montréal (Québec) H2Y 2K7
CANADA
TÉL.: (514) 2884113; FAX: (514) 288-8977
INTERNET: iddm@cam.org

Principales organisations : sigles, adresses, téléphones, fax

Académie française
23, quai de Conti
75006 Paris, France
Tél.: (33 1) 44 41 44 45
**Académie francophone
d'ingénieurs**
B 321 bis 1, rue Miollis
75732 Paris cedex 15, France
Tél.: (répondeur) 47 14 19 72
(ligne directe) (33 1) 45 68 39 35
Fax: (33 1) 40 45 95 35
**Académie royale de langue et
littérature françaises**
1, rue Ducale
1000 Bruxelles, Belgique
Tél.: (32 2) 511 56 87/512 80 75
ACCT
Agence de la francophonie
13, quai André-Citroën
75015 Paris, France
Tél.: (33 1) 44 37 33 00
Fax: (33 1) 45 79 14 98
http://www.francophonie.org
ACELF
Association canadienne d'éducation
de langue française
268, rue Marie-de-l'Incarnation
Québec (Québec), Canada G1N 3G4
Tél.: (1-418) 681-4661
Fax: (1-418) 681-3389
ACF
Association culturelle francophone
de l'ONU, Bureau S-1527B
New York, NY 10017 USA
Tél.: (1 212) 963-6548
ADEB
Association des éditeurs belges
22, boul. Paepsem
1070 Anderlecht, Belgique
Tél.: (32 2) 522 96 60
ADELF
Association des écrivains de langue
française
14, rue Broussais
75014 Paris, France
Tél.: (33 1) 43 21 95 99
Fax: (33 1) 43 20 12 22
ADIFLOR
Association pour la diffusion
internationale francophone de
livres, ouvrages et revues
AFAL, 5, rue de la Boule Rouge
75009 Paris, France
Tél.: (33 1) 47 70 10 83
AFAL
Association francophone d'amitié et
de liaison
5, rue de la Boule Rouge
75009 Paris, France
Tél.: (33 1) 47 70 10 83
Fax: (33 1) 47 70 07 69

AFEC
Association francophone
d'éducation comparée
1, avenue Léon Journault
92311 Sèvres cedex, France
Tél.: (33 1) 45 07 60 80
Fax: (33 1) 45 07 60 01
AFI
L'Année francophone internationale
Université Laval, Faculté des Lettres
Sainte-Foy (Québec), Canada
G1K 7P4
Tél.: (1-418) 656-5772
Fax: (1-418) 656-7017
Courriel: AFI@fl.ulaval.ca
AFIDES
Association francophone
internationale des directeurs
d'établissements scolaires
500, boulevard Crémazie Est,
Montréal (Québec), Canada H2P 1E7
Tél.: (1-514) 383-7335
Fax: (1-514) 384-2139
afides@grics.qc.ca
http://www.grics.qc.ca/afides
AIEAF
Association internationale des
éditeurs africains francophones
Éditions CEDA 04
B.P. 541
Abidjan 04, Côte-d'Ivoire
Tél.: (225) 21 32 17 / 22 20 55
Fax: (225) 21 72 62
AIFA
Association internatiònale
francophone des aînés
150, boul. René-Lévesque Est
10e étage, Québec (Québec),
Canada, G1R 4Y1
Tél.: (1-418) 646-9117
Fax: (1-418) 646-1305
AIFF
Association internationale des
femmes francophones
B.P. 71
Nouakchott, Mauritanie
Tél.: (222) 510 80
Fax: (222) 523 35
AIJF
Association internationale de la
jeunesse francophone
99, rue Moussé Diop
Dakar Sénégal
Tél.: (221) 22 41 38
AILF
Association des informaticiens de
langue française
Adresse postale : Jean Péaud
124, avenue Jean Jaurès
93500 Pantin, France
Tél.: (33 1) 48 43 58 73 / 48 43 36 91
Fax: (33 1) 49 37 61 00

AIMF
Association internationale des
maires et responsables des
capitales et métropoles partielle-
ment ou entièrement francophones
9, rue des Halles
75001 Paris, France
Tél.: (33 1) 42 76 46 06 / 42 76 41 49
Fax: (33 1) 40 39 06 62
AIPLF
Assemblée internationale des
parlementaires de langue française
Siège : 235, boulevard Saint-Germain
75007 Paris, France
Tél.: (33 1) 47 05 26 87
Fax: (33 1) 45 51 11 47
- Secrétariat de la région Amérique:
1025, rue des Parlementaires,
bureau RC-13
Québec (Québec), Canada G1A 1A3
Tél.: (1-418) 643-7391
Fax: (1-418) 643-1865
AIVFC
Association internationale des villes
francophones de congrès
c/o Michel Gillet
SCET Ouest, B.P. 422
F 44013 Nantes Cedex 01
France
Tél.: (33 2) 40 12 24 80
Fax: (33 2) 40 12 24 84
Alliance française
101, boulevard Raspail
75270 Paris cedex 06, France
Tél.: (33 1) 45 48 67 32
Fax: (33 1) 45 44 89 42
(33 1) 45 44 25 95
Alliance francophone
24, avenue Perrichont
75016 Paris
France
Tél.: (33 1) 42 30 78 00
Fax: (33 1) 42 30 78 10
Amitiés acadiennes (Les)
2, rue Ferdinand Fabre
75015 Paris, France
Tél.: (33 1) 48 56 16 16
Fax: (33 1) 48 56 19 00
ANSULF
Association nationale des
scientifiques pour l'usage de la
langue française
9, Parc d'Ardenay
91120 Palaiseau, France
Tél.: (33 1) 60 10 50 39 / 44 27 51 08
APÉLA
Association pour l'étude des
littératures africaines
5, Square Henri Delormel
75014 Paris, France

APF
Agence de la presse francophone
325, rue Dalhousie, bureau 900
Ottawa (Ontario), Canada K1N 7G2
Tél.: (1-613) 237-1017
Fax: (1-613) 232-6193
Association des études francophones d'Europe centre-orientale
Publication: *Cahier francophone de l'Europe centre-orientale*
Université de Vienne, Institut de romanistique
Universitätstrasse 7
A-1010 Vienne Autriche
Tél.: (43 1) 413-2294
- Université Janus Pannonius
Département de français
Ifjúság u. 6.
H - 7624 Pécs
Tél.: (36 72) 327.622 / 41 60
Association France-Canada
429, avenue Viger Est
Montréal (Québec), Canada H2L 2N9
5, rue de Constantine
75007 Paris, France
Tél.: (33 1) 45 55 83 65
Association France-Québec
24, rue Modigliani
75015 Paris, France
Tél.: (33 1) 45 54 35 37
Fax: (33 1) 45 57 69 44
Association Québec-France
9, place Royale
Québec (Québec), Canada G1K 4G2
Tél.: (1-418) 643-1616
Fax: (1-418) 643-3053
ASPELF
Association française de solidarité avec les peuples de langue française
5, rue de la Boule Rouge
75009 Paris, France
Tél.: (33 1) 47 70 29 59
AUDECAM
Association universitaire pour le développement de l'enseignement et de la culture en Afrique et à Madagascar
100, rue de l'Université
75007 Paris, France
Tél.: (33 1) 45 55 56 38
Fax: (33 1) 45 56 10 72
AUPELF-UREF
http://www.refer.qc.ca
Direction générale et rectorat,
- Bureau Amérique du Nord :
B.P. 400 – Succ. Côte-des-Neiges
Montréal (Québec), Canada H3S 2S7
Tél.: (1-514) 343-6630
Fax: (1-514) 343-2107

- Bureau Afrique.:
Universté Cheikh Anta Diop
B.P. 10017 Liberté,
Dakar, Sénégal
Tél.: (221) 24 29 27/ 25 35 65
Fax: (22 1) 25 34 58
- Bureau Asie :
Université de Hanoï
19, rue Lê Than Ton, Hanoï, Vietnam
- Bureau Caraïbe :
B.P. 15185, Pétion Ville, Haïti
Tél.: (509) 45 44 08
Fax: (509) 57 39 74
- Bureau Monde arabe :
Cité Bonour, Villa F,
Rue de Damas
B.P. 11-9082 Beyrouth, Liban
Tél.: (961 1) 644 856
- Bureau Europe :
4, place de la Sorbonne
75005 Paris, France
Tél.: (33 1) 44 41 18 18
Fax: (33 1) 44 41 18 19
- Bureau Océan Indien :
B.P. 8349, Tsaralalana
Antananarivo 101, Madagascar
Tél.: (261) 231 804
Fax: (261) 231 815
Avenir de la langue française
5, rue de la Boule-Rouge
75009 Paris, France
Tél.: (33 1) 47 70 29 59
Fax: (33 1) 47 70 07 69
BELC
Bureau pour l'enseignement de la langue et de la civilisation françaises à l'étranger
9, rue Lhomond
75005 Paris, France
Tél.: (33 1) 47 07 42 73
BIEF
Banque internationale d'information sur les États francophones
25, rue Eddy
Hull (Québec) Canada K1A 0M5
Tél.: (1-819) 997-3857
Fax: (1-819) 953-8439
Biennale de la langue française
113, rue Gallien
78670 Villenne-sur-Seine, France
Tél.: (33 1) 39 75 81 81
Fax: (33 1) 39 75 90 25
CAMES
Conseil africain et malgache de l'enseignement supérieur
B.P. 134, Ouagadougou 01, Burkina-Faso
Tél.: (226) 30 75 43
Fax: (226) 30 72 13

CEFRIO
Centre francophone de recherche en informatisation des organisations
140, Grande-Allée Est, bureau 470
Québec (Québec) G1R 5M8, Canada
Tél.: (418) 523-3746
Fax: (418) 523-2329
info@cefrio.qc.ca
http://www.cefrio.qc.ca
Centre Wallonie-Bruxelles
Communauté française de Belgique
7, rue de Venise
75004 Paris, France
Tél.: (33 1) 42 71 26 16
Fax:(33 1) 48 04 90 85
Cercle Richelieu-Senghor
147, rue de la Pompe
75116 Paris, France
Tél.: (33 1) 47 27 73 42
CEVEIL
Centre de veille et d'expertise inforoutes et langues
C.P. 6128, succ. centre-ville
Montréal (Québec) H3C 3J7 Canada
Tél.: (514) 395-8983
Fax: (514) 874-1568
paglag@ere.umontreal.ca
http://www.ceveil.qc.ca
Chambre francophone des affaires économiques
Hôtel du Département
Boulevard de France
91012 Evry cedex, France
Tél.: (33 1)60 91 91 91
Fax: (33 1)60 79 23 76
CICIBA
Centre international des civilisations bantu
B.P. 770, Libreville, Gabon
Tél.: (241) 70 34 48
Fax: (241)70 34 49
CIEF
Conseil international d'études francophones
Département de français
Montclair State University
Upper Montclair, NJ 07043 États-Unis
Tél.: (1-201) 665-5143
Fax: (1-201) 666-3715
CIEP
Centre international d'études pédagogiques
1, avenue Léon Journault
92311 Sèvres cedex, France
Tél.: (33 1) 45 07 60 00
Fax: (33 1) 45 07 60 01
CILF
Conseil international de la langue française
11, rue Navarin
75009 Paris, France
Tél.: (33 1) 48 78 73 95
Fax: (33 1) 48 78 49 28

CIRAD
Centre de coopération internatio-
nale en recherche agronomique pour
le développement
Avenue du Val de Montferrand
B.P. 5035
34032 Montpellier cedex 1, France
Tél.: (33 4)67 61 58 00
Fax: (33 4)67 61 58 20

CIRECCA
Centre international de recherches,
d'échanges et de coopération de la
Caraïbe et des Amériques
B.P. 393
97200 Fort-de-France, Martinique
Tél.: (596) 73 45 19
Fax: (596) 60 51 04

CIREEL
Centre d'information et de recherche
pour l'enseignement et l'emploi des
langues
Siège: CNOUS-LINGUA
8, rue Jean Calvin
75005 Paris, France

CIRTEF
Conseil international des radios et
télévisions d'expression française
20, quai Ernest-Ansermet, C.P. 234
1211 Genève 8, Suisse
Tél.: (41) 22 28 12 11

CIRTEF
Conseil international des radios et
télévisions d'expression française
a/s RTBF local 9M50, 52, boulevard
Auguste Reyers
1044 Bruxelles, Belgique
Tél.: (32 2) 736 89 58 / 732 45 85
Fax : (32 2) 732 62 40

CLEF
Club des lecteurs d'expression
française
5, rue Rousselet
75007 Paris, France
Tél.: (33 1) 47 83 14 38
Fax: (33 1) 43 06 12 49

CODOFIL
Conseil pour le développement du
français en Louisiane
217, rue Principale Ouest
Lafayette, Louisiane 70501 USA
Tél.: (1-318) 233-1020
Fax: (1-318) 265-5812

CONFÉJES
Conférence des ministres de la
jeunesse et des sports des pays
d'expression française
Immeuble Kébé Extension
3ᵉ étage, avenue André-Peytavin
B.P. 3220
Dakar, Sénégal
Tél.: (221) 22 61 03 / 22 73 98
Fax: (221) 23 79 44

CONFÉMEN
Conférence des ministres de
l'éducation nationale des pays
d'expression française
Immeuble Kébé Extension, 3ᵉ étage
96, rue André Peytavin
B.P. 3220, Dakar, Sénégal
Tél.: (221) 21 60 22 / 22 47 34
Fax: (221) 21 32 26

CFC
Conseil francophone de la chanson
1550, boul. Saint-Joseph Est
Montréal (Québec), Canada H2J 1M7
Tél.: (1-514) 522-0200
Fax: (1-514) 598-8353
Courriel: chanson@rideau-inc.qc.ca

CLF
Conseil de la langue française
800, place d'Youville
Québec (Québec), Canada G1R 3P4
Tél.: (1-418) 643-2740

CSFÉF
Comité syndical francophone
d'éducation et de formation
9405, rue Sherbrooke Est
Montréal (Québec) H1L 6P3, Canada
Tél.: (514) 356-8888
Fax: (514) 356-9999

**Conseil supérieur de la langue
française**
Hôtel de Fraguier
1, rue de la Manutention
75016 Paris
Tél.: (33 1) 44 37 33 91
Fax: (33 1) 45 37 33 13

CVFA
Conseil de la vie française en
Amérique
56, rue Saint-Pierre
Québec (Québec), Canada G1K 4A1
Tél.: (1-418) 692-1150
Fax: (1-418) 692-4578

CPF
Conseil permanent de la Francophonie
ACCT, 13 quai André Citroën
75015 Paris, Paris
Tél.: (33 1) 44 37 33 00

CRÉDIF
Centre de recherche et d'étude pour
la diffusion du français
École normale supérieure de
Fontenay-St-Cloud
Grille d'Honneur, Parc de St-Cloud
92211 Saint-Cloud cedex, France
Tél.: (33 1) 47 71 91 11
Fax: (33 1) 46 02 39 11

CRÉIPAC
Centre de rencontres et d'échanges
internationaux du Pacifique
rue Kataoui-Nourville, B.P. 3755
Noumea, Nouvelle-Calédonie
Tél.: (687) 25 41 24
Fax: (687) 25 40 58

CRPLF
Communautés des radios publiques
de langue française
Maison de Radio-France
116, avenue du Président Kennedy,
pièce 9430
75786 Paris cedex 16, France
Tél.: (33 1) 42 30 27 41
Fax: (33 1) 42 30 44 53

Dictée des Amériques
225, rue Roy Est, bureau 201
Montréal (Québec) H2W 1M5
Tél.: (514) 288-0657
Fax: (514) 288-1675

DGLF
Délégation générale à la langue
française
Hôtel Fraquier
1, rue de la Manutention
75016 Paris, France
Tél.: (33 1) 40 69 12 00
Fax: (33 1) 40 69 12 80

DiversCité Langues
Télé-université
Université du Québec
1001, rue Sherbrooke Est, 4ᵉ étage,
Montréal (Québec), Canada H2L 4L5
Tél.: (1-514) 522-3540
Fax: (1-514) 522 3608
http://www.uquebec.ca.diverscite

**Fédération internationale des
parcs de la Francophonie**
1, rue des Dames
17000 La Rochelle, France
Tél.: (33 5) 46 41 31 21
Fax: (33 5) 46 50 56 85

**Festival international des
Francophonies en Limousin**
11, avenue du Général de Gaulle
87000 Limoges
Tél.: (33 5) 55 10 90 10
Fax: (33 5) 55 77 04 72
15, passage de la Main d'Or
75011 Paris, France
Tél.: (33 1) 47 00 55 91

FFA
Forum francophone des affaires
380, rue Saint-Antoine Ouest,
Bureau 5200
Montréal (Québec), Canada H2Y 3X7
Tél.: (1-514) 987-1807
Fax: (1-514) 987-1257
siffa@op-plus.net

FIPF
Fédération internationale des
professeurs de français
1, avenue Léon Journault
92311 Sèvres cedex, France
Tél.: (33 1) 46 26 53 16 / 45 07 60 00
Fax: (33 1) 46 26 81 69

Francofolies de La Rochelle
9, Place Cartroux
75009 Paris, France
Tél.: (33 1) 44 29 08 08
Francophilie (la)
1, rue de Varize
75016 Paris, France
Tél.: (33) 01 45 51 90 06
HCF
Haut Conseil de la francophonie
35, rue Saint-Dominique
75007 Paris, France
Tél.: (33 1) 42 75 76 33
Fax: (33 1) 42 75 76 45
Courriel: hcf@francophonie.org
ICAF
Institut pour la coopération
audiovisuelle francophone
71, rue d'Auteuil
75016 Paris, France
Tél.: (33 1) 45 20 98 45
Fax: (33 1) 45 20 98 44
IDEF
Institut international de droit
d'expression et d'inspiration
françaises
27, rue Oudinot, bureau 1133
75007 Paris, France
Tél.: (33 1) 47 83 17 38
Fax: (33 1) 47 83 17 36
IEPF
Institut de l'énergie des pays ayant
en commun l'usage du français :
56, rue Saint-Pierre
Québec (Qué.), Canada G1K 4A1
Tél.: (1-418) 692-5727
Fax: (1-418) 692-5644
IFIGE
Union internationale francophone
pour la formation d'informaticiens et
de gestionnaires d'entreprises
17, rue de l'Yser
92330 Sceaux, France
Tél.: (33 1)44 05 40 70
Fax: (33 1)44 05 41 41
IHEF
Institut des hautes études
francophones
Domaine de Chamarande B.P. 8
91730 Chamarande, France
Tél.: (33 1) 69 27 12 12
Fax: (33 1) 60 82 22 05
LISULF
Ligue internationale des scientifiques
pour l'usage de la langue française
1200, rue Latour
Saint-Laurent (Québec) H4L 4S4
Tél.: (1-514) 747-2308
Fax: (1-514) 748-0603
c3410@er.uqam.ca
Maison de la francité
18, rue Joseph II
1040 Bruxelles, Belgique
Tél.: (32 2) 219 49 33

Mission laïque française
9, rue Humblot
75015 Paris, France
Tél.: (33 1) 45 78 61 71
OCAM
Organisation de la communauté
africaine et malgache
B.P. 965
Bangui, République Centrafrique
Tél.: (236) 61 48 31 / 61 33 23
OFQJ
Office franco-québécois pour la
jeunesse
- Section France:
5, rue de Logelbach
75017 Paris, France
Tél.: (33 1) 40 54 67 67
Fax: (33 1) 42 67 68 76
- Section Québec:
1214, rue de la Montagne
Montréal (Québec), Canada H3G 1Z1
Tél.: (1-514) 873-4255
Fax: (1-514) 873-0067
OLF Montréal
Office de la langue française
Siège: Tour de la Place Victoria, C.P. 316
Montréal (Québec), Canada H4Z 1G8
Tél.: (1-514) 873-4833
Fax: (1-514) 873-3488
OLF Québec:
200, chemin Sainte-Foy, 4e étage
Québec (Québec) Canada G1R 5S4
Tél.: (1-418) 643-8906
Fax: (1-418) 643-3210
ORSTOM
Institut français de recherche
scientifique pour le développement
en coopération
209-213, rue la Fayette
75480 Paris cedex 10, France
Tél.: (33 1) 48 03 77 77
Fax: (33 1) 48 03 08 29
OUI
Organisation universitaire
interaméricaine
Place Iberville IV
2954, boulevard Laurier, bureau 090
Sainte-Foy (Québec), Canada G1V 4T2
Tél.: (1-418) 650-1515
Fax: (1-418) 650-1519
Courriel: oui_iohe@infopuq_uquebec.ca
Richelieu international
1173, chemin Cyrville, bureau 200
Ottawa (Ontario), Canada K1J 7S6
Tél.: 1-800-267-6525
Fax: (1-613) 742-6916
Courriel: int@Richelieu.org
RFI
Radio France Internationale
104, avenue du Président Kennedy
75016 Paris cedex 16, France
Tél.: (33 1) 42 30 12 12
Fax: (33 1) 42 30 30 71 / 30 44 81

Service de la langue française
44, boulevard Léopold II
1080 Bruxelles, Belgique
Tél.: (32 2) 413 22 94
**Société des juristes francopho-
nes du Commonwealth**
70B Park Grove Road E11 4PU
London, Rayaume-Uni
Tél. et fax: (44) 181.556.7501
TILF
Théâtre international de langue
française
Pavillon du Charolais
Parc de La Villette
211, avenue Jean Jaurès
75019 Paris, France
Tél.: (33 1) 42 39 14 77
Fax: (33 1) 42 39 14 78
TV5 Europe
15, rue Cognacq-Jay
75007 Paris, France
Tél.: (33 1) 44 18 55 55
Fax: (33 1) 44 18 55 10
TV5 Québec Canada
1755, boul. René-Lévesque Est,
bureau 101
Montréal (Québec), Canada H2K 4P6
Tél.: (1-514) 522-5322
Fax: (1-514) 522-6572
UCFL
Union culturelle franco-libanaise
9, boulevarad Jourdan
75014 Paris, France
Tél.: (33 1) 45 65 46 84
UIJPLF
Union internationale des journalistes
de la presse de langue française
3, Cité Bergère
75009 Paris, France
Tél.: (33 1) 47 70 02 80
Fax: (33 1) 48 24 26 32
UITF
Union des ingénieurs et des
techniciens utilisant le français
Adresse: Marcel V. Locquin
59, avenue de Colmar
92500 Ruel Malmaison, France
Tél.: (33 1) 47 14 19 72
Fax: (33 1) 43 06 29 27
**Université francophone
d'Alexandrie**
Tour du Coton
1, Midan Ahmed Orabi, El Mancheya
Alexandrie, Égypte
Union latine
131, rue du Bac
75007 Paris, France
Tél.: (33 1) 45 49 60 60
Vues d'Afrique
67, rue Sainte-Catherine Ouest
Montréal (Québec), Canada H2X 1Z7
Tél.: (1-514) 284-3322
Fax: (1-514) 845-0631

OUVRAGES GÉNÉRAUX

BIBLIOGRAPHIE SOMMAIRE

ABOU Selim et Katia HADDAD (sous la dir. de), *Une francophonie différentielle*, Paris, Harmattan, 1994, 560 p.
Actes du colloque de Beyrouth, 20-23 mai 1993 sur "le français langue seconde".
CHAUDENSON Robert et al., *La Francophonie : représentations, réalités, perspectives*, Paris, Didier, 1992, 220 p.
Un panorama de l'espace francophone; valorisation de l'audiovisuel.
DENIAU Xavier, *La Francophonie*, Paris, PUF, (Que sais-je?), 1983, réédition 1992, 128 p.
Le minimum nécessaire pour la connaissance de la francophonie; un ouvrage de base.
DUBOIS Lise (dir.), *Aquaculture: lexique français-anglais*, Moncton, Ed. Acadie, 1997.
État de la francophonie dans le monde 1995-1996, rapport du Haut Conseil de la francophonie, Paris, la Documentation française, 1996, 640 p.
FARANDJIS Stélio, *Francophonie fraternelle et Civilisation universelle*, La Garenne-Colombes, Éd. de l'Espace européen, 1991, 284 p. Recueil de conférences
GROUPE DE RECHERCHE EN GÉOLINGUISTIQUE, *Atlas de la francophonie. Le Monde francophone*, Sainte-Foy (Québec), Éd. Laliberté; Paris, Éd. Frison Roche, 1989.
La répartition des locuteurs ayant le français comme langue maternelle et comme langue seconde, le statut juridique du français, etc.
Inventaire des particularités lexicales du français en Afrique noire, Équipe IFA, Montréal/Paris, AUPELF/ACCT, 1983, 550 p.
Un ouvrage fondamental pour les études lexicologiques et la connaissance du français en Afrique noire.
JOUBERT Jean-Louis (sous la dir. de), *Littérature francophone: anthologie*, Paris, Nathan, 1993, 448 p.
Une vision décentralisée de la littérature francophone.
LÉGER Jean-Marc, *La Francophonie : grand dessein, grande ambiguïté*, Montréal/Paris, HMH/Nathan, 1987-1988, 242 p.
L'ouvrage d'un des grands artisans de la francophonie; un essai discrètement désabusé.
LE SCOUARNEC François-Pierre, *La Francophonie*, Montréal, Boréal, coll. Boréal-Express, 1997, 104 p.
Bon ouvrage sur la Francophonie historique et politique.
LUTHI Jean-Jacques, Auguste VIATTE et Gaston ZANANIRI, *Dictionnaire général de la francophonie*, Paris, Letouzey et Ané, 1986, 396 p.
MAUGEY Axel, *La Francophonie en direct*, Québec, Les Publications du Québec, 1987; T. 1: "L'Espace politique et culturel", 190 p.; T. 2: "L'Espace économique", 92 p.
Deux séries de 26 et 19 entrevues.
REBOULLET André et Michel TÉTU (sous la dir. de), *Guide culturel des civilisations et littératures d'expression française*, Paris, Hachette, 1977, 382 p.
Un ouvrage fondamental pour les professeurs de français, actuellement épuisé; une réédition est prévue.
REY Alain (sous la dir. de), *Dictionnaire historique de la langue française*, Paris, Dictionnaires Le Robert, 1992, 2 vol.; vol. 1: p. 1-1156; vol. 2: p. 1157-2383.
En plus de sa contribution à l'histoire des mots, l'ouvrage – sans précédent – comprend de nombreux encarts sur l'histoire de la langue française et ses emprunts aux langues étrangères.
ROY Jean-Louis, *La Francophonie, le projet communautaire*, avant-propos de Roger Dehaybe, Montréal, Éd. Hurtubise; Bruxelles, Vanda; Abidjan, Ceda; Paris, Hatier; Casablanca, Eddif; Niamey, Médis; Tunis, Cérès, 1993, 200 p.
TÉTU Michel, *La Francophonie, histoire, problématique, perspectives*, préface de L.S. Senghor, Montréal/Paris, Guérin littérature/Hachette, 1987-1988, 390 p.; Guérin universitaire, 1992, 428 p.; 3e édition revue et corrigée.
Ouvrage de base, nécessaire pour toute étude sérieuse sur la francophonie.
TÉTU Michel, *Qu'est-ce que la francophonie?*, préface de J.-M. Léger, Paris, Hachette-Édicef poche, 1997, 320 p.
Tous les aspects de la francophonie en livre de poche.

VIE INSTITUTIONNELLE ET ASSOCIATIVE

OUVRAGES RÉCENTS

BLAMPAIN Daniel, GOOSE André, KLINKENBERG Jean-Marie, WILMET Marc (dir.), *Le Français en Belgique. Une langue, une communauté*, Louvain-la-Neuve, Duculot/ Communauté française de Belgique, 1997, 530 p.
Un ouvrage de référence remarquable, par 32 spécialistes.
CHAUDENSON Robert, *Les Créoles*, Paris, P.U.F. (Que sais-je?), 1995, 128 p.
Histoire et présentation géographique, linguistique et culturelle du créole à travers le monde d'aujourd'hui.
CHAUPRADE Aymeric, *L'Espace économique francophone*, Préface de Steve Gentili, Paris, Ellipses, 1996, 154 p.
Bonne étude sur les perspectives économiques de la Francophonie.
COMBE Dominique, *Poétiques francophones*, Paris, Hachette (coll. Contours littéraires), 1995, 178 p.
Un excellent manuel universitaire pour aborder les littératures d'expression française. Le premier ouvrage de ce genre. Très important.
GALLET Dominique, *Pour une ambition francophone, le désir et l'indifférence*, Paris, L'Harmattan, 1995, 168 p.
La francophonie devrait être "une autre manière de concevoir le monde" (Boutros Boutros-Ghali). L'auteur souhaiterait que la France s'en rende compte au lieu que de ne regarder que l'Europe. Exemples africains et québécois. Un discours convaincant.
GAUVIN Lise, *L'Écrivain francophone à la croisée des langues*, Entretiens, Paris, Kathala, 1997, 184 p.
L'imaginaire francophone à travers les tensions créatrices de langage.
GUILLOU Michel, *La Mangue et la Pomme*, Paris, John Libbey Eurotext, 1995, 149 p.
L'approche est résolument politique. Dans ce livre dossier (on se souvient du même auteur de *La Francophonie s'éveille*, 1988, et *La Francophonie, nouvel enjeu mondial*, 1993), Michel Guillou n'hésite pas à croiser le fer avec le secrétaire Général de l'ACCT, Jean-Louis Roy. En outre, il insiste sur les chemins de l'avenir.
HANSE Joseph, *Nouveau Dictionnaire des difficultés du français moderne*, 3e édition revue par Daniel Blampain, Bruxelles, De Boeck/Duculot, 1996, 986 p.
Une édition entièrement revue et enrichie de cet ouvrage de référence, accessible à tous. Un instrument de travail pour ceux qui veulent bien écrire et bien parler.
MIDIOHOUAN Guy Ossito, *Du bon usage de la francophonie. Essai sur l'idéologie francophone*, Éditions CNPMS, BP 135, Porto-Novo (Bénin). 1994, 230 p.
Le point de vue d'un universitaire béninois qui souhaiterait pour l'Afrique une Francophonie vraiment multilatérale et efficace, autre chose que le prolongement de la Coopération française. Écriture caustique, souvent pamphlétaire mais revigorante.
Présence francophone, revue internationale de langue et de littérature, Université de Sherbrooke, Sherbrooke (Québec), J1K 2R1, Canada; Courriel : pfranco@courrier.usherb.ca .
Pour se tenir à jour dans la francophonie littéraire et linguistique.
Quelle francophonie pour le XXIe siècle?, Paris, Karthala/ACCT, 1997, 192 p.
Contribution des lauréats ay 2e prix international de la Francophonie Charles-Hélon (Charles Durand, Albert Salon, Jean-Claude Guédon).
RIEGEL Martin, PELLAT Jean-Christophe, RIOUL René, *Grammaire méthodologique du français*, Paris, PUF, 1994, 646 p.
Une grammaire globale du français tel qu'il s'entend et se parle dans la variété de ses usages. Synthèse des connaissances actuelles. Pour chaque question, indications bibliographiques. Pour les étudiants, les professeurs et le public averti.
ROSSILLON Philippe (sous la dir. de), *Atlas de la langue française*, Paris, Bordas, 1995.
Une centaine de cartes et de nombreux tableaux statistiques pour présenter la naissance du français et son expansion dans le monde. Rapide examen des principales communautés francophones. Quelques erreurs qui devraient être corrigées dans une prochaine édition.
ROY Jean-Louis, *Mondialisation, développement et culture (médiation francophone)*, Montréal, HMH, 1995, 158 p.
Comment réconcilier l'ordre national et l'ordre mondial pour en faire une réalité dynamique. La Francophonie a un rôle à jouer dans le champ international, pour participer à l'économie mondiale et consolider l'état de démocratie.

412

LISTE DES PAYS ET RÉGIONS PAR ORDRE ALPHABÉTIQUE

ASSOCIATIONS ET INFORMATIONS

BON DE COMMANDE

Veuillez m'expédier _____ exemplaire(s) de *L'Année francophone internationale* 1997
ainsi que   _____   exemplaire(s) des prochaines éditions.

Nom : _____

Fonction : _____

Adresse : _____

Province / État : _____ Pays : _____

Code postal : _____

TARIF

Canada et États-Unis

Le numéro: 19,95 $ (canadiens ou américains)
+ frais de port: 5,00 $ (Canada ou États-Unis)
+ taxes (s'il y a lieu)

Hors Canada et États-Unis

Le numéro: 95 FF
+ frais de port: 20 FF

ADRESSER LE BON DE COMMANDE À :

Canada – États-Unis : Québec livres
2185, autoroute des Laurentides, Laval (Québec),H7S 1Z6, Canada
Téléphone : (514) 687-1210; Fax : (514) 687-1331

Europe : La Documentation française
29, quai Voltaire, 75344 Paris, cedex 07, France
Téléphone: (33) 01 40 15 71 05; Fax : (33) 01 40 15 72 30; Télex : 215-666

Pour tous pays : AFI – CIDEF
Faculté des Lettres, Université Laval, Québec (Québec), G1K 7P4, Canada
Téléphone : (418) 656-5772; Fax : (418) 656-7017; Courriel : AFI@fl.ulaval.ca

CARTES ET AFFICHES

On peut se procurer en divers formats les cartes *L'Univers francophone* et *L'Univers francophone au Sommet de Hanoi* ainsi que l'affiche *Partenaires de la Francophonie*. Pour connaître les conditions, prière de communiquer directement avec :

AFI – CIDEF
Faculté des Lettres, Université Laval, Québec (Québec), G1K 7P4, Canada
Téléphone : (418) 656-5772; Fax : (418) 656-7017; Courriel : AFI@fl.ulaval.ca

Achevé d'imprimer sur les presses de
Les Impressions Piché inc., Sainte-Foy, Québec
Tél.: (418) 687-5035

Acheter ou louer
à Paris

La meilleure adresse pour vos projets

ISAMBERT S.A.
(Garantie FNAIM 10 000 000 FRS)

Administration et gestion de biens immobiliers
Vente et location dans Paris

Jean-Pierre Ferey
et 20 personnes
à votre service

30, rue Peclet et 93, rue Blomet
75015 Paris
Métro Vaugirard (XVe Arrondissement)
Téléphone : 01 44 19 62 62
Télécopieur : 01 45 33 65 39

ENFANT
UNIQUE

Pensée en Europe, élevée en Amérique.

On l'a nommée Québec.

Assise sur le roc, elle s'est choisi un fleuve

pour jeter son regard par-delà les mers.

Et le Monde l'aime ainsi.

VILLE DE
québec

ORGANISATION DES VILLES
DU PATRIMOINE MONDIAL

ORGANIZATION OF WORLD
HERITAGE CITIES

ORGANIZACIÓN DE LAS CIUDADES
DEL PATRIMONIO MUNDIAL

منظمة مدن التراث العالمي

ORGANIZAÇÃO DAS CIDADES
DO PATRIMÓNIO MUNDIAL

Jean-Paul L'Allier, maire de Québec (Canada) • M'hamed Ali Bouleymen, maire de Tunis (Tunisie) • Agustín Conde Bajén, maire de Tolède (Espagne) • Abílio Dias Fernandes, maire d'Évora (Portugal) • Mamadou Diop, maire de Dakar (Sénégal) • Ingmar Ljones, maire de Bergen (Norvège) • Abderrahim Filali Baba, président de la Communauté urbaine de la wilaya de Fès (Maroc) • Raúl Salizar Saico, maire de Cusco (Pérou).

(Membres du conseil d'administration)

«Un groupe à découvrir»

Association internationale francophone des ainés

DÉVELOPPEMENT INTERNATIONAL DESJARDINS:

UN LEVIER
POUR L'ACTION

DÉVELOPPEMENT INTERNATIONAL DESJARDINS (DID) EST L'UN DES LEADERS MONDIAUX EN TRANSFERT D'EXPERTISE. DANS PLUS DE 25 PAYS D'AFRIQUE, D'AMÉRIQUE LATINE, DES ANTILLES, D'ASIE ET D'EUROPE CENTRALE ET DE L'EST, DID RENFORCE LA CAPACITÉ D'AGIR DES POPULATIONS MOINS NANTIES EN FAVORISANT L'ACCESSIBILITÉ AUX SERVICES FINANCIERS.

SON RÔLE? **UN LEVIER.** SA FORCE? **LES RÉSULTATS.**

**Développement
international Desjardins**

Développement international Desjardins, 150, avenue des Commandeurs, Lévis (Québec) Canada G6V 6P8
Téléphone: (418) 835-2400 Télécopieur: (418) 833-0742   Internet: www.did.qc.ca

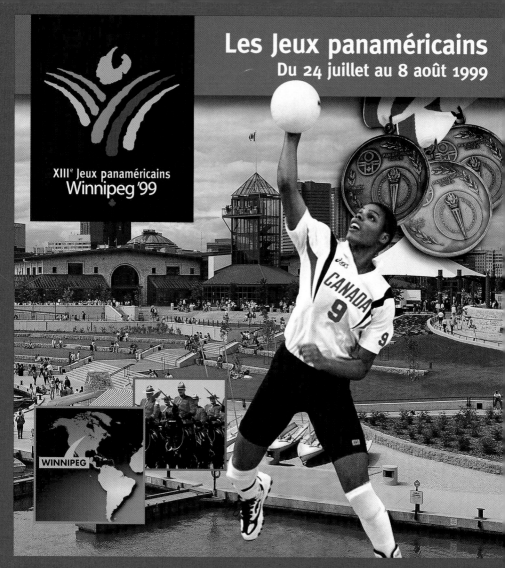

Les Jeux panaméricains
Du 24 juillet au 8 août 1999

XIIIᵉ Jeux panaméricains
Winnipeg '99

WINNIPEG

Du 24 juillet au 8 août 1999, Winnipeg accueillera les XIIIᵉ Jeux panaméricains, une manifestation d'envergure au cours de laquelle les athlètes de 42 pays se mesureront les uns aux autres dans un climat de fraternité et d'échanges interculturels. Les Jeux panaméricains figureront parmi les manifestations les plus importantes du genre tenues au Canada, voire en Amérique du Nord, n'étant surpassés que par les Jeux olympiques de 1996 à Atlanta et de 1984 à Los Angeles.

Organisés sous les auspices de l'Association olympique canadienne, en partenariat avec les administrations fédérale, provinciale et municipale, ainsi que le milieu des affaires, les Jeux seront le fruit d'un travail d'équipe; en effet, d'ici 1999, 15 000 Manitobains et Manitobaines auront mis l'épaule à la roue pour assurer la réussite de ces Jeux.

Conformément à l'énoncé de mission de la Société des Jeux panaméricains, les Jeux fourniront «un vecteur pour la promotion de nouvelles relations économiques et culturelles Nord-Sud». Les organisateurs élaborent actuellement une stratégie de développement pour faire de Winnipeg un centre névralgique d'échanges économiques avec l'Amérique latine.

Le budget des Jeux de 1999 s'élève à 122 millions de dollars et l'on prévoit que leurs retombées économiques atteindront entre 250 et 300 millions de dollars. Pour obtenir des renseignements sur les Jeux panaméricains, composez le (204) 985-1999, ou écrivez à l'adresse suivante:

La Société des Jeux panaméricains (WPG. 1999) Inc.
500, boulevard Shaftesbury
Winnipeg (Manitoba) R3P 0M1